Du droit
à la philosophie

JACQUES DERRIDA

Du droit
à la philosophie

GALILÉE

ISBN 2-7186-0382-8   ISSN 0768-2395

PRIVILÈGE
Titre justificatif et Remarques introductives

A Jean-Luc Nancy

Titre, chapitre, tête de chapitre, en-tête, capital, capitale :
les questions de titre seront toujours des questions d'autorité,
de réserve et de droit, de *droit réservé,* de hiérarchie ou d'hégémonie. Le titre « Du droit à la philosophie * », par exemple,

* *Du droit à la philosophie* fut d'abord le titre d'un séminaire que j'ai
donné à partir de janvier 1984 dans une situation institutionnelle assez
singulière. Au début de l'année académique, j'étais encore, pour la vingtième
année, maître-assistant à l'École normale supérieure – et ce séminaire fut
donné en ce lieu, sous ces auspices mais aussi sous celles du Collège
international de Philosophie que je venais, avec d'autres, de fonder le
10 octobre 1983 et dont j'avais été, ce jour-là, élu directeur. Je savais aussi
devoir prochainement quitter l'École normale supérieure pour l'École des
Hautes Études en Sciences sociales où je venais d'être également élu au
titre de directeur d'études (direction d'études : *Les institutions philoso-*
phiques). Je n'ai pu encore préparer pour leur publication les matériaux
mis en œuvre dans ce séminaire. J'en rappelle seulement le principal
argument au cours de cette préface. Mais puisque j'en garde le titre et que
celui-ci définit l'horizon de ce recueil, qu'on me permette ici de reproduire

tient en réserve, les capitalisant ainsi dans ses plis, prêt à les faire valoir et plus, une multiplicité de sens possibles.

On devrait commencer par *décapitaliser.* Il faudrait employer ou déployer ces significations. Mais si cette forme, *Du droit à*

l'annonce descriptive du séminaire, telle qu'elle fut alors diffusée par le Collège international de Philosophie :

« Du droit à la philosophie (destiner, enseigner, instituer)

La question la plus ouverte de la *destination* croisera celle de la fondation ou de *l'institution,* singulièrement celle de l'institution *philosophique* (école, discipline, profession, etc.). Une telle institution est-elle possible ? Pour qui ? Par qui ? Comment ? Qui décide ? Qui légitime ? Qui impose ses évaluations ? Dans quelles conditions historiques, sociales, politiques, techniques ? Au-delà d'une alternative entre problématiques « interne » ou « externe », on interrogera la constitution des limites entre le dedans et le dehors du texte dit « philosophique », ses modes de légitimation et d'institution. On fera appel à certains acquis de la sociologie de la connaissance ou de la culture, de l'histoire des sciences et des institutions pédagogiques, de la politologie de la recherche : mais au-delà d'une épistémologie de ces savoirs, on commencera à situer leur professionnalisation et leur transformation en disciplines, la généalogie de leurs concepts opératoires (par exemple « objectivation », « légitimation », « pouvoir symbolique », etc.), l'histoire de leur axiomatique et les effets de leur appartenance institutionnelle.

Dans cet espace trop général, sous le titre *Du droit à la philosophie,* esquisse de deux trajets concurrents :

1. Étude du discours juridique qui, sans occuper le devant de la scène, fonde les institutions philosophiques. Quels sont ses rapports avec les champs historiques, sociaux ou politiques ? avec les structures de l'« État moderne » ?

2. Étude des conditions d'accès à la philosophie, au discours, à l'enseignement, à la recherche, à la publication, à la « légitimité » philosophique. Qui a droit à la philosophie ? Qui en détient le pouvoir ou le privilège ? Qu'est-ce qui limite en fait l'universalisme déclaré de la philosophie ? Comment décide-t-on qu'une pensée ou un énoncé sont recevables comme « philosophiques » ? Même si ce réseau de questions ne se distingue pas de *la* philosophie elle-même (si quelque chose de tel existe et prétend à l'unité), on peut encore étudier dans des contextes déterminés les modalités de la détermination du « philosophique », les partages qu'elle implique, les

la philosophie, peut rester ce qu'elle est, ici, *repliée,* c'est dans la mesure où elle demeure celle d'un titre : ce qui tire son autorité, donc son pouvoir, son crédit — et son *privilège —,* de pouvoir se passer de faire une phrase et de s'expliciter.

Son privilège, justement, ce qu'il tient de son unicité comme de sa place, c'est de pouvoir se taire en donnant à croire, à juste titre on le suppose, qu'il a beaucoup à dire. Ce privilège est toujours garanti par des conventions, celles qui règlent l'usage des titres dans notre société, qu'il s'agisse des titres d'ouvrages ou des titres sociaux. Mais dans le cas de ce qu'on appelle des œuvres, le libre choix, la vertu singulière de chaque titre est un privilège, si on peut dire, légal et autorisé. On reçoit le titre de docteur, mais, en droit et en principe, on choisit souverainement le titre d'un discours ou d'un livre qu'on signe — et qui est seul à le porter.

Dès qu'avec ces mots, *Du droit à la philosophie,* on fait une phrase, dès qu'on développe, exploite ou allège l'équivoque, le pouvoir du titre commence à se dissoudre et la discussion

modes d'accès réservés à l'exercice de la philosophie : dispositifs d'enseignement et de recherche où celle-ci est dispensée comme discipline, principale ou annexe, milieux extra-scolaires ou extra-universitaires, « supports » oraux, livresques ou non livresques. La question du « support » (parole, livre, revue, journal, radio, télévision, cinéma) n'est pas purement technique ou formelle. Elle touche aussi au contenu, à la constitution et aux modes de formation ou de réception des thèmes, des énoncés, du corpus philosophiques. Ceux-ci sont-ils les mêmes dès lors qu'ils ne sont plus donnés, dominés et accumulés, sous la forme de l'archive livresque, à l'intérieur d'institutions spécialisées, par des sujets ou des communautés de « gardiens » autorisés et supposés compétents? On partira de nombreux signes d'une mutation en cours depuis le XIXᵉ siècle au moins, de façon accélérée depuis deux décennies.

Fil conducteur pour cette approche préliminaire : l'exemple du *Collège International de Philosophie.* Est-ce une nouvelle « institution philosophique »? Les multiples interprétations possibles de son origine, de ses conditions de possibilité, de sa destination. »

commence. La démocratie aussi, sans doute, et d'une certaine manière la philosophie. Jusqu'où ce mouvement peut-il aller? Car la philosophie *tient,* ce sera mon hypothèse, *au privilège qu'elle expose.* Elle serait ce qui tient à garder, en le déclarant, cet ultime ou initial privilège qui consiste à *exposer* son propre privilège : à la menace ou à la présentation, parfois au risque de la présentation.

Faisons des phrases. Si je dis par exemple, et c'est le premier sens de mon titre, « comment passe-t-on *du droit à la philosophie?* », on s'engage dans une certaine problématique. Il s'agira par exemple des rapports permettant de passer de la pensée, de la discipline ou de la pratique juridiques à la philosophie et aux questions *quid juris* qui depuis longtemps la travaillent au corps. Il s'agira plus précisément encore du rapport des structures juridiques qui soutiennent, implicitement ou explicitement, les institutions philosophiques (enseignement ou recherche) *à* la philosophie *elle-même,* si quelque chose de tel existe en dehors, avant ou au-delà d'une institution. Dans ce premier sens, le titre *Du droit à la philosophie* annonce un programme, une problématique et un contrat : on traitera des rapports entre le droit et la philosophie. Tout contrat implique d'ailleurs une question de droit et un titre est toujours un contrat. Que, dans le cas unique de la philosophie, ce contrat soit promis à plus d'un paradoxe, c'est ici notre thème privilégié, le privilège comme notre thème.

Dans ce premier type de phrase, un seul des cinq mots, en vérité la seule lettre *à* supporte toute la détermination sémantique. Le sens ici pivote sur les différentes valeurs qu'un *à* peut supporter. Nous venons d'évoquer en effet le rapport du droit *à* la philosophie comme celui d'une *articulation* en général : entre deux domaines, deux champs, deux structures ou deux dispositifs institutionnels. Mais avec la même détermination sémantique du *à,* avec la même valeur de *rapport à,* une autre phrase peut annoncer un autre programme – et une autre problématique. A juste titre, on peut en effet noter que, pour analyser ces problèmes (droit institutionnel et institutions philosophiques de recherche et d'enseignement), il faut parler du droit aux philosophes, il faut parler du droit *à* la philosophie. Il faut rappeler les questions du droit, l'énorme continent de la problématique juridique dont les philosophes en général – et surtout en France – parlent trop peu, même si et sans doute parce que le droit parle tant à travers eux : il faut parler du droit à la philosophie, il faut parler à la philosophie du droit, entretenir la philosophie et les philosophes de l'immense et foisonnante question du droit. Le « à » dit encore l'*articulation* mais cette fois en un autre sens, celui du discours articulé dans l'*adresse,* de la parole adressée ou destinée : il faut parler du droit à la philosophie.

Mais ce mode articulatoire n'épuise pas tout le rapport du « droit à la philosophie ». Le syntagme français « du droit à » peut signifier autre chose et ménager un autre accès sémantique. On dit « avoir droit à » pour indiquer l'accès garanti par la loi, le droit de passage, le laissez-passer, le *Shibboleth,* l'introduction autorisée. Qui a droit à la philosophie aujourd'hui, dans notre société? A quelle philosophie? Dans quelles conditions? Dans quel espace privé ou public? Quels lieux d'enseignement, de recherche, de publication, de lecture, de discussion? A travers quelles instances et quels filtrages médiatiques? Avoir « droit à la philosophie », c'est avoir un accès légitime ou légal à quelque chose dont la singularité, l'identité et la généralité restent aussi problématiques que ce qu'on appelle de ce nom : *la* philosophie. Qui donc peut prétendre *légitimement à la philosophie?* A penser, dire, discuter, apprendre, enseigner, exposer, présenter ou représenter *la* philosophie?

Cette deuxième valeur du « à » (le rapport non plus comme *articulation* mais comme *adresse*) déploie une autre possibilité. Nous avions jusqu'ici, je récapitule, trois phrases typiques :

1. Quel est le rapport du *droit à la philosophie?*

2. Il faut parler du *droit à la philosophie* – et donc aux philosophes.

3. Qui a *droit à la philosophie* et dans quelles conditions?

Si maintenant nous cernons davantage le syntagme « droit à la philosophie », ce qui permet de faire du mot *droit* un *adverbe* autant qu'un *nom,* nous engendrons ou reconnaissons l'espace d'une autre phrase et donc d'un autre régime de question : est-il possible d'aller *droit à la philosophie?* de s'y rendre *tout droit, directement,* sans détour? Cette possibilité ou ce pouvoir garantiraient du même coup l'immédiateté, c'est-à-dire l'universalité et la naturalité de l'exercice philosophique. Qu'est-ce que cela peut vouloir dire? Est-il toujours possible, comme certains le croient, de philosopher *tout droit* [1], *directement,* immédiatement, sans la médiation de la formation, de l'enseignement, des institutions philosophiques, sans même celle de l'autre ou de la langue, de telle ou telle langue? En citant ainsi, la mettant comme entre guillemets, l'expression d'un « droit à la philosophie » dans laquelle le mot « droit » vient à s'adverbialiser, nous avons la matrice d'une quatrième phrase, d'un quatrième type de phrases, mais aussi l'intitulé d'une autre problématique. Elle viendra enrichir et surdéterminer celles que nous venions de reconnaître.

Certains sont toujours impatients d'*accéder-directement-aux -choses-mêmes-et-d'atteindre-sans-attendre-tout-droit-le-vrai- contenu-des-problèmes-urgents-et-graves-qui-se-posent-à-tous- etc.* Ils ne manqueront donc pas de juger ludique, précieuse et formelle, voire futile, une analyse qui déploie cet éventail de significations et de phrases possibles : « Pourquoi cette lenteur

---

1. Rectitude, rectilinéarité, « droit chemin » : on sait quel rôle ces valeurs – d'ailleurs aussi impliquées par celles de norme ou de règle – ont joué dans l'axiomatique de nombreuses méthodologies, en particulier celle de Descartes [cf. à ce sujet J. Derrida, « La langue et le discours de la méthode », dans *Recherches sur la philosophie et le langage,* n° 3, *La philosophie dans sa langue,* Université de Grenoble 2, 1983].

et cette complaisance? Pourquoi ces étapes langagières? Pourquoi ne parle-t-on pas enfin directement des vraies questions? Pourquoi ne pas aller droit aux choses mêmes? » Bien entendu, on peut partager cette impatience et penser néanmoins, c'est mon cas, que non seulement on ne gagne rien à y céder immédiatement, mais que ce leurre a une histoire, des intérêts, une sorte de structure *hypocritique* qu'il vaut toujours mieux commencer par reconnaître en se donnant le temps du détour et de l'analyse. Car il y va justement d'un certain droit à la philosophie.

L'analyse des valeurs potentielles qui dorment ou qui jouent au fond de l'idiome français « droit à la philosophie » doit être un exercice de vigilance et ne doit « jouer » que dans la mesure où la question du « jeu » est ici des plus sérieuses. Au moins pour deux raisons. L'une tient à la question du *titre,* l'autre à celle de la *langue.*

1. « *Droit de...* », « *droit à...* » *: la présupposition institutionnelle*

Avoir le droit de, le droit à, c'est être attitré, justifié à faire, à dire, à faire en disant ceci ou cela. Un titre *autorise, légitime, donne valeur* et *rassemble.* Cela vaut pour *quelque chose,* qui dès lors n'est jamais une simple chose, ou pour *quelqu'un* qui devient alors « quelqu'un ». Pour quelque chose qui n'est jamais une chose : le titre d'un discours ou d'une œuvre, d'un discours *comme œuvre,* ou d'une institution qui est à sa manière à la fois discours et œuvre puisqu'elle a une histoire qui la soustrait à l'ordre dit naturel et dépend d'un acte de langage. Le titre est le nom de l'*œuvre,* en quelque sens qu'on la prenne (œuvre d'art, œuvre politique, institution) [1], il rassemble l'œuvre en

1. Ayant souvent traité de cette loi du titre, notamment dans l'espace des œuvres littéraires, je me permets de renvoyer à « Devant la loi », 1982, dans *La faculté de juger,* Minuit, 1985, ainsi qu'à « Survivre », 1977, « Titre à préciser » et « La loi du genre », 1979, in *Parages,* Galilée, 1986.

la nommant et permet qu'ainsi identifiée elle fasse valoir son droit à l'existence et à la reconnaissance : légalisation ou légitimation. Ce qui vaut pour l'œuvre (cette « chose » qui n'en est pas une et n'appartient pas à la nature au sens moderne du mot) vaut aussi pour quelqu'un, pour le titre de quelqu'un – à dire, faire, dire en faisant ceci ou cela, faire des « choses » avec des mots. Mais le titre donné (ou refusé) à quelqu'un suppose toujours, et c'est un cercle, le titre d'une œuvre, soit une institution, qui seule peut être attitrée à le faire. Seule une institution (titre du corps attitré à conférer des titres) peut donner à *quelqu'un* son titre. Cette institution peut sans doute être incarnée par des personnes, voire par une seule personne, mais cette incarnation est elle-même garantie par quelque institution ou constitution. Que le titre donné (ou refusé) à quelqu'un le soit par un corps institutionnel, cela signifie que la garde des titres, autant que leur garantie, revient à ce qui, en tant qu'institution, détient déjà le titre. *L'origine du pouvoir intitulant ou attitrant ne peut donc jamais se phénoménaliser comme telle.* La loi de sa structure – ou la structure de sa loi – *veut qu'elle disparaisse.* Ce n'est pas seulement un cercle. Du moins la pensée d'un tel « cercle » oblige-t-elle à reformer les immenses questions déjà « classées » sous les titres classiques du « refoulement », de la « répression » ou du « sacrifice ».

Cette topique paradoxale de la *présupposition institutionnelle,* les textes ici réunis tentent, chacun à sa manière, de la prendre en compte [1]. Une telle topique affecte aussi la structure de l'institution comme archive (rien de moins que ce que les historiens, en somme, appellent l'histoire) : une institution

---

1. De façon plus directe dans « Mochlos – ou Le conflit des facultés » (p. 397) et dans « Les pupilles de l'Université. Le principe de raison et l'Idée de l'Université » (p. 461). Cette même structure avait été analysée avec un autre souci dans *Otobiographies. L'enseignement de Nietzsche et la politique du nom propre* (chap. 1. « Déclarations d'indépendance »), Galilée, 1984.

garde la mémoire, certes, elle est faite pour cela. Elle monumentalise les noms et les titres, ceux qu'elle a donnés, ceux de qui elle a reçu le sien.

Mais *à son corps défendant,* il peut toujours lui arriver autre chose, et la structure de son espace même en est affectée. Elle peut d'abord *oublier* ses propres élus : on sait qu'elle en perd parfois le nom dans des profondeurs de plus en plus inaccessibles. Et cette sélectivité signifie d'abord, sans doute, la finitude d'une mémoire institutionnelle. Toutefois le paradoxe est ailleurs, même s'il est *aussi* l'effet d'une finitude essentielle : ce qu'on appelle une institution doit parfois garder la mémoire de ce qu'elle *exclut* et tente sélectivement de vouer à l'oubli. La surface de son archive est alors marquée par ce qu'elle tient au-dehors, expulse ou ne tolère pas. Elle prend la figure inversée du rejet, elle se laisse dessiner par cela même qui la menace ou qu'elle ressent comme une menace. Pour *s'identifier,* pour être ce qu'elle est, pour se délimiter elle-même et se reconnaître dans son nom, elle doit épouser son adversaire en creux, si on peut dire. Il lui faut bien en *porter* les traits, voire en supporter le nom comme une marque négative. Et il arrive que l'exclu, celui dont les traits sont lourdement gravés dans le creux de l'archive, imprimés à même le support ou la surface institutionnelle, finisse par devenir à son tour le subjectile qui porte la mémoire du corps institutionnel. Cela vaut pour la violence fondatrice des États, pour les nations et les peuples qu'elle ne manque jamais d'opprimer ou de détruire — et cela n'a jamais lieu une fois pour toutes mais doit nécessairement se continuer ou se répéter selon des processus et des rythmes divers. Mais cela vaut aussi, à une échelle apparemment plus modeste, pour les institutions académiques, la philosophique en particulier. De plus, l'exemple académique suppose, structurellement, l'exemple politico-étatique. Pour rester hors de France et dans le passé, disons que l'Université de Francfort, ce n'est pas seulement, mais c'est *aussi* l'institution qui refusa de conférer à Walter Benjamin le titre de docteur. Elle a certes d'autres titres à mobiliser la mémoire, l'attention ou l'admiration, mais si on se souvient d'elle – et de certaines exclusions par lesquelles elle s'est précisément identifiée –, c'est *aussi* grâce à une note dans les œuvres complètes de Benjamin. Serions-nous si nombreux à connaître le nom de Hans Cornelius si, en fin de volume, telle note des éditeurs des œuvres complètes de Benjamin n'était consacrée à cet événement exemplaire à tant d'égards, le refus de *l'Origine du drame baroque allemand* comme thèse de Doctorat d'État [1]?

Comme toute publication, un enseignement, par exemple un séminaire sur la question *du droit à la philosophie* peut, j'oserai dire devrait toujours *problématiser*, c'est-à-dire mettre en avant pour les donner à remarquer, pour en faire le thème d'une recherche, ses propres limites et conditions : à quel titre et de quel droit sommes-nous ici, déjà rassemblés, fût-ce pour faire l'expérience du désaccord ou de la discorde, fût-ce pour constater que les prémisses d'une discussion ne sont pas réunies ou que nous ne pouvons même pas nous entendre sur le sens et les termes d'un tel constat? A quel titre et de quel droit sommes-nous ici, vous et moi, moi qui prends ou garde pour l'instant la parole, sans en avoir *apparemment* demandé l'autorisation? C'est, dans une certaine mesure du moins, une *apparence :* en fait on sait bien qu'un processus long et compliqué

---

1. « Sur la réunion du conseil de la faculté du 13 juillet 1925, il est inscrit au registre des délibérations, point 6, la mention suivante : Doctorat d'État de Benjamin. La Faculté décide, au vu du rapport de M. le professeur Cornelius, de prier M. le Dr B. de retirer sa thèse de doctorat d'État. La Faculté décide, en outre, de ne pas admettre le Dr B. à postuler au titre de docteur au cas où il ne tiendrait pas compte de cet avertissement *.

* Cité d'après Burkhardt Lindner, « *Habilitationsakte Benjamin. Über ein " akademisches Trauerspiel" und über ein Vorkapitel der " Frankfurter Schule "* (Horkheimer, Adorno) », dans *Zeitschrift für Literaturwissenschaft und Linguistik,* 53/54 (1984), p. 156 (Walter Benjamin, *Écrits autobiographiques,* tr. Ch. Jouanlanne et J.-F. Poirier, Paris, Bourgois, 1990, p. 377).

d'*autorisation* (implicitement demandée auprès de plusieurs instances – académique, éditoriale, médiatique, etc. –, plus ou moins bien accordée par telle ou telle d'entre elles) aura précédé, de façon aussi peu naturelle que possible, cet acte-ci.

Cet espace (séminaire, préface ou livre), le lieu où cet acte a lieu, rien ne nous assure qu'il appartienne à la philosophie et qu'il soit attitré à porter ce titre. Comme son titre l'annonce justement, la question traitée peut porter au-delà ou en deçà du philosophique – dont pour l'instant et par principe nous ne devrions pas nous donner le sens. Est-ce que la question « qu'est-ce que le philosophique ? » *appartient* à la philosophie ? Oui et non : réponse formellement contradictoire mais tout sauf une réponse nulle ou évasive. Appartenir à la philosophie, ce n'est certainement pas faire *partie d'un tout* (une propriété, un État ou une nation, une multiplicité, une série ou un ensemble d'objets, le champ d'un savoir, le corps d'une institution, fussent-ils des totalités ouvertes). De la nécessité ou de la possibilité de ce « oui et non », de la limite tremblante qui le traverse ou l'institue, de la *pensée du philosophique* qu'elle semble ainsi appeler, de tout cela dépendent aujourd'hui les enjeux et les responsabilités les plus graves. Quand elle se pose au sujet d'une science ou d'un art, la question « qu'est-ce que... ? » appartient toujours, selon les philosophes, à la philosophie. Elle lui appartient de plein droit. C'est là le droit de la philosophie. Comme elle est seule à le détenir, selon elle, c'est aussi un privilège. *La philosophie serait ce privilège.* Elle ne le recevrait pas, mais serait ce pouvoir de se l'accorder à elle-même. Le plus vieux thème de la philosophie s'y retrouve : la question « qu'est-ce que la physique, la sociologie, l'anthropologie, la littérature ou la musique ? » serait de nature philosophique.

Mais peut-on en dire autant de la question : « qu'est-ce que le philosophique ? » ? C'est la plus et la moins philosophique de toutes, il faudra en tenir compte. Cette question se distribue dans toutes les décisions institutionnelles : « qui est philosophe? Qu'est-ce qu'un philosophe? Qu'est-ce qui a droit à se prétendre philosophique? A quoi reconnaît-on un énoncé philosophique, en général et aujourd'hui? A quel signe (est-ce un signe?) reconnaît-on une pensée, une phrase, une expérience, une opération, par exemple une didactique, *philosophiques?* Que veut dire ce mot? Peut-on s'entendre à son sujet et au sujet du lieu même depuis lequel ces questions se forment et se légitiment? ».

Sans doute ces questions se confondent-elles avec la philosophie même. Mais selon ce trouble essentiel de l'identité philosophique, peut-être ne sont-elles déjà plus philosophiques de part en part. Peut-être restent-elles en deçà de la philosophie qu'elles interrogent, à moins qu'elles ne portent au-delà d'une philosophie qui ne serait plus leur ultime destination.

Une question adressée *à la philosophie* sur son identité peut répondre au moins à *deux figures dominantes.* D'autres approches sont sans doute possibles, et c'est à nous y engager de façon préliminaire que nous travaillons ici. Mais les deux figures qui l'auront emporté dans la tradition, semblent s'opposer comme l'*essence* et la *fonction.* D'un côté, celui de l'essence (qui se trouve être aussi celui de l'histoire, de l'origine, de l'événement, du sens et de l'*etymon*), on tente de penser la philosophie *comme telle,* comme ce qu'elle *est,* ce qu'elle *aura été,* ce qu'elle *aura projeté d'être* depuis son origine – et précisément à partir d'un événement qui s'institue, dans l'expérience d'une langue, depuis la *question de l'être* ou de la *vérité de l'être.* C'est ici, définie le plus schématiquement du monde, la figure de la « destruction » heideggerienne [1]. De l'autre côté, celui de la fonction, et dans un style d'apparence plus nominaliste, on commence par dénoncer un tel originarisme : celui-ci ne nous apprendrait rien d'une vérité *pragmatique* de la philosophie, à savoir de ce qu'elle *fait*

---

1. Je traiterai ce problème de façon plus analytique dans *L'oreille de Heidegger (Philopolémologie, Geschlecht IV)* (à paraître).

ou de ce qui se *fait* sous son nom, du parti qu'on en tire, du parti qu'on en prend ou du parti qu'on y prend, dans des actes de discours, des discussions, des évaluations, dans des pratiques sociales, politiques et institutionnelles dont il faut avant tout ressaisir la différence plutôt que le fil généalogique qui le relierait à quelque surgissement oublié. Ce pragmatisme fonctionaliste est le modèle au moins implicite pour de nombreuses interrogations modernes *au sujet de* la philosophie, qu'elles soient déployées par des philosophes, des sociologues ou des historiens.

Au-delà de toutes les différences et de toutes les oppositions, et elles ne sont rien moins que négligeables, ces deux figures de la question *au sujet de* la philosophie (Qu'est-ce que c'est? Qu'est-ce qu'elle fait? Qu'est-ce qu'on fait d'elle ou avec elle?) se présupposent toujours l'une l'autre, pour commencer ou pour finir. La pragmatique nominaliste doit bien se donner d'avance une règle pour engager ses propres opérations et reconnaître ses objets, et c'est toujours un *concept de la philosophie,* lui-même ordonné à la *présupposition d'un sens ou d'une essence,* de l'être depuis lequel on pense l'être-philosophique de la philosophie. La démarche originariste (et c'est aussi vrai de celle de Heidegger) doit présupposer de son côté un événement, un enchaînement des événements, une histoire dans laquelle un penser philosophique ne se distingue plus d'un « acte de langage » rendu possible par une condition archi-conventionnelle ou quasi contractuelle dans une langue donnée. Elle doit donc présupposer ce moment performatif d'une « fonction » sociale et institutionnelle, même si on donne des noms plus appropriés à ces « choses » après une épreuve de « destruction ».

Si nous devions inventer et ajuster un autre type de questionnement, si cela devait être possible, il faudrait commencer par comprendre et formaliser la nécessité, sinon la fatalité, de cette présupposition commune. C'est sur cette voie que nous nous trouvons. Tous les débats évoqués dans ce livre le rappellent, qu'il s'agisse des propositions inaugurales du *Greph,* de l'Introduction aux États Généraux de la philosophie, de la fondation du Collège International de Philosophie ou du Rapport de la Commission de Philosophie et d'Épistémologie. Chaque fois je me suis associé avec vigueur et sans équivoque aux luttes tendant à assurer et à développer ce qu'on appelle souvent la « spécificité » menacée de la discipline philosophique : contre son émiettement, voire sa dissolution dans l'enseignement des sciences sociales ou humaines, parfois, risque plus traditionnel en France, dans celui des langues et littératures. Mais en même temps, à ceux qui veulent faire un usage seulement défensif et conservateur, parfois étroitement dogmatique, voire corporatif de ce juste argument, il fallait bien rappeler que cette « spécificité » devait rester des plus paradoxales. Son expérience est aussi celle d'une aporie à travers laquelle il faut sans cesse réinventer un chemin sans assurance. Ce n'est pas seulement la spécificité d'une discipline parmi d'autres (même s'il convient de rappeler que c'est *aussi* cela) avec son champ d'objets et son stock de règles transmissibles. Si elle doit rester ouverte à toutes les interdisciplinarités sans s'y perdre, c'est qu'elle ne se prête pas comme une discipline parmi d'autres à la paisible et régulière transaction entre des savoirs aux frontières constituées ou des territoires d'objets assignables. Ce qu'on a appelé la « déconstruction », c'est aussi l'*exposition* de cette identité institutionnelle de la discipline philosophique : ce qu'elle a d'irréductible doit être exposé comme tel, c'est-à-dire montré, gardé, revendiqué mais dans cela même qui l'ouvre et l'ex-proprie au moment où le propre de sa propriété s'éloigne de lui-même pour se rapporter à lui-même – d'abord dans la moindre de ses questions à son propre sujet. La philosophie, l'identité philosophique, c'est aussi le nom d'une expérience qui, dans l'identification en général, commence par s'ex-poser : autrement dit à s'expatrier. Avoir lieu là où elle n'a pas lieu, là où le lieu n'est ni naturel ni originaire ni donné.

Les questions de titre et de droit ont toujours une dimension *topologique*. Aucune institution ne se passe d'un lieu symbolique de légitimation, même si l'assignation peut en être surdéterminée, au croisement de données empiriques et symboliques, physico-géographiques et idéales, à l'intérieur d'un espace homogène ou hétérogène. Un séminaire peut avoir lieu (physiquement mais non sans en tirer un bénéfice symbolique qui fait l'enjeu de transactions et de contrats) dans une institution déterminée, dispensé par quelqu'un qui ne lui appartient pas (Jacques Lacan à l'École normale supérieure pendant plusieurs années, par exemple) ou par quelqu'un qui, ancien élève de l'Ens, y donne un enseignement au titre de cet autre établissement public qu'est l'École des Hautes Études en Sciences Sociales voire d'une institution qui ne dispose d'aucun lieu physique propre et qui, comme le Collège International de Philosophie, fondé en 1983, est en droit une association privée (régie par la Loi dite de 1901), autonome dans son fonctionnement et dans ses orientations quoique son Conseil d'administration comporte, statutairement, les représentants de quatre ministères! La carte de ces « lieux » appelle une description fine et les interférences des trajets favorisent une turbulence assez propice à la réflexion sur l'historicité des institutions, notamment des institutions philosophiques. Si celles-ci sont historiques de part en part, cela signifie que ni leur origine ni leur solidité ne sont naturelles; et surtout que les processus de leur stabilisation sont toujours relatifs, menacés, essentiellement précaires. Là où elles se montrent fermes, dures, durables ou résistantes, cela trahit d'abord la fragilité d'une fondation. C'est sur le fond de cette « déconstructibilité » (théorique et pratique), c'est contre elle que l'institution s'institue. C'est ce fond que son érection *trahit :* elle le signale comme ferait un symptôme, elle le révèle donc, mais elle le trompe aussi.

2. *L'horizon et la fondation, deux projections philosophiques (l'exemple du Collège International de Philosophie)*

Prenons l'exemple du Collège International de Philosophie et limitons-nous à la question des titres. Institution privée mais soutenue, c'est-à-dire en fait, sinon en droit, indirectement autorisée par l'État qui en a encouragé la fondation, le Ciph prétend à l'autonomie. Il marque dans sa constitution même qu'aucun titre comme tel n'est requis pour participer à ses recherches. Entendons par là aucun titre académique, aucune habilitation institutionnelle. Cette disposition n'est pas originale. Elle est propre à d'autres institutions françaises, d'ailleurs souvent fondées (comme le Collège de France ou l'École Pratique des Hautes Études) pour donner une place à des recherches, des savoirs, des personnes que la critériologie, la titrologie et les procédures de légitimation en cours (notamment dans les universités) censuraient, marginalisaient ou tout simplement ignoraient. Il est vrai qu'à cet égard l'originalité du Ciph tient au moins à deux traits : son internationalité déclarée et statutaire, l'absence de chaire ou de postes permanents. Toutefois, ne pas exiger un titre académique déjà codé, ce n'est pas renoncer au titre, ni même au titre académique en général. La logique du titre, de la légitimation ou de l'habilitation suit des règles plus difficiles à identifier mais tout aussi discriminantes. Des règles peuvent ne pas être inscrites dans une charte et d'ailleurs changer en cours de route. L'une des règles déclarées par le Ciph paraît à la fois stricte, singulière et apparemment exorbitante : dans tous les « domaines » avec lesquels « la » philosophie peut entrer en rapport, priorité devrait être accordée à des frayages de recherche, des thèmes, des objets qui *actuellement* ne seraient pas encore *légitimés* (c'est le mot qui apparaît souvent, et parfois accompagné de précautions, dans le Rapport qui prépara la fondation du Collège et devint sa charte régulatrice) dans des institutions françaises ou étrangères.

Cette non-légitimation pouvant prendre bien des formes et connaître bien des degrés (exclusion, méconnaissance, marginalisation, inhibition, développement insuffisant), elle appelle en elle-même des analyses raffinées, à la fois préalables et interminables. Si elle veut être aussi philosophique, une telle analyse ne doit pas être simplement opératoire, il lui faut en principe inclure dans son espace le traitement de ses propres instruments conceptuels, à commencer par ce concept si utile de *légitimation* qui, avec sa référence souvent insouciante au droit, à la loi, la légalité (positive ou non), domine les sciences sociales, notamment quand elles concernent la culture, l'éducation et la recherche. Pour reprendre une distinction commode de Fink (même si sa pertinence doit rencontrer une limite essentielle), il faudrait faire du concept *opératoire* de légitimation un concept *thématique,* le désinstrumentaliser autant qu'il est possible (ce n'est jamais possible de façon pure et absolue) pour en interroger philosophiquement la généalogie, la portée, les conditions de validité. Les limites de la thématisation, nous les verrons se réimprimer dans celles de l'objectivation.

Soumettre un concept opératoire à sa thématisation philosophique, ce n'est pas seulement, dans ce cas, plier une efficacité scientifique à une réflexion épistémologique ou philosophique. Ce n'est pas replier un savoir sur une spéculation. Dans le meilleur des cas, celui qu'il faut sans doute rechercher, justement, cela revient à relancer, élargir ou radicaliser la conceptualité, les méthodes et la pratiques scientifiques elles-mêmes. Les concepts de légitimation ou d'objectivation, par exemple, sont féconds et efficaces, notamment dans le travail de Pierre Bourdieu, parce qu'ils peuvent aussi, dans une situation donnée, correspondre à une figure sociologiquement déterminée des sciences sociales, dans leur rapport à toutes sortes d'instances, en particulier à l'histoire du discours et des institutions philosophiques, qu'il s'agisse de la légalité (ou de la légitimité) de la loi ou de l'objectivité de l'objet. Nous devrons y revenir.

Accorder la priorité au non-légitimé, légitimer ainsi par privilège ce qui à un moment donné paraît illégitime, étrange règle pour une institution! Cela peut paraître incroyable, paradoxal, impraticable. Cela peut à peine avoir la forme et le statut d'une règle. Et comme, dans le cas du Ciph, ce processus doit avoir un rapport essentiel avec la réponse à la question « qu'est-ce que la philosophie? », il ne s'agit de rien de moins que de faire droit à ce qui est privé de droit. Rien de moins que d'instaurer le droit à la philosophie là où celui-ci paraît nul, dénié, interdit ou invisible. Mais n'est-ce pas la philosophie même? En acte, et à son origine indéfiniment recommencée?

Et pourtant ce que nous disions à l'instant exorbitant, « incroyable, paradoxal, impraticable », n'est-ce pas aussi la chose du monde la plus répandue? Si conservatrice soit-elle, toute institution se veut légitimante. Elle prétend donc à créer des titres. Elle est destinée à produire des légitimations là où des personnes, des objets ou des thèmes n'en avaient pas encore. Il est vrai qu'entre cette légitimation normale, tâche habituelle des institutions classiques, et celle que se propose le Ciph, une différence essentielle demeure en principe : du côté du Ciph, on ne présuppose la pré-détermination d'aucun type d'objet, de thème, de champ, donc de compétence; on ne pré-identifie même pas une « comparativité » ou cette « interdisciplinarité » dont le concept classique suppose des disciplines déjà installées, tels des États, dans la sécurité de leur constitution et de leurs frontières, dans les limites reconnues de leurs droits et de leurs axiomes; et on accorde un privilège ou une priorité à ce qu'on est censé savoir exclu. Mais comme le rapport à la philosophie reste la règle et le titre de ce Collège International *de Philosophie*, il lui faut bien impliquer une référence stable, stabilisante, unifiante au philosophique : non pas nécessairement à une essence de la philosophie mais à une certaine *expérience* de la question « qu'est-ce que la philosophie? ». Cette expérience est-elle déjà philosophique? Et, surtout, est-elle essentiellement, en dernière ou première instance, une expérience de la question [1]?

La question du droit, ici du droit à la philosophie, se soumet à la loi d'un partage que certains pourraient trouver subtil, artificiel ou spéculatif. Mais dans sa conséquence et dans ses implications, ce partage commande en le divisant aujourd'hui un immense territoire. L'organisation de l'espace philosophique, comme tel, se délimite au moins de *trois façons*. On peut penser 1. que le droit à la philosophie appartient déjà et de part en part, en droit, à la philosophie; il présupposerait la mémoire et la tâche, l'essence ou l'unité de projet, donc une réponse à la question « Qu'est-ce que la philosophie? » formulée, comme nous le suggérions plus haut, soit dans une logique de l'événement originaire soit dans une logique de la fonction pragmatique. On peut aussi juger 2. que cette appartenance n'implique en droit aucune identification de la philosophie, aucune réponse acquise ou stabilisable à la question « qu'est-ce que la philosophie? », sous quelque forme que ce soit, mais seulement la participation à la communauté de la question [2], d'une question possible au sujet de la philosophie. La communauté serait ici constituée comme et depuis la question *de* la philosophie, par le « qu'est-ce que la philosophie? ». Une question ne peut se former, résonner, donner lieu au discours auquel elle fait appel, elle ne peut *faire* appel en général qu'en instituant ou en présupposant la communauté de quelque interlocution (s'il est trop tôt à ce point pour déterminer cette interlocution en

---

1. L'enjeu de cette question sur la question a été situé dans *De l'esprit, Heidegger et la question* (Galilée, 1987, p. 147 sq.).

2. Quant à cette « communauté de la question sur la possibilité de la question » où « se réfugient et se résument aujourd'hui une dignité et un devoir inentamable de décision. Une inentamable responsabilité », cf. « Violence et métaphysique », in *L'écriture et la différence* (Seuil, 1967, p. 118).

« intersubjectivité », nous ne pouvons pas ne pas lui reconnaître aussi une mémoire, une généalogie et un projet : un « projet » avant le « sujet »). Mais on peut enfin, 3. accorder la pensée, la pratique, l'expérience d'un « droit à la philosophie » sans recours présuppositionnel ni à une essence donnée de la philosophie (réponse à la question « qu'est-ce que la philosophie? ») ni même à la possibilité prétendument originaire de la question « qu'est-ce que la philosophie? ».

Dans cette troisième démarche, on se donnerait ou revendiquerait ainsi le droit de ne présupposer ni la réponse à la question, ni la formation de la question « qu'est-ce que la philosophie? » (dès lors considérées comme des événements dont la possibilité généalogique reste à penser) ni même la possibilité d'une question en général, voire de la question comme forme ultime et dernier retranchement d'une communauté, ici d'une communauté de *pensée*. La question (et avec elle toutes les formes de la négation, de la recherche, de la critique) enveloppe en elle une affirmation, au moins le « oui », l'affirmation sans autre contenu que l'autre, précisément, auquel une trace est adressée, fût-ce dans la nuit. La pensée de ce « oui » *avant* la philosophie, *avant* même la question, *avant* la recherche et la critique, ne signifie aucun renoncement à la philosophie, à ce qui peut la suivre ou s'ensuivre. Elle *peut,* cette pensée, et on peut même penser qu'elle *doit* justement y engager. Elle le peut dès lors que, sous la forme du devoir ou de la dette, elle se trouve déjà *engagée,* inscrite dans l'espace ouvert et fermé par ce *gage* – à l'autre donné, de l'autre reçu. Mais elle trace une forme de limite étrange entre toutes les déterminations du philosophique et une pensée déconstructrice qui est engagée *par* la philosophie sans lui appartenir, fidèle à une affirmation dont la responsabilité la place *devant* la philosophie mais aussi toujours *avant* elle, donc en deçà ou au-delà d'elle, des figures identifiables de l'identité philosophique, de la question philosophique au sujet de la philosophie, voire de la formequestion de la pensée. C'est dans cette troisième possibilité qu'est engagée la déconstruction, telle qu'elle paraît requise ou plutôt telle qu'elle paraît requérir la pensée. Tout ce que je puis dire, à ce point d'une préface, c'est que la visée commune aux textes rassemblés dans ce recueil ne consiste pas à rappeler des travaux publiés ailleurs sous le titre de la déconstruction mais à mieux marquer en quoi celle-ci fait obligation de *penser* autrement les institutions de la philosophie et l'expérience du droit à la philosophie. Et ici moins que jamais la *pensée* ne s'oppose à la science, à la technique, au calcul et à la stratégie. C'est le moment de marquer une fois de plus que la ligne que je fais passer ici entre la pensée et la philosophie, la pensée et la science, etc., n'a jamais eu la forme et la fonction que lui confère Heidegger [1].

Donner droit *à* la philosophie, ce n'est pas donner droit *sur* la philosophie, au moins au sens de l'autorité exercée sur ou à l'endroit de − car nous nous intéresserons plus tard à ce jeu de l'idiome entre l'adverbe et le nom; « donner droit sur » peut signifier seulement l'*ouverture à,* avec ou sans autorité, pouvoir ou surveillance : une fenêtre ou une porte donne droit sur la rue, le jardin, le forum, la salle de classe, la cour de prison. Donner droit à la philosophie, là où ce droit n'existe pas encore, qu'il soit ignoré ou méconnu, inhibé, refusé ou interdit, c'est une tâche banale puisqu'elle ressemble à la fonction légitimante ou « attitrante » de toute institution. Mais la forme qui lui fut assignée par le Ciph reste des plus paradoxales : elle semble supposer la pré-connaissance de ce qui est encore interdit (je privilégie un instant la forme de l'« interdit » sur les autres modes de non-existence de la philosophie pour

1. J'y ai toujours insisté, mais devant l'intérêt obstiné de certains à l'ignorer pour m'en faire procès, je me permets encore de renvoyer, au moins pour le rappel que j'en fais, à *Psyché, Inventions de l'autre* (Galilée, 1987, p. 395-451), à *De l'esprit* (*O.C.* notamment p. 23 sq.) ou à *Mémoires. Pour Paul de Man* (Galilée, 1988, *passim*).

souligner que cette dernière est toujours interprétable et n'a rien de « naturel » : elle signifie toujours, elle trahit une contre-force, une force déjà et toujours « symbolique »). Une institution singulière, par exemple le Ciph, devrait donc repérer dans les institutions ou hors d'elles, dans leurs marges ou leur espace inter-institutionnel, ce que toute autre institution ne peut pas ou ne veut pas (ne *vpeut* pas) légitimer. Pour cela il faut bien que, sous une certaine forme et à certains titres, un commencement de légitimation ait permis de détecter, de pister, de voir s'annoncer, en pointillés ou sur un mode virtuel, les démarches interdites par les institutions existantes, ou du moins par ce qui en elle domine (car elles sont toujours hétérogènes et travaillées par des contradictions). Ce simple fait suffit à menacer à la racine le concept même de légitimation : il n'a pas de contraire. La non-légitimité ne peut apparaître comme telle, dès le plus discret de ses indices, que dans un processus de pré-légitimation. Autrement dit, pour engager ou conduire une analyse théorico-institutionnelle qui permette de voir s'annoncer, pour lui faire droit, ce qui n'a pas encore plein droit de cité ailleurs, une nouvelle institution doit se prévaloir d'une certaine capacité d'accéder à ce qui ailleurs est interdit (refoulé, minorisé, marginalisé, voire « impensé »), donc à un certain savoir encore privé de toute manifestation institutionnelle. Qui peut prétendre qu'une telle chose existe, un tel savoir ou pré-savoir?

Dans la mesure où il s'agit de philosophie, une institution qui se veut aussi « nouvelle » devrait se prévaloir — ce serait son titre même — d'un accès à de la philosophie rendue encore impossible ou tenue pour telle ailleurs. Prétention qu'on jugerait à juste titre exorbitante, surtout si elle se rassemblait dans une seule personne ou dans l'unité d'un discours homogène : que cela ne soit pas le cas et que l'hypothèse même soit structurellement intenable, voilà qui complique déjà l'idée même d'une telle prétention, mais non sans compromettre aussi bien et du même coup l'identité, l'unité, le rassemblement d'une institution fondée sur un tel projet. Mais l'hypothèse intenable, le projet impossible, n'est-ce pas ce dont nous évoquons l'exemple? L'exorbitant, n'est-ce pas ce dont le Ciph attend son unité, l'unicité au moins de son Idée? (Toutes mes questions à cet égard, et surtout les plus incrédules, ne peuvent venir que d'un lieu qui reste extérieur au Ciph, quelle que soit la part que j'ai pu prendre à sa fondation. Mais j'ai toujours jugé que la participation ou l'appartenance au Ciph ne devait ressembler à aucune autre.) L'exorbitant est aussitôt contaminé ou compromis, il compose avec les normes les plus rassurantes. Si le Ciph prétend déceler des frayages nouveaux et nécessaires, de nouvelles légitimations possibles, c'est qu'il est déjà inscrit dans un réseau de légitimité ou dans un processus de légitimation : par la forme de son projet et le discours qui le présente, par les personnes qui soutiennent le projet et en tiennent le discours, par ceux qui plaident pour la fondation, directement ou par alliés interposés. Il avait toute sorte de titres à être fondé, il répondait à des intérêts nombreux, divers, alliés entre eux, surdéterminés. L'analyse en serait difficile mais elle est possible en principe.

Malgré le privilège de son unicité apparente, malgré le fait que, dans la configuration générale de tous ses traits, le Ciph soit peut-être une institution unique au monde, celle-ci garde des airs de ressemblance avec bien des lieux de recherche modernes. Elle répond à des impératifs scientifiques, politiques, techniques, économiques. D'autre part, en faisant abstraction des titres académiques déjà classés, elle ne renonce pas à la considération de tout titre; et sa critériologie ou sa titrologie n'en sont pas moins discriminantes. Sa sélection tient compte de titres non homologués, plus nombreux et plus mobiles, mais perceptibles et évaluables par une communauté qui s'institue et se rassemble elle-même dans cette expérience. Une communauté (être-avec, être-ensemble, assemblée, rassemblement, convenue de la convention) se présuppose toujours dans la valeur du mot et du concept « titre ». La raison n'en est pas seulement étymologique mais la racine du mot nous le confirmerait d'une indication. A tort ou à raison, certains renvoient l'étymologie de *titre,* à travers *titulus* (inscription, titre de noblesse, actes d'une généalogie) à un radical présent dans le grec *tiô* ou *timaô* (estimer, évaluer, honorer, valoriser), d'où *timè* (évaluation, estimation, prix attaché à quelque chose ou à quelqu'un, dignité, récompense, charge honorifique, crédit, fonction publique). Ce registre proprement axiomatique ou axiologique de l'évaluation économico-politico-juridique de *tiô,* certains le reconduisent jusqu'à la racine sanscrite *ci* où le jeu déployé des significations se reploie et se *relie* justement dans l'idée de *lien :* il se rassemble précisément dans l'idée de rassemblement ou de co-ajointement, il se contracte dans l'idée de contrat. D'où la con-vention, la con-venue, la ré-union, la colligation, la co-institution dans l'esprit, dans l'enceinte ou dans la clôture rendue possible par ladite convention synagogale; d'où aussi le sens de marque et de re-marque, la recherche, la reconnaissance qui cherche à savoir en vénérant et en honorant, la connaissance comme reconnaissance d'un droit et d'une autorité.

Or l'une des structures remarquables et paradoxales du titre *philosophique,* comme de tout ce qui légitime un contrat et autorise une institution *soi-disant* philosophique, c'est que pour une fois rien ne devrait être posé d'avance. Rien ne devrait être présupposé par cette alliance ou cette convention : aucun objet ou champ d'objet, aucun thème, aucune certitude, aucune discipline, pas même le soi-disant philosophe qui s'auto-intitulerait à partir de quelque formation, identité de recherche, horizon de questionnement. *La philosophie n'a pas d'horizon,* si l'horizon est, comme son nom l'indique, une limite, si « horizon » signifie une ligne qui encercle ou délimite une perspective. Ce n'est pas le cas, en droit, justement, pour d'autres disciplines ou régions du savoir. En tant que telles, et c'est même le statut de leur identification ou de leur délimitation, elles peuvent bien réfléchir leur objet dans une épistémologie, le transformer en transformant le contrat fondateur de leur propre institution; mais elles ne peuvent et ne doivent jamais douter, du moins dans l'acte institutionnel de leur recherche ou de leur enseignement, de l'existence pré-donnée et pré-comprise d'un objet ou d'un type d'étant identifiable. L'interdisciplinarité et les institutions qui la pratiquent ne mettent jamais en cause ces identités *horizontales*. Elles les présupposent plus que jamais. Ce n'est pas, cela ne *devrait pas en droit être le cas de la philosophie, dès lors qu'il n'y a pas d'horizontalité philosophique.*

Voilà un privilège, un excès et un défaut de pouvoir qui complique principiellement tous ses engagements dans un espace interdisciplinaire qu'elle appelle mais auquel elle doit résister plus que toute autre discipline. Ceux qui se rassemblent au nom ou au titre de la philosophie présupposent en fait, certes, des savoirs et des traditions de questionnement. Ils ont toujours, *en fait,* des horizons. Et nombreux et divers, ce qui ne simplifie jamais les choses. Mais en droit, ils doivent se prétendre, *à chaque instant* (et la référence à l'instant signale ici la rupture ou l'interruption toujours possible d'un continuum discursif ou historique) *justifiés* à remettre en question non seulement tout savoir déterminé (ce que peuvent aussi faire les autres chercheurs dans les autres champs) mais même la valeur de savoir et toute présupposition quant à cela même qui reçoit le nom de philosophie et les rassemble dans une communauté soi-disant philosophique. Le *soi-* du *soi*-disant, comme de l'auto-juridiction, n'est même pas assuré, du moins avant la performance de son auto-institution *verticale*; et *chacun* (mot sous lequel le nom de *sujet* constituerait déjà une thèse philosophique discutable dans un horizon très étroitement déterminé) a en principe le droit de questionner, outre tous les modes de discours (dont la discussion ne représente qu'un exemple) dans lesquels ce questionnement est mis en œuvre, l'idée même et les formes de la « présupposition » en général, c'est-à-dire du concept ou du mot dont je me sers par commodité depuis un moment pour déterminer l'implication de l'implicite. L'implicite ne se replie pas toujours dans la forme thétique, hypothétique ou pré-thétique, de la présupposition.

D'où l'extrême difficulté, en vérité l'aporie dans laquelle on s'embarrasse dès qu'on tente de justifier le titre de « philosophique » pour une institution ou une communauté en général. On ne dira certainement pas de toute communauté qu'elle est philosophique à partir de l'instant où, à l'égard de son lien constitutif, donc de la propriété de ce qui lui est propre, elle pratique la *skepsis,* l'*épochè,* le doute, la contestation (pacifique ou violente, armée de discours ou d'autres pouvoirs) l'ironie, la question, etc. Mais on ne dira d'aucune communauté qu'elle est philosophique si elle n'est pas capable de revenir *selon tous les modes possibles* sur son lien fondamental (titre, contrat, convention, institution, acquiescement à un être-avec déterminé, l'être-avec en général n'attendant jamais d'engagement particulier).

Cette aporie reste lisible dans le Rapport que nous avions remis au gouvernement en 1982 pour justifier à ses yeux la fondation d'un Collège International comme Collège International *de Philosophie.* Un chapitre du Rapport a pour titre *Titres,* au pluriel, et commence par celui de la philosophie. Première phrase :

« En justifiant maintenant les titres de cette nouvelle institution, à commencer par le nom que nous proposons de lui donner, nous entendons faire valoir les titres qu'elle devrait avoir à exister. Pourquoi la philosophie? Pourquoi la philosophie aujourd'hui, et pourquoi ce nouveau Collège serait-il d'abord un Collège de Philosophie [1] *? »*

1. Voir Annexe, p. 551.

Tout le chapitre qui s'ouvre ainsi marquera l'aporie d'une communauté qui propose de se fonder sur un contrat sans exemple, un contrat dissymétrique inscrivant en lui-même le non-savoir et la possibilité donnée à chaque instant de rompre le contrat, d'en déformer ou déplacer non seulement les termes particuliers mais l'axiomatique constitutionnelle ou les fondements essentiels, et jusqu'à l'idée de contrat ou d'institution. Sans doute l'auto-fondation ou l'auto-institution procède-t-elle toujours ainsi, notamment à l'origine des États. Mais la fiction d'un savoir constatif et d'une irréversibilité y sont toujours et structurellement indispensables[1]. Ici, au contraire, c'est par fidélité à un quasi-contrat absolu et sans histoire, à un engagement pré-contractuel, que le contrat institutionnel pourrait être remis en question dans sa présupposition, voire dans son essence de contrat. C'est toujours au nom d'une responsabilité plus impérative qu'on suspend ou subordonne la responsabilité devant une instance constituée (par exemple l'État mais aussi bien la figure déterminée de la raison philosophique). Alors on ne revendique pas l'irresponsabilité, mais le droit de n'avoir pas de compte à rendre − en dernière instance − à tel ou tel appareil de jugement, devant tel ou tel régime de la comparution.

Telle serait la *double contrainte* de l'engagement, du *gage* philosophique, tel qu'il se re-marque ou se ré-intitule partout : dans les phénomènes sociaux, institutionnels, disciplinaires du philosophique, dans les contrats, fondations ou légitimations philosophiques, dans le droit philosophique à la philosophie. Car si le droit peut toujours être lu comme un philosophème, il est soumis à la même « loi » paradoxale de la double contrainte : instable, précaire et déconstructible, il se précède toujours et en appelle à une indestructible responsabilité. Indestructible parce que toujours relancée dans une surenchère inquiète

1. « Déclarations d'Indépendance », *O.C.*

qui la soustrait à tout apaisement et surtout à toute bonne conscience. La détermination philosophique de cette responsabilité, les concepts de son axiomatique (par exemple la « volonté », la « propriété », le « sujet », l'identité d'un « moi » libre et individuel, la « personne » consciente, la présence à soi de l'intention, etc.), peut toujours être discutée, questionnée, déplacée, critiquée – et plus radicalement déconstruite –, ce sera toujours au nom d'une responsabilité plus exigeante, plus fidèle à la mémoire et à la promesse, toujours au-delà du présent. Au nom de cette responsabilité, on demandera plus encore du « droit à la philosophie », plus encore de droit à la philosophie.

3. *Le nom « philosophie », l'intérêt pour la philosophie*

Le nom de philosophie se trouve ainsi soumis à une sorte de torsion qui le replie vers un lieu excessif, débordant, inépuisable. Il s'y reconnaît sans se reconnaître, il s'y trouve chez lui et hors de chez lui : la chose ou le concept « philosophie », à savoir ce que ce mot intitule à un moment donné et dans des discours déterminés, reste toujours inégal à la responsabilité qui, en son nom, porte au-delà de son nom ou des noms disponibles pour lui. Dans sa rhétorique ou dans sa logique, cette torsion peut ressembler à une laborieuse contorsion. Elle peut paraître inutile ou évitable, voire comique, surtout à ceux qui sont assurés de pouvoir à chaque instant aplanir ou aplatir l'espace du discours, effacer les « contradictions performatives » en un soupir d'impatience et distinguer dans la bonne conscience entre le philosophique et le non-philosophique de part et d'autre d'une ligne droite et indivisible. Dans le Rapport que je viens de citer, au contraire, quand il en vient au titre « philosophie », l'appartenance au « philosophique » est désignée comme un problème, et même un problème encore « tout neuf », un problème philosophique, peut-être, mais non seulement et non nécessairement. La ligne de partage n'est pas donnée. Ce n'est peut-être pas une ligne, elle s'annonce comme l'expérience d'une responsabilité paradoxale qu'on invite d'autres à partager, à se donner les moyens de partager. Cela se fait dans le langage d'un Rapport qui n'est pas destiné en premier lieu à des philosophes de profession (situation dans laquelle se réfléchit et se concentre tout notre problème) et qui n'hésite pas à souligner le recours « provisoire » à certains mots pourtant décisifs, tout en gardant une référence formelle au « besoin de philosophie » (Hegel) ou à l'« intérêt de la raison » (Kant), un *intérêt* qu'il faudrait, aussi longtemps et autant que possible, tenir à l'abri de toute pré-interprétation. Que cette dernière précaution s'autorise déjà d'un certain droit à la philosophie, voilà la provocation paradoxale dans le singulier espace de laquelle nous nous trouvons et tentons de nous entendre :

> « Dès lors, si nous proposons la création d'un Collège *de Philosophie,* ce n'est pas d'abord pour marquer l'appartenance intégrale de cette institution à ce que nous croirions pouvoir d'avance déterminer comme destination ou essence *philosophique.* C'est, *d'une part,* pour désigner un lieu de pensée où se déploierait la *question de la philosophie : sur* le sens ou la destination du philosophique, ses origines, son avenir, sa condition. " Pensée " ne désigne pour l'instant, à cet égard, qu'un *intérêt pour la philosophie,* à la philosophie, mais un intérêt qui n'est pas d'abord, nécessairement et de part en part, philosophique. C'est, *d'autre part,* pour affirmer la philosophie et définir ce qu'elle peut être et faire aujourd'hui dans notre société au regard de nouvelles formes de savoir en général, de la technique, de la culture, des arts, des langages, de la politique, du droit, de la religion, de la médecine, de la puissance et de la stratégie militaire, de l'information policière, etc. Expé-

rience de pensée *au sujet du philosophique,* non moins que travail philosophique, voilà ce que pourrait être la tâche du Collège. Tâche à la fois classique (quelle philosophie n'a pas commencé par chercher à déterminer l'essence et la destination de la philosophie?) et tenue aujourd'hui de se déployer dans des conditions singulières. Plus loin, nous en dirons de même pour les valeurs de recherche, de science, d'interscience ou d'art. »

Le droit est marqué deux fois dans ce passage. Une fois de façon littérale et déterminante (il s'agit de la science ou de la discipline juridique), une autre fois de façon implicite et co-extensive à ce qui prétend *justifier* tout le projet, l'intérêt pour la philosophie comme *droit à la philosophie.* Ce dernier se donne donc le droit de penser philosophiquement le droit comme discipline institutionnalisée. Le choix du mot « pensée », pour désigner ce qui excède ces modes particuliers de la pensée que seraient la philosophie et la science, ne se justifie dans ce contexte que de façon stratégique et provisoire. Il marque évidemment la nécessité d'une « explication avec » Heidegger, référence qui me paraissait et me paraît toujours absolument indispensable dans ce contexte mais, je m'en suis expliqué ailleurs, et encore ici même il y a un instant, dans la forme de l'écoute et de la pensée, c'est-à-dire aussi du débat et de la déconstruction. D'ailleurs, dès lors que nous traduisons un certain geste de Heidegger dans notre langue, nous devons tirer les conséquences du fait que « penser » appartient à un système lexical (qui est toujours plus que lui-même) dans lequel nous ne trouvons plus le réseau sémantique que Heidegger associe à *Denken.* Nous en trouvons un autre, nous nous trouvons dans un autre lieu du sens – et dès lors que nous lisons *aussi* l'allemand et d'autres langues, *dans l'espace et dans le temps d'une traduction de « pensée ».* Si du moins l'on prend la traduction au sérieux et pour autre chose qu'un paisible re-codage de significations déjà données, je ne vois pas d'autre ou de meilleure définition pour ce dont nous parlons ici : le temps d'une traduction de « pensée ».

A partir de quoi se met en mouvement l'instabilité essentielle de cette communauté ou de cette collégialité, l'indécision de son titre, le scrupule qu'elle met à revendiquer son droit à la philosophie, au nom de philosophie, sa difficulté à se fonder elle-même comme philosophique : en un mot à se fonder elle-même, si les valeurs de fondation et de fondement sont aussi de part en part des philosophèmes, et des philosophèmes essentiellement associés à des valeurs de droit (on en trouve un simple indice dans le fait que *Begründung* signifie avant tout, dans ses contextes dominants, justification). Voilà donc, sous le nom de Collège International de Philosophie, une institution quasiment fondée, depuis sept ans, mais sur une question ouverte et toujours béante au sujet du pouvoir fondateur et de son propre pouvoir auto-fondateur. Le jour de l'inauguration officielle du Ciph (*en présence de* 3 ministres, devrait-on dire en droit, plutôt que *par* MM. Fabius, Lang et Schwartzenberg), le ministre de la Culture avait tenu à marquer que, malgré la présence de cet apparat gouvernemental, il s'agissait bien d'une « auto-fondation ». Prenant alors la parole pour improviser une réponse de quelques minutes, je suis allé dans le même sens, certes, pour souligner la jalouse volonté d'indépendance des membres-fondateurs du Ciph, en particulier au regard de l'État. Mais j'ajoutai aussitôt qu'il n'était pas possible, dans ces conditions, d'improviser un discours conséquent sur cette valeur problématique d'auto-fondation ; et que de l'auto-fondation, je ne *savais* pas s'il y en avait jamais eu, et en tout cas si cela avait jamais pu se savoir, donner lieu à du savoir, appartenir à l'ordre du savoir.

Le concept d'auto-fondation est éminemment philosophique. A ce titre, et qu'on y reconnaisse une structure ou une époque de la philosophie, il devient un thème ou un problème (qu'est-ce qu'une auto-fondation? Y en a-t-il? Selon quel mode doit-

39

on déterminer la question? etc.). Il le devient en tout cas pour le Ciph dont on dit trop vite qu'il s'est fondé lui-même. D'autre part, même si on se réglait sur ce concept philosophique en se confinant dans un espace philosophique clôturable *(concesso non dato), on ne sera jamais sûr qu'il y ait jamais eu de l'auto-fondation.* Moins que jamais dans le cas d'une institution privée et/ou publique, comme le Ciph – qui reste à cet égard, encore aujourd'hui, dans le et/ou (donc le ni/ni) public et/ou privé. Le statut d'une telle institution suppose en fait, sinon en droit, le soutien (de fait), mais par conséquent l'autorisation (de fait donc de droit) de l'État. Pour parler encore d'auto-fondation dans un tel espace, il faudrait en toute rigueur élaborer une théorie de l'État et de la société civile, et surtout la mettre en œuvre dans des conditions si nouvelles qu'elles paraissent en vérité inimaginables et même inconcevables.

Toutefois, si aucune fondation n'a jamais pu rigoureusement s'autoriser d'elle-même dans le moment inaugural de son ins-tallation, dans le présent de quelque événement originaire, est-ce que cela exclut toute autonomie fondamentale? Ne peut-on concevoir une autonomie qui, sans être purement donnée dans un présent initial, reste une expérience, un travail et une traversée, bref un processus impur qui, pour ne se présenter jamais comme tel, ne serait pourtant pas hétéronome et assu-jetti? Une autre question s'ensuit : cette auto-fondation promise à un processus plutôt que donnée à l'origine, doit-on la conce-voir sous le régime d'une Idée régulatrice, d'une Idée au sens kantien qui viendrait orienter un progrès infini? Plus visible ici ou là, cette question traverse tous les essais rassemblés dans cet ouvrage. Et elle se redouble toujours de la question de sa propre traduction en langage kantien, qu'il s'agisse de l'Idée infinie ou du droit. Au point où nous en sommes, on peut dire qu'une autofondation ne saurait être un événement présent. Elle ne peut *exister,* au sens fort de ce mot qui implique la *présence,* au moment de l'installation ou de l'institution. Les individus, les *sujets,* au sens fort de ce mot qui implique la *présence,* ou la communauté de sujets apparemment responsables de la fondation, s'appuient directement ou indirectement sur un réseau de pouvoirs, sur des forces légitimantes et des « intérêts » de toute sorte, sur un état des choses et sur la chose État. C'est très clair pour le Ciph, qui semble pourtant très proche de l'auto-fondation et au sujet duquel on a pu en parler sans trop s'en inquiéter. C'est encore plus clair pour toutes les autres fondations publiques et privées. Pourtant si à travers les limites évidentes de l'hétéro-fondation, l'idée s'annonce (sans se présenter proprement) d'une auto-fondation absolue, cette promesse n'est pas rien. La promesse constitue dans certaines conditions un événement « performatif » dont la « probabilité » reste irréductible — et même si la promesse n'est jamais tenue de façon présentement certaine, assurée, démontrable. Si quelque chose comme le Ciph est habitable, c'est comme l'expérience de cet espace de promesse. Dans cette mesure, l'affirmation d'un souci d'indépendance, d'autonomie et d'auto-légitimation n'est pas nécessairement, et dans la bouche de n'importe qui, un « vain mot », même si aucune réalité institutionnelle ne lui est ou ne peut lui être adéquate. Le soi, l'*autos* de l'autofondation légitimante et légitimée *reste à venir,* non pas comme une réalité *future* mais comme ce qui gardera toujours la structure essentielle d'une promesse et ne peut arriver que comme telle, comme *à venir.*

4. *La démocratie à venir : droit de la langue, droit à la langue*

Du droit à la philosophie : s'il faut déployer les significations enveloppées dans ce titre, ce n'est pas pour en jouer, disions-nous, mais pour des raisons qui tiennent d'abord à la question du *titre,* nous venons de les apercevoir, puis à celle de la *langue,* et nous y venons.

Considérons la multiplicité surpliée des significations dans lesquelles on paraît isoler par artifice l'expression « droit à la philosophie », en insistant ici sur l'adverbe, là sur le nom « droit ». Elle se rassemble, elle s'articule et joue ainsi à l'intérieur d'un idiome, d'un lexique et d'une grammaire. Cela rappelle aussitôt le problème du lien entre l'exercice de la philosophie et une langue nationale – et le re-marque dans la langue même, dans cette langue-*ci*. Au lieu de nous y engager directement, tout droit, frontalement, comme j'ai pu tenter de le faire souvent ailleurs, pratiquons encore un détour. Quels sont les enjeux situés par l'expression « droit à la philosophie » dans laquelle, cette fois, « droit » serait un adverbe et non, comme ce fut le cas dans les pages qui précèdent, un nom?

Imaginez quelqu'un, vous peut-être, qui, à bout de patience, finirait par s'emporter : quand cesserez-vous de tourner autour de la philosophie? Pourquoi, au lieu de la philosophie elle-même, qui appartient à tous et intéresse tout le monde, vous contentez-vous de parler des institutions philosophiques? des conditions de possibilité socio-politiques de l'enseignement et de la recherche en philosophie? de tous les protocoles juridiques préalables à l'accès éventuel à la chose philosophique? Allez droit à la philosophie! Droit à la philosophie!

Cette demande, tels journalistes ne sont pas les seuls à la formuler, même si elle prend parfois la forme de la mise en demeure ou de la pression menaçante : on rappelle alors le « bon droit » (« nous sommes en droit d'exiger l'intelligibilité immédiate ») les obligations (« vous êtes tenus de la procurer ») et les sanctions (« vous serez mal jugés ou, pire, passés sous silence, nous en avons les moyens, si vous ne faites pas droit à notre légitime requête »). C'est la postulation de ceux qui se font les représentants d'une « opinion publique » ou plutôt du spectre d'un lectorat qu'ils projettent et parfois constituent avant même d'en appeler à lui. Une telle exigence n'est pas d'abord celle des médias. Elle reproduit une dénégation traditionnelle dans le discours de l'institution académique. En substance elle dit ceci : « La philosophie, c'est plus et autre chose que ses " supports ", ses " appareils ". Et même sa langue! Quiconque veut philosopher le peut immédiatement et directement. Le plus court chemin, le meilleur chemin vers la philosophie est *tout droit,* de grands philosophes, dont Descartes, l'ont bien dit. La philosophie est la chose du monde la mieux partageable. Personne ne peut en interdire l'accès. Dès lors qu'on en a le désir ou la volonté, on en a le droit. Celui-ci est inscrit dans la philosophie même. L'effet des institutions peut être de réglementer, voire de limiter ce droit *de l'extérieur,* non de le créer ou de l'inventer. Ce droit est d'abord un droit naturel et non un droit historique ou positif. »

Je schématise ainsi le principe d'une logique qui correspond sans doute à une tradition profonde et continue : elle domine de Platon à Descartes et à Kant, malgré les différences signifiantes qui peuvent s'y introduire. Justification ultime : l'idée d'un droit à la philosophie est une idée philosophique, un philosophème qui suppose que la philosophie soit déjà entrée en scène ou se soit au moins annoncée comme telle. On est déjà dans la philosophie au moment où l'on pose la question institutionnelle ou juridico-politico-technique du droit à la philosophie. Ce chemin – absolument court, droit, direct – a *déjà* été parcouru. Pour philosopher, on n'a essentiellement besoin d'aucun appareil d'écriture ou d'enseignement, les murs d'école sont aussi *extérieurs* à l'acte de philosopher que l'édition, la presse, les médias. Aucun interdit, aucune limitation ne peut toucher la philosophie elle-même, aucune censure, aucune marginalisation. Des agressions peuvent certes atteindre les phénomènes publics de la philosophie, les publications, les appareils d'école (le scolaire, le scolastique ou le doctrinal), mais non l'intérêt pour la philosophie. Elles peuvent à la limite menacer l'exercice (public) mais non l'expérience de la philosophie qui n'a que faire de la limite entre le privé et le public. Cette philosophie ne redouterait aucune attaque, elle n'a pas besoin d'être justifiée ou défendue, en tout cas par autre chose qu'elle-même. C'est à elle qu'il revient en *propre* de dire ce qui lui est *propre,* et donc d'assurer sa *propre* défense et sa *propre* justification. Même si des luttes ou des travaux d'appoint viennent l'aider dans cette tâche, ce sera au titre d'auxiliaire, de supplément voire de supplétif; et la limite entre la propriété intérieure et la supplémentarité extérieure doit rester aussi nette et indivisible que la limite entre le dedans et le dehors [1]. On

1. De ce point de vue (très philosophique en effet), on présumerait la pureté ou l'indivisibilité inentamable d'une telle limite, celle qui assure le partage entre la philosophie elle-même, la philosophie proprement dite et *stricto sensu,* « son affaire propre », *d'une part,* et *d'autre part* ses dehors, si proches soient-ils. C'est ce qui sous-tendait le propos polémique mais essentiel (en vérité rigoureusement essentialiste) de Georges Canguilhem dans la réponse claire et vigoureuse qu'il fit à des questions de la *Nouvelle Critique,* au moment où le projet de la Réforme Haby était des plus menaçants. « ...jusqu'à présent, bien des arguments invoqués par la plupart de ceux qui se sont portés au secours de la philosophie sans négliger de se mettre eux-mêmes en vedette ont manqué leur but, soit par la recherche d'effets de publicité, soit par la reprise routinière de thèmes usagés [...]. Bref, défendre l'enseignement de la philosophie, c'est-à-dire inventer son renouvellement, n'est pas une affaire de secteur. C'est toute la réforme proposée par M. Haby qui est en cause. La philosophie n'a pas besoin de défenseurs, dans la mesure où sa justification est son affaire propre. Mais la défense de l'enseignement de la philosophie aurait besoin d'une philosophie critique de l'enseignement » (*Nouvelle Critique,* 84, mai 1975, p. 29. Voir aussi plus bas, p. 239). Soit dit au passage : en 1975, que son auteur l'ait voulu ou non, cette dernière phrase définissait au moins une partie du projet du *Greph – et ce qui n'avait jamais été entrepris en France jusque-là, par aucun représentant officiel (individuel ou collectif) des institutions philosophiques françaises.* Dès lors comment ne pas y souscrire? Et comment ne pas souscrire (c'était aussi un des principaux thèmes du *Greph*) à la phrase qui s'oppose à la « sectorisation » de ce débat?

Cela dit, la distinction entre l'« affaire propre » de la philosophie dans son auto-justification et « la philosophie critique de l'enseignement » me reconnaît là une « logique » — et donc une stratégie — offerte aux questions déconstructrices les plus insistantes et les plus formalisées.

Qu'implique une telle « logique »? Ceci au moins : interdire l'école de la philosophie, à tous ou à certains, ce ne serait pas barrer *son propre chemin* à la philosophie. On connaît l'histoire de Théophraste d'Érèse à qui on interdit de *tenir école* de philosophie sous peine de mort. Diogène Laërce la raconte. Élève de Leucippe, disciple de Platon, Théophraste quitte ce dernier pour suivre Aristote dont il prend un jour la succession à la tête de « l'école ». Autant de titres : d'Aristote il n'avait pas seulement reçu l'enseignement, hérité la maîtrise et l'autorité sur l'école, il tenait aussi son nom, en vérité son surnom. Son premier nom était Tyrtame, Aristote l'appela Théophraste (qui parle comme un Dieu) « parce qu'il avait une éloquence divine ». La Bruyère ajoute, dans son *Discours sur Théophraste,* qu'Aristote l'avait d'abord appelé Euphraste, « ce qui signifie celui qui parle bien, et ce nom ne répondant pas assez à la

paraît des plus problématiques. Non seulement parce qu'elle contredit la critique de la « sectorisation » mais parce que le « propre » de la philosophie est le nom du problème que cette affirmation suppose résolue. C'est l'enjeu (je n'ose plus dire « propre » ou « même »), l'un des enjeux inévitables des pensées déconstructrices. Bien que la « déconstruction » — qui n'a jamais été une doctrine ni un savoir enseignable en tant que tel — n'ait jamais eu vocation à constituer la charte d'aucune institution, en particulier d'un groupe aussi ouvert et divers que le *Greph,* celui-ci ne pouvait pas, en tout cas, se régler sur une distinction aussi paralysante entre « l'affaire propre » de la philosophie et une « philosophie critique de l'enseignement ». Dans ses recherches et ses luttes *ouvertes* (c'est-à-dire nécessairement — et heureusement — *publiques,* ce qui ne signifie pas « publicitaires », et dans leur urgence même, elles ne furent pas pour rien dans le retrait du projet de réforme Haby, pour ne prendre que cet exemple), le *Greph* s'est d'abord engagé justement à lier les deux, l'« affaire propre » de la philosophie et la « philosophie critique de l'enseignement ». Il entend démontrer la nécessité de ce lien. Quant à la valeur de « critique », dans l'expression « philosophie critique de l'enseignement », nous y revenons plus loin.

haute estime qu'il avait de la beauté de son génie et de ses expressions, il l'appela Théophraste, c'est-à-dire un homme dont le langage est divin ». Cette généalogie des titres donnés en quelque sorte sur parole se complique encore : Eu-Théophraste aima le fils de son maître ou beau-père. Diogène Laerce : « On dit qu'il aima le fils de ce philosophe, Nicomaque, bien qu'il fût son disciple. » Cet homme à la parole douce et divine eut des foules de disciples, dont Ménandre, le poète comique, plus de 2 000 disciples, dit-on, ce qui indique, surtout en ce temps, une véritable « popularité ». Qu'est-ce qu'un philosophe populaire? Plus ou moins directement [1], cette question sera relancée dans les essais qui suivent. Théophraste en tout cas fut assez « populaire » parmi les Athéniens pour risquer d'y perdre la vie, tout autant que son adversaire, au moment où Agonidès osa l'accuser d'impiété, comme Melitos en avait accusé Socrate. Sous une forme ou une autre, l'impiété n'est-elle pas de tout temps, donc aujourd'hui encore, le chef d'accusation le plus sûr contre tout penseur inquiétant? La catégorie fondamentale de toute inculpation? Et l'impiété ne consiste-t-elle pas le plus souvent à prendre au sérieux l'aléa, la chance, la fortune, la *tukhè?* Cicéron rapporte (*Tusculanes* V,9) que Théophraste fut accusé d'avoir dit : « La reine du monde est la fortune. » Sophocle, le fils d'Amphiclie, fit passer une loi : les philosophes ne pourraient tenir école sans « le consentement du peuple et du sénat, sous peine de mort ». C'est alors le retrait de Théophraste et de quelques autres philosophes. Ils reviennent lorsque, à son tour, Sophocle est accusé d'impiété : « Les Athéniens abrogèrent la loi, condamnèrent Sophocle à une amende de cinq talents et votèrent le retour des philosophes. »

Voter le retour des philosophes! La philosophie doit-elle attendre qu'on lui donne publiquement des voix? A-t-elle

---

1. *Popularités. Du droit à la philosophie du droit,* p. 525.

besoin de majorités (démocratiques ou non)? Dans la logique du discours classique, telle que nous la reconstituons ici, la réponse ne se ferait pas attendre : non, l'interdit ne porte que sur le droit à l'école, à l'enseignement, à la discipline, voire à la doctrine, nullement sur la philosophie *elle-même,* sur la chose même « philosophie », *die Sache selbst,* l'« affaire propre » de la philosophie. Si du point de vue du droit positif, des lois ou de la police, on peut entamer le droit à l'institution philosophique, cette violence ne saurait atteindre un droit naturel à la philosophie : Théophraste, dans son retrait, peut continuer à exercer ce droit, aller droit à la philosophie sans médiation statutaire, tout seul ou à l'intérieur d'une communauté, fût-elle « inavouable » ou « désœuvrée » au sens que Blanchot et Nancy donnent à ces concepts. Une telle communauté n'aurait pas à se confondre avec celle de la cité ni à recevoir de celle-ci sa légitimité ou son autorisation. Non qu'elle soit secrète ou clandestinement à l'œuvre, non qu'elle se compose nécessairement de « membres » « conjurés », « comploteurs » ou même « dissidents ». Simplement elle resterait hétérogène à la loi publique de la cité, à l'État comme à la société civile.

Cette logique dispose de ressources plus riches que celles que j'expose ici de façon schématique et principielle. Mais elle peut toujours inspirer une protestation de ce type : « Que diable avez-vous besoin de vous encombrer de nouvelles institutions philosophiques, publiques ou privées? Pourquoi tenter de les faire légitimer par l'État, la société, la nation ou le peuple? Pourquoi ces détours? Soyez philosophes là où vous êtes, vous-mêmes, soit en silence, soit en parlant à ceux qui peuvent vous entendre, que vous pouvez entendre, avec lesquels vous pouvez vous entendre. Vous n'avez pas besoin de contrat social pour cela, peut-être même n'avez-vous besoin de personne... »

Tentation très forte : un tel discours n'est pas seulement séduisant, il ne manquera jamais, justement, de justesse, de justice et de légitimité. Il a pour lui, en droit, l'absolu du droit, tous les droits. Pourtant, sans le récuser, on peut néanmoins le replier vers ses présuppositions. Sans même le prendre au piège « performatif » de ses propres énonciations, de sa propre discursivité dont il lui faut bien assumer la responsabilité philosophique, on peut déceler en lui une philosophie déterminée. C'est d'abord une philosophie de la langue et du langage. Deux concepts apparemment opposés et irréconciliables de la langue peuvent partager la même « présupposition » et la même interprétation du droit à la philosophie, à savoir celle d'une sorte de droit naturel rigoureusement dissociable d'un droit institutionnel.

Réduisons ces concepts à leur trait le plus typique. Il s'agirait *d'une part* d'un concept techno-sémiotique, purement conventionnaliste et instrumental de la langue. Tout ce qui relève de ces signifiants formalisables appartient à la technique et à l'institution. Mais comme il n'y a pas en principe d'adhérence indissoluble entre la pensée philosophique et une langue naturelle, ce langage formel est accessible à tous et reste lui-même, comme l'institution, extérieur à une sorte de droit naturel, c'est-à-dire originel et universel. Ce technologisme suppose, comme c'est souvent le cas, une sorte de naturalisme originariste sur le fond duquel il se détache. Car, *d'autre part,* soustraire la langue à la sémio-technique, l'originarité de l'idiome à sa contamination instrumentale, c'est aboutir au même résultat. Tout être parlant, avant toute institution, peut accéder à la philosophie, dirait-on alors. Que celle-ci se soit originairement liée par privilège à telle ou telle langue (le grec, l'allemand), cela peut alors avoir plusieurs conséquences : tels idiomes privilégiés sont eux-mêmes étrangers à l'instrumentalisation, à la traduction conventionnelle et à l'institution; ils sont quasi naturels, « naturalisés », même si leur originarité est celle d'un événement inaugural ou d'une institution fondatrice. Et si on considère qu'il n'y a pas de philosophie hors de ces langues, se traduire en elles est une expérience à laquelle en principe tout être parlant doit avoir accès. J'ai à dessein limité la description de cette deuxième hypothèse aux traits d'une typique fort générale : on peut tenter de la vérifier sur des textes de Fichte, de Hegel et de Heidegger, de Benjamin, d'Adorno et de beaucoup d'autres. Dans les deux cas, on sépare un droit originaire (naturel, universel) d'un droit acquis (positif, institutionnel) parce qu'on croit pouvoir séparer, dans la langue, l'originaire et le technique. On méconnaît cette *loi d'itérabilité* dont j'ai essayé de montrer ailleurs qu'elle limite (structurellement et définitivement) la pertinence d'un tel concept de l'origine et de la technique [1].

Selon cette grande opposition typique (non-langue/langue, langue originaire/technique), seul le premier droit, le droit « naturel » – ou plus radicalement un « droit » avant l'opposition *physis/nomos –,* serait immédiatement lié à l'essence du philosophique – ou plus radicalement d'une pensée accordée au *logos* originaire; l'autre serait dérivé, contingent, variable selon les vicissitudes historico-politiques des sociétés dans leur droit positif et leurs appareils juridico-scolaires – ou plus radicalement *epochal.* Cette logique proscrit tout « combat pour la philosophie » qui ne soit en lui-même purement philosophique, l'« affaire propre » de la philosophie, et ne subordonne le juridico-politique au philosophique. En un mot : la philosophie aurait le droit de parler du droit et non l'inverse. Il me faut insister sur ce point puisque la plupart des textes rassemblés dans ce volume prétendent participer à un tel « combat ». L'auront-ils fait au nom de la philosophie? ou au nom d'autre chose qui pourrait être l'affirmation d'une pensée encore ou déjà étrangère à la philosophie et même à la question sur la philosophie? C'est sans doute la forme même de ces questions qui mérite l'attention la plus réservée, patiente, suspendue,

---

1. Cf. notamment « Signature événement contexte », dans *Marges – de la philosophie* (Minuit, 1972) et *Limited Inc* (Galilée, 1989).

disons même irrésolue. Irrésolue d'une irrésolution *singulière* (celle-ci, à ce point) que je ne crois ni négative ni paralysante, pas plus contraire à la pensée qu'à la philosophie et dont je crois donc devoir assumer la responsabilité au-delà de certaines positions prises, des argumentations, des discussions et des engagements les plus fermes. On en trouvera ici plus d'une fois la trace.

Si la philosophie n'est ni « naturelle » ni « institutionnelle », si elle ne parle ni dans une langue originaire ni, tout aussi immédiatement, à travers toutes les langues ou tout système de signes construits à cet effet, est-ce encore au titre de la philosophie qu'on essaie de penser (et d'« agir ») au-delà de ces oppositions sans les disqualifier pour autant? Y a-t-il un droit à penser la philosophie qui se porte au-delà de la philosophie? Avec le droit qu'elle semble ouvrir à elle-même, et proprement, la philosophie excède-t-elle une instance étroitement déterminée du juridique? A quelle philosophie, à quel droit, à quelle loi *(nomos)* se référait Socrate quand il protesta, nous dit Diogène Laërce, contre l'apologie de Lysias? « Ton discours est fort beau, Lysias, mais il ne me convient pas *(ou men armottôn g'emoi)*. » Diogène commente : « Il était en effet évidemment plus juridique que philosophique *(to pleon dikanikos è emphilosophos);* et comme Lysias lui demandait : " Si mon discours est beau, comment se peut-il qu'il ne te convienne pas? ", il lui répondit : " Est-ce que, de même, un vêtement ou des souliers ne peuvent pas être beaux et pourtant ne pas me convenir [1]? " Le sens de cet échange reste énigmatique, et plus encore le commentaire de Diogène. Celui-ci semble impliquer en tout cas que le non-convenable, voire l'inconvenant, le discordant pour Socrate, c'était une apologie trop soucieuse

---

1. Comme pour le passage évoqué plus haut, je me réfère ici à l'édition Garnier-Flammarion de Diogène Laërce, *Vie, doctrines et sentences des philosophes illustres,* trad. R. Genaille, t. 1, p. 242 sq; et 116 sq.

du droit (de la chicanerie juridique, *dikanikos,* de la ratiocination légaliste ou légitimiste), là où il eût fallu une louange ou une défense plus proprement *philosophiques,* c'est-à-dire plus pertinentes quant à ce qu'il était et disait, lui, Socrate, plus accordées à l'« affaire propre de la philosophie », à la philosophie en lui et au-delà de lui, répondant et correspondant à cette voix, à ce signe *(semeion)* qui parlait en lui comme ce démon inné, naturel, pour faire de lui le philosophe qu'il était destiné à être.

Ici la « question de la langue » ne concerne pas seulement ce qu'on appelle globalement la « langue naturelle » ou « nationale », mais aussi, de façon sans doute encore plus discriminante, les sous-ensembles linguistiques, dialectes, codes et sous-codes qui conditionnent, avant toute autre juridiction institutionnelle, l'accès effectif et donc le droit réel à la philosophie. Que *se passe-t-il* si, pour aller « droit à la philosophie » il faut au moins *passer par* une langue et par un grand nombre de *sous-codes* dont la dépendance au regard d'une langue-« souche » est à la fois irréductible et sur-déterminante, cette sur-détermination n'étant autre, précisément, que le procès même de la philosophie? Et si ce passage, pour n'être pas de l'ordre du simple détour ou de la médiation instrumentale, déçoit nécessairement tout désir d'aller *droit à la philosophie?*

Même si on pouvait se passer de toute institution, de tout appareil scolaire, de toute école (au sens grec ou moderne du mot), de toute discipline, de toute structure médiatique (privée ou publique), le recours au langage est indispensable à l'exercice minimal de la philosophie. Cette évidence massive et triviale doit être rappelée non pour elle-même mais pour les conséquences qu'elle devrait entraîner et qu'on n'en tire pas toujours. D'ailleurs, ce que je viens d'appeler « conséquences » mérite peut-être un autre nom, car l'ordre de la dérivation y est justement en question. Au-delà des grandes questions canoniques sur la traduction et le privilège originaire d'une langue naturelle (grec ou allemand) [1], la problématique qui nous intéresse ici touche de façon plus aiguë ce qui, se produisant « au-dedans » d'une langue à l'arrivée de la philosophie, n'a plus son *topos* « entre » différentes langues dites naturelles. Si on affirmait, comme on l'a souvent fait, surtout en Allemagne, qu'en raison des « concepts fondateurs », voire de possibilités lexicales et syntaxiques originales, l'exercice du droit à la philosophie, voire à la pensée tout court, est conditionné par la compétence et en général l'expérience d'une langue (par exemple le grec ou l'allemand); si on ajoutait, comme on l'a souvent fait, surtout en Allemagne, que la compétence ne consiste pas ici à acquérir quelques techniques disponibles, alors l'aventure dont les risques et la fin restent incalculables ne concerne plus une ou deux langues parmi d'autres. Elle engage des itinéraires de traduction qui à la fois conduisent vers ou hors desdites langues. Elle engage *des traductions « à l'intérieur » même de ces langues.*

Cette dernière nécessité suffit à déplacer tous les enjeux. Si on dit : pas de philosophie sans grec ou sans allemand (etc.), cela n'exclut pas seulement *ni d'abord* ceux dont ces langues ne sont pas les « langues maternelles » mais aussi les Grecs et les Allemands [2] qui ne parlent ou n'écrivent pas leur propre langue *d'une certaine manière,* qu'on appelle philosophie, cette manière de parler et d'écrire étant des plus singulières, marquée d'une histoire enveloppée, étrangement tressée avec d'autres histoires et avec d'autres fils de la même langue ou d'autres langues. La philosophie n'est pas seulement liée à une langue naturelle. La question grave et massive n'est pas seulement celle de l'eurocentrisme, de l'helléno-ou du germanocentrisme

---

1. Je me permets de renvoyer encore à *De l'esprit, Heidegger et la question,* notamment p. 110 sq.
2. Dans le Septième des *Discours à la nation allemande,* Fichte développe un argument de ce type. Cf. « La main de Heidegger *(Geschlecht II))* », in *Psyché...* (Galilée, 1987, p. 416-418).

de la langue philosophique. A l'intérieur de chaque langue, européenne ou non, ce qu'on appelle la philosophie doit se lier régulièrement, et différemment selon les époques, les lieux, les écoles, les milieux sociaux et socio-institutionnels, à des procédures discursives distinctes et souvent difficiles à traduire entre elles. La vie de la philosophie est aussi l'expérience de ces traductions « intralinguistiques » parfois aussi périlleuses ou interdites que les autres. Pour accéder *effectivement,* en effet, à ces procédures dircursives et donc pour avoir droit au *philosophique tel qu'on le parle,* pour que la démocratie philosophique, la démocratie en philosophie soit possible (et il n'y a pas de démocratie en général sans cela, et la démocratie, celle qui reste toujours à venir, est aussi un concept philosophique), il faut y être formé. Il faut être entraîné à reconnaître des connotations, des effets dits de style ou de rhétorique, des potentialités sémantiques, des plis et des replis virtuels, toute une économie à l'œuvre dans ce qui n'est peut-être, sous le nom de philosophie, que la pratique la plus économique de la langue naturelle.

Ce souci, qui est aussi celui de la démocratie à venir, traverse tous les débats institutionnels que ce livre évoquera (notamment autour du *Greph*, des États Généraux de la philosophie, de la fondation du Ciph, de la Commission de Philosophie et d'Épistémologie). Si l'on admet ou souhaite une philosophie possible *en français,* si l'on pensait qu'une philosophie *en français* (je ne dis pas la philosophie française) est possible sans être déjà grosse, je veux dire engrossée de traductions (du grec, du latin, de l'allemand, de l'anglais), il ne suffirait pas d'affirmer cet idiome français comme idiome philosophique [1] pour en conclure

---

1. Cette question de l'idiome fut au centre d'un séminaire de plusieurs années sur *Nationalité et nationalisme philosophiques* qui fut le développement nécessaire de celui de 1983-84 *(Du droit à la philosophie)* dont je suis ici la trame ou le schéma. J'espère pouvoir en préparer plus tard la publication.

que tout petit Français, tout immigré né en France, etc., a un droit effectif à la philosophie et que, une fois passé par l'apprentissage « élémentaire » (qu'est-ce que c'est que ça?) de la langue, il pourrait avoir droit à se rendre tout droit à la philosophie. L'exercice (scolaire ou non) de la philosophie a partie liée avec un *certain français,* celui de certains groupes ou milieux sociaux (ne disons pas « classes » pour ne pas aller trop vite) et professionnels, avec leurs dialectes, sous-codes, c'est-à-dire sur-codes, appareils scolaires chaque fois liés à des lieux déterminés de la culture dite générale. Évidences triviales, objets d'analyse aujourd'hui nombreuses et raffinées, certes. Mais l'expérience montre tous les jours qu'il faut les rappeler, en particulier à de nombreux enseignants de philosophie. Certains d'entre eux dénient cette situation que la philosophie aurait dû les entraîner au contraire à identifier. Méconnaissant en particulier les effets de discrimination qu'il engendre, ils veulent protéger un état des choses en conservant à tout prix des modèles rhétoriques, des formes de contrôle, des règles sociales de l'exercice philosophique dont la généalogie est pourtant si particulière, si marquée, parfois si facile à analyser. Pour s'opposer à toute question et à tout changement, certains sont prêts à accuser ceux qui s'inquiètent de cette discrimination (par souci philosophique tout autant que politique) de vouloir « adapter », « ajuster » (entendez « réduire ») la philosophie à une « demande sociale ». Je pense à peu près le contraire : dans ce domaine comme dans d'autres le conservatisme institutionnel sert étroitement une demande sociale qu'il dénie. Les transformations pour lesquelles certains d'entre nous travaillent − et dont il sera souvent question dans ce livre − supposent certes la prise en compte de mutations de toute sorte (sociales en particulier, dans ce pays et dans d'autres), mais non pour y ajuster « la » philosophie à ses dépens : plutôt pour accroître ses chances, ses droits ou les droits qu'elle donne, et qu'elle peut donner à penser autrement.

5. *Passage de la frontière : déclarer la philosophie*

Jusqu'ici, dira-t-on, la question intitulée « droit à la philosophie » aura été traitée ou justifiée de façon formelle, apparemment sans véritable contenu. Et avec ce lexique de la justification ou de la juridiction, de la légitimation ou du fondement, tel qu'il se croise aussitôt avec l'opposition de la forme et du contenu, nous reconnaissons un *topos* inévitable dans toute problématique du droit. Une des critiques les plus insistantes à l'égard du juridisme, comme à l'égard d'un certain « retour du droit » aujourd'hui, vise en particulier son formalisme. Ces critiques ont souvent été d'inspiration marxiste. Rappelons ceci comme un indice et l'amorce d'une nouvelle étape dans cette introduction : tout en prétendant s'enraciner dans un droit naturel pour produire un droit positif et international, la déclaration universelle des droits de l'homme a été entraînée, on le sait, dans une histoire marquante et riche, au moins depuis 1789 et notamment depuis la Seconde Guerre mondiale. A travers de multiples réélaborations, cette histoire semble aller dans le sens d'une détermination croissante des contenus concernés, notamment des « droits sociaux »; et parmi ceux-ci (droit au travail, au repos, à la sécurité, aux loisirs), on trouve le droit à l'instruction, à la culture et à l'éducation. Au sujet de ces derniers, nous devrons nous demander : 1. s'ils incluent et en quel sens, un droit à la philosophie, un droit universel qui porte au-delà des différences nationales mais aussi des différences sociales; autrement dit si la philosophie est une « discipline » parmi d'autres, avec les mêmes droits et les mêmes limites, dans ce qu'on appelle si confusément la culture, et 2. si une pensée (philosophie ou non) qui se donne ou qui revendique le droit de questionner, d'une façon ou d'une autre, l'autorité et les fondements du discours juridique, voire celui des droits de l'homme, peut encore être enseignable, accessible, prétendre faire l'objet d'un droit d'accès universel. En se fiant, au moins jusqu'à un certain point, à la distinction forme/contenu, on doit d'abord marquer qu'un droit à la philosophie ne peut devenir effectif, dans sa définition et dans son exercice, que si toutes les conditions concrètes en sont réunies, et ce que nous venons de dire du langage était indissociable de la totalité de l'existence, dans ses dimensions historiques, sociales et économiques en particulier. Rien de tout cela ne peut faire l'objet d'une seule discipline et conférer à aucune d'elle un privilège absolu.

Nous devons certes nous demander (question 1) si quelque chose comme la philosophie, s'il y en a et qui soit une, est un contenu qui ferait partie, comme une autre partie, du savoir enseignable, de la culture et de tout ce qu'on comprend sous les titres de culture, d'instruction, d'éducation, de formation. Mais tous ces concepts ne se recouvrent pas les uns les autres ; ils ont une histoire, une généalogie (*paideia, skholè, cultura, Bildung,* etc.) et une structure fort complexe : les juristes, les auteurs ou les rédacteurs des Déclarations se posent peu de questions à ce sujet quand ils formulent le droit universel à la culture. On peut soutenir, sans menacer ou dénigrer ni l'une ni l'autre, que la philosophie n'appartient pas de part en part à la culture. Pas plus que la science, ou que la philosophie à la science, etc.

Autre pli, autre complication préliminaire : en tant qu'acte de langage, en tant qu'énonciation de type performatif qui se dénie, dans la mesure où il produit la force de loi en prétendant décrire ou constater une « nature » que tout le monde est censé connaître et partager, une déclaration des droits reste toujours paradoxale : elle ne peut poser et justifier un droit à l'instruction et en lui, par hypothèse, un droit à la philosophie, sans impliquer déjà une philosophie, une instruction, singulièrement une intelligibilité déterminée de ses concepts et de sa langue.

En tant qu'acte de langage, une telle déclaration a toujours été un ensemble d'énoncés philosophiques. Elle prescrit donc *a priori,* même si elle ne mentionne pas cette discipline, l'enseignement et la propagation de la philosophie, d'*une* philosophie, en particulier de *la* philosophie de la langue qu'elle suppose elle-même pour se produire.

Bien que, parvenu à un certain point, le couple conceptuel performatif/constatif paraisse limité dans sa pertinence, avec tout l'appareil théorique qu'il met en jeu, il reste encore précieux pour analyser les énoncés philosophiques et juridiques auxquels nous avons ici affaire. En raison de sa prétention essentielle à se fonder sur un droit naturel, une déclaration des droits de l'homme s'auto-interprète comme un constat descriptif. Elle prétend fonder ses énoncés prescriptifs (par exemple « la loi doit être la même pour tous... ») sur des constats. Le « doit » cède le pas au « est » ou au « peut », mots à l'intérieur desquels la limite entre l'essence, la possibilité et le devoir-être, entre la loi naturelle et la loi positive, entre la nécessité naturelle et la nécessité conventionnelle se laisse franchir de façon subreptice. *Étant naturels ou plutôt devant être naturels à l'homme,* l'accès aux titres (« dignités ») ou à la parole et la liberté elle-même *doivent* être exercés : « Tous les citoyens étant égaux [ou plutôt, par cela même, *devant être égaux*] aux yeux de la loi sont également admissibles à toutes les dignités, places et emplois publics, selon leur capacité, et sans autre distinction que celle de leurs vertus et de leurs talents. » Ou encore : « La libre communication des pensées et des opinions est un des droits les plus précieux de l'homme; tout citoyen peut donc parler, écrire, imprimer librement, sauf à répondre à l'abus de cette liberté dans les cas déterminés par la loi. »

De quelle façon ce discours se légitime-t-il en déniant son pouvoir performatif et en l'enracinant dans une autoreprésentation constative, celle-là même de la philosophie qui s'est toujours voulue langage de l'être disant ce qui est? Les tenants de ce discours, ceux qui le tiennent, soutiennent et font valoir, doivent prétendre décrire ce que chacun (tout le monde) sait être et être vrai. Cela, il s'agit seulement pour eux de le rappeler, expliciter, thématiser dans l'élément du consensus philosophique. Cet élément est transparent – ou promis à la transparence. Mais il a partie liée, de façon non contingente, avec la pratique et l'intelligence de la langue, ici de la langue française. Le 11 juillet 1789, La Fayette déclare à l'Assemblée nationale que le mérite d'une déclaration des droits consiste dans « la vérité et la précision; elle doit dire ce que tout le monde sait, ce que tout le monde sent ». Elle doit donc, elle *doit* mais elle doit seulement constater. Elle doit, en se soumettant à une prescription théorique, à la prescription d'être théorique et non prescriptive, prendre acte (en faisant acte) de ce que tout le monde sait ou sent. Elle est censée ne rien ajouter d'autre à ce savoir que son énonciation explicite. L'impératif porte sur le seul acte de dire : mais encore faut-il « bien » dire, c'est-à-dire « dans la vérité et la précision ». Les problèmes de rédaction ne sont plus extrinsèques : la déclaration des droits de l'homme implique une philosophie, rappel qui ne surprendra personne, mais aussi une philosophie de la philosophie, un concept de la vérité et de ses rapports à la langue. Et l'accès à la déclaration, au contenu de ce qu'elle dit et qui donne le droit à tous les droits, suppose l'instruction et la connaissance de la langue. Seule une instruction et d'abord l'instruction dans la langue peut rendre sensible au droit, et en particulier au droit à l'instruction. Les deux « compétences » s'enveloppent l'une l'autre, elles se replient l'une sur l'autre.

Compte tenu de ce que nous disions plus haut du surcodage ou du sous-codage philosophique à l'« intérieur » d'une langue naturelle, on comprendra facilement que les débats sur la langue et l'école, au moment de la rédaction des droits de l'homme, ne sont pas plus simplement protocolaires que les débats apparemment protocolaires dits de « rédaction ». Il faut toujours — c'est ici le début d'un énoncé prescriptif — tenter d'évaluer, quand nous « parlons philosophie », par exemple, le nombre et la place de tous ceux qui ne comprendraient rien ou pas grand-chose à tous ces enjeux potentiels ou actuels : des milliards d'êtres humains, tous sauf quelques milliers, et parmi le très petit nombre de ceux qui me lisent en ce moment même, le passage de l'information, du sens, les effets d'interprétation ou de persuasion sont très inégalement répartis. Ces différences sont irréductibles, elles définissent le champ même des luttes politiques pour le progrès des droits de l'homme et de la démocratie; et elles ont un rapport essentiel avec l'expérience de la langue, avec l'école et l'enseignement de la philosophie (l'enseignement philosophique, l'enseignement de ou sur la philosophie, les débats au sujet de la philosophie). Le 27 juillet 1789 (15 jours après La Fayette), l'archevêque de Bordeaux, Champion de Cicé, parle au nom du « comité de constitution ». Il reproche à la première rédaction de Sieyès d'être trop abstraite, trop profonde, trop parfaite. Elle suppose « plus de sagacité et de génie qu'il est permis d'en attendre de ceux qui doivent la lire et l'entendre; et tous doivent la lire et l'entendre ».

Cette remarque présuppose une distinction entre le contenu sémantique des droits de l'homme et leur expression langagière. Les premiers étant ce qu'ils sont dans leur intégrité, y ajuster la formulation la plus appropriée aux destinataires ou aux bénéficiaires est une tâche distincte et postérieure. Cette tâche, Champion de Cicé suppose qu'elle peut et doit se régler sur un état statistiquement évaluable (par une sorte de sociologie spontanée) de la capacité d'entendre ce texte. Et d'abord le « tous » auquel il est fait référence. S'agit-il de tous les Français? du « peuple » français, entité qui ne coïncide pas avec l'addition de tous les citoyens (dont certains peuvent ne pas parler la langue) ni de tous ceux qui parlent la langue (et ne sont pas nécessairement citoyens, partie du peuple français)? Ou bien, autre dimension de la présupposition philosophique, tous ceux, français ou non, qui, parlant une autre langue, pourraient recevoir ce contenu sémantique intact à travers une traduction non équivoque? Quand on sait ce que fut la politique linguistique et la politique scolaire de la Révolution française en certaines de ses phases ou certains de ses projets [1], la violence d'une imposition de la langue qui accentuait celle qui s'était amorcée aux XVIe et XVIIe siècles, on mesure mieux les enjeux des phrases que je viens de citer. Le 19 août 1789, Rabaud Saint-Étienne déploie la même logique. Le consensus est ici assez profond pour donner à ces déclarations une valeur typique ou exemplaire. Que demande-t-il? qu'une « déclaration simple, claire, d'un style qui fût à la portée du peuple, renfermât toutes les maximes de liaison et de liberté qui, enseignées dans les écoles, formeraient une génération d'hommes libres, capables de résister au despotisme ».

Qui, déjà, peut comprendre cette phrase? Et que recouvrent des mots comme « peuple » ou « à la portée du peuple », « enseignées » ou « formeraient »? Le peuple, est-ce seulement l'ensemble des citoyens considérés dans un état de culture, d'instruction ou d'éducation minimale, ce qui est à sa « portée » devant être à la portée de tous? Est-ce une donnée, le peuple, ou l'horizon d'une formation? Comme l'indiquent la syntaxe, les modes et les temps de ces énoncés, il s'agit de demandes ou de vœux. On réclame une « déclaration simple, claire, d'un style qui fût à la portée du peuple... », d'un peuple supposé connu et dont on pourrait, au moment de la déclaration, évaluer la compétence linguistique et herméneutique; on devrait même être assuré des conditions techniques de son accès au texte de

---

1. Cf. R. Balibar et D. Laporte, *Le français national, Politique et pratique de la langue nationale sous la Révolution*, Hachette, 1974; M. de Certeau, D. Julia et J. Revel, *Une politique de la langue. La Révolution française et les patois*, Gallimard, 1975. R. Balibar, *L'institution du français. Essais sur le colinguisme des Carolingiens à la République*, PUF, 1985.

ladite déclaration, d'un accès direct ou indirect, par la médiation de représentants (hommes politiques, hommes de loi ou ces instituteurs qu'on projetait d'envoyer pour « franciser » en quelque sorte les villages dans lesquels le « peuple » ne parlait pas français). Dès lors qu'il s'agit de vœux, ils impliquent que ladite déclaration idéale reste à venir. Mais les « maximes » elles, existent déjà. Les « maximes de liaison et de liberté » sont déjà là, formées, pensables et connaissables en somme de tous, et connues dès lors qu'elles sont enseignées dans les écoles. « Enseignées dans les écoles », la syntaxe ne doit pas faire illusion, cela signifie : telles qu'elles *devront* être enseignées dans les écoles. Il faudra décider de les enseigner dans telles écoles si nous voulons former des hommes libres, des hommes qui soient ce qu'ils sont et qui *sachent,* non, qui *savent* ce qu'ils sont. Les hommes *sont* « libres », naturellement, « capables de résister au despotisme », mais ils ne le sont pas encore; ils ne sont pas encore ce qu'ils sont déjà; ils le savent mais ne savent pas encore qu'ils le savent déjà, c'est-à-dire qu'ils ne le savent pas encore. Le temps de l'enseignement comme temps de la formation se loge dans le pli entre ce *déjà* et ce *pas encore,* cet indicatif et ce futur ou ce subjonctif, auquel la grammaire logique (celle qu'on enseigne en général) a du mal à se plier. Le mot de « maxime » semble avoir ici un sens rigoureux. La maxime n'est pas la loi. En termes kantiens, c'est la formulation du rapport subjectif à la loi, la règle d'action conforme à la loi. L'enseignement et la formation seraient dispensés à hauteur de maxime, ce lieu où il faut déployer les règles conséquentes et « synthétiques » d'une action subjective conforme à la loi objective. Cette dernière, en tant que loi « naturelle » ou *« a priori »,* n'a pas, *stricto sensu,* à s'enseigner. Du moins son enseignement, s'il a lieu, resterait un enseignement non « formateur » mais purement philosophique : analytique, maïeutique, il consisterait à révéler, à dévoiler ou à expliciter ce qui est déjà connu – ou supposé tel.

La *connaissance* de ces lois, de ces droits et de cette justice naturelle serait donc le préalable philosophique à toute déclaration intelligible des droits de l'homme, comme à toute institution des lois positives : et d'abord à la constitution d'un État fondé sur cette connaissance. Une des ambiguïtés de la Déclaration de 1789, c'est qu'elle ne se contente pas d'énoncer ou de « rappeler » des principes de droit naturel. Elle pose aussi quelques éléments de droit constitutionnel, par exemple pour ce qui touche à la séparation des pouvoirs. Mais ce qui importe ici, c'est que le droit constitutionnel doive se fonder sur une connaissance philosophique du droit naturel. Mounier le dit à l'Assemblée nationale : « Pour qu'une constitution soit bonne, il faut qu'elle soit fondée sur les droits de l'homme, et qu'elle les protège évidemment; il faut donc, pour préparer une constitution, connaître les droits que la justice naturelle accorde à tous les individus; il faut *rappeler* tous les principes qui doivent former la base de toute espèce de société, et que chaque article de la constitution puisse être la conséquence d'un principe. » J'ai souligné le mot *rappeler*. Il prétend rappeler que l'essence d'une constitution (et surtout de la déclaration des droits qu'elle suppose ici) consiste en un acte déclaratif qui se contente de faire venir au jour de la mémoire ce qui est déjà connu en principe (au principe et en droit). C'est, au moment de la Révolution française, se référer à un concept très déterminé de la déclaration. On l'accordera difficilement, pour se limiter à cet indice, avec la définition qu'en donnera Guizot dans son *Nouveau dictionnaire des synonymes de la langue française :* « Déclarer, c'est non seulement faire connaître ce qui est ignoré. Mais c'est dire les choses exprès et de dessein, pour en instruire ceux à qui on ne veut pas qu'elles demeurent inconnues... »

La figure du pli, de l'explicitation ou de la complication s'impose souvent à nous. Elle n'est pas incompatible, comme on sait, avec celle d'une bande circulaire ou d'une invagination [1]. Le droit à l'enseignement suppose la connaissance et l'enseignement du droit. Le droit à, comme droit d'accès (à quoi que ce soit, l'enseignement, la philosophie, etc.) suppose l'accès au droit qui suppose la capacité de lire et d'interpréter, bref l'instruction.

La circulation de ce cercle s'inscrit dans le grand et vieux concept du *pouvoir*. Elle se signale dans la grammaire et dans la sémantique du verbe *pouvoir,* telle qu'on peut la lire dans les déclarations juridictionnelles, dans les énoncés qui disent le droit. Par exemple, dans le fameux article 11 : « La libre communication des pensées et des opinions est un des droits les plus précieux de l'homme; tout citoyen peut donc parler, écrire, imprimer librement, sauf à répondre de l'abus de cette liberté dans les cas déterminés par la loi. » Le mot « peut », le verbe *pouvoir* à la troisième personne de l'indicatif présent, peut et doit se lire, on est en droit de l'interpréter, de deux façons, simultanément et indissociablement. D'une part, « peut » signifie « doit pouvoir » : non pas « tout citoyen peut » actuellement (est capable de), mais doit pouvoir (être autorisé à) parler, écrire, imprimer (enseigner?) librement. Même s'il ne le peut pas *en fait* aujourd'hui (et c'est bien pourquoi nous *posons,* même si c'est pour la *rappeler,* cette loi normative ou prescriptive), il doit le pouvoir en principe et en droit. Mais d'autre part, en tant que citoyen et sans attendre demain, il le peut : s'il est reconnu comme citoyen, l'État assure l'effectivité présente de ce pouvoir. Le pouvoir d'État est destiné à garantir que le pouvoir du citoyen ne reste pas formel, qu'il cesse d'appartenir au seul ordre du possible, du vœu abstrait ou de la simple prescription. Mais comment assurer le passage entre les deux sens ou les deux modalités du pouvoir? Par un pouvoir-interpréter, pouvoir-parler, écrire, déchiffrer. Celui-ci passe par

1. J'ai tenté d'exposer ailleurs cette topologie de l'« invagination chiasmatique des bords », notamment dans *Parages* (Galilée, 1986).

la pratique de la langue et, dans la mesure où il y va de principes universels, par la philosophie : par la formation du pouvoir comme compétence linguistique et philosophique. Ce dernier pouvoir est certes inscrit dans le cercle mais il est aussi la condition de la circulation du cercle. Il est le devenir effectif du droit, comme *droit à*.

Cette locution, « droit à », avec laquelle nous avons déjà fait beaucoup de phrases, marque une sorte de mutation dans l'histoire du droit. Il est difficile de la dater en toute rigueur mais elle annonce une différence de régime dans les rapports entre le citoyen et l'État, si du moins, comme on l'a fait de Kant à Kelsen, on tient le droit, justement distingué de la morale, pour un système de normes dans lequel l'État se manifeste en exerçant la sanction ou la contrainte. Cette différence de régime fait passer du *droit de* au *droit à,* même si un *droit à* reste virtuellement impliqué dans le *droit de.* Dans l'histoire des déclarations des droits de l'homme et de leurs corollaires, on parle beaucoup plus de *droit à* quand on cherche à déterminer, depuis deux siècles, le contenu des droits sociaux qui devraient remplir la formalité abstraite des droits de 1789. Loin de se contenter de ne pas mettre d'obstacle à l'exercice du *droit de* (droit de propriété, droit de parler, d'écrire, d'imprimer, de résister à l'oppression), l'État doit aussi intervenir activement pour rendre possible l'exercice du *droit à* et en préparer les conditions favorables. L'exemple du « droit au travail » doit pouvoir s'étendre au droit à l'instruction et à la culture. Il doit le pouvoir, il le doit en droit mais nous rencontrons ici une difficulté structurelle – et structurellement double, dès que nous touchons au droit et à la philosophie. D'une part, nous le suggérions plus haut, on ne peut parler d'une *simple appartenance* de la philosophie (et donc du droit, comme de tout savoir en tant que son axiomatique est philosophique) à la culture, à l'instruction générale, aux disciplines qu'on disait naguère fondamentales (dont la liste ne saurait s'arrêter, à l'intérieur d'une distinction plus problématique que jamais entre recherche fondamentale et recherche finalisée [1]) : il ne suffit donc pas d'« étendre » le droit à, par exemple le droit au travail, au droit à la philosophie, comme on agrandirait progressivement un champ homogène. C'est pourquoi tant d'États et de sociétés s'autorisent, sans soulever de grandes protestations, même en régime dit démocratique, à ne pas tout faire pour assurer ce droit. Mais d'autre part, et inversement, le droit à la philosophie et au droit ne devrait pas attendre une extension du droit précisément parce qu'il est *a priori,* principiellement et en droit impliqué dans le sens et la simple intelligence de tout « droit à » : on ne peut pas tenir le discours du droit au travail, par exemple, sans avoir déjà accepté, légitimé, revendiqué même, en principe et en droit, le droit à la philosophie et au droit.

Dans les deux cas, à suivre l'une ou l'autre de ces logiques, l'État doit s'engager à créer les conditions nécessaires à l'exercice d'un droit à la formation philosophique. Comment déterminer ces conditions? Où passent les limites de ce qu'un État doit ou peut faire à cet égard? Où commence, où s'arrête la responsabilité du corps social, de la « société civile »? Pour le droit à la santé ou au travail, on peut feindre de se contenter de certaines généralités ou de certaines évidences : chaque citoyen, ou plutôt chaque habitant doit pouvoir recevoir une formation professionnelle, exercer une profession, participer aux contrats d'assurance sociale, etc. Même si cette détermination reste trop formelle (quelle formation professionnelle? quelles professions? quels soins? comment justifier la massive inégalité entre les citoyens et les catégories d'habitants, etc.?), on sait à peu près ce que l'on nomme. Mais le droit? Mais la philosophie? Qu'est-

1. Cf. plus bas, *Les pupilles de l'Université...* C'est aussi un thème du Rapport pour la fondation du Collège International de Philosophie.

ce que l'État ou la société désignent sous ce titre? Prenons l'exemple de ce qu'on appelait autrefois la « classe de philosophie », aujourd'hui la Terminale, le seul lieu où en France tout le monde semble s'accorder pour dire que « de la philosophie » y est enseignée. Certains pensent qu'elle y occupe déjà trop de place, la France étant un des rares pays où « de la philosophie » soit présente comme telle dans l'enseignement secondaire et le seul où elle y soit présente de façon aussi identifiable et spécialisée. D'autres pensent que cette place est très insuffisante, qu'elle ne devrait pas se réduire à l'espace et au temps d'une « classe » et d'une année. N'entrons pas encore dans ce débat – il occupera presque tout cet ouvrage. Notons seulement une des dimensions de ce désaccord. Il s'agit aussi d'un désaccord sur le nom de la philosophie et de la discipline philosophique. Ceux qui se contentent du peu de philosophie qu'on enseigne en Terminale, comme ceux qui trouvent que c'est encore trop, peuvent répondre à ceux qui parlent de « droit à la philosophie » : de toute façon, dans la mesure où elle est impliquée partout (et d'abord, nous le disions, dans la lecture, l'intelligence ou l'interprétation critique, donc dans l'exercice de tous les droits), on trouve *de la* philosophie partout, en particulier dans les autres disciplines, et dès lors qu'on apprend à parler la langue. Cette philosophie n'a pas besoin de se confondre avec une discipline spécialisée. Cet argument a de grands titres de noblesse dans la tradition philosophique et nous en parlerons plus loin [1]. Au contraire, et pour cette raison même, ceux qui réclament que de « la » philosophie, en tant que discipline spécialisée, soit présente comme telle *avant* la Terminale, redoutent qu'en l'absence d'une discipline rigoureuse, critique et explicite, d'autres contenus (idéologie morale, sociale, politique, etc.) n'occupent de façon insidieuse et dog-

1. Cf. plus bas *Mochlos* et *Théologie de la traduction*.

matique la place de ce qu'ils considèrent comme de « la » philosophie.

Dans toutes ces hypothèses, l'État ou le corps social devront-ils faire plus ou moins qu'instituer une « philosophie en Terminale », avec la chance formellement – très formellement – assurée à chaque citoyen de rencontrer l'une de ces choses qu'on appelle philosophie au moins une fois dans sa vie? Ou bien faut-il aller plus loin? Jusqu'où? Cela passe-t-il par la formation du plus grand nombre possible de professeurs de philosophie? Qui déterminera la mesure de cette possibilité? Selon quels critères? Et pourquoi les professeurs d'autres disciplines – comme certains le demandent – n'auraient-ils pas le droit ou le devoir d'inclure une formation philosophique dans leur propre apprentissage? Et pourquoi cette formation serait-elle réservée aux futurs enseignants professionnels?

Ce sont là des questions concrètes, actuelles, souvent débattues au-delà même du cercle de ceux qui « militent » pour le respect des droits à la philosophie. Quelle que soit leur gravité ou leur complexité, elles enveloppent toutes une autre question qu'on dirait plus « radicale ». Si la déclaration d'un droit cache un performatif sous un constatif, sa « convention » suppose toujours une philosophie. Elle suppose du même coup que son propre sens soit accessible à tous les « intéressés » (ou supposés tels car cette communauté n'est pas encore donnée, elle n'est jamais donnée, mais à constituer par ce droit même). L'accès au sens de cette déclaration (rendu possible par l'alphabétisation, l'introduction à un certain type d'herméneutique, c'est-à-dire à tant d'autres choses), c'est du même coup, dans un seul et même mouvement, l'accès au sens ainsi *accrédité* de *cette* philosophie, de *la philosophie qui* s'y implique.

On est alors en droit, *a priori,* d'exiger de l'État ou du corps social qui signe cette déclaration, en prenant ainsi la responsabilité et prétendant lui donner force de loi, qu'il rende effectif l'exercice de *ce droit à,* du droit d'accès à la philosophie de cette déclaration, au discours qui est censé la fonder ou la légitimer. Première difficulté. Seconde difficulté, plus redoutable encore mais tout aussi inévitable : cette philosophie, celle de la déclaration du *droit à,* est sans doute une grande philosophie, mais ce n'est qu'une philosophie et elle ne se tient pas à l'abri de toute question – philosophique ou non. La philosophie se tient sous cette loi qui veut que le droit à la philosophie ne s'arrête jamais, et ne suspende jamais la question, l'ironie, la *skepsis,* l'*épochè,* le doute devant aucun philosophème, fût-ce celui qui semble fonder de façon déterminante telle déclaration des droits, par exemple les termes d'une Déclaration des droits de l'homme incluant le droit à la philosophie. La Déclaration universelle des droits de l'homme engage naturellement à former par l'« instruction » des sujets capables de comprendre la philosophie de *cette* Déclaration et à y puiser les forces nécessaires pour « résister au despotisme ». Ces sujets philosophes devraient être en mesure d'assumer l'esprit et la lettre philosophiques de la Déclaration, à savoir une certaine philosophie du droit naturel, de l'essence de l'homme qui naît libre et égal en droit aux autres hommes, c'est-à-dire aussi une certaine philosophie du langage, du signe, de la communication, du pouvoir, de la justice et du droit. Cette philosophie a une histoire, sa généalogie est déterminée, sa force critique est immense, mais ses limites dogmatiques non moins certaines. L'État (français) devrait tout faire, et il a beaucoup fait, pour enseigner (ne disons pas nécessairement inculquer) cette philosophie, pour en convaincre les citoyens : d'abord par l'école et à travers toutes les procédures éducatives, bien au-delà de l'ancienne « classe de philosophie ». Que cette entreprise doive rencontrer, aujourd'hui encore, toutes sortes de résistances, c'est un fait massif. Que toutes ces résistances ne soient pas inspirées par des dogmatismes réactionnaires ou des pulsions obscurantistes; que certaines portent non pas en deçà mais au-delà d'un certain état des Lumières ou de l'*Aufklärung,* c'est aussi un fait. Il est certes moins massif, il prête à des équivoques parfois grossièrement exploitées par des idéologues obtus qui y calculent leur intérêt mais il annonce de façon d'autant plus aiguë une difficulté et une nécessité de la pensée.

La logique de ce que nous appelons pour faire vite la Déclaration engage à rendre ainsi effectif le droit à une philosophie, la sienne, mais elle incline à minoriser, marginaliser, censurer (par tous les moyens, qui sont parfois subtils et toujours surdéterminés) les autres discours philosophiques ou les autres discours *au sujet de* la philosophie, en particulier quand leur questionnement déborde la machinerie philosophico-juridico-politique qui soutient l'État, la nation et ses institutions péda-gogiques.

Depuis cet angle, on s'aperçoit qu'un droit à la philosophie ne saurait être un droit parmi d'autres. Sans doute peut-on, sans doute doit-on même en confier les conditions d'exercice à un État, comme État de droit, qualifié pour rendre effectif le droit même qui le pose ou le constitue. Mais ces conditions d'exercice devraient rester *extérieures* au philosophique comme tel. Est-ce possible, en toute rigueur, en toute pureté? Non, mais *extérieures* voudrait dire ici tendanciellement, idéalement extrinsèques : l'État une fois tenu d'assurer les conditions techniques, matérielles, professionnelles, institutionnelles, etc. d'un droit à la philosophie, aucun contrat ne lierait la philosophie elle-même et n'instituerait celle-ci en partenaire réciproque et responsable de l'État. Si on l'exigeait d'elle, fût-ce implicite-ment, elle serait en droit, un droit qu'elle ne tient que d'elle-même, cette fois, nullement de l'État, de ruser avec ce dernier, de rompre unilatéralement tout accord, de façon brutale ou rusée, déclarée ou, si la situation l'exige, subreptice. Cette irresponsabilité devant l'État peut être exigée par la responsa-bilité de la philosophie devant sa propre loi − ou celle de ce que nous appelions plus haut la *pensée* et qui peut, dans des conditions analogues, rompre son contrat avec la science ou

avec la philosophie. Ce n'est pas ici, malgré l'apparence, reconstituer l'intériorité essentielle d'une philosophie dont ce serait
l'« affaire propre » de se justifier elle-même. C'est au contraire
porter la responsabilité encore plus loin : jusqu'à se donner le
droit − ou le privilège − d'interroger encore, sans s'y fier trop
vite, cette limite entre le dedans et le dehors, le propre et le
non-propre, ce qui est essentiel et propre à la philosophie et
ce qui ne l'est pas.

Si l'on suit ce type d'argumentation, le droit à la philosophie
peut être géré, protégé, facilité par un appareil juridico-politique
(et la démocratie, telle que le modèle en est déjà donné, reste à
cet égard le meilleur); il ne peut être assuré, encore moins
produit par la voie du droit, comme ensemble de prescriptions
accompagnées de moyens de contrainte et de sanctions. En
brûlant les étapes, disons que l'acte ou l'expérience philosophique n'a lieu qu'à l'instant où cette limite juridico-politique
peut être transgressée, au moins interrogée, sollicitée dans la
force qui l'aura comme naturalisée. Quant à ce qui lierait cette
transgression à la production d'un nouveau droit, la « pensée »
(qui « est » cela même) doit pouvoir dire son droit au-delà de
la philosophie et de la science. A *travers* la philosophie et la
science, comme nous aurions pu dire il y a un instant : *à travers*
l'État. Il *n'*y a *pas* d'instance pure. La « pensée », mot qui intitule
seulement la possibilité de ce « pas », doit même, au nom d'une
démocratie toujours *à venir* [1] comme la possibilité de cette
« pensée », interroger sans relâche la démocratie de fait, critiquer
ses déterminations actuelles, analyser sa généalogie philosophique, la déconstruire enfin : au nom de la démocratie dont
l'être à venir n'est pas simplement le lendemain ou le futur,
plutôt une promesse d'événement et l'événement d'une promesse. Un événement et une promesse qui constituent le démo-

---

1. [Cf. J. Derrida, « The Politics of Friendship », in *The Journal of
Philosophy,* New York, nov. 1988 (version française développée à paraître)].

cratique : non pas présentement mais dans un ici-maintenant dont la singularité ne signifie pas la présence ou la présence à soi.

6. D'un « ton populaire » — ou de la philosophie en (style) direct (directives et directions : le droit, le rigide, le rigoureux, le rectilinéaire, le régulier)

Comment en sommes-nous venus là ? Pour justifier un titre, *Du droit à la philosophie,* nous avons risqué quelques phrases destinées à lui donner un sens. Pour autant qu'un titre ne fait pas une phrase, il n'a pas de sens. Il a seulement le sens que des phrases virtuelles pourraient lui conférer. Toute phrase, il est vrai, peut aussi fonctionner à cet égard comme un titre au cœur d'un discours. Seuls des artifices juridico-conventionnels peuvent introduire de l'ordre dans cette situation, et dans une mesure toujours limitée. Austin rappelle qu'un mot n'a jamais de sens par lui-même, mais seulement dans une phrase. C'est la première proposition d'un texte dont le titre [1] ne fait pas une phrase actuelle et donc n'a pas, « à proprement parler », de sens. « A proprement parler *(properly speaking),* seule une phrase a du sens *(what alone has a meaning is a sentence).* » N'a de sens que ce qui fait une phrase mais une phrase (n')est une phrase (qu')à cette condition. S'il n'a, à proprement parler, aucun sens, un titre rappelle que c'est à proprement parler le « proprement parler » qui risque bien de n'avoir que peu de sens. Car un titre, en situation de titre garantie par des lois, capitalise tout le sens des phrases virtuelles qu'il appelle et tait à la fois, qu'il convoque et réprime dans le même mouvement. De ce mouvement il tient toute son autorité — une autorité

1. Cf. Austin, « The Meaning of a Word », in *Philosophical Papers,* p. 55). Cf. aussi *Mémoires. Pour Paul de Man* (Galilée, 1988, p. 114 sq.).

silencieuse et intarissable à la fois. C'est la vérité du titre, de tout titre, l'efficace du titre, le coup du titre : il garde le sens qu'il n'a pas, tout le sens qu'il n'a pas, du sens qu'il n'a pas. Il fait sens. C'est son *privilège*.

« Droit » figurait comme un nom dans la plupart des phrases que nous avons formées jusqu'ici pour donner au titre le sens qu'il garde mais qu'il n'a pas et pour articuler tous les rapports du droit à la philosophie. Mais nous n'avons pas encore traité ce segment de titre entre guillemets dont nous notions plus haut qu'il permettait (plus ou moins artificiellement, mais un titre est le lieu le plus artificiel et le plus artificieux du langage) de considérer « droit » comme un adverbe, au sens de « directement », comme dans « aller ˮ droit à la philosophie ˮ ». Que peut ici vouloir dire « droit » comme adverbe ou attribut adverbialisé? Quelle phrase signifiante ou pertinente peut-on faire avec lui dans le syntagme qui l'articulerait à la philosophie? Au lieu de répondre à cette question en ouvrant une nouvelle série d'arguments, essayons plutôt d'analyser un croisement logico-sémantique entre les deux ensembles de phrases. Le lieu de ce croisement me paraît recommander un certain privilège de la référence à Kant. Cela pour de nombreuses raisons, à la fois historiques et systématiques. 1. Parce que Kant nous dit quelque chose de l'opposition droit/courbe ou droit/ oblique dans la problématique du droit *(Recht, Jus)*. 2. A cause de la communication si évidente et si étroite entre un discours de type kantien et le moment de la Révolution française ou l'événement d'une Déclaration universelle des droits de l'homme. 3. Parce que le discours que certaines sciences sociales rapportent aux institutions pédagogiques, notamment à l'enseignement de la philosophie, accorde lui-même une prédominance paradoxale à l'héritage kantien. Cela selon des modes divers et notamment, parmi les travaux les plus marquants et les plus remarquables, par le rôle accordé aux problématiques de l'objectivation (et de l'objectivation de l'objectivation) ou de la légitimation, voire de la licitation. A travers des relais nombreux et compliqués, celui de Weber notamment, ces problématiques *s'expliquent* indéniablement *avec* un héritage kantien, qu'elles l'assument ou non, et assumer ne veut pas dire ici accepter ou adhérer. Je pense naturellement aux analyses de Pierre Bourdieu et à celles qu'elles ont pu rendre possibles.

Dans les limites de cette préface et pour situer plusieurs des essais qui concerneront directement Kant dans cet ouvrage, rappelons la question de la « philosophie populaire », telle qu'elle est posée dans la Préface et dans l'Introduction à la *Métaphysique des mœurs* [1]. La critique de la raison pratique doit

---

1. Dans les limites de ces Remarques introductives, je ne peux aborder pour lui-même le débat si nécessaire que M. Villey ouvre – et clôt aussitôt – en particulier dans sa Préface à l'édition française de la *Métaphysique des mœurs* de Kant (trad. A. Philonenko, Vrin, 1979). Les conclusions de cette longue Préface appelleraient sans doute une longue et minutieuse discussion – et peut-être une refonte générale de cette immense problématique. Elles disqualifient sans ménagement la doctrine kantienne du droit, comme tous les discours philosophiques ou juridiques qui la prennent au sérieux. « Pour nous [juristes et philosophes du droit] la *Rechtslehre* de Kant, qui passe à côté de l'objet, des finalités, de la méthode et des instruments de notre travail, *n'est pas une théorie du droit.* Elle marque le sommet d'une période d'*oubli* de la philosophie du droit. Kant a cru nous parler du droit (il est vrai qu'il était victime des habitudes allemandes de l'École du Droit naturel), alors qu'il faisait autre chose. Si Kant a cru constituer la science des principes, des fondements *a priori,* comme les *mathématiques du droit,* il a commencé par une sorte de *mathématique non euclidienne essentiellement étrangère à notre expérience juridique.* Telle est du moins la réaction d'un juriste historien du droit – qui ne s'attend pas excessivement à être suivi. Aucune chance que des philosophes consentent à prendre au sérieux notre critique de Kant, si tout ce qu'ils connaissent du droit, ils l'ont appris en lisant Kant; ou Fichte ou Hegel; ou d'autres successeurs de Kant, y compris Kelsen. [...]. Sans doute le succès de la *Rechtslehre* peut-il *s'expliquer* en son temps. Elle a pu servir au début du XIXᵉ siècle une *politique* particulière, la cause de l'étatisme, l'individualisme, le libéralisme bourgeois. Mais l'office du juge ni du droit ne fut jamais de se mettre au service d'une *partie...* » (p. 24-25).

être suivie d'un système, à savoir la métaphysique des mœurs, qui se divise en doctrine de la vertu et en doctrine du droit. Cette dernière, autre nom pour la métaphysique du droit, doit se régler sur un concept pur du droit, même s'il appuie sur la pratique et s'applique aux cas qui se présentent dans l'expérience. L'épuisement de la multiplicité empirique est impossible et les cas ne se présentent que sous la forme d'exemples; ils n'appartiennent pas au « système » qu'on peut ainsi approcher mais nullement atteindre. On doit donc se contenter, comme on l'avait fait pour la métaphysique de la nature, des « premiers principes métaphysiques de la doctrine du droit ». Ce qui s'appelle ici le droit, c'est ce qui, nous dit Kant, relève du système esquissé *a priori* et vient s'inscrire « dans le texte » *(in den Text)*, entendons dans le texte principal, tandis que les droits reliés à l'expérience et aux cas particuliers se trouvent relégués dans les Remarques et autres lieux annexes du corpus.

Ici s'impose alors la question de la langue du philosophe, disons plutôt de son discours. Doit-il rester « obscur » ou se faire un devoir de devenir « populaire »? On ne saurait être surpris de voir cette question surgir à propos du droit ou de la métaphysique du droit. La langue du philosophe (la mise en œuvre discursive d'une langue dans la langue) doit en effet devenir populaire, répond Kant à un certain Garve, sauf si cet impératif poussait le philosophe à négliger, méconnaître ou pire, conduire ses lecteurs à ignorer des distinctions rigoureuses, des partages décisifs, des enjeux essentiels pour la pensée. L'exigence et la prudence kantiennes paraissent si exemplaires – et si appropriées à nos débats modernes sur la philosophie et les médias – qu'une longue citation semble ici s'imposer. Que la distinction majeure, stratégiquement déterminante, celle qui ne peut et ne doit en aucun cas se laisser « populariser », soit aux yeux de Kant celle du sensible et de l'intelligible, celle-là même que tant de démarches déconstructives ont traqué depuis longtemps, en elle-même et dans l'extrême diversité de ses effets, voilà une complication supplémentaire. Il faut en tenir compte aujourd'hui si l'on veut concilier les responsabilités de la rigueur philosophique et « déconstructive », les nouvelles donnes de l'espace public ou médiatique et les impératifs de la démocratie à venir. La stratégie du discours public doit être plus retorse que jamais – et sans cesse à réévaluer. Bien que « popularité » ne puisse plus signifier aujourd'hui, si jamais elle l'a pu, « être sensible », comme le suggère Kant qui parle ailleurs de « ton populaire » [1], on peut tirer une leçon formelle et analogique de la réponse à Garve – et d'avance à tous les Garve de la modernité :

> « Au si fréquent reproche d'obscurité, même de celle qui est délibérée, donnant l'apparence d'une profondeur affectée dans l'exposé philosophique, je ne saurais mieux répondre ou remédier qu'en me pliant au devoir que M. Garve, un philosophe au sens authentique du mot, impose à tout écrivain, mais plus particulièrement à celui qui philosophe, ne le limitant en ce qui me concerne qu'à la condition de ne le suivre qu'autant que le permet la nature de la science qui doit être corrigée et étendue.
>
> Cet homme avisé voudrait (dans son œuvre intitulée *Mélanges*, p. 352 sq.) à bon droit, que toute doctrine philosophique, sous peine pour son auteur d'être soupçonné d'obscurité en ses idées – puisse atteindre à la *popularité* (c'est-à-dire être assez sensible pour être universellement communiquée). Je l'admets volontiers, à moins qu'il ne s'agisse d'un système d'une critique de la raison elle-même et de tout ce qui ne peut être prouvé que par sa détermination : c'est qu'il s'agit alors de la distinction dans notre connaissance du sensible et du supra-sensible, laquelle relève cependant de la raison. Ce système ne peut jamais devenir populaire, de même en général qu'aucune métaphysique formelle, bien que ses résultats puissent être rendus parfaitement clairs pour la saine raison (d'un métaphysicien qui s'ignore).

---

1. Cette remarque est développée plus bas, dans *Popularités...*, p. 525 sq.

Il ne faut pas penser ici à quelque popularité (langage du peuple), mais l'on doit en revanche s'attacher à la *ponctualité* scolastique, même si elle est blâmée pour son caractère désagréable (c'est, en effet, la *langue de l'école*) : pour une raison si prompte c'est l'unique moyen d'être amenée à se comprendre d'abord elle-même face à ses assertions dogmatiques.

Mais si des *pédants* prétendent (dans des chaires ou dans des écrits populaires) parler avec des termes techniques, qui ne sont propres que pour l'école, on ne peut pas plus en faire reproche au philosophe critique qu'on ne peut faire grief au grammairien du manque d'intelligence du faiseur de mots *(logodaedalus)*. Le ridicule doit en ceci concerner l'homme, non la science [1]. »

A plusieurs reprises dans cet ouvrage, les conséquences et les implications d'une telle déclaration seront analysées, comme la « scénographie socio-pédagogique » [2] dans laquelle elle s'inscrit. Comment passer des principes de cette pédagogie philosophique (comme pédagogie philosophique des principes) à une doctrine du droit? Comment passer, plus précisément, à cette valeur de « droit » construite sur l'analogie entre ce que le nom désigne (le droit, *jus, right, das Recht*) et ce que signifie l'adjectif ou l'adverbe (direct, rigide, rectilinéaire)? Kant fait allusion à cette analogie et tente de la justifier dans une Remarque (c'est-à-dire, rappelons-nous, dans ce qui n'appar-

1. P. 80. Je prends ici prétexte de cette allusion à *Logodaedalus* pour renvoyer, comme je devrais le faire à chaque ligne, aux deux grands livres de Jean-Luc Nancy qui fraient ici tant de voies : *Le discours de la syncope 1. Logodaedalus* (Flammarion, 1976) et *L'impératif catégorique* (Flammarion, 1983). Dans ce dernier ouvrage, l'article fondamental intitulé « Lapsus judicii » doit recevoir ici un privilège auquel je reviendrai encore plus loin. Sur les passages de Kant que je cite ou évoque en ce moment, voir en particulier le chapitre « L'ambiguïté du populaire et la science sans miel », in *Le discours de la syncope*, p. 56 sq.

2. Cf. plus bas *Popularités*, p. 531.

tient pas au « texte » principal de la métaphysique du droit, n'étant pas inscrit « dans le texte »). La Remarque au § E de l'Introduction à la doctrine du droit traite et prétend justifier l'analogie selon laquelle le droit *(Das Recht, rectum)* est opposé *(entgegengesetzt)* comme ce qui est droit (au sens cette fois de direct ou de rectiligne, *gerade)* à ce qui est courbe *(krumm)* d'une part, oblique *(schief)* d'autre part. *Krumm,* courbe au sens spatial ou physique, signifie aussi, selon une figure psychologique ou morale qui recueille ou relance toute la question, tordu, déviant, fourbe. De même, *schief* (oblique, penché, incliné, gauche) peut comporter une valeur analogique : faux, erroné, mal venu, impropre, fâcheux.

Cette Remarque suit le § E (de l'Introduction à la Doctrine du droit) qui concerne le « droit strict *(das stricte Recht)* ». Le droit n'est strict, il n'atteint à sa stricture propre, que dans la mesure où il est contraignant, astreignant, mais aussi dans la mesure où il lie une « contrainte réciproque universelle » avec « la liberté de chacun », et cela selon « une loi extérieure universelle », c'est-à-dire naturelle. Cette valeur d'extériorité distingue le droit pur de la morale. Le droit n'a pas de for intérieur; ses « objets » *(Objecte)* doivent s'exhiber dans les actions. C'est un domaine de visibilité ou de théâtralité sans pli. Même quand une certaine intériorité est convoquée ou appelée à comparaître (questions de véracité, de remords, d'intime conviction, de mobiles, etc.), on la suppose tout entière exposable – dans un discours ou des gestes expressifs. Cette extériorité du droit strict et pur n'est en rien « mélangée » avec « quelque prescription relative à la vertu ».

Mais l'extériorité ne suffit pas à *fonder* le droit. Elle ne le justifie pas. Selon une sorte de *factum* logico-transcendantal (dont on reconnaît le sillage chez Kelsen), le fondement du droit n'est pas juridique mais moral. « Certes, ce droit se fonde *(gründet sich)* sur la conscience de l'obligation *(auf dem Bewußtsein der Verbindlichkeit)* de tout un chacun suivant la loi [*nach dem Gesetz* – qui signifie aussi l'être *devant la loi, Vor dem Gesetz,* de chacun, un être-devant-la-loi à la fois moral et juridique, donc, et donc aussi antérieur à cette distinction entre les deux lois]; mais pour déterminer par là l'arbitre, il ne peut ni ne doit, s'il doit être pur, s'appuyer sur cette conscience en tant que mobile, mais il doit au contraire s'établir sur le principe de la possibilité d'une contrainte externe, qui puisse se concilier avec la liberté de chacun suivant des lois universelles. »

Cette conscience (exclue comme « mobile » du droit) est néanmoins la conscience du droit strict. Est-ce une conscience morale ou une conscience juridique? La conscience de l'obligation est déjà juridique et encore morale. C'est elle qui « fonde » le droit strict, mais Kant suggère qu'elle n'appartient pas à l'ordre de ce qu'elle fonde. Le fondement du droit strict ne serait pas juridique. Non pas au sens où l'on pourrait dire, selon un geste heideggerien, que la juridicité du droit ou l'essence du droit n'a rien de juridique (avec toutes les conséquences didactico-institutionnelles qui peuvent s'ensuivre) mais au sens où l'être droit du droit, c'est son droit (moral et juridique) à être droit : ordre de la loi et non de l'être. Question de stricture [1].

La possibilité d'une analogie entre le droit et la rectilinéarité a un rapport étroit avec la pédagogie, même si ce rapport paraît principiel et virtuel. Il s'agit en effet de la présentation (*Darstellung*) d'un concept, de sa présentation dans une intuition pure et *a priori* mais suivant une analogie. Kant vient (avant la Remarque, précisément) de définir le « droit strict » : « la possibilité d'une contrainte réciproque complète s'accordant avec la liberté de chacun suivant des lois universelles » (§ E).

---

1. Ces motifs ont été développés ailleurs : celui de la *stricture* de façon très abondante dans *Glas* (Galilée, 1974), notamment autour de la *Philosophie du droit* de Hegel; celui des rapports entre l'être et la loi, au cours d'un débat avec Heidegger, dans *Mémoires. Pour Paul de Man.*

Rappelons encore ce point important : seul un droit parfaitement *extérieur* mérite le nom de droit strict (étroit) même si ce droit se fonde sur la conscience d'une obligation devant la loi. Mais une telle conscience n'est pas le mobile d'un arbitrage juridique qui doit s'appuyer sur la possibilité d'une contrainte *externe,* dans la mesure du moins où elle est conciliable avec la liberté de chacun suivant des lois universelles. Si on a le *droit d'exiger* l'acquittement d'une dette, ce n'est pas dans la mesure où on peut persuader la raison du débiteur mais où on peut le contraindre et cela de façon compatible avec la liberté de chacun « suivant une loi extérieure universelle » : « le droit et la faculté de contraindre sont une seule et même chose ».

Or c'est pour la construction de ce concept pur du droit, à savoir sa présentation dans une intuition pure *a priori,* que la question de l'analogie se pose. Il s'agit de l'analogie entre ce concept pur du droit et la possibilité de mouvements libres des corps sous la loi de l'égalité de l'action et de la réaction. L'analogie entre le droit pur et la mathématique pure s'annonce par un « de même que, de même *(sowie)* ». « Or, de même que dans la mathématique pure » on ne peut dériver d'un concept et de façon immédiate, directe, les propriétés de son objet (d'où la nécessité de « construire » le concept), « de même » la présentation du concept du droit n'est pas rendue possible directement par le concept lui-même, mais seulement par référence à une contrainte réciproque et égale sous des lois universelles. Cette première analogie reste trop formelle et appartient à l'ordre de la mathématique pure. Cela ne suffit donc pas encore à expliquer le recours aux analogies avec le « droit » *(gerade,* rectiligne), le courbe ou l'oblique. Un argument supplémentaire, une autre analogie, doit assurer la médiation – et Kant doit faire allusion au soin que prend, au souci *(Versorgen)* que se donne la raison, une raison pourvoyeuse, providentielle, approvisionneuse : mettre à notre disposition, à la portée de notre entendement, dans la mesure du possible, des intuitions *a priori* qui nous aident à construire le concept du droit. Sans une telle sollicitude de la raison, sans le système de limites qu'elle procure, garantit et franchit *à la fois,* aucune « présentation » ne serait possible et on peut le dire en brûlant les étapes, aucune rhétorique, aucune pédagogie, aucune communication, aucune discussion proprement philosophiques :

> « Mais comme ce concept dynamique dans la mathématique pure (par exemple dans la géométrie) a encore à son fondement un concept purement formel, de même la raison a-t-elle pris soin de procurer autant que possible des intuitions *a priori* à l'entendement en vue de la construction du concept de droit. – Le droit *(rectum)* est opposé comme ce qui est *droit* < *gerade* > d'une part à ce qui est courbe et d'autre part à l'oblique. Dans le premier cas, il s'agit de la *qualité interne* d'une ligne, telle qu'il ne peut y en avoir qu'une *seule* entre *deux points* donnés, mais dans le second cas, le droit résulte de la *position* de deux *lignes* qui se touchent ou se coupent en un point, et dont une *seule* peut être verticale, ne penchant pas plus d'un côté que de l'autre et divisant l'espace en deux parties égales ; suivant cette analogie, le droit veut déterminer à chacun le *sien* (avec une précision mathématique), ce qui ne saurait être espéré dans la *doctrine de la vertu* qui ne peut écarter un certain espace propice aux exceptions *(latitudinem).* »

Nous ne pouvons mesurer ici tous les enjeux de cette Remarque difficile, notamment dans la part qu'elle fait aux *exceptions* dans l'ordre de la vertu. Il nous faut ajouter toutefois une autre raison à celles que nous avons données plus haut pour justifier ce recours à Kant. Sur le trajet de cette longue digression, il ne sera peut-être pas impossible de prendre en vue, de façon oblique, justement, et non droite, ce que nous *faisons* en ce parcours même : ce que nous disons, la forme de ce discours, le privilège accordé à Kant, les justifications qui en sont données. Bref il s'agirait d'une réflexion sur des lois, des normes, une situation dont ces Remarques introductives seraient *aussi* un exemple, traité comme tel (« objectivé »?) comme un exemple, je n'ose pas dire un exercice. Je souligne *aussi* parce qu'il n'est peut-être pas impossible d'y dire et d'y faire, par là même, aussi autre chose.

7. *Ne s'autoriser que de soi-même − et donc, derechef, de Kant*

Si justifiée qu'elle puisse être en elle-même, la référence à Kant et au Kant de la *Doctrine du droit* n'est pas la seule à s'imposer ici, on s'en doute. A quoi ai-je cédé? à quoi cède-t-on quand on accorde cependant un tel privilège?

Qu'est-ce que se référer à Kant pour s'en autoriser, fût-ce pour s'autoriser d'une objection à Kant? Quel bénéfice retire-t-on toujours d'une discussion ou d'une explication avec Kant?

L'analyse minutieuse du discours kantien s'impose réguliè-rement, certes, comme un geste majeur et authentiquement philosophique. Mais ce geste n'est pas seulement nécessaire et intéressant d'un point de vue philosophique au sens *strict* (propre, intérieur, intrinsèque). Il garantit aussi, authentifie, légitime la dignité philosophique d'un propos. Ce geste se donne comme « majeur », il signale la « grande » philosophie, il met à hauteur de canon. Car quelle que soit la nécessité dite intrinsèque de cette référence au discours kantien sur le droit, la morale, la politique, l'enseignement en général, l'enseigne-ment de la philosophie en tant qu'il n'est pas un enseignement parmi d'autres, etc., notre rapport à cette nécessité, l'intérêt ou le plaisir que nous prenons à la reconnaître et à l'exposer (ce qui m'arrive chaque fois que je lis Kant et c'est toujours la première fois), tout cela implique un programme et une répé-tition. Pour beaucoup d'entre « nous » (« nous » : la majorité de mes lecteurs supposés et moi-même), l'autorité du discours kantien a inscrit ses vertus de légitimation à une profondeur telle de notre formation, de notre culture, de notre constitution philosophiques que nous avons du mal à opérer la variation imaginaire qui permettrait d'en « figurer » une autre. Mieux, le « rapport à Kant » marque l'idée même de formation, de culture, de constitution, et surtout de « légitimation », la question de droit, à savoir l'élément dans lesquels nous voyons s'annoncer la situation que je décris en ce moment. Et même dans l'expression « rapport à », un « philosophe français » surentend ou sous-entend la traduction du « rapport à » *(Beziehung auf),* du rapport à l'objet ou à « quelque chose en général », comme syntagme kantien.

L'héritage kantien n'est pas seulement l'héritage kantien, une chose identique à elle-même, il s'excède, comme tout héritage, pour procurer (ou y prétendre) l'analyse de cet héritage et mieux, des instruments d'analyse pour tout héritage. Il faut tenir compte de cette structure « supplémentaire ». Un héritage nous lègue toujours subrepticement de quoi l'interpréter. Il se surimpose *a priori* à l'interprétation que nous en produisons, c'est-à-dire toujours, dans une certaine mesure, et jusqu'à une ligne difficile à arrêter, en répétons.

Celui qui dit cela (moi ici par exemple) n'a pas besoin pour autant de préciser : « je suis kantien » ou « je connais bien Kant ». Le « rapport à Kant » est comme tatoué, c'est l'inscription privilégiée d'un privilège absolu, quasiment naturalisée à même la formation et par elle-même, dans ses programmes, ses valeurs et évaluations implicites, les modes d'argumentation et de discussion qu'elle autorise, les types de sanction et de reproduction qu'elle codifie, les genres d'exercice qu'elle favorise (la dissertation, le mémoire, la thèse), la rhétorique, le « style », l'expérience de la langue qu'elle privilégie. Cela tient sans doute pour une large part à la « figure » de Kant, à l'image publique de ce philosophe dans la *doxa* d'un milieu socio-culturel déterminé par cette scolarité française qui comporta longtemps une « classe de philosophie » : tous les jeunes bourgeois français sont censés avoir entendu parler de ce philosophe sévère, difficile à lire, célibataire, fonctionnaire. Là encore, qu'on lise ou relise *Le discours de la syncope*. Au-delà du baccalauréat et de ce qui en reste dans tous les milieux où ce diplôme est un brevet de culture, Kant est de tous les programmes et disons de tous les jurys de philosophie. Qu'on la suive ou qu'on s'en écarte, Kant est la norme.

Il *faudrait* donc (impératif qui me paraît ici dicté alors que je le dicte) interroger et déplacer cette norme, si possible et si c'est pensable, si la pensée l'exige. Mais pour interroger les lois et les déterminismes qui ont mis en place un tel privilège, il faut encore lire Kant, se tourner vers lui, thématiser le phénomène de son autorité, et donc le sur-canoniser. Cet effet paradoxal de capitalisation est-il évitable? Si on se contentait de « tourner la page », de contourner Kant, de ne plus le nommer, de faire comme s'il n'était pas là, lui-même, c'est-à-dire son héritage, on risquerait de le reproduire encore plus efficacement, naïvement, clandestinement, inconsciemment. Car l'irrigation du discours philosophique commun par les philosophèmes, les mots, les procédures, les axiomes kantiens est le plus souvent souterraine. Elle passe inaperçue tant ses trajets sont compliqués et détournés. Dès lors, au risque de revenir encore à Kant pour accumuler la plus-value d'une surenchère critique, ne *vaut*-il pas mieux, ne *faut*-il pas essayer de lire et donc de situer Kant autrement? Ne doit-on pas au moins commencer par faire apparaître ces effets d'autorité déjà, strictement, « à l'intérieur » (si on peut dire car ce langage est encore kantien) de son œuvre, en y étudiant les procédures de hiérarchisation, de canonisation, de marginalisation, de disqualification, la structuration « interne » du texte, l'exclusion (c'est-à-dire la mise en extériorité) des Opuscules, Parerga ou Remarques? On en trouve un exemple lumineux dans ce que Kant propose au sujet des Remarques dans la Préface aux

Premiers Principes Métaphysiques de la Doctrine du Droit, à savoir que tout ce qui ne relève pas du système esquissé *a priori* n'est pas digne d'appartenir au « texte » principal et se trouve relégué dans des Remarques. Où se trouve à cet égard une Préface qui énonce, prononce et en vérité pose la loi qu'elle énonce? Quel est le lieu de la juridiction? Pour élaborer ce type de question, il faut sans doute lire Kant autrement, mais il ne faut pas cesser de le lire.

Ici quelques autres *remarques* en marge de la Remarque du § E.

Qu'on l'adopte ou qu'on le critique, le modèle kantien exerce son autorité sur tous les dispositifs d'enseignement philosophiques (c'est-à-dire européens) à travers les relais les plus divers (hegeliano-marxistes ou husserliano-heideggeriens). Le fait est sans doute unique mais on peut l'aborder au moins sous *trois angles*. La question de sa singularité, à savoir de son privilège absolu, n'en sera que plus aiguë. La critique et la métaphysique kantiennes sont inséparables de l'enseignement moderne. Elles « sont » cet enseignement, c'est-à-dire qu'elles « sont » l'enseignement sous des formes jusque-là inédites.

1. Elles proposent une pédagogie. Elles situent le moment et la nécessité du pédagogique : hors de la pensée pure des principes, mais comme nécessité d'une remontée aux principes purs, et cela pour le « peuple » comme « métaphysicien qui s'ignore ». Nous avons insisté et le ferons encore (plus loin, dans l'article intitulé « Popularités ») sur cette topique de la pédagogie et sur ce qu'elle supposait de métaphysique (la construction du concept de peuple et de « populaire » à partir de la distinction de la raison et de l'entendement, de l'imagination et de la sensibilité, l'opposition de l'intelligible et du sensible, du pur et de l'impur, de l'intérieur et de l'extérieur, du strict et du non-strict).

2. Passons vite sur le fait que la philosophie kantienne s'élabore et se structure comme discours enseignant. Plus pré-

cisément de professeur dans une Université d'État. Cela ne se remarque pas seulement à ce fait bien connu que Kant écrit des dissertations et des thèses, qu'il a mené une vie de fonctionnaire et qu'il eut avec le pouvoir royal dont il dépendait toutes sortes de débats dont on trouve l'écho en particulier dans *Le conflit des Facultés* et dans *La religion dans les limites de la simple raison*. Cela ne fut le cas d'aucun philosophe, sous cette forme et à ce degré, avant lui. En revanche, après lui, rares furent les philosophes marquants qui ne se sont pas trouvés dans une situation analogue. Ces « faits » étant bien connus, il serait sans doute plus intéressant et plus difficile de reconnaître les marques de cette situation dans la forme logico-rhétorique et le « contenu » même de la philosophie kantienne. Celle-ci fut homogène ou prédisposée au devenir-enseignement-public de la philosophie dans des conditions socio-politiques données : salle de cours, programmes, évaluations et sanctions à l'intérieur d'un dispositif (l'école et l'Université) détenant non seulement un pouvoir de transmission et de reproduction du savoir (chose qui a pu être tenue pour secondaire par certains représentants de la philosophie professionnelle) mais surtout un pouvoir de jugement, d'évaluation, de sanction, c'est-à-dire celui d'une juridiction, d'une instance disant le droit, accompagnant ses déclarations d'une contrainte objective (c'est la définition même du droit selon Kant) et décidant de la légitimité d'un discours ou d'une pensée, de la pertinence et de la compétence, en lui conférant un titre, voire un droit professionnel.

3. Cette *possibilité* du discours kantien est autant un symptôme (et il y en a tant d'autres) qu'un facteur déterminant. Il serait naïf de choisir ici entre les deux termes d'une telle alternative. Il vaut mieux tenter de penser cette « histoire » singulière (le seul privilège qui soit) de telle sorte que le discours, la critique et la métaphysique d'un certain Emmanuel Kant puissent être lus à la fois comme « cause » et comme « effet », sens et symptôme, production et produit, origine et

répétition, autant de distinctions qu'une graphique de l'itérabilité [1] formalise, inscrit en elle comme des « effets » qu'elle
relativise à son tour sans les disqualifier pour autant. « Kant »
est le nom d'un « possible » : rendu possible et rendant possible
à son tour, un possible sans doute produit, porté par la naissance
de l'État moderne et de ses systèmes d'enseignement dont il
partage ainsi les limites et la précarité; comme l'État moderne,
ce possible est aussi porté, certes, et produit par l'histoire des
philosophies antérieures, comme par tant d'autres forces, pulsions, poussées préexistantes. Mais cette formation symptomale
est puissante, rassemblée dans sa formalisation, surdéterminée
et surdéterminante. Elle *possibilise* donc : *à son tour* mais elle
est destinée à ce *tour*. A travers de nombreux relais de poten-
tialisation, elle participe aux opérations les plus structurantes,
les plus productives *et* les plus destructrices, dans l'histoire à
venir des discours, des œuvres et des institutions européennes.
Elle informe la « culture », c'est-à-dire aussi la « colonisation »
européenne, partout où elle opère.

Or la possibilisation de cette puissance est aussi lisible dans
l'organisation dite « interne » du discours kantien. Elle travaille
l'idée critique elle-même, dans son armature rhétorico-concep-
tuelle, son motif architectonique, son système de limites, sa
machinerie d'oppositions sémantiques. Quoi de plus indispensable qu'une telle architectonique pour une institution philosophique chargée si on peut dire (quoique en toute liberté,
bien sûr, dans le respect de l'autonomie académique) par l'État,
voire par un pouvoir civil ou clérical quelconque, d'assumer
la mission de juger, de dire le vrai (mais aussi, et par là même,
d'autoriser ceux qui discernent les compétences, confèrent les
titres, produisent et propagent les légitimités), de dire le droit
ou plus radicalement la vérité [2] et les principes métaphysiques

1. Cf. plus haut, note 1, p. 49.
2. Sur l'autonomie absolue de la faculté de philosophie selon Kant, voir
plus bas *Mochlos...* Ce n'est pas le juriste ou le jurisconsulte en tant que

de la doctrine du droit, de fournir même les critères propres
à distinguer le strict du non-strict, de déduire selon des règles
rigoureuses et déterminantes la possibilité de l'« équivocité »
ou de la « bâtardise » dans l'ordre du droit [1]? Quoi de plus
efficient à cet égard qu'une machinerie discursive de type
kantien avec ses oppositions principielles et tranchantes entre
le sensible et l'intelligible, le phénomène et le noumène, le
phénomène interne et le phénomène externe, le sensible pur et
le sensible empirique, le transcendantal et l'empirique, le pur
et l'impur, l'*apriori* et l'*aposteriori*, l'objectif et le subjectif, la
sensibilité, l'imagination, l'entendement et la raison? Quant
aux difficultés « internes » de cette machinerie, quand elle a le
plus grand mal à maintenir la pureté de ces oppositions (la

tel qui détient l'autorité de dire le droit du droit, le vrai sur le droit, le
juste et l'injuste. Il ne le peut pas plus que le logicien ne peut répondre à
la question « qu'est-ce que la vérité? ». Ayant rappelé ce fait, Kant ajoute :
« Ce qui est de droit *(quid sit juris),* c'est-à-dire ce que disent et ont dit
des lois en un certain lieu et à une certaine époque, il (le jurisconsulte)
peut assurément le dire. Mais la question de savoir si ce qu'elles prescrivaient
était juste et celle de savoir quel est le critère universel auquel on peut
reconnaître le juste et l'injuste *(iustus et iniustus)* lui resteront obscures, s'il
n'abandonne pas quelque temps ces principes empiriques et ne cherche pas
la source de ces jugements dans la simple raison (quoique ces lois puissent
de manière excellente lui servir en ceci de fil conducteur), afin d'établir la
fondation pour une législation empirique possible » (Introduction à la
Doctrine du droit, § B, p. 103-104).

1. « Une définition qui au concept pratique ajoute celle de son *exercice,*
comme l'enseigne l'expérience, est une *définitio bâtarde (definitio hybrida),*
qui montre le concept sous un faux jour » (p. 101). Dans l'Appendice à
l'Introduction à la Doctrine du Droit, le « droit équivoque » *(jus aequivocum)*
est strictement déduit et calmement délimité dans ses deux espèces : l'équité
(droit sans contrainte) et le droit de nécessité (contrainte sans droit). Quel
est le « fondement » de cette « ambiguïté »? « ...le fait qu'il y a des cas de
droit douteux, dont aucun juge ne peut décider » (p. 108). Inutile de le
préciser, ce qui se joue dans les trois pages qui suivent est tout simplement
vertigineux. Comme l'était aussi l'allusion aux « exceptions » dans le domaine
de la vertu.

théorie du schématisme, la critique du jugement et tant d'autres « compositions » ou « mixtures » qui font le délice – et le surcroît d'autorité des grands experts ou répétiteurs de Kant, à commencer par Hegel ou Heidegger), elles sont aussi devenues canoniques. Non seulement elles ne grippent pas le processus de propagation mais elles dotent le canon d'une plus-value de puissance, d'autorité et de longévité.

(Qu'il suffise ici d'en faire la remarque entre parenthèses : la déconstruction, qui se produit d'abord comme déconstruction de ces oppositions, concerne donc aussitôt, aussi bien et aussi radicalement, les structures institutionnelles fondées sur de telles oppositions. *La déconstruction est une pratique institutionnelle pour laquelle le concept d'institution reste un problème,* mais comme elle n'est pas davantage une « critique », pour la raison que nous sommes en train d'exposer, elle ne détruit pas plus qu'elle ne discrédite la critique ou les institutions; son geste transformateur est autre, autre sa responsabilité, qui consiste à suivre avec la plus grande conséquence possible ce que nous appelions plus haut et ailleurs une graphique de l'itérabilité. C'est pourquoi la même responsabilité commande à la fois la philosophie (les luttes pour la reconnaissance du droit à la philosophie, l'extension de l'enseignement et de la recherche philosophiques) *et* l'exercice le plus vigilant de la déconstruction. Tenir cela pour une contradiction, comme le font certains, c'est comprendre aussi peu à la déconstruction qu'à la philosophie. Cela revient à les prendre pour deux termes étrangers ou opposés l'un à l'autre. Quant à la responsabilité à laquelle je me réfère ici, elle n'est plus purement philosophique en effet, ni déterminable à partir de concepts philosophiques de la responsabilité (liberté du sujet, conscience, moi, individu, intention, décision volontaire, etc.) qui sont encore des *conditions* et donc des *limitations* de la responsabilité, parfois des limitations dans la détermination même de l'inconditionnel, de l'impératif et du catégorique. Si donc la responsabilité à laquelle nous en appelons (ou plutôt qui se rappelle ici à nous) excède le philosophique comme tel, nous ne la dirons, pour des raisons évidentes, ni plus « haute » ni plus « profonde » que la responsabilité philosophique (ou bien aussi morale, politique, éthique ou juridique) ni simplement étrangère à elle. Elle y est même *engagée,* ce qui ne veut pas dire de part en part inscrite dans la philosophie, car elle est aussi engagée par des injonctions qui commandent à la fois plus impérativement et plus doucement, plus discrètement et plus intraitablement : entre autres choses de « penser » les déterminations philosophiques de la responsabilité, de l'impératif ou de l'inconditionnel, c'est-à-dire aussi leurs déterminations socio-institutionnelles).

8. *L'hypersymbolique : le tribunal de dernière instance*

On objectera, non sans quelque apparence de raison : bien avant Kant, toute philosophie aura procédé par système de délimitations et d'oppositions conceptuelles; n'est-ce pas là l'essence et le fonctionnement normal des métaphysiques? ne peut-on dire de Platon ce qu'on dit de Kant? Sans aucun doute, et dans cette mesure les discours pré-kantiens jouaient un rôle *analogue* dans leur rapport aux structures politico-institutionnelles. L'étude de cette analogie est un programme vaste et nécessaire, en particulier pour mieux spécifier l'originalité du site kantien et savoir où l'analogie trouve sa limite. Le kantisme, ce n'est pas seulement un réseau puissamment organisé de limites conceptuelles, une critique, une métaphysique, une dialectique, une discipline de la raison pure. C'est un discours qui se présente comme projet essentiel de *délimitation :* pensée de la limite comme *position* de la limite, fondation ou légitimation du jugement au regard de ces limites. La scène de cette position et de cette légitimation, de cette position légitimante, est structurellement et indissociablement juridico-politico-philosophique. Sur une telle scène, qu'est-ce qu'un philosophe? celui qui dit le droit au sujet du droit, le vrai au sujet des rapports entre l'État, la théologie, la médecine, le droit comme tels et la philosophie comme telle. La question kantienne par excellence est la question *quid juris* même si elle n'apparaît pas toujours comme telle, *stricto sensu,* dans sa littéralité (comme elle le fait, par exemple, et au moins par analogie, à l'ouverture de la Déduction des concepts purs de l'entendement). Elle se pose à tout savoir, à toute pratique, et même à toute détermination du concept pur du droit, avant même la Division générale du droit [1] en droit comme science systématique ou comme faculté morale de contraindre autrui à un devoir (« c'est-à-dire comme un principe légal concernant autrui *(titulum))* », puis de la première en droit naturel et en droit positif (statutaire), de la seconde en droit inné (la liberté, seul droit originaire dont dérivent tous les autres, en particulier l'égalité) et droit acquis.

Le juridisme consiste ici à étendre sans limite la forme (non stricte) de la question *quid juris* [2], même là où c'est à une compétence philosophique qu'il revient de dire le droit au sujet du droit, de déterminer l'essence du droit et le concept pur du droit, d'interpréter la fondation comme justification. La

1. P. 110-111.
2. Je renvoie une fois encore à « Lapsus Judicii » (dans *L'impératif catégorique,* notamment p. 50-51). Nancy y décrit remarquablement la doublure ou le doublement qui m'importe ici : « Tel est le sens *proprement juridique* (ni fondateur, ni explicatif, ni interprétatif, ni vérificateur, ni relevant — mais doublant tous ces sens, ou, comme on dit en navigation, les remontant au plus près...) de la question critique : " Comment des jugements synthétiques *a priori* sont-ils possibles? " » (p. 51). Je crois qu'il faut donc préciser ceci : en raison de cette doublure ou de cet effet de double, l'hégémonie du juridique consiste précisément dans l'effacement ou plutôt dans le re-trait du « proprement juridique ». Ou encore : si l'on veut absolument qu'il y ait du *proprement juridique* dans ces conditions, c'est à la condition qu'il ne soit plus *strictement* juridique, etc.

philosophie est la gardienne de ce tribunal de la raison que, après une histoire juridique de la raison, la première Préface de la Critique de la Raison pure (1781) institue ou convoque, « invite » en vérité à « instituer » *(einzusetzen),* ou plus précisément (car ces plis abritent toutes les difficultés), appelle, nomme comme l'institution qui répond à une invitation *(Aufforderung)* faite à la raison pour « entreprendre de nouveau » *(aufs neue zu übernehmen)* « la plus difficile de toutes ses tâches, la connaissance de soi-même ». L'invitation *semble* précéder l'institution du tribunal de la raison, lequel ne serait en somme qu'une répétition.

Mais en vérité elle est elle-même, et déjà, une forme de répétition, puisqu'elle invite à « entreprendre à nouveau » une tâche ancienne. Elle est « une invitation faite à la raison d'entreprendre à nouveau la plus difficile de toutes ses tâches, celle de la connaissance de soi-même, et d'instituer un tribunal qui la garantisse dans ses prétentions légitimes *(der sie bei ihren gerechten Ansprüchen sichere)* et puisse en retour condamner toutes ses usurpations sans fondement *(grundlose Anmaßungen),* non pas d'une manière arbitraire mais au nom de ses lois éternelles et immuables. Or ce tribunal n'est autre que la *Critique de la Raison pure* elle-même ». Comme le dit si bien Nancy, à propos des « faux pas du jugement » :

> « La *Critique* vient donc occuper la place du fondement du droit ; elle est en principe chargée de dire le droit du droit, et de soustraire ainsi le *jus* à la casualité de sa *dictio.* Or *c'est précisément cette opération fondatrice qui s'indique comme acte juridique par excellence :* nous sommes ici devant le tribunal lui-même, au cœur de la *critique* en tant que telle. Pour cette raison, la juridiction de toute juridiction, tout autant qu'elle se dégage du statut juridique (qu'elle s'érige en *privilège*), creuse en elle-même, *du même geste,* la faille infinie dans laquelle elle ne peut manquer de tomber sans cesse à nouveau sur son propre cas. En d'autres termes : parce que la philosophie se pense —

se dit – selon le droit, elle pense (à moins qu'à partir de là elle ne cesse de *se* penser) inéluctablement comme elle-même structurée (ou affectée) par le *lapsus judicii,* par le glissement et la chute qui font partie intrinsèque du défaut de substance dans lequel a lieu la juridiction [1]. »

La critique de la raison pure (le projet et l'œuvre qui porte ce titre, et dont le titre est garanti par toute l'histoire juridique de la raison), c'est sans doute une institution, puisqu'elle a le statut d'un événement non naturel et non originaire, mais une institution qui *répond* (à une invitation) et qui *répète* « à nouveau » une « entreprise » *(Unternehmen)* bien plus vieille qu'elle. L'institution a lieu dans l'itération mais le trait nouveau, disons « moderne », c'est la forme « tribunal » de cette ré-institution d'une tâche ancienne. Sans doute cette modernité s'inscrit-elle aussi dans l'élément d'une latinité ou d'une romanité de la philosophie [2]. Mais avant Kant, où était-on allé jusqu'à constituer la raison elle-même en tribunal ? En un tribunal dont la puissance ou la violence (en tout cas la *Gewalt,* dirait Benjamin [3])

1. *O.C.,* p. 55. Nancy souligne le mot « privilège », ce que j'ai découvert à la récente relecture de ce texte, au moment de transcrire cette citation. *Privilège* était déjà le titre choisi pour ces Remarques introductives. Je me réjouis d'une coïncidence aussi bien venue pour moi : singularité d'une chance et d'une justification, encore une sorte de privilège.

2. C'est l'immense « question *philosophique* de Rome », pour reprendre le mot de Nancy qui, dans « Lapsus Judicii », l'aborde avec ampleur et circonspection, ne se hâtant pas en particulier de clore le débat nécessaire avec Heidegger sur ce point. Tout ce que Nancy dit à cet égard de l'accident, du cas, et du « cas du droit » (p. 36, 37, 41, 43 sq.), est à mes yeux une introduction très forte et très nouvelle à cette problématique.

3. Je me réfère ici à *Zur Kritik der Gewalt* (1921), *(Critique de la violence,* trad. M. de Gandillac, dans *Mythe et Violence,* Les Lettres Nouvelles). Dans une étude à paraître *(Force de loi : le « fondement mystique de l'autorité »)* et consacrée à ce texte énigmatique, j'essaierai en particulier de montrer pourquoi *Gewalt* est difficile à traduire, bien qu'il soit aussi difficile d'éviter le mot inadéquat de « violence ».

tient à ce qu'elle n'est garantie par aucune autre loi que la sienne propre, celle par laquelle, se précédant sans cesse elle-même, elle est à la fois devant la loi et avant la loi. Elle aussi, comme l'homme de la campagne et le gardien de la loi dans le récit de Kafka. Un tel tribunal est tout-puissant « en droit » et « en principe », en puissance tout-puissant puisqu'il ne prétend pas juger ceci ou cela, des « livres » ou des « systèmes » mais, précise Kant, « le pouvoir de la raison en général », autrement dit son propre pouvoir, le fondement de son auto-légitimation absolue : « Je n'entends point par là – la Critique comme tribunal de la raison – une critique des livres et des systèmes, mais celle du pouvoir de la raison en général, par rapport à toutes les connaissances auxquelles elle peut aspirer *indépendamment de toute expérience,* par conséquent la solution de la possibilité ou de l'impossibilité d'une métaphysique en général et la détermination aussi bien de ses sources que de son étendue et de ses limites, tout cela suivant des principes. »

Autonomie absolue du tribunal de la raison, à savoir d'une institution rationnelle qui n'est, en droit et pour ce qui est de dire le vrai du droit, dépendante que d'elle-même. Cette autonomie a son miroir ou sa psyché académique dans la faculté de philosophie : inférieure aux autres facultés (droit, médecine, théologie) dans la hiérarchie réglée sur le pouvoir, elle reste absolument indépendante du pouvoir d'État pour ce qui est de dire le vrai dans des jugements. C'est la structure de ce privilège que j'interroge plus bas dans *Mochlos*.

Il y a le tribunal de la raison – et ce serait la Critique elle-même. Et puis il y a le discours sur le tribunal de la raison, et ce serait la *Critique,* l'œuvre qui porte ce titre, signée d'un certain Kant dont la *Critique de la Raison pure* présente la critique de la raison pure. La présentation est-elle adéquate à ce qu'elle est censée présenter? Cette question elle-même, Kant l'inscrit dans un espace judiciaire. La lecture philosophique est un *procès.* L'auteur est juge et partie, il se récuse donc et laisse le lecteur juge en dernière instance, même s'il prétend encore l'aider un peu en le laissant seul juge. Le destinataire (à savoir la raison du lecteur) est le tribunal de dernière instance. « Lecteur, déjà tu juges / Là de nos difficultés », dira Ponge dans *Fable.* Kant : « Ai-je tenu sur ce point ce à quoi je m'étais engagé? C'est ce qui demeure entièrement soumis au jugement du lecteur *(dem Urteile des Lesers)* car il ne convient à l'auteur que de présenter les raisons *(Gründe vorzulegen),* et non de décider *(urteilen)* de leur effet sur ses juges *(seinen Richtern).* Mais pour que rien ne puisse innocemment venir affaiblir la cause plaidée *(Ursache),* il doit bien lui être permis de signaler lui-même les endroits qui pourraient donner lieu à quelque méfiance, quoiqu'ils ne se rapportent qu'à un but secondaire... »

Revenons un instant en arrière. Qui au juste invitait la raison à « entreprendre à nouveau » la tâche ancienne et à instituer un tribunal, à savoir la Critique? A dessein nous avons laissé cette question suspendue. Certes, en dernière instance, c'est la raison elle-même qui *s'invite* ainsi. Mais quelle en est ici la figure occasionnelle et déterminée? Quel est le sujet grammatical de la phrase qui commence ainsi : « elle est une invitation faite à la raison d'entreprendre à nouveau la plus difficile de ses tâches... »? C'est une « indifférence » *(Gleichgültigkeit),* l'indifférence affectée de ceux qui feignent de ne plus s'intéresser à ces enjeux métaphysiques et prétendent se rendre méconnaissables, passer inaperçus ou donner le change en « transformant la langue de l'école en un ton populaire » *(durch die Veränderung der Schulsprache in einem populären Ton).* Nous avons beaucoup à apprendre de cette situation aujourd'hui encore, et du double diagnostic de Kant. D'une part, en adoptant ce ton populaire en philosophie, en affectant d'éviter le jargon et la métaphysique, ces « indifférentistes » *(Indifferentisten)* retournent inévitablement *(unvermeidlich)* dans cette métaphysique dont ils prétendent s'éloigner pour parler directement au peuple. D'autre part, ce symptôme doit être pris au sérieux et donner à penser au philosophe. Que les « indifférents » le sachent ou non, leur symptôme traduit un « jugement mûr du siècle ». C'est lui, ce symptôme ou le « jugement », qui invite la raison à entreprendre à nouveau la tâche qui n'est autre que celle de la Critique. C'est lui qui invite ou appelle à re-fonder une telle institution :

> « Il est vain, en effet, de vouloir affecter de l'*indifférence* par rapport à des recherches dont l'objet ne peut être *indifférent* à la nature humaine. Aussi ces prétendus *indifférentistes,* quelque souci qu'ils prennent de se rendre méconnaissables, en substituant aux termes de l'école un langage populaire, ne peuvent pas seulement penser quelque chose sans retomber inévitablement dans des affirmations métaphysiques pour lesquelles ils affichent un si grand mépris. Toutefois, cette indifférence qui se manifeste au milieu de l'épanouissement *(mitten in dem Flor)* de toutes les sciences et qui atteint précisément celle à laquelle on serait le moins porté à renoncer, si des connaissances y étaient possibles, est un phénomène digne de remarque et de réflexion. Elle n'est évidemment pas l'effet de la légèreté, mais celui du *jugement (Urteilskraft)* mûr d'un siècle qui ne veut pas se laisser bercer plus longtemps par une apparence de savoir; elle est une invitation faite à la raison d'entreprendre à nouveau la plus difficile de ses tâches, celle de la connaissance de soi-même et d'instituer un tribunal... »

Ce statut de tribunal, un tribunal de dernière instance, assure une formidable puissance à la tradition philosophico-pédagogique ou philosophico-institutionnelle. Elle la lui assure dans toute l'histoire post-kantienne : non seulement dans tous les néo-kantismes et dans la répétition phénoménologique du motif transcendantal mais aussi à travers les critiques de Kant, les renversements de type hegeliano-marxiste et même nietzschéen, dans le projet d'ontologie fondamentale de *Sein und Zeit,* etc. Cette puissance est paradoxale. Qu'elle soit l'envers ou l'alibi d'une abdication impuissante et qu'elle ait un lien si essentiel

au concept moderne de l'Université, voilà l'hypothèse interprétative qui oriente, s'y mettant aussi à l'épreuve, de nombreux
essais de cet ouvrage, comme elle m'a souvent guidé dans les
initiatives « institutionnelles » auxquelles j'ai pris part au cours
des quinze dernières années.

Quelle est cette (im)puissance, cette toute-puissante perte de
pouvoir? Pourquoi et en quoi est-elle assurée par l'autorité de
la question *quid juris* à travers des formes de discours, d'écriture,
d'exposition, des normes d'évaluation et de légitimation, des
modèles d'argumentation philosophique *transcendantaux* (critique et strictement kantien ou phénoménologique et husserlien) ou *ontologiques* (logique absolue de la dialectique spéculative ou matérialiste – jusqu'à ses formes théoricistes et
scientistes les plus récentes –, ontologie fondamentale) ou les
contre-modèles qui retournent la question *quid juris?* L'unité
ou l'unicité de cet (im)pouvoir peut s'analyser au moins depuis
trois angles.

1. *L'hyperjuridisme.* Malgré l'apparence, la question *quid juris*
n'est pas posée par un juge qui fait effectivement comparaître
tous les savoirs, toutes les pratiques, pour les évaluer, les légitimer
ou les disqualifier, bref, pour dire le droit à leur sujet. Non, le
philosophe, en tant que tel, est celui qui s'accorde le privilège
et se donne le droit unique de juger le juge, de poser-reconnaître-
évaluer les principes même du jugement dans sa constitution et
ses conditions de possibilité. Il ne s'agit pas d'une *hybris* personnelle, mais du statut même de philosophe. Est philosophe
celui qui parle et agit ainsi, qu'il soit ou non un professionnel
de la philosophie, qu'il occupe ou non une position statutaire
à cet égard. Cela peut arriver, occasionnellement, à n'importe
qui ou, très souvent, au représentant d'une discipline non philosophique, un historien ou un juriste, un sociologue ou un
mathématicien, un logicien, un philologue, un grammairien, un
psychanalyste, un théoricien de la littérature. Ce philosophe qui
fait valoir, explicitement ou implicitement, au sens large ou au

sens strict, la question *quid juris* ne se contente pas d'examiner un jugement ou de dire le droit à l'œuvre dans un champ constitué. Il s'apprête à dire le droit (au sujet) du droit. Nous le vérifierons dans sa pure littéralité en lisant plus tard *Le Conflit des Facultés,* notamment ce qui y concerne les rapports entre la faculté de droit et la faculté de philosophie : vient un moment où la vérité sur le droit n'est plus de la compétence du juriste mais du philosophe. Le droit de dire la vérité (par des énoncés théorico-constatifs) sur le droit et sur les jugements des juristes doit être accordé sans aucune limite par le pouvoir d'État (en l'occurrence un pouvoir monarchique, mais le point est ici secondaire) à la faculté de philosophie en tant que telle. Dépouillé de certains caractères particuliers (le rapport entre un certain état de la philosophie, en un lieu et un moment déterminés, et un certain État, un certain état de la monarchie prussienne, etc.), le schéma de cette revendication se maintient intact dans ses nervures à travers les structures, les discours et les concepts de l'*universitas* philosophique après Kant. Selon ce schéma, la philosophie n'est pas seulement un mode ou un moment du droit, pas davantage une légitimité particulière autorisant des légitimités particulières, un pouvoir de légitimation parmi d'autres : c'est le discours de la loi, la source absolue de toute légitimation, le droit du droit et la justice de la justice, en tant que tels, dans les formes réflexives de l'auto-représentation.

Un tel pouvoir semble rester formel, confinant son impuissance effective dans l'auto-représentation spéculative de quelques chaires de professeurs, des ouvrages à faible tirage, des effets de bibliothèque dont la lumière n'atteint la place publique qu'exténuée par des séries de filtres et de traductions. Cela ne change rien à la structure de cette auto-représentation. Son lien au tissu historique et politique est plus complexe. Même si cet (im)pouvoir correspondait au fantasme parqué de quelques experts enfermés avec leurs étudiants dans un séminaire, un institut, un collège ou des bibliothèques, ce qu'il représente est paradoxalement représenté ailleurs et autrement que par ses représentants statutaires : partout dans la structure socio-historique qui a rendu possible ce discours philosophique. Comme « société » et « histoire » correspondent encore à des lieux de l'onto-encyclopédie organisée selon ce schéma, ces mots et ces concepts (« socio-historiques ») désignent encore les choses dans le langage contrôlé par la structure que nous analysons. Leur pertinence est donc d'avance limitée. Ce n'est pas un philosophe en tant que tel qui peut analyser cette structure qui le construit, mais par définition, ce n'est pas davantage un historien, un sociologue, un juriste, etc., *en tant que tels*.

2. *L'hyperbole*. L'excès de la question *quid juris* prend un relais, nous l'avons dit. Sous la forme de l'hégémonie juridique, elle relance des hyperboles philosophiques de forme pré-kantienne : par exemple la transcendance de l'*epekeina tes ousias* qui porte au-delà de l'étant(ité), donc au-delà de toutes les régions de l'étant et du savoir, de toutes les disciplines, chez Platon ou chez Plotin. Heidegger ou Levinas, chacun à sa manière, en assument explicitement la tradition. C'est à ce sujet que Platon parle précisément d'une *hyperbole* dans *La République*. Cet excès porte au-delà de l'encyclopédie, c'est-à-dire du cyle de la pédagogie parcourant le cercle total du savoir et toutes les régions de l'étant (ou, chez Kant et Husserl, de l'objectivité : de l'étant déterminé comme objet). L'hyperbole est destinée à assurer du même coup l'unité du savoir universel, elle surplombe et maîtrise *symboliquement* le tout de ce qui est (dans la forme de la connaissance, d'une *praxis* théorique, voire d'une éthique ou d'une politique éclairées, c'est-à-dire prétendant se justifier par un savoir).

L'*hyperbole* est donc aussi un *symbole* – un ordre symbolique, pourrait-on dire en un autre sens – en tant qu'elle rassemble et constitue, configure et maintient ce qu'elle déborde. Elle fait comparaître en s'autorisant elle-même. Le sujet de cette auto-autorisation s'institue en cette hyper-symbolique, il ne préexiste pas au privilège par lequel sa magistralité ou sa maîtrise vient à s'instituer, sans avoir à comparaître devant quiconque ni à rendre compte à quelque tribunal préexistant, seulement à énoncer d'un performatif « je suis, j'aurai été celui que je suis ou aurai été ». Dès lors qu'on *s*'autorise à poser la question *quid juris* à n'importe qui, à n'importe quel savoir, à n'importe quelle action, on peut faire comparaître, comme devant un tribunal qui fait venir ou prévenir (le prévenu autant que le témoin), la totalité pré-venue ou pré-sumée, pré-sommée, du champ encyclopédique comme champ de la *paideia,* de la *skholè,* de la culture, de la formation, de la *Bildung,* de l'*universitas.* L'Université est une possibilité, sans doute la possibilité majeure et essentielle de cette comparution. En droit. C'est l'espace de la société moderne comme Université, comparution générale devant la vérité de la loi, et d'une loi enseignable, d'une loi qui enseigne comme encyclopédie. Elle est totalisable, elle est mise en perspective depuis le *telos* de la totalisation, même si celle-ci reste problématique, impossible ou interdite, même s'il faut distinguer entre une totalité (inaccessible à l'expérience) et une idée infinie (idée « cartésienne » de l'infini sur le fond de laquelle, par référence explicite, Levinas délimite et critique la totalité, Idée infinie au sens kantien qui joue encore un rôle décisif dans la téléologie transcendantale de la phénoménologie husserlienne), même si la question du sens de l'être s'arrache à la question de la totalité de l'étant pour Heidegger. Même s'il démontre l'impossibilité de la totalisation, même s'il dénonce le mal de la totalité ou du totalitarisme, même s'il appelle à la question au-delà du tout, est philosophe celui qui, dans la tradition du *quid juris,* dit (quelque chose de) la totalité de l'étant, du rapport *symbolique et hyperbolique, hyper-symbolique* qui lie le tout à l'au-delà du tout et permet justement d'en parler, autorise la parole à son sujet. Le philosophe est celui qui s'autorise à parler du tout : donc de tout.

Telle est sa mission, tel son pouvoir propre, celui qu'il se lègue ou délègue en se l'adressant à lui-même, par-delà toute autre instance. Dire de cette auto-permission qu'elle définit le pouvoir autonome de l'Université en tant que philosophie et concept philosophique de la philosophie, cela ne signifie pas que ce discours soit tenu ou sous-entendu seulement dans l'Université, et encore moins dans les chaires de philosophie. Il correspond à l'essence du discours dominant dans la modernité industrielle de type occidental. Que d'une part il se déconstruise de tous les côtés et selon divers modes (la possibilité de l'hypersymbolique destitue ce qu'elle institue, détruit en construisant), que d'autre part ceux qui peuvent l'articuler sous sa forme magistrale et philosophique dans des institutions académiques soient dotés de si peu de « pouvoir réel », cela ne change rien à la figure et à l'essence de ce pouvoir. La « vérité » de ce discours universitaire disant la loi de la loi se trouve ailleurs sous d'autres formes. Il faut corriger sa perception et reconnaître le lieu universitaire hors des murs de l'institution : dans l'allégorie ou la métonymie de l'Université, dans le corps social qui se donne ce pouvoir et cette représentation.

3. *La docte ignorance.* Un certain non-savoir s'associe intimement à l'excès hypersymbolique de cette puissance de questionnement critique qui appelle à comparaître toute compétence et pour cela doit rester formelle. Pour traduire cette nécessité en caricature malveillante, on dirait que le philosophe s'autorise à connaître de tout à partir d'un « je ne veux pas le savoir ». Le contenu effectif des savoirs positifs dans chaque région de l'encyclopédie ne relève pas de la philosophie. Situation paradoxale dont nous connaissons parfois les effets les plus concrets. Le philosophe se donne le droit (même s'il ne le prend pas toujours en fait) à l'incompétence dans tous les domaines de l'encyclopédie, tous les départements de l'Université. Il le fait tout en revendiquant celui de dire le droit au sujet de la totalité de ces savoirs et de l'essence du savoir en général, du sens de chaque région de l'étantité ou de l'objectivité. Cette postulation

est commune, malgré toutes les différences, à Kant et à Husserl, à Hegel et à Heidegger (en tout cas à celui de *Sein und Zeit*). Certains philosophes disposent parfois d'un savoir déterminé, certes, du moins dans certaines disciplines et de façon d'ailleurs toujours inégale. Il est certes requis que l'apprentissage philosophique implique une certaine formation (scientifique, surtout hors de France, de l'ordre des « humanités » – arts, littérature et sciences humaines – surtout en France). Cela pose toute sorte de problèmes intéressants et graves mais ne change rien à la structure essentielle de la position philosophique et à la généralité du dispositif. Une incompétence essentielle et revendiquée, un non-savoir structurel construit le concept de la philosophie comme métaphysique ou comme science de la science. Cela n'exclut pas dans certains cas (Kant, Hegel ou d'autres) une impressionnante compétence scientifique. Mais elle est toujours de type « historique » au sens où l'entend Kant dans *Le conflit des Facultés* : elle concerne ce qu'on apprend d'autrui sous la forme de résultats : c'est un savoir déjà produit et accrédité ailleurs, qu'on peut seulement exposer ou doit raconter sans faute. Mais en droit, justement, ce contenu de savoir historique et positif n'est pas requis, si choquant que cela puisse paraître. Il reste extérieur à l'acte philosophique comme tel. Cette extériorité (qui pose les énormes problèmes des normes de la formation philosophique) potentialise la puissance *et* l'impuissance du philosophe, dans sa posture armée d'un *quid juris,* la puissance impuissante de l'Université moderne comme lieu essentiellement philosophique, sa force vitale et sa précarité déconstructible, sa mort continue, terminable interminable. La plupart des textes rassemblés en ce livre [1] associent

---

1. Remettre en cause la hiérarchie (pyramidale et synoptique) qui, au nom de la question *quid juris,* subordonne des sciences ou des ontologies régionales à une logique absolue, à une phénoménologie trancendantale ou à une ontologie fondamentale, ce fut l'une des premières tâches de la

le vieux thème de notre modernité (la mort en sursis de la philosophie) à la situation historique de ce privilège.

9. *Objectivité, liberté, vérité, responsabilité*

Cette dramaturgie, nous ne la repérons pas seulement dans les institutions philosophiques, dans leur gloire et dans leur agonie. Elle se déploie dans les autres départements du savoir en tant qu'ils doivent intérioriser cette posture conceptuelle de la philosophie.

Existe-t-il une discipline universitaire capable, en tant que telle, de connaître une telle dramaturgie, de la prendre en vue, de la constituer en scène, d'en faire l'objet d'un spectacle, d'un thème ou d'une analyse objective? d'*en connaître,* au double sens de la connaissance et de la juridiction compétente? La réponse à cette question ne saurait être décidable (oui ou non) et c'est pourquoi 1. la question n'a pas de statut critique 2. le schéma de ce que nous venons de décrire ne saurait de part en part se résumer à ce qu'une scène peut offrir de visibilité thématique ou d'objectivité. Il s'agit d'une topologie paradoxale dont les lieux ne s'exposent jamais totalement. Aucune synopsis, aucune intuition, aucun discours n'est simplement *en face* de cette chose. Le savoir qui la concerne (histoire ou science sociale des intellectuels, de la culture, des institutions scolaires et universitaires, ici plus précisément de l'institution philoso-phique) doit à la fois s'acharner auprès de cette tradition « kantienne » et se soumettre à son axiomatique. Le geste « pragmatique » de ce savoir est nécessairement ambigu, ambi-

déconstruction entreprise dans *De la grammatologie* (Minuit, 1968, chap. 1, notamment p. 35), ou dans *La différance* (1967) dans *Marges de la phi-losophie* (Minuit, 1972, notamment p. 27-28, n. 1). Il y allait déjà de « l'idée même d'institution » et des oppositions dans lesquelles elle se laisse construire − et reste donc déconstructible (*De la grammatologie,* p. 65 sq.).

valent, retors. Il doit à la fois critiquer et surévaluer son
« objet », le réinstituer en déconstituant sa généalogie. Le présent
discours ne saurait échapper totalement à la loi de cet espace,
même s'il tente au moins de laisser filtrer une autre lueur, ou
plus précisément de se laisser infiltrer par une lueur qui déjà
vient d'ailleurs et passe par tant de lézardes.

Le travail qui se fait au titre des disciplines que je viens de
nommer ainsi (histoire ou sciences sociales) est toujours nécessaire, salutaire, parfois très nouveau. Je n'en prendrai, à titre
indicatif et seulement pour amorcer une discussion possible,
qu'un exemple, le plus proche et à mes yeux le plus intéressant.
Pour les raisons que je viens d'indiquer, je lui donnerai son
nom de discipline institutionnalisée, bien que ce titre soit
justement aussi le nom du problème qui m'importe ici. Je
veux parler de la « sociologie » inaugurée ou orientée par Pierre
Bourdieu [1]. Dans ce qu'il écrit lui-même, comme dans ce
qu'écrivent certains chercheurs proches de lui, la référence à
Kant et à la tradition kantienne reçoit un évident privilège.
On pourrait en multiplier les indices, à commencer par *La
distinction, Critique sociale du jugement*. Au-delà du titre général
du livre, qui joue à citer un titre kantien en le déplaçant et
en le retournant contre lui, non sans en tirer, le soulignant au
passage, un effet de style et un bénéfice ambigu de légitimité,
au-delà même du *Post-scriptum* (« Éléments pour une critique
" vulgaire " des critiques " pures " »), le livre tout entier est

1. Dans le séminaire de 1983-1984 dont je suis ici l'argument, plusieurs
séances furent consacrées à une lecture questionnante, parfois détaillée, de
La distinction (Minuit, 1979), en particulier de ce qui y concerne Kant (et
quelques autres) dans le « Post-scriptum, Éléments pour une critique " vulgaire " des critiques " pures " » (p. 565 sq.). Cette lecture s'étendait au riche
numéro des *Actes de la recherche en sciences sociales* qui venait d'être consacré
à *Éducation et philosophie* (47/48, juin 1983, articles de J.-L. Fabiani,
L. Pinto, W. Lepenies, P. Bourdieu). Comme je ne peux retenir ici que le
principe abstrait de mes questions, j'espère pouvoir y revenir ailleurs.

aussi une sorte d'explication avec Kant. Négligeant tout ce que cette explication a de nécessaire et de nouveau, je dois m'en tenir ici à un seul trait, l'interprétation de la vérité comme « objectivité ». Quelles que soient toutes les critiques de Kant, toutes les distances prises à l'égard d'une tradition qu'il inspire et des déterminations sociales qui s'y exhibent en s'y dissimulant, la nécessité même de ces opérations, leur axiomatique, je dirai même la position philosophique qui soutient les procédures dites d'« objectivation », doivent habiliter ou ré-habiliter, ré-instituer le projet de la critique kantienne, réassumer ce que celui-ci commence par assumer. La valeur de l'énoncé scientifique, sa vérité est en effet déterminée comme « objectivité ». L'objectivité est interprétée comme rapport « éthique », c'est-à-dire lucide et *libre* [1] à ce qui doit donc avoir la forme,

---

1. Associé à ce qui est aussi une « entreprise de connaissance de soi », le souci « éthique » est souvent assumé comme tel par Bourdieu. Ces mots mêmes apparaissent, entre autres lieux, dans un entretien avec Didier Éribon, après la publication de *Homo Academicus* (Minuit, 1984) (*Nouvel Observateur*, 2 nov. 1984). Quant à ce qui lie le thème de la « liberté réelle » ou des « vertus libératrices » à celui de la « question critique » et de l'« objectivation », on se reportera surtout au texte le plus direct à cet égard, « Les sciences sociales et la philosophie », in *Actes...* (*O.C.* surtout p. 45, 51-52). Par exemple ceci – que je cite à la fois pour souscrire à un programme (que je formulerais sans doute autrement) et pour relancer une interrogation sur le motif conjoint de la liberté et de l'objectivité : « De même, comment ne pas voir les vertus libératrices d'une analyse de la rhétorique spécifiquement philosophique, et notamment des figures de mot et de pensée qui ont le plus haut rendement symbolique dans la caractérisation d'un écrit comme " philosophique " ou dans l'attribution à son auteur d'un " esprit philosophique "... » ou encore « ... c'est à condition de connaître l'histoire de la pensée que l'on peut libérer la pensée de son histoire. Seule en effet une véritable histoire sociale de la philosophie peut assurer une liberté réelle par rapport aux contraintes sociales, objectives ou incorporées. » « Objectiver les conditions de production des producteurs et des consommateurs du discours philosophique, et en particulier les conditions qui doivent être réunies pour que ce discours se trouve investi d'une légitimité

la place, le statut, l'identité, la stabilité visible, fiable, disponible et calculable de l'*objet*.

Pour constituer cette objectivité, au double sens de ce mot (l'attitude du sociologue et le caractère, l'être-objectif de ses objets), il faut « objectiver », constituer en objets ce que les sujets (par exemple des philosophes, des héritiers ou lecteurs de Kant) n'ont su par définition objectiver de leur pratique, de leur appartenance socio-institutionnelle, de leur désir de pouvoir symbolique, etc. L'« objectivation du jeu culturel » [1] est un impératif auquel on est sans cesse rappelé. La conséquence inéluctable du même impératif en est clairement et rigoureusement tirée par Bourdieu lui-même à la fin de *La Distinction* (p. 598). C'est le programme ou l'idée régulatrice d'une « objectivation complète » couvrant aussi « le lieu » et les opérations de l'objectivation, à savoir ici la sociologie même : « L'objectivation n'est complète que si elle objective le lieu de l'objectivation, ce point de vue non vu, ce point aveugle de toutes les théories, le champ intellectuel et ses conflits d'intérêts, où s'engendre parfois, par un accident nécessaire, l'intérêt pour la vérité; et aussi les contributions subtiles qu'il apporte au maintien de l'ordre symbolique, jusque par l'intention de subversion, toute symbolique, que lui assigne le plus souvent la division du travail de domination. »

Nous devons ici nous limiter au plus schématique. La prise en compte de l'« accident nécessaire » ne relève plus du principe

proprement philosophique, c'est se donner des chances accrues de suspendre les effets de la croyance socialement conditionnée qui porte à accepter sans examen tout l'impensé institué. Une pensée des conditions sociales de la pensée est possible qui donne à la pensée la possibilité d'une liberté par rapport à ces conditions. »

1. « ...il n'est pratiquement pas de mise en question de l'art et de la culture qui conduisent à une véritable objectivation du jeu culturel, tant s'impose fortement aux membres des classes dominées et à leurs porte-parole le sentiment de leur indignité culturelle », *La Distinction*, p. 280.

de raison dans son interprétation dominante (objectiviste et calculatrice). Elle marque souvent l'écart entre la déconstruction (celle du moins qui m'intéresse) d'une part, la philosophie et les sciences d'autre part. Rappelons-nous ce que nous avons noté plus haut en passant au sujet du sort réservé aux concepts « hybrides », aux « exceptions » et à la chance (*tukhê*, aléa, fortune, etc.).

Deux types d'hypothèses peuvent être ici envisagées. Dans l'hypothèse d'une « objectivation complète » (incluant le tout de la sociologie objective ou objectivée, sa généalogie, ses axiomes éthiques et scientifiques, ses sujets, ses intérêts, ses institutions, ses modèles logico-rhétoriques, sa stratégie qui travaille à la « subversion » mais aussi au « maintien de l'ordre symbolique » tout en objectivant – autant que possible – une telle contradiction, etc.), d'une « objectivation complète », c'est-à-dire d'une objectivation accomplie et non maintenue au titre d'idée régulatrice, une telle prise en compte devrait reconstituer le métalangage d'un savoir absolu qui placerait la « sociologie » à la place de la grande logique et lui assurerait l'hégémonie absolue, *c'est-à-dire philosophique* sur la multiplicité des autres régions du savoir, dont la sociologie ne ferait plus simplement partie et devrait se trouver (comme je le crois chaque fois que je souscris à ses projets les plus radicaux) un autre nom. Je ne crois pas que Bourdieu juge *effectivement* possible cette objectivation complète, même s'il paraît parfaitement justifié à tout faire pour l'approcher. Et la tâche est infinie. Mais (deuxième type d'hypothèse), si la tâche est infinie, ce n'est pas seulement parce qu'il y aura toujours plus à faire et parce que ce qui se déploie à perte de vue, c'est le contenu de ce qu'il y a à objectiver, en particulier du côté de l'objectivation elle-même (lieu et intérêts, « habitus » des « sujets » objectivants, héritage, appartenances de toute sorte, style, méthodes – langue! etc. voir première hypothèse). L'« objectivable » n'est pas objectivable parce qu'il déborde toujours la scène de visibilité. Mais

au-delà de toutes les analyses qui ne peuvent que rester ina-
chevées, la tâche est infinie pour une raison *d'un autre ordre*
qui, en quelque sorte, plie ou interrompt le déploiement homogène d'un progrès sans fin – et finit l'infini : c'est que l'« accident
nécessaire » qui parfois « engendre » l'« intérêt pour la vérité »
peut aussi induire un *supplément d'objectivation* qui n'appartient
plus à l'ordre de l'objectivité, ni davantage, donc, à celui de
la subjectivité, et laisse place à une question sur la « vérité »
de l'objectivité, sur la généalogie de cette valeur d'objectivité,
sur l'histoire de l'interprétation de la vérité comme objectivité
(une histoire soustraite aux historiens comme à tout savoir
« objectivant » par définition) – et donc à un nouveau type de
question sur cette détermination même de la tâche infinie qui
garde un rapport essentiel avec le procès de savoir comme
procès d'objectivation [1].

Autrement dit, autre question : et si la vérité de l'objectivité
n'avait plus la forme de l'objet? d'une complétude de l'objectivité? Et si la détermination de la vérité en objectivité appelait
une histoire ou une généalogie qui n'auraient plus à répondre
seulement, simplement, devant le tribunal de la vérité objective
et des formes de la raison qui se règlent sur elle, ce qui ne
veut pas dire, tout au contraire, abdiquer toute responsabilité?
Ni renoncer à l'objectivité. Si « l'intérêt pour la vérité », pous-
sant à questionner l'autorité de l'objectivité (non seulement
dans un style spéculatif mais dans les institutions et les « pratiques sociales » qui se fondent sur elle), *cor-respondait* à une

---

1. Le pli d'un tel *supplément objectivation* n'ajoute pas un degré ou un
cran de plus dans un mouvement continu. Il ne réoriente pas seulement
en direction d'une interprétation généalogique de la valeur d'objectivité. Il
marque aussi cette limite différentielle que j'avais, dans un autre contexte,
tenté de formaliser au sujet de la *thématisation* (cf. « La double séance »,
in *La dissémination*, Seuil, 1972). On peut dire de l'objectivation ce qu'on
dit à cet égard de la thématisation.

liberté ou *répondait* d'une liberté plus libre, autrement libre, que celle qui se proportionne à l'objectivité? A quelles conditions peut-on alors parler de liberté et de vérité? A quelles conditions en répondre? Malgré l'apparence, ces questions ne sont pas abstraites. De proche en proche, elles traversent tout : l'histoire, la politique (l'idée de la démocratie), le droit et la morale, la science, la philosophie et la pensée. Il s'agit bien de *savoir*, encore, mais d'abord de savoir comment, *sans renoncer aux normes classiques de l'objectivité et de la responsabilité, sans menacer l'idéal critique de la science et de la philosophie, donc sans renoncer à savoir,* on peut pousser encore cette exigence de responsabilité. Jusqu'où? Sans limite, bien sûr, car la conscience d'une *responsabilité limitée* est une *« bonne conscience »*; mais d'abord jusqu'à interroger ces normes classiques et l'autorité de cet idéal, ce qui revient à exercer son droit à une sorte de « droit de réponse », au moins sous la forme d'une « question en retour » sur ce qui lie la responsabilité à la réponse. Puis jusqu'à se demander ce qui fonde ou plutôt *engage* la valeur d'interrogation critique qu'on ne peut en séparer. Et de savoir penser d'où vient ce savoir — ce qu'on peut et ce qu'on doit en faire.

juillet-août 1990.

Les notes entre crochets [   ] sont dues à l'initiative de Elisabeth Weber que je remercie chaleureusement de l'aide qu'elle m'a apportée dans la préparation de ce livre.

I

QUI A PEUR DE LA PHILOSOPHIE?

Où commence
et comment finit un corps enseignant *

[*On en aura plus d'un signe : ces notes n'étaient pas destinées, comme on dit, à la publication.*

Rien pourtant ne devait les tenir celées. Quoi de plus public, au principe, et de plus montrable qu'un enseignement? Quoi de plus exposé, sinon, comme c'est ici le cas, sa mise en scène ou remise en question? C'est pourquoi, première raison, j'ai accepté la proposition qui m'a été faite de reproduire ces notes sans la moindre modification.

Il y aura fallu d'autres raisons puisque j'ai longtemps hésité. Que pouvait en effet signifier le fragment (plus ou moins arbitrairement cadré, au « massicot ») d'une seule séance, la première de surcroît, plus que d'autres marquée par les insuffisances, les approximations, la généralité programmatique énoncées devant un auditoire plus anonyme et indéterminé que jamais? Pourquoi cette séance plutôt qu'une autre, et pourquoi mon discours continu plutôt que d'autres, plutôt que les échanges critiques qui s'ensuivirent? Je n'aurais pu arrêter une réponse à ces questions

* [Paru d'abord dans *Politiques de la philosophie*. Textes de Châtelet, Foucault, Lyotard, Serres réunis par D. Grisoni, Paris, Grasset, 1976].

*mais j'ai finalement jugé que la lutte dans laquelle aujourd'hui le
GREPH est engagé* [1] *les rendait secondaires : puisque la séance proposée
est essentiellement référée au* Greph, *pourquoi ne pas se saisir (par la
bande) de cette occasion pour mieux faire connaître les enjeux et les
objectifs de son travail?*

*Autre objection, plus grave : ma participation à ce volume était-elle
compatible avec le propos même que ces notes donneront, en partie du
moins et indirectement, à lire? Devrais-je servir (ou faire servir) l'une
de ces nombreuses entreprises (ici sous sa forme immédiatement éditoriale)
qui multiplient les escarmouches contre cela même (soit dit sans suspecter,
la chose importe peu, toutes les intentions de tous leurs agents) dont
elles tirent leur existence et entretiennent les alibis? Plus précisément :
le rassemblement des noms, le tri des figures et l'exhibition des titres ne
font-ils pas apparaître un de ces phénomènes d'*autorité *(solide, déjà,
contre-institution, même si son unité, considérée sous d'autres angles,
doit laisser perplexe et inviter à la plus circonspecte des investigations)
nécessairement produits par l'appareil qu'il s'agirait au contraire de
disloquer? Les connexions entre cet appareil et celui de l'édition sont
de plus en plus évidentes. Elles forment précisément l'un des objets de
travail, l'une des cibles plutôt, du* Greph *qui devrait articuler son
action avec celle d'un groupe de recherches et d'information sur la
machine éditoriale. Manifeste (non déguisé), le propos de ce que vous
lisez ici même, c'est d'en appeler à de telles actions, sur le tas.*

*Mais je simplifie beaucoup, on doit faire vite. Les lois de ce champ
sont retorses, il faut s'y prendre en s'en prenant à elles. Bref, compte
tenu du plus grand nombre de données à ma disposition, et parce que
les objectifs du* Greph *me paraissent l'imposer, je préfère finalement
courir le risque de poser ici (cette fois depuis un bord interne) des
questions en vrille qui touchent aux lieux, aux scènes, aux forces qui
leur permettent encore de se présenter.*

*Le fragment de cette première séance ouvrait une sorte de contre-
séminaire du Centre de recherches sur l'enseignement philosophique.
Constitué à l'École normale supérieure depuis deux ans, ce Centre est
en droit distinct du* Greph *avec lequel, bien entendu, l'occasion d'échanger ne manque pas.*

1. Voir *Appendice.*

Où commence et comment finit un corps enseignant

Au programme, pour l'année 1974-1975, les questions suivantes :
— Qu'est-ce qu'un corps enseignant — la philosophie ?
— Que veut dire aujourd'hui « défense » et que veut dire aujourd'hui « philosophie » dans le mot d'ordre « défense de la philosophie » ?
— L'idéologie et les idéologues français (analyse du concept d'idéologie et des projets politico-pédagogiques des Idéologues français autour de la Révolution).]

Ici, par exemple, n'est pas un lieu indifférent.

Il faudrait ne pas l'oublier. Il faudrait (essayer d'abord, pour voir, un discours sans « il faut », et non seulement sans « il faut » apparent, visible comme tel, mais sans « il faut » caché; je vous propose de les débusquer dans les discours soi-disant théoriques, voire trans-éthiques, et même quand ils ne se donnent pas pour des discours d'enseignement; au fond, dans ces derniers, les discours enseignants, le « il faut » — la leçon donnée à chaque instant, dès que la parole est prise — n'est peut-être, naïvement ou non, que plus déclaré, ce qui peut, à certaines conditions, le désarmer plus vite), il faudrait donc éviter de naturaliser ce lieu.

Naturaliser revient toujours, il s'en faut en tout cas de très peu, à neutraliser.

En naturalisant, en affectant de considérer comme naturel ce qui ne l'est pas et ne l'a jamais été, on neutralise. On neutralise quoi? On dissimule plutôt, dans un effet de neutralité, l'intervention active d'une force et d'un appareil.

En faisant passer pour naturelles (hors de question et de transformation, donc) les structures d'une institution pédagogique, ses formes, ses normes, ses contraintes visibles ou invisibles, ses cadres, tout l'appareil que nous aurions nommé, l'année dernière, *parergonal,* et qui, paraissant l'entourer, la détermine jusqu'au centre de son contenu, et sans doute depuis le centre, on recouvre avec ménagement les forces et les intérêts qui, sans la moindre neutralité, dominent, maîtrisent – s'imposent au processus d'enseignement depuis l'intérieur d'un champ agonistique hétérogène, divisé, travaillé d'une lutte incessante.

Toute institution (je me sers encore d'un mot qu'il faudra soumettre à un certain travail critique), tout rapport à l'institution, donc, appelle et d'avance, en tout cas, implique une prise de parti dans ce champ : compte tenu, effectivement tenu, du champ effectif, une prise de position et un parti pris.

Il n'y a pas de place neutre ou naturelle dans l'enseignement.

Ici, par exemple, n'est pas un lieu indifférent.

Bien qu'en principe une analyse théorique n'y suffise pas, ne devenant effectivement « pertinente » qu'à mettre en scène et en jeu celui qui pratiquement s'y risque jusqu'à déplacer le lieu même depuis lequel il analyse, bien qu'elle soit donc en tant que telle insuffisante et interminable, une analyse conséquente (historique, psychanalytique, politico-économique, etc., et encore quelque part philosophique) s'imposerait pour définir cet ici-maintenant.

Il a l'apparence immédiate d'une salle de théâtre ou de cinéma, d'une salle de fête transformée (pour raisons de sécurité et faute de place dans les salles dites de cours qu'on réservait naguère au petit nombre choisi des normaliens). Ici, dans l'École normale supérieure, à la place où moi, ce corps enseignant que j'appelle mien et qui occupe une fonction très déterminée dans ce qu'on appelle le corps enseignant philosophique français aujourd'hui, j'enseigne, je dis maintenant que j'enseigne.

Et où pour la première fois, du moins sous cette forme directe, je m'apprête à parler de l'enseignement philosophique.

C'est-à-dire où, après environ quinze ans de pratique dite enseignante et vingt-trois ans de fonctionnariat, je commence seulement à interroger, exhiber, critiquer systématiquement (je commence plutôt à commencer par là, je commence par commencer à le faire systématiquement et effectivement : c'est le caractère systématique qui importe si l'on veut ne pas se contenter d'alibi verbal, d'escarmouches ou de coups de griffe qui n'affectent pas le système en place, auxquels aucun philosophe un peu éveillé n'aura jamais manqué, et qui font au contraire partie du système prédominant, de son code même, de son rapport à soi, de sa reproduction autocritique, la reproduction autocritique formant peut-être l'élément de la tradition et de la conservation philosophique, de sa relève incessante, avec l'art de la question dont il sera traité plus loin; c'est le caractère *systématique* qui importe et son *effectivité,* qui n'a jamais pu revenir à l'initiative d'un seul, et c'est pourquoi, pour la première fois, je lie ici mon discours au travail de groupe engagé sous le nom du *Greph*), je commence donc, si tard, à interroger, exhiber, critiquer systématiquement – en vue de transformation – les bords de ce dans quoi j'ai prononcé plus d'un discours.

Quand je dis « si tard », ce n'est pas (principalement du moins) pour faire une scène, et une fois de plus le coup de l'auto-rectification, du *mea culpa* ou de la mauvaise conscience en exhibition. Ce serait là un geste dont je pourrais longuement justifier que je m'abstienne. Disons, pour couper très court, que je n'en ai jamais eu le goût et que j'en ai même fait une affaire de goût. Quand je dis « si tard », c'est plutôt pour commencer l'analyse *et* d'un retard qui, comme on sait, n'est pas seulement le mien puis ne s'explique pas seulement par des insuffisances subjectives ou individuelles, *et* d'une possibilité qui ne s'ouvre pas aujourd'hui par hasard ou depuis la décision d'un seul. Et le retard et la conscience qu'on en prend, sous des formes diverses, et l'amorce d'un travail (théorique et pratique, comme on dit) sur l'enseignement de la philosophie, tout cela répond à un certain nombre de nécessités. Tout cela s'analyse en effet.

Mais qu'il ne s'agisse ici, en dernier recours, ni de fautes ni de mérites individuels, ni de sommeil dogmatique ni de vigilance personnelle, n'en prenons pas prétexte pour dissoudre dans la neutralité anonyme ce qui n'est, encore une fois, ni neutre ni anonyme.

J'y ai insisté, à plusieurs reprises, comme vous savez : l'École normale ne devrait être ni au centre ni même à l'origine des travaux du *Greph*. Certes. Mais il ne faut pas omettre ce fait, il n'est en rien fortuit, que le *Greph* aura paru au moins commencer à se localiser ici. Cela constitue une possibilité, une ressource à exploiter, il faut l'analyser et la mettre en œuvre dans toutes ses portées historico-politiques. Mais cette possibilité importe aussi ses limites. On ne pourrait les franchir qu'à la condition (nécessaire quoique insuffisante) de tenir compte, un compte critique et scientifique, de ce fait peu contestable. Sans retard ni ménagement, nous devrons tenir (théoriquement et pratiquement, comme il faut dire) un compte rigoureux du rôle que cette institution étrange joue encore et aura surtout joué dans l'appareil culturel et philosophique de ce pays. Et quel qu'en soit le bilan, ce rôle aura été – toute dénégation à ce sujet serait vaine ou suspecte – très important.

Avancer d'autre part que moi, ici, je n'apporterai qu'une contribution partielle ou particulière aux travaux du *Greph*, sans l'engager ou surtout sans l'orienter, cela ne doit pas faire méconnaître ou soustraire à l'analyse (décompter) le fait que j'aie au moins paru, après l'avoir annoncé depuis longtemps, prendre l'initiative, dans un séminaire que j'animais, de la constitution du *Greph*, et d'abord de son avant-projet soumis à votre discussion.

Cela n'est pas fortuit. Je ne le rappelle pas pour marquer ou m'approprier une nouvelle institution ou contre-institution mais au contraire pour retourner une surface, remettre, rendre, soumettre un effet très particulier qui tient à ma fonction dans ce processus.

De ce que j'appellerai, pour faire vite, ma place ou mon point de vue, il était dès longtemps évident que le travail dans lequel j'étais engagé – nommons cela par algèbre, au risque de nouveaux malentendus, la déconstruction (affirmative) du phallogocentrisme comme philosophie –, n'appartenait pas simplement aux formes de l'institution philosophique. Ce travail, par définition, ne se limitait pas à un contenu théorique, voire culturel ou idéologique. Il ne procédait pas selon les normes établies d'une activité théorique. Par plus d'un trait et en des moments stratégiquement définis, il devait recourir à un « style » irrecevable pour un corps de lecture universitaire (les réactions « allergiques » ne s'y firent pas attendre), irrecevable même en des lieux où l'on se croit étranger à l'université. Comme on sait, ce n'est pas toujours dans l'université que domine le « style-universitaire ». Il arrive qu'il colle à la peau de ceux qui ont quitté l'université, et même de certains qui n'y sont jamais allés. Cela se voit depuis les bords. Ce travail, donc, s'attaquait à la subordination ontologique ou transcendantale du corps signifiant par rapport à l'idéalité du signifié transcendantal *et* à la logique du signe, à l'autorité transcendantale du signifié comme du signifiant, donc à ce qui constitue l'essence même du philosophique. Il est ainsi dès longtemps nécessaire (cohérent et programmé) que la déconstruction ne se limite pas au contenu conceptuel de la pédagogie philosophique, mais s'en prenne à la scène philosophique, à toutes ses normes et formes institutionnelles comme à tout ce qui les rend possibles.

Si elle en était restée, ce qu'elle n'a jamais fait qu'aux yeux de ceux qui tiraient bénéfice de n'y rien voir, à une simple déconstitution sémantique ou conceptuelle, la déconstruction n'aurait formé qu'une modalité – nouvelle – de l'autocritique interne de la philosophie. Elle aurait risqué de reproduire la propriété philosophique, le rapport à soi de la philosophie, l'économie de la mise en question traditionnelle.

Or dans le travail qui nous attend, nous devrons nous méfier de toutes les formes de reproduction, de toutes les ressources puissantes et subtiles de la reproduction : parmi lesquelles, si l'on peut encore dire, celle d'un concept de reproduction qu'on ne peut ici utiliser (« simplement ») sans l'« élargir » (Marx), élargir sans y reconnaître la contradiction à l'œuvre et de façon toujours hétérogène, analyser en sa contradiction essentielle sans poser dans toute son ampleur le problème de la contradiction (ou de la dialectique) comme philosophème. Est-ce avec un tel philosophème (avec quelque chose comme une « philosophie marxiste ») qu'en « dernière instance » une déconstruction effective de la philosophie peut opérer?

Inversement, si la déconstruction avait négligé au principe la déstructuration *interne* de l'onto-théologie phallogocentrique, elle aurait, par précipitation politiste, sociologiste, historiciste, économiste, etc., reproduit la logique classique du cadre. Et elle se serait laissé guider, plus ou moins directement, par des schèmes métaphysiques traditionnels. C'est, me semble-t-il, ce qui guette ou limite, dans le principe, les rares et donc très précieux travaux français sur l'enseignement philosophique, quelles que soient les différences ou les oppositions qui les rapportent les uns aux autres. Mais ma réserve ici – j'essaierai plus tard de l'argumenter en y regardant de plus près – ne me fait pas méconnaître, très loin de là, l'importance et la fonction de frayage que peuvent avoir les livres de Nizan ou de Canivez, de Sève ou de Châtelet, par exemple.

La déconstruction – ou du moins ce que j'ai proposé sous

ce nom qui en vaut bien un autre, mais sans plus – a donc toujours porté en principe sur l'appareil et la fonction d'enseignement en général, l'appareil et la fonction philosophiques en particulier et par excellence. Sans en réduire la spécificité, je dirai que ce qui s'engage maintenant n'est qu'une étape à franchir dans un trajet systématique.

Étape sans doute, mais qui rencontre en quelque sorte à nu (ou presque, comme il faut toujours dire dans une gymnastique) une difficulté redoutable, une mise à l'épreuve historique et politique dont je voudrais indiquer dès maintenant le schéma principiel.

D'une part : la déconstruction du phallogocentrisme comme déconstruction du principe onto-théologique, de la métaphysique, de la question « qu'est-ce que? », de la subordination de tous les champs de questionnement à l'instance onto-encyclopédique, etc., une telle déconstruction s'attaque à la racine de l'*universitas* : à la racine de la philosophie comme enseignement, à l'unité ultime du philosophique, de la discipline philosophique ou de l'université philosophique comme assise de toute université. L'université, c'est la philosophie, une université est toujours la construction d'une philosophie. Or il est difficile (mais non pas impossible, j'essaierai de le montrer) de concevoir un programme d'enseignement philosophique (comme tel) et une institution philosophique (comme telle) qui suivent de façon consistante, voire survivent à une rigoureuse déconstruction.

Mais d'autre part : conclure d'un *projet* de déconstruction à la pure et simple, à l'*immédiate* disparition de la philosophie et de son enseignement, à leur « mort » comme on dirait avec la niaiserie de qui ignorerait encore aujourd'hui ce qu'il en est des retours du mort, ce serait une fois de plus abandonner le terrain d'une lutte à des forces très déterminées qui ont toujours intérêt, selon des voies que nous aurons à étudier, à installer sur les lieux apparemment désertés par la philosophie, et dès lors occupés, préoccupés par l'empirisme, la technocratie, la morale ou la religion (et tout cela à la fois) un dogmatisme proprement métaphysique, plus vivant que jamais, au service de forces qui ont été de tout temps liées à l'hégémonie phallogocentrique. Autrement dit, pour en rester encore à l'algèbre de cette mise en place préliminaire, abandonner le terrain sous prétexte qu'on ne peut plus défendre la vieille machine (et qu'on a même contribué à la disloquer), ce serait donc ne rien comprendre à la stratégie déconstructrice.

Ce serait la confiner dans un ensemble d'opérations *théoriques* : immédiates, discursives et finies.

Même si, opération théorique et discursive privilégiant la forme philosophique des discours, la déconstruction avait atteint déjà des résultats de principe suffisants (ce qui est loin d'être sûr, on en a trop d'indices), ce discours philosophique est lui-même déterminé (en effet) par une énorme organisation (sociale, économique, pulsionnelle, fantasmatique, etc.), par un puissant système de forces et d'antagonismes multiples : que la déconstruction a elle-même pour « objet » mais dont elle est aussi, dans les formes nécessairement déterminées qu'elle doit prendre, *un effet* (je renvoie à ce que je dis ailleurs, dans *Positions,* de ce mot [1]).

Toujours interminée en ce sens, et pour ne pas se réduire à un épisode moderne de la reproduction philosophique, la déconstruction ne peut ni s'associer à une liquidation de la philosophie (triomphante et verbeuse dans tel cas, honteuse et encore affairée dans l'autre) dont les conséquences politiques sont depuis longtemps diagnostiquées, ni s'accrocher à telle « défense-de-la-philosophie », à tel combat d'arrière-garde réactive qui, pour conserver un corps en décomposition, ne fait que faciliter les choses aux entreprises liquidatrices.

Par conséquent : luttant comme toujours sur deux fronts,

1. [Jacques Derrida, *Positions,* Paris, Minuit 1972, p. 90].

sur deux scènes et selon deux portées, une déconstruction rigoureuse et efficiente devrait à la fois développer la critique (pratique) de l'institution philosophique actuelle *et* engager une transformation positive, affirmative plutôt, audacieuse, extensive et intensive, d'un enseignement dit « philosophique ». Non plus un nouveau *plan de l'université,* dans le style eschato-téléologique de ce qui s'est fait sous ce nom aux XVIIIᵉ et XIXᵉ siècles, mais un tout autre type de propositions, relevant d'une autre logique et tenant compte d'un maximum de données nouvelles de tous ordres que je n'entreprends pas d'énumérer aujourd'hui. Certaines d'entre elles apparaîtront vite. Ces propositions offensives seraient réglées à la fois sur l'état théorique et pratique de la déconstruction et prendraient des formes très concrètes, le plus efficientes possible en France, en 1975. Je ne manquerai pas de prendre mes risques ou mes responsabilités quant à ces propositions. Et de marquer dès maintenant – si l'on donne le nom d'Haby à l'indice le plus voyant de ce contexte – que je ne m'allierai pas à ceux qui entendent « défendre-la-philosophie » telle qu'elle se pratique aujourd'hui dans son institution française, que je ne souscrirai pas à n'importe quelle forme de combat « pour-la-philosophie », ce qui m'intéresse étant une transformation fondamentale de la situation *générale* dans laquelle se posent ces problèmes.

Si j'ai avancé ces premières remarques sur le lien possible entre les travaux du *Greph* et une entreprise de déconstruction, ce n'est pas seulement pour les raisons qui viennent d'apparaître. C'est aussi pour ne pas neutraliser ou naturaliser la place que j'y occupe, pour ne même plus faire semblant de la décompter, comme il a pu parfois paraître utile de le faire, à quelques simulacres près, dont je voudrais reconstituer la logique.

Elle nous introduira peut-être à la question du corps enseignant.

A l'intérieur de l'Éducation nationale, ma fonction professionnelle me lie par priorité immédiate à l'École normale supérieure où j'occupe, sous le titre de maître-assistant d'histoire de la philosophie, la place définie depuis le XIXe siècle comme celle d'agrégé-répétiteur. Ce mot de *répétiteur,* je m'y arrête un instant pour amorcer la question du corps enseignant dans ce qui le plie à la répétition.

Répétiteur, l'agrégé-répétiteur ne devrait rien produire, si du moins produire voulait dire innover, transformer, faire advenir le nouveau. Il est destiné à répéter et à faire répéter, reproduire et faire reproduire : des formes, des normes et un contenu. Il doit assister les élèves dans la lecture et l'intelligence des textes, les aider dans l'interprétation, et à comprendre ce qu'on attend d'eux, ce à quoi ils doivent répondre aux diverses étapes du contrôle et de la sélection, du point de vue des contenus ou de l'organisation logico-rhétorique de leurs exercices (explications de texte, dissertations ou leçons). Il doit donc se faire auprès des élèves le représentant d'un système de reproduction (complexe sans doute, travaillé par une multiplicité d'antagonismes, relayé par des micro-systèmes relativement indépendants, laissant toujours en raison de son mouvement une sorte de prise de dérivation que ses représentants peuvent, dans certaines conditions, exploiter et retourner contre le système, mais celui-ci est à chaque instant hiérarchisé et tend constamment à reproduire cette hiérarchie), ou plutôt l'expert qui, passant pour mieux connaître la demande à laquelle il a dû d'abord se plier, l'explique, la traduit, la répète et re-présente donc pour les jeunes aspirants. Cette demande est nécessairement celle de ce qui domine dans le système (appelons cela pour l'instant, par commodité, le pouvoir, étant entendu qu'il ne s'agit pas simplement de ce qu'on met en général sous ce mot, surtout pas simplement du gouvernement ou de la majo-

rité du moment), représenté par le pouvoir relativement autonome du corps enseignant, déléguant lui-même ses jurys de
concours ou de thèses, ses commissions ou ses comités consultatifs. Le répétiteur passe pour être expert dans l'interprétation
de cette demande, il n'a pas à en formuler d'autre qu'il ne la
soumette par telle ou telle voie à l'approbation dudit pouvoir
qui peut ou peut ne pas ou ne peut pas ou ne veut pas pouvoir
ou ne veut pas vouloir la laisser passer. En tout cas, c'est
toujours la demande du pouvoir dominant que l'expert s'engage
par contrat à représenter auprès des aspirants; il les aide à y
satisfaire, et cela à la demande générale dont celle de l'aspirant
n'est évidemment pas exclue.

Ce champ restant, certes, une multiplicité d'antagonismes
toujours surdéterminés, la courroie de transmissions travaille et
traverse toute sorte de résistances, de contre-forces, de mouvements de dérive ou de contrebande. L'effet le plus apparent
en est alors une série de dissociations dans la pratique des
répétiteurs et des aspirants : on applique des règles auxquelles
on ne croit plus du tout ou plus tout à fait, qu'on critique
même d'autre part et souvent avec violence. L'aspirant demande
au répétiteur de l'initier à un discours dont la forme et le
contenu paraissent à l'une ou aux deux des parties, périmés.
Périmés pour des raisons très déterminées et bien connues de
certains ou encore, ce qu'on jugera plus ou moins grave selon
le cas, propres à une sorte de langue étrangère, vivante ou non.
Le répétiteur et l'aspirant échangent dans le meilleur des cas
des clins d'œil complices en même temps que des recettes :
« que faut-il dire, que faut-il ne pas dire, comment faut-il ou
ne faut-il pas dire? », etc., étant entendu que nous sommes
d'accord pour ne plus souscrire à la demande qui nous est
faite, à la philosophie ou, disons par commodité, à l'idéologie
impliquée dans la demande, pas plus que nous ne reconnaissons
la compétence de ceux que le pouvoir désigne pour nous juger,
selon des modalités et des finalités critiquables. Qu'on ne limite

pas cette situation aux « exercices » et à la préparation explicite des examens ou concours : elle est celle de tout discours tenu dans l'université, des plus conformistes aux plus contestataires, à l'École normale ou ailleurs. Du même coup le répétiteur et l'aspirant se divisent, se dissocient ou se dédoublent. L'aspirant sait qu'il doit le plus souvent présenter un discours conforme auquel il ne souscrit ni quant à la forme ni quant au contenu. Le répétiteur met son tablier de fonction pour corriger des dissertations et « reprendre » des leçons, donner des conseils techniques au nom d'un jury et de canons qui sont à ses yeux discrédités. Comme les aspirants, il juge sévèrement, par exemple, tels rapports publiés par tel jury; et quand il leur arrive, aux uns et aux autres, d'adresser des protestations aux Inspecteurs généraux ou aux Présidents de jury, ils savent d'expérience qu'elles resteront tout simplement sans réponse.

Et dans son « séminaire », puisque depuis quelques années les répétiteurs sont ici autorisés à tenir séminaire en plus et à côté des exercices de répétition proprement dits, le répétiteur reproduit la division : il essaie d'aider les « candidats » tout en introduisant, comme en contrebande à trajet long, des prémisses qui n'appartiennent plus à l'espace de l'agrégation générale, voire le minent plus ou moins sournoisement. Telle dissociation est si bien assumée ou intériorisée de part et d'autre que j'ai pu, pour ma part, m'abstenir, presque totalement au cours des exercices, encore partiellement au cours des séminaires, d'impliquer un travail que je poursuis d'autre part et qu'on peut éventuellement consulter dans des publications. Je fais comme si ce travail n'existait pas et seuls ceux qui me lisent peuvent reconstituer la trame qui, bien entendu, quoique dissimulée, tient ensemble mon enseignement et les textes publiés. Tout, en principe, doit dans le séminaire commencer à un point zéro fictif de mon rapport à l'auditoire : comme si nous étions tous à chaque instant de « grands commençants ». Et sur ces deux valeurs (répétition et « grands commençants »), nous devrons

revenir pour y chercher une loi générale de l'échange philosophique, loi générale permanente dont les phénomènes n'en
auront pas moins été différenciés, spécifiques et irréductibles
au cours de l'histoire. Cette fiction dissociatrice est bien assumée
de part et d'autre, à quelques ruses et détours près; il m'est
arrivé de me l'entendre dire, si vous voulez, par deux élèves
de l'École, jadis et naguère, que je cite non pour l'anecdote
mais pour le symptôme. L'un d'eux m'a dit en cours d'études :
« J'ai décidé de ne pas vous lire pour travailler sans prévention
et simplifier nos rapports. » Et de fait il semble m'avoir lu
après l'agrégation, m'a même cité dans certaines de ses publications (d'ailleurs remarquables) ce qui lui aurait valu, m'a-
t-il dit, quelques ennuis avec telle ou telle commission devant
laquelle il se trouvait encore en situation d'aspirant. L'autre,
sa scolarité terminée et une fois nommé au poste d'assistant
dans une université parisienne, m'a dit récemment qu'il pré-
férait telle de mes publications à telle autre et demandé si je
partageais son sentiment; comme je manifestais quelque réti-
cence et quelque impuissance à noter mes propres exercices, il
conclut en forme d'excuse : « Vous savez, ce que j'en dis, c'est
surtout pour vous montrer que maintenant je vous lis. » Maintenant, c'est-à-dire maintenant que je ne suis plus candidat à
l'agrégation, maintenant que ne risque plus (croyait-il) de se
brouiller l'espace de répétition où vous, répétiteur, vous deviez
réfléchir devant moi, pour que je les réfléchisse à mon tour,
un code et un programme.

Par programme, je n'entends pas seulement celui que, de
façon assez arbitraire (et en tout cas selon des motivations qui
ne sont jamais exposées, au sujet desquelles personne n'a aucun
compte à demander) fixe et découpe, au printemps de chaque
année, un sujet individuel (par exemple un président de jury),
lui-même prélevé par une décision ministérielle sur le corps
enseignant dont il est membre; ce prélèvement échappe à la
publicité et à l'initiative du corps enseignant lui-même, *a*

fortiori du corps des aspirants, et l'occulte de la décision ministérielle se propage dans l'occulte de la cooptation. Le lieu de cette occultation en tout cas est nettement repérable : c'est un des points où un pouvoir non philosophique et non pédagogique intervient pour déterminer qui (et ce qui) déterminera de façon décisive et absolument autoritaire le programme, les mécanismes de filtrage et de codage de tout l'enseignement. Quand on pense à la structure centraliste et militaire de l'Éducation nationale française, on voit quels mouvements d'armée sont déclenchés dans l'université et dans l'édition (là, les mécanismes de connexion sont un peu plus complexes mais très étroits) par la moindre vibration de programmatrice. A partir du moment où il tient un tel pouvoir, du ministère, sans aucune consultation du corps enseignant en tant que tel, le jury ou en général l'appareil de contrôle (même s'il est élu, il ne l'est le plus souvent qu'en partie et il tient compte, en fait, de résultats de concours appréciés par un jury nommé) peut se donner une représentation théâtrale de sa liberté ou de son libéralisme. Il subit en fait, directement ou non, la contrainte idéologique ou politique, le programme réel du pouvoir. Et il *tend* dès lors nécessairement à le reproduire pour l'essentiel, reproduisant ses conditions d'exercice et repoussant tout ce qui vient écarter cet ordre.

Sous le nom de programme, donc, je ne vise pas seulement celui qui paraît tomber du ciel tous les ans, mais une puissante machine aux rouages complexes. Elle comprend des chaînes de tradition ou de répétition dont les fonctionnements ne sont pas propres à telle configuration historique ou idéologique particulière, et qui se perpétuent depuis les commencements de la sophistique et de la philosophie. Non seulement comme une sorte de structure fondamentale et continue qui supporterait des phénomènes ou des épisodes singuliers. En fait cette machine profonde, ce programme fondamental est chaque fois réinvesti, réinformé, réemployé en totalité par chaque configuration déterminée. L'une des difficultés de l'analyse tient à ce que la déconstruction ne doit pas, ne peut pas seulement faire un tri entre des chaînes longues ou peu mobiles et des chaînes courtes et vite périmées, mais exhiber cette logique étrange par laquelle, en philosophie du moins, les pouvoirs multiples de la plus vieille machine peuvent toujours être réinvestis et exploités dans une situation inédite. C'est une difficulté mais c'est aussi ce qui rend possible une déconstruction *quasiment systématique* en la gardant de l'éberluement empiriste. Et ces pouvoirs ne sont pas seulement des schémas logiques, rhétoriques, didactiques, ni même essentiellement des philosophèmes mais aussi des opérateurs socio-culturels ou institutionnels, des scènes ou des trajets d'énergie, des conflits de force utilisant toute sorte de représentants. Dès lors, bien sûr, quand je dis, selon une formule si triviale, que le pouvoir contrôle l'appareil d'enseignement, ce n'est ni pour placer le pouvoir hors de la scène pédagogique (il s'y constitue au-dedans comme effet de cette scène elle-même et quelle que soit la nature politique ou idéologique du pouvoir en place autour d'elle), ni pour donner à penser ou à rêver un enseignement sans pouvoir, affranchi de ses propres effets de pouvoir ou libéré de tout pouvoir à lui extérieur ou supérieur. Ce serait là une représentation idéaliste ou libéraliste dont se conforte efficacement un corps enseignant aveugle au pouvoir : celui auquel il est soumis, celui dont il dispose au lieu où il dénonce le pouvoir.

Celui-ci est assez retors : se défaire de son propre pouvoir n'est pas le plus facile pour un corps enseignant, et que cela ne dépende plus tout à fait d'une « initiative » ou d'un « geste », d'une « action » (par exemple politique au sens codé de ce mot), voilà qui appartient peut-être à cette structure du corps enseignant que je désire décomposer ici.

Il y a donc, partout où l'enseignement a lieu – et dans le philosophique par excellence – *des pouvoirs,* représentant des forces en lutte, des forces dominantes ou dominées, des conflits et des contradictions (ce que j'appelle des *effets de différance*) à l'intérieur de ce champ. C'est pourquoi un travail comme celui que nous entreprenons, voici une banalité dont l'expérience nous montre qu'il faut sans cesse la rappeler, implique de la part de tous ceux qui y participent une prise de parti politique, quelle que soit la complexité des relais, des alliances et des détours stratégiques (notre Avant-projet [1] y fait la part belle mais il aura encore fait fuir des « libéraux »).

Il ne saurait donc y avoir *un* corps enseignant ou *un* corps d'enseignement (enseignant/enseigné : nous élargirons la syntaxe de ce mot, du corpus enseigné au corps des disciples) : homogène, identique à soi, suspendant en lui les oppositions qui auraient lieu au-dehors (par exemple les politiques), et défendant à l'occasion LA PHILOSOPHIE EN GÉNÉRAL contre l'agression du non-philosophique en provenance de l'extérieur. S'il y a donc une lutte quant à la philosophie, elle ne peut manquer d'avoir son lieu à l'intérieur comme à l'extérieur de l'« institution » philosophique. Et s'il y avait quelque chose de menacé à défendre, cela aussi aurait lieu dedans et dehors, les forces du dehors ayant toujours leurs alliés ou leurs représentants au-dedans. Et réciproquement. Il pourrait bien se faire que les « défenseurs » traditionnels de la philosophie, ceux qui n'ont jamais le moindre soupçon quant à l'« institution », en soient les agents de décomposition les plus actifs, au moment même où ils s'indignent devant ceux qui crient à la mort-de-la-philosophie. Aucune possibilité n'est jamais exclue dans la combinatoire des « alliances objectives » et chaque pas est toujours piégé.

La défense, le corps, la répétition. La défense de l'enseignement philosophique, le corps enseignant (exposé, nous le verrons,

1. [Voir plus bas, p. 46 sq.]

128

comme un simulacre de non-corps réduisant au non-corps le corps enseigné; ou inversement, ce qui revient au même, corps réduisant un corps à n'être qu'un corps ou un non-corps, etc.), la répétition : voilà ce qu'il faudrait rassembler pour les tenir ensemble dans leur « système » et sous le regard si la tâche était ici de penser ensemble l'ensemble et de tenir sous le regard, c'est-à-dire s'il fallait encore enseigner.

Que faut-il? [Cf. *supra.*] (Que faut-il à l'aphorisme pour devenir enseignant? Et si c'était parfois, l'aphorisme, l'autorité didactique la plus violente? Comme l'ellipse, le fragment, le « je ne dis presque rien et le retire aussitôt » potentialisant la maîtrise de tout le discours retenu, arraisonnant d'avance toutes les continuités et tous les suppléments à venir?)

Une des raisons pour lesquelles j'insiste sur la fonction de répétiteur qui m'occupe ici, c'est que si le mot paraît aujourd'hui réservé à l'École normale, avec cet air attardé ou désuet seyant à toute noblesse qui se respecte, la fonction reste aujourd'hui partout active. C'est l'une des plus révélatrices et des plus essentielles de l'institution philosophique. Je lirai à ce sujet un long paragraphe du livre de Canivez, *Jules Lagneau, professeur et philosophe. Essai sur la condition du professeur de philosophie jusqu'à la fin du XIXᵉ siècle* [1], l'un des deux ou trois ouvrages qui, en France à ma connaissance, abordent directement certains problèmes historiques de l'institution philosophique. Un matériau indispensable y est traité : c'est-à-dire aussi lu, sélectionné, évalué selon le système d'une philosophie, d'une morale ou d'une idéologie très déterminées. Nous les étudierons ici et tenterons de les identifier non seulement dans telle ou telle profession de foi déclarée, mais dans ces opérations

1. [Thèse principale pour le doctorat d'État, Association des publications de la Faculté des Lettres de Strasbourg, 1965].

plus cachées, subtiles, apparemment secondaires, qui produisent
– ou y contribuent puissamment – l'effet thétique de tout
discours ; celui-ci se trouve être de surcroît une thèse principale
pour le doctorat d'État qui milite pour une sorte de spiritua-
lisme libéral, éclectique par libéralisme, même s'il lui arrive
de condamner l'éclectisme cousinien. Mais on sait que l'éclectisme n'existe pas, du moins jamais comme cette ouverture qui
laisse tout passer. Son nom l'indique, il pratique chaque fois,
ouvertement ou non, choix, filtrage, sélectivité, élection, élitisme
et exclusion. Le passage annoncé décrit l'*enseignement philosophique au XVIIIᵉ siècle,* en France : « Il ne faut pas oublier que
l'instruction s'accompagnait d'une éducation d'inspiration religieuse. La pratique pédagogique retarde toujours sur les mœurs,
sans doute parce que l'enseignement est plus rétrospectif que
prospectif [1]. »

J'interromps un instant ma lecture pour un premier écart.

Si la « pratique pédagogique » « retarde toujours sur les
mœurs », proposition qui néglige peut-être une certaine hétérogénéité des rapports à cet égard mais qui paraît, globalement,
peu contestable, cette structure retardataire de l'enseignement
peut toujours être interrogée comme répétition. Cela ne dispense
d'aucune autre analyse spécifique mais fait toucher à un inva-
riant structurel de l'enseignement. Il procède de la structure
sémiotique de l'enseignement, de l'interprétation *pratiquement*
sémiotique du rapport pédagogique : l'enseignement délivre
des signes, le corps enseignant produit (montre et met en avant)
des enseignes, plus précisément des signifiants supposant le
savoir d'un signifié préalable. Référé à ce savoir, le signifiant
est structurellement second. Toute université met le langage
dans cette position de retard ou de dérivation par rapport au
sens ou à la vérité. Qu'on place maintenant le signifiant – ou
plutôt le signifiant des signifiants – en position transcendantale

1. [P. 82].

par rapport au système, cela ne change rien à l'affaire : on reproduit ici, en lui donnant un second souffle, la structure enseignante d'un langage et le retard sémiotique d'une didactique. Le savoir et le pouvoir restent au principe. Le corps enseignant, comme *organon* de répétition, a l'âge et l'histoire du signe, il vit de la croyance (qu'est-ce alors que la croyance dans ce cas et depuis cette situation?) au signifié transcendantal, il revit plus et mieux que jamais avec l'autorité du signifiant des signifiants, par exemple du phallus transcendantal. Autant rappeler qu'une histoire critique et une transformation pratique de la « philosophie » (on peut dire ici de l'institution de l'institution) auront, parmi leurs tâches, l'analyse pratique (c'est-à-dire effectivement décomposante) du concept d'enseignement comme procès de signifiance.

Je reviens de cet écart à Canivez : « La pratique pédagogique retarde toujours sur les mœurs, sans doute parce que l'enseignement est plus rétrospectif que prospectif. Dans une société de plus en plus laïcisée, les collèges maintenaient une tradition où le catholicisme apparaissait comme une vérité intouchable. C'est là une pédagogie qui convient à une monarchie de droit divin, comme l'écrit Vial (*Trois siècles d'enseignement secondaire*, 1936) [1]. »

J'interromps encore la citation. La remarque de Canivez, et *a fortiori* le texte de Diderot qui va suivre, montre bien que le champ historique et politique ne saurait être à aucun moment homogène. Une multiplicité irréductible de conflits entre des forces dominées/dominantes travaille tout le champ mais aussi tout discours sur-le-champ. Canivez prend parti (comme Cousin) pour la laïcité, il note aussi la contradiction entre une société en voie de laïcisation et la pratique pédagogique qui y survit pour longtemps. Diderot à cette époque même s'engageait avec d'autres dans un combat qui n'est pas encore achevé;

---

1. [*Ibid.*, p. 82].

il rappelait aussi le motif politique dissimulé sous le religieux ou confondu avec lui : « Rollin, le célèbre Rollin n'a d'autre but que de faire des prêtres ou des moines, des poètes ou des orateurs : c'est bien là ce dont il s'agit ! [...] Il s'agit de donner au souverain des sujets zélés et fidèles; à l'empire des citoyens utiles; à la société des particuliers instruits, honnêtes et même aimables; à la famille de bons époux et de bons pères; à la république des lettres, quelques hommes de grand goût et à la religion, des ministres édifiants, éclairés et paisibles. Ce n'est pas là un petit objet. » (*Plan d'une université pour le gouvernement de Russie, 1775-1776* [1].)

A l'époque où Diderot écrit cela, le corps des professeurs de philosophie est loin d'être, sans clivage et de façon homogène, la représentation servile d'un pouvoir politico-religieux lui-même travaillé par des contradictions. Déjà au XVIIe siècle, dans les archives des délibérations de l'université de Paris, on trouve des accusations contre l'indépendance de certains professeurs, par exemple contre ceux qui prétendaient enseigner en français (enjeu très important que nous aurons à considérer encore). En 1737, rappelle encore Canivez, ordre est donné aux professeurs de dicter leurs cours. C'était d'ailleurs là une règle qu'on rappelle plutôt qu'on ne l'instaure. Dicter était synonyme d'enseigner. « Un régent pouvait dire qu'il avait " dicté " pendant dix ans dans tel collège. » La « dictée » du cours répétait un contenu fixe et contrôlé, mais elle ne se confondait pas avec la « répétition » au sens étroit que nous déterminerons tout à l'heure. En arrivant dans un collège, le professeur devait soumettre le programme de son enseignement à la hiérarchie. Une telle « prolusion » prenait parfois la forme de ces « leçons inaugurales » que nous connaissons encore. Souvent aussi, d'où

---

1. [Denis Diderot, *Œuvres complètes,* édition chronologique, tome XI, Paris, Société encyclopédique française et le Club français du livre, 1971, p. 747].

l'avantage d'une dictée plus contrôlable, il devait soumettre la totalité de ses cahiers de cours. « On était passé insensiblement de la lecture, étude d'un texte et de son commentaire, au cours dicté, à mesure que le contact avec le texte se faisait plus lointain. Le cours avait d'abord été le résumé de la doctrine d'Aristote ou d'un scolastique, accompagné d'un abrégé de son commentaire, puis était devenu la mise au net des opinions moyennes concernant le contenu des matières philosophiques exploité par la tradition. Ce n'est qu'au XIXe siècle que les programmes fixeront des questions à apprendre et non plus des auteurs à étudier. »

Nous aurons à voir ce qui se passe en effet au XIXe siècle à cet égard, mais n'imaginons pas que le passage aux questions transforme radicalement la scène pédagogique ou que la suppression de la « dictée » met fin à toute dictée. Le programme des questions (à « apprendre » dit Canivez : « question » signifie « titre » ou « thème »), la liste des auteurs et autres mécanismes efficaces que nous essaierons d'analyser sont là pour subtiliser la dictée, la rendre plus clandestine et, dans son opération, son origine, ses pouvoirs, plus mystérieuse.

Dans la perspective ancienne, il ne pouvait venir à l'esprit des professeurs et de leurs supérieurs que les cahiers pussent être œuvre personnelle autrement que par leur agencement. On prenait davantage garde à leurs erreurs, à leurs maladresses, aux nouveautés qu'ils contenaient, venues de l'air du temps, qu'à leurs velléités d'originalité. Le professeur est le transmetteur fidèle d'une tradition et non l'ouvrier d'une philosophie en train de se faire. Souvent les régents se transmettaient des cahiers qui avaient déjà servi à leurs prédécesseurs, ou qu'ils avaient rédigés dans leurs premières années d'exercice, négligeant par après les apports récents de la science [1].

1. [Canivez, *op. cit.*, p. 87-88].

Celui que Canivez appelle « l'ouvrier d'une philosophie en train de se faire », en marge ou en dehors de l'institution dictante de la philosophie, se livre déjà à une critique précise, aiguë, du pouvoir enseignant. C'est le cas de Condillac. Il précède et inspire la plupart des projets critiques et pédagogiques des Idéologues sous la Révolution et après elle. Nous aurons à en examiner toutes les équivoques. Mais déjà la fin de son Cours d'études sur l'histoire moderne, en condamnant sans appel l'université philosophique, lui oppose l'institution des académies scientifiques et regrette que les universités n'en suivent pas le progrès :

> La manière d'enseigner se ressent encore des siècles où l'ignorance en forma le plan : car il s'en faut bien que les universités aient suivi le progrès des académies. Si la nouvelle philosophie commence à s'y introduire, elle a bien de la peine à s'y établir; et encore on ne l'y laisse entrer qu'à condition qu'elle se revêtira de quelques haillons de la scolastique. On a fait pour l'avancement des sciences des établissements auxquels on ne peut qu'applaudir. Mais on ne les aurait pas faits sans doute, si les universités avaient été propres à remplir cet objet. On paraît donc avoir connu les vices des études; cependant on n'y a point apporté de remèdes. Il ne suffit pas de faire de bons établissements : il faut encore détruire les mauvais, ou les réformer sur le plan des bons, et même sur un meilleur s'il est possible [1].

La contradiction intra-institutionnelle est telle que la défense du corps enseignant (universitaire) [« défense » et « corps » sont des mots de Condillac, je les soulignerai] ne se fait pas contre « le-pouvoir », contre une certaine force alors provisoirement au

---

1. [*Cours d'études pour l'instruction du prince de Parme*, VI. Extraits du cours d'histoire. Texte établi par Georges Le Roy. Corpus général des philosophes français, Auteurs modernes, tome XXXIII, Paris, PUF, 1948, p. 235].

pouvoir et déjà disloquée en son dedans, mais contre une autre institution en voie de formation ou en progrès, contre-érection représentant une autre force avec laquelle « le-pouvoir » doit compter et négocier, à savoir les académies.

D'autre part l'abbé de Condillac, précepteur du prince de Parme auquel il s'adresse ici, condamne cette université pénétrée en contrebande par la « nouvelle philosophie »; il la condamne en tant que *corps,* et corps qui se *défend,* corps dont les *membres* sont assujettis à l'unité du corps. Et il voit dans les écoles confiées à des ordres religieux une aggravation de ce phénomène de corps dogmatique.

> Je ne prétends pas que la manière d'enseigner soit aussi vicieuse qu'au XIIIᵉ siècle. Les scolastiques en ont retranché quelques défauts, mais insensiblement, et comme malgré eux. Livrés à leur routine, ils tiennent à ce qu'ils conservent encore; et c'est avec la même passion qu'ils ont tenu à ce qu'ils ont abandonné. Ils ont livré des combats pour ne rien perdre : ils en livreront pour *défendre* ce qu'ils n'ont pas perdu. Ils ne s'aperçoivent pas du terrain qu'ils ont été forcés d'abandonner : ils ne prévoient pas qu'ils seront forcés d'en abandonner encore : et tel qui *défend* opiniâtrement le reste des abus qui subsistent dans les écoles, eût *défendu* avec la même opiniâtreté des choses qu'il condamne aujourd'hui, s'il fût venu deux siècles plus tôt.
>
> Les universités sont vieilles et elles ont les défauts de l'âge : je veux dire qu'elles sont peu faites pour se corriger. Peut-on présumer que les professeurs renonceront à ce qu'ils croient savoir, pour apprendre ce qu'ils ignorent? Avoueront-ils que leurs leçons n'apprennent rien, ou n'apprennent que des choses inutiles? Non : mais comme les écoliers, ils continueront d'aller à l'école pour remplir une tâche. Si elle leur donne de quoi vivre, c'est assez pour eux; comme c'est assez pour les disciples, si elle consume le temps de leur enfance et de leur jeunesse. La considération dont les académies jouissent est un aiguillon pour elles. D'ailleurs les membres, libres et indépendants, ne sont pas astreints à suivre aveuglément les maximes et préjugés

de leur *corps*. Si les vieillards tiennent à de vieilles opinions, les jeunes ont l'ambition de penser mieux; et ce sont toujours eux qui font dans les académies les révolutions les plus avantageuses aux progrès des sciences. Les universités ont perdu beaucoup de leur considération, l'émulation se perd tous les jours. Un professeur qui a du mérite, se dégoûte, lorsqu'il se voit confondu avec des pédants que le public méprise, et lorsque voyant ce qu'il faudrait faire pour se distinguer, il juge qu'il serait imprudent à lui de le tenter. Il n'oserait changer entièrement tout le plan d'étude, et s'il veut hasarder seulement quelques changements légers, il est obligé de prendre les plus grandes précautions. Si les universités ont ces défauts, que sera-ce des écoles confiées à des ordres religieux, c'est-à-dire, à des *corps* qui ont une façon de penser à laquelle tous les membres sont obligés de s'assujettir?¹

Je n'ai pas cité ce long texte pour jouer avec son actualité; ni seulement pour y relever toutes les lignes de clivage qui toujours, et toujours de façon spécifique, partagent un champ de lutte incessante quant à l'institution philosophique. Mais aussi pour anticiper un peu, Condillac s'oppose à une institution à partir d'une autre institution, d'un autre lieu institutionnel (les académies), et il le fait au nom d'une philosophie qui inspirera massivement les projets pédagogico-philosophiques de la Révolution et de l'après-Révolution (l'épisode proprement révolutionnaire, nous le verrons se réduire à presque rien). Il s'agira donc là d'un enjeu central, visible ou dissimulé, de toute l'histoire politico-pédagogique du XIXᵉ siècle à nos jours. Nous en aborderons bientôt directement l'analyse. D'allure révolutionnaire ou progressiste au regard d'un certain corps enseignant, le discours de Condillac représente déjà un *autre corps enseignant en formation,* une idéologie (idéologique) en passe de devenir comme on dit dominante, promise elle-même

1. [*Ibid.*, p. 235-236. Nous soulignons].

à des revers ambigus, à toute une histoire complexe et différenciée, jouant à la fois le rôle de frein et de moteur pour la critique philosophique. Dans ses traits les plus formels, ce schéma est aussi actuel.

Pour ne retenir aujourd'hui qu'un signe de cette ambiguïté, n'oublions pas que cette critique, tout en soutenant le progrès des académies modernes, appartient au rapport pédagogique d'un précepteur à un prince. Et, trait plus durable, elle reproduit un idéal d'auto-pédagogie pour un corps vierge, idéal qui soutient une puissante tradition pédagogique et trouve sa forme idéale, précisément, dans l'enseignement de la philosophie : figure du jeune *homme* qui, à un âge très déterminé, alors qu'il est totalement formé, néanmoins encore vierge, s'enseigne à lui-même, naturellement, la philosophie. Le corps du maître (professeur, intercesseur, précepteur, accoucheur, répétiteur) n'est là que le temps de son propre effacement, toujours en train de se retirer, corps d'un médiateur simulant sa disparition dans le rapport à soi du prince, ou au bénéfice d'un autre corpus essentiel dont il sera question plus tard. « C'est à vous, Monseigneur, à vous instruire désormais tout seul. Je vous y ai déjà préparé et même accoutumé. Voici le temps qui va décider de ce que vous devez être un jour : car la meilleure éducation n'est pas celle que nous devons à nos précepteurs; c'est celle que nous nous donnons à nous-mêmes. Vous vous imaginez peut-être avoir fini; mais c'est moi, Monseigneur, qui ai fini; et vous, vous avez à recommencer [1]. »

Le répétiteur s'efface, répète son effacement, le remarque en affectant de laisser le disciple prince – qui doit recommencer à son tour, réengendrer spontanément le cycle de la *paideia,* le laisser plutôt s'engendrer principiellement comme auto-encyclopédie.

Derrière la « répétition » au sens étroit, celle que considère

1. [*Ibid.,* p. 237].

par exemple Canivez, il y a toujours une scène de répétition analogue à celle que j'ai voulu indiquer de cette référence à Condillac. Canivez regrette que la répétition et le répétiteur manquent de plus en plus dans l'enseignement actuel. Au cours d'une analyse historique d'allure descriptive et neutre, il ajoute comme au passage une appréciation personnelle qui, ajointée à tant d'autres remarques de ce type, constitue le système éthico-politico-pédagogique de la thèse. « A l'exercice fondamental qu'est le cours s'ajoutait tout d'abord la répétition. On évitait l'étude solitaire, le professeur, le répétiteur ou un bon élève, le décurion, reprenait le cours avec l'auditeur, corrigeait ses fautes, lui expliquait les passages difficiles. C'était le moment d'un échange personnel entre eux et particulièrement fructueux quand sa vertu était sauvegardée et qu'il ne tournait point à un apprentissage de mémoire ou à une interrogation disciplinaire. C'est un des exercices qui manquent le plus dans l'enseignement actuel. » Et après l'examen d'une dissertation de l'université de Douai (1750), voici, dans le style bien connu des rapports : « Les copies des bacheliers de notre temps ne sont pas meilleures ; elles sont seulement plus vagues et moins charpentées [1]. »

Le répétiteur ou la répétition au sens étroit viennent seulement représenter et déterminer une répétition générale qui couvre tout le système. Le cours, « exercice fondamental », est déjà une répétition, la dictée d'un texte donné ou reçu. Il est toujours déjà répété par un professeur devant des jeunes gens d'un âge déterminé (je précise ici que cette question de l'âge, qui me paraît capter en elle toutes les déterminations, disons pour faire vite, psychanalytiques et politiques de l'enseignement philosophique, me servira constamment de fil conducteur au cours des prochaines séances), par un professeur masculin, cela va de soi, célibataire de préférence. La règle du célibat ecclé-

1. [Canivez, *op. cit.*, p. 90-91].

siastique, autre indice de la scène sexuelle qui nous intéressera, avait été maintenue, plus ou moins contraignante, malgré la sécularisation de la culture; et vous savez quelles étaient à cet égard les vues de Napoléon :

> Il n'y aura pas d'État politique fixe, s'il n'y a pas un corps enseignant avec des principes fixes. [...] Il y aurait un corps enseignant, si tous les proviseurs, censeurs et professeurs de l'Empire avaient un ou plusieurs chefs, comme les Jésuites avaient un général, des provinciaux; [...] Si l'on jugeait qu'il fût important que les fonctionnaires et professeurs de lycée ne fussent pas mariés, on pourrait arriver à cet état de choses facilement et en peu de temps [...] le moyen d'obvier à tous les inconvénients serait de faire une loi du célibat pour tous les membres du corps enseignant, excepté pour les professeurs des écoles spéciales et des lycées et pour les inspecteurs. Le mariage dans ces places ne présente aucun inconvénient. Mais les directeurs et maîtres d'étude des collèges ne pourraient se marier sans renoncer à leur place. [...] Sans être lié par des vœux, le corps enseignant n'en serait pas moins religieux. [*Instructions à Fourcroy.*]

Cette répétition générale (ainsi représentée par le maître d'étude ou le corps plus avancé d'un ancien élève), nous la retrouvons dans l'esprit qui définit la fonction qui m'occupe ici, en ce lieu qui n'est pas indifférent. L'agrégé-répétiteur a d'abord été, reste encore à certains égards un élève demeuré à l'École après l'agrégation pour aider les autres élèves, en les faisant répéter, à préparer les examens et concours, par des exercices, des conseils, une sorte d'assistance; il assiste à la fois les professeurs et les élèves. En ce sens, tout entier absorbé dans sa fonction de médiateur à l'intérieur de la répétition générale, il est aussi l'enseignant par excellence. Comme dans les collèges de Jésuites, c'est en principe un bon élève qui a fait ses preuves et qui reste, à condition d'être célibataire, pensionnaire de l'École pendant quelques années, trois ou quatre au maximum, en commençant à préparer sa propre habilitation (sa thèse) pour accéder au corps supérieur de l'enseignement. C'était, très strictement, la définition de l'agrégé-répétiteur quand j'étais moi-même élève de cette maison. Cette définition n'est pas tout à fait périmée. Une complication l'a pourtant un peu affectée au moment où, il y a une quinzaine d'années, le compromis entre deux nécessités antagonistes a créé en France le corps des maîtres-assistants : fonctionnaires assurés (à certaines conditions) de leur stabilité dans l'enseignement supérieur mais sans titre ni pouvoir professoral. Assez régulièrement promus au rang de maîtres-assistants, les agrégés-répétiteurs ont tendance à se sédentariser à l'École, on les autorise à faire des cours et à tenir séminaire à condition qu'ils assument encore les charges de l'agrégé-répétiteur. Ils n'habitent plus nécessairement à l'École, se marient plus fréquemment, ce qui, associé à d'autres transformations, change la nature de leur rapport aux élèves.

Il n'y a rien de fortuit, voilà où je voulais en venir avec cet indice, dans le fait que la critique de l'institution universitaire soit le plus souvent (tout cela n'a de valeur que statistique, tendancielle, typique) l'initiative de maîtres-assistants, c'est-à-dire de sujets qui, bloqués ou subordonnés par l'appareil, n'ont plus simplement intérêt à le conserver, comme les professeurs du plus haut rang, ni insécurité à en redouter ou représailles massives à en craindre, distincts en cela des assistants qui sont dépendants et demandeurs puisqu'ils peuvent toujours perdre leur place. Le schéma est au moins analogue dans l'enseignement secondaire (un corps supérieur de titulaires, un corps inférieur de titulaires et un corps de non-titulaires). Le maître-assistant traduit une contradiction et une brèche du système. C'est toujours en des lieux de ce type qu'un front a le plus de chances de s'installer. Et dans l'analyse que le *Greph* devrait sans cesse poursuivre quant à sa propre possibilité ou sa propre nécessité, quant à ses limites aussi, il lui faudra tenir compte, entre autres choses, de ces lois et de ces types. Je voulais seulement l'annoncer d'un indice.

Ici n'est donc pas un lieu neutre et indifférent.

Outre ce que je viens de rappeler, ce lieu se transforme et se disloque. Que la majorité d'entre vous n'appartienne pas à l'École normale supérieure et même, si je ne me trompe, s'y dise assez peu attachée (contentons-nous de cet euphémisme), en voilà un premier signe, visible ici, donc, dans une salle de cinéma ou de théâtre à peine transformée en salle de séminaire, ici dans l'École normale supérieure qui se transforme en résistant à sa propre transformation, ici à la place où moi, ce corps enseignant que j'appelle mien, *topos* très déterminé dans le corps supposé enseigner la philosophie en France, aujourd'hui, j'enseigne.

Dans une sorte de contrebande entre l'agrégation et le *Greph*.

Je dis que je vais seulement faire des propositions, toujours soumises à la discussion, que je vais poser des questions, par exemple celle que, apparemment de ma propre initiative, j'ai mise aujourd'hui au programme, à savoir : « Qu'est-ce qu'un corps enseignant? »

Bien sûr, tout le monde peut m'interrompre, poser ses « propres » questions, déplacer ou annuler les miennes, je le demande même avec une sincérité peu feinte. Mais tout paraît, n'est-ce pas, organisé pour que je garde l'initiative que j'ai prise ou que je me suis fait conférer, que je n'ai pu prendre qu'en me pliant moi-même à un certain nombre d'exigences normatives complexes et systématiques d'un corps enseignant autorisé, par la représentation étatique, à conférer le titre, le droit et les moyens de cette initiative. En réalité le contrat auquel je me réfère est encore plus compliqué, mais il veut aussi que je fasse assez vite.

Quand je dis que je pose des questions, je feins de ne rien dire qui soit une thèse. Je feins de poser quelque chose qui au fond ne se poserait pas. La question n'étant pas, croit-on, une thèse, elle ne poserait, n'imposerait, ne supposerait rien. Cette neutralité prétendue, l'apparence non thétique d'une question qui se pose sans même avoir l'air de *se poser,* voilà ce qui construit le corps enseignant.

On le sait, il n'y a pas de question (la plus dépouillée, la plus formelle, la forme questionnante elle-même : qu'est-ce que? Qui? Quoi?; nous y reconnaîtrons la prochaine fois le recours des recours pour l'érection et pour la contre-érection institutionnelle) qui ne soit contrainte par un programme, informée par un système de forces, investie par une batterie de formes déterminantes, sélectionnantes, criblantes. La question est toujours *posée* (déterminée) par quelqu'un qui, à un moment donné, dans une langue, en un lieu, etc., représente un programme et une stratégie (par définition inaccessible à un contrôle individuel et conscient, représentable).

Chaque fois que l'enseignement de la philosophie est « menacé » dans ce pays, ses « défenseurs » traditionnels avertissent, pour convaincre ou dissuader en rassurant : attention, c'est la possibilité d'un pur questionnement que vous allez mettre en cause, d'un questionnement libre, neutre, objectif, etc. Argument sans force ni pertinence qui, n'en soyons pas surpris, n'a jamais rassuré, jamais convaincu, jamais dissuadé.

Voici, je suis ici le corps enseignant.

Je – mais qui? – représente un corps enseignant, ici, à ma place, qui n'est pas indifférente.

En quoi est-ce un corps glorieux?

Mon corps est glorieux, il concentre toute la lumière. D'abord celle du projecteur au-dessus de moi. Puis il rayonne et attire à lui tous les regards. Mais il est aussi glorieux en tant qu'il n'est plus simplement un corps. Il se sublime dans la représentation d'un autre corps, au moins, le corps enseignant dont il devrait être à la fois une partie et le tout, un membre donnant à voir l'assemblée du corps; qui à son tour se produit en s'effaçant comme la représentation à peine visible, toute transparente, du corpus philosophique et du corpus sociopolitique, le contrat entre ces corps n'étant jamais exhibé sur le devant de la scène.

De cet effacement glorieux, de la gloire de cet effacement un bénéfice est retiré, toujours, dont il reste à savoir par quoi, par qui, en vue de quoi. Le compte est toujours plus difficile qu'on ne croit, étant donné le caractère erratique d'un certain reste. Et il en va de même pour tous les bénéfices supplémentaires tirés de l'articulation même de ces calculs, par exemple ici, aujourd'hui, par qui dit : « Je – mais qui? – représente un corps enseignant. »

Son corps devient enseignant quand, lieu de convergence et de fascination, il devient plus qu'un centre.

Plus qu'un centre : un centre, un corps au centre d'un espace s'expose de tous côtés, il met à nu son dos, se laisse voir par ce qu'il ne voit pas. En revanche, l'excentricité du corps enseignant, dans la topologie traditionnelle, permet à la fois la surveillance synoptique qui couvre de son regard le champ du corps enseigné – dont chaque partie est prise dans la masse et toujours entourée – et le retrait, la réserve du corps qui ne se livre pas, ne s'offrant que d'un côté au regard qu'il mobilise pourtant par toute sa surface. C'est bien connu, n'insistons pas. Le corps ne devient enseignant et n'exerce ce qu'on appellera, quitte à compliquer les choses plus tard, sa maîtrise et sa magistralité, qu'en jouant d'un effacement stratifié : devant (ou derrière) le corps enseignant global, devant (ou derrière) le corpus enseigné (ici au sens de corpus philosophique), devant (ou derrière) le corps socio-politique.

Et nous ne comprenons pas *d'abord* ce qu'est un corps pour savoir *ensuite* ce qu'il en est de ces effacements, soumissions et neutralisations à effets de maîtrise : ce qu'un philosophe appellerait encore l'être ou l'essence du corps dit « propre » (réponse à la question « qu'est-ce qu'un corps? ») en viendra peut-être à lui-même (c'est-à-dire à autre chose) depuis cette économie de l'effacement.

Cette captation par effacement, cette neutralisation fascinante a chaque fois la forme d'une cadavérisation de mon corps. Mon corps ne fascine qu'en jouant le mort, au moment où faisant le mort, il s'érige dans la rigidité du cadavre : tendu mais sans force propre. Ne disposant pas de sa vie mais seulement d'une délégation de vie.

Telle scène de séduction cadavérisante, je ne la nomme pas simulacre d'*effacement* par une équivalence vague de la négativité de la mort à celle d'un enlèvement d'écriture. L'effacement, ici, c'est bien, d'une part, l'érosion d'un texte, d'une surface et de ses marques textuelles. Cette érosion est bien l'effet d'une répression *et* d'un refoulement, d'un affairement réactif. Le philosophique comme tel y procède toujours. D'autre part et du même coup, l'effacement fait disparaître, par anéantissement sublime, les traits déterminés d'un *facies,* et de tout ce qui dans le visage ne se réduit pas à du vocable et à de l'audible.

Toutes les rhétoriques, donc, de cet effacement cadavérisant sont des rapports de corps à corps.

Les effets de corps dont je joue – mais vous entendez bien

que quand *je* dit *je,* vous ne savez plus, déjà, qui parle et à qui *je* renvoie, un *je* renvoie, s'il y a ou non signature d'enseignant, puisque je prétends aussi décrire en termes d'essence l'opération du corps anonyme en transit enseignant − feignent de supposer ou de faire croire que mon corps n'y est pour rien : il n'existerait, il ne serait *là* que pour représenter, signifier, enseigner, délivrer les signes de deux autres corps au moins. Lesquels [...].

APPENDICE

Le *Groupe de Recherches sur l'Enseignement Philosophique* (GREPH) *s'est constitué au cours d'une première Assemblée générale le 15 janvier 1975. Dès l'année précédente des réunions préparatoires avaient eu lieu. Au cours de la séance du 16 avril 1974, un groupe d'une trentaine d'enseignants et d'étudiants avait adopté à l'unanimité l'*Avant-projet *ci-dessous. Ce document, à dessein très ouvert au plus large consensus, accompagna l'invitation à la première assemblée constituante, invitation adressée au plus grand nombre d'élèves, enseignants du secondaire ou du supérieur, étudiants (disciplines philosophique ou non philosophique, à Paris et en province).*

AVANT-PROJET
POUR LA CONSTITUTION D'UN GROUPE DE RECHERCHES
SUR L'ENSEIGNEMENT PHILOSOPHIQUE

Des travaux préliminaires l'ont fait apparaître, il est aujourd'hui possible et nécessaire d'organiser un ensemble de recherches sur ce qui rapporte la philosophie à son enseignement. Ces recherches, qui devraient avoir une portée critique et pratique, tenteraient, dans un premier temps, de répondre à certaines questions. Ces questions, nous les définissons ici, à titre d'anticipation approximative, par référence à des notions communes soumises à la discussion. Le Greph serait, d'abord et au moins, un lieu

146

qui rendrait possible l'organisation cohérente, durable et pertinente d'une telle discussion.

1. *Quel est le lien de la philosophie à l'enseignement en général ?*

Qu'est-ce qu'enseigner en général ? Qu'est-ce qu'enseigner pour la philosophie ? Qu'est-ce qu'enseigner la philosophie ? En quoi l'enseignement (catégorie à analyser dans le réseau du pédagogique, du didactique, du doctrinal, du disciplinaire, etc.) serait-il essentiel à l'opération philosophique ? Comment cette indissociabilité essentielle du didactico-philosophique s'est-elle constituée et différenciée ? Est-il possible, et à quelles conditions, d'en proposer une histoire générale, critique, et transformatrice ?

Ces questions sont d'une grande généralité théorique. Elles demandent évidemment à être élaborées. Tel serait précisément le premier travail du Greph.

Dans l'ouverture de ces questions, il serait possible – disons-le seulement par exemple *et à titre très vaguement indicatif – d'étudier* aussi bien

a) *des modèles d'opérations didactiques lisibles, avec leur rhétorique, leur logique, leur psychagogie, etc., à l'intérieur de discours* écrits *(depuis les dialogues de Platon, par exemple, les Méditations de Descartes, l'Éthique de Spinoza, l'Encyclopédie ou les Leçons de Hegel, etc., jusqu'à tous les ouvrages dits philosophiques de la modernité), que*

b) *des pratiques pédagogiques administrées selon des règles dans des lieux fixes, dans des* établissements *privés ou publics depuis la Sophistique, par exemple, la « quaestio » et la « disputatio » de la Scolastique, etc., jusqu'aux cours et autres activités pédagogiques instituées aujourd'hui dans les collèges, lycées, écoles, universités, etc. Quelles sont les formes et les normes de ces pratiques ? Quels en sont les effets recherchés et les effets obtenus ? Seraient ici à étudier, par exemple : le « dialogue », la maïeutique, le rapport maître/disciple, la question, l'interrogation, l'épreuve, l'examen, le concours, l'inspection, la publication, les cadres et programmes du discours, la dissertation, l'exposé, la leçon, la thèse, les procédures de la vérification et du contrôle, la répétition, etc.*

147

Ces différents types de problématiques devraient être, le plus rigoureusement possible, articulés ensemble.

2. Comment la didactique-philosophique s'inscrit-elle dans les champs dits pulsionnel, historique, politique, social, économique ?

Comment s'y inscrit-elle, *c'est-à-dire comment opère-t-elle et se représente-t-elle — elle-même — son inscription et comment est-elle* inscrite *dans sa représentation même ? Quelle est la « logique générale » et quels sont les modes spécifiques de cette inscription ? de sa normativité normalisante et de sa normativité normalisée ? Par exemple, l'Académie, le Lycée, la Sorbonne, les préceptorats de toute sorte, les universités ou écoles royales, impériales ou républicaines des temps modernes prescrivent, selon des voies déterminées et différenciées, en même temps qu'une pédagogie indissociable d'une philosophie, un système moral et politique qui forme à la fois l'objet et la structure en acte de la pédagogie. Qu'en est-il de cet effet pédagogique ? Comment le dé-limiter théoriquement et pratiquement ?*

Encore une fois, ces questions indicatives restent trop générales. Elles sont surtout formulées, à dessein, selon des représentations courantes et requièrent donc d'être précisées, différenciées, critiquées, transformées. Elles pourraient en effet laisser croire qu'il s'agit essentiellement, voire uniquement, de construire une sorte de « théorie critique de la doctrinalité ou de la disciplinarité philosophique », ou de reproduire le débat traditionnel que la philosophie a régulièrement ouvert sur sa « crise ». Cette « reproduction » sera elle-même un des objets du travail. En fait le Greph *devrait surtout participer à l'analytique transformatrice d'une situation « présente », s'y interrogeant, s'y analysant et déplaçant lui-même depuis ce qui, dans cette « situation », le rend possible et nécessaire. Les questions précédentes devraient donc être sans cesse travaillées par ces motivations pratiques. Aussi, sans jamais exclure la portée de ces problèmes hors de France, on insisterait d'abord massivement sur les conditions de l'enseignement philosophique « ici-maintenant », dans la France d'aujourd'hui. Et dans son urgence concrète, dans la violence plus ou moins dissimulée de ses contradictions, l'« ici-maintenant » ne serait plus simplement un objet philosophique. Ceci n'est pas une res-*

triction du programme, mais la condition d'un travail du Greph *sur son propre champ pratique et par rapport aux questions suivantes :*

1. *Quelles sont les conditions historiques passées et présentes de ce système d'enseignement-ci ?*

Qu'en est-il de son pouvoir ? Quelles forces le lui donnent ? Quelles forces le limitent ? Qu'en est-il de sa législation, de son code juridique et de son code traditionnel ? de ses normes extérieures et intérieures ? de son champ social et politique ? de son rapport à d'autres enseignements (historique, littéraire, esthétique, religieux, scientifique par exemple), à d'autres pratiques discursives institutionnalisées (la psychanalyse en général, la psychanalyse dite didactique en particulier − par exemple, etc.) ? Quelle est, de ces différents points de vue, la spécificité de l'opération didactique-philosophique ? Des lois peuvent-elles être produites, analysées, mises à l'épreuve sur des objets tels que − ce ne sont encore que des indications empiriquement accumulées − par exemple : le rôle des Idéologues ou d'un Victor Cousin, de leur philosophie ou de leurs interventions politiques dans l'université française, la constitution de la classe de philosophie, l'évolution de la figure du professeur-de-philosophie depuis le XIXe *siècle, dans le lycée, en khâgne, dans les écoles normales, à l'université, au Collège de France ; la place du disciple, de l'élève, du candidat ; l'histoire et le fonctionnement :*

a) des programmes d'examens et de concours, de la forme de leurs épreuves (les auteurs présents et les auteurs exclus, l'organisation des titres, thèmes et problèmes, etc.) ;

b) des jurys, de l'inspection générale, des comités consultatifs, etc. ;

c) des formes et normes d'appréciations ou de sanction (la notation, le classement, l'annotation, les rapports de concours, d'examen, de thèse, etc.) ;

d) des organismes dits de recherche (CNRS, Fondation Thiers, etc.) ;

e) des instruments de travail (bibliothèques, textes choisis, manuels d'histoire de la philosophie ou de philosophie générale, leurs rapports avec le champ commercial de l'édition d'une part, avec les instances responsables de l'instruction publique ou de l'éducation nationale d'autre part) ;

f) *des lieux de travail (structure topologique de la classe, du sémi-naire, de la salle de conférences, etc.);*

g) *du recrutement des enseignants et de leur hiérarchie professionnelle (l'origine sociale et les prises de parti politique des élèves, des étudiants, des enseignants, etc.).*

2. Quels sont les enjeux des luttes à l'intérieur et autour de l'enseignement philosophique, aujourd'hui, en France?

L'analyse de ce champ conflictuel implique une interprétation de la philosophie en général et, *par conséquent, des prises de position. Elle appelle* donc *à des actions.*

Le Greph *pourrait être, au moins dans un premier temps, le lieu défini et organisé où*

a) *ces prises de position seraient déclarées et débattues à partir d'un travail* réel *d'information et de critique;*

b) *ces actions seraient engagées et expliquées selon des modalités à déterminer par ceux qui participeraient à la recherche.*

Des divergences ou des conflits apparaîtront nécessaires à l'intérieur du Greph. *La règle que celui-ci semble devoir s'imposer au départ serait donc la suivante :*

Que les prises de position et éventuellement les désaccords puissent se formuler librement et que les décisions soient prises selon des modalités dont décide la majorité de ceux qui participent effectivement au travail. Ce contrat serait une condition minimale d'existence. Dans la mesure du moins *où l'objet de ce travail ne peut être repéré que dans l'espace philosophique et universitaire, il faut admettre que la pratique du groupe relève,* dans cette mesure du moins − *encore de la critique philosophique. Elle exclut donc dans cette mesure les dogmatismes et les confusionnismes, l'obscurantisme et le conservatisme sous leurs deux formes complices et complémentaires : le bavardage académique et le verbalisme anti-universitaire. Dans cette mesure, certes, mais seulement dans cette mesure, le* Greph *procède, pour le dé-limiter, depuis un certain dedans de l'université philosophique. Il ne peut ni ne veut le dénier y voyant au contraire une condition d'efficacité et de pertinence.*

Comment le Greph *organiserait-il son travail? Voici quelques pro-*

positions initiales, elles aussi soumises à la discussion et à la transformation.

Dès la rentrée de l'année universitaire 1974-1975 et régulièrement par la suite, des débats généraux auront lieu pour préparer, puis pour discuter et développer les travaux à venir ou les travaux en cours. Des groupes spécialisés, plus ou moins nombreux au départ, seront constitués. Cela n'exclut en rien la participation individuelle de chercheurs isolés.

Dès maintenant le Greph *demande à tous ceux, en particulier aux élèves, enseignants et étudiants de philosophie qui voudraient participer à ces recherches (ou simplement s'en tenir informés), de se faire connaître et de définir leurs projets, leurs propositions ou contre-propositions.*

Un secrétariat s'efforcera d'assurer un travail de coordination et d'information. Il serait en particulier souhaitable que le Greph *entretienne des rapports réguliers et organisés avec tous ceux, individus ou groupes qui, dans les lycées, les écoles normales ou les universités, dans les organisations professionnelles, syndicales ou politiques, se sentent concernés par ces projets.*

Tous les travaux et toutes les interventions du Greph *seront diffusés : au moins dans un premier temps, parmi tous les participants et tous ceux qui en feront la demande, puis, au moins partiellement et selon des modalités à prévoir, par voie de publication (collective ou individuelle, signée ou non signée).*

Pour cette raison, il est souhaitable que, quel qu'en soit l'objet (recherche élaborée, documentation globale ou fragmentaire, information bibliographique ou factuelle, questions, critiques, propositions diverses), les communications à l'intérieur du Greph *prennent, chaque fois que c'est possible, une forme écrite (de préférence dactylographiée) et facilement reproductible. Elles peuvent dès maintenant être adressées (en attendant l'élection à la rentrée, d'un secrétariat) au secrétariat provisoire du* Greph, *c/o J. Derrida, 45 rue d'Ulm, 75005 Paris.*

(Cet avant-projet a été approuvé à l'unanimité lors de la séance préparatoire du 16 avril 1974.)

[Au cours de la première Assemblée générale, le Greph *définit ses modes de fonctionnement (statuts). En voici des extraits :*

MODES DE FONCTIONNEMENT DU *GREPH* (statuts)

Le Greph, *constitué le 15 janvier 1975, se donne pour but d'organiser un ensemble de recherches sur les liens qui existent entre la philosophie et son enseignement. Afin de lever toute ambiguïté nous précisons que :*

— Nous ne pensons pas que la réflexion sur l'enseignement de la philosophie soit séparable de l'analyse des conditions et des fonctions historiques et politiques du système d'enseignement en général.

— Puisqu'il n'existe pas de recherches théoriques qui n'aient des implications pratiques et politiques, le Greph *sera également un lieu où des prises de position à l'égard de l'institution universitaire seront débattues et des actions engagées à partir d'un travail réel d'information et de critique.*

— Dans la mesure du moins où l'objet de notre travail ne peut être repéré qu'à l'intérieur de l'institution universitaire, il faut admettre que la pratique du groupe relève encore de la critique philosophique et que le Greph *s'institue à partir d'un certain dedans de l'université philosophique. Mais ce point de départ et ce repérage immédiat ne peuvent ni ne doivent limiter le champ théorique et pratique du* Greph.

Des divergences ou des conflits apparaîtront nécessairement. Le Greph *semble devoir s'imposer pour règle que les prises de position et les désaccords puissent se formuler clairement et que les décisions soient prises selon des modalités dont décide la majorité de ses membres.*

Nous proposons comme base d'adhésion au Greph *la reconnaissance des orientations minimales définies ainsi et de la structure de fonctionnement proposée ci-après.*

D'un point de vue pratique, sera reconnue comme membre du Greph *toute personne qui se sera fait connaître en remplissant une demande écrite d'abonnement au bulletin intérieur du* Greph *et qui aura reçu confirmation de l'enregistrement de cette demande* [1].

....

A partir de cette date, le Greph *constitue des groupes de travail et d'action, à Paris et en province, il définit des positions et engage des luttes coordonnées. Toutes les informations disponibles à ce sujet sont recueillies dans un bulletin intérieur adressé à quiconque en fait la demande au secrétariat. Jusqu'au mois d'octobre 1975, date à laquelle de nouveaux statuts* [2] *seront proposés en vue d'une plus grande et plus effective décentralisation (création de groupes autonomes et confédérés partout où c'est possible, définition d'une nouvelle phase de travail et de lutte, etc.), les demandes d'information ou les adhésions doivent être adressées, ainsi que toute correspondance, à l'adresse provisoire du secrétariat, 45, rue d'Ulm, 75005 Paris.]*

---

1. Au cas où l'abonnement au bulletin du *Greph* serait le fait d'une collectivité, on pourra demander à cette collectivité la liste de ceux de ses membres qui souhaitent une affiliation au *Greph*.
2. Les nouveaux statuts ont depuis lors été votés.

La crise de l'enseignement philosophique *

L'invitation dont vous m'avez honoré s'accompagnait d'une proposition. Celle-ci définissait un titre possible pour une éventuelle communication. Heureux de me rendre à cette invitation, et pour plus d'une raison, convaincu aussi de l'opportunité de telle proposition, j'ai aussitôt retenu ce titre et je commence par le rappeler : *la crise de l'enseignement philosophique*.

La proposition d'un titre ne revient pas seulement à supposer que j'aie, moi, quelque titre ou quelque justification particulière à parler de ladite « crise », et à le faire avec pertinence, ce qui peut déjà paraître incertain ou problématique. Mais laissons là ce doute. La proposition d'un tel titre comporte une autre présupposition. Elle implique – en droit – la légitimité d'un *topos*. Que faut-il entendre ici par *topos?*

* [Conférence prononcée à Cotonou (Bénin) à l'ouverture d'un colloque international réunissant des philosophes africains francophones et anglophones en décembre 1978].

C'est d'une part quelque chose dont on peut et doit parler. La crise de l'enseignement philosophique est un sujet de discours ou de réflexion, c'est pour nous un lieu commun d'analyse, de délibération, d'élaboration théorique, voire de pratique politique. Mais c'est aussi, d'autre part, *la* crise de l'enseignement philosophique, quelque chose qui *a lieu,* dont l'événement et l'emplacement sont assignables (c'est du moins, n'est-ce pas, ce que présuppose en droit le titre). Nous pourrions nommer *la* crise, la reconnaître en son site (historique, géographique, politique, etc.), en son site essentiel, bien sûr; et la situant, nous pourrions, en principe, savoir ou pré-comprendre ce à quoi nous nous référons quand nous disons *la* crise de *l'*enseignement philosophique, usant de ces articles définis pour marquer à la fois la généralité et la précision déterminée de la chose.

Or tout un réseau de traits contextuels *nous* permet, je pense, d'abord de dire « nous » et de nous entendre pour entendre cet énoncé *(La crise de l'enseignement philosophique)* qui à vrai dire n'est pas un énoncé puisqu'il ne dit rien au sujet de ladite crise; il a seulement la structure d'un titre qui présuppose seulement qu'il y a du sens à parler de *ça,* ladite crise, et quoi qu'on en dise. Et ces traits contextuels seraient suffisants pour qu'ensemble nous rapportions ce titre non pas à *la* crise en général de l'enseignement philosophique *en général* mais à un phénomène singulier, situé, qui a lieu et son lieu dans une aire historique ou géo-politique qui nous est, au moins jusqu'à un certain point, commune. D'où la généralité relative du titre, mais nous serions tous déçus et convaincus d'avoir manqué notre objet si nous ne rapportions pas notre discours, aussi étroitement que possible, à ce qui a lieu *ici même,* aujourd'hui. Les articles définis *(la* crise de *l'*enseignement philosophique) opèrent dans *ce* contexte qui nous est supposé commun, à nous tous qui, en vertu d'un contrat ou d'un consensus lui-même supposé ou produit par notre *convention* (j'entends ce mot en anglais) nous réunissons ici pour tenir un Séminaire international sur *La philosophie et le développement des sciences en Afrique.* Naturellement, les limites d'un contexte sont toujours difficiles, voire impossibles à définir, et plus que jamais dans un cas comme celui-ci, d'abord parce que des choses comme la crise, l'enseignement, la philosophie, les sciences – et même l'Afrique! – posent des problèmes de limite, de frontière, d'autonomie qui font peut-être la crise elle-même; ensuite parce que le contexte effectif de ce Séminaire sera, dans une certaine mesure difficile à évaluer, défini par ce qui s'y dira et par la manière dont les participants traiteront leur propre contrat.

Je ne multiplie pas ces remarques sur la structure de la référence, la valeur de contextualité ou de contrat, l'article défini dans un titre, etc., pour vous égarer dans des généralités linguistiques ou logico-grammaticales ou pour détourner dans des protocoles une certaine urgence, de quelque façon qu'on la détermine : historiquement, politiquement, scientifiquement, philosophiquement. Au contraire, je procède ainsi pour tenter de déterminer cette urgence et pour soumettre à votre discussion quelques hypothèses sur la nature de cette urgence.

Pour reconnaître plus strictement, en sa singularité, l'urgence qui nous provoque ici, je proposerai d'abord de dénoncer deux *alibis.*

Ils ont tous deux la forme de la généralité, ce qui n'est pas un mal en soi, mais aussi d'une généralité vide et destinée à éviter l'ici-maintenant qui nous situe.

Premier alibi, première généralité, première trivialité aussi : la philosophie, nous dirait-on, n'est pas seulement un projet universel et sans frontière historique, linguistique, nationale. Ce serait aussi un projet structuré en permanence par *sa propre crise.* La philosophie aurait toujours été l'expérience même de sa propre crise, elle aurait toujours vécu de s'interroger sur sa propre ressource, sur sa propre possibilité, dans l'instance *cri-*

tique où il s'agirait de juger ou de décider *(krinein)* de sa propre signification, comme de sa survie, et de s'évaluer, de se poser la question de ses titres et de sa légitimité. Dès lors le mouvement autocritique, si on peut dire, appartiendrait au plus propre du philosophique en tant que tel. La philosophie se répéterait et reproduirait sa propre tradition comme enseignement de sa propre crise et comme *paideia* de l'autocritique en général. Cette *paideia* va toujours de pair, et rien de fortuit à cela, avec une assurance que je dirai, sans facilité, *impérialiste* de la philosophie. La philosophie est une ontologie et sa *paideia* une encyclopédie. Elle est en droit de définir et de situer toutes les *régions* de l'étant ou de l'objectivité. Elle n'a pas d'objet propre particulier parce qu'elle légifère sur l'objectivité en général. Elle *domine* de façon justement *critique,* pour leur assigner leurs limites et leur légitimité, toutes les sciences dites régionales. Dominant le champ des disciplines et des sciences dites régionales, le cultivant et y marquant des bordures de propriété, l'onto-encyclopédie philosophique est chez elle partout, et son mouvement autocritique n'est que la reproduction de sa propre autorité.

Ce schéma est bien connu, pardonnez-moi de le rappeler ici. S'introduire à la philosophie, enseigner la philosophie, c'est souvent authentifier ce schéma. Sans le disqualifier en tant que tel, sans même avoir ici les moyens ou le temps de le discuter, je le situerai ici comme un alibi. Pourquoi un alibi?

Parce que nous avons cessé d'habiter simplement le lieu où une telle crise était destinée à se reproduire. Nous ne l'avons pas simplement quitté – et c'est pourquoi le schéma de cette répétition n'a pas tout d'un coup cessé de nous requérir – mais nous l'avons en quelque sorte *débordé,* ou plutôt nous sommes débordés en tant que nous nous serions identifiés en ce lieu. Car ce que nous appelons aujourd'hui, en nous servant d'un vieux langage, « crise de la philosophie », participe déjà d'une tout autre nécessité historique : où ce qui vient en « crise », c'est cette perpétuation même du philosophique comme liberté autocritique *et* (c'est *le même*) comme projet onto-encyclopédique lié à l'*universitas,* comme répétition de soi à travers le langage du *krinein,* à travers la possibilité de la décision, selon une logique du décidable, autrement dit de l'opposition, qu'elle soit ou non dialectique, et dialectique idéaliste ou matérialiste. L'époque de la déconstruction — et en me servant de ce mot, par économie je ne nomme ni une méthode (fût-elle critique, car la déconstruction n'est pas simplement une critique), ni une technique, ni même un *discours,* qu'il soit philosophique, métaphilosophique ou scientifique — serait l'époque où, à travers toutes les instances classiquement identifiées au titre de l'historique, du politique, de l'économique, du psychologique, du logique, du linguistique, etc., viendrait à vaciller l'autorité de la philosophie, son autorité à la fois autocritique et onto-encyclopédique. Et donc, avec elle, le concept même de « crise » en tant qu'il appartient à une logique de l'opposition et de la décidabilité. Crise de la crise, si vous voulez, mais vous voyez bien que les deux occurrences ne sont ici que des homonymes : « crise » n'a pas deux fois le même sens. Quand la crise de la crise concerne le mode de production et de reproduction *du* philosophique en tant que tel, de l'autocritique et de l'onto-encyclopédique lui-même, il y va naturellement aussi de l'enseignement, de cet élément de la tradition qu'on appelle en Occident *paideia, skholè, universitas,* etc., notions que je n'assimile pas entre elles et sur lesquelles je reviendrai dans un instant.

Je décris là en termes très abstraits une situation dont les effets nous assiègent de la façon la plus sensible, la plus quotidienne. Ces effets paraissent parfois terribles et implacables, parfois aussi terriblement délivrants et irrespirablement nouveaux.

Or il n'y a sans doute rien de fortuit dans la synchronie paradoxale qui nous rassemble ici. Au moment où, de façon sans doute très diverse, très inégale et inégalement thématisée, les différentes traditions philosophiques européennes sont travaillées par ces ébranlements déconstructifs – qui ne sont ni la fin ni la mort de la philosophie –, à ce moment même, dans ce continent, comme on dit, qui *s'appelle* l'Afrique, des peuples, des nations *et* des États ont à définir *pratiquement* (je veux dire non seulement selon une opération conceptuelle de définition mais dans la mise en œuvre concrète et détaillée des institutions culturelles et des politiques pédagogiques) un nouveau rapport au philosophique. Ces peuples, ces nations et ces États – ce n'est pas nécessairement la même chose, et cette non-coïncidence pose, vous le savez, de redoutables problèmes – ont à définir ce nouveau rapport après des mouvements de décolonisation de type divers, voire dans le processus même d'une décolonisation en cours. Si le concept de décolonisation et d'abord de colonisation pouvait avoir un sens radical, que devrait-il ici s'ensuivre? Que ce nouveau rapport au philosophique, pour n'être ni colonisé ni néo-colonisé, ne devrait importer ni l'auto-répétition de la philosophie occidentale, ni même sa crise ou ses « modèles » de crise, ni même ses valeurs de propriété et de réappropriation qui ont pu parfois imposer leur nécessité stratégique aux mouvements de libération et de décolonisation. L'idée même d'importation ou le motif opposé de non-importation appartiennent à la même logique. D'où l'extraordinaire difficulté – théorique et pratico-politique : comment faire plus et autre chose que renverser et (donc) réapproprier? Cette difficulté – plus que critique – est commune et aux mouvements de déconstruction et aux mouvements de décolonisation. Car je crois – et je le dis d'un mot, mais sans facilité démagogique ou déférence conventionnelle à l'égard de mes hôtes, plutôt comme cette sorte d'Africain déraciné que je suis, né à Alger dans un milieu dont il sera toujours difficile de dire s'il était colonisant ou colonisé – qu'entre l'effectivité de l'époque déconstructrice et l'effectivité des décolonisations, la concaténation historique est nécessaire, irréductible, de part en part signifiante. Dire qu'elle est historique, c'est encore qualifier cette concaténation en puisant à l'une des ressources conceptuelles (ici un certain concept d'histoire) qui ne vont plus de soi. Si elle est, comme la philosophie et comme la déconstruction du philosophique, interminable, c'est que la décolonisation ne peut être effective ni sur le simple mode de la réappropriation ni sur le simple mode de l'opposition ou du renversement. Poussée à son extrême limite, et c'est là qu'elle est interminable, elle ne devrait importer, intérioriser ou garder en soi ni ce qui lie le philosophique à une autre nation, une autre culture, un autre État, je veux dire à leur modèle non moins qu'à leur réalité (à supposer que ces dissociations aient même un sens), ni même, par conséquent, le modèle ou la réalité de leur crise, voire le style de leur déconstruction. Car il n'y a pas *la* déconstruction, il y a des mouvements singuliers, des styles plus ou moins idiomatiques, des stratégies, des effets de déconstruction hétérogènes d'un lieu à l'autre, d'une situation (historique, nationale, culturelle, linguistique, voire « individuelle ») à l'autre. Cette hétérogénéité est irréductible et sa prise en compte est essentielle à toute déconstruction. Ici je risquerai très vite une proposition pour la soumettre à votre discussion.

Un des aspects européens de la crise – s'il y en a – tient aux différences nationales. C'est sans doute là un trait permanent et structurel de *la* philosophie, de la crise de *la* philosophie et de *la* philosophie comme crise et comme unité qui ne se pose que dans sa précarité critique. Les différences nationales, c'est aussi vrai en Europe, comme vous savez, ne recoupent pas rigoureusement les différences linguistiques, pas plus d'ailleurs que les différences étatiques. Or à toute cette multiplicité dont je ne peux tenter ici de démêler l'entrelacement, correspondent des différences philosophiques qui ne se limitent pas seulement à des questions de style, de méthode, voire de champ problématique, au sens conventionnel et prétendument externe de ces termes. Ces différences sont parfois si graves – par exemple entre les philosophies dites continentales et les philosophies dites anglo-saxonnes – que les conditions minimales d'une communication et d'une coopération viennent à manquer. Le contrat minimal d'un code commun n'est plus assuré, et en parlant de code je ne vise pas seulement l'élément strictement linguistique de ces règles d'échange. A l'intérieur d'une même aire linguistique, par exemple l'anglophonie britannique ou américaine, le même brouillage ou la même opacité peuvent interdire la communication philosophique et faire même douter de l'unité *du* philosophique, du concept ou du projet supposé derrière le mot « philosophie » qui risque alors de n'être chaque fois qu'un leurre homonymique. Ces deux exemples (idiomes européens dits continentaux et idiomes anglo-saxons) se sont imposés à moi parce qu'ils croisent, à travers toutes sortes d'autres surdéterminations, ce qu'on voudrait identifier comme les données *proprement africaines* de notre problème, d'un problème ou d'une problématicité qui n'affecte pas seulement tel ou tel contenu – l'enseignement philosophique, la philosophie et le développement des sciences, etc., mais aussi la rigueur et l'unité du « proprement africain ». Quels que soient les processus de décolonisation, de constitution ou de reconstitution culturelle, nationale ou étatique, quelles que soient les stratégies et les politiques linguistiques des différents pays d'Afrique à cet égard, compte aura dû être tenu de ce qui se passe, de ce qui passe ou ne passe pas entre ces deux aires ou forces politico-philosophiques dites européennes. Elles ont été et elles restent à beaucoup d'égards dominantes. Or si l'unité même du philosophique paraît si précaire et énigmatique à travers ces différences nationales ou autres, comment cette crise se surdétermine-t-elle dans des aires culturelles et politiques non européennes mais encore marquées, sur un mode ou sur un autre, par ces types de philosophie européenne? Cette domination n'a pas nécessairement la forme facilement identifiable de l'hégémonie politico-économique, qu'elle soit coloniale ou néo-coloniale. Il reste que, on le sait bien, la maîtrise peut encore s'exercer à travers la (une) *langue philosophique,* au sens le plus large de ce mot, quand les autres formes de domination, les plus spectaculaires et les plus codées, battent en retraite. Comme je suppose que cette question essentielle de la langue ne manquera pas d'être présente à ce Séminaire, je voudrais définir, sans prémisse et sans démonstration – faute de temps – ce qui me paraît pouvoir être proposé à votre examen et débattu au cours de la discussion, comme le principe d'une politique de la langue en ce domaine. Sans doute faut-il ici éviter un linguisticisme ou un logocentrisme qui prétendrait régler tous les problèmes par des décisions volontaires concernant le langage, la langue ou le discours. Néanmoins, c'est aussi, paradoxalement, une position logocentriste que celle qui, faisant de la langue un médium transparent ou un accident extrinsèque, secondarise la donnée linguistique. Ce principe, je l'énoncerai de façon sommaire : *il n'y a pas le choix,* et le choix qu'il n'y a pas n'est pas entre une langue et une autre, un groupe de langues et un autre (avec tout ce qui s'entraîne dans une langue). Tout monolinguisme et tout monologisme restaure la maîtrise ou la magistralité. C'est en *traitant autrement* chaque langue, en *greffant* les langues les unes sur les autres, en *jouant* de la multiplicité des langues et de la multiplicité des codes à l'intérieur de chaque corpus linguistique qu'on peut lutter à la fois contre *la* colonisation en général, contre le principe colonisateur en général (et vous savez qu'il s'exerce bien au-delà des zones qu'on dit soumises à la colonisation), contre la domination de la langue ou par la langue. L'hypothèse sous-jacente à cet énoncé, c'est que l'*unité* de la langue est toujours un simulacre investi et manipulé. Il y a chaque fois *des* langues dans la langue et la rigueur structurelle du système de la langue est à la fois un dogme positiviste de la linguistique et un phénomène introuvable. J'ai tenté de le démontrer ailleurs. Tout cela ne va pas sans conséquence politique; mieux, c'est un thème politique, de part en part.

Il traverse aussi l'espace qui rapporte la philosophie aux sciences. A ce sujet aussi, je devrai me limiter à l'énoncé sommaire d'une proposition. Elle concerne une sorte de *double bind*, d'une double postulation contradictoire, de deux exigences incompatibles et simultanées. Partons de ce fait que si toute langue philosophique garde en elle un lien irréductible à une langue dite naturelle (ou maternelle), la tendance du langage scientifique allant au contraire vers une formalisation croissante, cette polarité organise, dynamise une sorte de front étrange. L'autonomisation croissante des sciences et des pouvoirs techno-scientifiques, indissociablement techno-scientifiques, tend à échapper, et d'abord par la formalisation, l'auto-juridiction axiomatique, la réappropriation des instances épistémologiques par chaque science, etc., à l'autorité du philosophique comme science des sciences, ontologie générale ou logique absolue, onto-encyclopédie. Par là les sciences permettent en même temps de résister plus efficacement au pouvoir politique mono-logique qui s'exerce à travers la philosophie et que des forces nationales ou continentales peuvent exercer. Ce pouvoir ne s'exerce pas seulement à travers toute l'« idéologie » (je me sers de ce mot par commodité, conscient qu'il appartient encore à ce qu'il s'agit ici de déconstruire) d'une sorte de centralisme philosophique, de tribunal de dernière instance et d'hégémonie onto-encyclopédique; il s'exerce aussi, indissociablement, à par-tir de ce qui lie ce projet hégémonique à une langue ou une famille de langues naturelles européennes. Dans cette mesure, tout mouvement formalisateur (et il y en a toujours déjà dans la langue philosophique elle-même, de même qu'il y a toujours encore de la « naturalité » linguistique dans les langues scien-tifiques) développe des moyens de résister à l'hégémonie onto-encyclopédique, c'est-à-dire aussi, ne l'oublions pas, à la structure étatique et même au concept de l'État dont on pourrait montrer qu'il est indissociable, dans son histoire et dans son architecture, de cette hégémonie philosophique.

Mais inversement – et c'est pourquoi j'ai parlé de *double bind* et de front étrange – le développement des sciences peut comporter des risques contre lesquels la critique philosophique, sous sa forme classique ou sous une forme plus propre à détecter les philosophèmes dogmatiquement impliqués par le discours soi-disant scientifique, peut encore être indispensablement efficace. Ces risques, certes, ce n'est pas le développement des sciences *en lui-même* qui les produit, mais qu'est-ce que ce même, cet *en-lui-même* ? Du côté des sciences physico-mathématiques, l'investissement techno-économique se laisse de moins en moins dissocier du processus scientifique « lui-même ». Ce qu'on appelle la *politique de la science* n'est plus à cet égard une discipline secondaire et il n'est pas de développement des sciences qui ne la mette immédiatement en jeu, qu'on en soit conscient ou non. C'est là qu'une vigilance critique trouve à s'exercer et elle met en œuvre des instruments d'analyse, des formes de question, des schémas problématiques qui relèvent de la critique philosophique et qui supposent une connaissance experte de l'histoire de la philosophie, comme histoire et comme combinatoire de possibilités conceptuelles. Un État qui entend ne pas laisser sa politique de la science arraisonnée par des forces qu'il combat et qui peuvent progresser sur un terrain de dogmatisme ou d'obscurantisme pré-scientifique doit former des philosophes et étendre le champ de l'analyse philosophique dans ses programmes d'éducation. Il est vrai que c'est quelquefois contre l'État lui-même que cette critique philosophique peut tourner sa vigilance, qu'il s'agisse de la rationalité étatique en tant que telle ou des forces déterminées et particulières qui se sont pour un temps approprié le pouvoir d'État. D'où le retors du problème, du problème théorique et du problème stratégique. Il est toujours difficile de savoir où est l'État.

Ce que je viens de dire des sciences physico-mathématiques vaut *a fortiori* des sciences dites humaines, prises une à une ou dans leur ensemble groupé. Elles offrent un terrain privilégié aux investissements idéologiques les plus ingénus et, à la fois, les plus massivement manipulables par des forces ou des intérêts (politico-économiques ou autres). Le pré-critique, le pré-philosophique, voire le pré-scientifique ou pré-épistémologique guette les sciences humaines comme une proie facile et précieuse. Ce qui prend ici forme de *nodosité,* et ce qui donne au nœud la structure, une fois encore, de *double bind,* c'est que le pré-critique qui retient ou retarde les sciences dites humaines est souvent de nature philosophique : ce sont souvent des résidus de vieux philosophèmes non reconnus comme tels qui viennent, de façon plus ou moins cohérente, pré-déterminer le discours des dites sciences. Et, bien entendu, la place de l'État − qui peut être aussi la place des forces déterminées qu'il représente à un moment donné − est d'autant plus difficile à assigner quand il est nécessaire de développer à la fois les sciences *et* leurs instruments critiques, la philosophie *et* les instruments d'une déconstruction philosophique.

Pour répondre à l'urgence d'une telle requête, il faut sans doute se priver d'un deuxième *alibi.* Il a rapport, justement, à la question de l'État. Et il prend aussi, au premier abord, la forme de la généralité anhistorique. La philosophie a toujours été, par essence, liée à son enseignement, disons au moins à une *paideia* qui a pu devenir à un moment donné de l'histoire *« enseignement »,* au sens étroit qui lie la pratique éducative à un certain concept ou à une certaine institution du signe. En tout cas on n'a jamais conçu ni vécu la philosophie sans ce rapport dialectico-pédagogique que nous appelons aujourd'hui « enseignement ». Il s'ensuit que, pour les raisons que j'évoquais tout à l'heure, la crise permanente, fondatrice, institutrice de la philosophie aura toujours été simultanément une crise du pédagogique. Mais si nous voulons situer ce qui a lieu *pour nous, aujourd'hui,* il faut sans doute revenir de la généralité flottante de ce schéma à une détermination historico-géographique, politique, époquale en général, *plus stricte.* C'est, disons, le moment où en *Europe* les structures de l'enseignement philosophique en viennent à s'étatiser, directement ou indirectement. Je ne peux pas ici m'engager dans l'analyse de ce processus qui date de la première moitié du XIXe siècle. Je remarque simplement qu'il n'est pas fortuitement contemporain de grandes entreprises coloniales d'un type nouveau et que, pour ce qui concerne l'exemple français, l'imposition coloniale de modèles pédagogiques venait, au moins pour une part (car il faut en exclure la pédagogie des Missions qui, elle, relevait de modèles pré-révolutionnaires et pré-étatiques) installer les structures étatiques en cours de constitution en France.

Dès lors la spécificité des crises de l'enseignement philosophique aura toujours un rapport étroit avec ce phénomène d'étatisation, qu'il s'agisse des États européens, de quelque nature qu'ils soient, ou des États africains, soit que les structures de leur étatisation (notamment en ce qui concerne les dispositifs scolaires et universitaires) restent analogues à des modèles européens, soit qu'elles s'en écartent ou s'y opposent. Comment le processus d'étatisation vient-il régler les rapports entre la philosophie et son enseignement, entre l'enseignement de la philosophie et l'enseignement des sciences, des sciences dites humaines et des autres, entre sa « politique-de-la-science » et sa « politique-de-la-philosophie », etc., voilà une portée de la question dont on ne peut pas, me semble-t-il, réduire la nécessité dès lors qu'on s'interroge sur la crise de l'enseignement philosophique. A ce degré de grande généralité, cette question me paraît valoir aussi bien pour l'« Europe » que pour l'« Afrique », noms propres que je mets pour l'instant entre guillemets pour les raisons que j'ai dites tout à l'heure. Pas plus qu'à l'unité de la philosophie (européenne ou africaine), je ne crois qu'on peut se fier aujourd'hui à l'unité du « proprement européen » ou du « proprement africain » en général. La crise de la crise est là. Et si la critique de l'« ethnophilosophie » me paraît aussi légitime pour l'Europe que pour l'Afrique (et à vrai dire elle renvoie à un projet de réappropriation, comme à une valeur de *propre* très commune à toute philosophie comme telle), je crois que sa radicalisation est nécessaire et elle ne peut alors laisser intact aucun critère d'unification ou d'identification essentielle, surtout pas le géographique.

Si donc ladite crise de l'enseignement philosophique a toujours un rapport profond avec les voies de l'étatisation, ses formes varieront d'une entité étatique à une autre, même si cette entité est une formation récente, instable ou provisoire.

Il est donc clair que je ne vous parlerai pas, d'abord parce que je n'aurais rien à vous en dire, de la crise de l'enseignement philosophique *en Afrique même*. Compte tenu des généralités que j'ai cru devoir rappeler, je doute que cette « crise » y ait une unité, fût-elle unité de crise, à moins qu'elle ne soit liée à la crise de l'unité africaine, ce qui est encore autre chose. Ensuite parce que de la diversité des situations africaines, je n'ai pas les moyens ni la prétention de vous apprendre quoi que ce soit. Enfin parce que la scène d'un Européen ou même d'un Eurafricain venant diagnostiquer une crise de l'enseignement africain devant des philosophes, chercheurs et enseignants africains paraît insupportablement dérisoire.

Je vous parlerai donc de tout autre chose. Si je vous apporte seulement un témoignage *limité* sur mon expérience de ladite crise en France, ce ne sera surtout pas pour procéder à l'exportation d'un « modèle » de crise ou de réponse à une situation « critique ». Je sélectionnerai cependant dans cette très brève présentation quelques traits de la situation française dont l'analyse et la discussion me paraîtront pouvoir, en raison d'un certain réseau d'analogies que je forme par hypothèse, s'élargir dans une certaine mesure au-delà de la France.

Considérons d'abord tel révélateur spectaculaire d'une crise naturellement plus ancienne et plus structurelle. Il s'agit justement d'une intervention de l'État dans son propre appareil d'éducation. Ce qu'on a appelé, depuis, la *Réforme Haby,* mettait en place, dès 1975, tout un ensemble de dispositions qui devrait aboutir assez rapidement – le processus est déjà en cours – à la quasi-disparition de l'enseignement et de la recherche philosophiques en France. Je ne peux pas analyser en détail les procédures et les attendus de cette Réforme. A beaucoup d'égards, elle ne faisait qu'accentuer une politique déjà ancienne et sa pièce principale, pour ce qui concerne la philosophie, c'était une réduction massive de l'enseignement philosophique dans les lycées, dans cette classe de Terminale qui était une des spécificités du modèle français de l'enseignement secondaire. Les motivations explicites et implicites de cette Réforme sont nombreuses et mériteraient une longue analyse. Je me limiterai aux points suivants :

1. Nécessité techno-économique – à un certain stade du développement et à une certaine phase du marché dans la société industrielle – de détourner une grande quantité d'étudiants de disciplines considérées en France comme « littéraires » et non scientifiques. Quand je dis « nécessité » je traduis l'*interprétation* intéressée de certains technocrates ou gérants du système en question et non nécessité objective. La non-rentabilité de la philosophie dans cette société industrielle – sa non-rentabilité immédiate –, qu'elle partagerait avec toutes les « humanités » et notamment l'histoire, avait justifié depuis des années déjà une orientation active, voire violente et forcenée, des élèves sélectionnés comme les « meilleurs » vers les disciplines scientifiques dans les lycées. Bien que cette politique « techno-scientiste » réponde à une demande du marché capitaliste et parfois même à une demande expressément formulée par les représentants du patronat français, on peut raisonnablement penser qu'elle serait maintenue, pour l'essentiel, par

une gestion dite de « gauche » de la même société techno-industrielle, si du moins l'on prend en compte l'état réel de la philosophie et de la philosophie de l'éducation dans les parties de gauche traditionnels. Rien dans leurs programmes n'annonce autre chose que des réformes secondaires à cet égard. L'idée fondamentale de l'éducation reste la même. C'est pourquoi lorsque le *Greph* (Groupe de Recherches sur l'Enseignement philosophique) – dont je dirai quelques mots tout à l'heure – a organisé la lutte contre la *Réforme Haby,* ce n'était pas seulement en prenant des positions originales par rapport aux partis de gauche et aux syndicats (même s'il faisait ici ou là alliance avec eux dans telle ou telle phase de la lutte), c'était aussi avec la conviction que cette lutte devrait continuer dans ce qui était alors la perspective et l'espérance d'une arrivée de la gauche au pouvoir. Nous savions qu'alors la lutte serait autre, peut-être plus facile, sur un terrain nouveau en tout cas, mais nous ne nous faisions aucune illusion : il faudrait continuer à se battre pour éviter que la même interprétation, imposée par les contraintes du marché, intérieur et mondial, l'alignement sur les systèmes d'éducation d'autres pays industriels (notamment européens, dans le cadre dit de l'unité de l'Europe), pour éviter donc que la même interprétation et la même politique ne s'imposent sous l'autorité de la « gauche ». Ces craintes modérées étaient, comme on le sait depuis quelques mois, encore optimistes [1].

2. Autre motivation (non avouée celle-là) de la *Réforme Haby :* la destruction de la « classe de philosophie » devrait soustraire la masse des lycéens à l'exercice de la critique philosophique et politique. De la critique historique aussi : chaque fois que la classe de philosophie a été menacée en France, depuis le XIXᵉ siècle, l'enseignement de l'histoire a également

---

1. [Allusion à un récent échec électoral de la gauche].

été visé, pour des raisons politiques analogues. La classe de philosophie était le seul lieu où la modernité théorique, des éléments de marxisme et de psychanalyse, par exemple, avaient chance d'être abordés. Jamais avant, jamais après pour ceux qui ne se spécialisaient pas dans ces directions – et qui donc risquaient d'être d'autant moins nombreux à le faire qu'ils n'y étaient pas initiés avant les études universitaires. Après 68, tous les signes d'une surveillance répressive s'étaient d'ailleurs multipliés à l'encontre de la Terminale, de certains de ses élèves et de certains de ses professeurs.

3. En étouffant l'enseignement philosophique dès le Lycée, on laissait s'installer sans critique une idéologie – et finalement des contenus philosophiques implicites mais très déterminés – qui s'étaient insinués, nécessairement, à travers les autres enseignements. Ces autres enseignements, ce sont surtout (non pas uniquement mais surtout) les enseignements « littéraires » (langue et littérature, française et étrangère) mais aussi, et c'est ce point que je veux souligner, les enseignements dits de « sciences humaines » – et notamment de sciences économiques et sociales – que simultanément on tente de développer dans les lycées. Dans le principe, rien à reprocher à de tels enseignements, à condition qu'ils soient dispensés de façon critique, qu'ils ne soient pas, directement ou indirectement, normés par des impératifs idéologiques et/ou techno-économiques. Or tout, dans les conditions effectives et concrètes de ces enseignements, laisse craindre que ces « sciences » dites humaines, économiques et sociales soient l'objet de discours non critiques et lestés de contenus idéologiques très déterminés. Et donc aussi d'une certaine philosophie implicite ; car le front ne s'installe pas ici entre la philosophie et la non-philosophie, mais entre des pratiques et des contenus philosophiques déterminés. La *Réforme Haby* ne représente pas une anti-philosophie, mais certaines forces elles-mêmes liées à une certaine configuration philoso-

phique qui, dans une situation historico-politique, a intérêt à favoriser telle ou telle structure institutionnelle.

Bien que le *Greph* ne se soit pas constitué en réponse au projet de *Réforme Haby,* bien que son Avant-Projet (dont je pourrai lire quelques passages au cours de la discussion) date d'avant ladite Réforme, il est vrai que le *Greph* s'est considérablement étendu à travers toute la France, il a mieux fait connaître ses positions, son programme de recherches et d'action dans le contexte d'urgence créé par le projet gouvernemental. Plutôt que de déployer tout le discours que le *Greph* a tenté d'avancer depuis quelques années, il me paraît préférable de définir la position singulière qu'il a prise devant la Réforme Haby, en un moment précisément où la « crise » paraissait la plus urgente et la plus spectaculaire. Cette position me paraît assez révélatrice quant à l'ensemble de notre problématique. Le *Greph* s'est opposé simultanément aux forces représentées par la position gouvernementale – et donc à la politique visant à la disparition de l'enseignement philosophique – et aux forces qui semblaient sur un mode conservateur vouloir défendre le *statu quo* et la classe de Terminale telle qu'elle était. En fait ces deux positions apparemment antagonistes devaient aboutir, étant donné l'état réel de l'enseignement dans ces Terminales et la politique générale de l'éducation, à la même conséquence : l'asphyxie progressive de tout enseignement philosophique. La singularité du *Greph* a consisté à exiger que non seulement on continue à enseigner la philosophie, de manière non optionnelle, non facultative, en Terminale mais qu'on lui accorde le droit reconnu à toute autre discipline, à savoir un enseignement progressif et « long » depuis les plus « petites » classes. Cela supposait naturellement une réélaboration générale des contenus, des méthodes, des rapports interdisciplinaires, etc. C'est cette réélaboration qui occupe les groupes qui se sont constitués à l'intérieur du *Greph* et qui rassemblent des enseignants du secondaire et du supérieur, des élèves et des étudiants. Naturellement le *Greph* n'est pas seulement un groupe de recherches théoriques, c'est aussi un mouvement qui entend intervenir dans l'institution, selon des modes politiques spécifiques qui ne sont ni ceux des partis ou des syndicats (notre indépendance est à cet égard précieuse et absolue, même si certains d'entre nous appartiennent à des organisations politiques et syndicales) ni ceux d'une organisation professionnelle et corporative. Je pourrais, si vous le souhaitez, vous donner plus de précisions sur les textes et les arguments concernant ce que nous appelions d'abord la « progressivité » de l'enseignement philosophique. Ce qui était alors, et reste, notre mot d'ordre, avait pour cible le verrou politico-sexuel qui réservait l'accès à l'enseignement philosophique au jeune homme de dix-sept ou dix-huit ans appartenant le plus souvent à une certaine classe sociale et venant à la philosophie une fois que les autres enseignements (notamment celui des « humanités » et des sciences dites « humaines ») avaient joué leur rôle d'imprégnation idéologique. Plutôt, donc, que de reprendre toute notre argumentation à ce sujet (et elle touche, on s'en aperçoit vite, au tout de la tradition philosophique et de son enseignement car cet enjeu de l'*âge* est une sorte de révélateur général), plutôt que de vous parler des luttes et des expérimentations engagées autour de ce mot d'ordre, il me paraît préférable d'insister ici sur les raisons pour lesquelles nous avons très vite abandonné le mot de « progressivité » et l'avons remplacé par celui d'« extension ». Il me paraît préférable d'y insister parce qu'il y va justement du rôle de l'État dans cette crise, et quelles que soient les forces que prétend servir ou sur lesquelles prétend s'appuyer cet État, même si ce sont des forces « progressistes » ou de « gauche ». De quoi s'agit-il?

Très vite, et à l'intérieur même du *Greph*, une certaine équivoque est apparue, liée au mot, sinon à la chose dite « progressivité » de l'enseignement philosophique. On s'est demandé si la répartition de l'enseignement philosophique sur de nombreuses années ne risquait pas de conduire à une dispersion et à une désarticulation empiriste; ou encore de réitérer l'enseignement traditionnel en l'affaiblissant, en le rendant plus accessible aux détournements idéologiques ou à sa dissolution dans des disciplines non philosophiques; ou encore d'étendre l'*imperium* philosophique, voire, dans telle ou telle situation politique, l'hégémonie de telle ou telle philosophie devenue subrepticement philosophie officielle, philosophie d'État, et dispensée comme un dogme tout au long de la scolarité. Dans ce cas-là, le mot d'ordre de la progressivité reproduirait, voire aggraverait une situation qu'on voulait au contraire transformer de fond en comble. A cette objection, que nous avons prise au sérieux et qui à vrai dire avait tout de suite été envisagée à l'intérieur du *Greph*, notre réponse était en son principe la suivante. Sans doute la valeur de progressivité relève-t-elle de la pédagogie la plus traditionnelle. Nous ne devons pas la recevoir comme une nouveauté ni surtout la « fétichiser ». Mais dans une phase déterminée de la lutte, il était stratégiquement opportun d'exiger pour l'enseignement philosophique le respect de normes traditionnelles qui rendait légitime que d'autres disciplines bénéficient d'un enseignement long et « progressif ». Une fois acquise une extension légitime et dite « naturelle », d'autres débats pourront se développer plus facilement quant aux contenus et aux formes des enseignements, à leurs articulations, à leurs communications, entre eux et avec le dehors de l'école. Les propositions du *Greph* quant à la progressivité visaient toutes cette transformation profonde. Et je voudrais citer ici telle déclaration par laquelle j'avais alors exprimé, je crois, une préoccupation essentielle du *Greph*, et que je soumets à votre discussion parce qu'elle me paraît d'une portée assez générale pour valoir au-delà du contexte étroitement français où elle fut formulée : « Bien entendu, si, sous prétexte de progressivité, on réinstaurait un apprentissage, voire un dressage aux finalités suspectes, si on distribuait une « formation » orientée comme un progrès vers l'accomplissement harmonieux de quelque *telos,* quel qu'il soit, il faudrait, il faudra sûrement combattre une telle réappropriation dont le risque (ou la sécurité) réapparaîtront toujours. D'autres fronts se dessineront. Mais une fois que la philosophie ne sera plus le lot d'une classe, l'élargissement du champ rendra le travail, les échanges critiques, les débats et les affrontements plus effectifs. En tout cas, cela du moins est sûr d'ores et déjà, refuser l'extension de l'enseignement philosophique sous prétexte que le motif de la « progressivité » ne résout pas tous les problèmes et peut être réapproprié par le camp qu'on dit adverse, c'est accréditer un argument mystificateur, qu'il soit ou non avancé de bonne foi. Mystificateur et sans avenir, la démonstration en est faite. Il faut au contraire travailler dès maintenant à créer les conditions d'une extension et d'une transformation de l'enseignement dit philosophique, ouvrir des débats, élaborer des expérimentations, y associer le plus grand nombre d'enseignants, d'étudiants et d'élèves, non seulement dans la « discipline » philosophique, non seulement dans l'école. Le processus est en cours, nous en avons plus d'un symptôme, et le terrain des luttes à venir s'y prescrit déjà. » (*Réponses à la Nouvelle Critique,* mai-juin 1975, repris dans *Qui a peur de la philosophie,* ouvrage collectif du *Greph*, Paris, Flammarion, 1977 [1].)

Depuis cette époque, le *Greph* a multiplié ses actions, ses groupes de travail, étendu les conséquences de ses premiers mots d'ordre, en particulier du côté de ce que nous appelons maintenant la nécessaire « délocalisation » du corps enseignant : mobilité, dé-hiérarchisation, circulation des enseignants selon de nouveaux modes de « formation ». Nous pourrons, si vous le souhaitez, y revenir au cours de la discussion. Ce que je voudrais simplement situer, ou au moins nommer, sinon analyser, avant de conclure, ce sont les *types* de difficulté que

1. P. 457-458; dans ce volume, p. 249-250.

rencontre le *Greph* dans son travail théorique et dans son activité militante. Peut-être cette typologie n'est-elle pas, dans sa généralité, limitée à la scène française. La loi de cette typologie, c'est la nécessité et parfois l'impossibilité de lutter sur deux fronts, en démultipliant les portées et les rythmes de cette lutte.

1. D'une part, nous pensons devoir maintenir l'*unité* de la discipline philosophique contre tous les tropismes séduisants des sciences humaines (psychanalyse, sociologie, économie politique, ethnologie, linguistique, sémiotique littéraires, etc.), et à travers cette unité la force critique de la philosophie et des épistémologies philosophiques. Et il est vrai que des enseignants en nombre croissant auraient tendance à céder à ces tropismes et donc de limiter la formation des élèves ou des étudiants, leur entraînement à la vigilance critique devant tous les contenus idéologiques, les dogmatismes ou les philosophèmes pré-critiques qui guettent constamment le discours des sciences humaines.

Mais d'autre part, nous ne voulons pas assumer ce que ce mot d'ordre (« unité et spécificité de la discipline ») peut comporter de réactif, voire parfois d'obscurantiste. Il est souvent mis en avant par les représentants les plus légitimes, en tout cas officiels, de l'institution. Nous luttons donc à la fois pour que le souci de la spécificité philosophique, jusqu'à un certain point, soit maintenu devant une dispersion pseudo-scientifique, et en fait faiblement philosophique, mais aussi pour étendre le champ de la scientificité dans l'enseignement, même s'il peut paraître menacer la représentation que se font certains philosophes de l'unité intouchable de leur discipline. Cette contradiction ou cette loi de *double bind,* dont je nomme sèchement la fatalité, vous savez qu'elle peut avoir des effets très concrets dans notre pratique. Pour la traiter au fond, il faudrait déployer évidemment un long et puissant discours sur le scientifique et le philosophique, sur une « crise » qui déborde sans doute ce que Husserl aurait voulu conjurer sous le titre de *Crise des Sciences européennes...* [1] ou de *Crise de l'humanité européenne et la philosophie* [2].

2. Dans ses rapports à l'État, à tout ce qu'il tente de programmer de l'enseignement de la philosophie et de ses rapports aux enseignements et aux pratiques scientifiques, à tous les modes de formation et de reproduction par lesquels l'État finalise le système éducatif, le *Greph* tente d'être aussi indépendant, maître de ses critiques, de sa problématique, de ses motifs d'action, comme il tente de l'être par rapport au code dominant du politique, aux partis, organisations syndicales et associations corporatives. Loin d'être un facteur de dépolitisation, cette liberté (relative) et cette distance sans détachement devraient nous permettre au contraire de re-politiser les choses, de transformer le code politique dominant et d'ouvrir à la politisation des zones de questionnement qui lui échappaient pour des raisons toujours intéressées et intéressantes. Cette liberté (relative) par rapport aux structures étatiques, nous ne cherchons pas à la prendre d'abord par rapport à un État en général, à l'État en soi, mais, aussi précisément que possible, par rapport aux forces particulières qui, dominant les pouvoirs d'État à un moment donné, lui dictent – par exemple – sa politique de la science et de la philosophie.

Car d'autre part, inversement, notre rapport à l'État n'est ni simple ni homogène. Une certaine rationalité étatique nous paraît non seulement accordée à l'unité du philosophique que nous ne voulons pas abandonner purement et simplement, mais représenter le moyen le plus puissant de lutter contre les forces ou les intérêts de classe (par exemple) qui profiteraient de

1. [Cf. E. Husserl, *La crise des sciences européennes et la phénoménologie transcendantale,* traduit de l'allemand et préfacé par Gérard Granel, Paris, Gallimard, 1976].
2. [Cf. *ibid.,* p. 347 sqq.].

l'empirisme ou de l'anarchisme politique. Certes. Il n'en reste pas moins que sous sa forme la plus accomplie, la rationalité étatique-philosophique (qu'on la pense de façon hégélienne de droite ou de gauche, marxiste ou non marxiste, etc.) doit aussi rester à portée de questionnement (théorique) ou de mise en question (pratique).

3. Toutes ces contradictions qui traversent la réflexion et la pratique du *Greph*, nous tâchons de ne pas nous les dissimuler et nous les croyons signifiantes. Elles reviennent peut-être toutes, dans leur généralité la plus formalisée, à la nécessité de ne renoncer ni à une *déconstruction* (du philosophique, de ce qui lie le philosophique à l'État, à l'enseignement, aux sciences, etc.), ni à une *critique* philosophique dans la forme la plus exigeante et la plus effective, aujourd'hui, ici, maintenant, de sa tradition. Ne renonçant ni à la déconstruction ni à la critique, le *Greph* se divise, se différencie, se partage selon les lieux, les individus, les urgences, les situations. Il n'a pas de statut, en quelque sorte, pas de place et de forme fixe. Il a bien eu des statuts provisoires mais l'histoire de ces statuts montre bien qu'il n'a jamais pu ni voulu se donner *un* statut. C'est pour le moment, quant à la contradiction que je viens de nommer, un lieu un peu vague où un consensus minimal se renouvelle depuis quatre ans pour une pratique relativement commune et surtout pour un débat aussi vigilant et aussi libéral que possible.

Un débat aussi vigilant et aussi libéral que possible, c'était aussi la promesse de ce colloque, et c'est ce qui m'a encouragé à y apporter – comme un salut – ce témoignage et à vous parler de ce lieu ou depuis ce lieu qui se nomme le *Greph*. Dont j'oubliais de préciser que, si français qu'il paraisse, et confiné pour l'instant dans ses frontières, il a, dès son *Avant-Projet,* marqué qu'il n'entendait pas « exclure la portée de ces problèmes hors de France [1] ». Et de fait, plus d'un groupe de

1. [Voir p. 148].

travail a essayé de tenir compte de problématiques et de situations non françaises ou non européennes, parfois en travaillant avec des camarades du *Greph* non français. Ils sont assez nombreux, en Europe, en Amérique du nord et du sud, et surtout en Afrique où l'on connaît des problèmes analogues, ce qui n'est en rien fortuit pour l'Afrique francophone.

Ce témoignage très limité, je pourrais peut-être essayer de l'étendre et de l'argumenter, si vous le souhaitez, au cours de nos discussions. Mais je voulais surtout insister sur ce fait : la relation que j'ai faite ou analysée ne comportait aucun message. Elle n'était pas, cette relation, un rapport sur l'*état* de la philosophie, de l'enseignement de la philosophie et des sciences à vous adressé par un correspondant étranger, pas même un rapport sur les rapports entre l'État et la Philosophie. Plutôt le préambule un peu long, pardonnez-moi, aux questions que je voudrais *vous* poser, comme à la discussion à laquelle j'espère prendre part, une manière un peu lente, la mienne, de me préparer à vous écouter.

L'âge de Hegel *

« ... et s'il m'est permis d'évoquer ma propre expérience...
il me souvient d'avoir appris à l'âge de onze ans, destiné que
j'étais au séminaire de théologie de mon pays, les définitions
de l'*idea clara* de Wolf, puis à l'âge de treize ans d'avoir
assimilé l'ensemble des figures et règles des syllogismes. Et je
les sais encore [1]. »

Et il les sait encore.

Hegel à onze ans, vous voyez d'ici la scène.

* [Paru dans le volume *Qui a peur de la philosophie ?* du *Greph* qui
réunit des textes de Sarah Kofman, Sylviane Agacinski, Jean-Pierre Lefebvre,
Jacques Derrida, Roland Brunet, Alain Delormes, Bernadette Gromer, Jean-
Luc Nancy, Michèle Le Dœuff, Bernard Pautrat, Jean-Pierre Hédoin, Hélène
Politis, Michel Bel Lassen, Martine Meskel, Michael Ryan (Paris, Flam-
marion, 1977)].

1. [G.W.F. Hegel, *Lettre au ministère royal des Affaires médicales, scolaires, ecclésiastiques,* du 16 avril 1822. Trad. par J.-P. Lefebvre, dans
Greph, Qui a peur de la philosophie ? op. cit., p. 63].

Et il les sait encore. Et il rappelle, avec un sourire retenu, une étincelle sans doute dans le regard, l'humour de Hegel vous auriez tort d'ignorer, qu'il se les rappelle, l'*idea clara* du vieux Wolf et toutes les formalités syllogistiques, toute la machine. Laissant entendre : je radote, j'ironise, je ne dirais pas ça dans la Grande Logique, mais enfin peut-être car si j'ironise avec autant de modestie que de coquetterie, mon ironie est au service d'une démonstration, le sérieux du concept ne s'absente pas un seul instant.

Tout de même. Hegel à onze ans, ce n'est pas tous les jours.

En 1822, il a cinquante-deux ans. Toutes les « grandes œuvres » sont derrière lui, en particulier l'*Encyclopédie* et, encore très proche, la *Philosophie du droit* [1] de Berlin sans laquelle la

---

1. La référence aux textes de la *Philosophie du droit* de Berlin comme au champ politique de l'époque est requise pour l'intelligibilité minimale de cette Lettre. On doit donc dès maintenant le préciser : on sait de mieux en mieux aujourd'hui qu'il faut parler *des « Philosophie du droit »* de Berlin. Cette multiplicité n'est pas seulement affaire de rédactions, de versions, d'éditions ou d'additions. Elle tient à la complexité de la situation politique berlinoise, aux surdéterminations, stratagèmes et parfois secrets de la pratique ou de l'écriture politique de Hegel. Il est aujourd'hui certain qu'on ne peut plus la simplifier, comme on l'a fait parfois jusqu'à la caricature, et la réduire à celle du « philosophe prussien d'État ». En préface à cette lettre, et quand à la réélaboration de toutes ces questions (*les « Philosophie du droit »,* les rapports de Marx et de Engels à tout cet ensemble politico-théorique, les écritures politiques effectives de Hegel, etc.), j'indiquerai au moins deux mises au point absolument indispensables, celle de Jacques d'Hondt (*Hegel et son temps,* Berlin, 1818-1831, Paris, Éditions Sociales, 1968) et la *Présentation* de Jean-Pierre Lefebvre qui ouvre sa traduction de *La Société civile bourgeoise* (Paris, Maspero, 1975). Cf. aussi Éric Weil, *Hegel et l'État* (Paris, Vrin, 1970).

Il sera aussi nécessaire de lire deux autres textes relatifs à l'enseignement dans les lycées et à l'université. Ils sont peu connus et seront prochainement traduits. Ce sont : 1° le Rapport à Niethammer, Inspecteur général du royaume de Bavière, sur l'enseignement de la propédeutique philosophique au lycée (1812). Sur ce qui est assimilable à tel ou tel âge, sur la nécessité de commencer par apprendre des *contenus* philosophiques et non seulement

scène que vous croyez voir vous serait, pour l'essentiel dirait-il, indéchiffrable.

Il a cinquante-deux ans, il parle de ses onze ans. Il était déjà philosophe. Mais comme tout le monde, n'est-ce pas. Enfin pas encore philosophe car, voir le corpus des œuvres complètes de la maturité, ce *déjà* aura été un *pas-encore*.

On n'aura rien compris, pour l'essentiel dirait-il, à l'*âge* (par exemple de Hegel) si l'on ne pense pas d'abord la structure conceptuelle, dialectique, spéculative, de ce *déjà-pas-encore*. A quelque âge que ce soit, singulièrement et par excellence celui *de* la philosophie ou *pour* la philosophie.

Tout de même, quelle scène, cet *Ecce homo* sous pli ministériel. Il doit bien y avoir assez de force, sous le dérisoire, pour qu'à la fin du même siècle, appartenant assez au même âge pour s'expliquer sans cesse avec lui, un autre *Ecce homo* en fasse son adversaire à peu près principal.

A l'abri du *déjà-pas-encore,* la confidence autobiographique manœuvre l'anecdote en vue de la démonstration. Elle entraîne l'événement de l'âge comme une figure dans la phénoménologie de l'esprit, un moment dans la logique. L'album de famille est ouvert au bon endroit pour le ministre. Auquel il aura beaucoup parlé de sa vie privée, on devra le préciser. Ouvert au bon endroit mais de telle sorte qu'aucune illustration ne soit détachable de l'interminable et continu discours philosophique qui ouvre précisément l'album, qui vient sourdre de dessous chaque image. La scène, précisément, est difficile à voir au moment où on sous-

« d'apprendre à philosopher », sur le spéculatif, c'est-à-dire le « philosophique sous la forme du concept », qui ne peut apparaître que de façon « discrète » dans les lycées, ce rapport constitue un ensemble systématique et important ; 2° *De l'enseignement de la philosophie à l'université* (Écrit destiné au professeur von Raumer, Conseiller gouvernemental du royaume de Prusse, 1816). [Depuis, ces deux textes sont parus dans une traduction de G. Coffin et O. Masson dans le volume *Philosophies de l'Université, L'Idéalisme allemand et la question de l'Université,* Paris, Payot, 1979, p. 331 sqq.].

entend : « Voyez, Excellence, c'est-moi-quand-j'avais-onze-ans
-entre-onze-et-treize-c'est-moi-sur-la-photo-là-dans-mon-
premier-rapport-à-la-philosophie-je-lisais-beaucoup-j'étais-
déjà-très-doué-je-savais-déjà-tout-ça-j'étais-très-doué-mais
-au-fond-comme-tout-le-monde-n'est-ce-pas-d'ailleurs-c'était
-pas-encore-vraiment-la-philosophie-seulement-Wolf-la-for-
malité-syllogistique-et-puis-l'exercice-de-la-mémoire-déjà-
moi (enfin Hegel)-mais-pas-encore-Hegel (enfin-moi), etc. »

Supplément de comique et prime de plaisir au premier
abord : cette fausse confidence est destinée à un ministre. Elle
fait partie d'un Rapport, d'un « rapport spécial » commandé
par le ministère, aussi par une bureaucratie d'État qui est en
train d'organiser l'étatisation des structures de l'enseignement
philosophique en le soustrayant, sur la base d'un compromis
historique, au pouvoir clérical. On reviendra sur cet espace
techno-bureaucratique de la confidence hégélienne. C'est indispensable pour comprendre que les fonctionnaires-philosophes
d'aujourd'hui, ceux qui n'adressent plus leurs lettres au prince,
au roi, à la reine, à l'impératrice, mais parfois, plus ou moins
directement, des rapports à des hauts fonctionnaires typés par
l'ENA (c'est-à-dire souvent plus rusés, plus « ouverts », *en
apparence,* comme les interlocuteurs de Hegel, à la « philosophie
d'aujourd'hui » que le pouvoir intra-universitaire), que les fonctionnaires-philosophes d'aujourd'hui, donc, appartiennent à ce
que j'appelle aussi l'âge de Hegel.

Hegel n'a pas seulement proposé une déduction théorique
de l'État et de la bureaucratie moderne dans la *Philosophie du
droit.* Il n'a pas seulement compris à sa manière le rôle de la
formation des fonctionnaires et des structures pédagogiques
quand elles sont mises au service de l'État. Il ne s'est pas
seulement intéressé sur le mode théorique à la transmission
par l'enseignement d'une philosophie qui devait être, en l'accomplissement le plus universel et le plus puissant de sa
rationalité, le concept de l'État, avec tous les plis, les enjeux,

le retors d'un tel « paradoxe ». Il s'est trouvé, très vite et très « pratiquement », impliqué, marchant ou pataugeant à plus ou moins grande allure, dans l'espace techno-bureaucratique d'un État très déterminé. Et il s'est expliqué sur cette détermination.

Mais nous n'y sommes pas encore. Gardons à l'oreille cette confidence. Elle est privée puisqu'il s'agit d'un souvenir d'enfance, confié dans une lettre par un philosophe singulier qui se souvient, et qui se souvient de sa mémoire, de ce qu'il a appris par cœur et dont il se souvient encore. Mais elle est si peu privée qu'elle s'adresse aux bureaux d'un ministère, à la technocratie d'un État, et pour son service, pour l'aider à mettre en pratique un concept de l'État qui oriente toute la lettre.

LA CORRESPONDANCE ENTRE HEGEL ET COUSIN

Vingt-deux ans plus tard, en France, dans un contexte différent par plus d'un trait mais analogue et connexe, Cousin versera aussi la confidence au dossier. Il y sera question de son âge (il n'était pas aussi précoce : « Sans être un élève arriéré, j'ai fait mon cours de philosophie à dix-neuf ans. »). Cela se passe à la Chambre des Pairs, dans le fameux discours sur *La Défense de l'université et de la philosophie* [1]. Les Pairs voudraient

1. [Paris, Joubert, 1844, p. 123]. En même temps que la Correspondance entre Hegel et Cousin sur toutes ces questions (Correspondance relue d'une certaine manière dans *Glas,* 1974), j'ai analysé ailleurs [voir p. 113], au cours de travaux sur le corps enseignant, la défense de la philosophie, l'idéologie et les idéologues (1974-1975), ce fameux discours de Cousin, son contenu et son inscription politiques. Des extraits de ces travaux paraîtront ultérieurement. Il en va de même pour certains travaux de 1975-

supprimer l'enseignement de la philosophie dans les collèges et s'inquiètent de la jeunesse des esprits qu'on met au contact de la philosophie. Cousin répond en substance : mais non, la philosophie enseignant des certitudes naturelles (par exemple l'existence de Dieu, la liberté ou l'immortalité de l'âme), il n'est – en principe – jamais trop tôt pour commencer. Autrement dit, dès lors que le contenu de l'enseignement est, disons par commodité, rassurant pour les forces dominantes, il vaut mieux commencer le plus tôt possible. Et l'unité contradictoire qui scelle ici la force dominante à elle-même et forme la base du compromis historique, c'est un contrat qui se cherche entre l'État laïque et la religion. Cousin s'écrie : « Mais, dira-t-on, la métaphysique à des auditeurs de quinze à seize ans! Je réponds : oui certainement [1]... » Laissons de côté pour l'instant la définition du jeune philosophe comme *auditeur* et la question de l'enseignement par l'oreille. Retenons seulement ceci : c'est l'enseignement de la *métaphysique* qui soulève l'objection de l'âge, du moins en apparence et dans la mesure où on la distingue ici de la théologie dogmatique. Reste à savoir comment on détermine le contenu de cette métaphysique. Cousin, qui se dit favorable à son enseignement, paraît plus audacieux que Hegel. Celui-ci, au moment même où il propose d'étendre et d'améliorer dans les lycées la *préparation* aux études de philosophie, exclut la métaphysique d'une telle propédeutique. Il rappelle les « raisons supérieures qui visent à exclure la *métaphysique proprement dite du lycée* ». Mais la différence une fois analysée, elle reste de détail à l'intérieur d'une analogie fondamentale. Les adversaires de Cousin veulent bien admettre que des disciplines telles que la psychologie, la logique, au

1976 sur Nietzsche et l'enseignement, *Ecce Homo*, l'héritage politique de Nietzsche et puisque j'y fais allusion un peu plus bas, la question de l'oreille. [Cf. *Otobiographies, l'enseignement de Nietzsche et la politique du nom propre*, Paris, Galilée, 1984].

    1. [*Op. cit.*, p. 123].

même titre que les humanités, soient enseignées au lycée. Mais la métaphysique, nom ici donné à la philosophie « proprement dite », inquiète davantage. Elle paraît, à tort ou à raison, plus retorse, moins malléable, « idéologiquement » moins flexible. Ce qui n'est ni vrai ni faux *en général* mais exigerait une autre analyse du retors philosophique à cet égard. Peut-être ce schéma est-il encore à l'œuvre dans une situation *analogue :* on admet facilement que de jeunes « auditeurs » accèdent à un enseignement de « sciences humaines » souvent associées, voire annexées à la philosophie, mais non à la philosophie « proprement dite ».

Cousin, donc, qui confia un jour à Hegel qu'il ne voulait pas faire de carrière politique mais fut ce libéral vraiment persécuté (ne simplifions pas, n'oublions jamais, pas plus que dans le cas de Hegel) qui devint Pair de France, conseiller d'État, directeur de l'École normale supérieure, recteur de l'Université, ministre de l'Instruction publique, Cousin, donc, devant ses Pairs :

> Mais, dira-t-on, la métaphysique à des auditeurs de quinze à seize ans! Je réponds : oui certainement, l'âme et Dieu à quinze et seize ans. D'ailleurs il plaît de donner quinze ou seize ans aux philosophes de nos collèges. Sans être un élève arriéré, j'ai fait mon cours de philosophie à dix-neuf ans, j'ai enseigné dans un collège la philosophie, et nul de mes auditeurs n'avait moins de dix-huit ans. Vous croyez qu'à dix-huit ou dix-neuf ans, quand on a entièrement terminé ses humanités et sa rhétorique, quand on étudie la physique et les mathématiques, on ne peut pas comprendre les preuves si simples et si solides qui se peuvent donner des grandes vérités *naturelles* [1] *!*

Je souligne : c'est toujours en insistant sur le *naturel,* en naturalisant le contenu ou les formes de l'enseignement qu'on « inculque » cela même qu'on veut soustraire à la critique. Le

1. [*Ibid.*].

Greph doit sur ce point redoubler de vigilance, sa stratégie pouvant l'exposer à ce risque de mystification naturaliste : en revendiquant un abaissement de l'âge et une extension de l'enseignement philosophique, on peut laisser entendre (sans le vouloir mais l'adversaire s'emploiera à le faire entendre) : une fois qu'on aura effacé les préjugés et les « idéologies », on mettra à nu un « enfant » toujours déjà prêt à philosopher, *naturellement* capable de philosopher. Ce naturalisme, les discours qui passent aujourd'hui pour les plus « subversifs » ne sont jamais quittes avec lui. Ils en appellent toujours à quelque retour au désir sauvage, à la simple levée du refoulement, à l'énergie déliée ou au processus primaire. Comme toujours, le naturalisme cousinien, dans ce contexte, est immédiatement théologique. Les vérités naturelles qu'enseigne la métaphysique procèdent d'une écriture divine. Celle-ci aura gravé dans l'âme du disciple ce que le maître de philosophie doit seulement, s'effaçant lui-même, révéler, comme une écriture invisible qu'il laisse paraître sur le corps de l'enseigné. Les discours du *Greph* sont-ils toujours à l'abri de ce schéma ? Ne revient-il pas nécessairement sous une forme plus ou moins déguisée ? Cousin :

> Vous croyez qu'à dix-huit ou dix-neuf ans, quand on a entièrement terminé ses humanités et sa rhétorique [prémisses que le *Greph* a maintenant dénoncées], quand on étudie la physique et les mathématiques, on ne peut pas comprendre les preuves si simples et si solides qui se peuvent donner des grandes vérités naturelles ! Plus les vérités sont nécessaires à la vie morale de l'homme, plus Dieu a voulu qu'elles fussent accessibles à sa raison. Il les a gravées dans l'intelligence et dans l'âme en caractères lumineux qu'un maître habile s'attache à faire paraître, au lieu de les obscurcir sous les hiéroglyphes d'une science ambitieuse [1].

1. [*Ibid.*].

A travers des relais toujours idiomatiques, on est ici reconduit vers la tradition la plus permanente du concept philosophique de l'enseignement : révélation, dévoilement, vérité découverte du déjà-là sur le mode du pas-encore, anamnèse socratico-platonicienne parfois reprise en charge par une philosophie néo-heideggerienne de la psychanalyse. A travers toutes ces déterminations spécifiques, on retrouve le même schéma, le même concept de vérité, de vérité de la vérité liée à la même structure pédagogique. Mais l'interprétation de ces spécificités ne doit pas s'y soumettre, comme s'il fallait encore se contenter de dévoiler le même sous la variabilité. Il ne faut en aucun cas s'en contenter, mais non davantage oublier de compter avec son insistance. A l'âge de Cousin (le nôtre encore), il s'agit toujours, certes, comme chez Platon, d'une double métaphorique de l'inscription : une mauvaise écriture, secondaire, artificielle, cryptique ou hiéroglyphique, aphone, survient pour dissimuler la bonne écriture; elle surcharge, occulte, complique, pervertit, travestit l'inscription naturelle de la vérité dans l'âme. En s'effaçant, le maître doit aussi faire désapprendre la mauvaise écriture. Mais si ce motif garde des allures « platoniciennes », la spécificité de son « âge » se marque ici d'une profonde référence « cartésienne ». Je lui donne son nom philosophique pour simplifier provisoirement : la spécificité n'a pas en dernier ressort une figure philosophique. C'est à Descartes que Cousin lui-même nous renvoie, c'est une interprétation arraisonnante du cartésianisme qui forme ici l'enjeu. On veut à la fois confirmer que l'enseignement français de la philosophie doit relever de la tradition cartésienne (parce que le vrai et le français coïncident, la vérité naturelle est aussi nationale, Descartes, c'est la France) mais aussi démontrer que, contrairement à ce que prétendent certains adversaires de l'école laïque et de l'enseignement d'État, Descartes n'est pas dangereux : le doute cartésien, comme on sait, reste provisoire et méthodique, ce n'est pas un doute sceptique. La Commission des Pairs chargée du projet de loi débattu avait en effet écrit, par la main du duc de Broglie : « Quelle est la philosophie qu'on enseigne en France et qu'on doit y enseigner, non seulement parce qu'elle est d'origine française, mais parce qu'elle est effectivement la vraie, la saine philosophie? C'est la philosophie de Descartes [1]. »

Réservons dans ce cas le problème de la nationalité philosophique, ses implications et ses effets sur l'histoire de l'étatisation relative de l'enseignement français depuis le siècle cousinien. Nous y reviendrons ailleurs pour ce qui est du cas français, ici même et plus bas pour ce qui concerne l'état prussien. Réservons aussi le problème de l'adéquation entre « philosophie effectivement vraie », et « saine philosophie ». J'insisterai seulement, à ce point, sur la détermination de la vérité comme certitude. Elle forme un sol commun à Hegel et à Cousin, leur sol commun dans son phénomène *philosophique*. Et Cousin en a besoin, comme d'un argument décisif, pour imposer son discours à la majorité des Pairs, dans cette partie serrée entre deux intérêts contradictoires de la force alors dominante. En insistant sur ce recours à la valeur de certitude, on peut aussi tenter une mise en perspective systématique. Elle tiendrait compte, pour la mettre à l'épreuve ou en dérive, d'une interprétation fondamentale de l'« âge » philosophique comme *époqualité* (disons d'une interprétation de type heideggerien situant l'événement cartésien comme celui de la *certitude* et du fondement rassurant de la subjectité sur lequel s'installerait toute la métaphysique post-cartésienne, jusqu'à, et y compris, Hegel). Cette interprétation *époquale,* avec toute sa machinerie, pourrait être mise en rapport (d'épreuve ou de dérive) avec l'interprétation onto-téléologique hégélienne de l'« âge » philosophique comme moment, forme ou figure, totalité ou *pars totalis* dans l'histoire de la raison. D'où l'on se demanderait si dans cette forme ou dans des formes dépendantes, un tel débat

1. [*Ibid.,* p. 120].

190

peut dominer, voire éclairer, notre problématique des structures de l'enseignement; si ce que nous y reconnaissons au premier abord sous l'aspect régional du psycho-physiologique, du technique, du politique, du social, de l'idéologique, etc., peut se laisser *comprendre* depuis un tel débat ou au contraire nous obliger à en transformer les prémisses.

Détour par la France avant de revenir à Berlin. Nous ferons le trajet inverse une autre fois. Cousin vient de citer de Broglie : « Ainsi parle M. le duc de Broglie. Si la philosophie enseignée dans les écoles de l'Université est celle qu'on y doit enseigner en effet, si c'est la saine, la vraie philosophie, tout est au mieux, ce me semble. Comment donc une telle philosophie composerait-elle un enseignement dangereux? C'est, dit-on, que la philosophie cartésienne part du doute... [1] » Cousin démontre alors, sans raffinement mais avec la justesse requise, que le doute provisoire est destiné à asseoir la certitude de l'existence de l'âme et de l'existence de Dieu. Avec une habileté oratoire et une rhétorique politique très sûres − on n'en retrouvera jamais l'équivalent parlementaire − il amalgame Descartes à Fénelon et à Bossuet. Avec pertinence : car si l'amalgame paraît grossier à un historien de la philosophie, c'est le raffinement de *cet* historien qui reste « grossier » dès lors qu'il lui cache la nature des mécanismes qu'il faut ici analyser. Dans l'ordre de certains effets massifs, dans l'enseignement ou ailleurs, la différence entre Descartes, Fénelon et Bossuet, peut être, et être tenue pour négligeable quand la situation l'exige : les textes y autorisent toujours, et l'alliance, l'alliage qui permet l'amalgame entre Descartes, Bossuet ou Fénelon, on peut juger de sa réalité aux effets massifs qu'elle produit. Et à ceux qu'en tire la rhétorique impeccable de Cousin. Voici l'âge déduit de Descartes :

1. [*Ibid.*].

Comment une telle philosophie composerait-elle un ensei-gnement dangereux? C'est, dit-on, que la philosophie cartésienne part du doute, bien entendu du doute provisoire, et recherche avant tout le fondement de la certitude; c'est qu'aussi elle proclame la distinction et l'indépendance réciproque de la phi-losophie et de la théologie. *Ces principes sont excellents,* dit M. le Rapporteur. S'ils sont excellents, ils sont donc à la fois vrais et utiles; il est donc bon de les enseigner. Remarquez que ce n'est pas moi qui ai amené dans un débat parlementaire la valeur des principes de la philosophie cartésienne. Je ne voudrais pas convertir cette assemblée en une académie philosophique. [...] Le doute, même provisoire, n'est pas le principe véritable du cartésianisme. Le dessein avoué de Descartes est de détruire dans sa racine le scepticisme, et d'établir inébranlablement l'existence de l'âme et celle de Dieu. [...] Les principes de la philosophie cartésienne sont ceux de Fénelon dans le *Traité de l'existence de Dieu;* ils sont ceux de Bossuet dans le *Traité de la connaissance de Dieu et de soi-même.* Ce dernier ouvrage a été composé pour un auditeur qui n'avait pas quinze ans, et dont Bossuet ne voulait pas faire un philosophe, mais un homme, pour en faire ensuite un roi. Il avait aussi enseigné la logique au dauphin, et nous possédons aujourd'hui ses cahiers qui contiennent bien des choses dont s'effaroucherait notre timidité. S'est-il contenté de cet enseignement? Non, il a voulu enseigner à son auguste mais très jeune élève, non pas cette psychologie élémentaire que veut bien nous laisser l'entendement, mais cette métaphysique saine et forte qui s'appuie sur la raison et sur l'âme pour s'élever jusqu'à Dieu. Mais dira-t-on, la métaphysique à des auditeurs de quinze à seize ans [1]...

Avec une telle logique, celle de la certitude assurée sur des fondements *naturels, natifs,* ici découverts dans la langue et l'histoire d'une philosophie *nationale* mais assez naturelle pour être universelle, Cousin aurait dû remonter bien en deçà des

1. [*Ibid.,* p. 120-123].

seize ans. Pourquoi ne le fait-il pas ? Pour rendre compte de cette « contradiction » et de sa « logique », il faudra poser le problème de l'idéologie, des Idéologues et du rapport de l'Idéologie aux « données invariables dont il faut partir », à savoir de l'existence, dans « toute société civilisée », de « deux classes d'hommes » (Destutt de Tracy, *Observations sur le système actuel d'Instruction publique* [1]). Il s'agissait pour l'instant de *situer* le lien entre *d'une part* une certaine problématique de l'âge-pour-l'enseignement-de-la-philosophie comme état du développement prétendument naturel de l'âme et du corps et, *d'autre part,* une certaine problématique de l'enseignement-de-la-philosophie à l'âge de l'État, au moment où de nouvelles forces sociales tendent à soustraire le monopole de l'enseignement à l'Église pour le remettre à l'État qu'elles sont en train d'arraisonner. Le concept de l'*universitas* onto-encyclopédique est inséparable d'un certain concept de l'État. Au cours de la lutte pour le monopole de l'enseignement public, Cousin n'aura cessé de le rappeler : « Si l'Université n'est pas l'État, on [l'adversaire] a raison [...] Mais, si je ne me trompe, il a été prouvé que l'Université c'était l'État, c'est-à-dire la puissance publique appliquée à l'instruction de la jeunesse. » (Réclamations sur plusieurs bancs et M. le vicomte Dubouchage : « C'est ce que nous contestons [2]. »

Cousin avait commencé, très logiquement, par rappeler que l'enseignement était une institution, dès lors qu'« enseigner n'est pas un droit naturel » : l'État, dit-il, n'a pas seulement le droit de surveiller les instituteurs, il a le droit de leur conférer le pouvoir d'enseigner; et l'enseignement public, dans son ensemble, est un pouvoir social immense que l'État a le droit et le devoir, non pas seulement de surveiller, mais de diriger de haut et dans une certaine mesure... « Le droit d'enseigner n'est ni un droit

1. [Paris, Panckoucke; An IX, p. 2-3].
2. [Cousin, *op. cit.,* p. 136].

naturel de l'individu, ni une industrie privée; c'est un pouvoir public [1]. » Et dans un de ces rapports d'agrégation que le *Greph* devra rassembler en corpus (partiel) et analyser, Cousin rappelle en 1850 : « Un professeur de philosophie est un fonctionnaire de l'ordre moral, préposé par l'État à la culture des esprits et des âmes, au moyen des parties les plus *certaines* (je souligne encore, J.D.) de la science philosophique. »

Correspondance entre Hegel et Cousin. Entre 1822 et 1844, naissance de la philosophie à l'âge du fonctionnariat européen.

A cette naissance le discours hégélien sur l'État aura présidé, dans la mesure du moins où un discours entend présider. Ce discours sur l'État est aussi, indissociablement, un système onto-encyclopédique de l'*universitas*. La puissance de cette machine discursive et des forces qu'elle sert n'est plus à démontrer. Tous les coups qui lui furent portés – par Marx, par Nietzsche, par Heidegger, par tout ce qui s'agit derrière ces trois noms – tous les coups si violents, si *hétérogènes* qu'ils paraissent, entre eux et par rapport au programme hégélien, continuent à résonner avec lui, à s'expliquer avec lui, à négocier dans son espace, à se laisser surcoder – aujourd'hui encore – par l'échange auquel il les oblige. Jusqu'à courir, chaque fois, le risque de sa simple reproduction, avec ou sans la modération « libérale » qu'on peut observer chez Hegel ou chez Cousin.

L'HÉRITAGE DE HEGEL
ET L'AVENIR DE SON ÉTABLISSEMENT

Est-ce que je lis tout cela dans l'image de Hegel enfant, dans le cliché d'une confidence (« s'il m'est permis d'évoquer

1. [*Ibid.,* p. 6].

ma propre expérience... à l'âge de onze ans... »)? Voit-on la scène? Non, pas encore. L'image, sur laquelle on aurait tort de se précipiter, Hegel, jusqu'à un certain point, la met en scène. Il la tient en main et la manipulation hégélienne de la représentation se fait toujours à l'intérieur d'un sac plein de négatifs et qui vous réserve plus d'un tour.

Tout de même, quelle scène. Hegel ne s'est pas toujours interdit la confiance autobiographique. Dans ses œuvres philosophiques dites majeures (mais où situer cette Lettre? comment la classer dans la hiérarchie? doit-on accepter le principe même de cette hiérarchie?), il lui arrive de se raconter, de murmurer des choses privées dans l'oreille du lecteur. Sur Antigone par exemple, et l'effet d'apaisement que lui procure l'horrible carnage. Ces confidences sont toujours appelées ou entraînées par la nécessité philosophique de la démonstration. Ici aussi sans doute. Mais cette fois c'est le petit Georg Friedrich Wilhelm entre onze et treize ans.

A Strasbourg, il y a quelques années, j'ai vu, je crois avoir vu, une photo de Martin en culottes courtes. Martin Heidegger. Faut-il avoir tremblé devant la Pensée ou devant la Philosophie, faut-il que ses maîtres ou prêtres aient joui de faire trembler, et de faire jouir de peur, pour que ça se décharge en rire devant les culottes courtes d'un grand défroqué (lui aussi sorti, si on peut dire, comme Hegel, d'un inoubliable « Séminaire de théologie »)? Là ce n'était pas Martin qui la montrait lui-même, la photographie. Mais son frère, l'« unique frère » comme dit une dédicace de Heidegger. Le frère lui avait joué ce tour, avec la rouerie très naïve, très affectueuse, de qui est tout fier d'écrire un petit livre sur les souvenirs d'une famille « Heidegger » mais qui en veut (peut-être) aussi (un peu) à mort, à son frère en culottes courtes. En culottes courtes, à l'âge où l'on n'a pas encore appris la philosophie, et encore moins la pensée, pas de différence entre deux frères uniques.

Ici c'est Hegel lui-même qui tend le cliché, le doigt sur la couture de la culotte, au Ministre : c'est moi entre onze et treize ans. Et il le fait à l'âge mûr, au moment où le philosophe (cinquante-deux ans) et sa philosophie commencent à parler de leur mort, à la tombée du jour. Le mois suivant (juin 1822), au même protecteur ministériel, un peu en échange de services où la rigueur philosophique du système n'a jamais rien abdiqué de ses exigences, Hegel parle d'un « supplément de revenus », de ses enfants, de sa mort, de sa veuve et des assurances contractées pour l'avenir. A Altenstein :

> Votre Excellence a eu la bonté, lors de ma nomination à l'Université de cette ville, de me donner l'espoir que le développement des projets que Votre Excellence a en vue pour les institutions scientifiques lui donnerait l'occasion de m'ouvrir un nouveau champ d'activité et d'accroître à l'avenir mes ressources. Je ne pouvais considérer la réalisation de ces bienveillantes promesses qu'en relation avec les hautes intentions de Votre Excellence pour le développement de la science et la formation de la jeunesse, et je ne pouvais regarder l'amélioration de ma situation économique que comme un élément subordonné dans cet ensemble. Mais comme quatre ans et demi se sont écoulés depuis ma nomination à Berlin, et comme divers malheurs domestiques ont rendu pour moi ma situation difficile, je me suis souvenu des favorables déclarations antérieures de Votre Excellence; et les sentiments bienveillants de Votre Excellence m'autorisent à lui exprimer les souhaits que font naître en moi ces circonstances. Je n'ai pas manqué d'être reconnaissant lorsque, par l'attribution d'une fonction à la Commission royale d'examen [celle à laquelle notre lettre du 22 avril fait allusion comme à une expérience légitimante], j'ai obtenu un supplément de revenus. Mais ce supplément est déjà presque entièrement absorbé, du fait que, à mesure que j'approche de la vieillesse, j'ai le devoir de songer à l'avenir de ma femme et de mes enfants — et cela d'autant plus que j'ai entièrement consacré mes ressources personnelles à ma formation intellectuelle, que je mets maintenant au service du gouver-

nement royal. La prime d'assurance à la caisse générale des veuves, pour que mes héritiers puissent toucher 330 thalers par an, m'occasionne, avec ce que je dois verser à la caisse des veuves de l'Université, une dépense annuelle de 170 thalers ; et en consentant chaque année cet important sacrifice, deux choses doivent être présentes à mon esprit : la première, c'est que si je ne mourais pas professeur de l'Université royale, mes versements à la caisse des veuves de l'Université seraient entièrement perdus ; la seconde, c'est que, du fait de mon assurance à la caisse générale des veuves, ma future veuve et mes enfants ne pourraient compter sur un secours gracieux de Sa Majesté royale [1].

On lira la suite de la lettre, elle le mérite, comme toute cette correspondance, mais remarquez tout de suite la contradiction devant laquelle Hegel est pris d'angoisse et qu'il prie le ministre de résoudre avec lui. Cette caisse d'assurance des veuves de l'Université (il ne pouvait y avoir, n'est-ce pas, que des veuves dans une Université réservée aux hommes et de préférence mariés) représente déjà une socialisation qui devrait donner la sécurité nécessaire aux familles de fonctionnaires. Mais comme le sort des professeurs dépend du pouvoir royal (Hegel a peur de ne pas mourir « professeur de l'Université royale », il fera tout pour mourir professeur de l'Université royale), si Hegel perdait son poste avant sa mort, il aurait contracté *pour rien* : la caisse des veuves de l'Université ne paierait pas (puisqu'il ne ferait plus partie de l'Université) et le Roi non plus (puisque Hegel a contracté une assurance à la caisse générale des veuves). Il faut à tout prix résoudre cette contradiction entre la rationalité insuffisamment développée de la société civile, et un État encore trop déterminé dans sa particularité. Comme toujours Hegel aiguise la contradiction

---

1. [Hegel, *Correspondance II, 1813-1822,* trad. de l'allemand par J. Carrère, Paris, Gallimard, 1963, p. 270-271].

de façon *catastrophique,* en vue du meilleur apaisement. Pour renverser la situation.

Comment ne pas contracter pour rien aux caisses d'assurance de l'Université? Pour qu'en somme il n'y ait jamais de veuve ni d'enfants démunis après la mort du Philosophe, c'est-à-dire jamais de veuve ni d'enfants de l'Université, car une veuve qui peut encore compter sur le *revenu* du mari, est-ce une veuve? Ou alors ne l'a-t-elle pas toujours été? Et des enfants assurés sur le père (capital ou revenu) mort sont-ils encore des enfants? Ou alors ne l'ont-ils pas toujours été?

Hegel fut rassuré par Altenstein, le ministre, dès le mois suivant. Par l'État. Mais l'État agissant encore par faveur particulière et par décret, dira-t-on.

Oui. Cependant, cet État venait au secours de son philosophe, de celui qui en légitimait la rationalité. De celui qui, du moins, donnait aux forces particulières représentées par *cet* État, à telle de ses fractions plutôt, une justification de forme universelle. L'aurait-il fait autrement? Et inversement, Hegel aurait-il dit n'importe quoi, aurait-il renoncé aux exigences « internes » du système (*Encyclopédie, Logique* et surtout *Philosophie du droit de Berlin),* du système dans la maturité de son développement, simplement pour l'amour de Marie, Karl ou Emmanuel Hegel? de surcroît pour une veuve et des enfants auxquels il pense de façon déjà posthume et donc avec le désintéressement paradoxal du mort? Comment tous ces intérêts particuliers (famille ou société civile) ont pu, sans être trop gênés aux entournures, s'accorder avec le système des intérêts de la raison, avec l'histoire du système et le système de l'histoire, voilà la question. Cette unité n'est pas facile à penser, mais on ne peut en omettre ou secondariser aucun des termes, aucune des forces, aucun des désirs, aucun des intérêts en jeu. Nous y reviendrons.

En lui donnant satisfaction, le mois suivant la lettre sur les lycées, Altenstein savait qui il soutenait. Le 25 juin, il l'informe par une lettre de ce qu'il a obtenu pour lui (dédommagements pour des voyages, 300 thalers pour l'année écoulée, 300 pour l'année en cours, etc.). Pour obtenir ces « gratifications extra-ordinaires », il avait dû faire auprès du chancelier Hardenberg l'éloge philosophique *et* politique de Hegel, l'éloge de son *influence politique* et non seulement de sa philosophie politique. De son influence politique, dans une situation difficile, sur un milieu d'étudiants en pleine agitation. Altenstein sait ce qu'il *faut dire,* même si ce qu'il pense est plus compliqué :

> Sur la valeur excellente de Hegel en tant qu'homme, en tant que professeur d'université et en tant que savant, je ne crois pas devoir m'étendre. Sa valeur comme savant est reconnue. Il est sans doute le philosophe le plus profond et le plus solide que l'Allemagne possède. Mais sa valeur comme homme et comme professeur d'université est encore *plus décisive* [Je souligne, J.D.]. Il a exercé sur la jeunesse une influence infiniment bienfaisante. Avec courage, sérieux et compétence, il s'est opposé à l'infiltration pernicieuse d'une philosophie sans profondeur, et il a brisé la présomption des jeunes gens. Il est hautement estimable en raison de ses opinions, et cela – ainsi que son action bienfaisante – est reconnu même par ceux qui sont remplis de méfiance à l'égard de toute philosophie » (6 juin 1822) [1].

Hegel sait tout cela. A peu près tout de cet écheveau où s'entrelacent si efficacement les intérêts « privés » et les intérêts de la raison historique, les intérêts particuliers et les intérêts de l'État, les intérêts d'un État particulier et la rationalité historique universelle de l'État. Il s'en est expliqué dans la *Philosophie du Droit* peu de temps auparavant. Et il sait à l'heure présente que sa *Philosophie du Droit* « a fortement scandalisé les démagogues » (Lettre à Duboc, 30 juillet 1822 [2]).

1. [Hegel, *Briefe* II, éd. J. Hoffmeister, 1813-1822, Hamburg, Felix Meiner 1953, Annexes, p. 495].
2. [*Correspondance, op. cit.,* p. 285].

Au moment où il remercie Altenstein, les termes de sa reconnaissance définissent bien le lieu de l'échange et du contrat, l'assurance prise de part et d'autre :

> Quant au développement ultérieur de ma situation, je dois m'en rapporter très respectueusement au sage jugement de Votre Excellence, avec la même confiance absolue avec laquelle j'ai répondu à l'appel que Votre Excellence m'a adressé pour entrer au service de l'État royal. [...] Dans ce travail pour lequel la liberté et la sérénité de l'esprit sont particulièrement nécessaires, je n'ai pas à craindre d'être à l'avenir troublé ou gêné par des soucis extérieurs, après que Votre Excellence m'a parfaitement tranquillisé à cet égard par ses bienveillantes promesses, et après que des preuves multiples et non équivoques m'ont procuré la conviction réconfortante que d'éventuelles inquiétudes des autorités supérieures de l'État à l'égard de la philosophie – inquiétudes qui peuvent être facilement occasionnées par des tendances fausses au sein de celles-ci – non seulement sont restées étrangères à mon activité publique en tant que professeur, mais qu'encore j'ai travaillé pour ma part, non sans approbation et non sans succès, à aider la jeunesse qui étudie ici à concevoir des pensées justes, et à me rendre digne de la confiance de Votre Excellence et du gouvernement royal. » (Berlin, 3 juillet 1822 [1].)

Toutes ces assurances prises – sur les Héritiers (de Hegel) sur l'État (de Prusse), sur l'Université (de Berlin) –, il n'oublie pas la Bavière et il y joue à la loterie. En juillet, après avoir félicité Niethammer du budget de l'instruction publique dans son Landtag bavarois (« les autres branches ne me regardent pas »), après lui avoir donné des nouvelles des mesures disciplinaires envisagées à Berlin contre les enseignants « démagogues » (une semaine avant l'envoi de la Lettre sur les Lycées), Hegel poursuit : « L'état brillant des finances bavaroises me

1. [*Ibid.*, p. 276].

rappelle que j'ai encore entre les mains des billets de loterie de l'emprunt bavarois, sur le destin desquels je n'ai rien appris depuis [...]. Je me permets de noter leurs numéros sur la petite feuille ci-jointe et de prier votre fils — puisqu'il travaille dans l'administration des Finances — de prendre à ce sujet des renseignements [...] ». Puis il évoque la difficulté à être approuvé en matière de philosophie, de théologie, de christianisme : « ... c'est en appliquant les concepts et la raison aux matières concernant l'État qu'on y parvient le plus mal [à recevoir cet assentiment]; mais j'ai moi-même déjà expressément témoigné que je ne voulais pas y parvenir mieux avec notre bande d'apôtres de la liberté. Mais on ne doit pas davantage se soucier de ceux qui sont de l'autre côté [1]. »

Et de fait, si par son comportement politique aussi bien que par sa philosophie politique, Hegel semble soutenir l'État contre la « bande » des « démagogues », ce soutien est conditionnel, complexe, et toute une réserve stratégique peut faire passer Hegel pour un ennemi aux yeux de ceux « qui sont de l'autre côté ». De cette réserve stratégique, du recours qu'elle peut trouver dans le système de la philosophie du droit, des effets concrets qu'elle eut dans le champ politique d'alors, nous avons beaucoup de signes. Pour des raisons évidentes, nous devrons nous limiter, tout à l'heure, à ceux qui sont lisibles dans la Lettre sur les lycées [2].

Ecce homo, c'est moi entre onze et treize ans. Celui qui dit cela n'est pas seulement un homme mûr et qui pense déjà à la mort, à la Caisse des veuves de l'Université et à l'après-Hegel (aura-t-il jamais pensé à autre chose?). C'est le Hegel philosophe qui n'est pas un adulte comme les autres, un homme

---

1. [*Ibid.,* p. 282].
2. Une fois de plus, et pour mesurer toute la complexité de cette stratégie, toutes les contraintes avec lesquelles sa ruse a dû compter, je renvoie à Jacques d'Hondt, *Hegel et son temps,* notamment à la partie sur *Les démagogues* et au chapitre sur *Hegel clandestin.*

mûr parmi d'autres. C'est un philosophe qui se présente comme le premier philosophe adulte, le premier à penser le commencement et la fin de la philosophie, à les penser vraiment dans leur concept. C'est le philosophe d'une philosophie qui se pense sortie de l'enfance, qui prétend penser, avec toute son histoire, tous les âges de la philosophie, tout le temps et toute la téléologie de sa maturation. Et qui donc n'a dans son passé que des enfances, et des enfances en représentation si la représentation est *déjà sans être encore* la « pensée qui conçoit ». Hegel enfant, c'est donc plus grave, plus drôle, plus singulier, la singularité même : non pas impossible, ni inconcevable, mais à peu près inimaginable. Il a tout fait pour le rendre inimaginable, jusqu'au jour où –, jusqu'à la tombée du jour où inquiet pour l'avenir de l'enseignement philosophique dans l'État, pour l'avenir de sa veuve aussi et de ses fils, il tire argument de son enfance, il se souvient, il dit se souvenir de ce dont il se souvenait déjà entre onze et treize ans. Car *déjà* ce n'était qu'affaire de mémoire ou d'entendement, non de pensée spéculative.

La scène paraît d'autant plus comique qu'il n'y a là aucune vantardise. Si on en soupçonnait, il faudrait se rendre aux bonnes raisons qui la neutralisent, la légitiment et donc l'effacent. Et le comique vient précisément de là, des *bonnes raisons* dont Hegel peut s'autoriser pour dire cela en toute modestie. D'abord c'est vrai, il devait être très, très doué. Il suffit de lire ses ouvrages bien connus et si profonds, comme le rappelle Altenstein au Chancelier. Et puis on a d'autres témoignages sur ce brillant élève qui lisait beaucoup et recopiait de longs extraits de ses lectures. Ensuite, s'il se donne pour exemple, et non en exemple, s'il joue avec l'exemple comme il enseigne ailleurs le *Beispiel,* c'est pour faire apparaître l'essence d'une possibilité : tout enfant normalement constitué doit être Hegel. L'enfant Hegel, au moment où le vieux Hegel se souvient de lui mais aussi le pense et le conçoit dans sa vérité, cet enfant

Hegel joue, comme tous les enfants sans doute, mais joue ici le rôle d'une figure ou d'un moment dans la pédagogie de l'esprit. Puis l'anecdote est au service d'une thèse, elle doit emporter une conviction et entraîner des décisions politiques. Elle se justifie, effaçant ainsi sa singularité anecdotique, d'une vieille expérience commune *(die allgemeine ältere Erfahrung).* C'est l'expérience commune qui atteste que cet enseignement n'excède pas la force intellectuelle *(Fassungskraft)* des lycéens. Enfin cette capacité, dont témoigne le petit Hegel de onze ans, ce *n'est pas encore* la capacité philosophique proprement dite, la capacité spéculative, c'est la mémoire, la mémoire de certains contenus sans vie, de contenus de l'entendement, de contenus qui sont des formes (définitions, règles et figures de syllogismes). Et ce pas-encore propage ses effets sur toute la lettre, sur toute la machinerie pédagogique que Hegel propose au ministre. Ce *pas-encore* du *déjà,* nous le verrons, interdit cela même qu'il paraît favoriser, à savoir l'enseignement de la philosophie dans les lycées.

Quand Hegel dit qu'il se souvient encore de l'*idea clara* et de la syllogistique, on y perçoit, mêlées, de la coquetterie (raffinement et radotage, puérilité jouée du grand mathématicien qui ferait semblant de s'étonner de connaître encore ses tables de multiplication), une certaine tendresse affectée pour ce reste d'enfant en lui, de l'ironie surtout dans le défi lancé à la modernité pédagogique, « défi lancé aux préjugés actuels sur la pensée par soi-même, l'activité productive... » [1]. Et quoi de plus actuel (aujourd'hui encore, l'âge de Hegel aura bien duré) que cette monotone modernité pédagogique qui s'oppose à la mémoire mécanique, à la mnémotechnique au nom de la spontanéité *productive,* de l'initiative, de ce qu'on découvre par soi, de façon vivante, etc.? Mais l'ironie de Hegel est double : il sait qu'ailleurs il s'en est pris au formalisme mnémotechnique

---

1. [GREPH, *op. cit.,* p. 69].

et à l'apprentissage du « par cœur ». On ne peut donc le soupçonner d'en être simplement et *en général* partisan. Question d'âge, justement, d'ordre et de téléologie de l'acquisition, de *progrès*. Et ce progrès, d'âge en âge, n'est pas seulement celui de l'élève dans les lycées de Prusse. On en retrouve les étapes et l'enchaînement dans l'histoire de la philosophie. L'âge du formalisme et de la technique calculatrice, l'âge de Leibniz par exemple, est celui de l'« enfance impuissante » *(unvermö-genden Kindheit),* dit la grande Logique. Mais inversement, le thème moderniste de la spontanéité productive reste aussi abstrait et donc enfantin (car l'enfant est plus abstrait que l'adulte, comme le concept encore indéterminé), aussi vide ou impuissant que le formalisme et la mémoire mécanique tant qu'il ne les a pas effectivement traversés, relevés. Tout le « système » de la dialectique spéculative organise donc cette anamnèse de l'enfance pour projet ministériel, son conformisme respectueux et un peu niais, son ironie, sa coquetterie, son application imperturbable.

Un peu précipitamment j'ai prélevé cette « scène » dans un Rapport qui l'encadre et la déborde largement. Pourquoi? Pour aller au-devant des lecteurs pressés, pour prévenir les adversaires du *Greph,* ceux pour qui le *Greph,* c'est d'abord ce rassemblement d'excentriques (oh oui) qui prétendent enseigner la philosophie au berceau : entreprise destructrice et anti-philosophique, disent les uns, excès de zèle et panphilosophisme, disent les autres, au moment où, comme chacun sait, par exemple depuis Hegel, la philosophie est finie. Alliance de fait entre les deux réactions. Les deux se précipitent alors : voilà que le *Greph* va prétendre tirer argument du fait que le grand Hegel, entre onze et douze ans..., etc. Et sans doute, poursuivra-t-on, le *Greph,* non content d'alléguer l'exemple de Hegel, souhaitera-t-il hégélianiser les enfants, et faire lire la grande *Logique* ou la *Philosophie du droit* en sixième..., etc. Nous connaissons maintenant la stéréotypie de ces objections, le code de cette réaction qui, comme toujours, commence par la peur de comprendre. De comprendre qu'il s'agit justement de tout autre chose, comme on aurait dû voir et comme on verra peut-être mieux. En lisant avec nous, par exemple, cette Lettre de Hegel.

Je ne veux pas dire comment *il faut lire* ici ce « petit » écrit de Hegel, le lire « en lui-même », dans son « propre contexte », le lire aussi sur la scène où le *Greph* a jugé bon de le traduire et reproduire. Je ne veux pas dire ce qu'*il faut faire* de cet écrit (précision à l'intention de ceux qui croient que lire c'est immédiatement faire ou d'autres qui sont aussi sûrs, de l'autre côté, que lire ce n'est pas faire, pas même écrire, les uns et les autres agrippés à des oppositions en forme de garde-fous conceptuels dont on connaît maintenant l'usage, la finalité et le mode d'emploi). Je ne veux pas dire *ce qu'il faut* ni, bien entendu, ce qu'il faut *selon* le *Greph*. Car j'écris aussi à l'intention du *Greph,* comme, je le présume, nous faisons tous ici. Le *Greph* s'est défini, au départ, comme le lieu d'un travail et d'un débat, non comme le centre d'émission de mots d'ordre ou de contenus doctrinaux. Sans doute, quand l'accord se fait, pour prendre position, pour prendre des initiatives pratiques et engager des actions, le *Greph* ne recule-t-il pas devant le « mot d'ordre », qu'il n'oppose pas *simplement* au concept : il y a du mot d'ordre dans tout concept et inversement. Sans doute sur les conditions d'un tel débat, sur les nouveaux objets (jusqu'ici exclus) à y mettre en vue, sur les anciens objets à transformer, sur un certain nombre de forces à combattre, l'accord fut-il initial, et le consensus demeure. Mais aussi l'ouverture du débat. C'est donc pour prendre part à un tel débat que je voudrais, rappelant quelques prémisses communes, former certaines hypothèses et avancer certaines propositions, depuis une lecture pratique qui peut aussi bien pour l'instant n'intéresser que moi. Cette lettre de Hegel, qu'en faire? Où la situer? Où a-t-elle lieu? L'évaluation est inévitable : est-ce un « grand » texte ou un texte « mineur »? Est-ce un texte « philosophique »? Quel statut, comme on dit, lui reconnaître? Et quel titre? Une des tâches du *Greph* pourrait être la critique (non seulement formelle mais effective et concrète) de toutes les hiérarchies constituées, de toute la critériologie, implicite ou explicite, qui garantit les évaluations et les classifications (« grands » ou « petits » textes). Davantage : une réélaboration générale de toute cette problématique des hiérarchies. Sans cette réélaboration aucune transformation profonde ne sera possible. La force qui domine l'opération classificatrice et hiérarchisante donne à lire ce qu'elle a intérêt à donner à lire (elle appelle cela grand texte, texte de « grande portée »), elle soustrait, exclut ce qu'elle a intérêt à sous-évaluer et qu'en général elle *ne peut pas lire* (elle appelle cela texte mineur ou marginal). Et cela va de l'évaluation dans le discours de l'enseignant et dans tous ses organismes discriminants (notations, jurys d'examen, de concours, de thèses, comités dits consultatifs, etc.), dans le discours du critique, du gardien de la tradition, jusqu'à la mise en œuvre éditoriale, la commercialisation des textes, etc. Et encore une fois, il ne s'agit pas seulement de textes sur papier ou tableau noir, mais d'une textualité générale sans laquelle on n'y comprend et n'en fait rien. Qu'on relise l'avant-projet du *Greph* : à chaque ligne il requiert qu'on exhibe le censuré ou le dévalué, qu'on exhume hors des caves l'énorme archive d'une bibliothèque plus ou moins interdite. Et qu'on manque de respect envers l'évaluation dominante : non pas seulement pour le plaisir d'une bibliophilie perverse (au reste pourquoi pas?), ni même seulement pour mieux comprendre ce qui lie *la* philosophie à *son* institution, à son « dessous » ou à son « envers » institutionnel mais pour y transformer les conditions mêmes de notre intervention effective. « Dessous » et « envers » parce qu'il ne s'agit pas de découvrir aujourd'hui, ce serait un peu tard, qu'il y a quelque chose comme une institution philosophique : on l'a toujours su, « la » philosophie en a même toujours eu un certain concept dominant, et *institution* est au fond le nom qu'elle veut garder à cette chose. « Dessous » ou « envers » parce que nous ne nous contentons pas de ce qui nous est montré de l'institution : ni de ce qu'on peut en percevoir empiriquement, ni de ce qu'on peut en concevoir sous la loi du concept philosophique. « Dessous » ou « envers » ne signifieraient plus, dès lors, selon quelque opposition philosophique qui continuerait à régler le discours, une substance ou une essence cachée de l'institution, cachée sous ses accidents, circonstances, phénomènes ou superstructures. « Envers » et « dessous » désigneraient plutôt dans cette ancienne topique (conceptuelle *et* métaphorique) ce qui peut éventuellement se soustraire à cette opposition et la constituer en effet d'un nouveau type.

La réélaboration critique de cette hiérarchie et de cette problématique de la hiérarchie ne peut se limiter à de nouveaux « théorèmes » dans le même langage. Elle requiert qu'on écrive aussi dans une langue et qu'on opère (pratiquement) selon des schèmes qui ne se laissent plus contrôler par les anciens partages.

C'est pourquoi le *renversement* de la hiérarchie autorisée ne suffit plus. C'est pourquoi il ne suffit plus d'introniser des textes « mineurs », ou d'exclure, en les dévalorisant, des textes « majeurs ». Le *même* programme philosophique peut induire des sentences évaluatrices ou classificatrices apparemment contradictoires : ce texte est un texte « mineur » (par exemple : circonstanciel, « journalistique », empirico-anecdotique, faiblement philosophique), ce *même* texte est un texte « majeur » (traitant d'un « grand » thème philosophique, s'expliquant avec la grande tradition problématique, donnant tous les signes de la profonde responsabilité théorique). Mais ces sentences sont-elles contradictoires? Si les *mêmes* prémisses aboutissent à des évaluations apparemment contradictoires, qu'en est-il du système de lecture et de hiérarchisation ainsi mis en œuvre? Si ce système de lecture a un rapport essentiel avec la « philosophie hégélienne », avec tout ce qu'elle paraît rassembler, achever, configurer en son « âge », alors la « Lettre » qui nous intéresse ici ne peut plus être un simple exemple, un cas venant illustrer cette question.

La Lettre de Hegel sur les lycées a été traitée, quoi de plus évident, comme un texte mineur. Non seulement par les lecteurs français. Elle n'appartient pas au corpus « scolarisable » de Hegel. Elle n'a pas eu droit à une place dans la Correspondance. Sans parler de censure délibérée ou d'exclusion volontaire, comment croire que cette « omission » est fortuite ou insignifiante? Mais sa nécessité passe par des relais compliqués. Ils ne peuvent être analysés si l'on ne tient pas compte de la minorisation traditionnelle des textes de ce type, et de tout son système, ni de la stratégie compliquée des rapports entre Hegel et le pouvoir royal. Cette extrême complication (philosophico-politique) rend difficile et toujours ambigu l'arraisonnement de ce geste dans telle ou telle situation déterminée. Par exemple la nôtre, celle du *Greph* aujourd'hui.

Si ce « rapport spécial » avait à peu près disparu de la grande circulation des textes « canonisés », est-ce que cela s'explique seulement pour des raisons qui relèvent de sa « forme »? C'est d'abord une lettre. Sans doute y a-t-il une grande tradition des lettres philosophiques. Mais de quoi est-elle faite et que retient-elle? Ou bien des lettres « fictives » sur ce qu'une tradition a sélectionné comme grands thèmes philosophiques, ou bien de la correspondance entre des philosophes dont l'un au moins doit être « grand », et sur des sujets dignes de la grande veine philosophique. Ou encore des lettres d'un « grand philosophe » à quelque grand ou grande de ce monde. Le détenteur du pouvoir politique reçoit alors un message philosophique de la part d'un sujet philosophe (même s'il est étranger, il est en position de sujet respectueux du roi, de la reine, de la princesse ou, disons, du prince-en-général) sur un sujet déjà répertorié comme philosophique. Ou, ce qui revient au même, sur un sujet de la grande philosophie politique. Or jusqu'à l'âge de Hegel, la question scolaire ou universitaire n'appartient pas à la grande politique. La question de l'éducation n'est pas encore l'affaire d'un État qui tendrait à reprendre son pouvoir aux forces féodales (l'épisode Altenstein est à cet égard une transition d'une extrême complexité historique et d'une grande valeur symptomatique : il faudrait, nous ne pouvons le faire ici, l'analyser de la façon la plus minutieuse pour commencer à « ouvrir » au moins cette lettre de Hegel). Dans la « grande » tradition des lettres philosophiques, le grand destinataire est supposé philosophe ou puissance philosophique, le grand philosophe lui parle comme un précepteur adulte. Avec le respect d'un sujet à son prince mais avec l'autorité du sujet philosophe formé, mûr, sorte de technicien spécialisé. Double dissymétrie. Mais le rapport est duel et en tout cas on ne parle pas de l'éducation comme d'une affaire politique, ni de l'enseignement philosophique comme d'un problème d'État.

A côté de ces grandes lettres philosophiques, il y a les correspondances privées des grands philosophes : on les publie par intérêt biographico-anecdotique et dans la mesure seulement où elles illustrent la vie de philosophes admis au panthéon de la métaphysique occidentale. On les lit en général comme des romans ou des mémoires.

C'est la tradition ainsi constituée qui ne peut faire place à cette « lettre » de Hegel. Ce n'est pas vraiment une « lettre » bien qu'elle en ait les caractères externes. Elle est moins adressée à quelqu'un qu'à une fonction. C'est un rapport commandé par un ministère : commandé par un ministère et un ministre très singuliers, dans une situation très difficile à interpréter, aujourd'hui encore, dans une situation dont l'interprétation politique touche, immédiatement et nécessairement, à tous les enjeux fondamentaux des luttes politiques en Europe au XIXe et au XXe siècle. Et dans une situation où la place de Hegel ne peut être effectivement déterminée sans la prise en compte *simultanée* et *structurelle* de toute une textualité générale, comportant *au moins :* 1. ses « grands » ouvrages philosophiques, par exemple au plus proche toute la *Philosophie du droit,* c'est-à-dire au moins ce que Jacques d'Hondt appelle les « trois » philosophies du droit [1]; 2. ses autres écrits, c'est-à-dire *au moins* toutes ses lettres, et même les secrètes, celles qu'il soustrayait à la police pour joindre certains de ceux qu'elle poursuivait; 3. sa pratique effective, dans toute sa complexité plus ou moins visible jusqu'ici, mais dont on sait mieux maintenant qu'elle ne se réduisait pas, loin de là, pendant la période berlinoise, à celle d'un philosophe d'État officiel et respectueux, voire servile.

Interpréter l'âge de Hegel, c'est tenir compte de toute cette textualité sans bord pour tenter d'y déterminer la configuration spécifique qui nous intéresse ici : le moment où la systématique philosophique, qui devient philosophie de l'État, de la Raison comme État, commence à comporter, plus ou moins visiblement, mais de façon essentielle, indispensable, une systématique pédagogique réglée par la nécessité de confier l'enseignement de la philosophie à des structures étatiques et à des fonctionnaires de l'État. La chose a sans doute commencé avant Hegel. Les interventions philosophico-pédagogiques des Idéologues français autour de la Révolution en sont un signe et on sait ce que fut pour Hegel l'événement de la Révolution française. Mais ne peut-on dater de l'âge de Hegel la plus puissante

---

1. *Op. cit.,* p. 9 : « [...] celle qu'il publie, qu'il expose aux attaques des ennemis et qui franchit, péniblement, le barrage de la censure; [...] celle que ses amis et disciples intelligents lisent entre les lignes... complétant par les indications orales [...], et en tenant compte des inflexions que lui imposent des événements, des incidents, une législation qu'ils subissent également. Et puis, [...] la philosophie du droit dont Hegel suit effectivement les maximes, [...] comment il traite les institutions positives dont il élabore la théorie : le métier et le gain, le mariage et la famille, la société civile, l'administration, l'État – et aussi comment elles le traitent. »

machine discursive de cette problématique? N'en a-t-on pas un indice dans le fait que les problématiques marxiste, nietzschéenne ou nietzschéo-heideggerienne qui dominent aujourd'hui toutes les questions sur les rapports de l'enseignement et de l'État doivent continuer de s'expliquer avec le discours hégélien? c'est-à-dire post-kantien? Elles ne peuvent s'en dispenser : *du moins* sur ce problème de l'enseignement et de l'État, de l'enseignement philosophique et de l'État, qu'aucune philosophie antérieure à l'« âge de Hegel », aucune philosophie politique, aucune philosophie de l'éducation ne me paraît avoir traité dans la spécificité historique irréductible qui nous intéresse. Telle est du moins l'hypothèse que je soumets à la discussion. Si cette hypothèse est recevable, traiter ce « Rapport » comme un écrit mineur, éviter ou secondariser ce *type* d'écrit, c'est en rester, entre autres méconnaissances, à une problématique pré-étatique de l'enseignement et de l'enseignement philosophique, c'est méconnaître la configuration originale et irréductible dans laquelle se posent nos problèmes. Et par conséquent renoncer à en identifier les bordures et le dehors, renoncer dès lors à transformer ou à transgresser.

LES PRINCIPES DU DROIT A LA PHILOSOPHIE

Que se passe-t-il dans ce « Rapport »? Hegel n'est pas seulement le « grand philosophe » consulté par Le Pouvoir. Il a été appelé à Berlin par Altenstein qui lui offre la chaire de Fichte. Altenstein, ministre de l'Instruction publique depuis 1817, c'est la lutte (toute en souplesse, négociations, compromis) pour l'application de l'obligation scolaire, récemment décidée, pour les libertés académiques et la défense des uni-

versités devant les pouvoirs féodaux. Engels fera l'éloge de son
libéralisme. Avec Schulze, Directeur de l'enseignement supérieur dans son ministère, disciple et ami de Hegel, franc-maçon
et libéral assez courageux, il occupe, dans la bureaucratie en
formation et en lutte contre les forces féodales, un lieu très
sensible, instable, vulnérable, fragile formation de compromis.
Dans la mesure où il est lié à Altenstein et à Schulze, Hegel
est pris entre les « féodaux » et les « démagogues », donnant
parfois, quand la situation ou le rapport des forces paraît
l'exiger, des gages à « droite », protégeant en secret des amis
de « gauche » persécutés. En adressant son rapport à Altenstein,
il ne se comporte pas seulement en philosophe « réaliste » qui
doit compter avec un pouvoir donné, avec les contradictions
de ce pouvoir et avec la statégie de son interlocuteur lui-même
à l'intérieur de ces contradictions. Ce n'est pas *Le* pouvoir qui
doit réciproquement compter sur le système hégélien; et de
fait Hegel ne dira rien dans ses propositions pédagogico-poli-
tiques qui ne soit accordé avec ce système, encore qu'un système
se plie et se tourne souvent sans rompre. C'est une *fraction* des
forces au pouvoir qui manœuvre en faisant appel à Hegel. En
tout cas il faut que l'espace d'une négociation serrée entre les
forces au pouvoir (si contradictoires qu'elles soient et si déterminée que soit telle stase de la contradiction) et la stratégie
philosophique de Hegel soit ouvert, possible, déjà praticable.
Sans quoi aucun compromis, aucun contrat implicite n'aurait
même été esquissé. Cet espace, comme la topique dont il
relève, ne peut se lire, simplement, ni dans l'œuvre intra-
philosophique de Hegel, si même quelque chose de tel existait
en toute pureté, ni dans ce qu'on pourrait considérer comme
l'empirie non philosophique de son dehors. Ni les seules
« nécessités internes du système », ni l'opposition reçue entre
« système » et « méthode » ne peuvent rendre compte de la
complexité de ces contrats ou compromis. Ils n'appartiennent
ni au dedans ni au dehors *simples* de la philosophie (Engels :

« Voilà comment le côté révolutionnaire de la doctrine de Hegel est étouffé sous le foisonnement de son côté conservateur. » [...] « Les nécessités internes du système *suffisent donc à elles seules* à expliquer comment à l'aide d'une méthode de pensée profondément révolutionnaire on aboutit à une conclusion politique très modérée [1]. » Je souligne. Est-ce que la distinction entre « système » et « méthode » est intérieure à la systématique? Est-elle intra-philosophique?).

La base essentielle du contrat, c'est la nécessité de faire de l'enseignement, philosophique en particulier, une structure étatique. Mais de quel État? L'État lui-même, tel que le conçoit la *Philosophie du droit,* ne doit plus être disponible, comme une propriété privée engagée dans un contrat, pour un prince ou une force particulière (§ 75, Remarque sur le contrat et sur le mariage) [2]. Mais si l'État est au-dessus de la société civile, l'idée de l'État n'est pas une utopie et la Préface de la *Philosophie du droit* y insiste en ce célèbre paragraphe sur la philosophie qui ne saute pas par-dessus son temps (*« Hic* Rhodus, *hic* saltus »*,* puis, *Hier ist die Rose, hier tanze* [3]*).* Nous ne pouvons rouvrir ici le débat autour de la déduction de la monarchie prussienne et sur la philosophie hégélienne comme philosophie officielle ou philosophie d'État. Les données en ont toujours été trop simplifiées pour que nous puissions prétendre ici, brièvement, reconstruire toute la problématique. Que Marx et Engels, *eux-mêmes,* aient jugé nécessaire de s'opposer violemment aux simplifications qui réduisaient Hegel à n'être qu'un philosophe d'État, voilà qui suffit à nous mettre ici en garde contre toute précipitation. Contentons-nous pour l'instant de situer l'espace de la négociation stratégique : *entre* l'Idée de

1. *Ludwig Feuerbach et la fin de la philosophie classique allemande* [Paris, Éditions Sociales, 1966], p. 16.
2. [Hegel, *Principes de la philosophie du droit,* Trad. André Kaan, Paris, Gallimard, 1940, p. 117-118].
3. [*Ibid.,* p. 43].

l'État définie dans la troisième partie de la Philosophie du Droit (réalité en acte de la volonté substantielle, but propre, absolu, immobile, sachant ce qu'il veut dans son universalité) et la subjectivité personnelle ou la particularité que l'État moderne a la puissance d'accomplir jusqu'en leur extrémité.

Dans cet espace, Hegel semble bien aller au-devant de la demande ministérielle. Comme aujourd'hui (l'analogie irait très loin, même si nous devons la suivre avec prudence), le ministère veut éviter que « l'enseignement philosophique au lycée se perde dans un verbiage de formules creuses (*sich in ein hohles For-melwesen verliere*) ou qu'il outrepasse les limites de l'enseignement scolaire » [1]. Comme aujourd'hui, les deux craintes sont associées, sinon confondues. Qu'est-ce que le creux des formules? Qu'est-ce que le bavardage? Qui le définit? De quel point de vue? Selon quelle philosophie et quelle politique? Chaque discours nouveau ou subversif ne se produit-il pas toujours à travers des effets de rhétorique qui sont nécessairement identifiés comme des « vides » du discours dominant, avec des phénomènes inévitables de dégradation discursive, des mécanismes, des mimétismes, etc.? C'est seulement à partir d'une philosophie très déterminée que le rapport du « *Formel-wesen* » à la prétendue plénitude du discours accompli pourra être défini. Ici Hegel ne peut pas, pas plus que quiconque parlant de bavardage, éviter de proposer une philosophie, dans ce cas la dialectique de l'idéalisme spéculatif, comme critério-logie générale servant à distinguer, dans l'enseignement, entre le langage vide et le langage plein. Et pour déterminer aussi la limite entre l'enseignement scolaire et son dehors. La question de cette critériologie et de ces limites n'est nulle part posée dans cette Lettre qui de surcroît ne parle jamais de politique, ni du dehors de l'école. Mais c'est dans la réponse à cette

1. [GREPH, *op. cit.*, p. 69].

question non posée que se construit ou se réforme, comme toujours, un système éducatif.

Hegel – la philosophie de Hegel – répond à la demande, qu'on peut ici distinguer de la question : pour éviter le verbiage, lester l'esprit d'un contenu, du bon contenu, tel qu'il est nécessairement déterminé par le système hégélien, et commencer par là, et même par un contenu enregistré : par la mémoire, par la mémoire telle que le concept en est dialectiquement déterminé dans le système (« car pour posséder une connaissance, quelle qu'elle soit, y compris la plus haute, il faut l'avoir dans la mémoire *(im Gedächtnisse haben),* qu'on commence ou qu'on finisse par là ». Qu'on commence *ou* qu'on finisse par là, certes, mais Hegel justifie ainsi sa proposition pédagogique : *il vaut mieux commencer par là,* car « si on commence par là, on n'en a que plus de liberté et d'incitation à [...] penser par soi-même » [1]). Hegel a commencé et fini par la mémoire, il se souvient (de ses onze ans) et qu'il a commencé par se souvenir de ce qu'il a appris d'abord par cœur. Mais du même coup, cette homologie du système (le concept dialectique de *Gedächtnis*) et de l'expérience autobiographique qui a donné à Hegel tant d'incitation et de liberté pour penser, cette homologie va s'enrichir encore de sa version pédagogique : en commençant par enseigner le contenu des connaissances, avant même de les penser, on sera assuré d'une inculcation pré-philosophique très déterminée qui préparera à la bonne philosophie. Nous connaissons le schéma et le *Greph* en a très vite critiqué certains effets actuels.

Pour ne pas sortir des « limites de l'enseignement scolaire », ce contenu pré-philosophique sera constitué par les humanités (les Anciens, les grandes conceptions artistiques et historiques des individus et des peuples, leur éthique et leur religiosité), la littérature classique, le contenu dogmatique de la religion,

1. [*Ibid.*].

autant de disciplines qui seront étudiées du point de vue du contenu qui est l'essentiel pour la préparation à la philosophie spéculative. Sans cesse le contenu est privilégié dans cette propédeutique, et la partie matérielle plus cultivée que la partie formelle. Le traitement réservé à la religion et à son contenu dogmatique est assez remarquable. Il définit assez bien la ligne de négociation. Il y a, bien sûr, on le sait, une guerre entre Hegel et l'autorité religieuse. Les propos les plus violents sont échangés de part et d'autre. Hegel fut accusé ou soupçonné du pire. Mais simultanément il s'agit pour lui d'arracher l'enseignement de la religion au pouvoir religieux; la philosophie de la religion définit les conditions et les perspectives de cette réappropriation. Élever la religion au niveau de la pensée spéculative, faire apparaître ce qui en elle se *relève* dans la philosophie comme dans sa vérité, tel est l'enjeu. La version pédagogique de ce mouvement n'est pas un simple corollaire de la philosophie de la religion sans laquelle on ne peut rien comprendre à cette Lettre. Elle y est centrale. En 1810, il avait écrit à Niethammer : « Le protestantisme consiste moins dans une confession particulière que dans l'esprit de réflexion et de culture supérieure, plus rationnelle; il ne consiste pas en l'esprit d'un dressage adapté à tel ou tel usage utilitaire. » Cette contestation du dressage ou de l'utilitarisme pédagogique, telle qu'elle s'exprime dans la Lettre de 1822 – et dont on peut suivre la trace chez Nietzsche et chez Heidegger –, est indissociable de cette philosophie-pédagogie du protestantisme. En 1816, Hegel écrit encore : « Le protestantisme n'est pas confié à l'organisation hiérarchique d'une église, mais ne se trouve que dans l'intelligence et la culture générale. [...] Nos universités et nos écoles sont nos églises. » (Cité par d'Hondt, *OC*, p. 53-54.) Cela suppose qu'on n'enseigne la religion, dans son contenu dogmatique, ni comme une simple affaire historique *(nur als eine historische Sache),* comme un récit d'événements, une narration sans concept, ni, formellement, comme des abstractions

216

de la religion naturelle, garants de la moralité abstraite ou fantasmes subjectifs. Il n'y a qu'une manière d'arracher l'enseignement de la religion aux autorités ecclésiastiques tout en maintenant le contenu *pensé* contre les destructeurs conscients ou inconscients (athées, déistes, kantiens) de la vérité religieuse : enseigner la religion telle qu'elle est *pensée* de façon spéculative dans la *Phénoménologie de l'esprit*, la *Philosophie de la religion* ou *l'Encyclopédie* (« ... le contenu de la philosophie et celui de la religion sont le même », § 573 [1]). Mais *l'enseigner* ainsi ne peut se faire que dans un enseignement de l'État, d'un État réglant ses rapports avec l'Église selon les *Principes de la philosophie du droit*. Là encore, la Lettre de 1822 n'est intelligible que si on lit, de l'autre main, le chapitre 270 de la *Philosophie du Droit* sur « la connaissance philosophique qui aperçoit que l'État et l'Église ne s'opposent pas quant au contenu de la vérité et de la raison, mais seulement quant à la forme ». La place du « contenu dogmatique » dans l'éducation est définie dans une note : « La religion a comme la connaissance et la science un principe propre différent de celui de l'État; elles entrent donc dans l'État, d'une part, à titre de moyens de culture *(Mitteln der Bildung)*, et d'autre part, en tant qu'elles font des buts indépendants, et de formation morale grâce à l'aspect qui fait d'elle une existence extérieure. Aux deux points de vue, les principes de l'État s'appliquent à elles. Dans un traité complètement concret de l'État, ces sphères ainsi que l'art et les simples relations naturelles doivent être considérés également dans leurs rapports et dans leur situation dans l'État [2]. » Et la dernière partie du même chapitre place la question de l'enseignement au centre des rapports entre l'Église et l'État. L'exemple du protestantisme y joue un rôle important, bien

1. [Encyclopédie des Sciences Philosophiques en abrégé. Trad. de M. de Gandillac, Paris, Gallimard 1970, p. 489].
2. [*Principes de la philosophie du droit, op. cit.,* p. 294 et 286].

qu'il ne soit évoqué qu'entre parenthèses : c'est le cas où il n'y a pas de « contenu particulier » qui puisse rester en dehors de l'État, puisqu'il n'y a pas, « dans le protestantisme », de « clergé qui serait dépositaire exclusif de la doctrine de l'Église, car pour lui il n'y a pas de laïcs ».

Quant aux autres connaissances que Hegel veut intégrer dans l'enseignement préparatoire (psychologie empirique et premiers fondements de la logique), la même démonstration est possible. Elle renverrait de la proposition pédagogique à son fondement dans le système hégélien de la dialectique spéculative, des rapports entre l'entendement et la raison, à la critique ou à la relève du kantisme. Bref, aucune autre *philosophie* que celle de Hegel ne peut en toute rigueur assumer ou justifier une telle pédagogie, dans sa structure, sa progression et son rythme. Est-ce à dire que la base de négociation avec la demande ministérielle fut très étroite? Est-ce que cela explique que l'épisode Altenstein-Hegel ait été sans lendemain?

Quelques traits fort aigus de cet épisode sont en effet restés sans lendemain. Mais il ne constituait pas une révolution philosophique, politique ou pédagogique, il développait (comme la philosophie hégélienne) et assumait tout un passé; et dans une large mesure il a survécu. Il a bien fallu que, dans cette négociation entre des forces politiques et un discours philosophique, une ligne idéale et commune se dessinât. Dans le cas de la religion, élément le plus spectaculaire, il fallait bien que l'État européen, sous ses nouvelles formes, au service de nouvelles forces, reprenant un certain pouvoir à la féodalité et à l'Église, en vînt à soustraire l'enseignement au clergé tout en « conservant » la religion et en lui donnant « raison ». Lui donner raison en lui refusant un certain pouvoir particulier, déterminé, la penser philosophiquement dans sa vérité (la philosophie), telle fut la formule, la formule de Hegel. Cela ne veut pas dire que Hegel ait répondu à merveille et jusque dans le détail (art ou hasard) à une demande formulée *ailleurs,* dans le champ de l'empirie historico-politique, ni inversement. Mais une possibilité a été ouverte à ce langage commun, à toutes ses variations secondaires (car Hegel n'était pas le seul philosophe à proposer sa pédagogie et il faudrait étudier tout le champ systématique de ces variations), à cette *traductibilité*. Cette possibilité commune n'est lisible *et* transformable ni simplement à *l'intérieur* du système philosophique, si quelque chose de tel existait en toute pureté, ni dans un champ simplement étranger à toute philosophie.

Dans sa plus grande singularité, la tentative Altenstein-Hegel a sans doute échoué, mais la structure générale qui l'a ouverte et que Hegel a tenté de garder ouverte, nous y sommes encore et elle ne cesse de se modaliser. C'est ce que j'appelle *l'âge de Hegel*.

Car au moment où il semble répondre aux exigences très strictes d'une fraction déterminée des forces alors dominantes, Hegel entend en desserrer la *particularité :* la nationale et la bureaucratique. Par exemple, pour dégager le temps nécessaire à l'enseignement de la logique, il n'hésite pas à proposer qu'on le prélève sur « ce qu'on appelle l'enseignement de l'allemand et de la littérature allemande » (prenant ainsi parti dans une concurrence dont nous connaissons bien le problème et les enjeux, aujourd'hui encore, entre la philosophie, le « français » et la « littérature » française) ou sur l'encyclopédie juridique, distincte de la théorie du droit. Qu'y a-t-il derrière ce choix? Il est aux yeux de Hegel la condition pour que la logique puisse se développer. Or la logique, c'est ce qui conditionne « la formation *générale* de l'esprit » (*allgemeine* Geistesbildung), la « culture générale ». Celle-ci doit se déployer dans les lycées et ne pas être orientée vers « le dressage » en vue du service de l'État ou des études « professionnelles ».

De ce motif « libéral », non plus que d'aucun autre, nous ne pouvons tenter une transposition analogique *immédiate,* surtout pour y chercher une garantie ou un mot d'ordre. D'abord parce qu'il faut en différencier minutieusement la lecture dans son contexte propre, son contexte historique et politique (la stratégie complexe et mobile de Hegel avec les différentes forces se disputant alors le pouvoir d'État et sa bureaucratie), son contexte d'apparence intra-philosophique qui n'est ni simplement perméable ni hermétiquement fermé et qui, selon des contraintes spécifiques et dont l'analyse reste dans son principe même à construire, négocie sans cesse dans le champ historico-politique. Ensuite parce que ce motif « libéral », comme tous ceux que nous pouvons identifier dans cette lettre, est structurellement équivoque. En desserrant l'emprise des « services de l'État », d'un État particulier, des forces de la société civile qui l'arraisonnent et commandent le marché « professionnel » par exemple, Hegel étend le champ d'une « culture générale » qui reste, on le sait, toujours très déterminée dans les contenus qu'elle inculque. D'autres forces de la société civile s'y font représenter, et l'analyse doit en rester vigilante. Au moment de « répéter » tel énoncé « libéral » de Hegel dans la situation présente (contre la spécialisation hâtive et les exigences du marché capitaliste, contre le rappel à l'ordre lancé aux inspecteurs généraux qui doivent « s'afficher au service » de la réforme Haby, contre l'inquisition des recteurs dans ce qui relève de la « liberté académique » ou de l'autonomie des universités, etc.), nous devons savoir que ni dans la situation de Hegel ni dans la nôtre cet énoncé ne s'élevait au-dessus des demandes et commandes de forces déterminées dans la société civile; et que le rapport entre le discours libéral et la dynamique mobile, subtile, parfois paradoxale de ces forces doit être sans cesse réévalué. La réforme Haby comporte toute une thématique « libérale » et neutraliste qui ne suffit pas, loin de là, à en neutraliser la finalité politico-économique très singulière. Elle la sert au contraire selon des mécanismes précis.

Cette équivoque se reproduit partout, de façon structurellement nécessaire. Prenons l'exemple de l'âge, puisqu'il nous intéresse ici au premier chef. Le *Greph* a défini une stratégie à ce sujet : il s'agit d'étendre l'enseignement de la philosophie (renouvelé dans ses « formes » et dans son « contenu ») à des classes largement antérieures à la Terminale. Pour légitimer cette extension, nous avons dû, devons encore recourir à une logique actuellement admise par les forces que nous combattons et dont nous tentons de faire apparaître les contradictions : pourquoi ne pas admettre pour la philosophie ce qui va de soi dans les autres disciplines, à savoir la « progressivité » de la formation sur un assez grand nombre d'années? Cet argument stratégique provisoire, emprunté à la logique de l'adversaire, pourrait nous précipiter vers la référence hégélienne et nous pousser à brandir la Lettre sur les lycées : ne dit-elle pas qu'un enfant de onze ans (par exemple Hegel) peut accéder à des contenus ou à des formes philosophiques très difficiles? Ne confirme-t-elle pas qu'il n'y a pas d'âge naturel pour la philosophie et qu'en tout cas il ne se situerait pas à l'adolescence? Ne définit-elle pas une « progressivité » calculée, téléologiquement organisée, réglée sur une grande rationalité systématique?

Tous les services que peut rendre une telle argumentation sont empoisonnés. Ils mettent d'abord l'extension que nous recherchons au pas d'une « progressivité » : naturelle, c'est-à-dire naturellement réglée sur la téléologie hégélienne des rapports entre nature et esprit, sur le concept philosophique de l'âge qui domine aussi bien la Raison dans l'histoire que la pédagogie hégélienne et sa théorie de la *Bildung.* Tout cela forme le concept d'âge à partir d'un âge du concept (l'âge de Hegel) que le *Greph,* me semble-t-il, devrait déconstruire en chacun de ses termes au moment même où il en fait un usage stratégique. Ceci n'est pas d'abord ou seulement une nécessité théorique mais la condition d'une pratique politique aussi cohérente que possible dans ses étapes, la stratégie de ses alliances et de son discours.

Regardons de plus près, et plus concrètement, le piège que

serait pour le *Greph* cette séduisante référence hégélienne. En apparence, Hegel préconise un progrès, une progression qualitative et quantitative, de l'enseignement philosophique dans les lycées. En fait, et même si cela fut effectivement « progressiste », à tous les sens de ce mot, dans les luttes du moment, ce geste met en place la structure même que nous combattons aujourd'hui. En fait, on peut aussi bien dire qu'il exclut tout accès à la pratique philosophique avant l'Université. Ce qu'il propose d'introduire dans les lycées c'est une meilleure *préparation* à l'« essence propre de la philosophie » *(das eigentliche Wesen der Philosophie),* soit à son contenu pur dans la « forme spéculative ». Or l'accès à ce contenu reste impossible ou interdit au lycée : « Mais je n'ai pas besoin d'expliquer que l'exposé de la philosophie doit encore être exclu de l'enseignement dans les lycées et réservé pour l'Université : le haut rescrit du Ministère du Roi, qui présuppose déjà cette exclusion *(diese Ausschließung schon selbst voraussetzt)* m'en dispense [1]. » Cette *présupposition* opère comme toute présupposition *(Voraussetzung)* dans le discours hégélien; elle situe en outre le point de soudure entre l'état de fait politique (la philosophie réservée à l'Université) et la logique du discours hégélien, ici dispensé de s'expliquer. Tout le paragraphe qui suit l'allusion à telle dispense en explicite la conséquence. Jusqu'à la stricte exclusion de l'histoire de la philosophie hors du cercle de l'enseignement secondaire. C'est le début du paragraphe suivant : « En ce qui concerne maintenant le cercle plus précis des connaissances auquel il faudrait limiter l'enseignement secondaire en cette matière, je voudrais exclure expressément l'*histoire de la philosophie* [...]. » Or ce qui justifie une telle exclusion, c'est le concept de la présupposition de l'Idée (ressaut ou résultat du commencement à la fin) tel qu'il organise toute la systématique, toute l'onto-encyclopédie hégélienne. Et donc toute l'*Universitas*

---

1. [GREPH, *op. cit.,* p. 66].

qui en est indissociable. La présupposition « ministérielle » est adéquate à la présupposition hégélienne, dans son principe et dans sa fin : « Mais, si l'on ne présuppose pas l'Idée spéculative, cette histoire [de la philosophie] ne sera bien souvent qu'un simple récit *(Erzählung)* fait d'opinions contingentes [...] [1]. » En analysant ce qui justifie ainsi l'exclusion de l'histoire de la philosophie dans les lycées, n'oublions pas qu'aujourd'hui, dans nos lycées, le recours à l'histoire de la philosophie comme telle reste déconseillé par la pédagogie officielle, surtout si elle prend la forme de l'exposé ou du récit. Les « bonnes raisons » qui justifient ce conseil n'ont de sens qu'à l'intérieur du concept hégélien de la présupposition. Il ne s'agit pas ici de les contester simplement, mais d'abord d'en reconnaître précisément la présupposition, la logique présupposée de sa présupposition. Autre exclusion enfin, celle de la métaphysique : « Le dernier point se rattache aux raisons supérieures qui visent à *exclure la métaphysique proprement dite* du lycée [2]. » Cette exclusion remet à plus tard (à l'Université comme telle) l'accès à la pensée, sous sa forme spéculative, de quelque chose dont le *contenu* est déjà présent, Hegel y insiste, dans l'enseignement secondaire. Si la métaphysique comme telle, sous sa forme spéculative, est exclue, on peut en revanche enseigner dans le Secondaire ce qui a trait à la volonté, à la liberté, au droit et au devoir, ce qui serait « d'autant plus indiqué que cet enseignement serait lié à l'enseignement religieux qui se poursuit dans toutes les classes, soit au moins pendant huit à douze ans [3] ». Autrement dit, on exclut la philosophie proprement dite tout en admettant que son contenu, sous une forme *improprement* philosophique, aura été enseigné, de façon non philosophique, et inculqué à travers d'autres enseignements, notamment des enseignements

1. [*Ibid.,* p. 67].
2. [*Ibid.,* p. 69. Souligné par Hegel].
3. [*Ibid.,* p. 70].

prescriptifs et normatifs comme ceux de la morale, de la morale politique (les « concepts justes sur la nature des devoirs qui obligent l'homme et le citoyen [1] » par exemple) ou de la religion. Ce schéma, maintenant bien connu, est une des cibles principales du *Greph*.

Enfin, tout ce qui dans la Lettre concerne l'extension *(Ausdehnung)* des contenus et la progressivité *(Stufenfolge)* dans l'acquisition des connaissances se réfère d'une part à ce qui a été dit « de la religion et de la morale », d'autre part à une psychologie de l'âge (la jeunesse plus « docile » et soumise à l'autorité, *folgsamer und gelehriger* [2]). Et la détermination naturaliste des différences d'âge recouvre nécessairement, selon une homologie profonde, toute la téléologie philosophique du hégélianisme, telle qu'elle se lit depuis les travaux sur le judaïsme (le Juif est puéril *(kindisch)* et point encore filial *(kindlich)* comme le chrétien, en particulier parce que le Juif se montre plus docile, plus *soumis* à l'hétéronomie de son Dieu) jusqu'à l'anthropologie de l'*Encyclopédie* et la définition du « *cours naturel des âges-de-la-vie* », l'« enfant », le « jeune homme », « l'homme fait », le « vieillard » (§ 396) [3]. Les différences d'âge sont les premières (donc les plus naturelles) des différences « physiques et spirituelles » de l'« âme naturelle ». Mais cette naturalité est toujours déjà la spiritualité qu'elle n'est pas encore selon le cercle spéculatif (téléologique et encyclopédique) qui règle tout ce discours.

Il a été impossible de lire cette lettre comme un écrit « mineur », étranger à la « grande » problématique philosophique, traitant de problèmes annexes et se laissant déterminer, de façon immédiate, par des instances extérieures au philosophique, par exemple des conjonctions de forces empirico-poli-

1. [*Ibid.*].
2. [*Ibid.*, p. 70-71].
3. [*Op. cit.*, p. 360-361].

tiques. Pour en déchiffrer ce que le philosophe (pré-hégélien) eût considéré comme secondaire, il a fallu faire intervenir tous les philosophèmes des « grandes » œuvres et toute la systématique dite « interne ». Et cette Lettre ressemble de plus en plus, par tous ses traits, au corpus canonique. S'agit-il d'un renversement et s'en contenterait-on ? Ce passage du « mineur » au « majeur » est tautologique et il reproduit le geste hégélien, l'hétérotautologie de la proposition spéculative. Pour Hegel, il n'y a pas d'extériorité simple par rapport au philosophique. Ce que d'autres philosophes (je disais pré-hégéliens à l'instant) considéreraient, par formalisme, empirisme, impuissance dialectique, comme empiricité « journalistique », contingence accidentelle ou particularité externe n'est pas plus étranger au système et au devenir de la Raison que, selon Hegel, la « gazette » du matin n'est hétérogène, insignifiante ou illisible du point de vue de la grande Logique. Il y a une hiérarchisation hégélienne mais elle est circulaire et le mineur est toujours entraîné, *relevé,* au-delà de l'opposition, au-delà de la limite entre le dedans et le dehors, dans le majeur. Et inversement. La puissance de cet âge sans âge tient à ce grand cycle empirico-philosophique. Hegel ne conçoit pas l'école comme la conséquence ou l'image du système, voire comme sa *pars totalis :* le système lui-même est une immense école, de part en part l'auto-encyclopédie de l'esprit absolu dans le savoir absolu. Et une école dont on ne sort pas, une instruction obligatoire aussi : qui s'oblige elle-même puisque la nécessité ne doit plus y venir du dehors. La Lettre, ne négligeons pas cette homologie, suit de près l'instauration de l'obligation scolaire. Altenstein en fut l'un des partisans les plus actifs. Comme sous Charlemagne, on étend la scolarisation et on tente de réduire l'Église au service de l'État.

L'*Universitas* est ce cercle onto- et auto-encyclopédique de l'État. Quelles que soient les forces qui, dans la « société civile », disposent du pouvoir d'État, toute université en tant que telle

(à « gauche » ou à « droite ») dépend de ce modèle. Toute
Université a l'âge de Hegel. Comme ce modèle (qui se veut
universel, par définition) est toujours en compromis de négociation avec les forces d'un État particulier (prussien,
napoléonien I et III, républicain-bourgeois, nazi, fasciste, social-
démocrate, démocrate-populaire ou socialiste), la déconstruction
de ses concepts, de ses instruments, de ses pratiques ne peut
s'en prendre *immédiatement* à lui et tenter de le faire disparaître
sans risquer le retour *immédiat* de telles autres forces, forces
qui peuvent aussi bien s'en accommoder. Vouloir laisser *immédiatement* place à l'autre de l'*Universitas,* cela peut aussi bien
faire le lit de forces très déterminées et toutes proches, toutes
prêtes à s'emparer de l'État et de l'Université. D'où la nécessité,
pour une déconstruction, de ne pas abandonner le terrain de
l'Université au moment même où elle s'en prend à ses plus
puissantes fondations. D'où la nécessité de ne pas abandonner
le terrain à l'empirisme et donc à n'importe quelles forces.
D'où la nécessité politique de nos alliances. Elle est sans cesse
à réévaluer. Ce n'est pas un problème lointain ou abstrait pour
le *Greph,* nous le savons. Si l'État français aujourd'hui a peur
de la philosophie, c'est que l'extension de cet enseignement
fait progresser *deux* types de forces aussi redoutables : celles
qui veulent changer l'État (disons qu'elles appartiennent à l'âge
hégélien-de-gauche) et le soustraire aux forces qui en dominent
actuellement le pouvoir, et celles qui, d'autre part ou simultanément, alliées ou non aux précédentes, *tendent* à la destruction de l'État [1]. Ces deux forces ne se laissent pas classer selon
les partages dominants. Par exemple, elles me paraissent coha-
biter aujourd'hui dans le champ théorique et pratique de ce
qu'on appelle le « marxisme ».

1. Ce qui ne revient pas nécessairement (ni simplement) à quelque
mouvement tendanciel (à travers l'État intégral) vers le « dépérissement »
de l'État dans la « société réglée » (Engels) ou « l'État sans État » (Gramsci).
Mais j'essaierai de revenir ailleurs sur ces « limites » difficiles...

Charlemagne est mort une deuxième fois, mais ça dure et on trouve toujours un Hegel pour occuper son trône.

Celle pour laquelle Hegel contracta une assurance à la caisse des veuves de l'Université reçut en 1822 (l'année de notre Lettre) une autre missive :

> Tu vois, ma chère femme, que je suis parvenu au but de mon voyage, c'est-à-dire à peu près à son point le plus éloigné [...] Nous arrivâmes à 10 heures du soir. A Aix-la-Chapelle, je vis tout d'abord la cathédrale, je m'assis sur le trône de Charle-magne [...] Trois cents ans après sa mort, Charlemagne fut trouvé *assis* sur ce trône – par l'empereur Frédéric, je crois – [...] et ses ossements furent ensevelis. Je m'assis sur ce trône – sur lequel 32 empereurs furent couronnés, comme l'assurait le sacristain – tout comme un autre; et toute la satisfaction, c'est que l'on s'y est assis [1].

1. [*Correspondance, op. cit.*, p. 308].

La philosophie et ses classes *

A un moment où aucun projet de réforme n'était encore publié, aucun document soumis à l'analyse, aucune négociation officiellement engagée, des indications fragmentaires étaient de temps à autre livrées à la presse. Elles concernaient seulement les principes directeurs d'une « loi d'orientation du système éducatif ». Ces principes paraissent arrêtés. On connaissait ainsi, dans ses grandes lignes *formelles,* l'organisation générale des enseignements primaire et secondaire. C'était l'objet de ce que le ministre nommait la première « corbeille » [1]. Abandonnée à des commissions dont on ne savait pas comment elles seraient constituées, plus précisément désignées, la définition des *contenus* d'enseignement était brutalement dissociée et subordonnée.

---

* Version intégrale, sous son titre original, du texte « La réforme Haby », paru dans *Le Monde de l'éducation,* n° 4, mars 1975. [Repris dans *Greph, Qui a peur de la Philosophie? op. cit.*].
1. *Le Monde,* 12-13 janvier 1975.

Elle devra suivre : dans une troisième « corbeille », dit-on encore, « dépoussiérée et adaptée ». Tout se passe comme si l'on avait voulu soustraire le projet à un véritable examen – systématique et critique – et démobiliser, par des ruses de procédure, une opposition qu'on a de bonnes raisons de redouter. Les modes d'élaboration (ou d'improvisation), de publication (ou d'occultation) d'un projet aussi grave appelleraient donc déjà, à eux seuls, une analyse vigilante.

LA PHILOSOPHIE REFOULÉE

Compte tenu de ce que nous ne savons pas encore et de ce qu'on nous laisse prévoir, le traitement réservé à la philosophie mérite une attention particulière. Tel privilège n'est pas requis par quelque souveraine excellence d'une discipline qu'il s'agirait une fois encore de « défendre ». Mais il faut se rendre à l'évidence : l'enseignement de la philosophie serait plus profondément affecté que tout autre par l'actuel projet, dans des conditions qui éclairent et déterminent toute l'orientation du nouveau « système éducatif ». Qu'on en juge. Les nouvelles « terminales » étant organisées selon un système totalement « optionnel », il n'y aurait plus d'enseignement nécessaire de la philosophie dans la seule classe où il était jusqu'ici dispensé. On en accordera trois heures en « première » : à peu près autant, en moyenne, que dans les sections des « terminales » qui en reçoivent aujourd'hui le moins. Avant même d'examiner les attendus ou les visées d'une telle opération, allons à l'irréfutable : le nombre d'heures réservées à la philosophie, *pour la totalité des élèves*, se trouve massivement réduit. La philosophie était déjà la seule discipline qu'on ait tenu à confiner dans une seule classe en fin d'études ; elle serait encore contenue dans une seule classe, mais avec des horaires diminués. Ainsi s'accélère ouvertement une offensive qui avait procédé, au cours des dernières années, de manière plus prudente et plus sournoise : dissociation accentuée du scientifique et du philosophique, orientation activement sélective des « meilleurs » vers des sections accordant moins de place à la philosophie, réduction des horaires, des coefficients, des postes d'enseignement, etc. Le projet paraît cette fois clairement assumé. Aucune initiation systématique à la philosophie ne pourra même être tentée en trois heures. Comment peut-on en douter ? Les élèves n'ayant eu aucun autre accès à la philosophie comme telle au cours de *toute leur scolarité*, les candidats à l'option « philosophie » seront de plus en plus rares. Combinée avec les pressions technico-économiques d'un certain marché, avec une politique de l'éducation commandée, plus ouvertement que jamais, par la loi de ce marché, l'institution du baccalauréat dit « de base », à la fin de la première, réduira le nombre des élèves dans la nouvelle « terminale », puis des étudiants dans les universités. Déjà très sensible, la raréfaction des postes d'enseignement en philosophie s'accélérera et produira les conditions de son accélération progressive, décourageant les éventuels candidats à l'option « philosophie » et autorisant de ce fait à limiter les débouchés professionnels. Et ce qu'on sait des projets de « formation des maîtres » confirme cette menace. Le recrutement des professeurs de philosophie pourrait même être « suspendu », dit-on, pendant plusieurs années. Une machine est donc mise en place, perfectionnée plutôt et enfin exhibée, qui aboutirait vite à l'évacuation pratique de toute philosophie dans les « lycées d'enseignement général et technologique », à son exténuation régulière dans les universités. La séparation des deux « ministères » est ici une fiction mystificatrice.

LES DÉFENSES DE LA PHILOSOPHIE

Ne nous contentons pas de rappeler, une fois de plus, la portée politique de ce qu'il faut bien appeler une nouvelle « suppression-de-la-classe-de-philosophie ». La « défense-de-la-classe-de-philosophie » a toujours été, certes, plus équivoque dans ses motivations qu'on ne le croit en général. Il faut la scruter prudemment dans chaque situation historique. Par exemple, sous le Second Empire, au moment où, dix ans après sa suppression, Duruy rétablit la classe de philosophie, c'est aussi pour réencadrer une jeunesse bourgeoise et la protéger contre les « doctrines négatives » (« La véritable cause du progrès des doctrines négatives dans une partie de la jeunesse a donc été l'amoindrissement de l'enseignement philosophique dans nos lycées... Les études philosophiques de nos lycées sont le meilleur remède au matérialisme. » V. Duruy). Des contradictions analogues peuvent encore aujourd'hui travailler la « défense-de-la-classe-de-philosophie », et, peut-être, jusque dans une certaine gauche. Mais si la défense est parfois ambiguë, l'attaque, quand elle vient du pouvoir, ne l'a jamais été. La destruction de la classe de philosophie, puisqu'il s'agit de cela, devrait soustraire la masse des lycéens à l'exercice de la critique philosophique et politique, de la critique historique aussi, l'histoire étant encore une fois la cible associée à la philosophie. Dans les lycées, à l'âge où l'on commence à voter, la classe de philosophie n'est-elle pas, à telle exception près, le seul lieu où, par exemple, les textes de la modernité théorique, ceux du marxisme et de la psychanalyse en particulier, aient quelque chance de donner lieu à lecture et interprétation? Et il n'y a rien de fortuit à ce que la pression du pouvoir n'ait cessé de s'accentuer contre cette classe, certains de ses enseignants et de ses élèves, depuis 1968 et les « contestations » qui se sont développées dans les lycées.

L'ÂGE DE LA PHILOSOPHIE

On donnerait pourtant des armes à cette répression si l'on s'en tenait, de façon crispée et réactive, à la « défense » de la philosophie et surtout de *la* classe de philosophie, à supposer qu'elle existe encore. Que défendrait-on alors ? Un enseignement dont le programme (énorme sédiment, héritage éclectique et immuable sous des rajeunissements de façade) n'a jamais pu être couvert en un an et n'admet aucune progression : on le retrouve à la licence et à l'agrégation. Tous les professeurs, tous les élèves le savent, ce qui donne lieu aux ruses, aux dénégations, aux dérogations que l'on sait. Le malaise et le scepticisme sont avoués partout. Concentrer tout l'enseignement philosophique dans une classe, à la fin des études secondaires, c'était d'abord le réserver à une classe sociale et c'est encore vrai dans une certaine mesure. L'institution du baccalauréat « de base » risquerait de consolider cet effet antidémocratique. De surcroît, la « classe de philosophie » intervenait à un moment où de façon empirique, implicite, mais très efficace, la « philosophie » des forces sociales dominantes a déjà opéré à travers les autres disciplines, notamment celles auxquelles la France donne le pas dans la formation de ses philosophes, les disciplines non scientifiques. Un certain enseignement des sciences humaines, tel qu'on le prévoit avant la « première », pourrait, dans l'esprit du nouveau « système d'éducation », jouer maintenant ce rôle d'imprégnation idéologique.

Où donc a-t-on pris que tout contact avec la philosophie était impossible, entendez interdit, avant l'« adolescence »? Ce mythe rusé de l'âge et de la maturité psycho-intellectuelle reconduit, à travers toute sorte de relais spécifiques, à la tradition la plus archaïque. On le retrouve à l'état dogmatique dans le langage de l'actuel ministre qui semble fonder tout son « système éducatif » sur les notions de « degré d'éveil » ou d'« âge mental », entendant tenir compte de « l'expérience pédagogique » plutôt que des « analyses sociopolitiques »[1]. Cet occulte consensus quant à un âge naturel ou idéal pour la philosophie a toujours été une des fondations intouchables de la classe de philosophie. Il faut l'analyser pratiquement, c'est-à-dire en dissoudre la teneur politico-sexuelle : la silhouette du jeune *homme* qui, vierge mais formé, ignorant, innocent mais enfin mûr pour la philosophie, commencerait enfin à poser, sans présupposer aucun savoir, à se laisser poser plutôt les questions de toutes les questions – entre quinze et dix-huit ans, *après* la puberté, *avant* l'entrée dans la société. Plus tôt, ce serait pervers ou, en raison d'une imbécillité naturelle, impossible. Plus tard, ce serait inutile, ridicule ou nuisible; et l'adulte philosophe, on n'a sans doute jamais cessé de le penser depuis le Calliclès du *Gorgias* « n'est pas un *homme* (viril) », « il mérite des coups »[2].

Se limiter à *défendre* la classe de philosophie, ce serait donc tenter de maintenir un très vieux verrou psychologique, sexuel, sociopolitique. Une transformation familiale, sociale, politique et, corrélativement, une transformation de l'école, depuis la « maternelle », devraient au contraire ouvrir, longtemps avant

1. Cité par Yves Agnès, « Le libéralisme pédagogique », *Le Monde,* 13 décembre 1975.

2. [Gorgias, 485c. Platon, *Œuvres complètes,* tome III, 2ᵉ partie, texte établi et traduit par Alfred Croiset, Paris, Les Belles Lettres, 1949, p. 164.].

ce qu'on appelle l'adolescence, à la compréhension et à la pratique de la philosophie. Une telle transformation passera par des luttes : à *l'intérieur et à l'extérieur* du champ pédagogique, *dans et hors* la philosophie. Elle ne touchera pas seulement à des formes d'organisation mais à des contenus. Elle produira entre eux de nouveaux rapports : à l'intérieur de la philosophie, entre la philosophie et les autres disciplines. Pour que la philosophie puisse s'enseigner, s'enseigner autrement, longtemps avant la « première » et au-delà de la « terminale », il faudra, tâche très difficile, éviter à la fois l'atomisation (par exemple au profit des « sciences humaines ») et la traditionnelle hégémonie ontologico-encyclopédique : pour cela réélaborer l'articulation des contenus nouveaux avec ceux des autres champs, scientifiques et non scientifiques. Les enseignants recevront donc une autre formation (philosophique, scientifique, pédagogique).

Prévenons très vite l'objection intéressée de ceux qui voudraient hausser les épaules. Il ne s'agit pas de transporter en « sixième » un enseignement déjà impraticable en « terminale ». Mais d'abord d'accepter ici, comme on le fait dans toutes les autres disciplines, le principe d'une *progressivité* calculée dans l'initiation, l'apprentissage, l'acquisition des savoirs. On sait que dans certaines conditions, celles qu'il faut précisément libérer, la « capacité philosophique » d'un « enfant » peut être très puissante. La progression concernerait aussi bien les questions et les textes de la tradition que ceux de la modernité. Leur prétendue difficulté tient pour l'essentiel à la machine politico-pédagogique ici mise en cause. Il serait surtout nécessaire d'organiser des articulations critiques entre cet enseignement philosophique et les autres enseignements eux-mêmes en transformation. De les *réorganiser* plutôt : qui peut douter en effet qu'une philosophie très déterminée s'enseigne *déjà* à travers la littérature française, les langues, l'histoire et même les sciences? Et s'est-on jamais inquiété de la difficulté réelle de ces autres enseignements? De l'instruction religieuse? de l'éducation morale? Le repérage explicite et critique des « philosophèmes » clandestins, tels qu'ils sont à l'œuvre dans l'enseignement et hors de lui, exige une formation. Celle-ci peut se développer de façon spécifique *dans* chaque discipline et en concurrence avec elle, en même temps que des réflexions et des interventions philosophiques nouvelles s'engageraient dans des contenus transformés. Un seul exemple : l'enseignement des langues et des littératures devant recourir à de nouvelles techniques et à de nouvelles ressources conceptuelles (juxtaposons les indices, pour faire vite : la poétique moderne, la sémiologie, la linguistique, la psychanalyse, le matérialisme historique et tous les nouveaux dispositifs théoriques qui en tiennent compte), il devra donner lieu à des débats philosophiques inédits et spécifiques. On peut en dire autant des sciences mathématiques et physiques, de toutes les « sciences humaines », de leur épistémologie implicite ou explicite. Cela ne signifie pas qu'un arbitrage philosophique doive être réinstauré mais que, après de nouveaux partages et une redéfinition des limites et des pratiques dites « interdisciplinaires », des techniques appropriées seraient enseignées pour analyser les enjeux philosophiques immanquablement engagés, qu'on le reconnaisse ou non, même et surtout si quelque chose comme *la* philosophie devait y être finalement mise en question.

Cela ne peut se faire sans une mutation générale, de l'école à l'université, c'est-à-dire, d'abord, dans la société. Au lieu de se cramponner à la « défense-de-la-philosophie » ou de se résigner à telle « mort-de-la-philosophie » pour servir dans les deux cas, avec le même pathos, les mêmes intérêts, ne faut-il pas travailler à imposer, de façon audacieuse et offensive, de nouveaux programmes, de nouveaux contenus, de nouvelles pratiques?

LE FRONT AUJOURD'HUI

Une telle extension de la philosophie paraîtra aujourd'hui, cela va de soi, *utopique*. Traduisons : il va de soi qu'il n'y a aucune chance pour que les forces sur lesquelles le pouvoir s'appuie aujourd'hui puissent même en concevoir le principe. Encore moins reconnaîtraient-elles qu'un tel processus est, de toute façon, déjà en cours.

Ceux qui veulent s'opposer à la liquidation de la philosophie par la nouvelle « loi d'orientation du système éducatif » devront participer et à la critique de l'actuelle institution philosophique et à l'élaboration de ces nouveaux programmes, de ces nouveaux contenus, de ces nouvelles pratiques [1]. Encore une fois, ils ne peuvent le faire qu'à travers des luttes, à l'intérieur et à l'extérieur de l'enseignement, du philosophique en particulier. Sans jamais perdre de vue les enjeux ultimes d'une telle transformation, ils devraient, à court terme, faire front avec tous ceux qui entendent mettre en échec une régression imminente et s'allier avec eux sur une exigence minimale : tout en considérant que dans d'autres conditions l'obligation de la philosophie en « première » pourrait constituer un premier acquis positif, imposer que l'obligation en soit maintenue dans les « terminales », puisque cette discipline est pratiquement exclue de tout le cycle antérieur. Cela dans toutes les sections (scientifiques, techniques ou littéraires), à raison de trois ou quatre heures par semaine.

---

1. C'est l'objet du Groupe de Recherches sur l'Enseignement Philosophique (GREPH) récemment constitué. Cf. *Le Monde de l'Éducation,* janvier 1975.

Les corps divisés

Réponses à la Nouvelle Critique *

Question I : Nous pensons que la réforme « Haby » contient une destruction radicale de la philosophie. Quelle est là-dessus votre position ?

– Les différentes portées du projet Giscard-Haby – je préfère lui donner son nom propre de régime – ont déjà été déchiffrées. N'isolons pas trop vite le sort qu'il réserve à la philosophie. Cette abstraction démobilisatrice – d'origine corporatiste dans le pire des cas – dissimulerait l'envergure systématique du projet, de la maternelle au seuil de l'université : système de dépendances politiques dont la ligne la plus immédiatement voyante conduit à des « réformes » produites depuis d'autres lieux ministériels (la loi Royer par exemple ou ce qu'on voit venir du côté du secrétariat d'État aux Universités quant au

* *La Nouvelle Critique,* 84, mai 1975, 85, juin 1975. [Repris dans *Greph, Qui a peur de la philosophie ?*].

branchement sur les besoins économiques des régions, etc.) : autant de « réformes » qui aménagent les échanges entre l'enseignement et l'état actuel du marché capitaliste; et vont comme au-devant, on pourrait le montrer textes à l'appui, d'une commande patronale. Expressément formulée.

Cela ne doit pas empêcher d'analyser chaque pièce du projet dans sa spécificité la plus aiguë. Quant à la philosophie, il « modernise » à peine les tentatives les plus lugubres du Second Empire et de Vichy. Oui, il équivaut pratiquement à une suppression de l'enseignement philosophique en tant que tel : dans le secondaire et dans le supérieur. En comprimant la philosophie dans une seule classe, à raison de trois heures seulement, on l'exclut en fait de toute la scolarité dite obligatoire et on fait tout pour réduire le nombre des candidats éventuels à l'« option » « philosophie ». Ce simulacre de liberté est d'autant plus choquant et cynique que tout aura été mis en place pour favoriser la sélection sociale, accroître massivement les sorties d'élèves avant la Terminale, raréfier les postes d'enseignement en philosophie. Depuis sa publication, cette machinerie a été décrite dans ses implications ou finalités économicopolitiques.

Et donc philosophiques. Je voudrais insister sur ce point, au lieu de revenir sur des dénonciations légitimes mais maintenant connues. Le projet Giscard-Haby a des visées philosophiques. Je ne dirai donc pas à la lettre qu'il « contient une destruction radicale de *la* philosophie ». Dans un champ de luttes qui le déborde et le détermine de toute part − et qui comporte aussi son instance philosophique − le projet tend à imposer un appareil capable d'inculquer une philosophie ou de maintenir un type philosophique, une force ou un ensemble de forces philosophiques, en position dominante. A travers le sommaire de son argumentation et la grossièreté de sa rhétorique (Cousin faisait mieux dans le genre) le texte *Pour une modernisation du système éducatif* (tiré, je crois, à

600 000 exemplaires!) est *aussi* un texte philosophique qu'il faut *aussi* expliquer comme tel. Tendant à contenir – à la limite de ce qui est aujourd'hui possible – l'enseignement du philosophique en tant que tel, ce projet vise à réduire l'étendue d'un champ de critique et de lutte au moment où d'autres forces philosophiques risquaient, étaient en réalité en train d'y progresser. Contre ce progrès, qui est aussi politique, le projet gouvernemental permettrait à une certaine force ou coalition de forces d'occuper le terrain et de résister par d'autres voies : celles d'autres enseignements, voire d'autres systèmes que le système scolaire au sens étroit. Raison de plus pour ne pas enclore le débat à l'intérieur d'une discipline ni même de l'enseignement. Et pour rappeler que l'enjeu n'est pas simplement la destruction radicale ou la survie interminable de quelque chose comme *la* philosophie. Il n'y a rien de radical dans l'accentuation d'une offensive en cours depuis longtemps. C'est en particulier pour n'avoir pu ou voulu voir que cette offensive n'est pas de la *non-philosophie* contre *la* philosophie que la traditionnelle défense-de-la-philosophie n'a pu reconnaître sa propre contradiction et n'a jamais su organiser que sa retraite. On ne peut remonter ici aux origines de l'enseignement philosophique, ni même à ses fondations françaises. Rappelons seulement les épisodes les plus récents et l'impuissance d'une telle défense depuis 68 (réduction des horaires et des coefficients en Terminale, réduction du nombre de postes, dissociation accentuée du scientifique et du philosophique, répression contre certains professeurs ou élèves des Terminales, etc.).

Mais si elle n'a rien de radicalement nouveau, la réforme envisagée propose une formule de compromis dont le schéma reste, à ma connaissance, inédit : suppression de l'obligation et d'un horaire indispensable dans certaines sections de la Terminale, obligation générale avec un horaire minimal (trois heures) en Première. Fouchet avait bien pensé au recours à la Première, Fontanet à la ruse « optionnelle », mais la situation n'était pas mûre ou pas assez urgente et ils avaient dû reculer. Il ne s'agit donc pas d'une « idée nouvelle » d'Haby, cela va de soi, c'est l'effet d'une contradiction, l'aménagement d'une formation de compromis dont on a cru, après une analyse très courte, qu'elle devenait enfin acceptable. Il fallait réduire, pour les raisons que j'ai évoquées, le champ d'exercice de la critique, fermer le terrain des luttes philosophiques (dans la Terminale et dans le Supérieur), « assurer une formation dans un *champ limité,* et qui, de tradition, laisse à l'écart tous les domaines controversés des connaissances et des modes de pensée » (c'est Haby qui souligne), limiter le nombre des philosophes « de métier » dont le marché n'a que faire, hâter la spécialisation professionnelle, en durcir et abréger les relais, etc. Mais simultanément, le rapport des forces excluant une suppression franche, pure et simple de l'enseignement philosophique comme tel, le vestige concédé devait garder sa forme traditionnelle : blocage dans une seule classe, en fin d'études, cloître pour l'ancienne « reine-des-disciplines » ou pour la cérémonie du « couronnement-des-études », réflexion libérale-neutre-objective-laïque (voir plus haut) sur un savoir-acquis, la scène ne devant se déclarer ouverte sur la virginité questionnante et tout étonnée (il y a de quoi) qu'au moment où la famille, l'école et ses classes ont assez solidement étayé leur formation. On pensait, par ce compromis, rassurer tout le monde, et même une certaine droite (et pourquoi pas, une certaine gauche) qui voit dans la classe de philosophie (en son modèle classique) un garde-fou contre la propagation hors institution, à l'état qu'elle considère comme sauvage, de philosophies qu'elle préférerait domestiquer, réapproprier, encadrer : c'est ainsi que Duruy avait justifié le rétablissement de la classe de philosophie sous le Second Empire. Cette contradiction (garder sans garder le *statu quo*) a pris une forme spécifique qui a poussé à toucher (irrésistiblement, imprudemment) à ce qu'on appelait encore, pour le souvenir, la-classe-de-philosophie, c'est-à-dire à un lieu un peu sacré où

242

depuis plus d'un siècle la même contradiction s'était cachée, pétrifiée aussi, naturalisée. C'était déjà une formation de compromis, réglée sur un état – relativement stable – des rapports de force. D'un côté, en raison du nombre d'heures, du groupement massif des questions, d'une scène quasi trans-férentielle, etc., la pénétration d'un certain type philosophique, l'exercice d'une critique philosophique correspondant à ce type étaient certes possibles. Mais le verrou politico-sexuel y était maintenu : classe pour une classe, jeunes bourgeois entre la puberté et l'entrée dans la vie, de formation plus littéraire que scientifique, conduits à considérer comme naturel et éternel un programme très singulier, d'apparence éclectico-baroque mais très propice à un encadrement idéologique déterminé. Bien entendu, étant donné la structure complexe et contradictoire de cette formation, la critique libérale pouvait s'y déployer contre plus d'un dogmatisme, et parfois, dans des situations et selon des relais ou des fractions à analyser, contre les intérêts que l'institution devait massivement servir, contredisant ainsi, comme cela se produit toujours, la simplicité de la reproduction. Il faut en tenir compte.

Le compromis était donc par définition instable. Contraint par le marché à l'adapter, le projet gouvernemental a du même coup révélé que la forme du compromis n'était pas intangible. C'est comme si, à travers une brèche qu'on n'aurait pas dû ouvrir, la contradiction était apparue comme telle, ou plutôt à travers une représentation plus inquiète ou inquiétante. Il ne faut pas se hâter de colmater la brèche. En touchant à la « classe-de-philo », en provoquant un débat virulent et national à ce sujet, la manœuvre Giscard-Haby a fait apparaître (l'im-prudence compulsive est ici réglée par une nécessité qu'il faudrait analyser dans toutes ses portées et l'aggravation d'une répression remet presque à nu, avec des effets d'obscénité, cela même qu'elle aurait dû cacher, toutes les structures étant ici paradoxales et contradictoires) que la classe-de-philosophie n'était pas naturelle, neutre et intouchable ; dès qu'elle a cessé de répondre à telle transaction historico-politique, on peut la détruire comme on l'avait construite. Dès lors la lutte contre le projet devait jeter une lumière très crue sur un clivage principal qui traverse aussi le corps enseignant, comme l'ensemble de ceux qui se disent intéressés à la pratique philosophique. La lutte pour la philosophie, dans la philosophie, autour de la philosophie divise en effet, rien d'étonnant à cela, tout le corps d'enseignement, aussi bien du côté des enseignants que des élèves ou étudiants. L'opposition au projet Giscard-Haby et aux réformes antérieures a déjà toute une histoire. On peut commencer à la reconnaître. On a constaté que toute une « défense » de la philosophie, reproduisant pour l'essentiel l'argumentation cousinienne (*Défense de l'Université et de la Philosophie,* 1844), s'est retrouvée sur les bases traditionnelles : maintien du *statu quo,* attachement immuable à la classe-de-philosophie, critique a-politique et objectivement corporatiste, idéaliste, conservatrice, d'un projet qu'on juge « menaçant », voire « criminel » à l'égard, disons, d'un *corpus* singulier, d'une discipline aussi vulnérable que prééminente. Cette défense d'un pur pouvoir questionnant, aussi capital que démuni, capital parce qu'il occupe la place du mort, trouve d'ailleurs son renfort objectif chez les tenants de la mort-de-la-philosophie. Le pathos est fondamentalement le même. Cette défense a toujours été en elle-même peu efficace, en tout cas elle n'a jamais défendu ce qu'elle disait ou croyait défendre.

Dans l'autre camp (je laisse de côté *pour le moment,* dans l'analyse de cet affrontement principal, des différences qu'une autre situation pourrait mettre au premier plan) ceux qui, prenant position sans équivoque contre l'ensemble systématique du projet en tant que projet politique, exigent non seulement que la philosophie comme telle continue d'être enseignée où elle est déjà (dans toutes les Terminales et sans option), mais aussi et déjà dans les classes antérieures : au moins, pour commencer, depuis la Seconde. La philosophie ne doit plus être contenue dans la prison-forteresse d'une classe (Terminale ou Première). Cette position offensive a, pour la première fois, rassemblé un nombre important d'enseignants, d'étudiants et d'élèves de toutes disciplines. Elle avait été élaborée et claire-ment énoncée par le *Greph* [1], en particulier dans un appel largement approuvé parmi les élèves, étudiants et enseignants les plus mobilisés. Il réclame que la philosophie soit « alignée sur les autres disciplines, c'est-à-dire fasse l'objet d'un ensei-gnement progressif étalé sur plusieurs années ». Il s'agit ici d'en finir avec le faux « privilège » (« gloire de l'enseignement fran-çais ») au nom duquel on parquait ainsi un enseignement critique dans une réserve impériale. En exigeant cet alignement, on s'en prend sans doute à cette sorte de retard-hégémonique (notion que je ne peux analyser ici), mais on donne aussi à l'enseignement de la philosophie comme telle les moyens et l'espace qui sont accordés ailleurs, au moins ceux d'un débat critique quant à la philosophie implicitement inculquée ailleurs, d'une articulation des savoirs, etc. Au moins. Il ne s'agissait pas, bien au contraire, d'approuver ou de négocier l'introduc-tion-réduction de la philosophie en Première sous la forme prévue par le gouvernement. Ni en fait ou objectivement ni dans notre intention : repoussant le projet *dans son ensemble,* le *Greph* propose

---

1. Le Groupe de Recherches sur l'Enseignement Philosophique organise et coordonne des travaux sur l'appareil d'enseignement philosophique. Il y associe des enseignants, des étudiants et des élèves. Bien que ses visées ne soient pas seulement de critique théorique, à l'intérieur de quelque séminaire reproduisant l'auto-répétition critique de la philosophie, le *Greph* se propose d'intervenir selon un mode spécifique qui ne serait pas celui d'une association corporative, d'un syndicat ou d'un parti, même si des actions communes lui paraissent, dans telle ou telle situation, nécessaires. Pour toute infor-mation, s'adresser au Secrétariat provisoire du *Greph,* 45, rue d'Ulm, Paris (5e).

à court terme de faire front avec tous ceux qui entendent s'opposer à la régression imminente et de s'allier avec eux sur une exigence minimale : nous considérons que l'enseignement de la philosophie en « première » pourrait, dans d'autres conditions (transformation des contenus et de la pratique pédagogique entre autres), constituer un premier élément positif; mais nous revendiquons que l'obligation en soit maintenue en Terminale à l'intérieur d'un tronc commun. Ces revendications minimales n'ont bien entendu de sens qu'à l'intérieur d'une lutte pour une refonte véritable de l'enseignement de la philosophie – et de l'école en général –, refonte seule capable d'imposer l'idée qu'il n'y a pas d'âge naturel pour la pratique de la philosophie et que celle-ci devrait déjà être enseignée en seconde et dans les collèges d'enseignement technique.

C'est au contraire la défense traditionnelle du *statu quo,* défense démobilisée, démobilisante, toujours déjà en retraite, qui se trouve d'avance en situation de « concertation » avec le pouvoir.

Est-ce surprenant? Certains défenseurs-de-la-classe-de-philosophie, le plus souvent passifs, murmurant leurs protestations ou sollicitant des entrevues inutiles dans les ministères, voire des sièges dans les commissions désignées pour remplir ce que le Ministre appelle les dernières « corbeilles » d'une réforme arrêtée sans consultation, ces défenseurs se sont tout à coup déchaînés devant les contre-attaques du *Greph :* on avait donc osé changer de terrain, on avait eu l'impudence d'avancer que la philosophie devait, pouvait s'enseigner non seulement en Terminale mais hors d'elle et avant elle! La violence de certaines réactions donna la mesure des investissements, des passions et pulsions ici engagées. Tout à coup la cible principale n'était plus le projet gouvernemental mais l'incroyable entreprise du *Greph!* Ne considérons ici que les objections argumentées dont il a été fait publiquement état, qu'elles aient été directement adressées au *Greph* ou à la logique de sa position.

1. Au moment où, « à l'unanimité », il « repousse le projet d'une initiation philosophique en Première et Seconde » et « pense que la philosophie doit prendre le relais du français », le Bureau national de l'Association des professeurs de philosophie de l'Enseignement public invoque d'avance le prétexte suivant, comme s'il fallait ne jamais demander que ce que le ministère voudra bien nous donner : les horaires de Première et de Seconde risquaient de ne pas s'ajouter à ceux de Terminale. Le *Greph* réclame au contraire que la philosophie soit présente avec un horaire accru dans ces trois classes, à l'intérieur d'un tronc commun.

2. Le prétendu « manque de maturité des élèves » : cet argument n'est pas seulement celui de l'Association que je viens de citer. On l'a retrouvé partout. Dans des conditions et au cours d'une histoire que le *Greph* tente actuellement d'étudier, des intérêts et des phantasmes multiples ont coopéré pour construire ce dogme et le faire passer pour le sens commun. Même si la valeur de maturité intellectuelle n'était pas, à cet état d'abstraction, plus que suspecte, même si on ne pouvait expérimenter, de la façon la plus probante, dans certaines conditions, la très suffisante « maturité » des élèves à cet égard, leur demande même, pourquoi ne pas s'étonner qu'on enseigne des disciplines au moins aussi « difficiles » dès la sixième, et surtout qu'on y fasse pénétrer, de toute façon, tant de philosophie?

3. On a dit encore : la philosophie « formant-un-tout », un « système-articulé-de-concepts », etc., son enseignement doit être global et se dispenser en un an. Sans nous engager dans le si difficile problème d'une telle « totalité-systématique », acceptons cette hypothèse : mais alors pourquoi un an (neuf mois)? pourquoi tant d'heures (et d'ailleurs combien? le chiffre varie de section à section, s'affaiblit sans cesse et tend de plus en plus vers l'interruption)? Pourquoi pas un mois, une semaine,

une heure, le temps d'une longue phrase ou d'un clin d'œil? Avec une logique aussi respectueusement soumise à ladite systématicité philosophique, on peut soutenir la compression ministérielle la plus sévère. Mais la même logique a un autre relais : couvrant plusieurs années, l'enseignement serait confié à des « maîtres différents » : on se réfère ainsi à un concept en effet très classique de la maîtrise ou de la magistralité philosophique. Nommons-le, sous réserve d'analyse, socratico-trans-férentiel. Il ne comporte pas seulement toutes sortes de risques (dogmatisme, charismatisme, etc.), il s'accorde mal, de surcroît, avec l'éthique critico-libérale de la « défense traditionnelle ». Il devrait conduire, en toute logique, à l'inamovibilité du même maître dans le Supérieur (pourquoi ne pas y présenter la même requête?), voire toute la vie, maître à penser, maître de sagesse, confesseur ou directeur de conscience, analyste pour une formation interminable. De quoi donc a-t-on peur quand vient en question l'unicité de la classe-de-philo ou du prof-de-philo?

4. On a aussi émis des réserves sur la valeur de progressivité : ne risque-t-elle pas de provoquer un émiettement ou un tronçonnement empiristes? Ou de reproduire l'enseignement traditionnel en le rendant seulement moins consistant, plus vulnérable aux détournements idéologiques, exposé à la dissolution dans des disciplines non philosophiques? Ou encore d'étendre l'impérium de la philosophie, voire, dans telle ou telle situation historico-politique, d'*une* philosophie, reproduisant ainsi cela même qu'il faudrait transformer? L'objection est plus intéressante, et c'est même la seule qui permette un certain travail. Il faut donc préciser que, bien entendu, la valeur de progressivité appartient à une tradition fort classique de la pédagogie. Nous ne devons donc pas la recevoir avec une tranquille assurance, encore moins fétichiser le mot ou le mot d'ordre « progressivité ». Il s'agit seulement, dans la phase très déterminée d'une lutte et d'une stratégie, de faire accepter prati-

quement l'*extension* de l'enseignement philosophique sur plusieurs années, de le rendre coextensif aux autres enseignements pour lesquels on admet tout « naturellement » la progressivité. Il s'agit en se référant à une norme reçue, de sortir la philosophie de son étroite clôture pédagogique et de justifier une revendication (des horaires équivalents à ceux des disciplines scientifiques ou littéraires). Une fois cette extension légitime acquise – au prix d'une lutte difficile –, d'autres débats ne manqueront pas de se développer pour définir les contenus et les formes des enseignements, de leurs articulations, de leurs communications, entre eux et avec le dehors de l'école. Les propositions du *Greph* quant à la progressivité en appelaient – indissociablement – à de telles transformations. Bien entendu, si, sous prétexte de progressivité, on réinstaurait un apprentissage, voire un dressage aux finalités suspectes, si on distribuait une « formation » orientée comme un progrès vers l'accomplissement harmonieux de quelque *telos,* quel qu'il soit, il faudrait, il faudra sûrement combattre une telle réappropriation dont le risque (ou la sécurité) réapparaîtront toujours. D'autres fronts se dessineront. Mais une fois que la philosophie ne sera plus le lot d'une classe, l'élargissement du champ rendra le travail, les échanges critiques, les débats et les affrontements plus effectifs. En tout cas, cela du moins est sûr d'ores et déjà, refuser l'extension de l'enseignement philosophique sous prétexte que le motif de la « progressivité » ne résout pas tous les problèmes et peut être réapproprié par le camp qu'on dit adverse, c'est accréditer un argument mystificateur, qu'il soit avancé ou non de bonne foi. Mystificateur et sans avenir, la démonstration en est faite.

Il faut au contraire travailler dès maintenant à créer les conditions d'une extension et d'une transformation de l'enseignement dit philosophique, ouvrir des débats, élaborer des expérimentations, y associer le plus grand nombre d'enseignants, d'étudiants et d'élèves, non seulement dans la « discipline » philosophique, non seulement dans l'école. Le processus est en cours, nous en avons plus d'un symptôme, et le terrain des luttes à venir s'y prescrit déjà. Quel que soit le sort immédiat du projet gouvernemental, ce régime ne peut pas se donner un « système d'éducation » qui ne représente à l'état le plus critique et le plus manifeste – parce que systématique et philosophique, précisément, et parce que l'école y devient un enjeu de plus en plus déterminant – ses propres contradictions. Il devra donc faire semblant d'en changer tous les matins ou d'en multiplier la confection : avec un affairement compulsif, convulsif, comme dans la précipitation d'une phase finale.

Question II : Nous pensons que la philosophie a une fonction irremplaçable qui selon nous comporte au moins deux points fondamentaux :
– la mise en place de l'apprentissage des processus de la connaissance rationnelle;
– l'apprentissage d'un débat réglé et démocratique.

Question III : Au-delà de la simple et insuffisante défense de la philosophie telle qu'elle est, comment pensez-vous qu'il faudrait la penser?

– Si la philosophie a en effet une « fonction irremplaçable », est-ce parce que rien ne pourrait la remplacer en cas de décès? Je crois plutôt qu'elle se remplace toujours : telle serait plutôt la forme de son irremplaçabilité. C'est pourquoi le combat n'est jamais simplement pour ou contre *la* philosophie, la vie ou la mort, la présence ou l'absence, dans l'enseignement, de *la* philosophie, mais entre des forces et leurs instances philosophiques, au-dedans et au-dehors de l'institution scolaire.

Quant aux « deux points fondamentaux » et à la troisième question, je ne peux répondre ici sous la même forme et selon

250

les mêmes prémisses, sans vous poser à mon tour beaucoup d'autres questions, sur chacune des notions engagées. Cela nous demanderait beaucoup plus de temps, de place, au moins, et d'autres analyses, d'autres partages. Disons que j'essaie, j'essaierai d'y répondre ailleurs.

Philosophie des États Généraux *

(Je demande la parole dès maintenant pour dire quelques mots
– je crois qu'il le faut – de la préparation, voire des prémisses de
ces États Généraux. Je le fais bien entendu à titre personnel, en tant
que l'un des membres, parmi beaucoup d'autres, d'un comité de
préparation dont les séances de travail ont été absolument ouvertes
et les participants plus nombreux et plus divers encore que ne le
laisse penser une première liste rendue publique dès le premier jour.
Au sujet de ce qui a précédé et préparé la réunion d'aujourd'hui,
nous vous devons quelques informations ou explications. Celles que
je vous proposerai, de mon propre point de vue, n'engagent que moi
et ne m'engagent d'ailleurs qu'en tant et pour autant que j'ai pris
part à ces premiers travaux.)

* [Prononcé à l'ouverture des États Généraux qui réunirent plus de
1 200 personnes à la Sorbonne, paru dans *Libération* du 20 juin 1979, puis
dans *États généraux de la philosophie (16 et 17 juin 1979)*, Flammarion
1979. Sur la préparation et les prémisses des États Généraux, voir plus
loin, p. 271, les textes cités en appendice].

Ces États Généraux de la Philosophie devraient marquer un événement.

Après lequel, comme on dit parfois, « rien ne sera plus comme avant ».

On ne fixe pas de conditions aux événements. Par définition.

Mais comme, à elle seule, la tenue de ces États Généraux a déjà la portée d'un événement, on peut dire dès maintenant et quel qu'en soit l'avenir, qu'il *aura eu lieu* à une condition. A une condition au moins. Laquelle ?

A la condition de n'appartenir à aucune instance particulière.

Je ne dis pas à personne, mais à aucune personnalité individuelle ou collective, à aucune figure ou configuration nommable, à aucun groupe déjà légitimement ou légalement constitué, institution de recherche ou d'enseignement, ordre hiérarchique et professionnel, association corporative, syndicat ou parti politique. Des États Généraux doivent se constituer et débattre eux-mêmes de leur propre légitimité.

Je ne rappellerai pas ici tous les paradoxes politiques auxquels entraîne la logique d'une telle situation. Ces paradoxes, nous faisons métier de les connaître. Ainsi, par exemple, certains d'entre nous ont dû ou cru pouvoir se constituer *provisoirement* en porte-parole et se faire les médiateurs responsables, en quelque sorte, de l'appel que des États Généraux se seraient comme lancé à eux-mêmes et auxquels certains auraient donc été les premiers à répondre. Il a bien fallu en effet que certains d'entre nous aient pu se réunir, prétendant percevoir, entendre et traduire *à leur manière* un premier appel. A partir de là, ils ont cru devoir prendre ce qu'on nomme l'initiative ou la responsabilité d'une organisation des États Généraux. Pour une part – qui fut parfois lourde – cette organisation resta technique et neutre. Mais elle ne pouvait l'être de part en part, il ne serait ni sérieux ni honnête de le nier. Une interprétation et des anticipations étaient déjà à l'œuvre et c'est à leur sujet que je voudrais risquer quelques propositions brèves, schématiques et donc d'autant plus offertes à la discussion.

Le comité de préparation a seulement essayé – ce fut pour lui une règle et je crois pouvoir en témoigner – de traduire fidèlement les signes d'un large consensus virtuel.

A ce consensus les membres du Comité avaient bien entendu leur part, ils en donnaient eux-mêmes des gages, quelle que fût *d'ailleurs* leur philosophie des États Généraux, leur philosophie du consensus ou des signes, voire leur philosophie de la philosophie.

Et pour faire droit aux conditions de cet accord virtuel, ils ont essayé de respecter les différences, voire les différends qui pouvaient *d'autre part* séparer tous ceux qui viendraient ici se rassembler.

La certitude commune et implicite était, me semble-t-il, la suivante : dans la situation présente, ce consensus ne trouverait à s'affirmer *en tant que tel,* il ne s'avancerait comme tel dans des engagements pratiques, effectifs et efficaces, que dans la mesure où il se rendrait en droit indépendant des instances constituées que je viens de nommer, qu'elles soient d'ordre pédagogique, professionnel, corporatif, syndical ou politique, *et caetera* (et sous cet « *et caetera* » on pourrait ranger quiconque, individu ou groupe, serait tenté d'utiliser ces États Généraux comme base, studio ou théâtre d'appoint). Que ces instances puissent aussi, *d'autre part,* prétendre à la compétence, à la légitimité, voire – il en est encore temps – à l'efficacité dans tel ou tel domaine déterminé, qui le contestera? Il est possible et normal que beaucoup parmi nous se sentent représentés par ces organisations et le déclarent ici même. Il est souhaitable – pour des raisons évidentes sur lesquelles je reviendrai – que les engagements que les États Généraux seront amenés à prendre demain puissent recevoir l'approbation et ensuite le soutien de telles organisations. C'est plus que souhaitable, bien entendu. Mais il ne me paraît pas souhaitable que, en fait ou en droit, nos engagements soient *subordonnés, fût-ce implicitement,* à l'accord de ces organisations. Pour elles comme pour nous la liberté et l'indépendance devraient être, me semble-t-il, entières. C'est même la condition de solidarités éventuelles et que je considérerais, pour ma part, dans certaines limites, comme indispensables.

Car le consensus, pour l'appeler ainsi, semble déborder largement les frontières de ces organisations légitimes; il ne s'y sent pas strictement ni exhaustivement représenté, en particulier pour ce qui commande de transformer *d'urgence* une situation *inacceptable.* Ce consensus, s'il doit exister, semble s'annoncer au-delà d'un certain nombre de partages philosophiques ou politico-idéologiques.

Est-ce à dire qu'il reste philosophiquement neutre ou a-politique? Nullement.

Il correspond sans doute à une nouvelle prise de position, à une nouvelle prise de parti philosophique et politique, même si elle ne se reconnaît plus dans la reproduction des codes, et encore moins des stéréotypes en usage. Cette reproduction serait au contraire la marque la plus visible et la plus sinistre des limites dans lesquelles on voudrait enfermer le débat philosophique – le débat pour la philosophie, ou quant à la philosophie (en elle, autour d'elle, dans ses institutions et hors d'elles) –, limites dans lesquelles on voudrait nous laisser nous débattre et que nous voulons abattre.

Un tel consensus, s'il existe ou s'il reste à venir, on peut le vouloir très large mais il ne sera pas une unanimité ou une volonté générale. Il s'agirait plutôt aujourd'hui d'un large front et d'un autre front. Peut-être y va-t-il de ce que dans une tradition que nous connaissons bien on a appelé « le besoin de philosophie » ou « l'intérêt pour la philosophie ».

Intérêt pour la philosophie, intérêt de la philosophie, cela ne désigne pas le goût particulier pour un type d'exercice, une expertise ou une discipline, la vocation du spécialiste ou le culte, respectueux jusqu'au fétichisme apeuré, pour tout ce qui a nom philosophie, pour la tradition philosophique, voire pour une philosophie. L'intérêt pour la philosophie, *s'il y en a,* c'est une affirmation qui ne connaît d'*elle-même,* en elle-même, *aucune limite.* S'il y en a, elle est inconditionnée. Voilà ce que peut-être il faut ici tenter de penser.

Or quand dans une situation historique donnée, des forces sociales, une nation, une organisation étatique, voire – et nous aurions gravement tort de le négliger aujourd'hui – une organisation inter-étatique en viennent à limiter ou, pratiquement, à interdire l'affirmation de cet intérêt pour la philosophie, ce n'est pas *la* philosophie *en général* qui se trouve réprimée par de la barbarie non philosophique. C'est plutôt le signe d'un nouveau conflit entre des forces, des fractions ou des alliances de forces. Et c'est cette configuration qu'il nous faut analyser, dans ses grands types et ses longues séquences aussi bien que dans ses traits les plus inédits et le plus finement actuels. De ces forces, le discours philosophique est toujours partie prenante, et toujours différemment. Partie prenante, cela signifie au moins qu'il ne les exprime, réfléchit ou représente pas plus simplement qu'il ne les met en mouvement. Le rapport est autre.

Pour analyser ou tenter de transformer la situation de la philosophie et de son enseignement, comme de son contexte général, en France, en Europe et au-delà, nous disposons bien entendu de toutes sortes de schémas. Je n'en déduirai pas tous les types mais je rappellerai que dans chacun de ces schémas une philosophie et une interprétation du philosophique se trouvent engagées. Pour comprendre et combattre l'offensive organisée contre la philosophie en France, des instruments conceptuels, des leviers d'analyse ont été mis à l'épreuve de certains précédents historiques. Et, ces dernières années, quelques-uns parmi nous, seuls ou dans des groupes de recherche, les ont utilisés et surtout *déplacés.* Mais je crois que ces États Généraux iraient à l'échec si, dans les discours qui s'y tiennent, dans les analyses, les résolutions pratiques, les modes d'intervention, de résistance ou d'affirmation, ils ne se réglaient pas sur la singularité irréductible, sur la nouveauté essentielle de notre situation, *et* dans son moment intraphilosophique *et* dans son espace historique général. Si, par certains traits, ce moment peut rappeler, comme on l'a souvent dit, et justement, l'étranglement de la philosophie sous le second Empire ou sous l'Occupation, voire d'autres manifestations analogues hors de France, sous des régimes identiques ou différents, cette situation-ci en diffère aussi nettement par certains caractères originaux que nous ne devons pas méconnaître. Et les reconnaître n'est pas facile, cela devrait mobiliser des analyses socio-économiques nouvelles, des problématiques politiques autres, des ouvertures en direction d'objets que les philosophes professionnels n'ont pas été préparés à étudier; je pense ici en particulier à ce qu'on rassemble très vite sous le nom générique de « media » et de « pouvoir des media ». Pourvu qu'on ne s'en tienne pas à la représentation théâtrale, fût-elle apparemment critique ici ou là, que les « media » se donnent d'eux-mêmes, à travers certains de leurs numéros les plus réussis ou de leurs champions les plus doués, il y a là, dans la techno-politique des télé-communications, un enjeu incontournable, un enjeu aussi philosophique, très nouveau dans certaines de ses formes, de ses opérations, de son évaluation, de son marché et de sa technologie.

Mais si nouvelles et si nécessaires qu'elles doivent être, toutes ces analyses ne nous dispenseront pas d'une interprétation *affirmative* du rapport à la philosophie et du rapport de la philosophie à elle-même, si quelque chose de tel existe. Autrement dit, à travers toutes les questions dont nous aurons ici à débattre (questions institutionnelles, techniques, professionnelles, pédagogiques, socio-économiques, etc.), nous devrons, me semble-t-il, entendre et laisser résonner les grandes questions de la philosophie *et* de la pensée, de la forme présente de leur destination non moins que de leurs commencements et recommencements.

En deux mots : qu'est-ce qui se dit et se fait aujourd'hui au nom ou sous le nom de la philosophie? Et quant à la philosophie? Et quant à la pensée? Qu'est-ce qui s'enseigne, doit ou peut encore s'enseigner *sous ce nom, en ce nom et quant à ce qui se présente sous ce nom?*

Si l'expression d'« États Généraux » s'est vite imposée à nous au moment d'appeler cet événement, c'est sans doute, plus ou moins explicitement, pour marquer qu'il y avait là à *inaugurer*.

On dira que la référence aux États Généraux est bien traditionnelle : avant la Révolution française, ils furent souvent le lieu de revendications hiérarchisantes et conservatrices; puis ces dernières années, certains colloques se sont parés un peu vite de ce titre de noblesse révolutionnaire. Et pourtant, malgré ces risques, il s'est imposé à nous. Nous avons aimé, en riant un peu, soulever la citation peut-être disproportionnée de cette grande houle révolutionnaire.

Et puis, quoi que nous pensions les uns et les autres, en dernier lieu, de l'*Aufklärung* et de la Révolution de 1789, je trouve pour ma part dans un certain procès qu'on lui fait aujourd'hui ici ou là (procès souvent confus, pressé, avantageux) l'un des signes de cet obscurantisme haut parleur dont il faudra bien que nous débattions ici en surmontant nos répugnances.

Surtout : appeler à des États Généraux, s'appeler de ce nom, c'était éviter un certain nombre de titres qui tous auraient renvoyé à ces formes de rassemblement et à ces codes institutionnels dont je parlais à l'instant. Des États Généraux ne devraient être, en effet, ni un meeting de protestation avec tribuns et tribunes, ni un congrès politique, ni un colloque de spécialistes, ni les assises ou l'assemblée générale d'un corps constitué, légitime et agréé, quel qu'il soit. Si les États Généraux de 1789 ont rompu avec ceux qui les avaient précédés, c'est qu'ils ont inauguré en se proclamant assemblée nationale puis constituante, remettant radicalement en jeu l'ordre ou les ordres qui les avaient auparavant constitués. S'il y eut événement, ce fut à la mesure de ce projet éminemment philosophique d'auto-fondation ne s'initiant que d'elle-même et sans référence aux garanties, hiérarchies ou légitimités antérieures.

Je ne sais pas si, pour la philosophie, ce geste a un sens ou une chance aujourd'hui (et je ne m'avancerai pas, du moins pour l'instant, ici, vers le fond de ce problème). Mais je crois, à vrai dire je suis sûr que, *mutatis mutandis,* une telle idée, le principe d'une ambition analogue est audible dans l'Appel pour des États Généraux de la Philosophie [1].

Par exemple le mot « affirmation » le donne à entendre au moins à trois reprises.

Or si, au cours de ces deux journées et au-delà de ces deux journées, nous devons ne perdre de vue aucune des données concrètes, des prémisses conjoncturelles, des nécessités empiriques et tactiques de notre action, des contraintes de toute nature avec lesquelles il faudra compter jusque dans le détail, nous ne pourrons le faire et cela ne méritera d'être fait qu'à la mesure de ce que j'appellerai traditionnellement l'Idée, le grand principe qui vient s'affirmer dans l'Appel.

Cette affirmation, nous l'entendons, mais il n'est pas sûr que nous l'entendions tous et toutes de la même manière. Car elle n'est pas claire. Et d'une certaine manière il devait en être ainsi. Une certaine réserve énigmatique devait demeurer qu'il ne faut pas confondre avec une équivoque manipulable. Cette réserve lui vient peut-être de ce qui reste essentiellement *indécidé* aujourd'hui dans la destination de la philosophie.

Les signes de cette indécision se concentrent dans le prologue de l'Appel, nulle part ailleurs. Aucune indécision par exemple dans la brève démonstration dite du *« Tableau noir »* ou dans

1. [Voir Appendice, p. 271].

260

les exigences minimales formulées « *Pour commencer* » [1]. Ce qui se trouve schématiquement mais clairement rassemblé dans ces deux derniers documents me paraît relever de la démonstration objective et chiffrée. Il est *incontestable* que l'enseignement et la recherche philosophiques se dégradent et se dégraderont de façon accélérée jusqu'à l'atrophie et l'asphyxie irréversible si on laisse jouer les dispositifs mis en place par l'actuel gouvernement, par ceux qui l'ont précédé et par les forces, les fractions ou alliances de forces qui les soutiennent. Il est *incontestable* que ce processus − qui ne signale pas seulement un mauvais danger pour la philosophie mais pour l'ensemble du système éducatif et de la société − ne sera interrompu qu'aux conditions que nous définissons au moins pour le court et le moyen terme : par exemple l'augmentation du nombre des enseignants et donc des étudiants et des chercheurs, la redéfinition des « besoins » et des effectifs minimaux par classe, l'horaire minimal de quatre heures pour tous les élèves des lycées de toutes catégories, le maintien de la philosophie et des professeurs de philosophie dans les Écoles normales d'instituteurs, l'*extension* de l'enseignement philosophique au moins à tout le second cycle des lycées et dans l'Université hors des sections de philosophie, l'*extension* avec *toutes* ses conséquences, qui ne se réduisent ni à la philosophie ni même à l'école. Cette dernière revendication − l'*extension* − est *légitime, vitale, décisive* et le nombre impressionnant de ceux qui ont souscrit à cet appel, comme de ceux qui participent ou se font représenter à ces États Généraux, permet de mesurer le chemin parcouru depuis le moment où certains affectaient de juger cette extension utopique ou dangereuse. Il n'y a rien qui ne soit démontrable dans les deux documents joints à l'Appel. Si nous voulons être conséquents, nous y ajusterons sans faillir et quoi qu'il arrive des exigences intraitables et des déterminations tranchantes.

1. [Voir Appendice, p. 273-6].

Naturellement, ce caractère démonstratif, ce recours à l'objectivité la plus têtue ne pouvait pas caractériser l'Appel lui-même, notamment dans son prologue. Ce n'était, me semble-t-il, ni possible ni souhaitable. Une *affirmation* y est avancée et une affirmation ne démontre pas sur le même mode. Elle engage, elle décide, elle prononce – ici *pour la philosophie. Oui* à la philosophie.

Mais elle ne peut plus aujourd'hui le faire d'un trait, d'un trait simple et indivisible. Nous ne sommes plus assez jeunes, ni la philosophie, pour qu'une telle affirmation militante soit de notre part simple, allègre, sans pli, fraîche et néophytique. S'il y a lieu de ré-affirmer, c'est à un moment très singulier, très surchargé de l'histoire, de l'histoire de la philosophie, de cette société, de ses institutions et de ses structures pédagogiques.

La philosophie, nous n'oublions pas toutes les eaux qui sont passées sous ce nom. Depuis longtemps nous ne sommes plus prêts à nous y embarquer sur n'importe quel bateau et nous ne croyons plus à ce qui s'y gonfle de la dernière pluie, surtout quand c'est pour nous faire le coup sommaire de la source la plus pure et la plus archaïque. Et la mémoire vigilante, rigoureuse, critique de cette histoire de la philosophie ne signifie pas forcément, pour la ré-affirmation dont je parle, alourdissement ou vieillissement. Ce peut être, si du moins elle en a la force, le contraire.

Il reste donc que l'Appel s'ouvre sur une affirmation *et* une indécision. Il n'a donc pas le même caractère démonstratif que les deux documents qui le suivent. D'où certaines questions auxquelles je voudrais tenter de répondre.

Le prologue de l'Appel a une résonance un peu optimiste, voire, pourquoi le nier, triomphante. Il allègue un certain nombre de signes qui viendraient attester la vie, la jeunesse et la diversité de l'exigence philosophique dans ce pays et dans le monde. Certains d'entre nous en ont été gênés (parmi ceux qui ont globalement approuvé notre geste et même parmi ceux, dont je suis, qui ont pris une part, disons, assez active à la rédaction de ce texte). Par quoi ont-ils été gênés? Par une certaine formulation qui pourrait laisser entendre que de tous les signes allégués il n'y avait qu'à se réjouir, et notamment des signes venus de *l'*édition (sous-entendu *en général*), de *la* presse écrite et parlée (sous-entendu *en général*), de *la* télévision (sous-entendu *en général*).

Or il va de soi, et nous le savons trop, que les choses sont loin d'être aussi simples. Aujourd'hui, ni parmi les philosophes un peu éveillés ni parmi ceux qui sont un tant soit peu déniaisés et entraînés au discernement dans ces domaines (édition, presse, télévision), personne n'oserait témoigner de la vitalité ou de l'exigence philosophique en invoquant une bonne partie, la majeure partie, on peut le dire, de ce qui s'exhibe depuis quelque temps sur le présentoir le plus en vue, de ce qui se réclame bruyamment de la philosophie dans toutes sortes de studios où depuis une date relativement récente et très déterminée les plus hauts parleurs se sont vu confier les haut-parleurs sans se demander (dans le meilleur des cas) pourquoi tout à coup on leur abandonnait colonnes et antennes pour parler *ainsi* et dire justement *cela*.

En pensant à ce qui domine la scène ou le marché, à ce qui si souvent – je ne dis pas toujours et il faudrait bien sûr raffiner, différencier, multiplier les types d'analyse, et j'espère que, ici, nous commencerons à le faire –, à ce qui si souvent peut s'y produire et envahir l'espace de son indigence naïve et précritique, ignorante jusqu'à la barbarie, complaisante et jubilante jusqu'à la bouffonnerie, ou parfois, pour nous, pour moi en tout cas, impardonnablement ennuyeuse, on peut en effet être gêné d'avoir l'air d'en tirer argument pour prouver l'essor de la philosophie. Et telle n'était pas simplement l'intention des rédacteurs de l'Appel.

Voici en quelques mots le principe de l'analyse qui m'a,

pour ma part, convaincu de souscrire à cet Appel, et de prendre part à sa rédaction sous cette forme. Bien sûr cette forme n'est pas parfaite, elle est nécessairement trop brève, elliptique, simplifiante. Je ne la défendrai pas pour elle-même et dans sa lettre mais seulement dans sa logique implicite. D'ailleurs l'Appel n'était pas destiné à engager d'avance les États Généraux et à s'en faire approuver *a priori;* il est soumis ici même à la discussion.

En premier lieu il ne s'agissait pas pour nous, vous vous en doutez bien, d'applaudir au contenu et à la qualité de tous ces signes équivoques, notamment de ceux qui ronflent ou qui ronronnent à la une. Personne ne le demande et rien dans l'Appel ne me paraît y inviter. Cela dit, ce sont des signes ou des symptômes que nous aurions tort de négliger et qui doivent être interrogés sur toutes leurs portées; c'est-à-dire sur des portées et selon des critères et des modes de questionnement auxquels nous ne sommes pas tous également préparés. Les critères *intra*-philosophiques, d'autres diraient *proprement* phi- losophiques, qui pourraient souvent nous dicter, quand la gaieté vient à manquer, les évaluations les plus impitoyables – et à vrai dire les plus sombres, les plus désespérées – à la lecture ou à l'audition de telle ou telle performance, ces critères concernant la qualité *philosophique* de ces messages ne donnent certainement pas la mesure essentielle de ce qui se passe – et même de ce qui se passe quant à la philosophie. A la suite de transformations ou de bouleversements de toutes sortes, dans la sociologie de l'école et hors de l'école, dans le paysage idéologique et philosophico-politique de ce pays et du monde, dans la technologie de l'information, le recours à quelque chose qui *ressemble* encore à la philosophie se manifeste largement dans des lieux sociaux, sous des formes et selon des normes qui débordent largement l'espace de la compétence profession- nelle qui n'a d'ailleurs jamais été à cet égard au-dessus de tout soupçon et qui possède aussi, à l'ancienne mode, ne l'oublions pas, des pouvoirs d'évaluation, de promotion, de sélection, et même ses petits « médias » de poche, qui possède donc des pouvoirs, des leviers professionnels et éditoriaux très concentrés, dont l'analyse critique ne doit pas être, de notre part, complaisante. Que cet espace de la compétence professionnelle soit débordé, et avec lui l'espace social qui fournissait traditionnellement en France la majorité des philosophes de profession, qui peut sérieusement le regretter?

Un tel regret ne serait pas seulement triste, réactif, négatif, il serait totalement vain. Ce processus est et doit être irréversible. Mais il ne nous dispense pas de nous demander quelles sont les conditions profondes et multiples de cet élargissement et des effets étranges qu'il est en train de produire. Nous aurions gravement tort d'ignorer que si nous sommes souvent choqués ou indignés par certains de ces effets, c'est parce que, jusque dans notre corps, nous vivions notre rapport à la philosophie derrière des filtres sélectifs très protecteurs, dans des laboratoires dont le conditionnement social, politique et philosophique mérite autant d'être interrogé que celui qui produit aujourd'hui, à la une, de la philosophie ou quelque chose qui garde malgré tout une ressemblance avec de la philosophie.

Mon hypothèse, je le dirai brutalement d'un mot, sans plus pour le moment, c'est celle d'une filiation entre la machinerie dominante d'hier et la machinerie dominante d'aujourd'hui, une filiation presque directe, naturelle sinon légitime (comme on dit dans les familles) et en tout cas pour l'essentiel largement homogène. Hier les processus d'évaluation, de légitimation, de promotion, de sélection, de hiérarchisation, de marginalisation aussi, auraient appelé – appellent car ils sont encore vivaces et concentrés – une vigilance critique et sans répit. Je ne crois pas pour ma part que les productions philosophiques autorisées et légitimées par les appareils officiels (d'hier et d'aujourd'hui) constituent, dans leur ensemble, bien sûr, la référence irréprochable du haut de laquelle nous pourrions dédaigner ce qui passe pour philosophie ou ce qui se passe de philosophie hors de l'enceinte scolaire et universitaire.

Aujourd'hui, demain ou après-demain, les États Généraux devraient donc, me semble-t-il, interroger sur toutes ses portées (philosophiques, politiques, nationales ou non) l'étendue de ce recours massif aujourd'hui à quelque chose qui garde, malgré les simplifications grossières, les complaisances et les faiblesses, une ressemblance lointaine mais certaine à quelque chose comme la philosophie.

Si j'insiste, parmi toutes ces tâches nécessaires, sur celle qui concerne le fonctionnement du marché, la techno-politique des « médias » et de ce que le gouvernement administre sous le nom de « Culture et Communication », c'est justement parce que l'Appel s'est, plus ou moins prudemment, référé aux signes en provenance de ces lieux.

Ce travail sur la techno-politique des médias, il est à souhaiter qu'il fasse désormais partie de plein droit, disons-le encore, de la « formation philosophique » à venir. Un tel travail a commencé ici ou là, avec des styles et des résultats très divers. Il convient peut-être non seulement d'en étendre et systématiser le programme, d'en diffuser les résultats mais aussi d'éviter qu'il ne se laisse trop facilement réapproprier jusqu'à devenir source de plus-value supplémentaire pour le dispositif analysé lui-même et pour ceux qui s'y prêtent; car nous sommes en passe de voir les travaux qui se présentent, en tout cas, comme des machines de guerre contre la techno-politique des « médias », réinvestis, surexploités, voire gadgétisés par les appareils, parfois par les agents mêmes qui se trouvent d'abord visés. Il y a là un critère assez sûr pour mesurer l'efficacité des travaux critiques.

Or à l'égard de tous ces symptômes, que dit l'Appel?

Il parle de « contraste ». Entre toutes les manifestations d'un essor ou d'une exigence philosophique, y compris le déferlement à la une d'un n'importe quoi néophytique qui n'est jamais n'importe quoi, entre cette abondance criante hors de l'école et de l'Université d'une part et d'autre part l'étranglement de la recherche et de l'enseignement, il y a un *contraste*.

Pas une contradiction, un contraste.

L'hypothèse que nous pouvons discuter ici serait donc la suivante. Non seulement il n'y a pas en cela de contradiction mais tous les signes d'une politique cohérente, que sa cohésion passe ou non par des représentations conscientes dans la tête d'un sujet ou d'un groupe de sujets.

Les effets de cette cohérence en tout cas sont évidents pour nous : le contrôle, la manipulation, le détournement ou la réappropriation des discours seront d'autant plus faciles hors de l'école, sur un maximum de trajets télécommunicatifs, que les capacités d'évaluation critique, de discernement entraîné, de vigilance exercée seront faibles, faiblement représentées dans le pays, en nombre et en qualité, isolées et marginalisées. Cette loi ne vaut pas seulement pour le philosophique, bien entendu, et nous devons veiller à ne pas nous y enfermer. Et quand je parle de vigilance exercée ou entraînée, je ne pense pas seulement à ce qu'on appellerait la *compétence* de philosophes de profession, formés à cette fin, mais à tous ceux à qui on voudrait interdire aujourd'hui toute rencontre avec la philosophie, c'est-à-dire avec pas mal d'autres questions. Bref, plus le champ de la formation philosophique sera réduit dans ce pays, moins il y aura hors de l'école de compétence critique; je ne crains pas le mot de compétence; et dans le procès que certains voudraient lui faire, il faut savoir que la compétence peut être une arme de résistance (par exemple contre toutes les violations des droits de l'homme, les abus policiers et les injustices); moins il y aura de formation et d'information critique, plus il sera facile de faire passer, voire d'inculquer ce n'importe quoi qui n'est jamais n'importe quoi. Je crois donc qu'il fallait attirer l'attention sur un « contraste » apparent et d'autant plus symptomatique, pour analyser et combattre une complémentarité fondamentale.

Je dis complémentarité, non pas (nécessairement) connivence ou complicité – ce dernier mot renvoie à un code justicier que je n'aime pas et il ne s'agit pas ici au premier chef d'incriminer qui que ce soit. Personne n'est d'ailleurs purement et simplement extérieur à ce processus, même si personne n'y occupe la même place, loin de là et heureusement. Complémentarité profonde, donc, entre une inqualifiable répression de l'enseignement et de la recherche philosophiques d'une part, et d'autre part, hors de l'école, la surexploitation effrénée de signes ou de discours philosophiques dont la faiblesse, la facilité, la commodité sont les plus criantes mais aussi, pour les grands décideurs, pour les grandes forces décidantes de notre société, les plus recevables, les plus utiles et les plus rassurantes. On pourrait montrer que la cohabitation peut être très harmonieuse aujourd'hui entre, par exemple, ce qui reste dans les institutions scolaires et universitaires de petits pouvoirs philosophiques réactifs, d'académisme crispé, sclérosé, accroché à ses leviers de contrôle et, d'autre part, hors de l'institution, la grande récréation philosophique et les stéréotypies amnésiques et bavardes qui se déchaînent sous une surveillance plus ou moins anonyme, discrète mais efficace.

Ces deux types de pouvoir ne se contredisent ni ne s'entre-empêchent nullement, et pour cause. Ils se conditionnent l'un l'autre.

J'ai été, pour ma part, très attentif à ce fait que les publications qui s'avançaient ces dernières années sous le titre de la philosophie et bénéficiaient non fortuitement des soutiens promotionnels les plus diligents et les plus efficaces, les plus empressés, que les publications disons les plus recevables, étaient aussi les plus dépourvues, les plus vierges de toute question, et encore plus de toute problématique critique concernant la politique officielle de l'éducation, les dispositifs scolaires et universitaires, les dispositifs éditoriaux et télé-communicants, la normativité rhétorique commandée par ces dispositifs, c'est-à-dire d'abord celle de la plupart desdites publications qui reproduisent en dehors de l'école les modèles scolaires les plus sages. Il y a là une complémentarité parfois peu lisible, mais solide, entre l'académisme le plus immobilisé, le plus crispé, et tout ce qui, hors de l'école et de l'Université, sur le mode de la représentation et du spectacle, se branche presque immédiatement sur les canaux ou les chaînes de la plus grande recevabilité. C'est cette complémentarité, cette configuration – partout où elle apparaît – qu'il faut, me semble-t-il, combattre. Combattre simultanément, et joyeusement, sans accusation, sans procès, sans nostalgie, avec une intraitable gaieté. Sans regret pour les formes plus feutrées, parfois (parfois seulement) plus distinguées, moins tapageuses, qui *pour une part* auront préparé hier ce dont nous héritons aujourd'hui. Pour une part au moins – discernons.

Encore un mot, si vous le permettez. Je viens de dire « intraitable ». Eh bien, une affirmation, s'il y en a, doit affirmer de l'intraitable, c'est-à-dire du non-négociable, de l'intransigeant. L'affirmation, s'il y en a, est *inconditionnelle*.

Au cours de ces deux journées et ensuite, dans ce qui, il faut l'espérer, assurera un peu partout en France une sorte de permanence active de ces États Généraux jusqu'à une autre grande assemblée, sans doute faudra-t-il engager des actions, des transactions, des négociations complexes, attentives, persévérantes, minutieuses, avec tous les intéressés, avec des instances officielles, gouvernementales voire présidentielles, avec les syndicats et les associations corporatives dont le soutien nous sera si nécessaire. Nous devrons définir attentivement, dans tous les domaines, les objets et les enjeux de telles négociations et concertations, leurs marges aussi.

Mais nous devons aussi formuler des exigences intraitables, non négociables. Pas d'affirmation sans cela. Telle serait la philosophie des États Généraux. Et sur cette ligne du non-négociable, que nous devrons aussi tracer très concrètement (des propositions seront faites en ce sens), les États Généraux devraient, selon moi, se prononcer de façon absolument incon-ditionnée, autonome, et inventer, pour lui faire droit, des modes d'action, d'intervention, de résistance, collectifs ou individuels, qui soient les siens; et dont il faut espérer, car rien ne sera possible sans cette solidarité, qu'ils joueront un rôle d'avant-garde et auront valeur d'entraînement, non seulement mais en particulier pour les organisations corporatives, syndicales et politiques.

C'est arrivé déjà.

(Je passe la parole à Roland Brunet. J'ai dit tout à l'heure que les États Généraux devaient n'appartenir et ne revenir à personne, et je le répète, mais je ne sais pas si je me contredirais en disant néanmoins que sans Brunet je ne suis pas sûr que ces États Généraux auraient eu lieu, qu'il s'agisse de leur « idée » ou de leur préparation. Nous sommes quelques-uns à pouvoir en témoigner.)

APPENDICE

APPEL

L'exigence philosophique ne s'est jamais affirmée avec autant de vie, de jeunesse et de diversité. Elle est en mouvement et partout elle donne du mouvement, dans ce pays mais aussi, comme l'ont rappelé de récents débats d'orientation à l'UNESCO, dans le monde entier. Que nous soyons ou non philosophes de profession, nous pouvons en témoigner et y reconnaître une nécessité vitale. Cette poussée est proprement débordante : elle se manifeste en effet à travers des formes nouvelles, par-delà les cloisons institutionnelles et les critères académiques, dans des milieux sociaux et à des âges qu'on en tenait jusqu'ici écartés. La démonstration en éclate partout, à l'école et dans l'université, dans les enseignements les plus divers (techniques, littéraires, scientifiques, juridiques, médicaux, etc.), mais aussi, quotidiennement, dans la vie de l'édition, dans la presse, à la radio et à la télévision, dans toutes les pratiques artistiques, dans le débat sur les orientations fondamentales de la société, etc. Ce n'est pas seulement à la tradition philosophique mais aux recherches les plus inédites et les plus risquées qu'on demande partout d'intervenir, de renouveler les langages de l'analyse et de la critique ou d'ouvrir de nouvelles voies de réflexion. Et ceux qui s'y engagent sont de plus en plus nombreux, quand même ils ne font pas profession de philosophie.

Or entre cet essor extraordinaire et la politique officielle de l'éducation, le contraste est effrayant. Le gouvernement continue de mettre en place des dispositifs qui condamneraient implacablement l'enseignement et la recherche philosophiques. Dès maintenant c'est le repli et l'atrophie. Demain, si nous laissions faire, ce serait à peu près la mort. Mais nous ne laisserons pas faire. La gravité de l'enjeu ne se limite plus, bien

271

entendu, à un ordre de recherche et d'enseignement, à ce qu'on considère comme le corps d'une discipline, avec ses compétences, ses normes, sa profession et ses institutions. Il y va aussi de tout le système d'éducation et donc, plus largement, de tout ce qu'une société attend de l'enseignement et de la recherche qu'elle se donne. Nous pouvons, les uns et les autres, interpréter de différentes manières les offensives contre la philosophie mais nous savons qu'elles ont toujours eu les visées et les effets politiques les plus néfastes. Dans le contexte singulier où elles se développent aujourd'hui en France, elles doivent sans doute donner lieu à de nouvelles analyses et à de nouvelles formes de riposte. Elles le doivent d'urgence car la volonté de liquidation n'a jamais été si pressante, souvent arrogante, cynique, obscurantiste.

    C'est pourquoi nous appelons tous ceux qui partagent nos inquiétudes, notre colère et notre espoir à se réunir en États Généraux de la Philosophie, à partir du 16 juin 1979. Qu'on nous entende bien : il ne s'agira pas seulement de mettre en tableau les données ou les perspectives sinistres de la politique officielle (on lira pour s'informer à cet égard « Un tableau noir » [1]*, document que nous joignons à cet appel). Il ne s'agira pas seulement d'un procès, d'une riposte ou d'un sursaut pour assurer les conditions immédiates d'une survie de la philosophie (autres propositions jointes à cet appel : nos revendications minimales « Pour commencer »)* [2]*. Pour la philosophie, dans l'enseignement et hors de l'enseignement, nous voulons engager plus, mieux et autre chose.*

1. Voir page suivante.
2. Voir page 276.

UN TABLEAU NOIR

La démonstration doit en être faite et elle est facile : si on laisse faire, la politique actuelle réserverait à la philosophie l'avenir le plus sombre. Il faut rassembler ici quelques données que le pouvoir tente de faire oublier ou de disperser dans la pénombre. Il faut savoir que la loi portant réforme du système éducatif (dite « Réforme Haby »), votée en juin 1975, n'a fixé qu'un cadre général et des principes pédagogiques. Quant au contenu de l'enseignement secondaire, discipline par discipline, et dans la répartition horaire, il a été pour une large part, à la demande insistante du gouvernement, abandonné au domaine réglementaire. Ce sont donc des décrets d'application qui régleront le sort de la philosophie dans l'enseignement secondaire. Bien entendu, les conséquences s'en feront sentir, immanquablement, dans l'enseignement et dans la recherche universitaires. La question de la philosophie ne peut, certes, et ne doit pas être traitée indépendamment de l'économie générale d'une réforme. Mais dans la mesure du moins où, pour le moment (*et, nous l'espérons,* provisoirement), *cette réforme nous est imposée par la loi, nous nous trouvons contraints de lutter* aussi – *et nous le ferons sans relâche –* dans le champ réduit et préordonné des décrets d'application. Comment ce champ se présente-t-il ?*

La réforme du second cycle des enseignements du second degré n'entrera en vigueur qu'à la rentrée de 1981. Le ministère entretient à ce sujet un demi-silence calculé. Il espère ainsi démobiliser l'opinion et d'abord les enseignants. Mais les projets du ministre (qui ne contredisent évidemment pas ceux de son prédécesseur) n'en sont pas moins connus sous une forme officieuse et à peu près déterminée. Un semblant de « concer-

273

tation» doit en effet être maintenu, ne serait-ce qu'avec l'Inspection générale.

Ces projets seraient les suivants : trois ou quatre heures d'enseignement obligatoire pour tous les élèves des lycées et, respectivement, cinq ou quatre heures optionnelles. Même si 3 + 5 égale 4 + 4, ces deux projets ne sont pas équivalents. Et le choix d'un enseignement optionnel, s'il peut avoir une certaine efficacité quand il concerne une discipline que les élèves ont déjà pratiquée dans les années antérieures, est largement fictif et mystificateur quand il porte sur une matière totalement inconnue des élèves. Nous dénonçons cette imposture. Car d'autre part, la philosophie ayant la réputation d'être une discipline « difficile », et la politique poursuivie accélérant la raréfaction actuelle des postes d'enseignement, seules possibilités professionnelles, on prévoit facilement que le choix d'une option aussi spectaculairement défavorisée serait exceptionnel. Il faut donc tenir pour négligeable la part de ce très éventuel supplément optionnel. L'adoption du projet prévoyant quatre heures obligatoires ne permettrait qu'une survie très provisoire de l'enseignement philosophique dans les lycées mais il suspendrait pour plusieurs années le recrutement des professeurs. On peut imaginer les conséquences d'une telle suspension, et, bien entendu, elles ne seraient pas seulement corporatives. Elle ferait disparaître la majorité des étudiants en philosophie à l'université, tarirait la recherche, etc. Mais ne parlons pas au conditionnel. Le processus est en cours : depuis 1973, le recrutement des professeurs de philosophie a déjà été réduit de 75 % et de 70 % pour le CAPES et pour l'agrégation. En un an, de 1978 à 1979, il diminue de près de 50 % (de 38 à 20 postes pour l'agrégation). A ces mesures brutales viendront s'ajouter les effets massifs de la sinistre décision qui exclut dès maintenant des Écoles normales, de façon scandaleusement injustifiable, plus de 160 professeurs de philosophie.

Quant au projet le plus défavorable (trois heures obligatoires), il précipiterait encore la liquidation. Ses conséquences inéluctables seraient en effet les suivantes :

1. Mise au « chômage technique » (pour 20 % environ du volume horaire actuel) des professeurs en exercice, et licenciement immédiat des maîtres auxiliaires, s'il devait en rester encore quelques-uns en 1981. Suivant la répartition de la pénurie, deux hypothèses : ou bien tous les

274

professeurs devraient compléter leur service par un enseignement dans une autre discipline, voire par des tâches administratives; ou bien une partie d'entre eux (la « catégorie des moins anciens dans le grade le moins élevé », comme on dit) serait placée dans la position dite de « mise à la disposition du Recteur ». C'est déjà le cas de la plupart des néo-certifiés de philosophie depuis plusieurs années et on nous assure que ce sera aussi celui de la totalité des certifiés et agrégés des concours de 1979.

2. Multiplication et quasi-généralisation des services d'enseignement répartis sur plusieurs établissements et le plus souvent dans plusieurs communes. Car un lycée dont la « structure pédagogique » comportera moins de 5 ou 6 classes terminales — cas de la majorité des lycées — ne suffira pas à « remplir » le service réglementaire d'un certifié ou d'un agrégé. Cet émiettement du service n'affecte pas seulement les conditions de travail des enseignants et tout ce qui ne s'y réduit pas au temps du cours fait dans une classe : il perturbe gravement ce qu'on appelle la « relation pédagogique ».

3. Arrêt immédiat et suspension pour plusieurs années du recrutement des professeurs de philosophie. Encore une fois cette conséquence déborde l'espace où pourraient se développer, légitimement d'ailleurs, des revendications professionnelles. La suppression du CAPES pour plusieurs années, la transformation de l'agrégation en concours de recrutement interne ouvert aux seuls certifiés et normaliens entraîneraient un dépérissement fatal de l'enseignement universitaire et de la recherche qui ne peuvent vivre et se développer normalement sans les besoins de l'enseignement secondaire. L'asphyxie serait inévitable dans une sorte d'académie ou d'académisme : on étudierait la philosophie comme une langue morte entre anatomistes spécialisés et peu nombreux. Ce rêve est sans doute celui du pouvoir; il n'est pas sûr que, plus ou moins secrètement, certains universitaires ne le partagent pas. Or les effets d'une telle situation, on le sait, ne sont pas seulement quantitatifs. C'est pourquoi notre combat ne doit pas être corporatif. Et la lutte circonstancielle qui nous est imposée (par exemple en ce qui concerne le nombre de postes) n'implique en aucune façon que nous approuvions dans leur principe le système et les contenus des concours, encore moins leur scandaleuse dualité, pas plus que toutes les conditions présentes de ladite « formation des maîtres ». C'est tout l'espace de l'enseignement, de la recherche et de la « formation » qu'il faudra changer. *Mais,* pour commencer, *nous devons exiger certaines transformations à court et à moyen terme.*

POUR COMMENCER

Dans l'immédiat, *qu'il s'agisse d'enseignement ou de recherche, on n'interrompra le processus catastrophique de ce démantèlement qu'aux conditions suivantes. Elles représentent un minimum vital :*

1. *Une augmentation des postes aux concours, en fonction d'une redéfinition* immédiate *des besoins, sur la base de l'effectif maximal de 25 élèves par classe. Cette revendication est vieille d'un quart de siècle et son bien-fondé pédagogique est universellement admis, y compris par les services ministériels.*

2. *Un horaire obligatoire* minimal *de 4 heures de philosophie pour tous les élèves des lycées classiques et modernes, techniques et profession- nels.*

3. *Le maintien dans leurs postes des professeurs de philosophie ensei- gnant actuellement dans les Écoles normales.*

A moyen terme, *pour répondre à la demande et aux besoins, il faudra étendre l'enseignement philosophique à tout le second cycle des lycées, de la seconde à la terminale incluse (l'horaire en terminale pouvant être modulé) et à tous les élèves des lycées et LEP. Cette extension est possible et nécessaire, des expériences récentes l'ont démontré. Elle correspond non seulement à des aptitudes mais à une demande large et profonde chez des élèves qui ne sont pas encore en terminale. On a pu le vérifier, comme on peut constater une telle demande d'enseignement philosophique, à l'université, de la part d'étudiants ou de chercheurs spécialisés dans d'autres domaines. Et cette demande est aussi sensible en dehors de l'école. Une telle extension devrait aller de pair avec une redéfinition des contenus et des méthodes. Elle n'a rien à voir avec la caricature que représentait l'introduction de la philosophie en première, dans la version abandonnée du projet Haby.*

Philosophie des États Généraux

Mais au-delà de ce combat pour la survie, tel qu'il nous est actuellement imposé par la « réforme Haby », seule une transformation profonde peut assurer le développement de l'enseignement et de la recherche philosophiques. Seule une transformation profonde peut répondre aujourd'hui à une demande, à un besoin, à une affirmation aussi, cette affirmation *méconnue de tous ceux qui voudraient tout soumettre à certaines analyses normalisatrices des contraintes techno-économiques.*

Or c'est cette affirmation qui animera nos États Généraux. Après des séances d'information, d'analyse, après les débats les plus ouverts, des engagements y seront pris, et des actions entreprises.

Que vous soyez ou non philosophes, enseignants, chercheurs, étudiants, élèves, joignez-vous à nous, diffusez notre appel, mobilisez-vous et venez nombreux.

Le Comité de préparation des États Généraux de la Philosophie :

R. Brunet (Lycée Voltaire, Paris).

M. Hocquet-Tessard (Doc. École normale, Bonneuil).

D. Cahen (Éco. pol., Paris).

V. Jankélévitch (Paris I).

F. Châtelet (Paris VIII).

H. Joly (Université Grenoble).

J. Colombel (Lycée Herriot, Lyon).

G. Kaléka (Lycée Pothier et IREM, Orléans).

Ch. Coutel (Lycée de Liévin).

G. Deleuze (Paris VIII).

G. Labica (Paris X).

Ph. Lacoue-Labarthe (Université Strasbourg).

J. Derrida (ENS).

M.-L. Mallet (Lycée Récamier, Lyon).

J.-T. Desanti (Paris I).

J.-L. Nancy (Université Strasbourg).

E. de Fontenay (Paris I).

P. Ricœur (Paris X).

F. Godet (Lycée technique Vauban, Courbevoie).

H. Védrine (Paris I).

B. Graciet (Lycée de l'Isle-Adam).

Les États Généraux devront avoir lieu à partir du 16 juin à la Sorbonne. Des informations plus précises seront diffusées ultérieurement. Nous accueillerons volontiers toutes les propositions. Les signatures et en général toute la correspondance doivent être adressées à :

Roland BRUNET, 11, rue Massenet, 94120 Fontenay-sous-bois (*tél. 875-34-21*).
Soutien financier : même destinataire, CCP : Lyon 5 645 58 Y.
Préciser : « Pour les États Généraux de la Philosophie. »
Vous pouvez aussi nous aider en faisant polycopier ce texte et en le distribuant autour de vous...

Dans les semaines qui suivirent la diffusion de cet appel, le comité fit paraître un communiqué accompagné des premières signatures (au nombre de mille environ) :

ÉTATS GÉNÉRAUX
DE LA PHILOSOPHIE

Les États Généraux se tiendront à la Sorbonne les 16 et 17 juin.

Le 16 juin, à 10 h, aussitôt après une déclaration d'ouverture de Vladimir Jankélévitch et du Comité de préparation, les travaux et les débats pourront s'organiser autour des problèmes (philosophiques ou non philosophiques) que pose aujourd'hui la situation de la philosophie : sa place dans la société, au-dedans et au-dehors des institutions de recherche ou d'enseignement, dans les lycées de toutes catégories, dans les Écoles normales, à l'université.

Sans exclure aucun thème, qu'il s'agisse du destin de la philosophie ou des conditions les plus actuelles de sa pratique pédagogique, etc., l'urgence paraît commander que les séances d'information, d'analyse, de discussion, soient orientées vers des prises de position, des propositions concrètes, des engagements précis, des actions à entreprendre, à court et à long terme.

Il paraît donc également souhaitable que sous les formes les plus diverses et sous le nom de « Cahiers de doléances », des analyses, notes, témoignages, propositions, revendications, etc., préparent les États Généraux, y soient présentés et rassemblés. Ces « Cahiers » peuvent être adressés dès maintenant au Comité de préparation. La participation aux États

Généraux peut être directe et personnelle, mais aussi bien collective ou par délégation.

Nous demandons à tous de diffuser très largement cet appel, en utilisant tous les moyens locaux à leur disposition.

Il est clair que la réussite des États Généraux dépend d'abord de la mobilisation effective de tous.

II

TRANSFERT *EX CATHEDRA*

Le langage et les institutions philosophiques

S'il y a lieu de traduire

I

La philosophie dans sa langue nationale
(vers une « licterature en françois ») *

Et si j'écris en français, qui est la langue de mon pays, plutôt qu'en latin, qui est celle de mes précepteurs, c'est à cause que j'espère que ceux qui ne se servent que de leur raison naturelle toute pure jugeront mieux de mes opinions que ceux qui ne croient qu'aux livres anciens; et pour ceux qui joignent le bon sens avec l'étude, lesquels seuls je souhaite pour mes juges, ils

* [Première d'une série de quatre conférences prononcées en anglais dans le cadre du *Fifth International Summer Institute for Semiotic and Structural Studies* de l'Université de Toronto (du 31 mai au 25 juin 1984), sous le titre « Le langage et les institutions philosophiques ». Les deux premières conférences furent consacrées au lien entre le discours philosophique et une langue naturelle (nationale). Elles soulèvent donc le problème des circonstances historiques et de l'enjeu politique qui constituent le privilège d'une langue naturelle dans l'étude de la philosophie. « S'il y a lieu de traduire. La philosophie dans sa langue nationale » a d'abord été publié en allemand (« *Wenn Übersetzen statt hat* », trad. S. Lüdemann, dans : *Diskursanalysen 2 : Institution Universität,* éd. F.A. Kittler, M. Schneider, S. Weber, Opladen, Westdeutscher Verlag, 1987)].

ne seront point, je m'assure, si partiaux pour le latin, qu'ils refusent d'entendre mes raisons pour ce que je les explique en langue vulgaire [1].

C'est, vous le savez, l'avant-dernier paragraphe du *Discours de la méthode.* Il est écrit en français, cela va sans dire mais ne va pas sans problème. Car son présent (« j'écris en français ») est à la fois celui d'un constatif (vous voyez ce que je fais, je le décris) et d'un performatif (je fais ce que je dis, la description constative est elle-même écrite en français, je m'y suis engagé, je le promets et tiens ma promesse, présentement). Or cette simultanéité, cette épaisseur des présents annonce des problèmes de traduction que nous rencontrerons, à n'en pas douter, prochainement. En vérité, au moment où je prépare ce séminaire dans ma langue, le français, en sachant que je devrai le donner, après traduction, en anglais, je les rencontre déjà. Mais ces problèmes ne se rencontrent pas comme des accidents ou des limites externes ; ils révèlent la structure et l'enjeu d'un événement comme celui qui nous occupe présentement. Que se passe-t-il quand Descartes écrit, pour se justifier, pour plaider auprès de destinataires déterminés qui sont aussi des juges : « Et si j'écris en français, qui est la langue de mon pays, plutôt qu'en latin, qui est celle de mes précepteurs, c'est à cause..., etc. » ?

L'argumentation qui soutient cette plaidoirie est plus compliquée qu'il n'y paraît à première lecture. Je la trouve même retorse. En vérité, ce n'est qu'une arme, un passage, une passe d'armes dans le déploiement d'une panoplie rhétorique pour justifier, dans d'autres textes, surtout dans des lettres (et ce n'est pas indifférent), le recours au français.

Le français, on dira aujourd'hui, dans le code courant, que c'est une *langue naturelle* parmi d'autres. Il s'agit donc pour

1. [Descartes, Œuvres et Lettres. Textes présentés par A. Bridoux, Paris, Gallimard, Bibliothèque de la Pléiade, 1953, p. 179].

Descartes de justifier le recours à une langue naturelle pour y dire de la philosophie, une philosophie qui jusqu'ici s'énonçait en grec et surtout en latin. Comme vous le savez aussi, c'est le latin qui occupe alors la place de langue dominante, notamment dans le discours philosophique.

Le mot « naturel », dans l'expression de « langue naturelle » ne doit pas nous égarer. On appelle « naturelle » une langue particulière, une langue *historique* qu'on oppose alors à la langue artificielle, formelle, construite de toutes pièces pour devenir langue universelle. Or l'argument de Descartes, nous venons de l'entrevoir au passage, consiste à justifier l'usage d'une langue « naturelle » à destination de « ceux qui ne se servent que de leur raison naturelle toute pure ». Mais le mot « naturel » a des sens clairement opposés selon qu'il s'agit de « langue naturelle » et de « raison naturelle ». C'est bien clair mais il faut souligner ce premier paradoxe : une langue naturelle est native ou nationale mais aussi particulière, historique; elle est la chose la moins partagée du monde. La raison naturelle dont parle Descartes est en principe universelle, anhistorique, pré- ou métalinguistique. Nous avons affaire ici à deux déterminations de la naturalité. Entre les deux, il y a toute une histoire, la dimension historique d'une langue, les enjeux juridiques et politiques, pédagogiques aussi qui surgissent à l'instant où un discours philosophique qui se prétend « rationnel » (en faisant appel à une raison naturelle comme à la chose du monde le mieux partagée) en vient à passer d'une langue dominante à une autre. Quelle philosophie, quelle politique de la langue, quelle psycho-pédagogie, quelle stratégie rhétorique implique un tel événement? En quoi consiste-t-il dès lors qu'il fait corps avec ce qu'on appelle une œuvre, ici le *Discours de la méthode*, œuvre de langue française?

Nous lisons ici le *Discours de la méthode* dans une langue ou une autre. Je l'ai lu en français, nous le lisons en anglais, j'ai écrit à son sujet en français, je vous en parle en anglais.

Nous distinguons donc la langue et le discours de la méthode. Apparemment, nous nous trouvons ici dans la distinction, voire l'opposition entre langue et discours, langue et parole. Dans la tradition saussurienne, on opposerait ainsi le système synchronique de la langue, le « trésor de la langue », aux événements de parole ou de discours qui seraient la seule effectivité du langage. Cette opposition, qui recouvrirait aussi celle du socio-institutionnel et de l'individuel (le discours serait toujours individuel), soulève de nombreux problèmes dans lesquels nous ne nous engagerons pas ici directement; mais vous vérifiez déjà qu'elle s'énonce difficilement dans certaines langues. Elle résiste déjà à la traduction. En allemand, *Sprache* dit à la fois la langue, le langage, la parole, le discours, bien que *Rede* soit plus strictement réservé à cette valeur discursive. Devant cette difficulté qu'il traite un peu comme un accident terminologique inessentiel, Saussure dit, à propos de *Rede* justement, qu'il vaut mieux dans ce cas s'intéresser aux « choses » plutôt qu'aux « mots » [1]. En anglais, vous le savez mieux que quiconque, *language* peut aussi vouloir dire « langue » et « discours », bien qu'on puisse se servir dans certains contextes de *tongue* et de *discourse*.

Si néanmoins on se fiait, par pure commodité provisoire, à cette opposition de type saussurien, à ce modèle plus « structural » que « génératif », nous aurions donc à définir ainsi notre problématique : traiter de ce qui, dans un événement philosophique comme événement *discursif ou textuel,* toujours pris *dans* la langue, arrive *par* la langue et *à* la langue. Que se passe-t-il quand un tel acte de discours puise dans le trésor du système linguistique et, éventuellement, l'affecte ou le transforme?

Le *Discours de la méthode* arrive *au* français *par* le français,

---

1. [Ferdinand de Saussure, *Cours de linguistique générale*, Paris, Payot, 1960, p. 31].

langue dont l'usage n'était pas si répandu dans l'univers du discours philosophique. Il n'allait pas suffisamment de soi dans ce type de discours pour que son auteur se dispensât de s'en justifier, assez laborieusement, à plusieurs reprises, dans l'œuvre même et hors d'œuvre. Et cette œuvre devient alors aussi, de surcroît, un discours *sur* sa propre langue non moins que *dans* sa propre langue, voire un « traité » du discours dès lors que le mot « discours » dans le titre « Discours de la méthode », garde, entre autres sens, celui de « Traité ». Mais il en va de même pour « Méthode » qui, dans un titre, avait alors, parfois, valeur de « Traité » ou de « Recherche ». Vous apercevez déjà la complexité de cette structure, celle du titre et celle que le titre annonce.

Quels sont donc les rapports de toute sorte entre la langue française et ce discours? Comment traiter, à partir de cet exemple, des rapports généraux entre une langue et un discours philosophique, la multiplicité des langues et la prétention universaliste du discours dit philosophique? Dès lors qu'il s'agit de la langue et du discours de la méthode, on pourrait, par une transposition immédiate, examiner l'hypothèse d'une langue de la méthode ou de la langue comme méthode. Elle conduirait aussi bien à la formation d'une langue universelle dont nous évoquerons le projet, aussi bien chez Descartes que chez Leibniz, qu'à celle d'une langue des calculs comme celle de Condillac. Avant de devenir langue *méthodique,* cette langue pourrait constituer un corpus, un trésor, un système structural et syn-chronique d'éléments codés; cet appareil, ce programme (pro-grammé-programmant) contraindrait d'avance tout discours possible sur la méthode. Selon ce schéma encore saussurien, tout sujet individuel, tout philosophe parlant et pensant sur la méthode aurait dû puiser à ce fonds. Il lui aurait fallu mani-puler ce dispositif réglé de prescriptions dont il ne garderait pas l'initiative et à partir duquel il n'aurait d'autres ressources que celle d'une variation combinatoire. Et il est souvent tentant de le penser : toutes les philosophies particulières de la méthode, tous les discours systématiques sur le concept de méthode, de Platon à Bergson, de Spinoza à Husserl, en passant par Kant, Hegel ou Marx, n'auraient pu s'écrire qu'en combinant les types, les caractères codés dans une langue permanente; ils auraient exploité des philosophèmes déjà constitués et arrêtés dans une langue de la philosophie, de la méthode en philosophie, se contentant d'y opérer des permutations et des substitutions : mise en œuvre essentiellement rhétorique d'une sorte de grammaire philosophique dont les actes philosophiques individuels n'auraient pas le contrôle. Une telle grammaire, au sens large du mot, formerait un système de concepts, de jugements virtuels, de segments argumentatifs, de schèmes tropiques, etc. Aucune invention, donc, seulement une puissante combinatoire de discours puisant dans la langue et contrainte par une sorte de contrat social pré-établi et engageant d'avance les individus. Je le répète, il ne s'agit pas pour moi, à l'instant, d'accréditer ce schéma d'inspiration saussurienne et de m'autoriser de cette axiomatique d'une sorte de linguistique structurale de la philosophie. Je nomme l'opposition langue/discours et je la définis comme le titre d'un problème, voire d'un objet d'investigation : ni une vérité ni une certitude.

C'est donc en français, dans la langue de son pays, que Descartes écrit et il écrit qu'il écrit en français. Il écrit au sujet de la langue dans laquelle il écrit et il le fait au présent, à cette première personne du présent de l'indicatif dont Austin souligne le privilège dans les énoncés performatifs [1]. « Présentement j'écris en français », ce que je fais en préparant cette

---

1. [*How to do things with words,* Cambridge, Mass., 1962; *Quand dire c'est faire,* trad. G. Lane, Paris, Seuil, 1970, *passim* et surtout p. 84 sq.].

conférence, cela ne devrait pouvoir s'écrire qu'en français et défier la traduction. Ce présent grammatical est encore plus ample et par là il déborde le présent performatif : il vient en effet à la fin du discours et signifie : j'ai écrit, je viens d'écrire en français tout au long du livre, j'écris en permanence dans « la langue de mon pays, plutôt qu'en latin, qui est celle de mes précepteurs... ».

Un tel présent marque pourtant l'événement apparent d'une rupture mais aussi la continuité d'un processus historique interminable et interminablement conflictuel. Comme vous le savez, l'impératif de la langue nationale, en tant que médium de la communication philosophique et scientifique, n'a pas cessé de se rappeler, de nous rappeler à l'ordre, notamment en France. Avant même la circulaire adressée à tous les chercheurs et universitaires français, avant même d'annoncer que l'État n'accorderait aucun crédit pour des colloques qui, se tenant en France, n'assureraient pas sa place à la langue française, au moins par des dispositifs de traduction simultanée, le ministre de l'Industrie et de la Recherche précisait, dans une Note d'Orientation pour le grand Colloque sur la Recherche et la Technologie (1982), que la langue française « doit rester ou redevenir un vecteur privilégié de la pensée et de l'information scientifique et technique ». La politique de la langue ainsi définie se justifie par des menaces et répond à des nécessités qui ne sont pas sans analogie, voire sans continuité avec certaines données ou certaines contradictions déjà sensibles au temps de Descartes. La problématique en est *relativement* stable depuis le XVIᵉ siècle. *D'une part,* il s'agit toujours d'opposer une langue nationale, devenue à un moment donné langue d'État et gardant en sa légitimité étatique les traces d'une formation récente et précise, à des idiomes nationaux soumis à la même autorité étatique et qui constituent des forces de dispersion, des forces centrifuges, des risques de dissociation voire de subversion, même si, première contradiction, on les encourage simultanément. *D'autre part,* on opposera cette même langue nationale dominante et seule langue d'État à d'autres langues naturelles (« mortes » ou « vivantes ») devenues, pour des raisons techniques et historiques à analyser prudemment, vecteurs privilégiés de la communication philosophique ou techno-scientifique : le latin avant Descartes, l'anglo-américain aujourd'hui. Nous ne pourrons pas traiter ces problèmes dans toute leur ampleur. Sachons qu'ils sont multiples et simultanément sociopolitiques, historiques, religieux, techno-scientifiques, pédagogiques. Je n'ai pas à le souligner ici, à Toronto, au moment où je dois traduire en anglais, dans la partie anglophone d'un pays bilingue, un discours d'abord écrit dans la langue de mon pays, le français.

L'histoire française d'un problème qu'on retrouve dans tous les pays se scande au rythme de trois grandes époques dramatiques. Elles ont toutes un rapport étroit à la constitution violente et interminable de l'État français.

1. Ce fut *premièrement* le grand moment où l'étatisation monarchique l'emporte : progrès massif sinon terminal ou décisif d'une langue française imposée aux provinces comme médium administratif et juridique. Ce que nous cherchons à suivre dans ce séminaire, c'est la constitution du sujet de droit et du sujet philosophique tout court à partir d'une imposition de la langue. Comme vous le savez, sous François Ier, en 1539, l'ordonnance royale de Villers-Cotterêts décide que les arrêts et autres procédures seraient « prononcez, enregistrez et délivrez aux parties en langaige maternel français [1] ». 1539 : presque un siècle avant le *Discours de la méthode.* Un siècle du droit à la philosophie, pourrait-on dire. Un siècle pour que le « langaige maternel français » marque un grand événement philosophique. Pour

1. [Cité d'après Marcel Cohen, *Histoire d'une langue. Le français,* 1947. Réédité en 1967, Paris, Éditions Sociales, p. 159].

Descartes, qui avait perdu sa mère alors qu'il avait un an, c'est un langage grand-maternel (il avait été élevé par sa grand-mère) qu'il oppose à celui de ses précepteurs; ceux-ci lui imposaient la loi du savoir et la loi tout court *en latin.* Langage de la loi puisque le latin, langue du père si vous voulez, langue de la science et de l'école, langue non domestique, c'est surtout une langue du droit. Et la plus grande résistance à la langue vivante (naturelle, maternelle, etc.) est venue du monde juridique.

Bien entendu, l'ordonnance de Villers-Cotterêts ne représente elle-même que la forme légale, la scansion et la sanction juridico-administrative d'un mouvement plus ample qui l'a préparée et qui l'a suivie, à la fois dans la progression du français et dans la résistance à la francisation. Les facteurs de progression et de résistance furent divers et nombreux. La Réforme, par exemple, a fait progresser le français en luttant contre l'appareil de l'église catholique : lutte économique, lutte pour la réappropriation des textes contre une Église *internationale* dominée et dominant par le latin. Il y a eu là toute une dimension « nationaliste » du protestantisme dont le relais aura été pris, après l'écrasement de la Réforme en France, par une Église plus « gallicane » au XVIIᵉ siècle. Les Protestants veulent avoir leur Nouveau Testament en français : celui de Lefevre d'Étaples en 1523, celui d'Olivetan en 1535, quelques années avant l'Ordonnance de Villers-Cotterêts. En 1541 Calvin, théoricien des protestants français, réédite son *Institution de la religion chrétienne* en français. Inutile de rappeler ici le rôle qu'ont joué, dans d'autres pays, les traductions de la Bible au moment de la Réforme : à la fois dans la constitution ou la formation définitive d'une langue de référence et dans l'histoire d'une problématique de la traduction.

L'Église ne cesse de résister, au moins au XVIᵉ siècle, contre cette extension du français qu'on peut suivre aussi dans la littérature, autour de la Pléiade, de Montaigne, de Rabelais, etc.

Le livre-manifeste de Du Bellay, *La Défense et illustration de la langue française,* date de 1549, soit dix ans après l'ordonnance royale de Villers-Cotterêts. Nous ne pouvons pas, ici, suivre de très près cette passionnante, riche et complexe histoire de la langue française, sans quoi nous devrions négliger les autres thèmes que je voudrais privilégier dans ce séminaire. Pour une première enquête, je vous renvoie d'abord à l'*Histoire de la langue française, des origines à 1900,* de Ferdinand Brunot. Elle est déjà ancienne (1905) [1] mais n'en reste pas moins un monument incontournable dans ce domaine. Dans le livre de Marcel Cohen, *Histoire d'une langue. Le français* (1947) [2], le contenu et l'information sont mobilisés de façon toujours intéressante et le plus souvent nécessaire par un questionnement marxiste qui permet en tout cas de mieux faire apparaître les effets de lutte des classes, les enjeux politico-économiques, le lien avec l'histoire des techniques dans ces combats pour l'appropriation ou l'imposition d'une langue. Pour une période plus moderne de l'histoire de la langue, notamment dans son rapport à la politique des appareils scolaires, je vous renvoie à *Le Français national* de Renée Balibar et Dominique Laporte [3] et à *Les Français fictifs,* de Renée Balibar [4]. Au titre de cette petite bibliographie préliminaire et nécessairement incomplète, je signale aussi l'article de Marcel Bataillon, *Quelques idées linguistiques du XVIIᵉ siècle, Nicolas Le Gras.* Cette étude est publiée dans un recueil de textes intitulé *Langue, Discours, Société* [5], offert en hommage à Émile Benveniste qui fut, comme Bataillon, professeur dans ce Collège de France créé par François Iᵉʳ (de 1529 à 1534) et qu'on surnomma le *Collège des trois langues* (pour l'étude du latin, du grec et de l'hébreu).

1. [Rééditée en 1966, Paris, Colin].
2. [*Op. cit.*].
3. [Paris, Hachette, 1974].
4. [Paris, Hachette, 1974].
5. [Paris, Seuil, 1975].

La philosophie dans sa langue nationale

Certains novateurs ont enseigné le français dans ce Collège dès le XVIᵉ siècle. Si nous voulions, mais nous ne le pouvons pas, nous immerger dans cette énorme histoire, il faudrait simultanément et méthodiquement problématiser toutes les pratiques des historiens de la langue. Leur système d'interprétation, vous l'imaginez facilement, n'est jamais neutre : philosophiquement et politiquement. Il véhicule une philosophie au moins implicite du langage, pratique lui-même une certaine langue (rhétorique, écriture, etc.), et prend parti dans une guerre de la langue, à un moment déterminé. Cette guerre continue aujourd'hui sur et à l'intérieur d'une langue en transformation. Et cette guerre traverse les institutions, les armes en portent les marques (rhétorique, procédures de démonstration, rapports entre les champs des disciplines, techniques de légitimation). A cet égard les différences entre l'histoire de Brunot (1905) et celle de Cohen (1947) sont spectaculaires; et elles ne se limitent pas à l'idéologie politique.

Nous ne pouvons faire ici ce travail; contentons-nous d'en indiquer la nécessité et de tracer quelques « flèches » pour marquer des directions, à supposer qu'on puisse tracer ou diriger des flèches dans un tel labyrinthe. Ces quelques flèches devront garder en tout cas un certain rapport avec le discours de la méthode, je veux dire avec la question de la méthode (*methodos :* suivant la route, *odos,* le devenir-route méthodique d'un chemin, *odos,* qui n'est pas nécessairement méthodique [1]) mais aussi avec des questions de méthode. Une de ces directions, au point précis de notre passage, conduit sur la route par laquelle passe aussi une politique de la langue, en l'occurrence l'extension étatique du français par une monarchie qui vient d'assurer son pouvoir sur les provinces et les dialectes, gagne

---

1. [Cf. Jacques Derrida, « La langue et le discours de la méthode », dans *Recherches sur la philosophie du langage* (Cahiers du Groupe de recherches sur la philosophie et le langage 3), Grenoble, Paris, 1983, p. 35-51].

ou confirme la maîtrise d'un territoire en y imposant l'unification linguistique. Je ne reviens pas sur le « frayage », la prétendue « métaphore » de la méthode comme figure du chemin ou de la *route (via rupta),* comme langue et non nécessairement langue humaine, mais aussi comme langue, trace, texte, marque de ce qu'on appelle l'animalité : pistes, guerres pour les territoires sexuels et économiques.

L'imposition d'une langue d'État a une évidente finalité de conquête et de domination administrative du territoire, exactement au même titre que l'ouverture d'une route (pour les cavales du *Poème* de Parménide [1], le cavalier Descartes « qui partit d'un si bon pas », les trains de pionniers du Far West, les voies aériennes, maritimes ou étrangement dites « spatiales » de notre siècle (problèmes politico-juridiques considérables)); mais il est encore une nécessité plus aiguë pour nous, ici même : celle par laquelle ladite figure du chemin à frayer s'impose en quelque sorte *du dedans* pour dire le progrès d'une langue.

Je n'en prendrai qu'un exemple. De Louis XII à Henri III, la complicité devient très visible, entre le roi et de nombreux écrivains, conteurs, grammairiens, médecins, philosophes, pour favoriser l'expansion de l'idiome français. Brunot rappelle les lettres de remerciement qu'ils adressent à François Ier, à Henri II, à Charles IX, à Henri III, les éloges qu'en font Du Bellay, Amyot, Henri Estienne et tant d'autres [2]. Cela va parfois jusqu'au ridicule et un tel s'emporte jusqu'à dire, ce qui fait sourire aujourd'hui, au moment de l'actuelle défense et illustration de la langue française, que c'est du « premier François » que notre langue a pris le nom de langue françoise. La royauté, il est vrai, protège les belles-lettres *françaises.* On ne comprendrait rien à l'histoire de la littérature française sans être attentif à cette politique de la langue. Si François Ier n'a jamais nommé

1. [Parménide, *Le poème,* présenté par Jean Beaufret, Paris, PUF, 1955].
2. [*Op. cit.,* tome II, *Le XVIe siècle,* p. 27].

de professeur de français, il a institué en 1543, quelques années après l'ordonnance de Villers-Cotterêts, un imprimeur royal de français. Il récompensait ceux qui publiaient en français, traducteurs ou écrivains. Et surtout, problème délicat et ô combien actuel (c'est aussi celui d'une politique de la culture et d'une politique éditoriale), il passait des commandes, programmait et subventionnait le travail de certains écrivains. Parmi ces commandes, il y avait des ouvrages dont la finalité paraît trop évidente : par exemple ceux de Du Haillan, l'histoire des rois de France. Mais il y avait des programmations ou des planifications à rentabilité moins immédiate. On les invitait par exemple, ces écrivains (et c'est l'exemple que je sélectionne pour des raisons évidentes dans cette énorme corpus) à écrire de la *philosophie en français.*

C'est ici, justement, que vous allez voir passer une route, une route française et des marches françaises, en langue française, dans l'invitation lancée par la chancellerie de Henri II. Le 30 août 1556, Henri II adresse une invitation – ou un ordre – à Guy de Bruès pour ses *Dialogues contre les nouveaux Académiciens* (1557). Il le fait par une lettre signée du Chancelier. J'y prélève ce passage : « Nous, désirans singulièrement ceste route ouverte par ledict Brues (faisant grand deuoir de rendre la philosophie domestique et familiere a noz subiects en leur langue mesmes) estre suiuie par les autres bons et excellens esperits de notre royaume, et par iceux petit a petit estre aconduite de la Grece et du païs des Latins en ces marches [1]... »

Ces marches françaises (marques, marges, etc., c'est le sens de frontière, frontières ici nationales ou militaires, *Marken.* J'ai assez insisté ailleurs sur cette chaîne de *marche, marge, marque* pour passer ici plus vite [2]), voilà donc vers quoi il faut « acon-

---

1. [Cité d'après Brunot, *op. cit.,* t. II, p. 28].
2. [Cf. Jacques Derrida, « Tympan », dans *Marges de la philosophie,* Paris, Minuit, 1972].

duire », c'est-à-dire faire venir, mettre en dérivation, par la langue, par une langue qui fraye la route, vers la France, la philosophie grecque ou latine. Voilà ce que dit le Chancelier d'Henri II. On ne pourra pas comprendre, moins d'un siècle plus tard, le geste de Descartes, sans tenir compte de toute cette généalogie politique, même s'il ne s'y réduit pas.

Ce souci politique et territorial suppose aussi que les agents de la royauté, aussi bien que les personnes de la cour, aient reçu l'instruction requise. Or, en dehors des clercs, l'inculture était générale, faute en particulier d'avoir appris le latin; il fallait donc faire des livres en français à l'intention des administrateurs et des courtisans; il fallait créer ce que l'on nomma pour la première fois avec Claude de Seyssel une *Licterature en françois*. C'est la première occurrence du mot sous cette forme et avec ce sens. Au Moyen Age on disait « lettreüre ». Le mot et le conseil reviennent à ce Claude de Seyssel, extraordinaire conseiller de Louis XII. Il traduisait pour lui Pompée. De plus, attristé par l'absence d'œuvres utiles en français, il traduisit beaucoup (du latin et du grec – qu'il ne connaissait pas et pour lequel il se faisait aider), il le faisait pour les nobles et pour les autres qui, disait-il, « s'appliquent souvent plus aux sciences que les nobles ». En 1509, dans une préface pleine de morale et de politique, il avait posé en principe que ceux qui ignoraient le latin devaient pourtant entendre « plusieurs choses bonnes et hautes, soit en la Saincte Escriture, en Philosophie morale, en Medecine ou en Histoire » et qu'il fallait donc une « licterature en françois [1] ».

Ce même Seyssel formulait d'ailleurs sans détour l'avantage politique qu'il voyait pour la royauté, en France et hors de France, à étendre le territoire de la langue française. L'extension de la langue est une bonne voie, une bonne *méthode*, justement, pour établir ou confirmer son pouvoir sur les territoires français

1. [Cité d'après Brunot, *op. cit.,* p. 29].

et étrangers. Seyssel était allé en Italie et au cours de ses voyages il avait compris à la fois un modèle romain de conquête linguistico-militaro-politique et la chance qu'il pourrait y avoir pour la France à en faire de même pour une certaine conquête de l'Italie. Dans un prologue au Justin qu'il avait traduit et offert à Louis XII, c'est un conseil qu'il donne : « Qu'ont fait le peuple et les princes romains quand ils tenaient la monarchie du monde et qu'ils tâchaient à la perpétuer et rendre éternelle? Ils n'ont trouvé autre moyen plus certain ni plus sûr que de magnifier, enrichir et sublimer leur langue latine, qui, du commencement de leur empire, était bien maigre et bien rude, et après, de la communiquer aux pays et provinces et peuples par eux conquis, ensemble de leurs lois romaines couchées en icelle. » Puis Seyssel explique comment les Romains ont su donner au latin la perfection du grec et il encourage le roi à imiter ces « illustres conquérants » et à faire « enrichir » et « magnifier » la langue française [1].

Vous avez remarqué au passage l'insistance sur le droit et sur la loi : le pouvoir central a intérêt à « coucher » les lois dans la langue nationale dominante. Ce souci rencontre, en vérité il se confond avec le projet proprement philosophique ou scientifique : réduire l'équivocité du langage. La valeur de clarté et de distinction dans l'intelligence des mots, dans la saisie des significations, sera simultanément valeur juridique, administrative, policière et donc politique, *et philosophique*. On retrouvera ce souci chez Descartes. Si le bon sens est la chose du monde la mieux partagée, encore faut-il, nul n'étant censé ignorer la loi, que la lecture ou l'intelligence du texte de loi se fasse à travers un médium linguistique purifié de toute équivoque, à travers une langue qui ne divise pas ou ne disperse pas dans le malentendu. L'ordonnance de Villers-Cotterêts le

1. [Cité d'après Brunot, *op. cit.*, p. 30].

précise dans ses articles 110 et 111 qui stipulent que les actes et opérations de justice se feraient désormais en français :

> Et afin qu'il n'y ait cause de douter sur l'intelligence desdits arrests [autrement dit, afin que les sujets de (la) langue française ne puissent alléguer leur ignorance de la loi, de la langue de la loi, à savoir le latin, donc afin que les sujets de langue française soient ou deviennent effectivement sujets de la loi et sujets du roi, sujets assujettis à la loi monarchique sans possibilité d'être ailleurs dans la langue, sans possibilité d'alibi faisant d'eux des non-sujets censés ignorer la loi] nous voulons et ordonnons qu'ils soient faits et escrits *si clairement* [je souligne], qu'il n'y ait ne puisse avoir aucune ambiguïté ou *incertitude* [je souligne encore ces mots d'ordre précartésiens] ne lieu à demander interprétation.
>
> Et pour ce que de telles choses sont souvent advenues sur l'intelligence des mots latins contenus esdits arrests, nous voulons d'ores en avant que tous arrests, ensemble toutes autres procedures, soient de nos cours souveraines et autres subalternes et inferieures, soient de registres, enquestes, contrats, commissions, sentences, testaments, et autres quelconques actes et exploicts de justice, ou qui en dépendent, soient prononcez, enregistrez et delivrez aux parties en langaige maternel françois et non autrement [1].

On ne saurait exagérer la portée de l'événement, et surtout la complication de sa structure, même si nous la traitons encore sous sa forme apparemment externe et juridique. L'une de ces complications ou surdéterminations tient à l'aspect libérateur de cet acte. En apparence, il semble délivrer d'une violente contrainte, celle de la langue latine, et remettre en question le privilège de ceux auxquels la compétence linguistique (du côté du latin) assurait un grand pouvoir. Selon cette apparence, dans une stratégie de prise du pouvoir, l'ordonnance ferait

1. [*Ibid.*, p. 30].

néanmoins la concession d'aller vers la langue qu'elle dit elle-même « maternelle » des sujets de la nation ; elle paraît en effet les prendre en douceur, si on peut dire, au piège de leur *propre langue,* comme si le roi leur disait : pour être sujets de la loi – et du roi –, vous allez enfin pouvoir parler votre « langaige maternel françois » ; comme si on les rendait à la mère pour mieux les assujettir au père.

Mais point du tout. L'assujettissement essentiel à la loi de l'État monarchique en cours de constitution se doublait d'une autre violence : en même temps que le latin, on ordonnait d'abandonner les dialectes provinciaux. Nombre des sujets en question n'entendaient pas plus le français que le latin. Le français était si peu leur langue maternelle que beaucoup n'y entendaient goutte. Cette langue restait, si vous voulez, langue paternelle et savante ; elle devenait, après le latin, la langue du droit, la langue de droit – par le fait du roi. Un piège nouveau mettait en quelque sorte les dialectes *devant la loi* : pour plaider en faveur du dialecte, comme pour plaider en justice tout court, *il fallait la traduction ;* il fallait apprendre le français. Une fois le français appris, la revendication dialectale, la référence « maternelle » était ruinée. Essayez d'expliquer à quelqu'un qui détient à la fois la force et la force de loi que vous voulez conserver votre langue. Il faudra que vous appreniez la sienne pour le convaincre. Une fois que, par souci de persuasion rhétorique et politique, vous vous êtes approprié la langue du pouvoir, que vous la maîtrisez assez pour tenter de convaincre ou de vaincre, vous êtes d'avance vaincu à votre tour, et convaincu d'avoir tort. L'autre, le roi, a démontré par le fait *de la traduction* qu'il avait raison de parler sa langue et de vous l'imposer. En lui parlant dans sa langue, vous reconnaissez sa loi et son autorité, vous lui donnez raison, vous contresignez l'acte qui lui donne raison de vous. Un roi, c'est quelqu'un qui sait vous faire attendre ou prendre le temps d'apprendre sa langue pour revendiquer votre droit, c'est-à-dire pour confirmer le sien. Je ne dessine pas ici le schéma abstrait de quelque nécessité structurelle, une sorte de dialectique du maître et de l'esclave comme dialectique des langues plutôt que des consciences. Je parle d'un événement paradigmatique. Il s'est produit quand les députés de la Provence ont voulu se plaindre au roi de l'obligation qui leur était faite de *juger* en français sous prétexte qu'il fallait juger dans la clarté et dans la distinction. Ces députés montent, comme on dit, à Paris. Et voici ce qui se passe, je cite Ramus dans sa *Grammaire* (1572) :

> « Mais ce gentil esprit de Roy, les delayans de mois en mois, et leur faisant entendre par son Chancellier qu'il ne prenoit point plaisir douir parler en aultre langue quen la sienne, leur donna occasion daprendre songneusement le François : puis quelque temps apres ils exposerent leur charge en harangue Frãçoyse. Lors ce fut une risee de ces orateurs qui estoient venus pour combatre la langue Francoyse, et neantmoins par ce combat l'auoient aprise, et par effect auoient monstre que puisquelle estoit si aysee aux personnes daage, comme ils estoient, quelle seroit encores plus facile aux jeunes gens, et qu'il estoit bien seant, combien que le langaige demeurast a la populasse, neantmoins que les hommes plus notables estans en charge publicque eussent, comme en robbe, ainsi en parolle quelque præeminence sur leurs inferieurs [1]. »

Dans une telle dissymétrie s'établit alors ce qu'on ne peut même pas appeler un contrat de langue mais le *partage d'une langue* dans lequel le sujet (le sujet assujetti par une force qui n'est pas d'abord et simplement linguistique, une force qui consiste d'abord en ce pouvoir de frayer, de tracer, d'ouvrir et de contrôler la route, le territoire, le passage, les voies, les frontières et les marches, d'y inscrire et garder ses *propres* traces) doit parler la langue du plus fort pour protester de son droit

---

1. [Brunot, *op. cit.,* p. 31].

et donc pour perdre ou aliéner *a priori* et *de facto,* le droit qu'il revendique. Et qui dès lors n'a plus de sens.

Ce que je suggère ici ne revient pas à secondariser la langue ou la force de langue, voire la guerre des langues en tant que telle, par rapport à une force pré- ou non linguistique, à une lutte ou en général à un rapport non langagier (rapport qui ne serait pas forcément de guerre mais aussi d'amour ou de désir). Non, je souligne seulement que ce rapport de langue doit être déjà, en tant que tel, rapport de force d'espacement, corps d'écriture à frayer, au sens le plus général et le mieux réélaboré de ces mots. C'est à cette condition qu'on a quelque chance de comprendre ce qui se passe, par exemple quand une langue devient dominante, quand un idiome prend le pouvoir, éventuellement un pouvoir d'État.

Une ordonnance, bien entendu, n'y suffit jamais. Les résistances à l'acte juridique n'ont jamais cessé. On devrait consacrer beaucoup de temps à les analyser dans leur complexité, leur longue durée, à travers tous les domaines, y compris dans l'Université où l'on continua d'enseigner le droit en latin, à publier les discours (philosophiques notamment) en latin. Dès le début du siècle suivant, en 1624, on put toutefois commencer à soutenir des thèses en français. Mais c'est seulement en 1680 que Colbert institue un enseignement du droit en français. Indice très significatif qu'on rapprochera de celui-ci : sans doute pour catholiciser les enfants des protestants restés en France, Louis XIV décide en 1698 de créer des écoles publiques, gratuites et obligatoires dans lesquelles le français serait la seule langue d'enseignement ou, à défaut, le patois, et d'un enseignement essentiellement religieux. Il est vrai que cette décision ne fut pas suivie d'effet.

Il y avait donc non seulement de la résistance devant l'acte de loi, un ralentissement dans son application effective, mais même l'état du droit n'était pas simple. Il a dû composer avec une structure historico-linguistique qui était aussi une structure

301

territoriale fort différenciée. L'opposition de Paris ou de l'Ile-de-France à la Province était déjà marquée et il reste aujourd'hui bien des héritages de cette situation. Ainsi le français n'a pas été imposé aux provinces récemment associées (Bretagne, 1532; partie de la Lorraine, 1559; plus tard, au XVIIᵉ siècle, l'Alsace, le Roussillon, l'Artois, la Flandre). En dehors des textes administratifs, l'État devait accepter la multiplicité des langues. Et encore en 1681, au moment où elle reconnaît l'autorité du roi, la ville de Strasbourg est-elle dispensée d'appliquer l'ordonnance de Villers-Cotterêts.

Cette histoire croise celle des rapports entre langue vulgaire et langue d'Église, celle de la Bible et celle du culte, tous les débats qui se sont développés autour de ces questions (en France et partout ailleurs en Europe) et dont le trésor d'arguments est encore en usage aujourd'hui, notamment pour ce qui touche à la langue du culte, aux prières et aux chants. A l'unanimité, la Sorbonne déclare en 1523 qu'il faut purement et simplement *interdire les traductions*. En 1525 elle considère qu'il n'est « ni expédient ni utile à la république chrétienne, et même, étant donné les circonstances, qu'il était plutôt pernicieux d'autoriser l'apparition [...] de traductions totales ou partielles de la Bible, et que celles qui existaient déjà devraient bien plutôt être supprimées que tolérées ». Les Protestants s'en plaignaient :

« Est-ce bien faict qu'un Prince ne consente
Les faicts du Christ estre a tous relatez
Et en commun langage translatez? » (Chant populaire. 1546) [1].

Si l'on voulait mesurer la complexité des forces et des motivations en jeu, il faudrait citer Montaigne : pour avoir été l'un des plus grands inventeurs ou initiateurs de la langue

---

1. [Cité d'après Brunot, *op. cit.,* p. 22-23].

littéraire française, il n'en a pas moins pris parti *contre* la langue populaire dans le culte et dans les prières :

> Ce n'est pas une histoire à compter, c'est une histoire à reverer, craindre, adorer. Plaisantes gens qui pensent l'avoir rendue maniable au peuple, pour l'avoir mise en langue populaire! [...] Je croi aussi, que la liberté à chacun de dissiper une parole si religieuse et si importante à tant de sortes d'idiomes, a beaucoup plus de danger que d'utilité. Les Juifs, les Mahometans, et quasi tous autres, ont espousé et reverent le langage auquel originellement leurs mysteres avoyent esté conceuz et en est defendue l'alteration et changement : non sans apparance. Sçavons nous bien qu'en Basque et en Bretaigne, il y ayt des Juges assez pour establir cette traduction faicte en leur langue? [1]

J'ai suggéré tout à l'heure que cette histoire de la langue française, comme institution étatique, avait connu trois grandes étapes dramatiques. Une telle périodisation ne peut être que sommaire, et je la tiens pour telle. De surcroît, chacune des dites étapes est assez originale en elle-même pour que l'appartenance de tous ces événements à une seule et même histoire, une histoire homogène de la France ou de la seule « langue française » soit plus que problématique. Ce schéma nous sert provisoirement à repérer une première série d'indices et à préparer ainsi une autre élaboration. L'examen préliminaire de la « première étape », la reconnaissance d'une première configuration à partir de quelques symptômes incontestables nous permet peut-être de commencer à lire cet événement d'apparence philosophique : Descartes écrit qu'il écrit en français le *Discours de la méthode.* La portée philosophique, politique, juridique, linguistique de ce geste apparaît peut-être plus clai-

---

1. [Montaigne, « Des prières », *Essais,* texte établi et annoté par A. Thibaudet, Paris, Gallimard, Bibliothèque de La Pléiade, 1950, livre I, LVI, p. 357-358].

rement sur la scène que nous venons de situer, même si cette « situation » est encore insuffisante et seulement esquissée. Réciproquement, en poursuivant la lecture « interne » et « philosophique » du texte de Descartes, nous aurons quelque chance supplémentaire d'interpréter les enjeux des événements historiques que nous venons brièvement d'évoquer. Non que Descartes en parle ou nous dise le vrai à leur sujet; disons qu'il en est « parlé » à travers son texte et cela reste pour nous à traduire ou à déchiffrer. Non pas dans un rapport conventionnel de texte à contexte, de lecture « interne » à lecture « externe » mais en préparant une redistribution ou une re-contextualisation, celle d'un *seul texte,* ce qui ne veut pas dire d'un texte continu et homogène.

C'est pourquoi j'ai un peu insisté sur ces prémisses et sur cette « première » étape de l'étatisation de la langue française. Les deux autres, dont je ne dirai rien ici, auraient leur butée dans la « Révolution française » et dans une certaine mutation techno-scientifique actuelle. Au cours de la Révolution française, le mouvement d'étatisation se heurte encore au problème juridico-politique de la traduction et de l'intelligibilité des décrets. Je vous renvoie sur ce point à *Une politique de la langue* de Michel de Certeau, Dominique Julia et Jacques Revel [1]. La résistance à la Révolution est souvent interprétée par les révolutionnaires comme le fait d'une force et d'une forme linguistiques. Au moment où la politique linguistique se durcit, Barère écrit à la Convention dans un rapport du Comité de Salut public : « ... le fédéralisme et la superstition parlent bas-breton; l'émigration et la haine de la République parlent allemand; la contre-révolution parle l'italien et le fanatisme parle le basque ». Un instituteur de français est nommé dans chaque commune où « les habitants parlent un idiome étranger » (on est plus

---

1. [*Une politique de la langue. La Révolution française et les patois : L'enquête de Grégoire,* Paris, Gallimard, 1975].

prudent à l'égard des patois) pour « donner lecture au peuple et traduire vocalement les lois de la république », pour enseigner la langue et la Déclaration des droits de l'homme. On passe donc à la voix, contre l'écrit, suspecté de « maintenir les jargons barbares [1] ». Le décret du 2 Thermidor interdit tout autre idiome que le français dans quelque acte que ce soit, même sous seing privé. Le XVI Prairial an II, Grégoire présente à la Convention son *Rapport sur la nécessité et les moyens d'anéantir les patois et d'universaliser l'usage de la langue française* [2]. On n'en tira aucune conséquence coercitive; et après Thermidor, on revient à une pratique plus tolérante. Mais on ne comprendrait rien aux rapports des Français à leur langue et à leur orthographe, ni au rôle de l'école républicaine au XIXᵉ et au XXᵉ siècle si l'on n'avait en mémoire de tels signaux.

De la « troisième » grande crispation (nous y sommes), je ne dirai rien. En retenant quelque chose des deux héritages dont nous venons de parler, elle se caractérise de manière plus nouvelle et plus spécifique d'*une part, à l'intérieur,* par un réveil des minorités linguistiques auquel il est fait droit (d'autant plus facilement qu'il reste de l'ordre de la mémoire culturelle et ne menace en rien l'unité linguistique de l'État-nation) et *d'autre part, à l'extérieur,* par un combat contre les tentatives de monopolisation de la langue techno-scientifique, à travers les forces techno-linguistiques qui dominent le monde (commerce, industrie des télécommunications, informatisation, logiciels, banques de données, etc.). C'est bien connu et je n'insiste pas. Je me contenterai d'un mot : au regard de cette problématique moderne, qu'il s'agisse du recours complexe et mesuré à une langue nationale, qu'il s'agisse de sa linguistique,

1. [Cité d'après Brunot, *op. cit.,* t. IX, 1ʳᵉ partie : « La Révolution et l'Empire », p. 180-181, et de Certeau et al., *Une politique de la langue...,* *op. cit.,* p. 295].

2. [Cité d'après M. de Certeau et al., *Une politique de la langue..., op. cit.,* p. 160 et 300 sq.].

de son discours sur la langue et même d'un certain projet de langue universelle dont nous parlerons la prochaine fois, l'événement cartésien du « j'écris en français qui est la langue de mon pays » n'est pas pour nous un passé, un passé simple. Son présent, pour une autre raison que celle dont j'ai parlé en commençant, n'est pas seulement grammatical.

Pour tenter de penser cet événement depuis l'écriture en français du *Discours de la méthode,* quelles seraient les précautions à prendre dans la lecture et dans l'interprétation? Il faudrait d'abord rappeler qu'il y a au moins trois ordres et trois étendues de textes à considérer.

Il y a l'ensemble complexe et hétérogène, en développement inégal, dirait-on, de l'histoire socio-juridique ou policito-religieuse de la langue. Nous venons d'y faire quelques allusions. D'autres seraient tentés de dire qu'elles constituent le *dehors* du texte cartésien. Mais ce dehors s'inscrit *dans* le texte et il serait difficile, sans tenir compte de cette inscription, de comprendre ce qui se passe quand Descartes, en justifiant, avec sa rhétorique, sa stratégie et son choix, décide d'écrire en français l'*un* de ses textes. Le peu que j'ai dit de cette histoire suffit à le faire pressentir : son acte n'est pas simplement révolutionnaire, même s'il paraît relativement singulier dans l'ordre philosophique et s'il a quelque apparence de rupture. En vérité, s'il s'écarte d'une certaine pratique et renonce à un usage dominant, s'il complique ses relations avec la Sorbonne, il suit néanmoins la tendance étatico-monarchique, on dirait qu'il va dans le sens du pouvoir et qu'il conforte l'installation du droit français. Il traduit le *cogito* en « je pense », autre manière de donner la parole mais aussi la loi au sujet de droit français. De plus, bénéfice qui n'est peut-être pas secondaire, il s'assure une certaine clientèle dans les cours étrangères où l'usage du français était à la mode. Cette stratégie complexe ne se mesurait pas nécessairement à la conscience que le sujet, à commencer par le sujet Descartes, pouvait en avoir ou aux déclarations que ce sujet pouvait faire à ce sujet.

Or justement, le deuxième corpus à considérer (lecture interne, dirait-on cette fois), c'est l'ensemble des énoncés par lesquels Descartes explique et justifie son choix. Ce corpus se divise en deux. Il y a d'abord, au-dedans du *Discours* même, la déclaration explicite, la justification argumentée. C'est celle que j'ai lue en commençant, elle est assez retorse en elle-même et nous devrons y revenir, au moins dans des discussions. Il y a ensuite, toujours dans ce corpus de déclarations explicites sur le choix de la langue, des énoncés étrangers au *Discours* même, notamment dans des Lettres. Elles concernent simultanément une certaine pédagogie, une certaine *facilitation* (n'oublions pas que la nécessité, une certaine exigence de « facilité » est un mot d'ordre de la philosophie cartésienne) pédagogique destinée aux esprits faibles et aux femmes : il s'agit d'un livre où, dit-il, « j'ai voulu que les femmes mêmes pussent entendre quelque chose, et cependant que les plus subtils trouvassent aussi assez de matière pour occuper leur attention [1] ». Ce passage ne lie pas directement la question de la langue vulgaire à la question des femmes mais sa logique argumentative lie les deux motifs, nous le vérifierons.

Troisième ordre ou troisième strate de texte, l'ensemble du corpus cartésien dans ce qui se présente du moins comme son ordre propre, son « ordre des raisons », son projet de système, la cohérence présumée entre l'événement linguistique et l'ensemble organisé des philosophèmes. L'événement linguistique, dans ce cas, ne se limite pas au choix d'une langue naturelle; il consiste dans ce qui lie les énoncés philosophiques à *de* la langue (c'est la question de la structure d'énoncés tels que *cogito ergo sum,* par exemple) et à une philosophie du langage et des signes.

---

1. [*Œuvres et Lettres, op. cit.,* p. 991].

Naturellement le traitement que nous pourrions tenter de ces trois ordres de corpus ne serait ni égal, également réparti, ni même dissocié ou successif. Je tenais à marquer des frontières qualitatives ou structurelles entre ces ordres de textes même s'ils ne se rapportent pas les uns aux autres comme un dedans textuel à un dehors contextuel; et même si chacun d'eux reste fort différencié. Nous reparlerons surtout de la logique des déclarations explicites de Descartes, dans les Lettres et dans le *Discours de la Méthode,* à commencer par la fin que j'ai lue pour commencer aujourd'hui et que je relis pour conclure :

> Et si j'écris en français, qui est la langue de mon pays, plutôt qu'en latin, qui est celle de mes précepteurs, c'est à cause que j'espère que ceux qui ne se servent que de leur raison naturelle toute pure jugeront mieux de mes opinions que ceux qui ne croient qu'aux livres anciens; et pour ceux qui joignent le bon sens avec l'étude, lesquels seuls je souhaite pour mes juges, ils ne seront point, je m'assure, si partiaux pour le latin, qu'ils refusent d'entendre mes raisons pour ce que je les explique en langue vulgaire.

Comme vous vous en doutez, ce passage *disparaît* purement et simplement dans la traduction latine de Étienne de Courcelles, parue en 1644, sept ans après l'original. La grande édition Adam et Tannery signale l'omission de ce passage. La phrase est sublime : « il n'y avait pas lieu de (le) traduire en effet [1] ».

Ainsi, avec l'accord de Descartes et selon le bon sens même, chose du monde plus partagée qu'une langue, une traduction efface une série d'énoncés qui non seulement appartiennent à l'original et sans contestation possible, mais parlent et pratiquent performativement la langue dans laquelle se produit

---

1. [Œuvres de Descartes publiés par Charles Adam et Paul Tannery; VI, *Discours de la méthode* et *Essais,* Paris, Vrin, 1965, p. 583].

cet original. Ils parlent cette langue et parlent *de* cette langue. Or voici qu'ils sombrent, dans leur forme et dans leur contenu, corps et âme, pourrait-on dire, à l'instant de la traduction. C'est le bon sens même : quel sens y aurait-il à dire en latin « je parle français », comme vous voyez? Ou à le dire et à le faire, ici même, en anglais?

Ainsi quand un « original » parle de sa langue en parlant sa langue il prépare une sorte de *suicide à la traduction,* comme on dit suicide au gaz ou suicide par le feu. Plutôt suicide par le feu, car il se laisse détruire presque sans reste, sans reste apparent dans le *dedans* du corpus.

Cela en dit long sur le statut et la fonction des indices qu'on pourrait dire auto-référentiels d'un idiome en général, d'un discours ou d'une écriture dans son rapport à l'idiome linguistique, par exemple, mais aussi dans son rapport à toute idiomaticité. *L'événement* (métalinguistique et linguistique) est alors voué à l'effacement dans la structure traduisante. Or cette structure traduisante ne commence pas, comme vous savez, avec ce qu'on appelle la traduction au sens courant. Elle commence dès que s'instaure un certain type de lecture du texte « original ». Elle efface mais donne aussi à remarquer ce à quoi elle résiste et ce qui lui résiste. Elle donne à lire la langue dans son effacement même : traces effacées d'un chemin *(odos),* d'une piste, chemin d'effacement. La *translatio,* la traduction, *die Übersetzung* est un chemin passant au-dessus ou au-delà du chemin de la langue, passant son chemin.

La traduction passe son chemin, ici même.

S'il y a lieu de traduire

II

Les romans de Descartes ou l'économie des mots

Nous avions donc interprété une séquence historique au cours de laquelle une certaine politique de la langue s'était imposée en force. Nous en avions analysé la logique, le retors, la dissymétrie. C'était l'une des trois grandes séquences d'une histoire du français comme langue d'État. En elle s'inscrit l'événement intitulé le *Discours de la méthode,* du moins en tant qu'il fut écrit « en français... langue de mon pays ». Puis nous avions discerné les trois types de textes que nous devrions traiter, successivement ou simultanément. Nous nous sommes constamment, je veux dire au début et à la fin de la précédente séance, intéressés au mode de cette déclaration qui s'engage à ce point auprès de sa propre langue qu'elle n'a aucune chance de se prêter à une traduction : quelqu'un déclare, à la première personne du présent de l'indicatif, qu'il déclare ce qu'il déclare dans telle langue; cette langue se trouve être sa propre langue, celle de son pays ou sa langue naturelle, native ou nationale, mais cela n'est pas essentiel à la structure de cet énoncé ni à ce qui en lui défie la traduction. Si Descartes avait écrit en latin : j'écris en latin, le problème aurait été le même.

Or nous nous étions arrêtés un instant sur le fait que ce passage (« Et si j'écris en français, qui est la langue de mon pays... ») avait été omis dans la traduction latine revue par Descartes lui-même, comme si une phrase donnant à remarquer, dans une langue, qu'elle s'écrit dans cette langue n'avait aucun sens que pût garder une traduction comme telle, si du moins l'on se fie à un certain concept de traduction.

Pourtant cette phrase a un sens, un sens assez simple et finalement facile à traduire. Sa résistance à la traduction n'est pas du même ordre que celle d'un poème, du moins dans ses effets formels ou ses surdéterminations sémantiques. Elle a avec le poème une affinité dans la mesure où ce dernier, pourrait-on dire, implique toujours, même s'il ne la déclare pas, une affirmation d'appartenance à une langue naturelle, voire à la « propre » langue du signataire.

Mais si la phrase de Descartes a un sens clair et distinct, le présent de son énonciation est irréductiblement lié à une langue qui forme non seulement, comme il va de soi, le tissu signifiant de cette *présentation,* mais aussi le thème signifié : changer de langue, c'est, dans ce cas, annuler le cœur même du « signifié ». Non plus, comme on le risque souvent avec les traductions, altérer dans telle ou telle proportion le signifiant, le signifié ou la structure de leur rapport, mais détruire purement et simplement la portée essentielle de la phrase – et de tout le paragraphe, de tout le texte même qui, directement ou non, tient à elle.

Cette phrase n'est donc pas simplement intraduisible. Ce qui se passe avec elle est plus grave et plus singulier. D'autres pourraient dire que c'est moins grave et plus banal, avec de bonnes raisons – dont la première est que je vous parle en ce moment en anglais, après avoir écrit ceci en français, et qu'apparemment aucune catastrophe ne s'ensuit. Aussi quand j'ai dit que le « Et si j'écris en français... » (remarquez cette syntaxe, et le jeu subtil du « si ») résistait à la traduction, je poussais à la limite une situation qui faisait dire plus raisonnablement à Adam et Tannery : « il n'y avait pas lieu de traduire ». L'expression « il n'y a pas lieu » croise plusieurs codes, dont le code juridique de l'obligation (« il ne faut pas », « il est interdit »), celui de l'utilité technique (il n'est pas utile ou opportun) et celui de la convenance sociale (il n'est pas d'usage, il est déplacé, etc.). Or en fait, pour une traduction *qui se donnerait pour telle,* et dont le lecteur saurait bien qu'elle renvoie à un original absent, quelle serait la contre-indication? On imagine bien une traduction latine disant : voilà pourquoi j'écris en langue vulgaire, dans la langue de mon pays, qui se trouve être le français. Et cela s'est passé dans des traductions en langues vivantes (anglais, allemand, etc.). Il suffit qu'elles *se présentent* comme des traductions du français – ce qui est d'ailleurs lisible et rendu évident par cette phrase même – et toute ambiguïté est levée. Voilà pourquoi en effet, ce ne serait pas grave : le texte vous dit alors « je suis une traduction, vous êtes en train de lire une traduction qui se présente comme la traduction d'un original qui se présente comme originellement écrit dans la langue du signataire ».

Or justement, je prétends que cela se passe déjà en français, dans ce qu'on appelle ici l'original. Et cela seul peut expliquer une omission, dans la seule traduction latine, d'un paragraphe que les traductions en langues vivantes n'ont jamais effacé. C'est que la version latine de ce texte, à supposer qu'on l'appelle encore traduction, garde un tout autre statut. Cela tient à la situation historique et politique dont nous parlions la dernière fois. Le latin n'est pas une langue étrangère parmi d'autres. Et cette traduction en latin n'est pas une traduction, si du moins une traduction se présente comme telle en renvoyant, par contrat, à un original. Dans ce cas, il s'agit moins de faire dériver ou « aconduire » (comme disait ce texte, parlant d'*acon-*

duire du grec ou du latin en ces marches...) une langue originale vers une langue seconde, que de *reconduire* vers ce qui *aurait dû,* en droit, être la langue originale. Dans une situation jugée *normale et normative,* il *y avait lieu* que les livres de science, de droit et de philosophie fussent écrits en latin. Pourquoi Descartes a-t-il consenti à une traduction latine, dans une langue « morte »? Où a-t-on jamais compris qu'il y eût lieu de traduire une langue vivante en une langue morte − une langue que personne *ne parlait plus?* La traduction est ici d'écriture, de parole possible à écriture. Si Descartes a cédé, c'est d'abord devant une loi, une norme, un contrat social encore dominant dans certains milieux : on devait d'abord écrire en latin des textes pour lesquels − et c'était la philosophie − le français ne pouvait devenir que langue vulgarisante. Et si par hasard, par écart ou même transgression, on *faisait semblant* de commencer par la langue vulgaire, si on commençait en somme par la traduction, il y avait lieu de retourner très vite à la langue d'origine supposée normale qui eût dû rester le latin. La version latine n'est donc qu'une *restitution,* un rappel à l'ordre ou un retour à l'ordre. Cela seul explique les explications embarrassées, voire les justifications inquiètes de Descartes dans la version française.

Ici deux remarques d'ordre très différent.

1. Nous parlons d'une logique et d'une topologie, d'une phoronomie aussi de la traduction. Une *translatio* se rend d'un lieu linguistique à un autre, d'une origine à une non-origine qui *aura(it) dû* être, *en droit et dans la langue du droit,* l'origine. Ce cheminement transporte ce qui déjà paraissait *en travail* de traduction et ce trajet sans droite ligne circule entre la langue, au sens courant de langue parlée, et le texte, au sens étroit de langue écrite. Traduire le *Discours* en latin, c'était le rendre à l'écriture, ou le rendre lisible dans certaines conditions et pour certains lecteurs, pour tous les sujets compétents dans certains

domaines, même s'ils ne l'étaient pas, linguistiquement parlant, pour le français. Les savants anglais, italiens, allemands pouvaient lire, dans cette langue d'écriture qu'était le latin, la *Dissertatio de Methodo* (1644) même s'ils ne pouvaient entendre le *Discours* de 1637. *Discours* paraît d'ailleurs plus proche de la parole, *Dissertatio* de l'écrit. Si la version latine est une restitution à l'écriture et au droit, ne nous hâtons pas de conclure que la vocalisation du *Discours* avait valeur de transgression ou d'affranchissement. Nous l'avons vérifié, elle donne la dignité de l'écriture et de la loi à d'autres forces en passe de devenir forces de loi, celles d'un État monarchique. De même, sous la Révolution, c'était au nom de la loi que les instituteurs venaient dans les communes pour y *prononcer* les lois en français. On aurait pu être tenté de penser ces itinéraires traduisants comme des passages entre deux pôles (loi/non-loi, écriture/parole, mort/vie, langue morte/langue vivante, langue paternelle/ langue maternelle, etc.). Point du tout — et c'est peut-être l'essentiel de ce qui se démontre ainsi : la violence est des *deux* côtés, chaque terme de l'opposition est marqué de l'*autre* côté. Il y a toujours deux forces de frayage et de résistance, chacune portant vie et mort à la fois.

2. En parlant de *restitution,* je ne me référais pas à une structure virtuelle et cachée. *En fait,* dans une large mesure, ce qu'il y a de discours de la méthode dans l'œuvre qui porte ce titre se lit aussi comme la traduction française des *Regulae ad Directionem Ingenii* [1], texte écrit en latin, huit ans avant le *Discours* : original caché en quelque sorte puisqu'il ne fut pas publié du vivant de l'auteur mais circula hors de France. On sait que Leibniz l'avait lu. Les *Regulae* seraient bien, en latin

---

1. [*Regulae ad Directionem Ingenii,* Texte de l'édition Adam et Tannery, Paris, Vrin, 1959. Cf. « Règles pour la direction de l'esprit » dans : *Œuvres et Lettres, op. cit.,* p. 37 sq.].

et justement avant la lettre, une *Dissertatio de Methodo*. Le mot
« méthode » et le vocabulaire « viatique » y abondent, il s'agit
aussi de règles : préceptes techniques et éthiques, déontologie
de la connaissance ou de la recherche, dans « la recherche de
la vérité » (comme le dit aussi le titre de la *Règle IV*). Règles :
le mot dit bien ce qu'il y a lieu de faire, de façon régulière,
récurrente, répétitive et donc formalisable, pour bien conduire
et se conduire sur la voie de la connaissance quand on veut
précisément diriger son esprit, se diriger, le conduire *droitement
(recte),* dans la bonne voie, vers la bonne *direction,* à la bonne
adresse. Un traité latin aura donc précédé, presque en secret, le
discours français qui ressemble dès lors, pour une part à déterminer, à une traduction vulgarisante, à un itinéraire traduisant.
Quant à la *méthode* et à la cartographie du chemin, au motif
du « chemin » (je préfère « motif » à figure ou à métaphore
pour des raisons que j'explique ou expliquerai ailleurs, et parce
que « motif » garde au moins l'indication du mouvement :
comme « métaphore », direz-vous, mais sans autre présupposé
rhétoricien), je n'en dirai ici qu'un mot, réservant de plus longs
développements pour les discussions et les séances de séminaire.
Le motif du « chemin », de la *« via »* est, comme vous savez,
déjà déterminant dans les *Regulae.* Ce texte inachevé eut aussi,
par son aventure, une destinée « viatique » : il revient de voyage
avec d'autres papiers, dans un coffre trouvé au fond de la Seine.
Le bateau qui les ramenait de Rouen à Paris sombra. On dut
étendre les *Regulae* pour les faire sécher, ce qui, dit le biographe
Baillet, « ne put se faire sans beaucoup de confusion, surtout
entre les mains de quelques domestiques qui n'avaient point
l'intelligence de leur maître pour en conserver la suite et
l'arrangement [1] ». L'ordre des raisons suppose l'intelligence du
maître. Clerselier, ambassadeur de France à Stockholm, ami

1. [Adrien Baillet, *La vie de Monsieur Descartes,* 1691, réimpression
Genève, Slatkine, 1970, p. 428].

de Descartes, son héritier du moins pour ses papiers, avait classé les *Regulae* parmi les textes dont la publication ne pressait pas : sans doute parce que, inachevé, celui-ci était aussi écrit en latin et avait peu de chances d'intéresser ce « grand » public auquel Clerselier aurait voulu faire connaître Descartes. Dans sa Préface au tome II des *Lettres,* il note en effet : « Les Libraires m'ont témoigné que le grand nombre de Lettres Latines qu'il y avait dans le premier volume avait été cause que plusieurs personnes, qui n'ont point de commerce avec cette langue, ne l'avaient pas acheté, et même avaient fait croire à quelques-uns que le plus beau du livre leur avait été caché [1]. » Comme aujourd'hui, c'est alors le libraire interrogé qui signale que des livres de philosophie écrits dans une certaine langue ne sont pas très demandés. Pour vendre, il faut changer de langue, régler son discours sur la capacité de lecture du plus grand nombre d'acheteurs possible. Et cet écart entre langage ordinaire et langue « difficile » (ésotérique ou formalisée) peut être plus grand à l'intérieur d'une « même » langue, qu'entre deux idiomes. Nous n'avons même pas à transposer pour percevoir l'actualité du problème : pédagogique, académique, éditorial, économique, politique.

En écrivant dans la langue vulgaire, Descartes a voulu faciliter l'accès à la *facilité* (motif dont nous parlerons au cours du séminaire), éviter le détour par le savoir archivé dans les livres anciens. Il tenait compte alors de la fragilité philosophique des « faibles esprits », et il l'explique avec quelque embarras dans une lettre à Silhon (philosophe et secrétaire de Mazarin). Sa lettre (mars 1637) [2] commence par dire qu'il a voulu rendre les raisons « faciles à tout le monde » : « J'avoue qu'il y a un grand défaut dans l'écrit que vous avez vu, ainsi que vous le

---

1. [*Lettres de M. Descartes. Où sont expliquées plusieurs belles difficultés touchant ses autres ouvrages,* t. II, Paris, Charles Angot, 1659, préface].
2. [*Œuvres et Lettres, op. cit.,* p. 962].

remarquez, et que je n'y ai pas assez étendu les raisons par lesquelles je pense prouver qu'il n'y a rien au monde qui soit de soi [donc le plus facilement] plus évident et plus certain que l'existence de Dieu et de l'âme humaine, pour les *rendre faciles à tout le monde* [je souligne]. Mais je n'ai osé tâcher de le faire, d'autant qu'il m'eût fallu expliquer bien au long les plus fortes raisons des sceptiques [...] » Les « faibles esprits » auxquels il s'adresse en français ne sont pas suffisamment armés par l'École, ni rompus à la discipline philosophique. Descartes a peur : ils vont céder aux arguments des sceptiques dont je ferai un usage seulement rhétorique, méthodique et provisoire. Parce qu'ils sont faibles, ils ne sauront pas aller ou revenir au plus facile, à l'évidence des idées claires et distinctes, au *cogito,* à la lumière naturelle, de la « pure raison » à partir de laquelle se prouve l'existence de Dieu, etc. Ils vont se laisser impressionner par le doute sceptique, argument d'école fraîchement appris; la route leur sera barrée vers le plus facile, cette non-route, ce point de départ auprès de soi qu'est une évidence intuitive. Paradoxe stratégique, qui tient à la situation historique et linguistique : écrivant en français pour faciliter les choses aux esprits faibles (insuffisamment scolarisés ou scolasticisés), il ne peut pas aller aussi sûrement vers le plus facile et le plus certain, valeur absolue de cette méthodologie philosophique. Plus loin : « [...] Mais j'ai eu peur que cette entrée [qu'il vient de reconstituer], qui eût semblé d'abord vouloir introduire l'opinion des sceptiques, ne troublât les plus faibles esprits, principalement à cause que j'écrivais en langue vulgaire [...] [1] »

Choisissant d'écrire en langue vulgaire pour en appeler plus facilement à une « raison naturelle » que l'École et les livres anciens n'ont pas encore offusquée, assombrie, que la dogmatique intolérante au doute n'a pas encore impressionnée, Des-

1. [*Ibid.,* p. 962-963].

cartes se trouve obligé à une certaine facilité, au mauvais sens du mot. Elle nuit à l'accès à la « bonne » facilité. La faute n'en revient ni à la langue vulgaire ni à la faiblesse des esprits, à leur « imbécillité » naturelle, celle d'esprits non entraînés. Elle est institutionnelle, imputable à l'École et à la tradition. Faibles et non prévenus, ces esprits vierges qui n'entendent que le français vont se laisser intimider par le doute sceptique : argument d'école, archivé, typé, rituel. Et pourtant l'*ordre* doit libérer l'esprit du sensualisme, du dogmatisme spontané qui empêche de douter des certitudes sensibles. Cet ordre requiert le *passage* par le doute sceptique, au moins par son schéma argumentatif, par sa langue et sa rhétorique, afin de transformer le doute sceptique en doute méthodique. Or cette langue et cette rhétorique du doute sceptique ont partie liée, historiquement, à la langue de l'École et au latin. Descartes redoute alors les effets paradoxaux et pernicieux de cet ordre sur les « faibles esprits » qui le reçoivent, hors contexte, dans leur propre langue maternelle. Il doit donc sacrifier à cette mauvaise facilité. Le destinataire de cette lettre, Silhon, n'appartient pas à la société des « faibles esprits » mais à celle des savants que Descartes « souhaite pour [ses] juges ». Il ne se laissera pas égarer par la langue vulgaire : « Et pour vous, Monsieur, et vos semblables, qui sont des plus intelligents, j'ai espéré que s'ils prennent la peine, non pas seulement de *lire,* mais aussi de méditer *par ordre* les mêmes choses que j'ai dit avoir méditées, en s'arrêtant assez longtemps sur chaque point, pour voir si j'ai failli ou non, ils en tireront les mêmes conclusions que j'ai fait [..]. » (Je souligne.)

La langue, surtout celle du texte écrit, reste donc secondaire aux yeux de Descartes. Il demande qu'on ne se contente pas de lire, il faut aussi méditer par ordre. Cet ordre n'est pas celui de la lecture ou de l'écriture, c'est celui des raisons et c'est l'ordre essentiel.

On retrouve le même argument dans la célèbre lettre au

Père Vatier (22 février 1638). Mais au lieu de « faibles esprits », on lit « les femmes » :

> Il est vrai que j'ai été trop obscur en ce que j'ai écrit de l'existence de Dieu dans ce traité de la Méthode, et bien que ce soit la pièce la plus importante, j'avoue que c'est la moins élaborée de tout l'ouvrage; ce qui vient en partie de ce que je ne me suis résolu de l'y joindre que sur la fin, et lorsque le libraire me pressait [remarquez la modernité de la stratégie, la problématique de la vulgarisation philosophique, des « media », des pressions éditoriales, etc.]. Mais la principale cause de son obscurité vient de ce que je n'ai osé [même argument, même mot que dans l'autre lettre] m'étendre sur les raisons des sceptiques, ni dire toutes les choses qui sont nécessaires *ad abducendam mentem a sensibus* [le latin pour l'argument codé!] : car il n'est pas possible de bien connaître la certitude et l'évidence des raisons qui prouvent l'existence de Dieu selon ma façon qu'en se souvenant distinctement de celles qui nous font remarquer de l'incertitude en toutes les connaissances que nous avons des choses matérielles; et ces pensées ne m'ont pas semblé propres à mettre dans un livre, *où j'ai voulu que les femmes mêmes pussent entendre quelque chose,* et cependant que les plus subtils trouvassent aussi assez de matière pour occuper leur attention [1]. (Je souligne.)

Toujours la même stratégie : deux publics, deux destinations, deux discours, voire deux langues, pour atteindre le plus de lecteurs possible et former le plus de philosophes à la « bonne » facilité. *Tout* le monde ne peut pas *tout* comprendre, surtout pas les femmes, mais faisons quelque chose pour qu'au moins elles puissent « entendre quelque chose ». Pour bien entendre, à notre tour, cette allusion aux femmes-philosophes et aux femmes non savantes de l'époque, à celles qui voudraient entendre quelque chose de la philosophie réservée, comme

---

1. [*Ibid.,* p. 991].

320

l'École, aux hommes, il faudrait s'engager dans une longue et difficile analyse : sur la situation des femmes à cette époque, selon les classes sociales, leur rapport à l'éducation, les prémisses des mouvements « féministes », etc. Ne pouvant entreprendre ici cette analyse, je dois cependant noter qu'une telle enquête serait principiellement insuffisante si elle n'intégrait, se laissant aussi marquer par elle, la problématique cartésienne de la raison naturelle (c'est-à-dire universelle) et de ses rapports à la langue, savante ou vulgaire. Cette enquête serait donc insuffisante si elle n'intégrait pas cet immense problème de la traduction qui, pas plus que l'événement du *Discours de la Méthode,* ne s'en laisse dissocier. A la complexité retorse et embarrassée de la stratégie cartésienne serait proportionnée celle d'une stratégie « féministe » : les femmes doivent-elles apprendre le latin et se former à la scolastique pour s'approprier l'autorité philosophique et le pouvoir masculin, avec les risques paradoxaux que fait courir une telle appropriation? Doivent-elles au contraire revendiquer qu'on « parle » le savoir, la philosophie, le droit, la médecine en particulier, dans la langue maternelle? Vous connaissez le dossier, il est loin de se limiter à ce que nos écoles nous en laissent lire à travers *Les femmes savantes* ou *Les précieuses ridicules* de Molière.

Descartes a voulu *parler aux femmes* et leur dire en substance : il y a une raison naturelle, le bon sens est la chose du monde la mieux partagée, on doit parler une langue accessible à tous. Ce mouvement va, bien sûr, contre toute exclusion des femmes. Il peut même laisser penser que, pour avoir échappé aux précepteurs, au latin et à l'École, les femmes pourraient bien être plus « vierges » et donc plus aptes à se rendre au plus facile, au plus intuitif, au plus philosophique. Le « prix à payer » pour ce « progrès » ou ce « procès » serait toujours le même : effacement de la différence sexuelle dans et par la philosophie. L'ordre, le chemin droit et essentiel, celui qui va du moins facile au plus facile, serait un ordre *intelligible,* donc

321

asexué, sans corps. Les passages obligés, dans l'ordre des démonstrations (le doute sur les choses sensibles, le *je pense, je suis,* Dieu existe, etc.) sont sexuellement neutres ou indifférents. Le *cogito,* dans sa pensée comme dans son énoncé, dans la grammaire de sa phrase, se rapporte à un sujet qui ne porte aucune marque sexuelle, puisque c'est une *res cogitans* et non un corps. Comme toujours, cette neutralisation produit des effets ambigus. Elle ouvre l'accès des femmes à une communauté universelle et à la philosophie (ce qu'on peut considérer comme un progrès) mais au prix d'une neutralisation de la différence sexuelle, reléguée du côté du corps, inessentielle à l'acte du *cogito,* à l'intuition, à la raison, à la lumière naturelle, etc. La subjectivité du sujet qui se fonde alors dans le geste cartésien resterait, qu'il s'agisse de corps ou de langue, sexuellement indifférenciée. Il ne suffit peut-être pas, comme j'ai tenté de le suggérer ailleurs [1], de déconstruire le sujet cartésien et de proposer une analytique du *Dasein* pour ne pas reproduire cette « neutralisation ».

Descartes n'était rien moins que révolutionnaire en parlant de telle façon que « les femmes mêmes pussent entendre quelque chose ». Il suit un mouvement profond de l'époque, né dans un certain milieu avant lui et se développant largement autour de lui. La réaction contre le latin est vive : on le ressent comme une langue pédante, voire barbare; il devient indécent, voire impoli d'y recourir dans certaines situations, et il faut alors s'en excuser. Le mouvement ne cesse de s'accentuer et, quelques décennies plus tard, le Père Bouhours met en scène, dans ses *Doutes sur la langue française* (1674), des gens du monde qui se demandent s'il faut utiliser le mot « inamissibilité » qui « est

---

1. [Cf. « *Geschlecht,* différence sexuelle, différence ontologique » dans *Cahiers* de l'Herne : *Martin Heidegger.* Édité par M. Haar, Paris, 1983, p. 419 sq. Repris dans Jacques Derrida, *Psyché. Inventions de l'autre.* Paris, Galilée, 1987, p. 395 sq.].

un peu latin » et « se sent encore de la barbarie de l'École ». « Pour moi, interrompit M. le Chevalier, je ne le crois pas français; ce n'est tout au plus qu'un étranger habillé à la française, ajouta-t-il en riant. Comme je ne l'entends point du tout, dit Mme la Marquise, je vous assure que je n'aurai pas beaucoup de peine à m'en passer [...] [1]. »

Dans ce combat pour la langue française et contre le latin ou l'École, la place de la femme est essentielle, du moins dans certains lieux sociaux, et d'abord à la Cour. Parce qu'on ne lui a pas appris le latin et la discipline de l'École, la femme est censée avoir un meilleur rapport à la langue maternelle, un meilleur sens de la langue. C'est en somme le vrai gardien de la langue vulgaire. Voyez Vaugelas et ses fameuses *Remarques sur la langue française* [2]. Il avait écrit que le bon usage « est la façon de parler de la plus saine partie de la Cour conformément à la façon d'écrire de la plus saine partie des auteurs du temps ». Or ce grand châtieur de la langue insistait aussi sur le fait que de cette élite normative faisaient partie « les femmes comme les hommes ». Il ajoutait même : « [...] dans les doutes sur la langue il vaut mieux, pour l'ordinaire, consulter les femmes que les hommes et ceux qui n'ont point étudié que ceux qui sont bien savants en la langue grecque et latine. »

Soucieux de mettre la langue au service de la raison naturelle ou de la lumière naturelle, Descartes ne pouvait cependant plaider, purement et simplement, pour *une* langue maternelle, fût-ce la sienne. Il devait aussi appeler de ses vœux une langue universelle. Il le fit. Mais pour nous intéresser à cette dimension connexe de sa pensée de la langue, il nous faut à la fois revenir en arrière, comme on ferait retour vers des prémisses, et accepter une sorte de discontinuité dans notre parcours. C'est inévitable

1. [Réimprimé en 1971, Brighton, University of Sussex Library, p. 27].
2. [Cité d'après Brunot, *op. cit.,* t. III, 1ʳᵉ partie, « La formation de la langue classique 1600-1660 », p. 46 sq].

dans un temps si court (deux conférences sur des problèmes aussi riches et des textes aussi enchevêtrés). Nous ne faisons que situer des repères préliminaires et nous essaierons, au cours du séminaire, dans les séances de travail, de reconstituer quelque continuité.

Il me faut aussi un fil conducteur pour cette nouvelle étape dans la lecture de Descartes. Peut-être pour honorer le contrat de ce séminaire qui devait traiter aussi de « literary and poetic language as linked to the problem of their translation », je choisirai le *roman,* le mot de *roman* comme fil conducteur.

Descartes s'en est servi plusieurs fois. J'en isole deux occurrences. La première se situe à la fin de la fameuse lettre d'Amsterdam à Mersenne, le 20 novembre 1629 [1] (époque des *Regulae,* près de dix ans avant le *Discours*). Il répond à la proposition d'une « nouvelle langue » admirable. Réponse ambivalente et contre-proposition d'une langue universelle :

> Or je tiens que cette langue est possible, et qu'on peut trouver la science de qui elle dépend, par le moyen de laquelle les paysans pourraient mieux juger de la vérité des choses, que ne font maintenant les philosophes. Mais n'espérez pas de la voir jamais en usage; cela présuppose de grands changements en l'ordre des choses, et il faudrait que tout le monde ne fût qu'un paradis terrestre, ce qui n'est bon à proposer que dans le pays des *romans.* [Je souligne]

C'est la fin de la lettre. Tout se passe comme si, on peut rêver, Descartes renonçait ici à une langue universelle pour les paysans et se résignait à écrire, quelques années plus tard, dans une langue naturelle pour les femmes.

Deuxième occurrence, dix ans après, dans la *Lettre de l'auteur à celui qui a traduit le livre, laquelle peut ici servir de préface.* Il s'agit de la Préface aux *Principes...,* préface *réelle* sous forme

---

1. [*Œuvres et Lettres, op. cit.,* p. 915].

de préface *fictive*. Descartes dit ce qu'il aurait dit s'il avait écrit une préface, ce qu'il est en train de faire en le déniant, c'est-à-dire en l'avouant :

> J'aurais aussi ajouté un mot d'avis touchant la façon de lire ce livre, qui est que je voudrais qu'on le parcourût d'abord tout entier ainsi qu'un *roman,* sans forcer beaucoup son attention ni s'arrêter aux difficultés qu'on y peut rencontrer, afin seulement de savoir en gros quelles sont les matières dont j'ai traité [1] [...]

Après quoi il recommande, comme vous savez, de lire le livre trois fois.

Le mot « roman » n'a pas la même valeur dans les deux contextes. Dans la Lettre, c'est une œuvre d'imagination, la description fabuleuse d'un pays irréel, un paradis fictif. La Préface insiste, elle, sur un mode de lecture : lire un roman, c'est s'abandonner à une histoire, suivre cursivement une narration sans méditer, sans réfléchir, sans revenir en arrière. Malgré ces différences d'inflexion ou d'accent, l'allusion au roman touche dans les deux cas à l'*ordre,* celui de l'exposition ou de la lecture dans les *Principes,* l'ordre des choses qui *devrait* être changé et qu'on *ne peut* changer dans la *Lettre* (« il faudrait que tout le monde ne fut qu'un paradis terrestre, ce qui n'est bon à proposer que dans le pays des romans »).

Le roman ne se confond pas avec la fable, il implique du fabuleux mais ne s'y réduit pas. Je vous renvoie ici au chapitre du livre admirable de Jean-Luc Nancy, *Mundus est fabula* [2]. J'insisterai pour ma part sur ce qui, dans le roman, n'est pas simplement la fable.

La fable a sans doute quelques traits communs avec le roman. Rappelez-vous le début du *Discours :* « Mais ne proposant cet

---

1. Je souligne [*Ibid.,* p. 564].
2. [Jean-Luc Nancy, *Ego sum,* Paris, Flammarion, 1979, p. 95 sq.].

écrit que comme une histoire, ou, si vous l'aimez mieux, que comme une fable, en laquelle, parmi les exemples qu'on peut imiter, on en trouvera peut-être aussi plusieurs autres qu'on aura raison de ne pas suivre [...] [1]. » La fable est un récit dont on n'a pas à accréditer la vérité factuelle. Mais il peut porter la signification exemplaire d'une vérité : « Il me reste ici encore beaucoup d'autres choses à expliquer, et je serai même bien aise d'y ajouter quelques raisons pour rendre mes opinions plus vraisemblables. Mais afin que la longueur de ce discours vous soit moins ennuyeuse, j'en veux envelopper une partie dans l'invention d'une fable, au travers de laquelle j'espère que la vérité ne laissera pas de paraître suffisamment, et qu'elle ne sera pas moins agréable à voir que si je l'exposais toute nue [2]. »

Fiction qui laisse paraître l'essence, la fable porte la vérité, l'exhibe ou la manifeste de façon attrayante. Elle fait désirer la vérité. Le roman évite aussi l'ennui, mais l'identité s'arrête là. Car Descartes, dans les autres usages du mot « roman », ne semble pas lui reconnaître cette valeur de vérité :

> Mais je croyais avoir déjà donné assez de temps aux langues, et même aussi à la lecture des livres anciens, et à leurs histoires et à leurs fables. Car c'est quasi le même de converser avec ceux des autres siècles, que de voyager [...] Mais lorsqu'on emploie trop de temps à voyager, on devient enfin étranger en son pays ; et lorsqu'on est trop curieux des choses qui se pratiquaient aux siècles passés, on demeure ordinairement fort ignorant de celles qui se pratiquent en celui-ci. Outre que les fables font imaginer plusieurs événements comme possibles qui ne le sont point ; et que même les histoires les plus fidèles, si elles ne changent ni n'augmentent la valeur des choses, pour les rendre plus dignes d'être lues, au moins en omettent-elles presque toujours les plus basses et moins illustres circonstances ;

1. [*Op. cit.*, p. 127].
2. [*Œuvres philosophiques*, t. I, éd. Alquié, p. 342 sq.].

d'où vient que le reste ne paraît pas tel qu'il est, et que ceux qui règlent leurs mœurs par les exemples qu'ils en tirent, sont sujets à tomber dans les extravagances des paladins de nos romans, et à concevoir des desseins qui passent leurs forces. J'estimais fort l'éloquence, et j'étais amoureux de la poésie; mais je pensais que l'une et l'autre étaient des dons de l'esprit plutôt que des fruits de l'étude [1].

Nous nous approchons ainsi de la philosophie de la langue ou du langage qui s'annonçait dans la lettre de 1629 à Mersenne. Descartes finit par proposer ce que j'appellerai une langue *possible impossible,* la possibilité d'une langue impossible : « Je tiens que cette langue est possible... mais n'espérez la voir jamais en usage; cela présuppose de grands changements en l'ordre des choses, et il faudrait que tout le monde ne fût qu'un paradis terrestre, ce qui n'est bon à proposer que dans le pays des romans. »

Le « pays des romans » aurait un rapport essentiel avec le possible-impossible de la langue, plutôt d'une langue philosophique universelle, quelque chose comme une Tour de Babel achevée. Pensez à cette nouvelle de Kafka, *Les armes de la ville* [2]. Cette fiction sur le thème de la Tour de Babel consonne ironiquement avec une thématique, une topique et une rhétorique cartésiennes : le recours à la figure d'une ville à construire depuis ses fondations et à élever jusqu'au toit *(Discours,* 2e partie et *passim),* ce mouvement ascensionnel, ces escaliers, tout cela dit l'entreprise philosophique comme édification systématique mais indéfiniment différée, de générations en générations : « Au début, dit Kafka, quand on commença à bâtir la Tour de Babel, tout se passa assez bien [...] à la deuxième ou troisième génération on reconnut l'inanité de bâtir une tour qui touchât

1. [*Ibid.,* p. 129].
2. [*Œuvres complètes II,* Paris, Gallimard, Bibliothèque de la Pléiade, 1980, p. 550 sq.].

au ciel, mais trop de liens s'étaient créés à ce moment pour qu'on abandonnât la ville [1]. » (La ville, c'est Prague, semble-t-il, « elle a un poing dans ses armes » et je crois que Descartes s'y était rendu.) On ne peut dissocier cette architectonique d'une linguistique.

Quand il répond à Mersenne qui vient de lui faire part du projet de nouvelle langue proposé par un certain Hardy, Descartes a déjà écrit les *Regulae*... Il a déjà formé le projet d'une sorte de caractéristique universelle accordée à la *mathesis universalis* de la Règle IV. Dans ce contexte, la mathématique est la science générale qui explique tout ce qu'il est possible de rechercher au sujet de l'ordre et de la mesure. C'est aussi une tradition platonicienne, immédiatement post-platonicienne (Speusippe) et présentée dans la *Métaphysique* d'Aristote (E, 1026 a 26-27 et K 1061 b 19, par exemple) : mathémathique comme science commune et universelle, sans objet particulier. Pour Descartes, c'est la science la plus nécessaire et la plus *facile*. Le motif de la facilité s'y trouve essentiellement associé. Et le projet de caractéristique qui, s'esquissant dans les *Regulae,* s'énonce dans la Lettre à Mersenne, comporte toute l'axiomatique de la facilité, du pouvoir technique, de la « faculté » que nous suivons d'autre part au cours de ce séminaire. *Règle IV :*

> En y réfléchissant plus attentivement, il finit par devenir clair pour moi que seules les choses, et toutes les choses, dans lesquelles c'est l'ordre et la mesure que l'on examine, se rapportent à la mathématique, peu importe que cette mesure soit à chercher dans des nombres, des figures, des astres, des sons, ou quelque autre objet; que par conséquent il doit y avoir une science générale qui explique tout ce qu'il est possible de rechercher touchant l'ordre et la mesure, sans assignation à quelque matière que ce soit; et que cette science s'appelle, non point d'un nom d'emprunt, mais d'un nom déjà ancien et reçu

1. [*Ibid.,* p. 551, trad. légèrement modifiée].

par l'usage, la mathématique universelle [il avait rappelé plus haut qu'il « ne suffit pas de considérer l'étymologie du mot; car le mot de mathématique ne signifiant rien de plus que science... », etc.] puisqu'elle contient tout ce en vertu de quoi l'on dit d'autres sciences qu'elles sont des parties de la mathématique. Combien maintenant elle l'emporte, et en utilité, et en facilité, sur les autres sciences, on le voit aisément au fait qu'elle s'étend aux mêmes objets que celles-ci, et en outre à bien d'autres [1].

Le projet de *mathesis universalis* ou, comme dira Husserl, d'ontologie formelle, suppose que la recherche ne se laisse pas arrêter par l'équivocité du langage. Pour formaliser et mathématiser, il faut vaincre toutes les obscurités, ambiguïtés, équivocités de la langue naturelle. Avant même de proposer un système de notation simple et univoque, la Règle XIII prescrit d'aller des mots aux choses. Il suffirait de traverser l'épaisseur équivoque des mots en direction des choses pour dissiper les controverses philosophiques entre les doctes. Cet optimisme, qui oriente encore le retour, plus tard, à la langue vulgaire, implique un instrumentalisme linguistique dont nous vérifierons tout à l'heure les effets. Les mots, le lexique et la syntaxe restent jusqu'à un certain point des techniques extérieures à la pensée intuitive ou déductive. Il suffit de veiller à leur état (univocité, facilité, transparence) pour que la communication philosophique efface tout malentendu. Comment concilier cet optimisme – dont la logique soutient le projet de caractéristique universelle – avec le renoncement à faire adopter ladite langue universelle, bonne seulement pour le « pays des romans »? Quel rapport y a-t-il entre cette écriture et ces romans?

La Règle XIII rappelle que la recherche va des mots aux choses, des effets aux causes, des causes aux effets, des parties

1. [*Œuvres philosophiques,* t. 1, éd. F. Alquié, Paris, Garnier, 1963, p. 98].

au tout ou bien aux autres parties, ou enfin toutes ces choses à la fois – ce qui ouvre la philosophie du simple sur son propre labyrinthe (nous parlerons, en dehors de cette séance, de la méthode et du labyrinthe chez Descartes, de son fil d'Ariane).

> Nous disons que la recherche va des mots aux choses, toutes les fois que la difficulté réside dans l'obscurité de l'expression : à ce groupe ne se rattachent pas seulement les énigmes dans leur totalité, comme celle du Sphinx à propos de l'animal qui a d'abord quatre pieds, puis deux pieds, et pour finir trois pieds [...] mais encore, dans la plupart des questions qui soulèvent des controverses entre les doctes, c'est presque toujours d'une question de mots qu'il s'agit [...]. Ces questions de mots se présentent si fréquemment que si les philosophes s'entendaient toujours sur le sens des termes, on verrait disparaître presque toutes les controverses [1].

Prudence de Descartes : il dit « presque toujours » et « la plupart des questions ».

Une *économie,* un principe d'économie guide, dès les *Regulae,* aussi bien la facilité de la *mathesis* que la facilité d'une langue sans équivoque, voire, au-delà de la langue, d'un système de notations qui ferait l'économie de beaucoup de mots – puisque ceux-ci peuvent être obscurs. *Faire l'économie de mots,* c'est une expression de la Règle XIV. Comment désigner ce qui ne requiert pas l'attention immédiate de l'esprit tout en étant nécessaire pour arriver à une conclusion ? Comment servir la mémoire sans les risques que sa faiblesse nous fait courir ? Il faut utiliser des « signes concis » (*« per brevissimas notas »*), toujours par *économie.* La mémoire étant « labile », il faut lui économiser les efforts : l'« *ars* » a opportunément *(aptissime)* inventé l'usage de l'écriture *(scribendi usum).* En confiant au papier, à la charte *(in charta)* ces notations économiques, nous

1. [*Ibid.,* p. 161-162].

libérons la pensée pour son propre mouvement. Précaution à prendre : réserver chaque fois un signe unique et arbitraire pour chaque unité, pour chaque *un,* élément atomique par élément atomique. Tout ce qu'il faudra considérer comme *un* pour résoudre une difficulté, désignons-le par un signe unique. Celui-ci sera forgé, feint, inventé, arbitraire, d'où le recours à une certaine *fiction* fabulatrice, sinon romanesque, dans l'invention de cette écriture d'artifice : *« per unicam notam designabimus, quae fingi potest ad libitum ».* Après avoir donné quelques exemples (lettres de l'alphabet et chiffres), Descartes poursuit : « Par ce système, non seulement nous ferons l'économie d'un grand nombre de mots, mais encore, et c'est le principal, nous rendrons manifestes les termes de la difficulté sous une forme si pure et si dépouillée que, sans que rien d'utile n'y soit omis, on n'y trouvera rien non plus de superflu, et qui risque d'accaparer inutilement la capacité de l'esprit lorsqu'il lui faudra embrasser plusieurs choses à la fois [1]. »

Peut-être comprend-on mieux maintenant l'accueil à la fois réceptif et réservé, empressé et un peu jaloux que Descartes fait au projet « Hardy » d'une langue nouvelle, en 1629, après la rédaction des *Regulae.* Il dit le projet « admirable » mais multiplie les objections contre ce que ce Hardy – dont on ne sait rien – aurait allégué pour « faire valoir la drogue » (encore un qui propose une nouvelle technique de langage ou d'écriture en se faisant accuser d'introduire de la drogue dans une culture [2]), ou encore, dit Descartes, « pour louer sa marchandise » ou « remédier à tel inconvénient ». Reprochant à Hardy de n'avoir pas compris que la langue à chercher doit dépendre de la « vraie philosophie », Descartes expose son propre projet de langue universelle, celui-là même dont il finit par dire qu'il ne serait bon à proposer qu'au pays des romans.

1. [*Ibid.,* p. 186].
2. [Cf. J. Derrida, « La pharmacie de Platon », dans *La dissémination,* Paris, Seuil, 1972, p. 69 sq.].

Voilà donc une lettre sur le roman de la langue ou sur la langue des romans, sinon sur la langue romane. Elle nous introduit à la philosophie du langage qui sera proposée plus tard dans le *Discours*. (En l'analysant au cours d'une autre séance de séminaire, nous essaierons de préciser l'enjeu du *cogito* comme acte de pensée *et* comme *speech act*.)

Dès le premier paragraphe, Descartes annonce sans détour que si la proposition lui paraît « admirable », elle le déçoit à y regarder de plus près. Le socle de sa critique se met aussitôt en place. En toute langue, il y a deux choses à apprendre, la syntaxe et la sémantique ou, dans les termes que Descartes emprunte ici à la plus solide (mais aussi la plus problématique) tradition, « la signification des mots et la grammaire ». Sur aucun de ces plans, Hardy n'aurait rien proposé de nouveau ou de satisfaisant. Quant à la « signification des mots », Descartes a beau jeu d'ironiser sur la quatrième proposition de Hardy qui prescrit de *« linguam illam interpretari dictionario »*, ce que, dit Descartes, « un homme un peu versé aux langues peut faire sans lui en toutes les langues communes [1] ». S'il s'agit de forger une langue qu'on apprend en cherchant le sens des mots dans le dictionnaire, on peut le faire pour toute langue, y compris le « chinois ». Si tout le monde ne peut pas le faire, c'est à cause de la difficulté de la grammaire : « et je devine que c'est tout le secret de votre homme ». Pourtant, cela doit être très facile, selon Descartes, dès lors qu'on forge ou configure une langue absolument simplifiée : une seule conjugaison, une seule déclinaison, une seule construction de mots, sans vocables défectifs ou irréguliers, « choses venues de la corruption de l'usage [2] » : ce qui implique de la part de Descartes une interprétation de la structure et de l'histoire de la langue, de son processus de dégénérescence; celui-ci serait

1. [*Œuvres et Lettres, op. cit.*, p. 911].
2. [*Ibid.*, p. 912].

lié par accident à l'usage historique et non à l'essence originaire
de l'idiome; la dégénérescence aurait la forme de la complication inutile, de l'irrégularité au regard d'une régularité ou
d'une simplicité originaires à restaurer. De même, dans la
nouvelle langue de Hardy (une seule conjugaison, une seule
déclinaison, une seule construction de mots sans défectifs ou
irréguliers), l'inflexion des noms et des verbes se fera seulement
par affixes, devant ou après les « mots primitifs ». Il n'est pas
possible de savoir si cette expression de « mots primitifs » qui
est aussi pascalienne et en vérité assez courante, se trouve chez
Hardy ou seulement dans la lettre de Descartes. Il s'agit de
mots dont l'unité de signification ne se laisse ni décomposer
ni dériver. Ce sont des éléments simples et originaires, autant
de points d'arrêt pour l'analyse. Descartes semble reprendre à
son compte l'hypothèse que de tels mots existent dans toutes
les langues. Comme son projet de langue universelle (possible-
impossible), vraie et romanesque, suppose des idées simples,
il semble aller de soi que les « mots primitifs » doivent y
correspondre. La langue universelle de Descartes, nous y vien-
drons plus tard, sera construite à partir de quelque chose comme
ces mots primitifs. Pour l'instant, il s'agit de dénigrer Hardy,
moins pour ce qu'il peut rencontrer de difficultés ou d'objections
mais pour la banalité, voire la facilité de son propos! Si on
dispose d'un dictionnaire nouveau et d'une grammaire si simplifiée, « ce ne sera pas merveille que les esprits vulgaires
apprennent en moins de six heures à composer en cette langue
avec l'aide du dictionnaire, qui est le sujet de la première
proposition ».

Jusqu'ici, Descartes ne reproche rien à Hardy que l'extrême
banalité de son invention : il a inventé le fil à couper le beurre!
On a du mal à se défendre d'une impression de mauvaise foi
mêlée de jalousie ou de ressentiment. Car après avoir facilement
ironisé sur la facilité de l'invention, Descartes accuse paradoxalement la difficulté qu'il y aurait à faire accepter et à faire

utiliser cette langue nouvelle. Avant de s'étendre sur la difficulté pratique de cette facilité théorique, Descartes distille quelques méchancetés sur le discours en quelque sorte promotionnel dont M. Hardy entoure un produit philosophiquement médiocre, pour « faire valoir sa drogue » ou « louer sa marchandise ». Ces traits en disent plus sur le ressentiment de Descartes que sur ce dont il prétend parler. Situation classique.

« Pour faire valoir sa drogue », Hardy propose – et c'est la seconde proposition qui me paraît fort intéressante dans son principe – de considérer que, la langue nouvelle une fois connue, toutes les langues en seraient, en figureraient, comme les dialectes. On *feindrait* ainsi de tenir les langues naturelles pour des sous-langues historiques, des langues généalogiquement dérivées de cette langue universelle feinte, inventée ou ré-inventée. Cette dernière deviendrait, fictivement, une langue primitive reconstituée. Il y aurait là un roman de la langue. Il ressemble à une petite différence près – dont Descartes est très jaloux – à celui que ce dernier voudra lui substituer. Cette petite différence n'est pas mince, il l'appellera « vraie philosophie »; mais il n'est pas sûr que sous ce nom elle ait toute la consistance et toute l'originalité que Descartes une fois de plus revendique – comme il le fera plus tard pour son « je pense donc je suis » contre la filiation augustinienne le jour de la mort de son père, ou pour l'argument ontologique contre la preuve anselmnienne de l'existence de Dieu. Ici, c'est à l'égard de l'invention de la primitivité même, de cette prétendue langue primitive, archi-paternelle ou archi-maternelle, qu'il se montre jaloux. Accuser l'inventeur de « faire valoir sa drogue », voilà un jet de venin assez surprenant dans une discussion philosophique qui devrait rester sereine, d'autant plus que l'accusé n'est pas là, seulement le médiateur en la personne du Père Mersenne. L'enjeu doit être grave, voilà ce qu'il faut se dire chaque fois que l'objection philosophique prend la forme violente de la dénonciation ou de la délation, ne l'oublions jamais. Où Descartes a-t-il été touché? Lisons.

Comme par hasard, au moment de la plus méchante insinuation, le seul exemple qu'il trouve pour soutenir son sarcasme, c'est « l'amour » « aimer, *amare, philein,* etc. ».

> Pour la seconde, à savoir : *cognita hac lingua, cæteras omnes, ut eius dialectos, cognoscere,* ce n'est que pour faire valoir la drogue; car il ne met point en combien de temps on les pourrait connaître, mais seulement qu'on les considérerait comme des dialectes de celle-ci; c'est-à-dire que n'y ayant point en celle-ci d'irrégularités de grammaire comme aux autres, il la prend pour leur primitive. Et de plus il est à noter qu'il peut en son dictionnaire, pour les mots primitifs, se servir de ceux qui sont en usage en toutes les langues, comme de synonymes. Comme par exemple, pour signifier *l'amour,* il prendra *aimer, amare, philein,* etc. Et un Français en ajoutant l'affixe, qui marque le nom substantif, à *aimer,* fera l'*amour,* un Grec ajoutera le même à *philein,* et ainsi les autres.
>
> En suite de quoi, la sixième proposition est fort aisée à entendre : *scripturam invenire, etc.* Car, mettant en son dictionnaire un seul chiffre, qui se rapporte à *aimer, amare, philein,* et tous les synonymes, le livre qui sera écrit avec ces caractères pourra être interprété par tous ceux qui auront ce dictionnaire [1].

Descartes se méfie aussi du mot « *arcanum* » (secret) utilisé par Hardy pour « louer sa marchandise ». Descartes est pour une philosophie sans secret et dès qu'il voit apparaître ce mot « en quelque proposition », surtout en latin, il « commence à en avoir mauvaise opinion ». Mais sa mauvaise foi recourt encore à l'argument dit du chaudron (« le chaudron que je te rends est neuf, d'ailleurs les trous y étaient déjà quand tu me l'as prêté, et puis tu ne m'as jamais prêté de chaudron »). Car

1. [P. 912].

il accuse le soi-disant inventeur de ne désigner, sous le nom d'*arcanum* qu'un pseudo-secret, une recette trop facile à enseigner. Et voici que la facilité devient un péché.

Dans la deuxième partie du réquisitoire, Descartes tente de démontrer que cette invention trop facile est trop difficile à mettre en œuvre, alors même que Hardy prétend pouvoir l'enseigner en six heures. Cette invention serait utile au public, feint d'admettre Descartes, « si tous les hommes se voulaient accorder à la mettre en usage, sans deux inconvénients majeurs que je prévois ».

Ces deux inconvénients ne sont pas d'ordre strictement linguistique, plutôt historique et social. A-t-on le droit de faire cette distinction?

D'une part, les peuples s'habituent aux sons de leur propre langue et n'en supportent pas d'autre. Ce qui nous est facile et agréable devient rude et insupportable aux Allemands. Si on peut tout au plus éviter ce désagrément pour une ou deux langues, ladite langue universelle ne serait bonne que pour un pays : « Nous n'avons que faire d'apprendre une nouvelle langue, pour parler seulement avec les Français. » Autre paradoxe? autre dénégation? Descartes dénonce une utopie, et c'est une autre utopie qu'il présentera lui-même, sans s'en cacher, un peu plus tard. Ce ne sera pas une incohérence si, dans le cas de Hardy, la résistance des usages doit tenir au fait que la « nouvelle langue » est trop peu philosophique. Celle de Descartes rencontrera des résistances, au contraire, parce que et dans la mesure où elle veut être philosophique. Et son « roman » sera un roman philosophique.

D'autre part, et c'est le second inconvénient pratique, il y aurait la difficulté d'apprendre les mots de cette nouvelle langue. L'explication nous intéressera dans la mesure où elle touche à ce qui constitue le seul élément séduisant du projet pour Descartes : un système de notation graphique, une écriture plutôt qu'une langue universelle. Descartes en prend prétexte

pour avancer son propre projet de langue et d'écriture universelles, sa « grande méthode », pourrait-on se risquer à dire.

Il n'y aurait aucun problème d'apprentissage pour les mots
primitifs de la propre langue de chacun. Chacun les connaît
ou les apprend sans peine. Mais il ne sera entendu que par ses
compatriotes, à moins que l'autre ne cherche dans le dictionnaire; ce qui n'est pas commode, et personne ne voudra
apprendre les mots primitifs de toutes les langues. A moins
encore que le recours à l'écriture ne soit la solution, et c'est au
cours de cette argumentation que Descartes reconnaît la seule
utilité de l'invention : la possibilité d'une caractéristique universelle, l'impression d'un gros dictionnaire en toutes les langues
avec des caractères communs pour chaque mot primitif. Ces
caractères, nous les appellerions couramment ou confusément
« idéographiques », mais Descartes ne se sert pas de ce mot.
Ils désigneraient non pas des sons ou des syllabes mais des
concepts, des unités sémantiques. L'exemple de cette écriture
idéographique, c'est encore l'amour : « Toute l'utilité donc que
je vois *qui peut réussir* [je souligne] de cette invention, c'est
pour l'écriture : à savoir, qu'il fît imprimer un gros dictionnaire
en toutes les langues en lesquelles il voudrait être entendu, et
mît des caractères communs pour chaque mot primitif, qui
répondissent au sens, et non pas aux syllabes, comme un même
caractère pour *aimer, amare,* et *philein;* et ceux qui auraient ce
dictionnaire et sauraient sa grammaire, pourraient en cherchant
tous ces caractères l'un après l'autre interpréter en leur langue
ce qui serait écrit. »

Descartes reste prudent. N'excluant pas l'hypothèse d'un
déchiffrement insuffisant de sa part (l'invention est elle-même
un texte à décrypter et Descartes n'en dispose que par l'intermédiaire d'une lettre, d'une interprétation à interpréter), il
craint encore que cette nouvelle technique ne soit utile que
pour « lire des mystères et des révélations », restant trop lourde
pour d'autres usages. Cette allusion aux mystères et aux révé-

lations vise toute une activité effervescente de l'époque autour de nouvelles écritures secrètes. Ne pouvant m'y étendre ici, je me permets de vous renvoyer à des références que j'y fais dans *De la grammatologie* [1].

Au-delà de cette critique, quelle est la contre-proposition cartésienne? Il s'agirait donc d'une méthode pour instituer les mots primitifs et les caractères correspondants. C'est bien d'institution qu'il s'agit ici, au sens le plus strict. Cette méthode, intelligence artificielle, machine à traduire, à la fois langage et écriture, se laisserait enseigner en peu de temps. Son ressort essentiel, sa nouveauté, son universalité autant que sa facilité économique, c'est le principe d'ordre, le « moyen de l'ordre ». Encore une détermination de l'*odos,* du chemin et du passage. Il s'agit de l'« ordre entre toutes les pensées qui peuvent entrer en l'esprit humain ». L'ordre et la structure de ces marques (linguistiques et graphiques) seraient fondés sur l'ordre du sens et de la pensée. C'est un ordre universel et simple, ici encore garanti par l'analogie avec les mathématiques, singulièrement avec l'arithmétique. Car « de même », « il y en a un [ordre] naturellement établi entre les nombres; et comme on peut apprendre en un jour à nommer tous les nombres jusques à l'infini, et à les écrire en une langue inconnue, qui sont toutefois une infinité de mots différents, qu'on pût faire de même de tous les autres mots nécessaires pour exprimer toutes les autres choses qui tombent en l'esprit des hommes. Si cela était trouvé, je ne doute point que cette langue n'eût bientôt cours parmi le monde; car il y a force gens qui emploieraient volontiers cinq ou six jours de temps pour se pouvoir faire entendre par tous les hommes [2] ».

Hardy n'y a pas pensé, il n'a pas commencé, en philosophe, par penser l'ordre, selon l'ordre, le vrai rapport de dépendance

1. [Paris, Minuit, 1967, chap. 2].
2. [P. 914].

entre cette nouvelle langue et la « vraie » philosophie, qui seule permet de « dénombrer toutes les pensées des hommes », de les distinguer dans leur clarté et leur simplicité. Tel serait le seul *arcanum,* le secret comme secret de la méthode et de la langue, le secret pour acquérir « la bonne science ».

Or après avoir vanté non seulement la possibilité de cette langue, sa nécessité aussi mais surtout sa facilité, voici que Descartes conclut en un tournemain catastrophique à l'impraticabilité de la chose. Conclusion, donc :

> Et si quelqu'un avait bien expliqué quelles sont les idées simples qui sont en l'imagination des hommes, desquelles se compose tout ce qu'ils pensent, et que cela fût reçu par tout le monde, j'oserais espérer ensuite une langue universelle fort aisée à apprendre, à prononcer et à écrire, et ce qui est le principal, qui aiderait au jugement, lui représentant si distinctement toutes choses, qu'il lui serait presque impossible de se tromper ; au lieu que tout au rebours, les mots que nous avons n'ont quasi que des significations confuses, auxquelles l'esprit des hommes s'étant accoutumé de longue main, cela est cause qu'il n'entend presque rien parfaitement.
>
> Or je tiens que cette langue est possible, et qu'on peut trouver la Science de qui elle dépend, par le moyen de laquelle les paysans pourraient mieux juger de la vérité des choses, que ne font maintenant les philosophes. Mais n'espérez pas de la voir jamais en usage ; cela présuppose de grands changements en l'ordre des choses, et il faudrait que tout le monde ne fût qu'un paradis terrestre, ce qui n'est bon à proposer que dans le pays des romans [1].

Voilà donc tout à coup que le pays des romans devient le pays de la « bonne science », la philosophie y régnerait sans partage, l'arbitraire du signe et la rationalité techno-scientifique

---

1. [*Ibid.,* p. 915].

y seraient la loi, et d'abord la loi de la langue ou de l'écriture — car ce serait la même. La carte de ce pays romanesque aurait quelque analogie, si même elle ne se confondait pas avec la carte de la rationalité méthodologique, celle de l'ordre et du chemin devenu méthode. J'insiste sur l'arbitraire du signe. Même si le thème n'en est pas proprement nommé, il soutient toute la logique de cette Lettre. Et surtout celle de la lettre suivante (à Mersenne encore, le 18 décembre 1629) qui distingue entre deux sortes d'universalités sémiotiques, d'une part celle d'un langage absolument naturel, d'autre part celle d'un code totalement artificiel et construit de façon arbitraire. Immédiatement ou non, les deux sont universellement intelligibles. L'opposition de la nature et de l'art, de *physis* et de *tekhnè* règle encore cette sémiotique. « Les voix qu'on jette, criant ou riant, sont semblables en toutes les langues. Mais lorsque je vois le ciel ou la terre, cela ne m'oblige point à les nommer plutôt d'une façon que d'une autre; et je crois que ce serait le même, encore que nous eussions la justice originelle [1]. » La différence de structure entre le langage absolument naturel (à distinguer de la « langue naturelle ») et le langage absolument artificiel reste infranchissable. Et comme la langue dite « naturelle », faite de mots et de noms, est fondée sur cet arbitraire du signe, elle ne sera jamais naturelle, de cette naturalité du cri ou du rire qui passe, selon Descartes, toutes les frontières nationales.

La « langue naturelle » se situe entre les deux universalités. Or les paysans, aussi bien que les philosophes réels (distincts du philosophe de la vraie philosophie), parlent cette langue naturelle. Ils ont donc au moins autant de réceptivité à cette nouvelle langue rationnelle, « par le moyen de laquelle [ils] pourraient mieux juger de la vérité des choses que ne font

---

1. [Descartes, *Œuvres philosophiques,* t. I, *op. cit.,* éd. de F. Alquié, p. 234].

maintenant les philosophes ». Ils ne sont pas prévenus ou circonvenus par de faux savoirs et une fausse idée de la science. Toutefois paysans et philosophes d'aujourd'hui – et l'on pourrait y ajouter les faibles esprits et les femmes – ont en commun, avec cette langue naturelle, une sorte d'*habitus* conservateur. Ils refuseront toujours de changer l'ordre des choses pour en appeler à l'ordre des pensées. Ils refuseront le paradis terrestre ou le pays des romans. On a le sentiment que ce mauvais ordre des choses correspond à la fatalité d'une chute. Un péché originel nous aurait chassés du paradis et imposé cette langue naturelle qui n'est plus *purement* naturelle et ne sera jamais *purement* artificielle. Le roman, le pays des romans, ce serait la langue du paradis avant la chute : mythe d'une langue pure *in illo tempore,* purement naturelle ou purement artificielle. Et cela reviendrait au même. La langue paradisiaque et la langue de la méthode auraient en commun la transparence universelle. Il n'y aurait même plus à désirer la méthode.

Entre les deux, il y a la méthode à construire et il y a l'histoire. L'histoire ne s'écrit pas comme un roman, le roman ne raconte pas une histoire vraie. L'imagination philosophique a plus d'affinité avec la rationalité pure, elle rêve d'une langue pure : la vraie philosophie.

Il faudrait maintenant aller plus loin et préciser l'histoire du roman, du mot « roman » et du genre littéraire ainsi nommé, des rapports entre rhétorique et roman : avant et pendant l'époque du discours cartésien [1].

1. Cf. Roger Dragonetti, *La vie de la lettre au Moyen Age,* Paris, Seuil, 1980 (cf. notamment le chapitre « Rhétorique et roman »).

Chaire vacante :
censure, maîtrise et magistralité *

Nous entamons ici un deuxième trajet. Pas plus que le premier, il ne nous conduira vers quelque ligne surplombante depuis laquelle nous pourrions dominer la totalité d'une époque ou d'un territoire historique. Il s'agira de situer quelques points de repère signifiants pour mesurer un déplacement ou la transformation d'une problématique. Cela suppose de notre part des choix et des risques stratégiques.

Je prends ainsi les risques d'un saut sans transition apparente entre deux grands moments des structures institutionnelles de la philosophie en Europe. Descartes fut, pour nous, au cours des dernières séances, l'exemple d'un philosophe qui, pour s'expliquer et se débattre avec toutes sortes d'instances institutionnelles, ne le fit pourtant jamais en tant que philosophe *enseignant, professeur* et *fonctionnaire* dans une université d'État.

* [Paru dans *Texte,* nº 4, 1985. Traduction/textualité − Text/transla-tability, Toronto; Trinity College].

343

Il a sans doute posé des questions pédagogiques, analysé la rhétorique et la langue de l'« exposition », mais sans avoir à traiter d'un enseignement philosophique organisé par l'État et confié à des maîtres qui sont aussi des serviteurs de l'État.

Or à la fin du XVIIIᵉ et au début du XIXᵉ siècle, on le sait, la situation se transforme partout en Europe à cet égard. Et c'est à la constitution de ce nouvel espace que nous allons maintenant nous intéresser, celui de la philosophie dans l'université d'État et de la figure du philosophe-fonctionnaire. Naturellement, une telle mutation ne peut pas rester extérieure au discours philosophique lui-même, à ses procédures et à son contenu. Et en nous limitant ici à quelques indices exemplaires, à commencer par la figure *kantienne* de cette nouvelle situation, nous essaierons de ne pas isoler les considérations dites « externes » des analyses de contenu.

Je déclare donc sans autre détour le point de départ, puis le fil conducteur que j'ai pris le risque de choisir pour ce deuxième trajet : c'est la question de la *censure,* telle qu'elle peut se poser entre la Raison et l'Université. Nous parlerons donc de la censure comme institution, de la censure hors institution, dans l'université ou aux limites de l'université, et telle qu'elle peut opérer comme pouvoir académique ou comme pouvoir d'État.

Déployée dans sa dimension la plus ample, la question pourrait prendre une forme paradoxale : la raison peut-elle être censurée? Doit-elle l'être? Peut-elle à son tour censurer ou s'autocensurer? Peut-elle trouver de bonnes ou de mauvaises raisons à la censure? *Bref, qu'est-ce que la censure comme question de la raison?*

Comme il le fait dans *Le Conflit des Facultés* [1], Kant cherche à justifier *(begründen),* à fonder en raison, de façon critique et

1. Immanuel Kant, *Le Conflit des Facultés,* trad. J. Gibelin, Paris, Librairie philosophique J. Vrin, 1973.

discernante, une situation apparemment factuelle qu'il faut rappeler au moins sommairement. Il s'agit en somme de la mort d'un roi, comme pour confirmer par l'événement que la force de loi ou le retour en force de la loi passe toujours par un roi mort. En août 1786, le roi libéral, Frédéric II, est remplacé à sa mort par Frédéric-Guillaume II. On attribue à l'influence de son ministre, Woellner, l'offensive qui se développe alors contre les tenants de l'*Aufklärung*. Quelques années après l'Édit de Religion de juillet 1788, qui interdit tout ce qui paraît s'opposer à la religion officielle, la censure est instaurée à Berlin. En décembre 1788, c'est la loi contre la liberté de la presse. Après la Révolution française, en 1792, une commission de censure est installée. Elle interdit en juin 1792 la publication de la Deuxième Partie de *La Religion dans les limites de la simple raison* [1]. Kant proteste, il s'adresse à la Faculté de théologie de Königsberg, puis à la Faculté des Lettres d'Iéna dont le doyen finit par accorder l'*imprimatur*. En 1793, la publication vaut à Kant la fameuse réprimande du roi. Kant y répond et s'explique dans la « Préface » au *Conflit des Facultés* [2]. C'est à des experts en théologie, à des théologiens officiels et patentés (par l'État) que revenait, dans cette situation, le droit et le pouvoir de dire ce qui appelle ou non la censure. Ils sont les dépositaires légitimes et reconnus d'un savoir, ils sont censés savoir ce qui va ou ne va pas contre la religion officielle. Or pour avoir une première image des lignes de partage, des divisions critiques, des frontières conflictuelles et des dissociations intérieures qui sillonnent le territoire sur lequel nous nous engageons, situons, tel un emblème, la partition dont peut souffrir un théologien, selon Kant, quand il doit

---

1. Immanuel Kant, *La Religion dans les limites de la simple raison*, trad. J. Gibelin, Paris, Librairie philosophique J. Vrin, 1952, 1983.
2. Voir ce texte et mon article « *Mochlos,* ou le conflit des facultés », *Philosophie,* n° 2, avril 1984, p. 21-53 [dans ce volume, p. 397].

assumer, en une seule personne, deux fonctions. Dans la « Préface » à la première édition de *La Religion dans les limites...* (1793), Kant nous explique la nécessité et la légitimité de la censure. La sainteté rationnelle de la loi morale doit être l'objet « *du plus grand respect* » *(der größten Achtung)*, d'une adoration : celle-ci s'adresse à la Cause Suprême *(Ursache)* qui accomplit ces lois. Or ce qu'il y a de plus sublime se rapetisse *(verkleinert sich)* entre les mains des hommes, c'est-à-dire des êtres finis. Au respect libre de la loi morale, seul respect authentique, il faut donc ajouter des lois de contrainte *(Zwangsgesetze)*. Il faut s'accommoder d'une critique qui dispose de la force, c'est-à-dire d'une *censure*. Or le théologien qui censure les livres *(der Bücher richtende Theolog)* peut avoir été nommé, placé, préposé *(angestellt)*, posté, appointé par l'État, en accord avec l'Église, dans deux *fonctions,* avec deux finalités. Le même individu peut appartenir à deux instances. Il peut être nommé censeur, en tant qu'ecclésiastique, pour s'occuper du salut des âmes *(Heil der Seelen)* ou encore, en tant que savant *(Gelehrter)* pour le salut des sciences *(Heil der Wissenschaften)*. On doit supposer que les deux saluts ne vont pas de pair, au moins de façon immédiate. En tant que savant, chargé de veiller au salut des sciences, ce théologien appartient en fait (à cette époque) à une institution publique, institution à laquelle, sous le nom d'université *(Glied einer öffentlichen Anstalt der unter dem Namen einer Universität...)* sont confiées toutes les sciences. Si elle s'exerce dans cette institution, la censure ne doit causer aucun dommage aux sciences et à la vérité telles qu'elles sont librement cultivées par l'université. Et je rappelle que le garant, le gardien de la vérité, pour toutes les facultés (supérieures ou inférieures) de l'université, c'est le philosophe, qui a aussi un droit de censure (ou devrait l'avoir, selon Kant) dans tout le champ intérieur de l'institution universitaire. Le théologien chargé du salut des âmes sera donc bien distinct, fût-ce à l'intérieur d'une même personne, du théologien d'université chargé du salut des sciences. A négliger cette règle de bipartition, à franchir cette frontière, on reviendrait à une situation pré-galiléenne; on reproduirait ce qui s'est passé avec Galilée : un théologien biblique, « *pour humilier l'orgueil des sciences et s'en épargner l'étude* », intervient dans le domaine des sciences (astronomie, histoire ancienne et histoire de la terre, etc.).

Telle serait la division intérieure du théologien biblique. Mais il y a aussi la division intérieure du théologien en général; il peut être théologien *biblique* (expert d'une religion positive et révélée) mais aussi théologien *philosophe,* théologien « rationnel ».

Avant d'y revenir, ce motif de la censure une fois mis en place, je voudrais justifier davantage mon choix et mon insistance sur ce thème. Celui-ci peut paraître anachronique pour qui voudrait amorcer une réflexion sur la raison universitaire *moderne.* Aujourd'hui, surtout dans les régions que nous habitons, il semble bien qu'il n'y ait plus de censure sous la forme stricte que nous venons d'évoquer : des universitaires ne se voient plus interdire la publication d'un discours, parlé ou écrit, par un arrêté gouvernemental (royal en l'occurrence) à partir de l'avis formulé par une commission de censure composée d'autres universitaires appointés par l'État. Il serait néanmoins naïf d'en conclure que dès lors la censure a disparu, même si on se réfère à la définition qu'en donne Kant, à savoir une « *critique qui dispose de la force* », et dès lors interdit, réduit au silence ou limite la manifestation de la pensée, l'écrit ou la parole. Ce qui peut avoir changé, c'est la forme que prend l'usage de cette force, le lieu et la machinerie de son application, de sa distribution, la complication, la diversification et la surdétermination de ses trajets. Mais comment le nier? Il y a des choses qui ne peuvent pas se dire dans l'université – et hors de l'université. Il y a certaines manières de dire certaines choses qui ne sont ni légitimes ni autorisées. Il y a tout simplement des « objets » qu'on ne peut pas étudier, analyser, travailler dans certains départements d'université. La censure ne consiste d'ailleurs pas à réduire au silence absolu. Il suffit qu'elle limite le champ des destinataires, ou des échanges en général. Il y a censure dès que certaines forces (liées à des pouvoirs d'évaluation et à des structures symboliques) limitent simplement l'étendue d'un champ de travail, la résonance ou la propagation d'un discours. Aujourd'hui, cela ne procède pas nécessairement d'un organisme central et spécialisé, d'une personne (le roi ou son ministre), d'une commission officiellement constituée à cet effet. Au travers d'un réseau très différencié, voire contradictoire, la censure qui pèse sur l'université ou qui en procède (car l'université est toujours censurée *et* censurante), ce pouvoir interdicteur se trouve associé à d'autres instances : autres institutions de recherche et d'enseignement, nationales ou internationales, pouvoir éditorial, médias, etc. Dès lors qu'un discours, même s'il n'est pas interdit, ne peut pas trouver les conditions d'une exposition ou d'une discussion publique *illimitée,* on peut parler, si abusif que cela puisse paraître, d'un effet de censure. L'analyse en est plus nécessaire et plus difficile que jamais.

Prenons un exemple. Quand une institution (je pense ici au Collège International de Philosophie récemment créé) se propose d'accueillir en priorité des recherches actuellement non légitimées ou insuffisamment développées dans d'autres institutions (françaises ou étrangères), qu'est-ce que cela signifie, sinon un défi à la censure ou le projet (clairement formulé dans le Rapport de la Mission constituée en vue de la création de ce Collège) de lever certaines censures? Il s'agit de privilégier l'accès à ces « choses » qu'on ne laisse pas se dire ou se faire dans les institutions actuelles. Par « institutions actuelles » on doit entendre la totalité du champ organisé dont je parlais tout à l'heure, universitaire et para-universitaire, l'édition, la presse, les médias, les nouveaux systèmes d'archivation, etc. Ne pas « légitimer », selon tel ou tel critère, ne pas donner les moyens de la manifestation, c'est déjà censurer. Bien entendu, le champ des « choses » à étudier, dire ou faire, étant en droit sans limites assignables, la délimitation censurante reste inévitable dans un champ fini et nécessairement agonistique. A chaque moment, des forces se trouvent réprimées, limitées, refoulées, marginalisées, minorisées, selon les ruses les plus diverses. Un livre publié à deux mille exemplaires, un livre non traduit reste aujourd'hui un document quasiment confidentiel et privé. En proposant une institution apparemment paradoxale qui viendrait lever la censure exercée dans le système des autres institutions, il faut savoir qu'on lui assigne une idée régulatrice par essence inaccessible : une idée au sens kantien, justement. Une telle institution ne pourra voir le jour, devenir *effective,* que dans une situation donnée (donc finie) où elle passera des transactions avec l'état du système en place, donc avec un certain dispositif de la censure, un certain rapport de force entre le censuré et le censurant, c'est-à-dire parfois un certain rapport d'autocensure. Il n'y a jamais de censure pure ou de levée pure de la censure, ce qui fait douter de la pureté rationnelle de ce concept qui pourtant ne va jamais sans la raison et sans le jugement, sans le recours à la loi. Il faut savoir aussi qu'une institution nouvelle qui se proposerait de lever des censures devrait non seulement laisser dire et faire des « choses » nouvelles, mais aussi se livrer en permanence à une analyse théorico-institutionnelle (auto- et hétéro-analyse) pour y détecter les effets de censure ou de non-légitimation de tous ordres. Elle devrait analyser ses propres instruments d'analyse : par exemple ce concept de censure (un peu désuet aujourd'hui) ou celui qui a pris son relais déplacé, celui de légitimation (non- ou dé-légitimation) qui, ayant des origines très précises dans l'histoire de la pensée sociologique et politique, par exemple du côté de Max Weber, doit comporter, dans sa structure conceptuelle même, des limites et donc ses propres effets censurants (quelle est la « légitimité » du concept de légitimation ?). Ces concepts de censure ou de légitimation comportent des obstacles théoriques et pratiques, et cela en raison même du champ dont ils ont été importés. On peut le dire *a priori* et sans que cela les disqualifie totalement. Simplement ce champ n'est plus le nôtre. Pour amorcer, très modestement et de façon toute préliminaire un tel travail, je crois nécessaire de revenir à la constitution de ce concept philosophique de la censure chez Kant.

J'en rappelle donc les traits essentiels. La possibilité de la censure – sa nécessité aussi et sa légitimité – surgit en ce lieu où une institution vient à la fois s'interposer et assurer la médiation entre la raison pure (ici sous sa forme la plus haute, la raison pure pratique) et la disposition de la force, la force à la disposition de l'État. On ne doit même pas dire que l'institution utilise la censure ou subit la censure : on ne peut en vérité construire le concept d'institution sans y inscrire la fonction censurante. Les lois pures de la raison pratique devraient n'obliger que dans la mesure où elles sont honorées par un respect libre. Dès lors que la sublimité de la loi morale « se rapetisse » entre les mains de l'homme, le respect doit être imposé de l'extérieur par des « lois de contrainte ». Celles-ci tiennent donc à la finitude et à la faillibilité de l'homme. Et c'est justement au sujet du mal, de la possibilité d'un « mal radical », que la question de l'université ressurgira, avec celle de la censure, sous une forme aiguë, voire aporétique. Si nous avions le droit de céder à la facilité de tels raccourcis, nous pourrions dire que sans le principe du mal dans l'homme il n'y aurait pas d'université. Ce ne serait pas faux, mais il n'est pas bon d'aller si vite.

La définition kantienne de la censure est simple : une *critique* qui dispose de la force *(Gewalt)*. La force pure à elle seule ne censure pas et d'ailleurs ne saurait porter sur des discours ou des textes en général. Une critique sans pouvoir ne censure pas davantage. Évoquant la force, Kant pense évidemment à une force politique liée au pouvoir d'État. *Gewalt,* c'est la force légale. Que dans la plupart des cas où s'exerce la censure, comme institution officielle, au moins depuis le XVIIe siècle (avec le développement de l'imprimerie, les conflits autour de la religion, la censure au service de l'Église catholique ou dans le cas célèbre de la censure calviniste à Genève), elle soit surtout chose d'Église, cela suppose toujours un pouvoir théologico-politique, une solidarité organique entre l'Église et l'État. Il s'agit donc toujours de la censure comme institution d'État, disposant de la force publique et agissant par des actes publics. Des commissions sont nommées, connues, centralisées. Les experts de l'université, notamment des facultés de théologie, y ont toujours joué un rôle essentiel. Directement ou non, l'université a toujours été engagée dans la définition et dans la formation des compétences, dans les évaluations, la délivrance ou non des *imprimatur,* les saisies ou interdictions d'importer des ouvrages, etc.

On pourrait interpréter toute la politique kantienne, celle qui est implicitement ou explicitement mise en œuvre par l'entreprise critique, à travers les trois grandes *Critiques,* comme une entreprise politique visant à *prendre acte* et à *délimiter :* à prendre acte d'un pouvoir censurant − et d'une légitimité de la raison d'État comme raison censurante, pouvoir de censurer − mais aussi à délimiter ce pouvoir; non pas en lui opposant un contre-pouvoir mais une sorte de non-pouvoir, de raison hétérogène au pouvoir. Ce serait celui de la raison pure ou, du point de vue de sa traduction institutionnelle, celui de la Faculté de philosophie. Sans doute souhaite-t-il que celle-ci dispose, dans certaines conditions, d'un droit de *« censure »* (et il prononce le mot dans *Le Conflit des Facultés*); mais comme il insiste surtout sur le fait que la Faculté de philosophie ne doit disposer d'aucun pouvoir exécutif, ne doit jamais pouvoir donner d'ordres, cela revient à lui refuser le droit de censure qui ne se sépare pas, dans son concept même, du *pouvoir* de censurer, de la force *(Gewalt)*.

C'est ce que nous allons tenter d'analyser à partir de maintenant. Mais nous devrons rétrécir, pour affiner l'analyse, l'étendue du foyer. Nous ne traiterons pas directement tous les problèmes qui sont enveloppés dans celui-ci, qu'il s'agisse de la raison et de la foi, de la raison pratique et de la religion, de la politique et de l'histoire, et surtout du jugement en général car toute politique de la censure, toute critique de la censure est critique du jugement. La censure est un jugement, elle suppose un tribunal, des lois, un code. Puisque nous parlons de raison et de censure, nous pourrions facilement faire apparaître la chaîne qui relie *ratio* à compte, calcul, censure : *censere* veut dire réputer, compter, computer. Le « census », le « cens », c'est le dénombrement des citoyens (recensement) et l'évaluation de leur fortune par les censeurs. Mais laissons là cette chaîne, bien qu'elle soit nécessaire et signifiante.

Kant entend légitimer une raison d'État comme raison censurante, censée avoir le droit de censurer dans certaines conditions et certaines limites. Mais il veut d'autre part soustraire la raison pure elle-même à tout pouvoir censurant. Elle devrait, en droit, n'exercer aucune censure et échapper à toute censure. Or cette limite entre raison censurante et raison étrangère à la censure passe non pas autour de l'université mais au-dedans d'elle-même, entre les deux classes de faculté : les Facultés supérieures (Théologie, Droit, Médecine), liées au pouvoir d'État qu'elles représentent, et la Faculté inférieure (Philosophie) sur laquelle aucun pouvoir ne devrait avoir droit de regard, pourvu qu'elle se contente de *dire* sans faire, qu'elle dise le vrai sans donner l'ordre, qu'elle le dise *dans* l'université et *non* au-dehors.

Cette étrange limite donne lieu à des antagonismes que Kant veut résoudre en conflit, et en conflits solubles. Il distingue justement entre le conflit et la guerre : celle-ci est sauvage et naturelle, elle n'implique aucun recours au droit, aucune instance institutionnelle d'arbitrage. Le conflit, lui, est un antagonisme réglé, prévisible, codifiable. Il doit aussi *se régler,* les partis adverses doivent pouvoir comparaître devant une instance d'arbitrage.

Deux *remarques* avant d'aller plus loin. Elles concernent toutes deux ce fait ou ce principe, ce fait principiel : pas de censure sans raison. Qu'est-ce que cela veut dire ?

Première remarque : pas de censure sans raison (et sans raison donnée) puisque la censure ne se donne jamais comme une répression brutale et muette réduisant elle-même au silence ce que telle force dominante n'a pas intérêt à laisser se dire, proférer ou propager. Au sens strict que Kant veut délimiter, la censure use certes de la force, et contre un discours, mais toujours au nom d'un autre discours, selon des procédures légales supposant un droit et des institutions, des experts, des compétences, des actes publics, un gouvernement et une raison d'État. Il n'y a pas de censure privée même si la censure réduit la parole à sa condition de manifestation « privée ». On ne parlera pas de censure pour des opérations répressives ou pour un refoulement visant un discours privé (encore moins des pensées sans discours) et contraignant alors à des manœuvres de contrebande, de traduction, de substitution ou de déguisement. Il n'y a de censure que s'il y a *domaine public,* centralisation de type étatique. L'Église peut aussi fonctionner comme pouvoir d'État ou en synergie avec un appareil d'État. Lorsque Freud recourt à ce qu'on appellerait un peu vite la « métaphore » de la censure pour décrire l'opération du refoulement, cette figure n'est qu'une figure dans la mesure où la « censure » psychique ne passe pas, comme la censure au sens strict et littéral, par la voie publique des institutions et de l'État, même si celui-ci peut jouer un rôle fantasmatique dans la scène. Mais d'autre part cette figure est une « bonne » figure dans la mesure où elle en appelle à un principe d'ordre, à la raison d'une organisation centrale, avec ses discours, ses gardiens-experts, ses représentants surtout.

Dès lors, si la censure est certes l'affaire de la raison, s'il n'y a pas de censure sans raison, on ne peut limiter la question de la force répressive ou interdictrice à celle de la censure. Ce serait se contenter d'analyser les relais étatiques, ignorer toutes les procédures, techniques, stratégies, ruses qui interdisent ou marginalisent les discours sans passer nécessairement par l'instance d'une raison d'État ou sans se déclarer publiquement. Institution publique d'État, l'université était au temps de Kant et reste dans une certaine mesure aujourd'hui un lieu très sensible pour suivre cette limite entre raison censurante et raison censurée. C'est encore un lieu très sensible dans les pays « totalitaires » où la forme la plus massive de la répression passe par la censure d'État. Mais dans les sociétés industrielles à régime censément libéral et démocratique, si la censure étatique est très réduite (je ne dis pas nulle) pour l'ensemble du système, en revanche, les mécanismes de l'interdiction, de la répression, du refoulement *sans censure (stricto sensu)*, de la marginalisation ou de la disqualification, de la dé-légitimation de certains discours, de certaines pratiques, de certains « poèmes » sont d'une multiplicité, d'un raffinement et d'une surdétermination croissants.

Ils existaient déjà, et ils étaient déjà fort complexes du temps de Kant – dont le silence à cet égard mériterait une analyse. Mais aujourd'hui cette sur-potentialisation défie tous nos instruments d'analyse. Elle devrait mobiliser de nombreux systèmes de déchiffrement, en direction de lieux aussi divers et diversement structurés que les lois du capital, le système de la langue, la machine scolaire, ses normes et ses procédures de contrôle ou de reproduction, les technologies, en particulier celles de l'information, toutes les politiques, en particulier celles de la culture et des médias (dans les domaines privés et publics), les structures éditoriales, et finalement toutes les institutions, y compris celles de la santé « physique et psychique », sans oublier de croiser entre eux tous ces systèmes et les sujets qui y sont inscrits ou produits, avec la complexité surdéterminée de leur fonctionnement bio-psychique, idiosyncratique, etc. Or à supposer même qu'on maîtrise le système de ces systèmes et qu'on en fasse comparaître le diagramme général sur un ordinateur géant, il faudrait encore pouvoir lui poser la question : pourquoi ceci, tel énoncé par exemple, reste-t-il interdit, ne peut-il être proféré? Qu'une telle question puisse alors être posée, que ladite phrase interdite puisse être dite ou ressentie comme interdite, cela suppose une défaillance, si légère ou furtive soit-elle, en quelque lieu du système, de l'organigramme de l'interdiction. Celui-ci comporte en lui le principe de dérèglement, la force ou contre-force déconstructrice qui lui permet alors de laisser la phrase interdite se dire et même de la déchiffrer. Il ne pourrait même pas « censurer » autrement. Les censeurs savent, sur un mode ou un autre, de quoi ils parlent quand ils disent qu'il ne faut pas en parler.

Deuxième remarque : pas de censure sans raison, disions-nous. C'est vrai en un autre sens. En deçà ou au-delà de ce qui peut lier la possibilité de la raison et celle de la censure (calcul technique et arraisonnement forcé, en force, de ce qui doit et ne doit pas se dire), Kant veut rendre raison de la censure dans un discours sur l'université. Il veut dire la vérité de la censure depuis l'instance de la raison. Ce faisant, ce disant, il voudrait soustraire la raison elle-même à la censure. Comment cela?

Nous l'avons vu, Kant légitime la censure. Il en rationalise la nécessité. Il construit, comme il le fait ailleurs, un schéma de rationalité pure *a priori* pour justifier un état de fait, en vérité le fait de l'État. Il avait fait le même geste pour justifier la division de l'université en « classes » supérieures et inférieures. Kant justifie donc en raison la censure, la critique armée en quelque sorte, la critique appuyée sur une police. Or quel est l'argument essentiel de cette justification? La faillibilité de l'homme. Et qui peut comprendre le mal dans l'homme, qui peut en rendre raison? qui peut en dire le sens et la vérité? qui donc peut dire le sens, la vérité, la possibilité et la nécessité, le fondement même de la censure? La question « qui » se termine très vite en « quelle faculté » : quel expert, quelle corporation d'experts, quelle instance compétente dans l'université? Cela ne peut revenir aux membres des facultés supérieures, dépendantes de l'État, soumises à son autorité, donc au pouvoir de censure. Ni le théologien, ni le juriste, ni le médecin ne peuvent penser le mal et accéder au sens même de la censure qu'ils représentent pourtant. La vérité de la censure n'est accessible qu'au philosophe, à la Faculté de Philosophie. Cette faculté « inférieure » représente le lieu de la raison pure et elle n'a, par essence, par contrat aussi, aucun pouvoir. Nous nous demanderons tout à l'heure si tout simplement *elle a lieu,* si elle a *un lieu,* et si le philosophe lui-même a lieu. Les trois facultés supérieures ont toutes trois une interprétation spécifique du mal radical. Mais elles échouent toutes trois à le comprendre parce qu'elles nient la liberté en concevant ce mal comme simplement « héréditaire » : maladie héréditaire pour la Faculté de Médecine, dette héréditaire pour la Faculté de Droit, péché héréditaire pour la Faculté de Théologie [1].

Cette démonstration, il nous faut la reprendre un peu plus haut, au début de la Première Partie de *La Religion* [2]... Déjà dans la « Préface » à la deuxième édition, juste avant ce chapitre, le problème avait été posé en termes d'autorité et de compétence. Kant rappelle ce qu'il avait dit dans la première « Préface », à savoir que ce qu'il entreprenait revenait de plein droit *(mit vollem Recht)* au savant, au chercheur en théorie de la religion,

---

1. Voir la note de la Première Partie de *La Religion dans les limites de la simple raison,* § 4, [*op. cit.,* p. 62].

2. « De l'inhérence du mauvais principe à côté du bon, ou du mal radical [*das radicale Böse*] dans la nature humaine. » [*Op. cit.,* p. 38 sqq.].

à celui qui étudie la religion du point de vue philosophique. En se livrant à cette recherche, celui-ci n'empiète nullement sur les droits exclusifs *(in die ausschließlichen Rechte)* du théologien biblique, de celui qui est compétent dans la religion positive, historiquement révélée par l'Écriture : « *Depuis j'ai trouvé cette affirmation énoncée dans la morale de feu Michaelis, homme fort versé dans ces deux branches* [...] *sans que la Faculté supérieure y ait vu quelque chose pouvant porter préjudice à ses droits.* » Ce vocabulaire juridique en donne l'indice : ces questions philosophiques concernant le tribunal de la raison doivent être tranchées selon un code et devant des instances légitimes.

Ce partage des droits et des compétences suppose l'institution d'une frontière, d'une ligne ou d'une limite pure et décidable. Kant venait justement de proposer une figure topologique pour la représentation de cette limite. Elle mérite qu'on s'y arrête. Elle propose une définition du philosophe comme « *maître de raison pure* » *(reiner Vernunftlehrer)* et elle préfigure ou configure la place singulière du département de philosophie dans l'université kantienne.

S'expliquant sur le titre de son ouvrage *(La Religion dans les limites de la simple raison)*, Kant remarque que la révélation *(Offenbarung)* en général peut comprendre en soi une pure religion de la raison *(reine Vernunftreligion)*, une religion selon la seule raison. Cette religion rationnelle ne contient pas l'élément historique de la révélation, elle n'a rien d'historique. Toutefois, entre les deux religions, la rationnelle et l'historique, la compatibilité reste pensable, voire l'harmonie. C'est tout le propos et toute l'énigmatique difficulté du livre. Ces deux révélations ou ces deux espaces, naturel et historique, forment deux « *sphères* » ou deux « *cercles* » (Kant se sert des deux mots à quelques phrases d'intervalle) qui ne sont pas extérieurs l'un à l'autre mais l'un dans l'autre inscrit : concentriques. Autour du même centre, le cercle intérieur est celui de la religion révélée ou historique, le cercle extérieur celui de la religion rationnelle. A cet instant, au lieu de situer la philosophie, c'est le philosophe que Kant inscrit dans le cercle le plus large. Il l'appelle le « *maître de raison pure* ».

Cela signifie au moins trois choses.

1. Le maître de philosophie est à l'extérieur du domaine religieux, au moins du domaine historique de la religion positive. Celle-ci *semble*, à *certains égards,* ne pas relever de sa compétence officielle. Je dis bien, « à certains égards », il semble en être ainsi.

2. Mais d'un autre point de vue le philosophe, comme la Faculté de Philosophie, peut connaître *tout* le domaine des autres facultés, dont celle de théologie dans son savoir historique; car la Faculté de Philosophie couvre à la fois le champ du savoir comme savoir *historique* dans son ensemble (l'histoire fait partie de la Faculté de Philosophie) et tous les champs pour ce qui concerne la *vérité*. Kant le dit expressément dans *Le Conflit des Facultés* [1] :

> La Faculté de Philosophie comprend deux sections : celle de la *science historique* (dont dépendent l'histoire, la géographie, la linguistique, les humanités avec tout ce que la science de la nature présente de connaissance empirique); et celle des *sciences rationnelles pures* (mathématique pure, philosophie pure, métaphysique de la nature et des mœurs), ainsi que les deux parties de la science dans leurs rapports réciproques. Elle comprend par suite toutes les parties du savoir humain (donc aussi, au point de vue historique, les Facultés supérieures); sauf qu'elle ne fait pas de toutes ces parties (à savoir des disciplines ou commandements particuliers des Facultés supérieures) le contenu, mais l'objet de son examen et de sa critique, en ayant en vue le profit des sciences. La Faculté de Philosophie peut donc revendiquer toutes les disciplines pour soumettre à l'examen

---

1. Immanuel Kant, *Le Conflit...*, *op. cit.,* 2ᵉ section de la première partie : « Définition et division de la Faculté inférieure », p. 27-28.

leur vérité. Elle ne peut être frappée d'interdit par le gouvernement, à moins que celui-ci n'agisse à l'encontre de sa fin particulière, essentielle.

Le maître de raison pure est *à la fois* localisé dans un département, dans l'espace d'extériorité du plus grand cercle, de celui qui reste extérieur à celui de la théologie biblique par exemple *et* du même coup en mesure de couvrir de son regard, de son inspection critique tout le champ du savoir. Il a deux lieux, un lieu circonscrit et un non-lieu qui est aussi une ubiquité panoptique. Cette topologie définit les pouvoirs juridictionnels. Les Facultés supérieures « *doivent accepter ses objections et ses doutes, qu'elle* [la Faculté de Philosophie] *expose publiquement* ».

3. Ce philosophe est appelé « *maître de raison pure* ». Ce n'est pas un détail insignifiant. Le philosophe n'est pas seulement situé comme un sujet individuel (on parle de la place *du* philosophe et non seulement de celle de la philosophie et de la raison pure) mais aussi comme un sujet *enseignant* dans une institution, sujet compétent et fonctionnaire dispensant une doctrine : c'est un « *Dozent* », quelqu'un qui enseigne à des disciples et dont la qualification est légitimée par l'État. Il a un statut et ce statut n'est plus du tout celui qui dominait dans la philosophie avant Kant. Ni Descartes, ni Spinoza, ni Leibniz, ni Hume, ni aucun des philosophes du XVIIIe n'avaient un tel statut. Entre la formulation du *Principe de raison* par Leibniz et les critiques kantiennes, il y a une sorte de devenir-institution de la raison, plus strictement un devenir-institution-d'État, comme un devenir-faculté de la raison.

La structure topologique de cette institution enseignante dans le discours kantien a un rapport essentiel avec l'architectonique de la raison pure. Celle-ci, on le sait, se trouve exposée à la *fin* de la *Critique de la raison pure* [1]. C'est un chapitre célèbre

1. Immanuel Kant, *Critique de la raison pure,* Paris, PUF, 1944, p. 558 sq.

mais peu interrogé, du moins du point de vue de l'institution enseignante. Or il est à cet égard déterminant et original. Il est singulier de décrire l'architectonique de la raison pure dans son rapport essentiel à la discipline. C'est nouveau dans l'histoire. Sans doute ce chapitre est-il familier dans les lycées français puisqu'on en extrait souvent, pour en faire des sujets de baccalauréat, le fameux « *on n'apprend pas la philosophie, on ne peut apprendre qu'à philosopher* » (*nur philosophieren lernen*). La familiarité même de cette sentence dissimule souvent le contexte serré et difficile qui la détermine et lui donne sens.

1. Il s'agit d'un enseignement, l'enseignement de la raison pure. Kant démontre, ce qui ne va pas de soi, que la raison pure s'enseigne. Et il nous enseigne cet enseignement ou cette discipline originale. Or ce qu'elle a d'unique, c'est que d'une certaine manière on l'enseigne sans l'apprendre. Cet enseignement est un non-enseignement. Ce qui ne s'apprend pas comme on apprend quelque chose, comme on apprend un contenu historique, c'est la raison. N'oublions pas que la phrase célèbre et si souvent citée a *deux* occurrences dans ce même chapitre. Et l'accent se déplace de l'une à l'autre. L'une nous dit :

> Il n'y a donc entre toutes les sciences rationnelles (*a priori*) [*celles qui seront enseignées dans la Faculté de Philosophie à côté des disciplines historiques qui, elles, s'apprennent parce qu'elles sont historiques*] que les mathématiques qui puissent être apprises, mais jamais la philosophie (si ce n'est historiquement); quant à ce qui concerne la raison, on ne peut, tout au plus qu'apprendre à *philosopher.*

On peut certes apprendre la philosophie, mais non philosophiquement, seulement de façon historique. Voyez le maigre chapitre final, qui suit celui-ci, « Histoire de la raison pure »; c'est un petit manuel d'histoire de la philosophie ou de la raison humaine dans une matière qui a jusqu'ici inutilement occupé la « curiosité » et laissé des édifices en ruine. C'est une sorte de préhistoire de l'enfance philosophique sur laquelle Kant dit ne jeter qu'un coup d'œil du point de vue transcendantal, c'est-à-dire du point de vue de la raison pure.

2. Le philosophe, celui qui enseigne sans apprendre, qui enseigne sans enseigner quoi que ce soit, enseigne un acte et non un contenu. C'est un maître *(Lehrer),* néanmoins, et non un artiste *(Künstler),* contrairement à ce qu'on aurait pu penser; car on pourrait considérer comme un artiste celui qui apprend à pratiquer l'*acte* philosophique plutôt que *la* philosophie. Mais

a) ce *Lehrer,* ce *magister* est un *législateur de la raison.* Sa maîtrise ou sa magistralité a un rapport essentiel au droit et à la loi;

b) ce maître de vérité en vérité n'existe pas, il ne se trouve nulle part, il n'a pas lieu, il n'est pas présent, là *(da),* il n'y a pas de *Dasein* de ce maître philosophe. Conséquence : l'université, et en elle la Faculté de Philosophie qui lui donne son sens et sa vérité, constitue un lieu institutionnel pour un maître de la raison pure qui en vérité reste un idéal et n'a jamais lieu nulle part. Autant dire que l'université elle-même n'a pas lieu : présentement.

Comment arriver à cette proposition? comment l'université, l'enseignement et la Faculté de Philosophie constituent-ils des lieux institutionnels faisant droit à un enseignement sans enseignement, pour un maître de la raison pure qui *en fait* n'existe pas et ne se trouve jamais nulle part *(aber da er selbst doch nirgend)?* Comment penser cette corporation sans corps propre?

Nous allons reconstituer le chemin qui conduit à cette proposition singulière. Mais en chemin, nous rencontrerons un troisième thème que je tiens à souligner. Il joue en effet un rôle fondamental chez Kant, mais aussi dans la tradition ultérieure de ce discours philosophique sur l'université, notamment autour de la fondation de l'université de Berlin, en particulier chez Schelling. Plutôt qu'un thème, c'est un schème figural.

On voit s'y croiser, s'ajouter ou se suppléer la figure organique, voire biologique, de l'organisme vivant comme totalité du savoir, du germe (naturel) à partir duquel une institution académique se développe et, d'autre part, la figure proprement architectonique ou architecturale de l'institution comme édifice fondé et structuré, construit comme un artefact. Voilà donc les trois thèmes : 1. le philosophe, maître de la raison, législateur et non artiste; 2. ce législateur comme sujet introuvable et non-lieu de l'institution construite ou de l'organisme développé autour de lui, non-lieu commandant la topologie; 3. la double figure d'une totalité bio-architecturale, nature et artefact, rationalité qu'on peut appeler, de façon à peine anachronique, *bio-technologique.*

L'architectonique, c'est l'art des systèmes *(die Kunst der Systeme),* nous dit Kant. Un système, c'est ce qui convertit la connaissance vulgaire en science. Cela définit aussi la fonction essentielle de la raison : aller au-delà de l'agrégat, de la rhapsodie, former le tout organisé, lui donner une forme *(Bild).* On comprend alors la nécessité de la « métaphore » organiciste, si du moins c'est une métaphore. La raison n'ajoute pas de contenu, elle organise en système, elle coordonne et donne la *forme* organique, elle totalise selon un principe interne. L'architectonique, art du système, ce n'est rien d'autre que la théorie de la scientificité de notre connaissance, puisque cette scientificité tient à l'organicité systémique. Tout cela s'opère, et cette figure n'est pas plus insignifiante que les autres, *« sous le gouvernement de la raison »,* sous le régime et la législation de la raison *(unter der Regierung der Vernunft).* Le maître de philosophie sera un législateur de la raison humaine *(Gesetzgeber der menschlichen Vernunft)* et non un artiste de la raison *(Vernunftkünstler).* Parler de régime, de gouvernement ou de régence de la raison, cela importe pour penser ensemble, dans leurs rapports essentiels, l'université, la Faculté de Philosophie et le pouvoir d'État. C'est aussi un système de relations réglées. Le pouvoir royal devra(it) s'inspirer de la raison, du gouvernement de la raison, pour commander l'université. Il aurait intérêt à ajuster son gouvernement politique au gouvernement de la raison. Cette harmonie, comme idée régulatrice, comme idée de la raison, inspire toute la politique kantienne de l'université.

Le système unifie l'organisation des diverses connaissances sous une Idée (au sens kantien). Que le tout ne se laisse penser que comme Idée (au sens kantien, c'est-à-dire au sens d'une certaine inaccessibilité), comme concept rationnel de la *forme* du tout, cela explique indirectement mais sûrement que le maître de raison pure, corrélat subjectif de cette idée, soit aussi inaccessible qu'elle, en fait, et donc aussi indispensable qu'introuvable. Que d'autre part cette idée soit aussi celle d'un tout organique, cela explique que celui-ci, dans ce cas le savoir même, croisse comme un animal, du dedans et non par addition mécanique de parties :

> Le tout est donc un système organique *(articulatio)* et non un ensemble désordonné *(coacervatio)*; il peut à la vérité croître par le dedans *(innerlich)* *(per intussusceptionem)*, mais non par le dehors *(per oppositionem)*, semblable au corps de l'animal *(wie ein tierischer Körper)* auquel la croissance n'ajoute aucun membre, mais rend, sans rien changer aux proportions, chacun des membres plus fort et plus approprié à ses fins [1].

Par là, le discours de la troisième *Critique* sur la finalité organique et sur la catégorie de totalité du vivant se voit déjà impliqué dans cette rhétorique (et c'est plus qu'une rhétorique) de la *Critique de la raison pure,* singulièrement dans son architectonique.

Celle-ci joue un rôle spécifique, aigu et irremplaçable dans le processus de ce développement, dans l'accomplissement de

---

1. [*Critique de la raison pure, op. cit.,* p. 558].

l'idée. On ne peut penser l'institution universitaire, comme institution de la raison et lieu de déploiement de la science rationnelle, sans ce rôle de l'architectonique. Pas d'architecture universitaire sans architectonique.

L'accomplissement de l'idée suppose en effet ce que Kant appelle un schème *(Schema)*, une figure, une diversité et une ordonnance des parties qui soit essentielle au tout et déterminable *a priori* selon le « principe de la fin » *(aus dem Princip des Zwecks)*. On part de la fin, comme dans toute totalité organique. Quand ce schème ne procède pas de la fin comme fin capitale *(Hauptzweck)* de la raison, quand ce schème reste empirique et livré aux accidents imprévisibles, il ne fournit qu'une unité « technique » et non architectonique. Le choix de ces mots importe. « Technique » signifie ici l'ordre du savoir comme savoir-faire; celui-ci ajuste sans principe une multiplicité de contenus dans l'ordre contingent où ils se présentent. On peut toujours construire des institutions selon des schèmes techniques, avec un souci de rentabilité empirique, sans idée et sans architectonique rationnelle. Mais ce que nous appelons science, dit Kant, ne peut pas se fonder techniquement, c'est-à-dire en se fiant aux ressemblances ou aux analogies des éléments divers, voire en raison des applications contingentes qu'on peut faire de la science. Ce qu'on appelle aujourd'hui, notamment en France, la *finalisation* de la recherche donne lieu à des constructions institutionnelles réglées sur les applications rentabilisables, et donc, dirait Kant, sur des schèmes techniques et non architectoniques. Cette distinction entre le technique et l'architectonique semble donc recouvrir dans une large mesure la distinction entre recherche « finalisée » et recherche « fondamentale ». Ce qui ne veut pas dire qu'une telle distinction ne trouve pas à un certain point sa limite [1]. Si l'on peut

1. Jacques Derrida, « The Principle of Reason : the University in the Eyes of its Pupils », *Diacritics,* décembre 1983, p. 3-20. [Voir dans ce volume, p. 461].

distinguer entre une idée du savoir et un projet d'utilisation technique, alors nous devons continuer à projeter des institutions conformes à une idée de la raison. L'interprétation heideggerienne du *Principe de raison* situe celui-ci du même côté que la technique moderne; elle revient donc à limiter, sinon à contester, la pertinence de la distinction kantienne entre le technique et l'architectonique. Il est vrai qu'un certain au-delà du *Principe de raison,* tel qu'il est interprété par Heidegger, peut toujours se trouver re-finalisé. Cela exigerait alors une refonte de toute la problématique, y compris de l'« idée » de problème, de science, de recherche, d'*épistémè* − et d'idée. Je ne m'y engage pas ici.

Le schème architectonique contient l'esquisse du tout et de sa division en parties. Cette esquisse, la seule qui soit donnée, Kant l'appelle *monogramme :* signature elliptique, enveloppée, une sorte d'initiale dont on a besoin pour commencer à établir une science, et donc pour son institution. Initiale esquisse, initiale esquissée car l'idée de la science habite la raison comme un germe *(Keim).* Toutes les parties d'une sorte d'embryon s'y enveloppent et s'y cachent, inaccessibles, à peine reconnaissables à l'étude microscopique. Pas de radiographie, pas d'échographie pour les entrailles de la raison. Plus bas, Kant compare les systèmes à des vers *(Gewürme)* qui semblent avoir une *generatio aequivoca* et sortir d'un simple assemblage de concepts réunis. Ils semblent d'abord tronqués, mais ils se complètent avec le temps selon la forme à laquelle ils sont prédestinés − et dont le schème s'inscrivait dans le monogramme de la raison. L'organisme une fois développé, on voit apparaître tous les membres du système. L'architectonique générale de la raison humaine, le système de la connaissance dont elle est le monogramme peut être esquissé, dit Kant, et cette esquisse achève aujourd'hui l'œuvre de la critique de la raison pure. Une telle esquisse procède à partir des matériaux réunis ou de la ruine des anciens édifices écroulés. L'esquisse est une reconstitution :

Nous nous bornons ici à achever notre œuvre, c'est-à-dire à esquisser simplement l'*architectonique* de toutes les connaissances provenant de la *raison pure* et nous ne partons que du point où la racine commune *(die allgemeine Wurzel)* de notre faculté de connaître se divise et forme deux branches dont l'une est la raison. Or j'entends ici par la raison tout le pouvoir supérieur de connaître et j'oppose, par conséquent, le rationnel à l'empirique [1].

A ce moment précis se pose la question de l'*apprendre,* la question de la didactique et de la discipline comme question de l'architectonique. Si l'on fait abstraction du contenu même de la connaissance et de son objet, la connaissance *a parte subjecti* est ou bien *rationnelle* ou bien *historique.* Et c'est bien de ce côté *subjectif* de la connaissance que se pose la question de l'acquisition du savoir et donc de l'institution enseignante. Dans ce processus subjectif, la connaissance sera dite *historique* quand elle procède des données *(cognitio ex datis).* Elle est dite *rationnelle* quand elle commence par où *il faut* commencer, *ex principiis,* par les principes. Une connaissance donnée est toujours historique, qu'on l'apprenne par expérience immédiate ou grâce à un récit, au compte rendu d'un discours. Et le même objet peut être connu rationnellement ou historiquement (sur le mode du récit doxographique par exemple). Même un système philosophique, celui de Wolf par exemple, peut être appris historiquement. On peut tout en connaître, jusque dans le détail des articulations, mais le rapport subjectif au système étant alors de mode historique, il suffit d'en oublier un élément ou d'en voir contester une simple définition pour être incapable de la reproduire ou d'en prendre une autre. Il y a là une simple *imitation historique* de la raison comme mémoire ou comme mnémotechnique. On retrouve ici un motif rigoureusement

1. [*Ibid.,* p. 560].

leibnizien [1]. La connaissance historique procède d'une raison étrangère *(nach fremder Vernunft)*. Le pouvoir d'imitation *(das nachbildende Vermögen)* n'est pas le pouvoir de production ou d'invention *(das erzeugende Vermögen)*.

Ici surgit une distinction supplémentaire, la seule à partir de laquelle on puisse rigoureusement comprendre le « on ne peut apprendre la philosophie, on peut seulement apprendre à philosopher ». Cette distinction passe entre deux types de connaissances rationnelles, la *philosophique,* qui opère par concepts purs, et la *mathématique,* qui suppose la *construction* de concepts (et donc, au sens kantien de ce mot de construction, le recours à la sensibilité pure). Or nous venons de le voir, une connaissance objectivement philosophique peut être subjectivement historique, compte tenu de son mode d'acquisition. C'est le cas chez les écoliers quand ils apprennent ou mémorisent des contenus, qui peuvent être des systèmes philosophiques; et les écoliers peuvent être écoliers à tout âge. Selon Kant du moins, on peut garder toute sa vie un rapport historique, c'est-à-dire scolaire, à la philosophie, qui n'est plus alors qu'une histoire de la philosophie ou une doxographie philosophique.

Cette distinction entre le scolaire-historique et le rationnel vaut pour la philosophie, elle ne vaut pas pour la mathématique. Celle-ci peut être connue rationnellement *et* apprise à la fois. Car le maître de mathématique ne peut pas tirer sa connaissance d'autre chose que de l'intuition pure (sensible), de la réceptivité pure du donné. C'est d'ailleurs pour cela qu'il ne peut faire d'erreur ni rester dans l'illusion pour l'essentiel. Entre toutes les sciences rationnelles, seules les mathématiques peuvent être apprises, rationnellement apprises. *La philosophie* ne peut être apprise que sur le mode historique : « quant à ce qui concerne la raison, on ne peut, *tout au plus,* apprendre qu'à *philosopher* ».

1. Gottfried Wilhelm Leibniz, *Nouveaux Essais sur l'entendement* (Paris, Garnier-Flammarion, 1966).

Le système de toute connaissance philosophique, voilà ce qu'on appelle *la* philosophie. C'est la simple idée d'une science possible, elle n'est donnée nulle part *in concreto*. On ne peut donc que se trouver *en chemin* vers elle. On n'est jamais en possession de *la* philosophie, et le maître de la raison pure pas plus qu'un autre. Il est le maître du philosopher, non de la philosophie. Ici se donne à entendre la deuxième occurrence du « *man kann nur philosophieren lernen* ». L'accent porte cette fois sur l'apprendre *(lernen),* alors que dans la première occurrence il portait sur le philosopher *(philosophieren)* : 1. On ne peut apprendre la philosophie, on *ne* peut apprendre *qu'à philosopher* (seulement à philosopher); 2. On *ne* peut *qu'apprendre* à philosopher (seulement apprendre : car la philosophie est elle-même inaccessible). Telle serait la progression d'un énoncé à l'autre. Les énoncés restent les mêmes, à l'exception du trait qui vient souligner le mot *philosophieren* dans le premier. 1. On ne peut apprendre qu'*à philosopher (nur philosophieren)* : et non la philosophie. 2. On ne peut qu'*apprendre* à philosopher, s'approcher de la philosophie sans jamais la posséder, donc sans vraiment philosopher avec elle. Question de traduction : en français le déplacement syntaxique du *ne que* (on *ne* peut apprendre *que,* on *ne* peut *qu'*apprendre...) permet de bien marquer la différence. En allemand, la phrase restant la même dans sa syntaxe, il a fallu souligner *philosophieren* dans le premier énoncé – et l'équivoque demeure, il n'est pas exclu que les deux occurrences aient gardé à peu près le même sens pour Kant.

Ce même énoncé répété, voire déplacé, en tous cas différemment accentué marque bien que *la philosophie* se soustrait, elle, à l'enseignement, alors que *le philosopher* le requiert, requiert *interminablement et seulement* l'enseignement. L'essence de la philosophie exclut l'enseignement, l'essence du philosopher l'exige.

Il suffirait, si on peut dire, d'en tirer les conséquences institutionnelles. Elles tiennent à ce *double-bind* qui se noue autour du corps sublime du maître à philosopher, de son absence évidente et inévitable. Car dans son retrait même, il reste inévitable. Il domine moins la scène qu'il ne la hante; il la domine en vérité comme le ferait un fantôme. Il fascine et séduit, pourrait-on dire, si du moins ces valeurs ne touchaient trop à la sensibilité et à l'imagination : car la raison doit rompre le charme.

Il n'y a pas la philosophie, il n'y a pas de philosophe, dit en somme Kant. Il y a l'idée de la philosophie, il y a du philosopher, il y a des sujets qui peuvent apprendre à philosopher, à l'apprendre d'autres, à l'apprendre à d'autres, il y a des maîtres, il y a des disciples, il y a des institutions, des droits, des devoirs et des pouvoirs pour cela, mais de philosophe il n'y en a pas, ni de philosophie. Rien de tel n'est jamais *présent, là, ici.* Dire « me voici, là, je philosophe, je suis philosophe », ce n'est pas seulement la manifestation orgueilleuse d'un *« vantard » (ruhmredig),* c'est ne rien comprendre à la différence entre un type idéal *(Urbild)* et un exemple individuel. Le type idéal du philosophe comme *personne* correspond au concept *cosmique,* il vaudrait mieux dire *mondain (Weltbegriff)* de la philosophie *(conceptus cosmicus).* Ce concept s'oppose au *conceptus scolasticus,* celui d'un système de la connaissance comme science, considérée uniquement dans son unité systématique et dans sa perfection logique. Le concept mondain sert de fondement à la dénomination du philosophe, surtout quand on le personnifie et le *représente* comme un modèle *(Urbild)* dans l'idéal du philosophe. Ce philosophe idéal n'est pas un artiste de la raison *(Vernunftkünstler)* mais le législateur *(Gesetzgeber)* de la raison humaine, il faut ici le rappeler. Son objet, c'est la philosophie comme *teleologia rationis humanae,* connaissance des fins essentielles de la raison humaine. Ici la raison est caractérisée dans son essence comme le propre de l'homme, *animal rationale.*

S'il fallait rappeler que le philosophe idéal est un législateur et non un artiste, c'est que tous ceux qui traitent de la raison ne sont pas des législateurs. Le mathématicien, le physicien, le logicien même ne sont que des artistes de la raison. Ils ont des instruments, ils sont eux-mêmes des instruments entre les mains de celui qui est leur maître à tous parce qu'il connaît les fins essentielles de la raison humaine : et c'est le philosophe qui ne se trouve nulle part. Mais l'idée de sa législation se trouve partout chez elle dans la raison de l'homme.

Nulle part, partout : comment régler cette topologie? Comment la traduire en institution? Nous verrons comment ce paradoxe se déploie quand, au nom de cette logique même, Schelling critique *Le Conflit des Facultés.* Kant a tort de vouloir qu'il y ait quelque chose comme un lieu institutionnel spécialisé, un département pour la philosophie. Celle-ci étant partout, on ne doit pas lui réserver une place. On ne doit surtout pas la lui assigner.

Il y a le maître – et il est absent. Mais il a une maîtresse, et c'est la métaphysique. Kant la présente alors comme une amante bien aimée *(Geliebte)* vers laquelle on revient toujours après la brouille. Cette maîtresse du maître est aussi un censeur : dans le département ou dans la Faculté (inférieure) de Philosophie. C'est donc un censeur sans force publique. Il exerce sa censure éventuellement contre la censure d'État. Censure contre la censure, censure de la raison, au service et non à l'encontre de la raison.

Mais à définir cette métaphysique rationnelle comme *Censoramt,* on reconnaît une structure censurante de la raison.

Le débat reste alors celui de la meilleure censure. Pour un maître ou pour un être fini, il n'y a jamais de censure levée, seulement un calcul stratégique : censure contre censure. Cette stratégie est-elle un art?

Théologie de la traduction *

Théologie de la traduction : un tel titre devrait m'engager dans une voie nécessaire et en somme assez bien reconnue. L'histoire et la problématique de la traduction, en Europe, se sont très tôt constituées sur le sol, en vérité sur le corps même ou le corpus de l'Écriture sainte. Des langues naturelles se sont fixées, si l'on peut dire, enracinées ou ré-enracinées, à l'événement même de la traduction de la Bible. Par économie, je ne prononcerai que le nom propre de Luther, l'emblème en suffira. On pourrait suivre, depuis cet événement ou cette série typique d'événements, ce que sont devenus en Europe la tra-

* [A l'origine de ce texte, une conférence prononcée en anglais à l'Université de Toronto, lors d'un Colloque sur *La sémiotique de la traduction littéraire*. Cette conférence venait conclure également le séminaire mentionné plus haut, p. 283, note. Paru d'abord dans *Texte,* n° 4, 1985, *loc. cit.,* ensuite dans *Qu'est-ce que Dieu ? Philosophie/Théologie. Hommage à l'abbé Coppieters de Gibson,* Bruxelles, Publications des Facultés de Saint-Louis, 1985.]

duction, le discours sur la traduction, la pratique de la traduction. D'autres événements, d'autres mutations en ont sans doute affecté la structure. Mais quelque chose de ce rapport essentiel à l'écriture sacrée semble y rester ineffaçable – et il n'y a rien de fortuit à cela. J'ai essayé de la montrer ailleurs dans un essai sur « La Tâche du traducteur » de Benjamin [1]. Je ne m'y arrêterai pas ici mais je rapprocherai simplement la conclusion de *La Tâche du traducteur* d'un certain passage du *Divan occidental-oriental* [2] de Goethe. Benjamin, dans la dernière phrase de son texte, parle de la version interlinéaire (de la Bible) comme de l'*Urbild,* de l'idéal prototypique, de l'image ou de la forme originaire de la traduction (je préfère garder ici le mot allemand *Urbild,* car c'est de *Bild, bilden, Bildung* que je parlerai tout au long de cette conférence). Or voici ce que dit Goethe, après avoir distingué, comme Jakobson [3] mais en un tout autre sens, trois sortes, en vérité trois époques de la traduction :

> Mais pourquoi nous avons appelé la troisième époque la dernière, c'est ce que nous allons indiquer en peu de mots. Une traduction qui vise à s'identifier à l'original tend à se rapprocher en fin de compte de la version interlinéaire et facilite hautement la compréhension de l'original; par là nous nous trouvons en quelque sorte involontairement ramenés au texte primitif, et ainsi s'achève finalement le cycle selon lequel s'opère la transition de l'étranger au familier, du connu à l'inconnu [4].

1. Jacques Derrida, « Des Tours de Babel » in Joseph F. Graham ed., *Différence in Translation,* Ithaca, Cornell University Press, 1985, p. 209-284. [Repris dans *Psyché. Inventions de l'autre,* Paris, Galilée, 1987.]

2. J.W. Goethe, « Traductions » in *Divan occidental-oriental,* trad. Henri Lichtenberger, Paris, Aubier-Éditions Montaigne, 1969.

3. Roman Jakobson, « Aspects linguistiques de la traduction » dans *Essais de linguistique générale,* Paris, Éditions de Minuit, 1963, p. 78-86.

4. J.W. Goethe, *op. cit.,* p. 433 [trad. légèrement modifiée].

Ce n'est pas directement de *cette* dimension théologique-là que je vais parler. Ce titre, « Théologie de la traduction », renvoie à un autre ensemble historique, à une configuration pré-moderne qui, pour supposer et envelopper en elle le moment, disons, « luthérien » (comme le fait *tout* concept de la traduction), n'en conserve pas moins une certaine originalité, celle d'une famille d'événements irréductibles dans l'histoire de la traduction, de sa problématique et de sa pratique.

Quels sont les indices externes et conventionnels pour désigner cette famille d'événements? En gros ce qu'on appelle le romantisme allemand qui fut *à la fois* un moment de réflexion intense, agitée, tourmentée, fascinée sur la traduction, sa possibilité, sa nécessité, sa signification pour la langue et la littérature allemandes *et* un moment où une certaine pensée de la *Bildung,* de l'*Einbildung* et de toutes les modifications du *Bilden* ne se sépare pas de ce qu'on pourrait appeler justement l'impératif de la traduction, la tâche du traducteur, le devoir-traduire. J'ai laissé les mots de *Bild, bilden, Bildung* et toute leur famille dans leur langue d'origine parce qu'ils sont eux-mêmes des défis à la traduction. Image, forme, formation, culture sont autant d'approximations insuffisantes et d'abord parce qu'ils appartiennent à des souches sémantiques différentes.

Sur cette configuration de la *Bildung* et de l'*Übersetzung* (mot qu'on peut à peine traduire par « traduction » sans y perdre aussitôt toute la dimension positionnelle du *setzen*), je commencerai par renvoyer au très beau livre d'Antoine Berman : *L'Épreuve de l'étranger. Culture et traduction dans l'Allemagne romantique* [1]. Ce que je ferai ici, en hommage en quelque sorte à ce livre, ce sera d'y apporter peut-être une petite contribution supplémentaire, au sujet d'ailleurs de la structure de *supplémentarité* dans la traduction. Cette contribution modeste concer-

---

1. Antoine Berman, *L'Épreuve de l'étranger. Culture et traduction dans l'Allemagne romantique,* Paris, Gallimard, coll. « Les Essais », 1984.

nera d'abord une certaine dimension onto-théologique, une problématique de l'onto-théologie qui se trouve au fondement d'un certain concept de traduction. Berman n'en parle pas. J'essaierai de faire aussi apparaître le lien entre cette dimension onto-théologique et la spéculation de l'époque sur l'institution universitaire. Enfin, pour resserrer mon analyse et ne pas en rester à des généralités ou à des illusions méta-textuelles, je m'approcherai d'un texte et d'un auteur que Berman nomme à peine et dont en tout cas il ne dit presque rien : Schelling.

> En effet, le mouvement de sortie et de rentrée en soi de l'Esprit [*c'est le mouvement général de la traduction*], tel que le définissent Schelling et Hegel, mais également F. Schlegel, nous l'avons vu, est aussi bien la *re-formulation spéculative* de la loi de la *Bildung* classique : le propre n'accède à lui-même que par l'*expérience,* c'est-à-dire l'épreuve de l'étranger [1].

A cette « *loi de la* Bildung *classique* » qui dominerait la pensée de la traduction, en somme, de Goethe à Hegel en passant par Schelling, Berman oppose la « *pensée de Hölderlin* », qui ferait « *éclater la simplicité* du schéma de la *Bildung* ».

Si j'ai choisi de vous parler de Schelling, c'est aussi pour une autre raison, que je n'oserai pas dire contingente. Ce discours sur la « traduction littéraire » qui parlera moins de traduction et de littérature « proprement dites » que d'une certaine philosophie schellingienne de la traduction littéraire, d'une certaine prétention onto-théologique à fonder la traduction poétique, c'est aussi la séance de conclusion du séminaire que j'ai donné ici même sur « *Languages and Institutions of Philosophy* ». Vous reconnaîtrez donc toutes les traces du compromis que je passe entre ce séminaire-là et ce colloque-ci. La dernière séance concernait un certain dispositif kantien

---

1. *Ibid.,* p. 258-259.

de la philosophie de l'université, de la philosophie dans l'université, et elle annonçait la critique schellingienne de la proposition kantienne. Celle-ci se trouve en effet remise en question par Schelling dans ses « Leçons » de 1803 « sur la méthode des études académiques [1] ». Ce que Schelling reproche à la construction et à la déduction kantiennes de la structure universitaire (notamment les deux classes de Facultés, les supérieures – théologie, droit, médecine – liées au pouvoir d'État qu'elles représentent, et l'inférieure, celle de philosophie, sur laquelle le pouvoir n'a aucun droit de censure tant qu'elle tient un discours *sur le vrai à l'intérieur* de l'université), c'est l'unilatéralité de sa perspective topologique, son « *Einseitigkeit* » [2].

Cette unilatéralité traduit, sur le plan de l'architecture institutionnelle, l'unilatéralité de la « critique » kantienne dans son principe même. Selon Schelling, toutes les dissociations, toute la grille des limites critiques qui quadrillent l'institution universitaire kantienne (telle qu'elle est décrite par *Le Conflit des Facultés*) ne font finalement que transposer l'opposition de la sensibilité et de l'entendement, de l'entendement et de la raison, de l'intuition sensible et de l'intuition intellectuelle, de l'*intuitus derivativus* et de l'*intuitus originarius*. Entre les deux, il y a évidemment le schème de l'imagination *(Einbildungskraft),* lieu sensible pour la question de la poésie et de la traduction. Mais il y a aussi, tout simplement, la pensée. Car toutes les dissociations de la critique kantienne doivent évidemment se laisser *penser*. Elles ne le peuvent que depuis ce qui rend pensable et possible la dissociation elle-même, à savoir *une unité originaire*. Pour Schelling et selon un mouvement commun à tout ce qu'on appellera l'idéalisme allemand

1. F.W.J. Schelling, « Leçons sur la méthode des études académiques » dans *Philosophies de l'université. L'idéalisme allemand et la question de l'université,* trad. Jean-François Courtine et Jacques Rivelaygue, Paris, Payot, 1979 [p. 41-164].
2. *Ibid.,* p. 105.

post-kantien, *il faut partir de ce dont il aura bien fallu partir pour penser la dissociation : l'unité originaire.* Et si on en part, alors toutes les différences ne seront que des traductions (en un sens non nécessairement linguistique) du *même* qui se projette ou *se réfléchit* dans des ordres différents. La philosophie pensante, c'est bien cela : savoir partir de ce dont le savoir sera parti, prendre acte de ce savoir originaire présupposé par toute délimitation critique. Ce geste n'est plus pré-critique, il se veut post-critique, critique de la critique. La quatrième Leçon de Schelling le précise dans une théorie de la traduction « réflexive » ou « réfléchissante ». Elle concerne l'étude des sciences rationnelles pures, les mathématiques et la philosophie. Kant les sépare, dans *Le Conflit des Facultés.* Il explique que les mathématiques pures, à la différence de la philosophie pure (métaphysique des mœurs et métaphysique de la nature), *construisent* leur objet sensible pur. Cette construction n'a pas de sens dans la philosophie pure. Schelling remet en question cette dissociation à partir de l'unité du savoir originaire, antérieure à l'opposition du sensible et de l'intelligible. Il part de l'intuition intellectuelle. Non qu'il identifie mathématiques et philosophie mais il parle de leur *« ressemblance ».* Celle-ci permet la traduction de l'une dans l'autre car elles se fondent toutes deux sur l'identité du général et du particulier. Le triangle universel ne forme qu'un avec le triangle particulier qui est pris à son tour pour tous les triangles, étant à la fois unité et totalité, unitotalité *(Ein- und Allheit)* offerte à l'intuition. Pour la philosophie, l'intuition est la raison, c'est une intuition intellectuelle *(intellektuelle Anschauung)* qui fait un avec son objet dans le savoir originaire *(Urwissen).* Les mathématiques *ressemblent* à la philosophie. Leur intuition n'est pas immédiate mais seulement réfléchie *(reflektierte).* Elles appartiennent au monde de l'image réfléchie *(abgebildete Welt)* et ne manifestent le savoir originaire dans son identité absolue que sous la forme du reflet *(Reflex).* La traduction analogique entre les deux mondes qui en vérité n'en sont qu'un est assurée par le *symbole (Bild)* et cette symbolicité se développe dans le jeu de l'*Abbildung* et de l'*Einbildung,* de la reproduction imaginative. D'où la complexité du rapport à Kant, car ce privilège de l'*Einbildungskraft* (imagination) a aussi une filiation kantienne. D'où également le rôle essentiel de la poésie et du discours poétique dans ces Leçons. La poésie est au cœur de la philosophie, le poème est un philosophème. L'opposition à Kant atteste la filiation de la *Critique de la faculté de juger* que Schelling lit alors qu'il est étudiant à Tübingen, très peu de temps avant que Fichte (sa grande admiration) et Goethe ne l'aident à être nommé à Iéna en 1798, l'année même où Kant rassemble les textes du *Conflit des Facultés.* Très peu de temps après, jeune professeur à Iéna (où il ne reste que cinq ans), Schelling donne ses *Leçons sur les études académiques.* Le schéma argumentatif depuis lequel il critique Kant ressemble à celui de la troisième *Critique* (geste analogue chez Hegel qui ne s'en cachera pas); il recourt à l'unité des instances dissociées par les deux autres *Critiques.* Cette unité, c'est celle de l'imagination *(Einbildungskraft)* et de l'œuvre d'art, qui en est le produit. L'imagination, comme *Einbildungskraft* que Schelling distingue de l'*Imagination* (fausse fantaisie [1]), résout toujours une contradiction en proposant un schème médiateur, c'est-à-dire traducteur. Cette traduction par l'*Einbildung,* c'est aussi le contrat qui lie la philosophie et l'art, singulièrement la langue philosophique et la langue poétique. La raison et l'imagination sont une seule et même chose [2] mais l'une « *dans l'idéal* » (im *Idealen)* et l'autre dans le réel *(im Realen).* On ne peut s'étonner de cette identité ou de cette analogie, de cette inter-traductibilité

---

1. Cf. F. Schelling, « Sixième Leçon » dans *op. cit.,* p. 91 ; et il faudrait parler, chez lui comme chez Kant, du recours alterné aux mots latin ou allemand.

2. Cf. « Sixième Leçon », *ibid.*

du rationnel et du fantastique que si l'on en reste au point de vue unilatéral de l'entendement. Si l'imagination *(Einbildung)* *est* la raison, c'est parce que l'essence interne de l'absolu, donc du savoir originaire, est *In-Eins-Bildung.* C'est là le concept fondamental de ces *Leçons* et, s'il assure la possibilité fondamentale de la traduction entre les différents ordres (entre le réel et l'idéal, et donc entre les contenus sensibles et les contenus intelligibles, et donc, dans les langues, entre les différences sémantiques idéales et les différences formelles − signifiantes − dites sensibles), il résiste lui-même à la traduction. Son appartenance à la langue allemande et l'exploitation des ressources multiples de la *Bildung* dans l'*In-Eins-Bildung* restent pour nous un défi. La traduction française par « uni-formation », outre qu'elle déforme la langue française, puisque le mot n'y existe pas, efface le recours à la valeur d'image qui marque précisément l'unité de l'imagination *(Einbildungskraft)* et de la raison, leur co-traductibilité. Je ne fais pas un procès aux traducteurs. Leur choix est sans doute le meilleur possible. Je voulais seulement souligner un paradoxe : *le concept de la traductibilité fondamentale se lie poétiquement à une langue naturelle et résiste à la traduction.*

Mais cela confirme en vérité le propos schellingien tout en paraissant le mettre en difficulté. L'*In-Eins-Bildung,* formation, mise en forme et en image, rassemble certes, mais ce rassemblement *produit* l'unité. Production poétique puisqu'elle uniforme sans uniformiser, elle garde l'universel *et* le particulier dans l'empreinte qu'elle produit. D'où, en raison de cette particularité même, son lien essentiel à une poétique et à une langue naturelle. L'essence interne de l'absolu est une éternelle *In-Eins-Bildung* qui se répand à profusion; son émanation *(Ausfluß)* traverse le monde des phénomènes à travers la raison et l'imagination. On ne peut donc séparer philosophie et poésie, affirmation sans cesse répétée par Schelling; on doit seulement les traduire l'une dans l'autre, même si le poétique (enraciné dans la particularité d'une langue) situe cela même qui limite la traductibilité que pourtant il réclame.

On se trouve ici à l'opposé de Kant dans un chemin qu'il a pourtant ouvert. Kant oppose le maître de raison pure, le philosophe législateur à l'artiste et même à l'artiste rationnel [1]. Pour Schelling, il y a une analogie entre les deux, le poétique est immanent au philosophique et c'est lourd de conséquences : pour la « formation » philosophique, pour la *Bildung* comme enseignement, culture, apprentissage de la philosophie. Il faut penser cette « formation », *(Bildung)* à partir de l'*In-Eins-Bildung,* de l'essence interne de l'absolu, de l'uni-formation de l'uni-versel et du particulier. Il faut aussi penser l'*université* dans la logique de l'uni-formation, qui est aussi une poétique de la traduction.

La philosophie est l'âme et la vie du savoir en tant qu'il a *sa fin en lui-même.* Schelling n'a pas de mots assez durs pour ceux qui veulent utiliser le savoir, le « finaliser » en le faisant servir à d'autres fins que lui-même, ou le plier aux exigences d'une professionnalisation « alimentaire ». Nietzsche et Heidegger feront de même. En tant que « science vivante » *(lebendige Wissenschaft),* la philosophie requiert une « pulsion artistique ». Il y a *(es gibt),* dit la *Cinquième Leçon (in fine),* « *einen philosophischen Kunsttrieb, wie es einen poetischen gibt* ». Le « comme » *(wie)* articule l'analogie, l'affinité symbolique, le lieu de passage pour une traduction. C'est pourquoi Schelling ne distingue jamais le contenu philosophique, le philosophème, de la forme de sa présentation. Toute philosophie « nouvelle », dit-il, doit avoir fait un nouveau « pas » dans la forme. A une philosophie nouvelle doivent correspondre une nouveauté formelle, une originalité poétique, et donc une provocation autant qu'un défi à la traduction. Il y a un problème, cette fois, de la traduction philosophique, un problème intérieur et essentiel qui

1. Cf. « Architectonique de la raison pure ».

ne pouvait pas se poser pour les philosophes de la tradition, dans la mesure du moins où ils ne liaient pas la rationalité philosophique, ni la sémantique philosophique en général au corps poétique, à la « réalité » d'une forme et d'une langue. Originalité de Schelling : il est original (nouveau) de dire qu'une philosophie peut et doit avoir une originalité, que l'originalité formelle lui est essentielle, que c'est aussi une œuvre d'art.

Cette originalité distingue le philosophe du mathématicien (et c'est pourquoi il n'y a pas de problème de traduction en mathématique : la mathématique est même par essence l'annulation ou la solution immédiate de la traduction). Comme les mathématiciens, les philosophes ont rapport à l'universel, certes, et sont unis dans leur science, mais ils ont l'originalité de pouvoir être originaux parce qu'ils sont capables de cette « transformation des formes » *(Wechsel der Formen)* qui appelle aussi une trans- ou une tra-duction, une *Über-setzung* (pourrait-on dire : ce n'est pas le mot de Schelling dans ce passage) qui *pose* une nouveauté, l'impose et la surimpose autant qu'elle assure le passage par-dessus la particularité différentielle.

S'il y a *(es gibt)* une pulsion artistique pour la philosophie, quelle conséquence en tirer pour la *Bildung,* au sens de l'enseignement? La philosophie peut-elle s'apprendre? question qui obsède tous les penseurs de l'époque depuis Kant, nous l'avons vu : ils sont tous devenus des fonctionnaires de l'enseignement public; ils ne sont pas sûrs que ce soit bien la destination, la chance, voire la possibilité de la philosophie. La philosophie peut-elle s'acquérir par l'exercice et l'application? Est-elle au contraire un don gratuit *(ein freies Geschenk),* un pouvoir inné *(angeboren)* envoyé par le destin *(Schickung)?* [1] D'une certaine manière la réponse est « oui », il y a *(es gibt)* un don ou un présent *(Geschenk)* accordé, envoyé, légué par le destin *(Geschick);* on est ainsi destiné à la philosophie dans la mesure

1. [Début de la « Sixième Leçon »].

où celle-ci est un art, un art de génie réglé sur une intuition intellectuelle qui ne peut qu'être donnée et se donner son objet, tout en se liant ici au génie d'une langue naturelle. Cela dit, si l'essentiel de la philosophie ne s'apprend pas, ses formes particulières doivent s'apprendre. Que la philosophie soit un don, cela ne signifie pas que chacun le possède sans exercice. L'aspect proprement artistique de cette science philosophique (Schelling l'appelle « *art dialectique* ») ne peut sans doute pas s'apprendre mais on peut s'y exercer. La *Leçon 4* (sur les mathématiques et la philosophie) précise que si l'intuition pure de l'espace et du temps est seulement « réfléchie » dans le sensible auquel se rapporte la mathématique, en philosophie l'intuition est purement et directement dans la raison. Celui qui ne possède pas cette intuition ne peut même pas comprendre ce qu'on en dit, on ne peut même pas le lui traduire. Il peut en apparence comprendre les mots mais il ne pense pas ce que les mots disent. Entre ces deux compréhensions, le passage reste pour lui interdit. L'intuition philosophique ne peut donc être que donnée (entendez comme un don, un présent) et cela veut dire qu'elle ne saurait être donnée (entendez cette fois traduite et dispensée par l'enseignement). Mais il y a une condition *négative* de cette intuition philosophique infinie : la conscience de l'inanité de toute connaissance finie. Cette conscience ou cette condition négative peut, elle, se laisser approfondir, clarifier, cultiver, former, élaborer dans une *Bildung*. Chez le philosophe qui sait la former, la cultiver en soi *(in sich bilden),* se former à elle, elle doit se *transformer* en caractère, et même en un organe inaltérable, en habitus intransformable : l'aptitude à voir chaque chose en tant qu'elle se présente *(dargestellt)* dans l'idée. Cette présentation peut être justement la traduction ou la re-traduction du réel dans l'idéal. On peut acquérir le caractère ou le type du traducteur, du philosophe formé à cette traduction, à ce mode ou à cette forme de présentation *(Darstellung)*.

Le savoir originaire qui constitue la dernière instance de ce discours, c'est l'*Urwissen* de Dieu, c'est le « *savoir absolu* » et l'expression est ici de Schelling. On peut donc parler d'une théologie de la traduction. Mais de cette théologie de la traduction on a aussi la traduction institutionnelle : pour Schelling, dans l'université qu'il projette, « la théologie, étant la science où se trouve objectivé le cœur de la philosophie, doit avoir la première place et la plus élevée » [1]. C'est l'objection adressée au *Conflit des Facultés* dans la « Septième Leçon » [2]. *« Sciences positives »* n'a pas ici le sens moderne, comme le notent justement les traducteurs français, mais celui de sciences jouissant d'une existence institutionnelle, de corps de connaissances et de légitimité publique. Ce sont les sciences faisant l'objet d'une discipline, telles les sciences théologique, juridique, médicale, opposées par Kant à la discipline philosophique. Le titre de la *Leçon* marque bien que cette opposition entre la philosophie et ces sciences « positives » est extérieure, donc philosophiquement injustifiée, insuffisamment pensée. C'est bien le système des limites oppositionnelles sur lequel est construit *Le Conflit des Facultés* qui reste extérieur et injustifié.

La critique adressée à Kant a deux portées, l'une littérale ou aiguë, c'est-à-dire strictement institutionnelle, l'autre plus fondamentale et servant d'assise à la précédente. Mais on peut traduire l'une dans l'autre. La critique organisationnelle et intra-facultaire vise l'unilatéralité du point de vue kantien : c'est le point de vue de la finitude qui oppose philosophie et théologie. Il fait donc de la philosophie le champ de la pensée finie. Du coup, il donne à la discipline philosophique à la fois trop peu et trop. Trop peu : il la limite à une discipline parmi d'autres. Trop : il lui accorde une Faculté.

1. F. Schelling, *op. cit.,* p. 105.
2. F. Schelling, « Sur quelques termes opposés de l'extérieur à la philosophie, et en particulier l'opposition des sciences positives. »

Schelling, qui n'y va pas par quatre chemins, propose tout simplement qu'il n'y ait plus de département de philosophie. Non pas pour effacer la philosophie de la carte universitaire, mais au contraire pour lui reconnaître sa vraie place, qui est toute la place : « ce qui est tout, ne peut pour cela même, être rien de particulier [1] ».

Schelling ne dit pas seulement qu'il ne doit pas y avoir de département de philosophie. Il dit qu'il n'y en a jamais. Quand on croit le discerner, on se trompe; ce qui s'appelle de ce nom par usurpation n'est pas authentiquement philosophique. Cette « affirmation » *(Behauptung)* schellingienne paraît frontalement anti-kantienne. En fait, elle reste fidèle à un certain propos kantien. Apparemment cantonnée en son lieu, assignée à sa compétence spécifique, la Faculté de philosophie est en vérité partout, selon Kant, et son opposition aux autres reste secondaire et extérieure. Il y a en somme deux Kant, et deux fois deux Kant dans toute cette scène – qui est aussi une scène de traduction interprétative. Il y a le Kant du *Conflit* qui veut faire exister un département de philosophie et le protéger (en particulier de l'État). Pour le protéger, il faut le délimiter. Et puis il y a le Kant qui accorde à la faculté de Philosophie le droit de regard critique et panoptique sur tous les autres départements, pour y intervenir au nom de la vérité. Et quant à la critique, il y a encore deux Kant : celui des deux *Critiques* remarque fortement les oppositions (et le *Conflit des Facultés,* postérieur à la troisième *Critique,* reste plus contrôlé par les deux premières); mais le Kant de la *Critique de la faculté de juger,* celui qui suscita l'enthousiasme du jeune Schelling, se rend au-delà des oppositions, et tente de penser le vivant et l'art. (Et n'oublions pas que pour Kant, nous l'avions souligné, le « maître de raison pure » est, à la fois, partout et nulle part.

1. [*Ibid.,* p. 105, trad. modifiée].

Son inévitable et évidente absence commande tout le champ mais *vide* aussi l'espace du département de philosophie [1].)

Or c'est justement du point de vue de la vie et de l'art que Schelling, lui, propose de *réorganiser* l'université, d'en penser l'organicité, et d'y resituer la philosophie. Si celle-ci *s'objective* dans les trois sciences positives que sont la théologie, le droit et la médecine, elle ne s'objective *en totalité* dans aucune des trois. Chacun des trois départements est une objectivation déterminée, partielle, de la philosophie, la théologie en étant la plus haute. On peut traduire « objectivation » par « traduction ». C'est le même sens qui se transpose ou se transporte dans un autre idiome. Mais quelle est la traduction totale, la traduction elle-même qui assure la véritable objectivité de la philosophie dans sa totalité? C'est l'art. « La véritable objectivité de la philosophie dans sa totalité, c'est seulement l'art. » *Et cet art est donc, comme cette université elle-même, un art de la traduction généralisée.* Schelling, par une logique un peu surprenante, admet qu'à la rigueur, « le cas échéant, il pourrait donc y avoir, non pas une Faculté de philosophie, mais une Faculté des arts ». Ce n'est qu'une concession au passage, car la logique voudrait qu'il n'y ait pas plus de département pour cette traduction totale que pour l'omniprésente philosophie.

C'est toujours le « *Bild* » qui assure l'analogie traduisante entre l'art, singulièrement la poésie, et la philosophie : « Ainsi donc, poésie et philosophie, qu'une autre sorte de dilettantisme oppose, sont semblables en ce que l'une et l'autre exigent un " *Bild* " du monde, qui s'engendre soi-même et vient au jour spontanément [2]. »

Cette affirmation est aussi politique. La Faculté de Philosophie, dans le dispositif kantien, reste déterminée et limitée par la puissance encore extérieure de l'État. Or l'art – dont

1. Voir la conférence précédente.
2. F. Schelling, *op. cit.*, p. 101.

Kant ne parle pas dans le *Conflit* – ne peut jamais être borné par une puissance *(Macht)* extérieure. Il est donc indépendant de l'État, il est sans rapport (extérieur) à lui, il ne se laisse ni opprimer, ni privilégier, ni programmer par lui. Il n'y a pas de culture d'État, semble dire Schelling. Mais nous verrons tout à l'heure que c'est moins simple. Les sciences positives peuvent se déterminer par rapport à cette puissance extérieure (quand elle est extérieure) de l'État.

Seule la philosophie est en droit d'exiger de l'État une liberté inconditionnée *(Nur der Philosophie ist der Staat unbedingte Freiheit schuldig).* Affirmation kantienne, du moins pour la philosophie en tant qu'elle juge de la vérité. Comme l'État ne pourrait vouloir supprimer la philosophie qu'au détriment de toutes les sciences, la philosophie doit avoir sa place, à la rigueur, dans une Faculté des Arts. Et il n'y a pour les arts que des associations libres *(freie Verbindungen),* par opposition aux établissements publics d'État. Une telle proposition (la philosophie dans l'espace des arts) n'est pas révolutionnaire. Schelling rappelle la tradition du *Collegium artium,* l'ancêtre de la Faculté de Philosophie dont parle Kant : collège indépendant de l'État, institution libérale qui ne nommait pas des *doctores,* professeurs munis de privilèges en échange desquels ils prêtaient serment devant l'État, mais des *magistri,* maîtres ès arts libéraux. La décadence de la philosophie qui devient objet de raillerie et cesse d'être considérée à hauteur de la vraie mission, Schelling l'attribue à la fonctionnarisation d'une corporation. Celle-ci a cessé d'être une association libre en vue des arts – et donc de la traduction poétique. Schleiermacher dira aussi que pour l'État la Faculté de Philosophie devrait garder le statut d'une entreprise privée [1].

1. Les propositions qui avaient été faites à l'État et au gouvernement français en vue de la création (maintenant décidée) d'un Collège international de philosophie ont quelque chose de plus schellingien que kantien (place fondamentale réservée à la différence internationale des langues et à la

Nous allons dégager maintenant les assises les plus générales de cette critique déterminée de l'université kantienne, les fondements de cette traduction institutionnelle. La Septième Leçon récuse l'axiomatique du *Conflit des Facultés,* à savoir la distinction entre *Wissen* et *Handeln,* savoir et action. Le savoir pur était du côté de la Faculté de Philosophie, qui ne devait pas « *donner d'ordre* » ni agir, tandis que les autres Facultés supérieures se trouvaient liées au pouvoir d'État, c'est-à-dire à l'action. Opposition historiquement datée, dit Schelling, tard venue, construite et à déconstruire. Elle n'est même pas moderne au sens large, mais immédiatement contemporaine, « *produit des temps nouveaux, un rejeton immédiat de la fameuse* Aufklärerei » [1]. Schelling réagit violemment contre ces Lumières qui, par exemple chez Kant, créent des oppositions artificielles, séparent le savoir de l'action, de la politique et de l'éthique (il y a un mouvement analogue chez Heidegger — et ce ne serait pas la seule affinité avec Schelling). L'institution universitaire des Lumières transpose en elle cette malheureuse dissociation. Kant a eu le tort d'avoir réduit dans sa philosophie théorique l'idée de Dieu ou de l'immortalité de l'âme à des « *simples idées* » et d'avoir ensuite essayé d'accréditer ces idées dans la « *conscience éthique* » *(in der sittlichen Gesinnung).* Or l'élévation éthique au-dessus de la détermination nous rend semblables à Dieu et la philosophie traduit une semblable élévation *(gleiche Erhebung),* elle ne fait qu'un avec l'éthique (ce qui est encore à la fois kantien et anti-kantien). Il n'y a

problématique de la traduction, place du poétique et de la performativité artistique, la philosophie décloisonnée, etc.) mais de très anti-schellingien aussi. Car le principe d'uni-formation ou d'uni-totalité peut aussi inquiéter, et du point de vue de Kant et du nôtre aujourd'hui. L'État, nous le verrons dans un instant, peut y retrouver subrepticement toute sa puissance, la puissance même de la totalité.

1. [*Ibid.,* p. 99, trad. modifiée].

« *qu'un monde* », dit Schelling, il n'y a pas d'arrière-monde [1], pas de monde en soi. De ce monde absolu chacun donne une traduction, une image *(Bild)* à sa façon *(jedes in seiner Art und Weise abzubilden strebt),* le savoir comme tel ou l'action comme telle. Mais l'un *traduit* l'autre. Il y a seulement transfert réfléchissant, *Bildung, Abbildung* (reflet, réflexion), *Einbildungskraft*. Entre le savoir et l'action, il n'y a que la différence entre deux reflets ou deux réflexions du même et unique monde, une différence en somme de traduction *(Übersetzung* et *Übertragung)*. Le monde de l'action est aussi le monde du savoir, la morale est une science aussi spéculative que la philosophie théorétique. Pour penser la dissociation, Kant *aura bien dû penser* l'unité originaire des deux mondes comme un seul et même texte à déchiffrer en somme sur les deux portées, selon les deux versions ou les deux traductions du texte original. Depuis l'unité de ce monde originaire, on remet en question l'opposition de la philosophie et des sciences positives dans leur traduction institutionnelle (théologie, droit, médecine) puisque cette opposition était fondée sur la dissociation entre savoir et action. Du même coup, c'est la dualité des langages qui se trouve non pas annulée mais dérivée comme effet de réflexion, de *Reflex,* de reflet, c'est-à-dire aussi de transposition traduisante *(Übertragung, Übersetzung),* de transfert. Tout le *Conflit des Facultés* est construit, on pourrait le vérifier, sur la multiplicité intraduisible des langages, disons plus rigoureusement sur des dissociations de mode discursif : langage de vérité (constatif)/langage d'action (performatif), langage public/langage privé, langage scientifique (intra-universitaire)/langage populaire (extra-universitaire), esprit/lettre, etc.

Selon un mouvement typique de tous les post-kantismes, tout se passe comme si Schelling disait en somme, partant de cette idée de la raison ou de cette intuition intellectuelle,

1. Voir Nietzsche et sa critique de Kant.

prétendument inaccessible : en la jugeant inaccessible, vous démontrez que vous y avez déjà accédé, vous la pensez, elle vous est déjà arrivée, vous y êtes déjà arrivés. Vous pensez l'inaccessible, donc vous y accédez. Et pour penser la finitude, vous avez déjà pensé l'infini. C'est d'ailleurs la définition de la pensée. Il serait plus conséquent, plus responsable, de tout ordonner à cette pensée que vous pensez, plutôt que d'installer votre « criticisme » dans la dénégation. Sur les modes les plus différents, tous les post-kantiens auront, de Schelling à Hegel et à Nietzsche, accusé Kant d'une telle dénégation. Reste à savoir ce qu'est une dénégation quand elle ne concerne rien de moins que la pensée de la pensée et donne lieu à quelque chose comme la dialectique transcendantale de la *Critique de la raison pure*.

La logique de cette accusation, cette négation de la dénégation ou cette critique de la critique a des conséquences politiques paradoxales. Dans tous les cas. Considérons celui de Schelling. Il insinue que Kant soumet le département de philosophie, dans un établissement public, au pouvoir extérieur de l'État; et qu'ainsi il ne conçoit pas de façon assez libérale l'exercice et la place de la philosophie dans la société. Le libéralisme de Kant ne serait pas inconditionnel. Schelling semble donc rappeler Kant au libéralisme, par exemple sur le modèle du Collège des Arts. Or, inversement, la pensée schellingienne de l'uni-totalité ou de l'uni-formation comme traduction généralisée, traduction onto-théologique sans rupture, sans opacité, traduction universellement réfléchissante, peut conduire à une absolutisation totalisante de l'État que Kant à son tour aurait jugée dangereuse et peu libérale. Le libéralisme suppose peut-être la dissociation, l'hétérogénéité des codes et la multiplicité des langages, le non-franchissement de certaines limites, la non-transparence.

Or il y a un certain étatisme schellingien. Qu'est-ce que l'État? Le devenir-objectif du savoir-originaire *selon l'action*.

C'est même la plus universelle des productions idéales qui objectivent et donc traduisent le savoir. L'État est une forme de savoir, traduite d'après l'arché-type du monde des idées. Mais comme il n'est que le devenir-objectif du savoir, l'État se transporte ou se transpose lui-même à son tour dans un organisme extérieur en vue du savoir comme tel, dans une sorte d'État spirituel et idéal, et ce sont les sciences positives, autrement dit l'université qui est en somme un morceau d'État, une figure de l'État, son *Übertragung,* des *Übersetzungen* qui *transposent* l'État dans des sciences positives. L'État-savoir est ici une transposition de l'État-action. On ne peut donc plus séparer les Facultés supérieures de la Faculté inférieure. La différenciation des sciences positives se fait à partir du savoir originaire, à l'image du type intérieur de la philosophie. Les trois sciences positives ne sont rien d'autre que la différenciation, la traduction différenciée du savoir originaire, donc de la philosophie. Entre la philosophie et l'État, l'identité est profonde et essentielle. C'est le même texte, le même texte original si on sait en lire l'identité depuis l'*Ur-Wissen.*

Cet ensemble (l'État et son objectivation transposée dans les trois sciences positives) c'est un tout, le tout de l'objectivation du savoir originaire. Celui-ci forme avec la philosophie un « *organisme interne* » *(innerer Organismus)* qui se projette ou se transporte au-dehors dans la totalité extérieure des sciences. Il se construit par division et liaison de façon à former un corps *(Körper)* qui lui-même exprime au-dehors l'organisme interne du savoir et de la philosophie. Le mot « organisme » est fréquent et décisif dans ce contexte. Il ne traduit pas un biologisme puisque apparemment, du moins, il s'agit d'une métaphore. L'idéal et le réel ne sont pas encore dissociables dans l'unité du savoir originaire. Cette unité permet qu'on parle, sans trope, de l'un comme de l'autre, de l'un dans le langage de l'autre. Il n'y a pas de métaphore mais il n'y a aussi bien que de la métaphore, de l'image au sens large *(Bild).* L'unité originaire du langage dans le savoir originaire autorise la rhétorique et du même coup interdit de la considérer seulement comme une rhétorique restreinte. C'est une rhétorique ou une traductologie généralisée. Cela justifie que, depuis le début de cet exposé, j'aie souvent parlé de traduction là où il ne s'agissait que de transposition, de transfert, de transport au sens non strictement linguistique. Peut-être pourrait-on penser que j'abusais et que je parlais métaphoriquement de traduction (sous-entendu : strictement sémiotique ou linguistique) là où la transposition dont je parlais n'avait rien, justement, de proprement linguistique. Mais c'est que justement pour Schelling, dont je voulais ainsi présenter l'onto-théologie, la langue est un phénomène vivant; la vie ou l'esprit vivant parle dans la langue; et de même la nature est un auteur, l'auteur d'un livre qu'on doit traduire avec la compétence d'un philologue. Motif qu'on retrouve alors chez Novalis en particulier, mais déjà chez Goethe. D'où cette pédagogie schellingienne de la langue, des langues mortes ou vivantes :

> L'on se forme immédiatement le sens en reconnaissant l'esprit vivant dans une langue qui pour nous est morte, et le rapport qui existe ici n'est pas différent de celui que le naturaliste entretient avec la nature. La nature est pour nous un auteur très ancien, qui a écrit en hiéroglyphes, et dont les pages sont colossales, comme le dit l'Artiste de Goethe [1]. Et c'est précisément celui qui veut mener ses recherches sur la nature de façon purement empirique qui éprouve le plus grand besoin d'une connaissance pour ainsi dire *linguistique* [il faudrait souligner aussi le « pour ainsi dire »], afin de comprendre ce discours pour lui totalement muet. La chose est également vraie de la philologie au sens éminent du terme. La terre est un livre composé de fragments et de rhapsodies d'époques très diverses. Chaque minéral est un véritable problème philologique. En

1. J.W. Goethe, *L'Apothéose de l'artiste,* 1789.

géologie, on attend encore un Wolf qui analyse la terre comme on l'a fait pour Homère, et qui nous révèle sa composition [1].

Nous avons été conduits à cette pan-rhétorique de la traduction par des considérations apparemment politiques. L'hyper-libéralisme opposé à Kant risque toujours, selon une logique paradoxale, de virer à la tentation totalisante, je ne dis pas nécessairement totalitaire, dont les effets peuvent inverser l'exigence libérale. D'où la stratégie impossible des rapports entre philosophie et politique, singulièrement entre la philosophie et l'État. Cette proposition selon laquelle l'État est la traduction objectivante du savoir dans l'action, on aurait tort d'y voir une de ces propositions spéculatives d'un « idéalisme allemand » que nous étudierions aujourd'hui à travers ses brumes comme une grande archive philosophique. Cette proposition est sans doute spéculative (en un sens rigoureusement articulé sur une pensée du *speculum* réfléchissant et proprement « symbolique » [2]), mais aussi « réaliste » qu'« idéaliste ». Elle est moderne. Une politologie ne peut aujourd'hui construire le concept d'État sans y inclure l'objectivation du savoir et son objectivation dans les sciences positives. Un discours politique qui ne parlerait pas de la science se perdrait dans le bavardage et l'abstraction. Aujourd'hui, plus que jamais, la détermination de l'État comprend l'état de la science, de toutes les sciences, du tout de la science. Le fonctionnement des structures étatiques (ne parlons pas de régime) dépend essentiellement et concrètement de l'état de toutes les sciences et techno-sciences. On ne peut plus y distinguer les sciences dites fondamentales des sciences dites finalisées. Et ce qu'on a appelé justement le complexe militaro-industriel de l'État moderne suppose cette unité du fondamental et du finalisé. Il faudrait aussi faire communiquer

1. F.Schelling, « Troisième Leçon », p. 73.
2. *Ibid.*, p. 101.

cette « logique » avec celle de la « performativité » du discours scientifique.

Sans doute, dirait Schelling, l'État n'est-il pas la traduction objectivante du savoir *comme savoir* mais du savoir originaire *comme action.* Il serait aujourd'hui encore plus facile de démontrer à quel point un État moderne est la mise en œuvre d'un savoir. Non seulement parce qu'il a une politique de la science qu'il veut piloter lui-même, mais parce qu'il se forme et se transforme lui-même, dans son concept, son discours, sa rhétorique, ses méthodes, etc., au rythme de la techno-science.

Il fallait insister, certes, sur l'unité du savoir originaire, sur le rassemblement totalisant de l'*Ein-Bildung der Vielheit in die Einheit* en tant que traductibilité générale. Mais cela ne signifie pas homogénéité et indifférenciation. Il y a des « formes » et donc des structures spécifiques. Il y a des différences entre philosophie et religion, philosophie et poésie. C'est pourquoi il *faut traduire* et cette traduction tient à la finitude des individus. La philosophie est certes la présentation *(Darstellung)* immédiate, la science du savoir originaire *(Urwissen),* mais elle ne l'est que dans l'ordre de l'idéal et non « réalement ». Si l'intelligence pouvait, en un seul acte de savoir, saisir *(begreifen) réalement* la totalité absolue comme système achevé en toutes ses parties, elle surmonterait sa finitude. Elle n'aurait pas besoin de traduire. Elle concevrait le tout comme un au-delà de toute détermination. Dès qu'il y a détermination, il y a différenciation, séparation, abstraction. Schelling ne dit pas « opposition », *Entgegensetzung.* La présentation réale du savoir suppose cette séparation, on pourrait dire cette division et cette traduction du travail philosophique. Le « savoir originaire » ne peut devenir « réal », se réaliser en son unité dans un seul individu, seulement *in der Gattung,* dans le genre ou l'espèce, c'est-à-dire aussi dans les institutions historiques. L'histoire progresse comme ce devenir réal de l'idée.

Ce schéma construisait la première Lecture sur le concept

absolu de la science. Elle part de l'idée de *totalité vivante,* elle en déduit le concept de l'université, comme Kant le déduit aussi d'une idée de la raison. Schelling, on en a encore un signe, fait revivre la tradition kantienne à laquelle il s'oppose comme on peut s'opposer à une philosophie de l'opposition. Le développement pensant de l'idée de la raison conduit Schelling à rejeter les conséquences limitatrices qu'en tire Kant.

La formation *(Bildung)* spécialisée de l'étudiant doit être précédée de la connaissance de cette totalité vivante, de cette « *connexion vivante* » *(des lebendigen Zusammenhangs).* L'étudiant doit d'abord accéder à la totalité organique de l'université, à l'« *arbre immense* » de la connaissance : on ne peut l'appréhender qu'en partant (génétiquement) de sa racine originaire, l'*Urwissen.* D'ailleurs, au seuil de ses études, le « *jeune homme* » (et non la jeune fille, bien sûr) a le sens et le désir de cette totalité *(Sinn und Trieb für das Ganze).* Mais on le déçoit vite. Schelling décrit ces déceptions, tous les méfaits du dressage professionnel ou de la spécialisation qui barrent l'accès à l'organisation même, à l'*organicité* de cette totalité du savoir, autrement dit à la philosophie, à la philosophie de l'université qui constitue le principe organique et vivant de cette totalité. Schelling fait alors une proposition dont nous aurions encore à tirer le plus grand profit. Il faudrait que « soit donné », dit-il, « dans les Universités un enseignement public traitant de la finalité, de la méthode, de la totalité et des objets particuliers des études académiques [1] ». Ce que Schelling fait en le disant. Ses Leçons disent ce que devraient être la finalité, la méthode et la totalité des objets particuliers d'une université digne de ce nom. Il définit la destination finale *(Bestimmung)* qui détermine et norme toutes les traductions organiquement interdisciplinaires de cette institution.

Cette destination finale, celle du savoir aussi bien que celle

1. F. Schelling, « Première Leçon », p. 45.

de l'université, ce n'est rien de moins que la communion avec l'essence divine. Tout savoir tend à entrer dans cette communauté avec l'être divin. La communauté philosophique, comme communauté universitaire est ce « *Streben nach Gemeinschaft mit dem göttlichen Wesen* [1] », elle tend à participer à ce savoir originaire qui est un et auquel chaque type de savoir participe comme le membre d'une totalité vivante. Ceux dont la pensée ne s'ordonne pas à cette communauté vivante et bourdonnante sont comme des abeilles asexuées *(geschlechtslose Bienen)* : comme il leur est refusé de créer, de produire *(produzieren)*, ils multiplient hors de la ruche des excréments inorganiques comme témoignage de leur propre platitude, ils attestent ainsi leur manque d'esprit *(Geistlosigkeit)*. Cette déficience est aussi une inaptitude à la grande traduction qui fait circuler dans tout le corps du savoir le sens du savoir originaire.

L'homme n'est pas une abeille. En tant qu'être rationnel *(Vernunftwesen)*, il est destiné *(hingestellt)*, posé en vue de, préposé à la tâche de supplément ou de complément de la manifestation du monde *(eine Ergänzung der Welterscheinung)*. Il complète la phénoménalisation du tout. Il est là pour que le monde apparaisse comme tel et pour l'aider à apparaître comme tel dans le savoir. Mais s'il est nécessaire de compléter ou de suppléer *(ergänzen)*, c'est qu'il y a un manque. Sans lui la manifestation de Dieu même ne serait pas achevée. L'homme doit, par son activité même, développer *(entwickeln)* ce qui fait défaut dans la manifestation totale de Dieu *(was nur der Offenbarung Gottes fehlt)*.

C'est ce qu'on appelle la traduction, c'est aussi ce qu'on appelle la destination de l'université.

1. *Ibid.*, p. 49.

III

Mochlos

L'œil de l'Université

Mochlos
ou le conflit des facultés *

Si nous pouvions dire *nous* (mais ne l'ai-je pas déjà dit?) nous nous demanderions peut-être : où sommes-nous? Et qui sommes-nous dans l'Université où apparemment nous sommes? *Que* représentons-nous? *Qui* représentons-nous? Sommes-nous responsables? De quoi et devant qui? S'il y a une responsabilité universitaire, elle commence au moins à l'instant où la nécessité s'impose d'entendre ces questions, de les prendre sur soi et d'y répondre. Cet impératif de la réponse est la première forme, et le réquisit minimal de la responsabilité. On peut toujours ne pas répondre, et récuser l'interpellation, l'appel fait à la responsabilité. On peut même le faire sans forcément se taire. Mais la structure de cet appel à la responsabilité est telle, si

* Conférence prononcée en anglais le 17 avril 1980 à l'Université de Columbia (New York), lors du centenaire de la fondation de sa *Graduate School* et après la remise d'un Doctorat *Honoris Causa*. [Paru dans *Philosophie* n° 2, avril 1984, Paris, Minuit].

antérieure à toute réponse possible, si indépendante, si dissymétrique parce qu'elle vient de l'autre en nous, que la non-réponse même se charge *a priori* de responsabilité.

Alors je poursuis : qu'est-ce que représente une responsabilité universitaire? Cette question suppose qu'on entende ce que veut dire « responsabilité », « Université » – du moins si ces deux concepts sont encore séparables.

L'Université, quelle idée!

C'est une idée relativement récente. Nous n'en sommes pas encore revenus, et déjà elle est en train de se réduire à sa propre archive, à l'archive de ses archives sans que nous ayons bien compris ce qui s'était passé avec elle.

Il y a maintenant près de deux siècles, Kant répondait et il répondait en termes de responsabilité. L'Université, quelle idée, demandais-je à l'instant. Ce n'est pas une mauvaise idée, dit Kant, en ouvrant *Le Conflit des Facultés* (*Der Streit der Fakultäten,* 1798). Et avec l'humour qu'on lui connaît, faisant l'économie d'une histoire plus laborieuse et plus tortueuse, il feint de traiter cette idée comme une trouvaille, une bonne solution qui serait passée par la tête d'un individu très imaginatif, l'invention d'un truc assez rationnel en somme qu'un génial bricoleur aurait proposé à l'État de breveter. Et en Occident l'État aurait adopté le concept de cette très ingénieuse machine. Et la machine aurait marché. Non sans conflit, non sans contradiction mais peut-être, justement, grâce au conflit, et au rythme de ses contradictions.

Voici l'ouverture de cet opuscule que j'ai voulu inviter à notre commémoration avec le sentiment de vague inquiétude qu'on éprouve quand, pour répondre à l'invitation dont vous honorent des amis, on amène avec soi, au dernier moment, un parasite qui ne sait pas très bien se tenir à table. Mais enfin pour ce symposium ce n'est pas Socrate, c'est Kant et il dit : « Il n'eut pas une mauvaise idée *(kein übeler Einfall)* celui qui conçut la pensée et en proposa la réalisation publique, de traiter tout l'ensemble de la science (et proprement les têtes qui s'y consacrent, *eigentlich die derselben gewidmeten Köpfe*) sur un mode quasi *industriel (gleichsam fabrikenmäßig)*, par la division du travail *(durch Vertheilung der Arbeiten)*, lieu dans lequel on nommerait autant de maîtres publics *(öffentliche Lehrer)*, de professeurs qu'il y aurait de disciplines scientifiques dont ils seraient comme les dépositaires *(als Depositeure)* et qui formeraient ensemble une sorte d'entité scientifique commune *(eine Art von gelehrtem gemeinen Wesen)*, l'Université (ou école supérieure, *hohe Schule*) qui aurait son autonomie (car seuls des savants *(Gelehrte)* peuvent juger des savants comme tels); grâce à ses facultés (petites sociétés diverses suivant la diversité des principales disciplines du savoir entre lesquelles se partagent les savants universitaires), l'Université serait autorisée [*berechtigt* : Kant est précis, l'Université reçoit son *autorisation* légitime d'un pouvoir qui n'est pas le sien] d'une part à admettre des élèves-apprentis des écoles inférieures qui aspirent à s'élever à elle, d'autre part à pourvoir des maîtres libres (qui ne seraient pas membres de ladite Université) appelés Docteurs, après examen préalable et de son propre chef [*aus eigner Macht*, en vertu de son propre pouvoir], d'un rang universellement reconnu (à leur conférer un grade), c'est-à-dire à les *créer (creiren)* [1]. » Kant souligne le mot « créer » : l'Université est ainsi *autorisée* à avoir le pouvoir autonome de *créer* des titres.

Le mode de cette déclaration n'est pas seulement celui d'une certaine fiction d'origine : l'heureuse idée de l'Université qui passe par la tête de quelqu'un, un beau jour, à telle date, et c'est comme la possibilité fictive d'un anniversaire que Kant paraît évoquer ici. En fait, plus loin dans son texte, dès qu'il quitte la rhétorique d'une Introduction, son premier geste est pour écarter l'hypothèse d'une trouvaille aussi aléatoire, d'une origine empirique voire imaginative de l'Université. Certaines

1. Tr. J. Gibelin (souvent modifiée), Paris, Vrin, 1973, p. 13 sq.

institutions artificielles, dit-il alors, ont pour fondement une idée de la raison. Et l'Université est une institution « artificielle » *(künstliche)* de ce type, Kant commence par le rappeler à ceux qui auraient la tentation de l'oublier, croyant à la naturalité de ce lieu et de cet habitat. L'idée même de gouvernement est fondée en raison, et rien à cet égard ne dépend du hasard. « Pour cette raison, dit-il on peut admettre que l'organisation d'une Université, sous le rapport de ses classes et de ses facultés, n'a pas dépendu tout à fait du hasard, mais que le gouvernement, sans lui attribuer d'ailleurs pour cela une sagesse et une science précoces en vertu même du besoin particulier qu'il ressentait (d'agir sur le peuple au moyen de certaines doctrines) a pu en venir *a priori* à un principe de division qui paraît avoir d'ordinaire une origine empirique, principe qui s'accorde heureusement *(glücklich)* avec le principe actuellement adopté [1]. » Et Kant est bien conscient d'être en train de justifier en raison ce qui est une organisation de fait décidée par le gouvernement de l'époque, comme si par chance son roi était philosophe. Il en est assez conscient puisqu'il s'excuse aussitôt sur un mode un peu dénégatif : « Mais pour autant je ne parlerai pas en sa faveur comme s'il n'avait pas de défaut. »

A l'intérieur de la fiction introductive, Kant avait multiplié les précautions rhétoriques ou plutôt il avait garanti en quelque sorte des énoncés analogiques par une analogie réelle, si on peut dire : l'Université est analogue à la société, au système social qu'elle représente comme une de ses parties; et le corps enseignant représente, sur un mode ou un autre, le fonctionnement et la finalité du corps social, par exemple de la société industrielle qui moins de dix ans après se donnera le grand modèle de l'Université de Berlin; celle-ci reste encore aujourd'hui la référence la plus imposante pour ce qui nous est légué d'un concept de l'Université. Voici donc la série d'analogies :

1. [*Ibid.*, p. 18 sq. (trad. légèrement modifiée)].

dans l'Université on traiterait la science un peu *comme* dans l'industrie *(gleichsam fabrikenmäßig)*, les professeurs seraient *comme* des dépositaires *(als Depositeure)*, ils formeraient ensemble une espèce d'essence ou d'entité collective savante qui aurait son autonomie *(eine Art von gelehrtem gemeinen Wesen [...], die ihre Autonomie hätte)*. Quant à cette autonomie, la fiction et l'hypothèse sont encore plus prudentes. Sans doute cette autonomie est-elle justifiée en elle-même par l'axiome selon lequel seuls des savants peuvent juger des savants, tautologie qu'on peut croire liée à l'essence du savoir comme au savoir du savoir. Néanmoins, s'il s'agit de créer des titres publics de compétence, s'il s'agit de légitimer des savoirs, s'il s'agit de produire des effets publics de cette autonomie idéale, alors, là, l'Université ne s'autorise plus d'elle-même. Elle est autorisée *(berechtigt)* par une instance non universitaire, ici par l'État, et selon des critères qui ne sont plus nécessairement et en dernière analyse ceux de la compétence scientifique mais ceux d'une certaine performativité. L'autonomie de l'évaluation scientifique peut être absolue et inconditionnée, mais les effets politiques de sa légitimation, à supposer qu'on puisse en toute rigueur les en distinguer, n'en sont pas moins contrôlés, mesurés, surveillés par un pouvoir extérieur à l'Université. Au regard de ce pouvoir, l'autonomie universitaire est en situation d'hétéronomie, c'est une autonomie conférée, limitée, une représentation d'autonomie, au double sens de la représentation par délégation et de la représentation spectaculaire. En fait l'Université dans son ensemble est responsable devant une instance non universitaire.

Kant en savait quelque chose. Et s'il ne l'avait pas su *a priori*, l'expérience venait de le lui apprendre. Le roi de Prusse l'avait récemment rappelé à l'ordre. Une lettre de Frédéric-Guillaume lui avait reproché d'avoir mal usé de sa philosophie en déformant et en rabaissant certains dogmes dans *De la religion dans les limites de la simple raison*. Il y en a peut-être parmi nous qui rêvent en 1980, pour des raisons diverses, de recevoir une telle lettre, la lettre d'un prince ou d'un souverain qui permettrait au moins de situer la loi dans un corps, et d'assigner à la censure un mécanisme simple, en un lieu déterminé, unique, ponctuel, monarchique. A ceux qui rêvent d'une localisation aussi rassurante, je ferai donc le plaisir de citer une phrase aujourd'hui inimaginable sous la plume de Carter, de Brejnev, de Giscard ou de Pinochet, à peine peut-être sous celle d'un ayatollah. Le roi de Prusse reproche au philosophe de s'être conduit de façon impardonnable, littéralement « irresponsable » *(unverantwortlich)*. Cette irresponsabilité, Frédéric-Guillaume l'analyse, et la divise en deux. L'accusé comparaît devant deux instances juridiques. Il a d'abord une responsabilité intérieure et son propre devoir de maître de la jeunesse. Mais il est aussi responsable devant le père du pays, le souverain *(Landesvater)* dont les intentions lui sont connues et définissent la loi. Ces deux responsabilités ne sont pas juxtaposées, elles sont plutôt subordonnées dans le même système.

> Vous devez reconnaître de quelle manière irresponsable *(wie unverantwortlich)* vous agissez ainsi contre votre devoir en tant que maître de la jeunesse *(als Lehrer der Jugend)* et contre nos intentions souveraines *(landesväterliche Absichten)* qui sont bien connues de vous. Nous exigeons de vous la justification [littéralement la prise en charge de votre responsabilité, *Verantwortung*] la plus scrupuleuse et attendons de vous, pour éviter notre disgrâce suprême, que vous ne retombiez plus à l'avenir dans une faute pareille; mais bien plutôt que, conformément à votre devoir vous usiez de votre prestige et de votre talent pour réaliser de mieux en mieux notre intention souveraine; dans le cas contraire, et si vous persistiez dans votre indocilité, vous auriez immanquablement à vous attendre à des mesures désagréables [1].

1. [*Ibid.,* p. 5, trad. modifiée].

Kant cite cette lettre et se justifie longuement, dans la Préface et finalement au-delà de la Préface au *Conflit des Facultés*. Quoi qu'on pense de son système de justification, la nostalgie que certains pourraient ressentir devant cette situation tient peut-être à cette valeur de responsabilité : au moins pouvait-on croire alors qu'une responsabilité était à prendre – de quelque chose devant quelqu'un de déterminable; au moins pouvait-on prétendre savoir à qui l'on s'adressait et où situer le pouvoir; au moins le débat au sujet de l'enseignement, du savoir et de la philosophie pouvait-il se définir en termes de responsabilité. Les instances invoquées – l'État, le souverain, le peuple, le savoir, l'action, la vérité, l'Université –, avaient un lieu assuré, décidable et à tous les sens de ce mot « représentable » dans le discours; et un code commun pouvait garantir, au moins dans la croyance, une traductibilité minimale de tous les discours possibles dans ce contexte.

Pourrait-on en dire autant aujourd'hui? Pourrions-nous nous entendre pour débattre ensemble de la responsabilité propre de l'Université? Je ne me demande pas si nous pourrions produire ou simplement expliciter un consensus à ce sujet. Je me demande d'abord si nous pourrions dire « nous » et débattre ensemble, dans un langage commun, des formes générales de la responsabilité en ce domaine? Je n'en suis pas sûr, et il y a là un mal-être qui est sans doute plus grave qu'un malaise ou qu'une crise. Nous l'éprouvons peut-être tous, plus ou moins vivement et à travers un pathos qui peut varier en surface. Mais les catégories nous manquent pour analyser ce mal-être. Les codes historiques (et *a fortiori* les datations historiques, les références à des événements techniques ou politiques spectaculaires, par exemple le grand ébranlement de 68), les codes philosophiques, herméneutiques, politiques, etc., et peut-être même les codes en général, comme instruments performants de décidabilité, paraissent ici impuissants. L'im-pertinence du code, qui peut aller de pair avec la plus grande puissance, c'est peut-être ce qu'on rencontre à la racine de ce mal-être. Car si un code garantissait une problématique, quelle que soit la discordance des prises de position et quelles que soient les contradictions des forces en présence, nous nous sentirions mieux dans l'Université. Or nous nous y sentons mal, qui oserait dire le contraire? Et ceux qui se sentent bien cachent peut-être quelque chose, aux autres ou à eux-mêmes.

Célébrer l'anniversaire d'une fondation universitaire, si on néglige tous les bénéfices secondaires qu'on peut escompter d'une telle commémoration, cela devrait supposer une confirmation, le renouvellement d'un engagement, et plus profondément l'auto-légitimation, l'auto-affirmation de l'Université.

Je viens de prononcer le mot d'« auto-affirmation ». S'agissant de l'Université, nous l'entendons aussitôt comme une traduction et une référence. C'est le titre d'un discours tristement célèbre de Heidegger lors de la prise en charge du Rectorat de l'Université de Fribourg-en-Brisgau, le 27 mai 1933, *Die Selbstbehauptung der deutschen Universität*. Si j'ose convoquer ici cette grande ombre et le sinistre événement, ce n'est pas seulement parce qu'il me sera permis d'en prendre ici prétexte afin de rendre hommage à l'Université de Columbia pour l'accueil qu'elle avait su réserver à des intellectuels et à des professeurs émigrés de l'Allemagne nazie. C'est aussi parce que, de quelque manière qu'on l'évalue d'autre part dans son rapport à la conjoncture politique (évaluation nécessairement très complexe et à laquelle je ne me livrerai pas ici), le discours de Heidegger sur l'auto-affirmation de l'Université allemande représente sans doute, dans la tradition du *Conflit des Facultés* et des grands textes philosophiques autour de l'Université de Berlin (Schelling, Fichte, Schleiermacher, Humboldt, Hegel), le dernier grand discours dans lequel l'Université occidentale tente de penser son essence et sa destination en termes de responsabilité, dans la stable référence à la même idée du savoir, de la technique, de l'État et de la nation, tout près d'une limite où le rassemblement mémorial d'une pensée fait soudain signe vers le tout-autre d'un avenir terrifiant. Il me semble, sans pouvoir ici justifier cette hypothèse, qu'au-delà de ce discours Heidegger passera plus tard la limite de ce concept encore très classique de l'Université, celui qui le guidait déjà dans *Qu'est-ce que la métaphysique?* (1929); ou que du moins la clôture d'une Université comme lieu commun et puissant contrat de l'État, du peuple, du savoir, de la métaphysique et de la technique, lui paraîtra de moins en moins capable de se mesurer à une responsabilité plus essentielle, celle qui, avant d'avoir à répondre d'un savoir ou d'un pouvoir ou de quoi que ce soit de déterminé, avant d'avoir à répondre d'un étant ou d'un objet déterminé devant un sujet déterminé, doit d'abord répondre *à* l'être, *de* l'appel de l'être, et penser cette co-responsabilité. Mais encore une fois je ne peux pas aujourd'hui m'engager dans cette voie, bien qu'elle me paraisse essentielle. Disons que j'essaierai de garder avec sa nécessité un rapport constant, mais oblique et indirect.

Quand on prononce aujourd'hui le mot de « responsabilité » dans l'Université, on ne sait plus très bien sur quel concept on peut encore le régler. On hésite au moins entre trois hypothèses.

1. On peut traiter de la responsabilité comme d'un thème précisément académique. Ce *topos* archivé dont le code ne serait plus le nôtre, on l'exhumerait sur le mode de la célébration, un jour d'anniversaire. Au cours d'un exercice d'école, en historien ou en philologue, on y déposerait des fleurs de rhétorique en hommage à une institution séculaire et qui en somme, pour n'être plus tout à fait de son temps, n'aurait tout de même pas si mal vieilli. Dans cette hypothèse, celle de l'esthétisme commémoratif avec ce qu'il suppose de luxe, de jouissance et de désespoir, on supposerait néanmoins que ce qui s'est passé depuis un siècle, et notamment au cours du dernier après-guerre, aurait ruiné l'axiomatique même d'un discours sur la responsabilité ou plutôt du discours *de* la

responsabilité. Étant donné une certaine structure techno-politique du savoir, le statut, la fonction et la destination de l'Université ne relèveraient plus du langage juridique ou éthico-politique de la responsabilité. Un *sujet* n'y serait plus interpellé dans sa responsabilité, qu'elle soit individuelle ou corporative.

2. Deuxième hypothèse, celle de la tradition à réaffirmer : on rappellerait alors qu'il y a encore un siècle, au moment où fut fondée la *Graduate School* de Columbia, la question de savoir de quoi et devant qui est responsable un professeur ou une faculté, etc., se posait à l'intérieur d'une problématique philosophique, éthique, juridique, politique, d'un système d'évaluations implicites, bref d'une axiomatique qui pour l'essentiel demeure intacte. On pourrait se contenter d'adaptations secondaires pour tenir compte des transformations survenues dans l'intervalle.

3. La notion de responsabilité gardant une valeur et un sens, elle resterait à réélaborer dans une problématique entièrement nouvelle. Dans les rapports de l'Université et de la société, dans la production, la structure, l'archivation, la transmission des savoirs et des techniques – des savoirs comme techniques –, dans les enjeux politiques du savoir, dans l'idée même du savoir et de la vérité, quelque chose est advenu de tout autre. Répondre, répondre de quoi et devant qui, la question est peut-être plus vivante et plus légitime que jamais. Mais le « quoi » et le « qui » seraient à penser tout autrement. Et, voici un corollaire plus intéressant, depuis cette altérité ils nous induiraient à penser ce qu'ils avaient pu être auparavant, ce « qui » et ce « quoi ».

Ces trois hypothèses épuiseraient-elles en principe toutes les possibilités d'un questionnement typique sur la responsabilité universitaire? Je n'en suis pas sûr, rien ne me paraît assuré en ce domaine. Tout m'y paraît obscur, énigmatique, à la fois menacé et menaçant, au lieu où se concentre aujourd'hui le plus grand danger. L'Université occidentale est un *constructum* ou un artefact très récent, et déjà nous le sentons *fini* : marqué de finitude alors même qu'à l'instauration de son modèle actuel, entre *Le Conflit des Facultés* (1798) et la fondation de l'Université de Berlin (le 10 octobre 1810, au terme de la mission confiée à Humboldt), on le croyait réglé sur une idée de la raison, autrement dit sur un certain rapport à l'infini. Sur ce modèle, au moins dans ses traits essentiels, toutes les grandes Universités occidentales se ré-instituent, en quelque sorte, entre 1800 et 1850 environ. Entre ce moment et la fondation de la *Graduate School* de Columbia, il se passe moins de temps qu'entre la dernière guerre et aujourd'hui. C'est comme si, avec un léger retard, nous fêtions ce soir l'anniversaire de la naissance de l'Université moderne en général. Qu'il s'agisse d'anniversaire ou d'Université, cela tourne, comme on dit en français, très vite.

L'idée m'est venue d'ouvrir avec vous, une fois de plus, *Le Conflit des Facultés,* parce que le *fatum* de la responsabilité semble y être inscrit à l'origine et même à la veille de l'Université moderne, dans son discours pré-inaugural. Il y est inscrit dans une langue qui reçoit de Kant sa première grande illustration, sa première formalisation conceptuelle de grande rigueur et de grande conséquence. Nous disposons là d'une sorte de dictionnaire et de grammaire (structurale, générative et dialectique) pour les discours les plus contradictoires que nous pourrions tenir sur l'Université et, jusqu'à un certain point, en elle. Je n'appellerai pas cela un Code, précisément parce que le *Conflit des Facultés* situe le Code et le Code écrit (*Gesetzbuch* [1]) en un lieu très circonscrit et déterminé de l'Université, du côté des Facultés qu'on appelait supérieures, instruments essentiels du gouvernement (les Facultés de théologie, de droit et de médecine). Si le *Conflit des Facultés* n'est pas un Code, c'est un puissant effort de formalisation et d'économie discursive en

---

1. Cf. toute la deuxième partie de : *De la condition des Facultés,* Première Section, tr. fr., p. 20.

termes précisément de droit formel. La pensée kantienne tente, ici aussi, d'atteindre à la légitimation pure, à la pureté du droit et à la raison comme tribunal de dernière instance. L'équivalence de la raison et de la justice comme « droit » y trouve sa présentation la plus impressionnante.

Or pour nous, le plus souvent et de façon encore dominante, le discours de la responsabilité en appelle de façon que nous croyons tautologique à une instance éthico-juridique pure, à une raison pure pratique, à une pensée pure du droit et corrélativement à la *décision* d'un sujet égologique pur, d'une conscience ou d'une intention ayant à répondre de la loi et devant la loi en des termes décidables. J'y insiste : il en est ainsi pour nous, le plus souvent et de façon prévalente, mais ce lien n'est pas indissoluble de toute éternité. Il n'est pas naturel, il a une histoire. Sans doute peut-on croire dissoudre la valeur de responsabilité en relativisant, secondarisant ou dérivant l'effet de subjectivité, de conscience ou d'intentionnalité; sans doute peut-on, comme on le dit facilement, décentrer le sujet sans remettre en cause le lien entre responsabilité d'une part, liberté de la conscience subjective et pureté de l'intentionnalité d'autre part. Cela se fait tous les jours et ce n'est pas si intéressant puisqu'on ne change rien à l'axiomatique antérieure : on la dénie en bloc et on la maintient à titre de survivance, avec les petits accommodements de rigueur ou, jour après jour, les compromis sans rigueur. Ce faisant, en parant au plus pressé, on ne rend compte et ne se rend compte de rien : ni de ce qui se passe ni des raisons pour lesquelles on continue à assumer des responsabilités sans concept.

En revanche, ne serait-il pas plus intéressant, même si c'est difficile, et peut-être impossible, de penser une responsabilité, c'est-à-dire l'interpellation à laquelle devoir répondre, qui ne passe plus en dernière instance par l'*ego,* le « je pense », l'intention, le sujet, l'idéal de décidabilité? Ne serait-il pas plus « responsable » de tenter de penser le fond sur lequel, dans l'histoire de l'Occident, se sont déterminées, sont arrivées, se sont imposées les valeurs juridico-égologiques de responsabilité? Il y a peut-être là un fonds de responsabilité à la fois plus « vieux » et, dans la mesure où on l'entrevoit de nouveau à travers ce que certains appelleraient la crise de la responsabilité dans sa forme juridico-égologique et son idéal de décidabilité, *encore à venir* et si vous préférez, plus « jeune ». Peut-être alors donnerait-on une chance à la tâche de penser ce qu'aura été la représentation de la responsabilité universitaire jusqu'ici, ce qu'elle est ou peut devenir après des bouleversements que nous ne pouvons plus nous dissimuler, même si nous avons encore du mal à les analyser. Un nouveau type de responsabilité universitaire est-il possible? A quelles conditions? Je n'en sais rien mais je sais que la forme même de ma question constitue encore un protocole classique, de type kantien, précisément : en posant ainsi ma question je me comporte encore en gardien et en dépositaire responsable de la responsabilité traditionnelle. Kant nous dit en effet à quelles conditions une Université rationnelle en général aura selon lui été possible. Le lisant aujourd'hui, je perçois son assurance et sa nécessité comme on peut admirer la rigueur d'un plan ou d'une structure à travers les brèches d'un édifice inhabitable et dont on ne saurait décider s'il est en ruines ou s'il n'a simplement jamais existé, n'ayant jamais pu qu'abriter le discours de son inachèvement. C'est dans cette incertitude que je lis Kant mais je vous épargnerai d'autres considérations sur le pathos de cette incertitude, le désespoir intermittent, la détresse laborieuse ou ironique, les contradictions quotidiennes, le désir de lutter, de militer sur plusieurs fronts à la fois, pour garder *et* pour aventurer, etc. Du fond de cette incertitude, je crois encore à la tâche d'un autre discours sur la responsabilité universitaire. Non au renouvellement du contrat dans ses formes anciennes ou à peine renouvelées; mais comme des formes tout autres je ne sais rien de clair, de cohérent et de décidable, ni même s'il y en aura, si l'Université comme telle a un avenir, je crois encore à l'intérêt de la lumière en ce domaine – et d'un discours qui se mesure à la nouveauté, demain, de ce problème. Ce problème est une tâche, cela nous est encore *donné-à,* à quoi je ne le sais pas, autrefois on aurait dit à faire ou à penser. Je ne le dis pas seulement en tant qu'universitaire. Il n'est pas sûr que de cette tâche ou de cette dette l'Université soit capable, elle-même, en son dedans, depuis son idée; et tel est le problème, celui d'une brèche dans le système de l'Université, dans la cohérence interne de son concept. Car il n'y a peut-être pas de dedans possible pour l'Université, ni de cohérence interne pour son concept. Je parle donc de cette tâche à la fois en tant qu'universitaire soucieux de ne pas dénier son appartenance (car pour qui récuse à cet égard tout engagement, la seule attitude cohérente reviendrait d'abord à démissionner) et en tant que non-universitaire sensible à cela même que, de notre temps, l'Université ne peut en tant que telle réfléchir, se représenter, transformer en l'une de ses représentations, comme l'un de ses objets possibles. C'est en vue de cette autre responsabilité que je prendrai le risque d'une contribution modeste, préliminaire, et d'abord mesurée au temps dont nous disposons ici et qu'il serait décent de ne pas outrepasser. Compte tenu de cette économie et de ces contraintes rhétoriques, je me donne la règle suivante : tenter de traduire *Le Conflit des Facultés* en partie et à titre d'essai introductif ou paradigmatique, pour y reconnaître les lieux d'intraductibilité, je veux dire par là tout ce qui ne peut plus arriver jusqu'à nous et qui reste pour notre temps hors d'usage. J'essaierai d'analyser ces noyaux d'intraductibilité et le bénéfice que j'en escompte, sinon au cours de ce bref échantillon, du moins dans la poursuite systématique de ce type de lecture, ce ne sera pas seulement l'inventaire de ce qui fut et qui n'est plus, ni même de certaines contradictions, lois de conflictualités, antinomies de la raison universitaire, mais plutôt de ce qui excède peut-être cette rationalité dialectique elle-même; et l'intraductibilité dont nous ferons l'épreuve signalera peut-être l'incapacité de l'Université à se comprendre dans la pureté de son dedans, à traduire et à transmettre son propre sens. Et cela, peut-être, depuis son origine.

Suffira-t-il aujourd'hui de parler de contradiction dans l'Université ? Le premier intérêt du texte kantien, n'est-ce pas de reconnaître le conflit à l'intérieur même de l'Université ? Kant en prévoit la récurrence inévitable, la nécessité en quelque sorte transcendantale et constitutive. Il classe les différents types et les différents lieux de la contradiction, les règles de leur retour, les formes de leur légalité ou de leur illégalité. Car il veut à tout prix *dire le droit,* et discerner, décider entre des conflits légaux et des conflits illégaux opposant entre elles les facultés de l'Université. Le souci principal de Kant est légitime de la part de quelqu'un qui entend décider du bon droit : c'est de tracer les limites rigoureuses du système qu'on appelle Université. Aucun discours ne serait ici rigoureux si on ne commençait par définir l'unité du système universitaire, autrement dit la frontière entre son dedans et son dehors. Kant veut analyser les conflits *proprement* universitaires, ceux qui surgissent entre les différentes parties du corps et du pouvoir universitaires, à savoir ici les facultés. Il veut décrire le processus de ces contradictions *internes* mais aussi classer, hiérarchiser, arbitrer. Or avant même de proposer une division générale du corps enseignant et de reconnaître les deux grandes classes de facultés qui peuvent s'affronter, les supérieures et l'inférieure, Kant rencontre une première, et même une avant-première difficulté à laquelle aujourd'hui nous serions encore plus sensibles que lui. Comme on pouvait s'y attendre, cette difficulté tient à la définition d'un certain dehors qui entretient avec le dedans un rapport de ressemblance, de participation et de parasitisme qui peut donner lieu à un abus de pouvoir, à un excès proprement politique. Extériorité, donc, dans la ressemblance. Elle peut prendre trois formes. L'une d'entre elles seulement paraît dangereuse à Kant.

La première, c'est l'organisation en académies ou en sociétés savantes spécialisées. Ces « ateliers » n'appartiennent pas à l'Université, Kant se contente de les mentionner. Il n'envisage aucune collaboration, aucune concurrence, aucun conflit entre l'Université et ces sociétés scientifiques. Et pourtant celles-ci ne représentent pas, comme les amateurs privés que mentionne le même passage, un état de nature de la science. Ces institutions, qui sont aussi des effets de la raison, jouent un rôle essentiel dans la société. Or aujourd'hui – et voici une première limite à la traduction du texte kantien dans notre espace politico-épistémologique – la concurrence et les conflits de frontière peuvent être très graves entre des centres de recherche non universitaires et des facultés universitaires qui prétendent, à la fois, à la recherche et à la transmission du savoir, à la production et à la reproduction des connaissances. Ces problèmes ne se laissent plus isoler ou circonscrire dès lors qu'ils concernent la politique de la recherche scientifique, c'est-à-dire aussi toutes les stratégies socio-techniques (militaires, médicales ou autres, ces limites et ces catégories perdent aujourd'hui toute pertinence), l'informatisation à son niveau intra- ou inter-éta-tique, etc. Tout un champ est largement ouvert pour l'analyse de ce « dehors » que Kant appelle « académique » de l'Université. Du temps de Kant, ce « dehors » pouvait se limiter à une marge de l'Université. Encore n'est-ce pas si sûr ni si simple. Aujourd'hui en tout cas, c'est l'Université qui devient sa marge. Du moins certains départements de l'Université sont-ils réduits à cette condition. L'État ne confie plus certaines recherches à l'Université qui ne peut en accueillir les structures ou en contrôler les enjeux techno-politiques. Quand des régions du savoir ne peuvent plus donner lieu à formation et à évaluation proprement universitaires, toute l'architectonique du *Conflit des Facultés* s'en trouve menacée, et avec elle le modèle réglé par l'heureux accord d'un pouvoir royal et de la raison pure. La *représentation* de ce modèle demeure à peu près identique partout en Occident mais le rapport au pouvoir et à la recherche qu'il programme dans les académies et les instituts de recherche y est très différent selon les États, les régimes, les traditions nationales. Ces différences se marquent dans les interventions de l'État et des capitaux publics ou privés. Elles ne peuvent pas manquer de retentir sur la pratique et le style des chercheurs. Certains objets et certains types de recherche échappent à l'Université. Parfois, comme dans certains pays de l'Est, l'Université est totalement confinée dans une activité d'enseignement reproductif. L'État la dessaisit d'un droit à la recherche qu'il réserve à des académies où l'on n'enseigne pas. Cela procède le plus souvent de calculs de rentabilité techno-politique opérés par l'État ou par des pouvoirs capitalistes nationaux ou internationaux, étatiques ou trans-étatiques, comme on peut l'imaginer dans le stockage de l'information et la constitution de banques de données à l'égard desquelles l'universitaire doit abandonner la représentation de « gardien » ou de « dépositaire » du savoir. Or cette représentation *constituait* la mission universitaire elle-même. Mais dès que la bibliothèque n'est plus le type idéal de l'archive, l'Université n'est plus le centre du savoir, elle ne peut plus donner à ses sujets la représentation de ce centre. Dès que, pour des raisons de structure ou par attachement à des représentations anciennes, l'Université ne peut plus s'ouvrir à certaines recherches, y participer ou les transmettre, elle se sent menacée en certains lieux de son corps propre : menacée par le développement des sciences ou *a fortiori* par les questions *de* la science ou *sur* la science, menacée par ce qu'elle considère comme une marge envahissante. Singulière et injuste menace, car la croyance constitutive de l'Université, c'est que l'idée de la science est au principe même de l'Université. Comment pourrait-elle alors la menacer dans son développement technique, au moment où l'on ne peut plus séparer savoir et pouvoir, raison et performativité, métaphysique et maîtrise technique? L'Université est un produit (fini), je dirais presque un enfant du couple inséparable de la métaphysique et de la technique. Du moins donnait-elle un lieu ou une configuration topologique à cette génération. Le paradoxe, c'est qu'au moment où cette génération déborde les lieux qui lui sont assignés, quand l'Université devient petite et vieille, son « idée » règne partout, plus et mieux que jamais. Menacée par une marge envahissante, disais-je à l'instant, parce que les sociétés de recherche non universitaires, publiques, officielles ou non, peuvent aussi former des poches dans le campus universitaire. Certains membres de l'Université peuvent y prendre part et irriter le dedans du corps enseignant comme des parasites. En traçant le système des limites pures de l'Université, Kant veut traquer tout parasitage possible. Il veut pouvoir l'exclure – légitimement, légalement. Or la possibilité d'un tel parasitage apparaît dès qu'il y a langage, c'est-à-dire aussi domaine public, publication, publicité. Vouloir contrôler, sinon exclure le parasitage, c'est méconnaître en un certain point la structure des actes de langage. (Et c'est pourquoi, je le note en passant, si des analyses de type déconstructif ont si souvent pris l'allure de théories du « parasitisme [1] », c'est qu'elles concernaient aussi, directement ou indirectement, la légitimation universitaire.)

Nous sommes toujours sur le seuil du *Conflit des Facultés*. Kant a plus de mal pour tenir au-dehors une seconde catégorie. Mais en la nommant, il paraît cette fois très conscient d'un enjeu politique. Il s'agit de la classe des « lettrés » : *die Litteraten (Studirte)*. Ce ne sont pas des savants au sens propre *(eigentliche Gelehrte)* mais, formés dans les Universités, ils sont devenus des agents du gouvernement, des chargés de mission, des

---

1. Cf. par exemple *De la grammatologie* [Paris, Minuit, 1967], notamment p. 79 ; *La pharmacie de Platon*, dans *La dissémination* [Paris, Seuil, 1972], p. 147 ; *Signature événement contexte*, dans *Marges de la philosophie* [Paris, Minuit, 1972], et *Glas* [Paris, Galilée, 1974] *passim*.

instruments du pouvoir *(Instrumente der Regierung)*. Ils ont souvent oublié, dans une large mesure, ce qu'ils sont censés avoir appris. L'État leur accorde une fonction et un pouvoir à des fins qui sont les siennes et non celles de la science : « non pour le grand bien des sciences », dit Kant. Ces anciens étudiants, il les appelle hommes d'affaires ou techniciens de la science *(Geschäftsleute oder Werkkundige der Gelehrsamkeit)*. Leur influence sur le public est officielle et légale *(aufs Publicum gesetzlichen Einfluß haben)*. Ils représentent l'État et détiennent un pouvoir redoutable. Dans les exemples cités par Kant, il apparaît que ces hommes d'affaires du savoir sont formés par les trois facultés dites « supérieures » (théologie, droit, médecine). Ce sont les ecclésiastiques, les magistrats et les médecins, qui ne sont pas formés par la faculté de philosophie. Mais aujourd'hui, dans la classe ainsi définie des techniciens ou hommes d'affaires du savoir, nous serions tenus d'inscrire une variété et un nombre massivement plus larges d'agents : à l'extérieur, en bordure et au-dedans des lieux universitaires. Ce sont tous les responsables de l'administration publique ou privée de l'Université, tous les « décideurs » en matière de budget, d'attribution et de distribution des crédits (fonctionnaires d'un ministère ou *« trustees »*, etc.), tous les gestionnaires de la publication et de l'archivation, les éditeurs, les journalistes, etc. Surtout, n'est-il pas aujourd'hui impossible, pour des raisons qui tiennent à la structure du savoir, de distinguer rigoureusement entre des savants et des techniciens de la science, comme de tracer entre le savoir et le pouvoir cette limite à l'abri de laquelle Kant voudrait maintenir l'édifice universitaire ? Nous retrouverons cette question. En fait c'est toujours en termes d'« influence sur le peuple » que Kant élabore son problème. Les hommes d'affaires de la science sont redoutables parce qu'ils sont en rapport immédiat avec le peuple qui se compose, dit-il crûment, non pas d'ignorants, comme on traduit souvent, mais d'« idiots » *(Idioten)*. Mais comme l'Université est censée n'avoir aucun pouvoir propre, c'est au gouvernement que Kant demande de maintenir dans l'ordre *(in Ordnung)* cette classe d'hommes d'affaires qui peuvent toujours usurper le droit de juger qui revient aux facultés. Kant attend du pouvoir gouvernemental qu'il crée lui-même les conditions d'un contre-pouvoir, qu'il assure sa propre limitation et garantisse à une Université sans pouvoir l'exercice de son libre jugement pour décider du vrai et du faux. Le gouvernement et les forces qu'il représente ou qui le représentent (la société civile) devraient créer un droit limitant leur propre influence et soumettant tous ses énoncés de type constatif (ceux qui prétendent dire le vrai) et même de type « pratique » (pour autant qu'ils impliquent un jugement libre) à la juridiction de la compétence universitaire et finalement, nous le verrons, à ce qu'il y a en elle de plus libre et de plus responsable quant à la vérité : la faculté de philosophie. Le principe de cette exigence peut paraître exorbitant ou élémentaire, l'un ou l'autre, l'un et l'autre, et il n'avait déjà, sous Frédéric-Guillaume, aucune chance d'être appliqué, mais pour des raisons qui ne sont pas seulement d'organisation empirique et qui n'auraient fait depuis que s'aggraver. Il faudrait imaginer aujourd'hui un contrôle exercé par la compétence universitaire (et en dernière instance par la compétence philosophique) sur toutes les déclarations des fonctionnaires, des sujets représentant directement ou indirectement le pouvoir, les forces dominantes dans le pays mais aussi bien les forces dominées en tant qu'elles aspirent au pouvoir et participent au débat politique ou idéologique. Rien n'y échapperait, aucune prise de parole dans un journal, un livre, à la radio ou à la télévision, dans l'exercice public d'un métier, dans la gestion technique du savoir, par tous les relais entre la recherche dite « fondamentale » et ses « applications » civiles, policières, médicales, militaires, etc., dans le monde des étudiants et de la pédagogie non universitaire (professeurs de lycée ou d'école maternelle dont Kant, étrangement, ne dit rien en ce lieu précis), chez tous les « décideurs » en matière de fonctionnement et de crédits universitaires, etc. Bref, personne ne serait autorisé à user *publiquement* de son « savoir » sans être en droit soumis au contrôle des Facultés, Kant dit littéralement à la « censure des Facultés ». Ce système a l'apparence et aurait la réalité de la plus odieuse tyrannie si 1. la puissance qui juge et décide ici n'était pas définie par le service respectueux et responsable de la *vérité,* et si 2. elle n'était pas dépouillée, au principe et par structure, de tout pouvoir exécutif, de tout moyen de coercition. Son pouvoir de décision est théorique et discursif, et il se limite à la partie théorique du discursif. L'Université est là pour *dire le vrai,* pour juger, pour critiquer au sens le plus rigoureux du terme, à savoir pour discerner et décider entre le vrai et le faux; et si elle est aussi habilitée à décider entre le juste et l'injuste, le moral et l'immoral, c'est dans la mesure où la raison et la liberté de jugement y sont impliquées. En fait, Kant présente cette exigence comme la condition d'une lutte contre tous les « despotismes », à commencer par celui que peuvent faire régner à l'intérieur de l'Université ces représentants directs du gouvernement que sont les membres de facultés supérieures (théologie, droit, médecine). Cette matrice, ce modèle, on pourrait jouer interminablement à les traduire et à en combiner les éléments dans différents types de société moderne. On pourrait alors soutenir aussi légitimement les évaluations les plus contradictoires. Kant définit aussi bien une Université garantissant les formes les plus totalitaires de la société que le lieu de la résistance la plus intraitablement libérale à tout abus de pouvoir, et une résistance qu'on peut tour à tour juger la plus rigoureuse ou la plus impuissante. Son pouvoir est en effet limité au pouvoir-penser et juger, au pouvoir-dire, mais non nécessairement dire *en public* car il s'agirait là d'une *action,* d'un pouvoir exécutif qui est refusé à l'Université. Comment la combinatoire d'évaluations aussi contradictoires est-elle possible au sujet d'un seul et même modèle? Que doit être ce modèle pour s'y prêter ainsi? Je ne peux ici qu'esquisser une réponse indirecte à cette énorme question. Les présupposés de la délimitation kantienne pouvaient être perçus dès le début mais ils sont devenus aujourd'hui massivement apparents. Kant a besoin, et il le dit, de tracer entre la responsabilité quant à la vérité et la responsabilité quant à l'action une frontière linéaire, un trait indivisible et rigoureusement infranchissable. Pour le faire il doit soumettre le langage à un traitement particulier. Le langage est l'élément commun aux deux sphères de responsabilité, et c'est lui qui nous privera de toute distinction rigoureuse entre les deux espaces que Kant voudrait à tout prix dissocier. C'est lui qui ouvre le passage à tous les parasitages et à tous les simulacres. D'une certaine manière, Kant ne parle que du langage dans *Le Conflit des Facultés* et c'est entre deux langages, celui de la vérité et celui de l'action, celui des énoncés théoriques et celui des performatifs (surtout celui des ordres), qu'il veut tracer la ligne de démarcation. Kant ne parle que de langage quand il parle de la « manifestation de la vérité », de l'« influence sur le peuple », de l'interprétation des textes sacrés en termes théologiques ou au contraire en termes philosophiques, etc. Et pourtant il efface tout le temps ce qui dans le langage fait sauter les limites que la critique criticiste prétend assigner aux facultés, à l'intérieur des facultés, comme on va voir, et entre le dedans et le dehors de l'Université. L'effort de Kant – c'est la grandeur du projet proprement philosophique et l'exigence d'un jugement capable de décider – tend à limiter les effets de brouillage, de simulacre, de parasitage, d'équivocité, d'indécidabilité qui sont produits par le langage. En ce sens, cette exigence philosophique est représentée au plus haut point dans cette technologie de l'informatisation qui tout en paraissant aujourd'hui échapper au contrôle de l'Université, c'est-à-dire, en termes kantiens, de la philosophie, en est le produit et le représentant le plus fidèle. Ce n'est paradoxal qu'en apparence et c'est devant la loi de ce paradoxe apparent que l'ultime responsabilité serait à prendre aujourd'hui, si c'était possible. Cette force de parasitage habite d'abord la langue dite naturelle, et celle-ci est commune à l'Université et à son dehors. L'élément de la publicité, le caractère nécessairement public des discours, en particulier sous la forme de l'archive, désigne le lieu incontournable de l'équivoque que Kant voudrait réduire. D'où sa tentation : transformer en langage réservé, intra-universitaire et quasiment privé, le discours de valeur précisément universelle qui est celui de la philosophie. Pour qu'un langage universel ne risque pas l'équivoque, il faudrait à la limite ne pas le publier, ne pas le populariser, ne pas le divulguer dans un peuple qui nécessairement le corrompt. Dans sa réponse au Roi de Prusse, Kant se défend ainsi :

> En tant qu'éducateur du peuple, je n'ai pas en quelque manière contrevenu dans des écrits, notamment dans le livre *De la religion dans les limites de la simple raison,* etc., aux intentions suprêmes et *Souveraines* à moi connues, c'est-à-dire que je n'ai pas fait de tort à la *religion* publique du *pays;* ce qui est déjà évident, du fait que ce livre n'y est point propre, étant pour le public bien plutôt un livre inintelligible et fermé qui ne représente qu'un débat entre savants de Faculté, débat dont le peuple ne se soucie pas; mais, à cet égard, les Facultés même demeurent libres d'en juger publiquement, suivant leur meilleure science et conscience; seuls les instituteurs populaires installés (dans les écoles et dans les chaires) sont liés au résultat de ces débats que l'autorité du pays sanctionne en vue de l'exposé public [1].

La *publication* du savoir est donc soumise à l'autorité, non le savoir lui-même. Réduire cette publication pour sauver un discours rigoureux en science et en conscience, c'est-à-dire un discours rationnel, universel et sans équivoque, voilà un *double*

1. [*Op. cit.,* p. 7].

bind, une postulation contradictoire en elle-même, intrinsè-
quement en conflit avec elle-même, comme si déjà elle n'était
plus traduisible *dans* le texte kantien, de lui-même à lui-
même. Cette exigence contradictoire n'était pas satisfaite au
temps de Kant. Comment le serait-elle aujourd'hui où le
champ de la publication, de l'archivation et de la médiati-
sation s'accroît de façon aussi impressionnante que, à l'autre
pôle, le surcodage et l'hyperformalisation des langages? où
commence une publication?

Il y a plus grave et plus essentiel encore. Le concept pur de
l'Université est construit par Kant sur la possibilité et la
nécessité d'un langage purement théorique, mû par le seul
intérêt pour la vérité, et de structure qu'on dirait aujourd'hui
purement constative. Sans doute cet idéal est-il garanti, dans
le propos kantien lui-même, par une raison pratique pure, par
des énoncés prescriptifs, par le postulat d'une liberté d'une
part, et d'autre part en vertu d'une autorité politique de fait
qui en droit est censée se laisser guider par la raison. Mais cela
n'empêche nullement que la structure performative reste exclue
en droit du langage sur lequel Kant règle le concept d'Université, et donc ce qui en lui est purement autonome, à savoir,
on le verra, la faculté « inférieure », la faculté de philosophie.
Je me laisse guider par cette notion de performativité non parce
qu'elle me paraît suffisamment claire et élaborée mais parce
qu'elle signale un lieu essentiel du débat dans lequel nous
sommes ici engagés. En disant performativité, je pense aussi
bien à la performativité comme rendement d'un système technique, en ce lieu où savoir et pouvoir ne se distinguent plus,
qu'à la notion austinienne d'un acte de langage ne se limitant
pas à constater, décrire, dire ce qui est, mais produisant ou
transformant à lui tout seul, dans certaines conditions, la situation dont il parle : la fondation d'une *Graduate School* par
exemple, non pas aujourd'hui, où nous pouvons la constater,
mais il y a cent ans, dans un contexte très déterminé. Les

débats intéressants et intéressés qui se développent de plus en plus autour de l'interprétation du pouvoir performatif du langage paraissent liés, au moins souterrainement, à des enjeux politico-institutionnels urgents. Ces débats se développent aussi bien dans les départements de littérature, de linguistique ou de philosophie; et en eux-mêmes, dans la forme de leurs énoncés interprétatifs, ils ne sont ni simplement théorico-constatifs, ni simplement performatifs. C'est qu'il n'y a pas *le* performatif, il y a des performatifs et des tentatives antagonistes ou parasitaires pour interpréter le pouvoir performatif du langage, pour l'arraisonner et l'utiliser, pour l'investir performativement. Et chaque fois une philosophie, une politique, non seulement une politique générale mais une politique de l'enseignement et du savoir, un concept politique de la communauté universitaire y sont engagés, qu'on en ait ou non conscience. Forme aujourd'hui très symptomatique d'une implication politique qui a toutefois été à l'œuvre, de tout temps, dans chaque geste et chaque énoncé universitaire. Je ne parle pas seulement de ceux dont nous devons prendre la responsabilité politico-administrative : demandes et attributions de crédits, organisation des enseignements et de la recherche, collation des grades, et surtout la masse énorme des évaluations implicites ou déclarées auxquelles nous nous livrons et dont chacune comporte une axiomatique et des effets politiques (rêve ici d'une formidable étude, elle ne serait pas seulement sociologique, de l'archive de ces évaluations, avec, par exemple, la publication de tous les dossiers, rapports de jury, lettres de recommandation, et l'analyse spectrale, dia- et synchronique, de tous les codes qui s'y font la guerre, s'y croisent, se contredisent, se surdéterminent dans la stratégie retorse et mouvante des grands et des petits intérêts). Non, je ne pense pas seulement à cela, mais plus précisément au concept de la communauté scientifique et de l'Université qui doit être lisible dans chaque phrase de cours ou de séminaire, dans chaque acte d'écriture, de lecture ou d'interprétation. Par exemple, mais on pourrait varier les exemples à l'infini, l'interprétation d'un théorème, d'un poème, d'un philosophème, d'un théologème ne se produit qu'en proposant simultanément un modèle institutionnel, de consolider celui qui existe et qui rend possible l'interprétation ou d'en constituer un nouveau qui s'accorde avec ladite interprétation. Que cette proposition soit déclarée ou clandestine, elle appelle la politique d'une communauté d'interprètes réunis autour de ce texte, et du même coup d'une société globale, d'une société civile avec ou sans État, d'un véritable régime rendant possible l'inscription de cette communauté. J'irai plus loin : chaque texte, chaque élément de corpus reproduit ou lègue, sur le mode prescriptif ou normatif, une ou plusieurs injonctions : rassemblez-vous selon telles règles, telle scénographie, telle topographie des âmes et des corps, formez tel type d'institution pour me lire et m'écrire, organisez tel type d'échange et de hiérarchie pour m'interpréter, m'évaluer, me garder, me traduire, hériter de moi, me faire survivre (*überleben* ou *fortleben* au sens que Benjamin donne à ces mots dans *Die Aufgabe des Übersetzers*). Ou inversement : si vous m'interprétez (au sens du déchiffrement ou au sens de la transformation performative), vous devrez assumer telle ou telle forme institutionnelle. Mais il appartient à tout texte que cette injonction donne lieu à indécidabilité et à *double bind,* c'est-à-dire à la fois ferme et ouvre sur une surdétermination non-dominable. C'est la loi du texte en général – qui ne se limite pas à ce que l'on appelle des écrits dans des bibliothèques ou à des programmes d'ordinateurs –, une loi que je ne peux pas démontrer ici mais que je dois supposer. Dès lors l'interprète n'est jamais soumis passivement à cette injonction et sa propre performance construira à son tour un ou plusieurs modèles de communauté. Et parfois différents, pour le même interprète, d'un moment à l'autre, d'un texte à l'autre, d'une situation ou d'une évaluation stratégique à l'autre. Ce sont là ses responsabilités. Difficile de dire en général au sujet de quoi et devant qui elles sont prises. Elles concernent chaque fois le contenu et la forme d'un nouveau contrat. Par exemple quand je lis telle phrase de tel contexte en séminaire (une réplique de Socrate, un fragment du *Capital* ou de *Finnegans Wake,* un paragraphe du *Conflit des Facultés*), je ne remplis pas un contrat déjà existant, je peux aussi écrire et préparer la signature d'un nouveau contrat avec l'institution, entre l'institution et les forces dominantes de la société. Et cette opération, comme dans toute négociation (pré-contractuelle, c'est-à-dire toujours transformatrice d'un ancien contrat), c'est le moment de toutes les ruses et de tous les coups stratégiques que vous voudrez imaginer. Je ne sais pas s'il existe aujourd'hui un concept pur de *la* responsabilité universitaire et en tout cas je ne saurais pas dire en ce lieu et dans les limites de cet exposé tous les doutes que je garde à ce sujet. Je ne sais pas si un code éthico-politique légué par une ou plusieurs traditions est viable pour une telle définition. Mais la responsabilité minimale aujourd'hui, et en tout cas la plus intéressante, la plus nouvelle, la plus forte, pour quiconque appartient à une institution de recherche ou d'enseignement, c'est peut-être de rendre aussi claires et aussi thématiques que possible une telle implication politique, son système ou ses apories. En parlant de clarté et de thématisation, bien que ces thématisations puissent emprunter les voies les plus inédites et les plus retorses, je me réfère à la norme la plus classique; mais je ne crois pas qu'on puisse y renoncer sans remettre en question toute idée de responsabilité, ce que naturellement on peut toujours vouloir faire. Par thématisation aussi claire que possible, j'entends ceci : poser ou reconnaître avec les étudiants et la communauté des chercheurs qu'en chacune des opérations que nous tentons ensemble (une lecture, une interprétation, la construction d'un modèle théorique, la rhétorique d'une argumentation, le traitement d'un matériau historique et même une formalisation mathématique), un concept institutionnel est en jeu, un type de contrat signé, une image du séminaire idéal construite, un *socius* impliqué, répété ou déplacé, inventé, transformé, menacé ou détruit. L'institution, ce ne sont pas seulement des murs et des structures extérieures qui entourent, protègent, garantissent ou contraignent la liberté de notre travail, c'est aussi et déjà la structure de notre interprétation. Dès lors, si elle prétend à quelque conséquence, ce qu'on appelle très vite *la* déconstruction n'est jamais un ensemble technique de procédures discursives, encore moins une nouvelle méthode herméneutique travaillant sur des archives ou des énoncés à l'abri d'une institution donnée et stable; c'est aussi, et au moins, une prise de position, dans le travail même, à l'égard de structures politico-institutionnelles qui constituent et règlent notre pratique, nos compétences et nos performances. Précisément parce qu'elle n'a jamais concerné seulement des contenus de sens, la déconstruction devrait ne pas être séparable de cette problématique politico-institutionnelle et requérir un questionnement nouveau sur la responsabilité, un questionnement qui ne se fie plus nécessairement aux codes hérités du politique ou de l'éthique. Ce qui fait que, trop politique aux yeux des uns, elle puisse paraître démobilisante aux yeux de ceux qui ne reconnaissent le politique qu'à l'aide des panneaux de signalisation d'avant la guerre. La déconstruction ne se limite ni à une réforme méthodologique rassurante pour l'organisation donnée, ni inversement à une parade de destruction irresponsable ou irresponsabilisante qui aurait pour plus sûr effet de laisser tout en l'état et de consolider les forces les plus immobiles de l'Université. C'est à partir de ces prémisses que j'interprète *Le Conflit des Facultés*. J'y reviens maintenant mais en vérité je ne crois pas l'avoir quitté.

Kant voulait donc faire passer une ligne de démarcation entre les savants de l'Université et les hommes d'affaires de la science ou les instruments du pouvoir gouvernemental, entre le dedans et le dehors le plus proche de l'enceinte universitaire.

Or cette ligne, il lui faut bien reconnaître qu'elle ne passe pas seulement en bordure et autour de l'institution. Elle traverse les facultés et c'est le lieu du conflit, d'un conflit inévitable. Cette frontière est un front. En effet, se référant à une organisation de fait qu'il ne cherche pas à transformer mais, selon sa démarche habituelle, à analyser dans ses conditions de possibilité juridiques pures, Kant distingue entre deux classes de facultés : trois facultés supérieures, une faculté inférieure. Et sans traiter de cet énorme problème, Kant s'empresse de préciser que cette division et ces appellations (trois facultés supérieures, une faculté inférieure) sont le fait du gouvernement et non de la corporation scientifique. Néanmoins il l'accepte, il essaie de la justifier dans sa philosophie et de donner à ce *factum* les garanties juridiques et rationnelles idéales. Les facultés de théologie, de droit et de médecine sont dites « supérieures » parce qu'elles sont plus proches du pouvoir gouvernemental; et une hiérarchie traditionnelle veut que le pouvoir soit plus haut que le non-pouvoir. Il est vrai que plus loin Kant ne le cache pas : son idéal politique tend à un certain renversement de cette hiérarchie : « Ainsi on pourrait bien un jour en arriver à voir les derniers devenir les premiers (la Faculté inférieure devenir la Faculté supérieure), *non pour l'exercice du pouvoir* [je souligne, et Kant, même dans ce renversement, reste fidèle à la distinction absolue du savoir et du pouvoir], mais pour donner des conseils [et un conseil, selon lui, n'est pas un pouvoir] à celui qui le détient (le gouvernement), qui trouverait ainsi dans la liberté de la Faculté philosophique et la sagesse qui lui en adviendrait, bien mieux que dans sa propre autorité absolue, des moyens pour atteindre ses fins [1]. » Ici le modèle de Kant est moins celui du roi-philosophe de Platon qu'une certaine sagesse pratique de la monarchie parlementaire britannique à laquelle il

1. [*Op. cit.,* p. 37].

se réfère dans une longue et amusante note de la *Division Générale des Facultés* [1].

Tant que ce renversement idéal n'a pas lieu, c'est-à-dire dans l'état actuel des choses, les facultés supérieures sont celles qui forment les instruments du gouvernement et tous ceux par l'intermédiaire desquels celui-ci se ménage « l'influence la plus forte et la plus durable » sur le peuple. Le gouvernement contrôle et dirige donc ses facultés supérieures qui le représentent directement même s'il n'y enseigne pas lui-même. Il sanctionne des doctrines et peut exiger que certaines d'entre elles soient exposées, d'autres exclues, quoi qu'il en soit de la vérité. Cela fait partie du contrat signé entre les facultés supérieures et le gouvernement. Soit dit en passant, si l'on retient ce seul critère kantien (représenter l'intérêt du pouvoir d'État et des forces qui le soutiennent), pourrait-on aujourd'hui s'assurer de la frontière entre les facultés supérieures et les autres? et pourrait-on limiter comme alors les supérieures à la théologie, au droit et à la médecine? Ne trouverait-on aucune trace de cet intérêt et de cette représentation du pouvoir dans cette faculté inférieure dont Kant dit qu'elle doit être absolument indépendante des ordres gouvernementaux? La faculté inférieure (ou philosophique) doit pouvoir librement, selon Kant, enseigner ce qu'elle veut, sans en référer à quiconque et en se laissant guider par son seul intérêt pour la vérité. Et le gouvernement doit arrêter son propre pouvoir, comme dirait Montesquieu, devant cette liberté, il doit même la garantir. Et il doit y avoir intérêt, car, dit Kant avec l'optimisme fondamental qui caractérise ce discours, sans liberté la vérité ne peut se manifester et tout gouvernement devrait avoir intérêt à ce que la vérité se manifeste. La liberté de la faculté inférieure est *absolue* mais c'est une liberté de jugement, et de parole intra-universitaire, la liberté de se prononcer sur *ce qui est,* par des jugements

1. [Cf. *ibid.,* p. 16].

essentiellement théoriques. Seule la parole intra-universitaire (théorique, judicative, prédicative, constative) se voit reconnaître cette liberté absolue. Les membres de la faculté « inférieure » en tant que tels ne peuvent ni ne doivent donner des ordres *(Befehle geben)*. En dernière instance, le gouvernement détient par contrat le droit de contrôler et de censurer tout ce qui, dans leurs énoncés, ne serait pas constatif et, en un certain sens de ce mot, représentationnel. Pensez aux subtilités modernes dans l'interprétation des énoncés non constatifs, aux effets qu'elles auraient sur un tel concept de l'Université, sur ses rapports à la société civile et au pouvoir d'État! Imaginez la formation qu'il faudrait assurer aux censeurs et aux experts gouvernementaux chargés de vérifier la structure purement constative des discours universitaires. Ces experts, où seraient-ils formés? Par quelle faculté? par les supérieures ou par l'inférieure? Et qui en déciderait? En tout cas nous ne disposons pas aujourd'hui, et pour des raisons essentielles, d'une vérité du langage performatif ou d'une doctrine légitime et enseignable à son sujet. Que s'ensuit-il? Que toutes les discussions au sujet des *speech acts* (relations entre actes de langage et vérité, actes de langage et intention, langage « sérieux » et « non sérieux », « fictif » et « non-fictif », « normal » et « parasitaire », philosophie et littérature, linguistique et psychanalyse, etc.) ont des enjeux politico-institutionnels que nous ne devons plus nous dissimuler. Ils concernent le pouvoir ou le non-pouvoir du discours académique ou du discours de la recherche en général.

La division entre les deux classes de facultés doit être pure, principielle et rigoureuse. Instituée par le gouvernement, elle doit néanmoins procéder de la raison pure. Elle n'admet en principe aucun brouillage de frontière, aucun parasitisme. D'où l'effort inlassable, désespéré, il faut même dire « héroïque », de Kant pour marquer les frontières juridiques : non seulement entre les responsabilités respectives des deux classes de facultés mais même entre les types de conflit qui ne peuvent manquer de surgir entre elles dans une sorte d'antinomie de la raison universitaire. La lutte des classes de facultés sera inévitable, mais le juridisme poussera à juger, discerner, évaluer de façon décidante, décidable et critique entre des conflits légaux et des conflits illégaux.

La première frontière entre les classes de facultés reproduit la limite entre action et vérité (énoncé ou proposition ayant valeur de vérité). La faculté inférieure est totalement libre quand il y va de la vérité. Aucun pouvoir ne doit limiter sa liberté de jugement à cet égard. Sans doute peut-elle suivre des doctrines pratiques parce qu'elles sont ordonnées par le gouvernement, mais elle ne doit pas les tenir pour vraies *parce qu'*elles ont été édictées par le pouvoir. Cette liberté de jugement, Kant y voit la condition inconditionnée d'une autonomie universitaire et cette condition inconditionnée n'est autre que la philosophie. L'autonomie est la raison philosophique en tant qu'elle se donne sa propre loi, à savoir la vérité. C'est pourquoi la faculté inférieure s'appelle faculté de philosophie; et sans département de philosophie dans une Université, il n'y a pas d'Université. Le concept d'*universitas* est plus que le concept philosophique d'une institution de recherche et d'enseignement, c'est le concept de la philosophie elle-même, et c'est la Raison, le principe de raison, plutôt, *comme institution*. Kant parle ici non seulement de faculté mais de « département » : pour qu'il y ait une Université, un « tel département » de philosophie doit être « fondé » (*gestiftet*). Bien qu'inférieure en pouvoir, la philosophie doit « contrôler » (*controlliren*) toutes les autres facultés pour ce qui relève de la *vérité,* qui est du « premier ordre » alors que *l'utilité* au service du gouvernement est de « second ordre [1] ».

---

1. « [...] quant à l'*utilité* que les Facultés supérieures promettent pour le gouvernement, ce n'est qu'une valeur de second ordre. – On peut aussi, sans doute, concéder à la Faculté de théologie l'orgueilleuse prétention de prendre la Faculté de philosophie pour sa servante (mais alors la question

Mochlos ou le conflit des facultés

Que l'essence de l'Université, à savoir la philosophie, occupe en même temps une place particulière et dispose d'une faculté parmi d'autres dans la topologie universitaire, que la philosophie y représente une compétence spéciale, il y a là un problème grave. Il n'avait pas échappé à Schelling par exemple, qui en fit déjà objection à Kant dans l'une de ses *Vorlesungen über die Methode des akademischen Studiums* (1802, Université d'Iéna) : il ne peut pas y avoir selon lui de faculté particulière (et donc de pouvoir, *Macht*) pour la philosophie : « ce qui est tout ne peut, pour cette raison précise, être rien de particulier » [1].

Le paradoxe de cette topologie universitaire, c'est qu'une faculté qui porte en elle le concept théorique de la totalité de l'espace universitaire soit assignée à résidence particulière et

subsiste toujours de savoir si celle-ci *précède avec la torche* sa gracieuse Dame ou si elle la *suit portant la traîne* (ob diese ihrer gnädigen Frau *die Fackel vorträgt oder die Schleppe nachträgt*), si toutefois on ne la chasse pas ou si on ne lui ferme pas la bouche; car cette modestie justement, qui consiste à être libre, mais aussi à laisser libre, à découvrir seulement la vérité pour le profit de chaque science et à la mettre à la libre disposition des Facultés supérieures, doit la recommander au gouvernement même comme à l'abri de tout soupçon, bien plus, comme indispensable. » *(Deuxième Section, Division et définition de la Faculté inférieure* [op. cit., p. 27]).

1. « Dans la mesure où les sciences obtiennent grâce à l'État et en lui, une existence effectivement objective, dans la mesure où elles deviennent une puissance *(Macht)*, les associations, formées en vue de chacune d'entre elles en particulier, se nomment *Facultés*. Pour faire sur leurs relations mutuelles les remarques qui s'imposent, vu en particulier que Kant, dans son écrit sur le *Conflit des Facultés*, nous paraît avoir considéré cette question d'un point de vue très unilatéral, il est manifeste que la théologie, étant la science où se trouve objectivé le cœur de la philosophie, doit avoir la première place et la plus élevée; dans la mesure où l'idéal est la puissance *(Potenz)* supérieure du réel, il s'ensuit que la Faculté de droit précède celle de médecine. Mais, en ce qui concerne celle de philosophie, notre thèse est qu'il n'y a rien de semblable et qu'il ne peut y en avoir, et la preuve en est tout simplement que ce qui est tout ne peut, pour cette raison précise, être rien de particulier. » (Tr. fr., *Philosophies de l'Université*. Paris, Payot, 1979, p. 105.) Cf. plus haut « Théologie de la traduction », p. 382 sq.

soumise, dans le même espace, à l'autorité politique des autres facultés et du gouvernement qu'elles représentent. En droit, cela n'est concevable et rationnel que dans la mesure où le gouvernement *doit* s'inspirer de la raison. Et dans ce cas idéal, il devrait ne pas y avoir de conflit. Or il y en a, et ce ne sont pas seulement des oppositions contingentes ou factuelles. Ce sont des conflits inévitables et parfois des conflits que Kant appelle « légaux ». Comment cela est-il possible?

Cela tient, je crois, à la structure paradoxale de ces limites. Alors qu'elles sont destinées à séparer pouvoir et savoir, action et vérité, elles distinguent des ensembles qui sont chaque fois plus grands qu'eux-mêmes en quelque sorte et couvrent chaque fois le tout dont ils devraient ne figurer qu'une partie et un sous-ensemble. Et le tout forme alors une *poche invaginée* à l'intérieur de chaque partie ou sous-ensemble. Nous avons reconnu la difficulté qu'il y avait à distinguer le dedans du dehors de l'Université, puis, au-dedans, à distinguer entre les deux classes de facultés. Mais nous ne sommes pas au bout de cette division intestine avec repli du partage à l'intérieur de chaque espace. La faculté de philosophie se divise encore en deux « départements » : sciences *historiques* (histoire, géographie, linguistique, humanités, etc.) et *sciences rationnelles pures* (mathématique pure, philosophie pure, métaphysique de la nature et des mœurs); si bien que la philosophie pure est encore, à l'intérieur de la Faculté dite de philosophie, une partie seulement du tout dont elle détient pourtant l'idée. Et en tant qu'*historique,* elle couvre même le champ des facultés supérieures. « La Faculté de philosophie, écrit Kant, peut donc revendiquer toutes les disciplines pour soumettre à l'examen leur vérité [1]. » En raison de ce double débordement, les conflits sont inévitables. Et ils doivent réapparaître aussi à l'intérieur de chaque Faculté puisque la Faculté de philosophie est elle-

1. [*Op. cit.*, p. 28].

même divisible. Mais Kant veut encore faire passer une limite entre les conflits légaux et les conflits illégaux. Un conflit illégal n'oppose, publiquement, que des opinions, des sentiments, des inclinations particulières. Il y va toujours de l'influence sur le peuple, mais ce conflit ne peut donner lieu à un arbitrage juridique et rationnel. Il tient d'abord à la demande du peuple qui, considérant la philosophie comme un bavardage, préfère s'adresser aux facultés supérieures ou aux hommes d'affaires de la science pour leur demander des jouissances, des facilités, des réponses qui sont de l'ordre de la bonne aventure, de la magie, de la thaumaturgie. Le peuple cherche des conducteurs habiles *(kunstreiche Führer)*, des « démagogues ». Et les membres des facultés supérieures, par exemple les théologiens, peuvent, aussi bien que les hommes d'affaires formés par ces Facultés, répondre à cette demande. Dans le cas de ces conflits illégaux, la faculté de philosophie, selon Kant, est en tant que telle absolument impuissante et sans recours. La solution ne peut venir que du dehors, cette fois encore du gouvernement. Si celui-ci n'intervient pas, autrement dit s'il prend le parti des intérêts particuliers, il voue à la mort la Faculté de philosophie, à savoir l'esprit même de l'Université. C'est ce que Kant appelle le moyen « héroïque » – au sens ironique de la médecine héroïque – qui met fin à une crise par la mort. Certains seraient tentés de se précipiter pour reconnaître la mise à mort de la philosophie contre laquelle certains d'entre nous se battent dans plusieurs pays d'Occident, notamment en France [1]. Mais les choses ne se laissent pas si facilement comprendre dans ce schéma kantien. Le conflit « illégal » n'intéresse Kant que secondairement : mettant en jeu des inclinations particulières et des

---

1. Cf. par exemple les travaux et les luttes du GREPH (Groupe de Recherches sur l'Enseignement philosophique) dans *Qui a peur de la philosophie?*, Flammarion, 1977. Cf. aussi *Les États Généraux de la philosophie*, Flammarion, 1979. [Ici, p. 253 sq.]

intérêts déterminés, il est pré-rationnel, quasi naturel, extra-institutionnel. Ce n'est pas un conflit proprement universitaire, quelle que soit sa gravité. Kant consacre de plus longues analyses aux conflits légaux qui relèvent proprement de la raison universitaire. Ces conflits surgissent inévitablement du dedans, ils mettent en jeu des droits et des devoirs. Les premiers exemples qu'en donne Kant – ceux qui visiblement le préoccupent le plus – concernent le sacré, la foi et la révélation; le devoir de la faculté de philosophie, c'est « d'examiner et de juger publiquement avec la froide raison, l'origine et le contenu d'un tel prétendu fondement de doctrine, sans se laisser effrayer par la sainteté de l'objet dont on prétend avoir le sentiment, étant bien décidée *(entschlossen)* de ramener ce sentiment présumé à un concept [1] ». Ce conflit (par exemple avec la faculté supérieure de théologie) réintroduit le sentiment ou l'histoire là où il devrait n'y avoir que raison; il garde encore en lui quelque chose de naturel, puisqu'il oppose la raison à son dehors. Il est encore un parasitage du légal par l'illégal. Mais Kant ne veut pas le reconnaître, en tout cas le déclarer. Il imagine des instances d'arbitrage intérieur, avec sentence et arrêt prononcés par un juge de la raison en vue d'une « présentation publique de la vérité » *(öffentliche Darstellung der Wahrheit)*. Ce procès et cet arbitrage doivent rester intérieurs à l'Université et ne jamais être portés devant le peuple incompétent qui le transformerait à nouveau en conflit illégal et le donnerait en pâture aux factions, aux tribuns du peuple, notamment à ceux que Kant nomme les *Néologues (Neologen)*, « dont le nom, abhorré à bon droit, est cependant fort mal entendu s'il s'applique indistinctement à tous ceux qui innovent dans les doctrines et leurs formules (car pourquoi le vieux vaudrait-il toujours mieux?) [2] ». C'est parce qu'ils *devraient* rester en

1. [*Op. cit.*, p. 34 (trad. légèrement modifiée)].
2. [*Ibid.*, p. 36].

droit intérieurs que ces conflits *devraient* ne jamais inquiéter le gouvernement, et il faut qu'ils restent internes *pour cela* : ne jamais inquiéter le gouvernement.

Et pourtant, Kant est obligé de reconnaître que ce conflit est interminable et donc insoluble. C'est une lutte qui vient déstabiliser les régimes départementaux, remettre constamment en question les frontières dans lesquelles Kant voudrait constamment contenir l'antagonisme. Cet antagonisme du conflit des facultés, Kant précise que ce « n'est pas une guerre » *(kein Krieg)*, et il en propose une solution proprement parlementaire : les Facultés supérieures y occuperaient, dit-il, la droite du parlement de la science et défendraient les statuts du gouvernement : « [...] cependant, il doit y avoir aussi dans une constitution libre, comme doit l'être celle où il s'agit de la vérité, un parti d'opposition (la gauche), le banc de la Faculté de philosophie, car sans l'examen et les objections sévères de celle-ci, le gouvernement ne serait pas renseigné suffisamment sur ce qui peut lui être utile ou nuisible [1]. » Ainsi, dans les conflits regardant la raison pure *pratique,* le rapport et l'instruction *formelle* du procès seraient confiés à la Faculté de philosophie. Mais pour le *contenu,* qui touche aux questions les plus importantes pour l'humanité, la préséance revient à la Faculté supérieure, singulièrement à la théologie (cf. *Conclusion de la paix et résolution du conflit des facultés* [2]). Et pourtant, malgré ce juridisme parlementaire, Kant doit admettre que le conflit « ne peut jamais se terminer », et c'est la Faculté de philosophie « qui doit en permanence être armée à cette fin [3] ». La vérité dont elle a la garde sera toujours menacée car « les Facultés supérieures ne renonceront jamais au désir de gouverner » ou de dominer *(Begierde zu herrschen)* [4].

1. [*Op. cit.,* p. 37].
2. [*Ibid.,* p. 72].
3. [*Ibid.,* p. 35].
4. [*Ibid.*].

Je m'interromps brusquement, l'Université va fermer, il est très tard, trop tard pour ce discours de Kant, c'est peut-être ce que je voulais dire. Mais sachez que c'est la suite, ce dont je n'ai rien dit, qui est la plus intéressante et la moins formelle, la plus informelle. Elle concerne le *contenu* même des conflits avec les théologiens, les juristes, les médecins et les techniciens ou hommes d'affaires formés par eux.

Vous vous êtes tout le temps demandé, j'en suis sûr, d'où je parlais, comme on dit maintenant, de quel côté j'étais dans tous ces conflits, (1.) à droite ou (2.) à gauche de la limite ou, (3.) plus vraisemblablement, pensent certains (à tort ou à raison), un inlassable parasite agité d'un mouvement aléatoire qui passe et repasse la limite sans qu'on sache jamais si c'est pour jouer les médiateurs, en vue d'un traité de paix perpétuelle ou pour rallumer les conflits et les guerres dans une Université qui fut dès sa naissance en mal d'apocalypse et d'eschatologie. Ces trois hypothèses, dont je vous laisse la responsabilité, en appellent toutes au système de limites proposé par *Le Conflit des Facultés* et se laissent encore contraindre par lui.

Ma responsabilité ici, quelles qu'en soient les conséquences, aura été de poser la question du droit du droit : quelle est la légitimité de ce système juridico-rationnel et politico-juridique de l'Université, etc.? La question du droit du droit, du fondement ou de la fondation du droit n'est pas une question juridique. Et la réponse ne peut y être ni simplement légale ni simplement illégale, ni simplement théorique ou constative ni simplement pratique ou performative. Elle ne peut avoir lieu ni dans ni hors de l'Université que la tradition nous a léguée. Cette réponse et cette responsabilité quant au fondement ne peuvent avoir lieu qu'en termes de fondation. Or la fondation d'un droit n'est pas plus juridique ou légitime que la fondation d'une Université n'est un événement universitaire, intra-universitaire. S'il ne peut pas y avoir de concept pur de l'Université, s'il ne peut y avoir au-dedans de l'Université un concept pur et purement rationnel de l'Université, c'est tout simplement, pour le dire de façon un peu elliptique en raison de l'heure et avant qu'on ne ferme les portes ou ne lève la séance, parce que l'Université est *fondée*. Un événement de fondation ne peut être simplement compris dans la logique de ce qu'il fonde. La fondation d'un droit n'est pas un événement juridique. L'origine du principe de raison, qui est aussi impliqué à l'origine de l'Université, n'est pas rationnelle. La fondation d'une institution universitaire n'est pas un événement universitaire. L'anniversaire d'une fondation peut l'être, non la fondation elle-même. Bien qu'elle ne soit pas simplement illégale, une telle fondation ne relève pas encore de la légalité interne qu'elle institue. Bien que rien ne paraisse plus philosophique que la fondation d'une institution philosophique – qu'il s'agisse de l'Université, d'une école ou d'un département de philosophie –, la fondation de l'institution philosophique en tant que telle ne peut être *déjà strictement* philosophique. Nous sommes ici en ce lieu où la responsabilité fondatrice passe par des actes ou des performances – qui ne sont pas seulement des actes de langage au sens strict ou étroit, et qui, pour n'être évidemment plus des énoncés constatifs réglés sur une certaine détermination de la vérité, ne sont peut-être pas plus simplement des performatifs linguistiques; cette dernière opposition (constatif/performatif) reste encore trop intimement programmée par la loi philosophico-universitaire – autrement dit par la raison – qu'il s'agit ici d'interroger. Une telle interrogation n'appartiendrait plus simplement à une scène philosophique, ce ne serait plus une question théorique de type socratique, kantien, husserlien, etc. Elle serait inséparable de nouveaux actes de fondation. Nous habitons un monde dans lequel la fondation d'un nouveau droit – en particulier d'un nouveau droit universitaire – est nécessaire. Dire qu'elle est *nécessaire,* c'est dire dans ce cas *à la fois* qu'il faut en prendre la responsabilité, une responsabilité d'un type nouveau, et que cette fondation est déjà en cours, irrésistiblement, par-delà les représentations, la conscience, les actes des sujets individuels et des corporations, par-delà les limites interfacultaires ou interdépartementales, par-delà les limites entre l'institution et les lieux politiques de son inscription. Une telle fondation ne peut simplement rompre avec la tradition du droit légué ni se soumettre à la légalité qu'il autorise, y compris dans les conflits et les violences qui préparent toujours l'instauration d'une loi nouvelle, d'une nouvelle époque du droit. C'est seulement à l'intérieur d'une époque du droit qu'on pourra distinguer entre des conflits légaux et des conflits illégaux, et surtout, comme le voudrait Kant, entre les conflits et la guerre.

Comment s'orienter vers la fondation d'un nouveau droit? Cette fondation nouvelle négociera un compromis avec le droit traditionnel. Celui-ci devra donc fournir, sur son propre sol fondateur, l'appui depuis lequel sauter vers un autre lieu fondateur, ou, si vous préférez une autre métaphore que celle du sauteur prenant appel, comme on dit en français, sur un pied avant de s'élancer, disons que la difficulté consistera, comme toujours, dans la détermination du meilleur levier, les Grecs diraient du meilleur *mochlos*. Le *mochlos* pouvait être une barre de bois, un levier pour déplacer un navire, une sorte de pieu pour ouvrir ou fermer une porte, bref ce sur quoi l'on s'appuie pour forcer et déplacer. Or quand on demande comment s'orienter dans l'histoire, la morale, la politique, les désaccords et les décisions les plus graves portent moins souvent, me semble-t-il, sur les fins que sur les leviers. Par exemple l'opposition de la droite et de la gauche, en ce sens d'origine parlementaire, c'est peut-être, dans une large mesure sinon totalement, un conflit entre plusieurs stratégies du *mochlos* politique. Kant nous explique tranquillement que dans une Université, comme au parlement, il doit y avoir une gauche (la faculté de philosophie ou faculté inférieure : la gauche est au-dessous pour le moment) et une droite (la classe des facultés supérieures représentant le gouvernement). En demandant à l'instant comment s'orienter vers la fondation d'un nouveau droit, je citais, vous l'avez sans doute reconnu, le titre d'un autre opuscule de Kant *(Comment s'orienter dans la pensée? Was heißt : Sich im Denken orientieren? 1786).* Cet opuscule fait signe, entre autres choses, vers le paradoxe des objets symétriques, présent depuis un autre opuscule de 1768 *(Von dem ersten Grunde des Unterschiedes der Gegenden im Raume),* à savoir que l'opposition de la droite et de la gauche ne relève d'aucune détermination conceptuelle et logique mais seulement d'une topologie sensible qu'on ne peut référer qu'à la position subjective du corps humain. Ceci concernait évidemment la définition et la perception, éventuellement spéculaire, du côté gauche et du côté droit. Mais si maintenant je me déplace très vite de la spéculation vers la marche, eh bien, Kant nous l'aura dit, il faut que l'Université marche sur deux pieds, le droit et le gauche, que l'un soutienne l'autre pendant qu'il se soulève et fasse, à chaque pas, le saut. Il s'agit de marcher sur deux pieds, deux pieds *chaussés,* car il y va de l'institution, de la société et de la culture, non seulement de la nature. C'était déjà clair dans ce que j'ai rappelé du parlement facultaire. Mais j'en trouve une confirmation dans un tout autre contexte, et vous voudrez bien me pardonner ce saut un peu rapide et brutal; je m'y autorise en mémoire d'une discussion que j'eus ici même il y a plus de deux ans avec notre éminent collègue, le professeur Meyer Shapiro, au sujet de certaines chaussures de Van Gogh. Il s'agissait d'abord de l'interprétation heideggerienne de ce tableau en 1935, et de savoir si ces deux chaussures faisaient une paire, ou deux souliers gauche ou deux souliers droit, l'élaboration de cette question m'ayant toujours paru de la plus grande conséquence. Or traitant du conflit de la Faculté de philosophie avec la Faculté de médecine, après avoir parlé du pouvoir qu'a l'âme humaine d'être maîtresse de ses sentiments morbides, après nous avoir entretenu de la diététique, de sa propre hypocondrie, du sommeil et de l'insomnie, Kant nous fait cette confidence à laquelle, pour respecter votre sommeil, je n'ajouterai pas un mot. J'y souligne seulement le *mochlos* ou *hypomochlium* :

> « Comme l'insomnie est un vice inhérent à la vieillesse débile et que le côté gauche en général se trouve plus faible, je ressentais depuis environ un an ces atteintes convulsives et des excitations très sensibles [...] je dus [...] aller chercher un médecin. [...] je recourus bientôt à mon procédé stoïque, m'efforçant de fixer ma pensée sur quelque objet indifférent [...] (par exemple sur le nom de Cicéron qui offrait beaucoup d'idées secondaires) [...] »
> Et l'allusion à la faiblesse du côté gauche avait marqué l'appel pour la note suivante : « On prétend à tort que, en ce qui concerne la force dans l'usage des membres externes, il suffit d'exercice et d'une habitude contractée de bonne heure, pour faire de l'une ou de l'autre partie du corps la plus robuste ou la plus faible des deux, pour manier au combat le sabre du bras droit ou gauche, pour que le cavalier, se tenant sur l'étrier, s'élance sur son cheval de droite à gauche ou inversement, etc. L'expérience enseigne que, si l'on laisse prendre au pied gauche mesure pour les chaussures, et si la chaussure va exactement à ce pied, elle est trop étroite pour le pied droit, sans que l'on puisse en attribuer la faute aux parents qui n'ont pas mieux instruit leurs enfants ; l'avantage du pied droit sur le pied gauche peut encore se remarquer à ceci que celui qui veut passer par-dessus un assez profond fossé, appuie le pied gauche, et passe avec le pied droit, sinon il court le risque de tomber dans le fossé. Ceci que le fantassin prussien est exercé à *partir* du pied gauche ne réfute pas cette affirmation, mais la confirme au contraire ; car il met ce pied en avant comme sur un *hypomochlium*, pour donner l'élan de l'attaque avec le côté droit, l'exécutant ainsi avec le droit contre le gauche [1]. »

---

1. *Op. cit.*, p. 125 sq. Redondance. Renommons ici Polyphème. *Mochlos*, c'est aussi le nom du « pieu » ou levier de bois que Ulysse — ou la ruse de Personne, *outis, Métis* — mit au feu avant de l'enfoncer dans la pupille du Cyclope (*Odyssée* IX, 375-388).

Ponctuations : le temps de la thèse *

Devrait-on parler d'une époque de la thèse? d'une thèse qui demanderait du temps, beaucoup de temps, ou d'une thèse qui aurait fait son temps? Bref, y a-t-il un temps de la thèse? Et même, devra-t-on parler d'un âge de la thèse ou d'un âge pour la thèse?

Permettez-moi pour commencer de murmurer l'une de ces confidences dont je n'abuserai pas : jamais je ne me suis senti aussi jeune et à la fois aussi vieux. A la fois, au même instant, et c'est le même sentiment, comme si deux histoires et deux

* [Prononcé lors de la soutenance d'une thèse de doctorat d'État le 2 juin 1980 à la Sorbonne devant un jury présidé par M. de Gandillac et composé de MM. Aubenque, Desanti (directeur de thèse), Joly, Lascault, Levinas. Paru d'abord en anglais, *The Time of a Thesis : punctuations,* trad. K. McLaughlin, dans : *Philosophy in France today,* Ed. by A. Montefiore, Cambridge University Press, 1983, et en espagnol *El tiempo de una tesis : puntuaciones,* trad. P. Peñalver, dans *Anthropos,* n° 93, « Jacques Derrida », Barcelone, février 1989].

temps, deux rythmes se livraient à une sorte d'altercation dans le même sentiment de soi, dans une sorte d'anachronie de soi, d'anachronie en soi. Je m'explique ainsi, pour une part, un certain trouble de l'identité. Il ne m'est certes pas tout à fait inconnu et je ne m'en plains pas toujours mais voici qu'il vient de s'aggraver brutalement et cet accès n'est pas loin de me priver de voix.

Entre la jeunesse et la vieillesse, l'une et l'autre, ni l'une ni l'autre, une indécision de l'âge, c'est comme un mal de l'installation, une instabilité, je ne dirai pas un trouble de la stabilité, de la stance, de la station, de la thèse ou de la pose, mais de la pause dans la vie plus ou moins bien réglée d'un universitaire, une fin et un début qui ne coïncident pas et où il y va sans doute encore d'un certain écart alternatif entre la jouissance et la fécondité.

Cette anachronie (je parle évidemment de la mienne) a un goût très familier pour moi, comme si rendez-vous m'avait toujours été donné avec ce qui surtout devait très ponctuellement ne jamais venir à son heure. Trop tôt ou trop tard.

La scène où je comparais ici pour une soutenance, de trop longue date je m'y suis préparé, je l'ai sans doute préméditée, puis ajournée, enfin exclue, de trop longue date exclue pour qu'au jour où grâce à vous elle a lieu elle n'en garde pas pour moi un caractère d'irréalité un peu fantastique, une sorte d'improbabilité, d'imprévisibilité, voire d'improvisation.

Il y a maintenant près de vingt-cinq ans je m'étais engagé dans la préparation d'une thèse. Oh, c'était à peine une décision, je suivais alors le mouvement qu'on pouvait croire à peu près naturel, et qui était à tout le moins classique, classable, typique de ceux qui se trouvaient dans une situation sociale très déterminée, au sortir de l'École normale et après l'agrégation.

Mais ces vingt-cinq années furent assez singulières. Je ne parle pas ici de ma modeste histoire personnelle ni de tous les trajets qui m'ont conduit d'abord à m'éloigner de cette première décision, puis même à la remettre délibérément en question, délibérément et, croyais-je en toute sincérité, définitivement, pour enfin, il y a très peu de temps, prendre le risque d'une autre évaluation, d'une autre analyse dans un contexte que, à tort ou à raison, j'ai cru assez nouveau.

En disant que ces vingt-cinq années furent singulières, je ne pense donc pas d'abord à cette histoire personnelle, ni même au *cheminement* de mon travail, à supposer qu'on puisse invraisemblablement l'isoler du milieu dans lequel il s'est avancé, par un jeu d'échanges, de ressemblances, d'affinités, d'influences comme on dit, mais aussi et surtout, de plus en plus, d'écarts et de marginalisation, dans un isolement croissant et parfois abrupt, qu'il s'agisse des contenus, des positions, disons justement des « thèses », ou qu'il s'agisse surtout des manières de faire, des pratiques socio-institutionnelles, du style dans l'écriture aussi bien que − et quoi qu'il en coutât, or aujourd'hui c'est beaucoup − dans les rapports au milieu universitaire, aux représentations culturelles, politiques, éditoriales, journalistiques, là où se situent aujourd'hui, me semble-t-il, certaines des responsabilités les plus graves, les plus aiguës, les plus obscures aussi d'un intellectuel.

Non, ce n'est pas à moi que je pense en faisant allusion à la trajectoire de ces vingt-cinq années mais plutôt à une séquence très remarquable dans l'histoire de la philosophie et de l'institution philosophique française. Cette séquence, je n'aurais pas les moyens ici même et ce n'est pas le lieu de l'analyser. Mais comme, pour des raisons qui ne tiennent pas seulement au temps limité dont je dispose, il n'est pas davantage question de rassembler les travaux qui vous sont soumis dans ce qui serait une présentation sous forme de conclusions ou de thèses; comme d'autre part je ne veux pas limiter par une introduction trop longue la discussion qui suivra, j'ai pensé que je pourrais peut-être aventurer quelques propositions fragmentaires et préliminaires, désigner quelques repères parmi les plus apparents quant aux intersections entre cette séquence historique et certains mouvements ou motifs qui m'ont attiré, retenu ou déplacé dans les limites de mon travail.

Vers 1957, j'avais donc *déposé,* comme on dit, un premier sujet de thèse. Je l'avais alors intitulé *L'idéalité de l'objet littéraire.* Ce titre aujourd'hui paraît étrange. A un moindre degré il l'était déjà et je m'en expliquerai dans un instant. Il reçut l'accord de Jean Hyppolite qui devait diriger cette thèse, ce qu'il fit, ce qu'il fit sans le faire, c'est-à-dire comme il savait le faire, comme il fut selon moi l'un des très rares à savoir le faire, en esprit libre, libéral, toujours ouvert, attentif à ce qui n'était pas, ou pas encore intelligible, toujours soucieux de n'exercer aucune pression, sinon aucune influence, en me laissant généreusement aller où le pas me conduirait. Je veux ici saluer sa mémoire et rappeler tout ce que je dois à la confiance et aux encouragements qu'il me dispensa alors même que, me dit-il un jour, il ne voyait pas du tout où j'allais. C'était en 1966, au cours d'un colloque auquel nous participions tous les deux aux États-Unis. Après quelques remarques amicales sur la conférence que je venais de prononcer, Jean Hyppolite ajoutait : « Cela dit, je ne vois vraiment pas où vous allez. » Je crois lui avoir répondu à peu près ceci : « Si je voyais clairement, et d'avance, où je vais, je crois bien que je ne ferais pas un pas de plus pour m'y rendre. » Peut-être ai-je alors pensé que savoir où l'on va peut sans doute aider à s'orienter dans la pensée mais n'a jamais fait faire un pas, au contraire. A quoi bon aller où l'on sait qu'on va et où l'on se sait destiné à arriver? Me rappelant aujourd'hui cette réponse, je ne suis pas sûr de bien la comprendre mais elle ne voulait sûrement pas dire que jamais je ne vois où je vais, ni ne le sais, et que donc dans cette mesure, celle où je sais, il n'est pas sûr que j'aie jamais fait un pas ou dit quelque chose. Cela veut dire aussi, peut-être, que, de ce lieu où je vais, j'en sais assez pour penser, avec une certaine terreur, que ça n'y va pas bien et qu'à tout considérer il vaudrait mieux ne pas s'y rendre. Mais il y a Nécessité, la figure que j'ai eu envie récemment de nommer Nécessité, avec la majuscule d'un nom propre, et Nécessité dit que toujours il faut se rendre. Quitte à ne pas arriver. Quitte, dit-elle, *à* ne pas arriver. Quitte pour ce que tu n'arrives pas.

L'idéalité de l'objet littéraire, ce titre s'entendait un peu mieux en 1957 dans un contexte plus marqué qu'aujourd'hui par la pensée de Husserl. Il s'agissait alors pour moi de ployer, plus ou moins violemment, les techniques de la phénoménologie transcendantale à l'élaboration d'une nouvelle théorie de la littérature, de ce type d'objet idéal très particulier qu'est l'objet littéraire, idéalité « enchaînée », aurait dit Husserl, enchaînée dans la langue dite naturelle, objet non mathématique ou non mathématisable mais pourtant différent des objets d'art plastique ou musical, c'est-à-dire de tous les exemples privilégiés par Husserl dans ses analyses de l'objectivité idéale. Car je dois le rappeler un peu massivement et simplement, mon intérêt le plus constant, je dirai avant même l'intérêt philosophique, si c'est possible, allait vers la littérature, vers l'écriture dite littéraire.

Qu'est-ce que la littérature? Et d'abord qu'est-ce qu'écrire? Comment l'écrire en vient-il à déranger jusqu'à la question « qu'est-ce que? » et même « qu'est-ce que ça veut dire? »? Autrement dit – et voilà l'*autrement dire* qui m'importait – quand et comment l'inscription devient-elle littérature et que se passe-t-il alors? A quoi et à qui cela revient-il? Qu'est-ce qui se passe entre philosophie et littérature, science et littérature, politique et littérature, théologie et littérature, psychanalyse et littérature, voilà dans l'abstraction de son titre la question la plus insistante. Elle fut sans doute portée en moi par un désir vers lequel se retournait aussi l'inquiétude : pourquoi à la fin l'inscription me fascine-t-elle, me prévient-elle, me précède-t-elle à ce point, et la ruse littéraire de l'inscription, et toute la paradoxie imprenable d'une trace qui n'arrive qu'à s'emporter, qu'à s'effacer elle-même dans la remarque de soi, elle-même et son propre idiome, qui pour arriver à son événement doit s'effacer et se produit quitte à s'effacer.

Or curieusement la phénoménologie transcendantale a pu m'aider, pour un premier temps, à aiguiser certaines de ces questions qui alors n'étaient pas aussi frayées qu'elles semblent l'être aujourd'hui. Dans les années 50, au moment où elle était encore mal reçue, peu ou trop indirectement connue dans l'Université française, la phénoménologie husserlienne paraissait incontournable à certains jeunes philosophes. Je la vois encore aujourd'hui, d'une autre manière, comme une discipline de rigueur incomparable. Non pas, surtout pas, dans la version sartrienne ou merleau-pontyenne qui dominaient alors, mais plutôt contre elle ou sans elle, notamment dans ces lieux qu'une certaine phénoménologie française paraissait parfois éviter, qu'il s'agît de l'histoire, de la science, de l'historicité de la science, de l'histoire des objets idéaux et de la vérité, par conséquent aussi de la politique, sinon de l'éthique. Je voudrais rappeler ici, comme un indice parmi d'autres, un livre dont on ne parle plus aujourd'hui, un livre dont on peut très diversement évaluer les mérites mais qui marqua pour certains d'entre nous le lieu d'une tâche, d'une difficulté, sans doute aussi d'une impasse. C'est *Phénoménologie et matérialisme dialectique* de Tran-Duc-Thao [1]. Après un commentaire qui reconstituait le procès de la phénoménologie transcendantale et notamment le passage de la constitution statique à la constitution génétique, ce livre tentait, avec un succès moins évident, d'ouvrir la voie vers un matérialisme dialectique qui ferait droit à certaines exigences rigoureuses de la phénoménologie transcendantale. On imagine quels pouvaient être les enjeux d'une telle tentative et le succès importait moins que les enjeux. D'autre part, certaines conclusions dialectiques, dialecticistes, de Cavaillès pouvaient nous

1. [Paris, Éditions Minh-Tân, 1951].

intéresser pour les mêmes raisons. C'est dans un espace marqué, aimanté par ces enjeux (philosophiques et politiques) que j'avais d'abord entrepris la lecture de Husserl, en commençant par un Mémoire sur le problème de la genèse dans la philosophie de Husserl [1]. Déjà Maurice de Gandillac voulut bien veiller sur ce travail; il y a vingt-six ans il formait à lui seul mon jury tout entier, et si je rappelle qu'il fut réduit au tiers du jury pour une thèse de troisième cycle (*De la grammatologie* en 1967) et au sixième du jury d'aujourd'hui, ce n'est pas seulement pour lui dire ma gratitude avec cette émotion de la fidélité qui ne se compare à aucune autre mais pour lui promettre de ne plus étendre désormais cette parcellisation et cette division proliférante. Ceci sera ma dernière soutenance.

A la suite de ce premier travail, l'Introduction à l'*Origine de la géométrie* [2] m'avait permis d'approcher quelque chose comme l'axiomatique impensée de la phénoménologie husserlienne, de son « principe des principes », à savoir l'intuitionnisme, le privilège absolu du présent vivant, l'inattention au problème de sa propre énonciation phénoménologique, au discours transcendantal, comme disait Fink, à la nécessité de recourir, dans la description éidétique ou transcendantale, à un langage qui ne pouvait pas lui-même être soumis à l'*épokhè* (à l'époque) – sans être lui-même simplement « mondain » – donc à un langage naïf alors même qu'il rendait possibles les mises entre parenthèses ou les guillemets phénoménologiques. Cette axiomatique impensée me paraissait limiter le déploiement d'une problématique conséquente de l'écriture et de la trace dont *L'Origine de la géométrie* désignait pourtant la nécessité, et sans doute pour la première fois avec cette rigueur dans l'histoire de la philosophie. Husserl y situait en effet le recours à l'écriture dans la constitution même des objets idéaux par

1. [PUF, 1990].
2. [Paris, PUF, 1962].

excellence, les objets mathématiques, mais sans approcher – et pour cause – la menace que la logique de cette inscription faisait peser sur le projet phénoménologique lui-même. Naturellement, tous les problèmes travaillés dans l'Introduction à *L'Origine de la géométrie* n'ont plus cessé d'organiser les recherches que je tentai plus tard autour de corpus philosophiques, littéraires, voire non discursifs, notamment graphiques ou picturaux : je pense par exemple à l'historicité des objets idéaux, à la tradition, à l'héritage, à la filiation ou au testament, à l'archive, à la bibliothèque et au livre, à l'écriture et à la parole vive, aux rapports entre sémiotique et linguistique, à la question de la vérité et de l'indécidable, à l'irréductible altérité qui vient diviser l'identité à soi du présent vivant, à la nécessité de nouvelles analyses concernant les idéalités non mathématiques, etc.

Pendant les années qui suivirent, de 1963 à 1968 environ, j'essayai de constituer – notamment dans les trois ouvrages publiés en 1967 [1] – ce qui ne devait surtout pas être un système mais une sorte de dispositif stratégique ouvert, sur son propre abîme, un ensemble non clos, non clôturable et non totalement formalisable de règles de lecture, d'interprétation, d'écriture. Tel dispositif me permit peut-être de déceler non seulement dans l'histoire de la philosophie et dans l'ensemble socio-historique qui s'y porte mais aussi dans de prétendues sciences ou dans des discours soi-disant post-philosophiques parmi les plus modernes (dans la linguistique, l'anthropologie, la psy-chanalyse), d'y déceler, donc, une évaluation de l'écriture, et à vrai dire une dévaluation de l'écriture dont le caractère insistant, répétitif, voire obscurément compulsif signalait un ensemble de contraintes de longue durée. Ces contraintes s'exerçaient au prix de contradictions, de dénégations, de décrets dogmatiques,

---

1. [*De la grammatologie*, Paris, Minuit; *L'écriture et la différence*, Paris, Seuil; *« La voix et le phénomène »*. *Introduction au problème du signe dans la phénoménologie de Husserl*, Paris, PUF].

et elles ne se laissaient pas localiser dans un *topos* circonscrit de la culture, de l'encyclopédie ou de l'ontologie. Le système non clos et fissuré de ces contraintes, je proposai de l'analyser sous le nom de logocentrisme dans sa forme philosophique occidentale, et de phonocentrisme dans l'aire la plus étendue de son empire. Naturellement, je ne pouvais élaborer ce dispositif et cette interprétation sans privilégier, ou plutôt sans reconnaître et exhiber le privilège du fil conducteur, ou de l'analyseur nommé écriture, texte, trace, et sans proposer une reconstruction et une généralisation de ces concepts (l'écriture, le texte, la trace), comme du jeu et du travail de la différance dont le rôle était à la fois constituant et déconstituant. Cette stratégie pouvait apparaître comme une déformation abusive – certains dirent légèrement métaphorique – des notions courantes d'écriture, de texte ou de trace, et donner lieu, pour qui s'en tenait à ces vieilles représentations intéressées, à toute sorte de malentendus. Mais je me suis inlassablement efforcé de justifier cette généralisation sans bord et je crois que tout frayage conceptuel revient à transformer, c'est-à-dire à déformer un rapport accrédité, autorisé, entre un mot et un concept, entre un trope et ce qu'on avait intérêt à considérer comme un indéplaçable sens primitif, propre, littéral ou courant. D'ailleurs la portée stratégique et rhétorique de ces gestes n'a jamais cessé de m'occuper par la suite dans de nombreux textes. Tout cela se rassembla sous le titre de la *déconstruction,* les graphiques de la différance, de la trace, du supplément, etc., et je ne peux les désigner ici que de façon algébrique. Ce que je proposais alors gardait un rapport oblique, déviant, parfois frontalement critique à l'égard de tout ce qui semblait alors dominer le massif le plus visible, le plus voyant et parfois le plus fertile de la production théorique française et qu'on appelait sans doute abusivement « structuralisme », sous ses différentes formes. Ces formes étaient certes très diverses et très remarquables, dans les domaines de l'anthropologie, de l'histoire, de la critique littéraire, de la linguistique ou de la psychanalyse, dans les relectures, comme on disait, de Freud ou de Marx. Mais quel que fût leur incontestable intérêt, au cours de cette période qui fut aussi en apparence la plus immobile de la république gaullienne, 1958-1968, ce que je tentais ou qui me tentait y restait essentiellement hétérogène. Et, sensible à tout ce dont se payaient ces avancées, en termes de présupposition métaphysique, pour ne rien dire de ce qui fut, moins visiblement, le prix politique, je me suis enfoncé, dès ce moment, dans une sorte de retraite, une solitude que j'évoque ici sans pathos, comme l'évidence même, et seulement pour rappeler que de plus en plus, au regard de la tradition académique aussi bien que de la modernité établie, — et les deux dans ce cas ne font qu'un — cette solitude fut et reste souvent considérée comme l'effet mérité d'un hermétisme et d'un retranchement injustifié. Est-il nécessaire de dire que je n'en crois rien et que j'interprète tout autrement les attendus d'un tel verdict? Il est vrai aussi que les penseurs vivants qui alors me donnaient ou me provoquaient le plus à penser et continuent de le faire ne sont pas de ceux qui rompent une solitude, pas de ceux dont on peut se sentir simplement proche, pas de ceux qui forment groupe ou font école, qu'il s'agisse de Heidegger, de Levinas, de Blanchot, ou d'autres que je ne nommerai pas, de ceux qu'on appelle étrangement les proches et qui sont, plus que d'autres, les autres. Et qui aussi sont seuls.

Il était déjà clair pour moi que l'allure de mes recherches ne pourrait plus se soumettre aux normes classiques de la thèse. Ces « recherches » n'appelaient pas seulement un mode d'écriture différent mais un travail transformateur sur la rhétorique, la mise en scène et les procédures discursives particulières, historiquement très déterminées, qui dominent la parole universitaire, notamment ce type de texte qu'on appelle « thèse »; et on sait que tous ces modèles scolaires et universitaires sont aussi la loi de tant de discours prestigieux voire d'œuvres littéraires ou d'éloquences politiques qui brillent hors de l'Université. Et puis les directions dans lesquelles j'étais engagé, la nature et la multiplicité des corpus, la géographie labyrinthique des itinéraires qui m'attiraient vers des lieux peu académiques, tout cela me persuadait qu'il n'était déjà plus temps, qu'à vrai dire il ne me serait plus possible, même si je le voulais, de consigner ce que j'écrivais dans le volume et sous la forme alors exigée de la thèse. L'idée même de présentation thétique, de logique positionnelle ou oppositionnelle, l'idée de position, de *Setzung* ou de *Stellung,* ce que j'appelais en commençant l'*époque* de la thèse était l'une des pièces essentielles du système soumis à un questionnement déconstructeur. Ce qui alors s'aventurait sous le titre sans titre de *dissémination* traitait explicitement, selon des modes finalement non thématiques et non thétiques, de la valeur de thèse, de la logique positionnelle, de son histoire, et des limites de son droit, de son autorité, de sa légitimité. Cela n'impliquait pas de ma part, du moins à ce moment-là, une critique institutionnelle radicale de la thèse, de la présentation de travaux universitaires en vue d'une légitimation, de l'autorisation par des représentants attitrés de la compétence. Si, dès ce moment-là, j'étais certes persuadé qu'une transformation profonde, à vrai dire un bouleversement était nécessaire dans l'institution universitaire, ce n'était pas en vue d'y substituer, bien entendu, de la non-thèse, de la non-légitimité, de l'incompétence. Je crois dans ce domaine aux transitions et à la négociation – même si elle est parfois brutale et accélérée –, je crois à la nécessité d'une certaine tradition, en particulier pour des raisons politiques qui ne sont rien moins que traditionalistes, et je crois d'ailleurs à l'indestructibilité des procédures réglées de légitimation, de production des titres et d'autorisation des compétences. Je parle ici en général et non nécessairement de l'*universitas* qui est un modèle puissant mais très particulier, très déterminé et finalement très récent pour cette procédure de légitimation. La structure de l'*universitas* a un lien essentiel avec le système de l'ontologie et de l'onto-encyclopédie logocentrique; et depuis plusieurs années l'indissociabilité entre le concept moderne d'Université et une certaine métaphysique me paraît appeler des travaux auxquels je me suis livré dans des enseignements ou des essais publiés ou en cours de publication sur *Le Conflit des Facultés,* de Kant, sur Hegel, Nietzsche et Heidegger, dans leur philosophie politique de l'Université. Si j'insiste sur ce thème, c'est qu'étant donné la circonstance et l'impossibilité où je suis de résumer ou de présenter des conclusions thétiques, je crois devoir m'intéresser par priorité à ce qui se passe ici maintenant et dont je voudrais répondre le plus clairement et le plus honnêtement possible : de ma place, très limitée, et à ma manière.

En 1967, je mettais si peu en question la nécessité d'une telle institution, de son principe général en tout cas, sinon de sa structure universitaire et de son organisation de fait, que j'ai cru pouvoir procéder à une sorte de compromis et de partage, en faisant sa part à la thèse, au temps de la thèse : d'une part j'aurais laissé se développer librement, en dehors des formes et des normes habituelles un travail dans lequel j'étais engagé et qui décidément ne se conformait pas à telles exigences universitaires et devait même les analyser, contester, déplacer, déformer sur toutes leurs portées rhétoriques ou politiques; mais en même temps et d'autre part, telle eût été la transaction ou l'époque de la thèse, prélever une pièce de ce travail, une séquence théorique jouant un rôle organisateur, et la traiter sous une forme recevable, sinon rassurante dans l'Université. Il se serait agi d'une interprétation de la théorie hégélienne du signe, de la parole et de l'écriture dans la sémiologie de Hegel.

Il me paraissait indispensable, pour des raisons dont je me suis expliqué, notamment dans *Marges* [1], d'en proposer une

1. [« Le puits et la pyramide », in *Marges-de la philosophie*, Paris, Minuit, 1972].

interprétation systématique. Jean Hyppolite me donna une fois de plus son accord et ce deuxième sujet de thèse fut à son tour – déposé.

C'était donc en 1967. Je ne peux même pas commencer à dire, tant les choses seraient enchevêtrées et surdéterminées, comment retentit pour moi, sur mon travail et mon enseignement, sur mon rapport à l'institution universitaire et à l'espace de la représentation culturelle, cet événement qu'on ne sait toujours pas nommer autrement que par sa date, 1968, sans très bien savoir ce qu'on appelle ainsi. Le moins que je puisse en dire est ceci : quelque chose s'est alors confirmé de mes anticipations en accélérant un mouvement d'éloignement. Je m'éloignais alors plus vite et plus résolument *d'une part* des lieux où, dès l'automne de 68, se recentrait, reconstituait, reconcentrait précipitamment l'ancienne armature, et d'*autre part,* je m'éloignais de plus en plus résolument d'une écriture conduite par le modèle de la thèse classique, voire d'un souci de reconnaissance par des autorités académiques qui, dans les instances du moins où se rassemblait officiellement et majoritairement son plus grand pouvoir d'évaluation et de décision, me paraissait, après 68, trop réactive, et trop efficace dans sa résistance à tout ce qui ne se pliait pas aux critères les plus tranquillisants de la recevabilité. J'en eus plus d'un signe, certains me concernaient très personnellement, et si je dis qu'il s'agissait aussi de politique c'est que dans ce cas, le politique n'a pas seulement la forme codée de la distribution droite/ gauche. La force reproductive de l'autorité s'accommode plus facilement de déclarations ou de thèses soi-disant révolutionnaires dans leur contenu codé pourvu que soient respectés les rites de légitimation, la rhétorique et la symbolique institutionnelle qui désamorcent et neutralisent tout ce qui vient d'ailleurs. L'irrecevable, c'est ce qui, par-dessous les positions ou les thèses, vient déranger ce contrat profond, l'ordre de ces normes, et qui le fait déjà dans la *forme* du travail, de l'enseignement ou de l'écriture.

La mort de Jean Hyppolite en 1968 ne fut pas seulement pour moi, comme pour d'autres, le moment d'une grande tristesse. Par une étrange coïncidence, elle marqua, à cette date – l'automne de 1968 et ce fut bien l'automne – la fin d'un certain type d'appartenance à l'Université. Oh, depuis le premier jour de mon arrivée en France, en 1949, cette appartenance n'avait pas été simple, mais c'est dans ces années-là que sans doute j'ai mieux compris à quel point la nécessité de la déconstruction (je me sers pour faire vite de ce mot que je n'ai jamais aimé et dont la fortune m'a désagréablement surpris) n'avait pas concerné en premier lieu des contenus philosophiques, des thèmes ou des thèses, des philosophèmes, des poèmes, des théologèmes, des idéologèmes, mais surtout et inséparablement des cadres signifiants, des structures institutionnelles, des normes pédagogiques ou rhétoriques, les possibilités du droit, de l'autorité, de l'évaluation, de la représentation dans son marché même. Mon intérêt pour ces structures de cadrage plus ou moins visible, pour ces limites, ces effets de marge ou ces paradoxes de la bordure, continuait à répondre à la même question : comment la philosophie est-elle inscrite, plutôt qu'elle ne s'inscrit elle-même, dans un espace qu'elle voudrait mais ne peut commander, un espace qui l'ouvre à un autre qui n'est même plus *son* autre, comme j'essayais de le faire entendre dans un *Tympan* [1] aussi peu hégélien que possible? Comment nommer la structure de cet espace, je ne le *sais* pas et je ne sais pas s'il peut donner lieu à ce qu'on appelle un *savoir*. L'appeler socio-politique est une trivialité qui ne me satisfait pas, et les plus nécessaires des dites socio-analyses restent souvent à cet égard bien courtes, aveugles à leur propre inscription, à la loi de leurs performances reproductives, à la

1. [Dans *Marges, op. cit.*].

scène de leur propre héritage et de leur auto-autorisation, bref à ce que j'appellerai leur écriture.

J'ai choisi, vous le voyez, de vous confier sans détour, sinon sans simplification, toutes les incertitudes, les hésitations, les oscillations à travers lesquelles j'ai cherché le rapport le plus juste avec l'institution universitaire, sur un plan qui ne fut pas seulement politique et qui ne concerna pas seulement la thèse. Je distinguerai donc grossièrement trois périodes dans le temps qui me sépare aujourd'hui du moment où j'ai commencé à abandonner le projet d'une thèse. Ce fut d'abord un peu passif : la chose ne m'intéressait plus beaucoup. Il aurait fallu prendre l'initiative d'une nouvelle formulation, s'entendre avec un nouveau directeur de thèse, etc. Et comme les soutenances sur travaux, devenues possibles en droit, n'étaient visiblement pas encouragées, c'est le moins qu'on puisse dire, je me suis détourné, d'abord un peu passivement, je le répète, de ces lieux qui me paraissaient de moins en moins ouverts à ce qui m'importait. Mais comme je dois constater qu'en certaines situations, celles notamment où j'écris et où j'écris de l'écriture, mon obstination est grande, contraignante pour moi, voire compulsive, même quand il lui faut emprunter les voies les plus détournées (au-delà des trois ouvrages publiés en 1972 [1]), j'ai continué à entraîner la même problématique, la même matrice ouverte (ouverte sur les chaînes de la trace, de la différance, des indécidables, de la dissémination, du supplément, de la greffe, de l'hymen, du *parergon,* etc.) vers des configurations textuelles de moins en moins linéaires, des formes logiques et topiques, voire typographiques plus risquées, le croisement des corpus, le mélange des genres ou des modes, *Wechsel der Töne,* satire, détournement, greffe, etc., au point qu'aujourd'hui encore, alors qu'elles sont publiées depuis des années, je ne les crois pas

1. [*La dissémination,* Paris, Seuil; *Marges-de la philosophie, op. cit.; Positions,* Paris, Minuit].

simplement présentables ou recevables dans l'Université et je n'ai pas osé, pas jugé opportun de les inscrire parmi les travaux ici soutenables; il en va ainsi de *Glas* [1], où pourtant se poursuivaient le propos grammatologique, l'explication avec l'arbitraire du signe et la théorie de l'onomatopée selon Saussure aussi bien qu'avec l'*Aufhebung* hégélienne, le rapport entre l'indécidable, la dialectique et le *double bind,* le concept de fétichisme généralisé, l'entraînement du discours de la castration vers une dissémination affirmative et vers une autre rhétorique du tout et de la partie, la réélaboration d'une problématique du nom propre et de la signature, du testament et du monument, et bien d'autres motifs encore. Tout cela était bien l'expansion de tentatives antérieures. J'en dirai de même d'autres ouvrages que j'ai délibérément laissés à l'écart de cette soutenance, comme *Éperons, les styles de Nietzsche* [2] ou *La carte postale* [3] qui étendent pourtant à leur manière une lecture (de Freud, de Nietzsche et de quelques autres) engagée plus tôt, la déconstruction d'une certaine herméneutique aussi bien que d'une théorisation du signifiant et de la lettre avec son autorité et son pouvoir institutionnel (je parle ici aussi bien de l'appareil psychanalytique que de l'Université), l'analyse du logocentrisme *comme* phallogocentrisme, concept par lequel j'ai essayé de marquer, dans l'analyse, l'indissociabilité essentielle du phallocentrisme et du logocentrisme, et d'en repérer les effets partout où je pouvais les apercevoir – mais ils sont partout, là même où ils restent inaperçus.

L'expansion de ces textes occupés de textualité pouvait paraître anamorphique ou labyrinthique, l'un et l'autre, mais ce qui la rendait à peu près insoutenable, en particulier comme thèse,

1. [Paris, Galilée, 1974].
2. [*Venise 1976,* Paris, Flammarion 1978].
3. [*La carte postale. De Socrate à Freud et au-delà.* Paris, Flammarion, 1980].

c'était moins la multiplicité des contenus, des conclusions et des positions démonstratives que, me semble-t-il, les actes d'écriture et la scène performative auxquels ils devaient donner lieu et dont ils restaient inséparables, donc difficilement représentables, transportables et traductibles dans une autre forme; ils étaient inscrits dans un espace qu'on ne pouvait plus – que je ne pouvais plus moi-même identifier, classer sous la catégorie de la philosophie *ou* de la littérature, de la fiction *ou* de la non-fiction, etc., surtout au moment où l'engagement que d'autres appelleraient *autobiographique* de ces textes travaillait l'idée même d'autobiographie et la destinait à ce que la nécessité de l'écriture, de la trace, du *reste* pouvait proposer de plus déroutant, indécidable, retors ou désespérant. Et puisque je viens de faire allusion à la structure performative, je précise au passage que j'ai, pour les mêmes raisons, soustrait au corpus de la thèse, entre bien d'autres essais, un débat que j'eus aux États-Unis avec un théoricien des *speech acts,* John Searle, dans un opuscule que j'ai intitulé *Limited Inc* [1].

Pendant une première période, de 68 à 74, j'ai donc simplement négligé la thèse. Mais pendant les années qui suivirent, j'ai délibérément décidé – et je croyais très sincèrement que c'était pour toujours – de ne pas soutenir la thèse. Car outre les raisons que j'évoquais à l'instant et qui me paraissaient de plus en plus sûres, j'entreprenais depuis 1974, avec des amis, collègues étudiants et lycéens, un travail et j'oserai dire un combat de longue haleine qui concerne directement l'institution philosophique, notamment en France et d'abord dans une situation déterminée de longue date mais aussi aggravée en 1975 par une politique dont l'aboutissement serait – ou sera, on peut le craindre – la destruction de l'enseignement et de la recherche philosophique, avec tout ce que cela suppose ou

1. [Dans *Glyph*. Johns Hopkins Textual Studies 2, Baltimore, 1977, repris dans *Limited Inc,* Paris, Galilée 1990].

entraîne dans le pays. Pour celles et pour ceux qui, comme moi, travaillèrent à organiser le Groupe de Recherches sur l'Enseignement philosophique et participèrent à l'élaboration de son avant-projet, à ses travaux et à ses actions, de 1974 à la tenue des États Généraux de la Philosophie ici même, il y a juste un an, pour nous tous la tâche était la plus urgente, et la responsabilité inéluctable. Je précise : urgente ou inéluctable dans les lieux que nous habitons – l'enseignement ou la recherche philosophique –, lieux auxquels nous ne pouvons dénier notre appartenance et dans lequel nous nous trouvons inscrits. Mais bien sûr, il y a d'autres urgences, cet espace philosophique n'est pas le seul pour la pensée, ni le premier au monde, ni le plus déterminant, par exemple quant à la politique. Nous habitons aussi ailleurs, j'ai toujours essayé de ne pas l'oublier et d'ailleurs cela ne se laisse pas oublier. Puis ce qu'au *Greph* nous mettions en question quant à l'enseignement philoso-phique ne se laissait pas séparer, nous y avons toujours été attentifs, de tous les autres rapports de force culturelle, poli-tiques et autres dans le pays et dans le monde.

En tout cas, à mes yeux, la participation aux travaux et aux luttes du *Greph* devait être aussi cohérente que possible avec ce que j'essayais d'écrire d'autre part, même si les moyens termes entre les deux nécessités n'étaient pas toujours commodes et manifestes. Je tenais à le dire ici : bien que parmi les travaux à vous présentés, je n'aie inscrit ni les textes que j'ai signés ou que je prépare comme militant du *Greph*, ni *a fortiori* les actions collectives auxquelles j'ai à ce titre participé ou souscrit, je les considère comme inséparables, disons en esprit, de mes autres actes publics – des autres publications notamment. Et le geste que je fais aujourd'hui, loin de signifier quelque abandon à cet égard, j'espère au contraire qu'il rendra possible d'autres enga-gements ou d'autres responsabilités dans la *même* lutte.

Il reste que pendant cette deuxième période, à partir de 74 environ, j'ai cru à tort ou à raison qu'il n'était ni cohérent ni désirable d'être candidat à quelque nouveau titre ou nouvelle responsabilité académique. Ni cohérent étant donné le travail de critique politique auquel je prenais part, ni désirable sur un petit forum plus intérieur, plus privé où, à travers une scénographie de symboles, de représentations, de fantasmes, de pièges et de stratagèmes sans fin, une image de soi se raconte toutes sortes d'histoires, interminables et inénarrables. J'avais donc cru décider que sans plus rien changer à ma situation universitaire, je continuerai tant bien que mal à faire ce que j'avais fait jusqu'alors, depuis le lieu où j'étais immobilisé et sans mieux savoir, sans doute moins bien que jamais, où j'allais. Il n'est pas insignifiant, je crois, que pendant cette période, la plupart des textes que je publiai missent l'accent le plus insistant, sinon le plus nouveau, sur la question du droit et du propre, du droit de propriété, du droit des œuvres, de la signature et du marché, du marché de la peinture ou plus généralement de la culture et de ses représentations, de la spéculation sur le propre, sur le nom, sur la destination et la restitution, sur toutes les bordures et structures institutionnelles des discours, sur les appareils éditoriaux et les médias. Qu'il s'agisse de ce que j'ai analysé comme la logique du *parergon* ou la stricture en lacet du *double bind,* qu'il s'agisse des peintures de Van Gogh, d'Adami ou de Titus Carmel, de la méditation sur l'art de Kant, Hegel, Heidegger, Benjamin (dans *La vérité en peinture* [1]), qu'il s'agisse d'essayer de nouvelles questions *avec* la psychanalyse (par exemple dans ce que j'ai pu échanger avec les travaux aujourd'hui si vivants de Nicolas Abraham et de Maria Torok [2]), dans tous ces cas me préoccupait de plus en plus la nécessité de réélaborer, à nouveaux frais, les questions dites classiquement institutionnelles. Et j'aurais voulu à cet

---

1. [Paris, Flammarion 1978].
2. [Voir par exemple, *Fors.* Préface à Nicolas Abraham et Maria Torok, *Cryptonymie. Le Verbier de l'Homme aux Loups,* Paris, Flammarion, 1976].

égard accorder un discours et une pratique, comme on dit, avec les prémisses d'un trajet antérieur. En fait, sinon en droit, ce n'était pas toujours facile, pas toujours possible. Cela resta parfois très onéreux sur bien des tableaux.

De la troisième et dernière période, celle dans laquelle je me trouve ici même, je ne pourrai dire que très peu de choses. Il y a seulement quelques mois, tenant compte d'un très grand nombre d'éléments de nature diverse que je ne peux analyser ici, j'en suis venu à conclure, au terme brusqué d'une délibération qui s'annonçait interminable, que tout ce qui avait justifié mon parti pris antérieur (s'agissant de la thèse, bien sûr) risquait de ne plus valoir pour les années à venir. Et qu'en particulier, pour les raisons mêmes de politique institutionnelle qui m'avaient retenu jusqu'ici, il valait peut-être mieux, je dis bien peut-être, se préparer à quelque nouvelle mobilité. Et comme souvent, comme toujours, ce sont les conseils amicaux de tel ou tel qui sont ici, devant ou derrière moi, les autres, toujours les autres, ce sont eux qui ont emporté en moi une décision que je n'aurais su prendre seul. Car non seulement je ne suis pas sûr, et je ne le suis jamais, d'avoir raison de faire ce pas, mais je ne suis pas sûr de voir en toute clarté ce qui m'y résout. Peut-être parce que je commençais un peu trop à savoir non pas où j'allais mais où j'étais, non pas arrivé mais arrêté.

J'ai commencé par dire que j'étais comme privé de voix. Vous l'avez bien entendu, ce n'était qu'une autre façon de parler, mais ce n'était pas faux. Car la *captatio* à laquelle je viens de me livrer n'était pas seulement trop codée, trop narrative – la chronique de tant d'anachronies –, elle était aussi pauvre qu'un signe de ponctuation, je dirai plutôt une apostrophe dans un texte inachevé. Et surtout, surtout, elle a encore trop résonné comme le bilan d'un calcul, une justification de soi, une soutenance de soi, une défense de soi (aux États-Unis on dit « defense » pour soutenance). Vous y avez trop entendu parler de stratégies. Stratégie est un mot dont naguère j'ai peut-être abusé, d'autant plus que c'était toujours pour préciser *à la fin,* de façon apparemment contradictoire et au risque de me couper l'herbe sous les pieds, je n'y manque à peu près jamais, stratégie sans finalité. La stratégie sans finalité — car j'y tiens et elle me tient — la stratégie aléatoire de qui avoue ne pas savoir où il va, ce n'est donc pas, finalement, une opération de guerre ni un discours de la belligérance. Je voudrais que ce soit aussi, comme la précipitation sans détour vers la fin, une joyeuse contradiction de soi, un désir désarmé, c'est-à-dire une chose très vieille et très rusée mais qui vient aussi de naître, et qui jouit d'être sans défense.

Les pupilles de l'Université
Le principe de raison et l'idée de l'Université *

Comment ne pas parler, aujourd'hui, de l'Université?

Je donne une forme négative à ma question : comment ne pas...? Pour deux raisons. D'une part, chacun le sait, il est

* Cette leçon inaugurale pour la chaire de « Andrew D. White Professor-at-large » fut prononcée en anglais à l'Université de Cornell (Ithaca, New York) en avril 1983. Je n'ai cru ni possible ni souhaitable d'en effacer tout ce qui se rapportait à la circonstance, aux lieux ou à l'histoire propre de cette Université. La construction de la conférence garde un rapport essentiel avec l'architecture et le site de Cornell : la hauteur d'une colline, le pont ou les « barrières » au-dessus d'un certain abîme (en anglais : *gorge*), le lieu commun de tant de discours inquiets sur l'histoire et le taux des suicides (dans l'idiome local : *gorging out*), parmi les professeurs et parmi les étudiants. Que faut-il faire pour éviter qu'on ne se précipite au fond de la gorge? Est-elle responsable de tous ces suicides? Faut-il construire des clôtures? Pour la même raison, j'ai jugé préférable de laisser en anglais certains passages. Dans certains cas, leur traduction ne pose aucun problème.

plus que jamais impossible de dissocier le travail que nous poursuivons, dans une ou dans plusieurs disciplines, d'une réflexion sur les conditions politico-institutionnelles de ce travail. Cette réflexion est inévitable; elle n'est plus un complément *extérieur* de l'enseignement et de la recherche, elle doit en traverser, voire en affecter les objets mêmes, les normes, les procédures, les visées. On ne peut pas ne pas en parler. Mais d'autre part, mon « comment ne pas... » annonce le caractère *négatif,* disons plutôt *préventif,* des réflexions préliminaires que je voudrais vous soumettre ici. Je devrai me contenter en effet, pour amorcer les discussions à venir, de dire comment il ne faudrait pas parler de l'Université; et pour cela quels sont les risques typiques à éviter, les uns ayant la forme du vide abyssal, les autres celle de la limite protectionniste.

Y a-t-il aujourd'hui, pour l'Université, ce qu'on appelle une « raison d'être »? Je confie à dessein ma question à une locution dont l'idiome est sans doute plutôt français. En deux ou trois mots, il nomme tout ce dont je parlerai : la raison et l'être, bien sûr, l'essence de l'Université dans son rapport à la raison et à l'être, mais aussi la cause, la finalité, la nécessité, les justifications, le sens, la mission, bref la *destination* de l'Université. Avoir une « raison d'être », c'est être justifié dans son existence, avoir un sens, une finalité, une destination. C'est aussi avoir une cause, se laisser expliquer, selon le « principe de raison » par une raison qui est aussi une cause (*ground, Grund*), c'est-à-dire encore un fondement et une fondation.

Dans d'autres cas, elle serait tout simplement impossible sans de très longs commentaires sur la valeur de telle ou telle expression idiomatique.

[Paru d'abord en anglais, « The Principle of Reason : The University in the Eyes of its Pupils », *Diacritics,* Fall, 1983, Johns Hopkins, puis en espagnol, « El principio de Razón : La Universidad en los ojos de sus pupilo/as », trad. B. Mazzoldi et R.P. Díaz, *Nomade* 3, juin 1984, Pasto, Nariño, Colombie, avant d'être publié dans *Le cahier du Collège International de Philosophie,* n° 2, Paris, Osiris, 1986].

Le principe de raison et l'idée de l'Université

Dans l'expression « raison d'être », cette causalité a surtout le sens de cause finale. C'est bien dans la tradition de Leibniz, celui qui signa la formulation, et ce fut plus qu'une formulation, du Principe de Raison. Se demander si l'Université a une raison d'être, c'est se demander « pourquoi l'Université? », mais d'un « pourquoi? » qui penche davantage du côté du « en vue de quoi? ». L'Université *en vue* de quoi? Quelle est la vue, quelles sont les vues de l'Université? Ou encore : que voit-on depuis l'Université, qu'on soit simplement en elle ou à son bord, ou que, s'interrogeant sur sa destination, on soit à terre ou au large. Vous l'avez entendu, en demandant « quelle est la vue depuis l'Université », je mimais le titre d'une impeccable parabole, celle que James Siegel a publiée dans *Diacritics* il y a deux ans au printemps 1981 : *Academic Work : The view from Cornell* [1]. Je ne ferai en somme que déchiffrer cette parabole à ma manière. Plus précisément, je transcrirai selon un autre code ce qu'on aura lu dans cet article : le caractère dramatiquement exemplaire de la topologie et de la politique de cette Université quant à ses vues et à son site, la topolitologie du point de vue cornellien.

Dès ses premiers mots, la Métaphysique associe la question de la vue à celle du savoir, et celle du savoir à celle du savoir-apprendre et du savoir-enseigner. Je précise : la *Métaphysique* d'Aristote, et dès les premières lignes. Celles-ci ont une portée politique sur laquelle je reviendrai plus tard. Pour l'instant retenons-en ceci : *« pantes anthropoi tou eidenai oregontai phusei »*. C'est la première phrase (980a) [2] : tous les hommes, par nature, ont le désir du savoir. Aristote croit en déceler le signe *(semeion)* à ceci que les sensations donnent du plaisir « en dehors même

---

1. [Baltimore, Johns Hopkins, p. 68 sqq].
2. [Voir *Aristote, La Métaphysique,* éd. J. Tricot, Paris, Vrin, 1981, tome 1, p. 2 sq.].

de leur utilité » *(khoris tes khreias)*. Ce plaisir de la sensation inutile explique le désir de savoir pour savoir, du savoir sans finalité pratique. Et cela est plus vrai de la vue que des autres sens. Nous préférons sentir « par les yeux » non seulement pour agir *(prattein)* mais même quand nous n'avons en vue aucune *praxis*. Ce sens naturellement théorique et contemplateur excède l'utilité pratique et nous donne plus à connaître qu'un autre : il découvre en effet de nombreuses différences *(pollas deloi diaphoras)*. Nous préférons la vue comme nous préférons le dévoilement des différences.

Mais quand on a la vue, en a-t-on assez? Savoir dévoiler les différences, est-ce que cela suffit pour apprendre et pour enseigner? Chez certains animaux, la sensation engendre la mémoire, ce qui les rend plus intelligents *(phronimôtera)* et plus doués pour *apprendre (mathetikôtera)*. Mais pour savoir apprendre et apprendre à savoir, la vue, l'intelligence et la mémoire ne suffisent pas, il faut aussi savoir entendre, pouvoir écouter ce qui résonne *(tôn psophôn akouein)*. En jouant un peu, je dirais qu'il faut savoir fermer les yeux pour mieux écouter. L'abeille sait beaucoup de choses puisqu'elle voit mais elle ne sait pas apprendre puisqu'elle fait partie des animaux qui n'ont pas la faculté d'entendre *(me dunata tôn psophôn akouein)*. L'Université, ce lieu où l'on sait apprendre et où l'on apprend à savoir, ce ne sera donc jamais, malgré quelques apparences, une sorte de ruche. Aristote, soit dit au passage, venait peut-être d'inaugurer ainsi une longue tradition de discours frivoles sur le *topos* philosophique de l'abeille, sur le sens de l'abeille et la raison de l'être-abeille. Marx n'est sans doute pas le dernier à en avoir abusé quand il a tenu à distinguer l'industrie humaine de l'industrie animale dans la société des abeilles. A butiner ainsi dans la grande anthologie des abeilles philosophiques, je trouve plus de saveur à une remarque de Schelling dans ses *Leçons sur la méthode des études académiques*, 1803.

L'allusion au sexe des abeilles vient au secours d'une rhétorique si souvent naturaliste, organiciste ou vitaliste, sur le thème de l'unité totale et interdisciplinaire du savoir, donc du système universitaire comme système social et organique. C'est la très classique tradition de l'inter-disciplinarité :

« De la capacité à regarder toutes choses, y compris le savoir singulier, dans sa cohésion avec ce qui est originaire et un, dépend l'aptitude à travailler avec esprit dans les sciences spéciales, et conformément à cette inspiration supérieure que l'on nomme génie scientifique. Chaque pensée qui n'a pas été formée dans cet esprit de l'uni-totalité [*der Ein-und Allheit*] est en soi vide, et elle doit être récusée; ce qui n'est pas susceptible de prendre place harmonieusement dans cette totalité bourgeonnante et vivante est un rejet mort qui sera tôt ou tard éliminé par les lois organiques; sans doute existe-t-il aussi dans le royaume de la science nombre d'abeilles asexuées [*geschlechtslose Bienen*] qui, puisqu'il leur est refusé de créer, multiplient au-dehors par des rejets inorganiques les témoignages de leur propre platitude [*ihre eigne Geistlosigkeit*]. » (trad. franç. J.-F. Courtine et J. Rivelaygue, dans *Philosophies de l'Université*, Payot, Paris, 1979, p. 49) [1].

(Je ne sais pas quelles abeilles non seulement sourdes mais asexuées Schelling pouvait alors avoir en vue. Mais je suis sûr que ces armes rhétoriques trouveraient encore aujourd'hui des acheteurs empressés. Un professeur écrivait récemment que tel mouvement (le « déconstructionnisme ») était surtout soutenu, dans l'Université, par des homosexuels et des féministes – chose

1. Sur ce « naturalisme » (fréquent mais non général : Kant y échappe par exemple au début du *Conflit des Facultés*), aussi bien que sur ce motif classique de l'inter-disciplinarité comme effet de la totalité architectonique, cf. par exemple Schleiermacher, *Gelegentliche Gedanken über Universitäten in deutschem Sinn, nebst einem Anhang über eine neu zu errichtende* (1808), trad. franç. par A. Laks, dans *Philosophies de l'Université*, Payot, 1979, notamment au chap. 1. *Sur les rapports de l'association scientifique et de l'État* et au chap. 4 *Sur les Facultés*.

qui lui paraissait très significative, et sans doute le signal d'une asexualité.)

Ouvrir l'œil pour savoir, fermer l'œil ou du moins écouter pour savoir apprendre et apprendre à savoir, voilà une première esquisse de l'animal rationnel. Si l'Université est une institution de science et d'enseignement, doit-elle, et selon quel rythme, aller au-delà de la mémoire et du regard? Doit-elle en cadence, et selon quelle cadence, fermer la vue ou limiter la perspective pour mieux entendre et mieux apprendre? Obturer la vue pour apprendre, ce n'est là, bien sûr, qu'une manière de parler par figure. Personne ne le prendrait à la lettre et je ne suis pas en train de proposer une culture du clin d'œil. Je suis résolument pour les Lumières d'une nouvelle *Aufklärung* universitaire. Je prendrai pourtant le risque de pousser cette configuration un peu plus loin avec Aristote. Dans son *Peri psukhès* (421b) [1], il distingue l'homme des animaux aux yeux durs et secs *(tôn sklerophtalmôn),* ceux auxquels manquent les paupières *(ta blephara),* cette sorte d'élytre ou de membrane tégumentaire *(phragma)* qui vient protéger l'œil et lui permet, à intervalles réguliers, de s'enfermer dans la nuit de la pensée intérieure ou du sommeil. Ce qui est terrifiant avec l'animal aux yeux durs et au regard sec, c'est qu'il voit tout le temps. L'homme peut abaisser le phragme, régler le diaphragme, limiter la vue pour mieux entendre, se souvenir et apprendre. Que peut être le diaphragme de l'Université? Quand je demandais ce que l'institution académique, qui ne doit pas être un animal sklerophtalmique, un animal aux yeux durs, devait faire de ses vues, c'était une autre manière d'interroger sa raison d'être et son essence. Qu'est-ce que le corps de cette institution voit et ne peut pas voir de sa destination, de ce en vue de quoi il se tient debout? Est-il maître du diaphragme?

1. [Aristote, *De l'âme,* Texte établi par A. Jannone, Paris, Les Belles Lettres, 1966, p. 58].

Cette perspective étant située, permettez-moi de la clore le temps de quelques clins d'œil pour ce que j'appellerais, dans ma langue plutôt que dans la vôtre, une confession ou une confidence.

Avant de préparer le texte d'une conférence, je dois me préparer moi-même à la scène qui m'attend le jour de sa présentation. C'est toujours une expérience douloureuse, le moment d'une délibération silencieuse et paralysée. Je me sens comme un animal traqué qui cherche dans l'obscurité une issue introuvable. Toutes les sorties sont fermées. Dans le cas présent, les conditions d'impossibilité, si je puis dire, furent aggravées pour trois raisons.

Tout d'abord, cette conférence n'est pas pour moi une conférence parmi d'autres. Elle a une valeur en quelque sorte inaugurale. Sans doute l'Université de Cornell m'avait-elle généreusement accueilli à de nombreuses reprises depuis 1975. Je compte beaucoup d'amis dans ce qui fut même la première Université américaine pour laquelle j'ai enseigné. David Grossvogel s'en souvient sans doute, c'était à Paris en 1967-1968, où il avait eu, après Paul de Man, la responsabilité d'un programme. Mais c'est aujourd'hui la première fois que je prends ici la parole en tant que Andrew D. White « professor-at-large ». En français, on dit « au large! » pour ordonner à quelqu'un de s'éloigner. Dans ce cas, le titre dont votre université m'honore, s'il me rapproche encore de vous, accroît l'angoisse de l'animal. Cette conférence inaugurale, était-ce un moment bien choisi pour se demander si l'Université a une raison d'être? N'allais-je pas me conduire avec l'indécence de celui qui, en échange de la plus noble hospitalité offerte à l'étranger, joue au prophète de malheur avec ses hôtes ou, dans la meilleure hypothèse, au héraut eschatologique, au prophète Élie qui dénonce le pouvoir des rois ou annonce la fin du royaume?

Deuxième source d'inquiétude, je me vois déjà engagé avec

beaucoup d'imprudence, c'est-à-dire d'aveuglement et d'imprévoyance, dans une dramaturgie de la *vue* qui constitue pour l'Université de Cornell, dès son origine, un enjeu grave. La question de la vue a construit la scénographie institutionnelle, le paysage de votre Université, l'alternative entre l'expansion ou le renfermement, la vie et la mort. On considéra d'abord qu'il était vital de ne pas fermer la vue. C'est ce que reconnut Andrew D. White, le premier président de Cornell auquel je voulais rendre cet hommage. Au moment où les *trustees* souhaitaient situer l'Université plus près de la ville, Cornell les fit monter sur la colline pour leur montrer le site et la vue (*site-sight*). « *We viewed the landscape,* dit Andrew D. White. *It was a beautiful day and the panorama was magnificent. Mr Cornell urged* reasons *on behalf of the upper site, the main one being that there was so much room for expansion.* » Cornell avait donc fait valoir de bonnes raisons, et la raison l'emporta, puisque le *board of trustees* lui donna raison. Mais la raison était-elle ici, simplement, du côté de la vie? Selon Parsons, rappelle James Siegel (*OC,* p. 69), « *for Ezra Cornell the association of the view with the university had something to do with death. Indeed Cornell's plan seems to have been shaped by the thematics of the Romantic sublime, which practically guaranteed that a cultivated man on the presence of certain landscapes would find his thoughts drifting metonymycally through a series of topics — solitude, ambition, melancholy, death, spirituality, " classical inspiration " — which could lead, by an easy extension, to questions of culture and pedagogy* ».

Mais question de vie et de mort, là encore, lorsqu'en 1977 on pensa à installer une sorte de clôture (des « *barriers* » sur le pont) ou, dirais-je, un diaphragme pour limiter les tentations suicidaires au-dessus de la « gorge ». L'abîme est situé sous le pont qui relie l'Université à la cité, son dedans à son dehors. Or en témoignant devant le Cornell Campus Council, un « faculty member » n'a pas hésité à s'opposer à cette clôture, à cette paupière diaphragmatique, sous prétexte qu'en fermant la vue elle ne ferait rien de moins que, je cite, « destroying the essence of the university » (*OC*, p. 77).

Que voulait-il dire? Qu'est-ce que l'essence de l'Université?

Vous imaginez mieux maintenant avec quels tremblements quasi religieux je pouvais m'apprêter à vous parler de ce sujet proprement sublime, l'essence de l'Université. Sujet sublime, au sens kantien du terme. Kant disait dans *Le Conflit des Facultés* que l'Université devait se régler sur une « idée de la raison », celle d'une totalité du savoir présentement enseignable *(das ganze gegenwärtige Feld der Gelehrsamkeit* [1]*)*. Or aucune expérience ne peut être présentement adéquate à cette totalité présente et présentable du doctrinal, de la théorie enseignable. Mais le sentiment écrasant de cette inadéquation, c'est précisément le sentiment exaltant et désespérant du sublime, suspendu entre vie et mort.

Le rapport au sublime, dit encore Kant, s'annonce d'abord par une inhibition. Il y eut une troisième raison à mon inhibition. Sans doute étais-je décidé à ne tenir qu'un discours propédeutique et préventif, à ne parler que des risques à éviter, ceux de l'abîme, du pont, et de limites mêmes, quand on se mesure à ces redoutables questions. Mais c'était encore trop car je ne savais pas comment couper et sélectionner. Je consacre un séminaire d'une année à cette question dans mon institution parisienne et, avec d'autres, j'ai dû écrire récemment pour le gouvernement français qui me l'a demandé, en vue de la création d'un Collège International de Philosophie, un Rapport qui, bien entendu, se débat pendant des centaines de pages avec ces difficultés. Parler de tout cela en une heure est une gageure. Pour m'encourager, je me suis dit en rêvant un peu que je ne savais pas combien de sens couvrait l'expression « *at large* » dans l'expression « *professor-at-large* ». Je me suis demandé

1. [Cf. trad. franç., *op. cit.*, p. 18].

si, n'appartenant à aucun département, et pas même à l'Université, le « *professor-at-large* » ne ressemblait pas à ce qu'on appelait un « ubiquiste » dans la vieille Université de Paris. Un « ubiquiste » était un docteur en théologie qu'on ne rattachait à aucune maison particulière. Hors de ce contexte, on appelle « ubiquiste », en français, celui qui, voyageant beaucoup et très vite, donne l'illusion d'être partout à la fois. Mais sans être un « ubiquiste », le *professor-at-large* est peut-être aussi quelqu'un qui, resté longtemps « au large » (en français, plus qu'en anglais, on l'entend surtout dans le code de la marine), débarque parfois après une absence qui l'a coupé de tout. Il ignore le contexte, les rites et la transformation des lieux. On l'autorise à prendre les choses de loin et de haut, on ferme les yeux avec indulgence sur les vues schématiques et brutalement sélectives qu'il doit présenter dans la rhétorique d'une conférence académique sur le sujet de l'académie. Mais on regrette qu'il ait déjà perdu tant de temps à cette maladroite *captatio benevolentiae*.

A ma connaissance, on n'a jamais fondé un projet d'Université *contre* la raison. On peut donc raisonnablement penser que la raison d'être de l'Université, ce fut toujours la raison même, et un certain rapport essentiel de la raison à l'être. Mais ce qu'on appelle le principe de raison n'est pas simplement la raison. Nous ne pouvons pas ici nous enfoncer dans l'histoire de la raison, de ses mots et de ses concepts, dans l'énigmatique scène de traduction qui aura déplacé *logos, ratio, raison, reason, Grund, ground, Vernunft,* etc. Ce qu'on appelle depuis trois siècles le principe de raison fut pensé et formulé par Leibniz à plusieurs reprises. Son énoncé le plus fréquemment cité, c'est « *Nihil est sine ratione seu nullus effectus sine causa* », « Rien n'est sans raison ou nul effet sans cause ». La formule que Leibniz, selon Heidegger, considère comme authentique et rigoureuse, la seule qui fasse autorité, nous la trouvons dans un essai tardif *(Specimen inventorum, Phil. Schriften,* Gerhardt VII, p. 309) : *« Duo sunt prima principia omnium ratiocinationum, principium nempe contradictionis* [...] *et principium reddendae rationis. »* Ce second principe dit que *« omnis veritatis reddi ratio potest »* : de toute vérité (entendez de toute proposition vraie) on peut rendre raison [1].

Outre tous les grands mots de la philosophie qui en général mobilisent l'attention – la raison, la vérité, le principe – le principe de raison dit aussi que raison *doit être rendue.* Que veut dire ici « rendre »? La raison serait-elle quelque chose qui donne lieu à échange, circulation, emprunt, dette, donation, restitution? Mais alors qui, dans ce cas, serait *responsable* de cette dette ou de ce devoir, et devant qui? Dans la formule *« reddere rationem »*, *« ratio »* n'est pas le nom d'une faculté ou d'un pouvoir *(Logos, Ratio, Reason, Vernunft)* que la métaphysique attribue généralement à l'homme, *zoon logon ekhon* ou *animal rationale.* Si nous disposions de plus de temps, nous pourrions suivre l'interprétation leibnizienne du passage sémantique qui conduit de la *ratio* du *principium reddendae rationis* à la raison comme faculté rationnelle – et finalement à la détermination kantienne de la raison comme faculté des principes. En tout cas, si la *ratio* du principe de raison n'est pas la faculté ou le pouvoir rationnel, ce n'est pourtant pas une chose qu'on rencontrerait quelque part, parmi les étants ou les objets du monde et qu'on aurait à rendre. On ne peut pas séparer la question de cette raison de la question portant sur ce « il faut » et sur le « il faut *rendre* ». Le « il faut » semble abriter l'essentiel de notre rapport au principe. Il semble marquer pour nous l'exigence, la dette, le devoir, la requête, l'ordre, l'obligation, la loi, l'impératif. Dès lors que raison peut être rendue *(reddi potest),* elle le doit. Peut-on appeler cela, sans

1. [Cf. Heidegger, *Der Satz vom Grund,* Pfullingen 1957/1978, p. 44-45; *Le principe de raison,* trad. A. Préau, Paris, Gallimard, 1962, p. 79].

autre précaution, un impératif moral, au sens kantien de la raison pure pratique? Il n'est pas sûr que la valeur de « pratique », telle que la détermine une critique de la raison pure pratique, épuise la signification ou dise l'origine de ce « il faut » qu'elle doit pourtant supposer. On pourrait démontrer que la critique de la raison pratique en appelle en permanence au principe de raison, à son « il faut » qui, pour n'être visiblement pas d'ordre théorique, n'est pourtant pas encore simplement « pratique » ou « éthique » au sens kantien.

Il y va pourtant d'une responsabilité. Nous avons à répondre devant l'appel du principe de raison. Dans *Der Satz vom Grund (Le principe de raison)*, Heidegger a un nom pour cet appel. Il l'appelle *Anspruch* : exigence, prétention, revendication, demande, commande, convocation. Il s'agit toujours d'une sorte de parole adressée. Elle ne se voit pas, elle doit s'entendre et s'écouter, l'apostrophe qui nous enjoint de répondre au principe de raison.

Question de responsabilité, certes, mais répondre *au* principe de raison et répondre *du* principe de raison, est-ce le même geste? Est-ce la même scène, le même paysage? Et où situer l'Université dans cet espace?

Répondre à l'appel du principe de raison, c'est rendre raison, expliquer rationnellement les effets par les causes. C'est aussi fonder, justifier, rendre compte à partir du principe *(arkhè)* ou de la racine *(riza)*. Compte tenu d'une scansion leibnizienne dont il ne faut pas réduire l'originalité, c'est donc répondre aux exigences aristotéliciennes, celles de la métaphysique, de la philosophie première, de la recherche des « racines », des « principes » et des « causes ». A ce point, l'exigence scientifique et techno-scientifique reconduit à la même origine. Et l'une des questions les plus insistantes dans la méditation de Heidegger, c'est bien celle du temps d'« incubation » qui a séparé cette origine de l'émergence du principe de raison au XVIIe siècle. Celui-ci ne trouve pas seulement la formulation verbale pour une exigence déjà présente depuis l'aube de la science et de la philosophie occidentales; il donne le coup d'envoi pour une nouvelle époque de la raison, de la métaphysique et de la techno-science dites « modernes ». Et on ne peut pas *penser* la possibilité de l'Université moderne, celle qui se re-structure au XIXᵉ siècle dans tous les pays occidentaux, sans interroger cet événement ou cette institution du principe de raison.

Mais répondre *du* principe de raison, et donc de l'Université, répondre *de* cet appel, s'interroger sur l'origine ou le fondement de ce principe du fondement *(Satz vom Grund),* ce n'est pas simplement lui obéir ou répondre *devant lui*. On n'écoute pas de la même façon selon qu'on répond à un appel ou qu'on interroge sur son sens, son origine, sa possibilité, sa fin, ses limites. Obéit-on au principe de raison quand on se demande ce qui fonde ce principe qui est lui-même un principe de fondement? Non, ce qui ne veut pas dire qu'on y désobéisse. Avons-nous affaire ici à un cercle ou à un abîme? Le cercle consisterait à vouloir rendre raison du principe de raison, à faire appel à lui pour le faire parler de lui au moment où, comme le dit Heidegger, le principe de raison ne dit rien de la raison même. L'abîme, le gouffre, l'*Abgrund,* la « gorge » vide, ce serait l'impossibilité pour un principe de fondement de se fonder lui-même. Ce fondement même devrait alors, comme l'Université, se tenir suspendu au-dessus d'un vide fort singulier. Doit-on rendre raison du principe de raison? La raison de la raison est-elle rationnelle? Est-il rationnel de s'inquiéter au sujet de la raison et de son principe? Non, pas simplement, mais il serait précipité de vouloir disqualifier cette inquiétude et de renvoyer ceux qui l'éprouvent à leur irrationalisme, à leur obscurantisme, à leur nihilisme. Qui est le plus fidèle à l'appel de la raison, qui l'écoute d'une oreille plus fine, qui voit mieux la différence, celui qui interroge en retour et tente de penser la possibilité de cet appel ou celui qui ne veut pas entendre parler d'une question sur la raison de la raison? Tout se joue, suivant le cheminement de la question heideggerienne, dans une subtile différence de ton ou d'accent, selon qu'on le fait porter sur tels ou tels mots dans la formule « *nihil est sine ratione* ». L'énoncé a deux portées différentes selon qu'on accentue « *nihil* » et « *sine* » ou « *est* » et « *ratione* ». Je renonce ici, dans les limites de cette séance, à suivre toutes les décisions engagées dans ce déplacement d'accent. Je renonce aussi, entre autres choses et pour la même raison, à la reconstitution d'un dialogue entre Heidegger et, par exemple, Charles Sanders Peirce. Dialogue étrange et nécessaire sur le thème conjoint, justement, de l'Université et du principe de raison. Samuel Weber, dans un remarquable essai sur « *The limits of professionalism* » [1], cite Peirce qui, en 1900, « *in the context of a discussion on the role of higher education* », aux États-Unis, conclut ainsi :

« *Only recently we have seen an American man of science and of weight discuss the purpose of education, without once alluding to the only motive that animates the genuine scientific investigator. I am not guiltless in this matter myself, for in my youth I wrote some articles to uphold a doctrine called* Pragmatism, *namely, that the meaning and essence of every conception lies in the application that is to be made of it. That is all very well, when properly understood. I do not intend to recant it. But the question arises,* what is *the ultimate application; and at that time I seem to have been inclined to subordinate the* conception *to the* act, knowing to doing. Subsequent experience of life has taught me that the only thing that is really desirable *without a reason for being so, is to render ideas and things reasonable.* One cannot well demand a reason for reasonableness itself. » (*Collected Writings,* ed. Wiener, New York, 1958, p. 332 ; outre la dernière phrase, j'ai souligné l'allusion au *désir* pour faire écho aux premiers mots de la *Métaphysique* d'Aristote.)

1. Dans *The Oxford Literary Review,* vol. 5, 1 & 2 (double issue), 1982. [Repris depuis dans *Institution and Interpretation,* Minneapolis, 1987, p. 22.]

Pour que ce dialogue ait lieu entre Pierce et Heidegger, il faudrait aller *au-delà* de l'opposition conceptuelle entre « conception » et « acte », « conception » et « application », vue théorique et *praxis,* théorie et technique. Ce passage *au-delà,* Peirce l'esquisse en somme dans le mouvement même de son insatisfaction : quelle peut être l'ultime application? Ce que Peirce esquisse, ce sera le chemin le plus engagé de Heidegger, notamment dans *Der Satz vom Grund.* Ne pouvant le suivre ici comme j'ai tenté de le faire ailleurs, j'en retiendrai deux affirmations, au risque de simplifier à l'excès.

1. La domination moderne du principe de raison a dû aller de pair avec l'interprétation de l'essence de l'étant comme *objet,* objet présent au titre de la représentation *(Vorstellung),* objet posé et installé *devant* un sujet. Celui-ci, homme qui dit *moi, ego* certain de lui-même, s'assure ainsi la maîtrise technique sur la totalité de ce qui est. Le re- de la *repraesentatio* dit aussi le mouvement qui rend raison d'une chose dont la présence est *rencontrée* en la *rendant* présente, en l'apportant au sujet de la représentation, au moi connaissant. Il faudrait ici, mais c'est impossible dans ces conditions, reconstituer le travail de la langue de Heidegger (entre *begegnen, entgegen, Gegenstand, Gegenwart* d'une part, *Stellen, Vorstellen, Zustellen* d'autre part [1]).

---

1. Un exemple seulement : « Rationem reddere heißt : den Grund zurückgeben. Weshalb zurück und wohin zurück? Weil es sich in den Beweisgängen, allgemein gesprochen im Erkennen um das *Vor*-stellen der *Gegen*stände handelt, kommt dieses zurück ins Spiel. Die lateinische Sprache der Philosophie sagt es deutlicher : das Vorstellen ist re-praesentatio. Das Begegnende wird auf das vorstellende Ich zu, auf es zurück und ihm entgegen praesentiert, in eine Gegenwart gestellt. Gemäß dem principium reddendae rationis muß das Vorstellen, wenn es ein erkennendes sein soll, den Grund des Begegnenden auf das Vorstellen zu und d.h. ihm zurückgeben (reddere). Im erkennenden Vorstellen wird dem erkennenden Ich der Grund zu-gestellt. Dies verlangt das principium rationis. Der Satz vom Grund ist darum für Leibniz der Grundsatz des zuzustellenden Grundes. »

Ce rapport de représentation – qui dans toute son extension n'est pas seulement un rapport de connaissance – doit être fondé, assuré, mis en sécurité, voilà ce que nous dit le principe de raison, le *Satz vom Grund*. Une domination est ainsi assurée à la représentation, au *Vorstellen*, au rapport à l'ob-jet, c'est-à-dire à l'étant qui se trouve *devant* un sujet qui dit « moi » et s'assure de son existence présente. Mais cette domination de l'être-devant ne se réduit pas à celle de la vue ou de la *theoria*, pas même d'une *métaphore* de la dimension optique, voire sklerophtalmique. C'est dans ce livre que Heidegger dit toutes ses réserves sur les présupposés mêmes de telles interprétations rhétorisantes. La décision ne passe pas ici entre vue et non-vue, plutôt entre deux pensées de la vue et de la lumière, comme entre deux pensées de l'écoute et de la voix. Mais il est vrai qu'une caricature de l'homme de la représentation, au sens heideggerien, lui attribuerait facilement des yeux durs, ouverts en permanence sur une nature à dominer, au besoin à violer, en la tenant devant soi, ou en fondant sur elle comme un oiseau de proie. Le principe de raison n'installe son empire que dans la mesure où la question abyssale de l'être qui se cache en lui reste dissimulée, et avec elle la question même du fondement, du fondement comme *gründen* (fonder), *Bodennehmen* (fonder ou prendre sol), comme *begründen* (motiver,

(*Der Satz vom Grund,* p. 45 [cf. trad. franç., p. 79]). Qu'est-ce qui résisterait à cet ordre des époques et, dès lors, à toute la pensée heideggerienne de l'épochalisation? Peut-être, par exemple, une affirmation de la raison (un rationalisme, si l'on veut) qui, au même moment (mais qu'est-ce alors qu'un tel moment?) 1. ne se plierait pas au principe de raison dans sa forme leibnizienne, c'est-à-dire inséparable d'un finalisme ou d'une prédominance absolue de la cause finale; 2. ne déterminerait pas la substance comme sujet; 3. proposerait une détermination non-représentative de l'idée. Je viens de nommer Spinoza. Heidegger en parle très rarement, très brièvement et ne le fait jamais, à ma connaissance, de ce point de vue et dans ce contexte.

justifier, autoriser) ou surtout comme *stiften* (ériger, instituer, sens auquel Heidegger reconnaît une certaine préséance) [1].

2. Or cette institution de la techno-science moderne qu'est la *Stiftung* universitaire est construite à la fois sur le principe de raison et sur ce qui reste en lui dissimulé. Comme en passant, mais dans deux passages qui nous importent, Heidegger affirme que l'Université moderne est « fondée » *(gegründet)* [2], « construite » *(gebaut)* [3] sur le principe de raison, elle « repose » *(ruht)* [3] sur lui. Mais si l'Université d'aujourd'hui, lieu de la science moderne, « se fonde sur le principe de fondement » *(gründet auf dem Satz vom Grund),* nulle part nous n'y rencontrons le principe de raison lui-même, nulle part celui-ci n'est pensé, interrogé, questionné dans sa provenance. Nulle part, dans l'Université en tant que telle, on ne se demande d'où parle cet appel *(Anspruch),* d'où vient cette demande du fondement, de la raison à fournir, à rendre ou à livrer : *« Woher spricht dieser Anspruch des Grundes auf seine Zustellung?* [4] »* Et cette dissimulation de l'origine dans l'impensé ne nuit pas, au contraire, au développement de l'Université moderne dont Heidegger, au passage, fait un certain éloge : progrès des sciences, interdisciplinarité militante, zèle discursif, etc. Mais tout cela se développe au-dessus d'un abîme, d'une *« gorge »,* entendons

1. *Vom Wesen des Grundes,* in *Wegmarken* [Frankfurt, Klostermann, 1967/1978] p. 60-61 (162-163).

2. « Et pourtant – sans ce principe tout-puissant il n'y aurait pas de science moderne, sans une telle science il n'y aurait pas l'Université d'aujourd'hui. Celle-ci repose sur le principe de raison *(Diese gründet auf dem Satz vom Grund).* Comment devons-nous nous représenter cela *(Wie sollen wir uns dies vorstellen :)* l'Université fondée *(gegründet)* sur une phrase (sur une proposition, *auf einen Satz)*? Pouvons-nous risquer une telle affirmation *(Dürfen wir eine solche Behauptung wagen)*? » *(Der Satz vom Grund, Dritte Stunde,* p. 49 [cf. trad. franç., p. 84]).

3. [*Ibid.,* p. 56; trad., p. 91].

4. [*Ibid.,* p. 57; trad., p. 92].

par là sur un fondement dont le fondement même reste invisible et impensé.

Parvenu à ce point de ma lecture, au lieu de vous engager dans une étude micrologique de ce texte de Heidegger *(Der Satz vom Grund)* ou de ses textes antérieurs sur l'Université (notamment sa leçon inaugurale de 1929, *Was ist Metaphysik,* ou son Discours de Rectorat de 1933, *Die Selbstbehauptung der deutschen Universität)* – étude que je tente ailleurs, à Paris, et dont il sera sans doute question dans les séminaires qui suivront ici cette conférence –, au lieu même de méditer auprès de l'abîme, fût-ce sur un pont protégé par des *« barriers »,* je préfère revenir à une certaine actualité concrète des problèmes qui nous assaillent dans l'Université.

Le schème du fondement et la dimension du fondamental s'imposent à plusieurs titres dans l'espace de l'Université, qu'il s'agisse de sa raison d'être en général, de ses missions spécifiques, de la politique de l'enseignement et de la recherche. Chaque fois, il y va du principe de raison comme principe de fondement, de fondation ou d'institution. Un grand débat est en cours aujourd'hui au sujet de la politique de la recherche et de l'enseignement, et au sujet du rôle que l'Université peut y jouer de façon centrale ou marginale, progressive ou décadente, en collaboration ou non avec d'autres institutions de recherche jugées parfois mieux adaptées à certaines finalités. Ce débat se présente dans des termes souvent analogues – je ne dis pas identiques – dans tous les pays fortement industrialisés, quel que soit leur régime politique, quel que soit même le rôle traditionnel de l'État dans ce domaine (et vous savez que les différences sont grandes à l'intérieur même des démocraties occidentales à cet égard). Dans les pays dits « en voie de développement », le problème se pose selon des modèles certes différents mais en tout cas indissociables des précédents. Une telle problématique ne se réduit pas toujours, parfois plus du tout, à une problématique politique centrée sur l'État mais sur des complexes militaro-industriels interétatiques ou sur des réseaux techno-économiques, voire techno-militaires internationaux de forme apparemment inter- ou trans-étatique. En France, depuis quelque temps, ce débat s'organise autour de ce qu'on appelle la « finalisation » de la recherche. Une recherche « finalisée » est une recherche autoritairement programmée, orientée, organisée *en vue* de son utilisation (en vue de *« ta khreia »*, dirait Aristote), qu'il s'agisse de technique, d'économie, de médecine, de psycho-sociologie ou de puissance militaire – et en vérité de tout cela à la fois. On est sans doute plus sensible à ce problème dans des pays où la politique de la recherche dépend étroitement de structures étatiques ou « nationalisées » mais je crois que les conditions deviennent de plus en plus vite homogènes parmi toutes les sociétés industrielles à technologie avancée. On dit recherche « finalisée » là où, il n'y a pas si longtemps, on parlait – comme dans le texte de Peirce – d'« application ». Car on sait de mieux en mieux que, sans être immédiatement appliquée ou applicable, une recherche peut être rentable, utilisable, finalisable de façon plus ou moins différée. Et il ne s'agit plus seulement de ce qu'on appelait parfois les « retombées » techno-économiques, médicales ou militaires de la recherche pure. Les détours, délais et relais de la finalisation, ses tours aléatoires aussi, sont plus déroutants que jamais. Aussi cherche-t-on par tous les moyens à en tenir compte, à les intégrer dans le calcul rationnel de la programmation. On préfère aussi « finaliser » à « appliquer » car le mot est moins « utilitaire », il permet d'inscrire les finalités nobles dans le programme.

Or qu'oppose-t-on, notamment en France, à ce concept de recherche finalisée? Celui de recherche « fondamentale » : recherche désintéressée, en vue de ce qui ne serait pas d'avance promis à quelque finalité utilitaire. On a pu penser que les mathématiques pures, la physique théorique, la philosophie (et surtout en elle la métaphysique et l'ontologie) étaient des disciplines fondamentales soustraites au pouvoir, inaccessibles à la programmation par des instances étatiques ou, sous le couvert de l'État, par la société civile ou le capital. Le seul souci de cette recherche fondamentale, ce serait la connaissance, la vérité, l'exercice désintéressé de la raison, sous la seule autorité du principe de raison.

On sait pourtant de mieux en mieux ce qui dut être vrai de tout temps, à savoir que cette opposition entre le fondamental et le finalisé est d'une pertinence réelle mais limitée. En toute rigueur, elle est difficile à tenir aussi bien dans le concept que dans la pratique concrète, notamment dans les champs modernes des sciences formelles, de la physique théorique, de l'astrophysique (remarquable exemple d'une science, l'astronomie, qui devient utile après avoir été longtemps le paradigme de la contemplation désintéressée), de la chimie, de la biologie moléculaire, etc. Dans chacun de ces champs, moins dissociables que jamais, les questions de philosophie dite fondamentale n'ont plus simplement la forme de questions abstraites, parfois épistémologiques et posées après coup, elles opèrent à l'intérieur même de la recherche scientifique selon les modes les plus divers. On ne peut plus distinguer entre le technologique d'une part, le théorique, le scientifique ou le rationnel, d'autre part. Le mot de techno-science doit s'imposer et cela confirme qu'entre le savoir objectif, le principe de raison, une certaine détermination métaphysique du rapport à la vérité, il y a bien une affinité essentielle. On ne peut plus — et c'est ce que Heidegger en somme rappelle et appelle à penser — dissocier le principe de raison de l'idée même de la technique dans le régime de leur modernité. On ne peut plus maintenir la limite que Kant, par exemple, essayait de tracer entre le schème « technique » et le schème « architectonique » dans l'organisation systématique du savoir, celle qui devait aussi fonder une organisation systématique de l'Université. L'architectonique est l'art des systèmes : « Sous le gouvernement de la raison, nos connaissances en général, dit Kant, ne sauraient former une rhapsodie, mais elles doivent former un système dans lequel seul elles peuvent soutenir et favoriser les fins essentielles de la raison. » (« L'architectonique de la raison pure », dans *Critique de la raison pure*[1].) A cette unité rationnelle pure de l'architectonique, Kant oppose le schème de l'unité technique qui s'oriente empiriquement, suivant des vues et des fins accidentelles, non essentielles. C'est donc une limite entre deux finalités que Kant veut définir, les fins essentielles et nobles de la raison donnant lieu à une science fondamentale, et les fins accidentelles ou empiriques dont le système ne peut s'organiser que selon des schèmes et des nécessités techniques.

Aujourd'hui, dans la finalisation de la recherche, pardonnez-moi de rappeler ces évidences, il est déjà impossible de distinguer ces finalités. Il est impossible par exemple de distinguer entre des programmes qu'on voudrait considérer comme « nobles » ou même techniquement profitables pour l'humanité, et d'autres programmes qui seraient destructeurs. Ce n'est pas nouveau mais jamais autant qu'aujourd'hui la recherche scientifique dite fondamentale n'a été rationnellement engagée dans des finalités qui sont aussi des finalités militaires. L'essence du militaire, les limites du champ de la technologie militaire et même de la stricte comptabilité de ses programmes ne sont plus définissables. Quand on dit qu'on dépense dans le monde deux millions de dollars par minute pour l'armement, je suppose qu'on ne comptabilise ainsi que la fabrication pure et simple des armes. Mais les investissements militaires ne s'arrêtent pas là. Car la puissance militaire, voire policière, et d'une manière générale toute l'organisation (défensive et offensive) de la sécurité ne profite pas seulement des « retombées » de la

---

1. [Trad. A. Tremesaygues et B. Pacaud, Paris, PUF, 1944, p. 558].

recherche fondamentale. Dans les sociétés à technologie avancée, elle programme, aiguillonne, commande, finance, directement ou non, par voie étatique ou non, les recherches de pointe apparemment les moins « finalisées ». C'est trop évident dans les domaines de la physique, de la biologie, de la médecine, de la biotechnologie, de la bio-informatique, de l'information et des télécommunications. Il suffit de nommer la télécommunication et l'information pour prendre la mesure de ce fait : la finalisation de la recherche est sans limites, tout y opère « en vue » d'une assurance technique et instrumentale. Au service de la guerre, de la sécurité nationale et internationale, les programmes de recherche doivent aussi concerner tout le champ de l'information, le stockage du savoir, le fonctionnement et donc aussi l'essence de la langue et tous les systèmes sémiotiques, la traduction, le codage et le décodage, les jeux de la présence et de l'absence, l'herméneutique, la sémantique, les linguistiques structurales et génératives, la pragmatique, la rhétorique. J'accumule toutes ces disciplines dans le désordre, à dessein, mais je terminerai par la littérature, la poésie, les arts et la fiction en général : la théorie qui en fait ses objets peut être utile aussi bien dans une guerre idéologique qu'au titre d'expérimentation des variables dans les perversions si fréquentes de la fonction référentielle. Cela peut toujours servir dans la stratégie de l'information, la théorie des ordres, la pragmatique militaire la plus raffinée des énoncés jussiques : à quels signes, par exemple, reconnaîtra-t-on qu'un énoncé a valeur d'ordre dans la nouvelle technologie des télécommunications? Comment contrôler les nouvelles ressources de la simulation et du simulacre, etc.? On peut, aussi facilement, chercher à utiliser les formalisations théoriques de la sociologie, de la psychologie, voire de la psychanalyse pour raffiner ce qu'on appelait pendant les guerres d'Indochine ou d'Algérie les pouvoirs de l'« action psychologique » alternant avec la torture. Dès lors, s'il en a les moyens, un budget militaire peut investir, en vue de bénéfices différés, dans n'importe quoi, théorie scientifique dite fondamentale, humanités, théorie littéraire et philosophie. Le département de philosophie – qui couvrait tout cela et dont Kant pensait qu'il devrait rester hors de portée pour toute utilisation et pour les ordres d'un pouvoir quelconque dans sa recherche de la vérité – ne peut plus prétendre à cette autonomie. Ce qui s'y fait peut toujours servir. Et si cela reste apparemment inutile dans ses résultats, dans ses productions, cela peut servir à occuper des maîtres du discours, des professionnels de la rhétorique, de la logique, de la philosophie qui autrement pourraient appliquer ailleurs leur énergie. Cela peut encore, dans certaines situations, garantir une prime idéologique de luxe et de gratuité à une société capable de se payer *aussi* cela dans certaines limites. D'ailleurs, compte tenu des conséquences aléatoires d'une recherche, on peut toujours avoir en vue quelque bénéfice possible au terme d'une recherche apparemment inutile, la philosophie ou les humanités par exemple. L'histoire des sciences incite à intégrer cette marge aléatoire dans le calcul centralisé d'une recherche. On module alors les moyens accordés, le volume du soutien et la distribution des crédits. Un pouvoir d'État ou les forces qu'il représente n'ont plus besoin, surtout à l'Ouest, d'interdire des recherches ou de censurer des discours. Il suffit de limiter les moyens, les supports de production, de transmission et de diffusion. La machine de cette nouvelle « censure » au sens large est omniprésente et beaucoup plus complexe qu'au temps de Kant, par exemple, où toute la problématique et toute la topologie de l'Université s'organisaient autour de l'exercice de la censure royale. Aujourd'hui, dans les démocraties occidentales, cette forme de censure a presque totalement disparu. Les limitations interdictrices passent par des voies multiples, décentralisées, difficiles à rassembler en système. L'irrecevabilité d'un discours, la non-habilitation d'une recherche, l'illégitimité d'un enseignement sont déclarées par des actes d'évaluation dont l'étude me paraît être l'une des tâches les plus indispensables pour l'exercice et la dignité d'une responsabilité académique. Dans l'Université même, des pouvoirs apparemment extra-universitaires (presses, fondations, *mass media*) interviennent de façon toujours plus décisive. Les presses universitaires, notamment aux États-Unis, jouent un rôle médiateur appelant aux plus graves responsabilités puisque les critères scientifiques, en principe représentés par les membres de la corporation universitaire, doivent composer avec tant d'autres finalités. Quand la marge aléatoire doit se rétrécir, les restrictions de crédit affectent les disciplines les moins immédiatement rentables. Et cela provoque à l'intérieur de la profession des effets de toute sorte dont certains semblent ne plus avoir de rapport direct avec cette causalité – elle-même toujours largement surdéterminée. La détermination mobile de cette marge aléatoire dépend toujours de la situation techno-économique d'une société dans son rapport à l'ensemble du champ mondial. Aux États-Unis par exemple (et ce n'est pas un exemple parmi d'autres), sans même parler de la régulation économique qui permet à certaines plus-values de soutenir, entre autres voies par celles de fondations privées, recherches ou créations apparemment ou immédiatement non-rentables, on sait aussi que des programmes militaires, notamment ceux de la marine, peuvent très rationnellement soutenir des investigations linguistiques, sémiotiques ou anthropologiques. Celles-ci ne vont pas sans histoire, littérature, herméneutique, droit, science politique, psychanalyse, etc.

Le concept d'information ou d'informatisation est ici l'opérateur le plus général. Il intègre le fondamental au finalisé, le rationnel pur au technique, témoignant ainsi de cette co-appartenance initiale de la métaphysique et de la technique. La valeur de « forme » – et ce qui en elle garde à *voir* et à *faire,* ayant à voir avec *voir* et à faire avec *faire* – n'y est pas étrangère, mais laissons là ce point difficile. Dans *Der Satz vom Grund,*

Heidegger situe ce concept d'« information » (entendu et prononcé à l'anglaise, dit-il à l'époque où il renvoie dos à dos
l'Amérique et la Russie, ces deux continents symétriques et
homogènes de la métaphysique *comme* technique) dans la dépendance du principe de raison, comme principe de calculabilité
intégrale. Même le principe d'incertitude (et il aurait dit la
même chose d'une certaine interprétation de l'indécidabilité)
continue à se mouvoir dans la problématique de la représentation et du rapport sujet/objet. Il appelle alors cela l'ère
atomique et cite un livre de vulgarisation intitulé « Nous
vivrons grâce aux atomes » préfacé à la fois par Otto Hahn,
prix Nobel et physicien « fondamentaliste » et par Franz Joseph
Strauß, alors ministre de la Défense nationale. L'information
assure l'assurance du calcul et le calcul de l'assurance. On
reconnaît là l'époque du principe de raison. Leibniz, rappelle
Heidegger, passe pour avoir été aussi l'inventeur de l'assurance
sur la vie. Sous la forme de l'information *(in der Gestalt der
Information)*, dit Heidegger, le principe de raison domine toute
notre représentation *(Vorstellen)* et détermine une époque pour
laquelle tout dépend de la livraison de l'énergie atomique.
Livraison, c'est en allemand *Zustellung,* mot qui vaut aussi,
signale Heidegger, pour la livraison du courrier. Il appartient
à la chaîne du *Gestell,* au rassemblement du *Stellen (Vorstellen,
Nachstellen, Zustellen, Sicherstellen)* qui caractériserait la modernité technique. L'information, c'est le stockage, l'archivation et
la communication la plus économique, la plus rapide et la plus
claire (univoque, *eindeutig*) des nouvelles. Elle doit renseigner
l'homme sur la mise en sécurité *(Sicherstellung)* de ce qui
répond à ses besoins : *ta khreia,* disait donc Aristote. La technologie des ordinateurs, des banques de données, des intelligences artificielles, des machines à traduire, etc., se construit
sur cette détermination instrumentale d'un langage calculable.
L'information n'informe pas seulement en livrant un contenu
informatif, elle donne forme, « *in-formiert* », « *formiert zugleich* ».

Elle installe l'homme dans une forme qui lui permette d'assurer sa maîtrise sur terre et au-delà de la terre. Tout cela doit être médité comme l'effet du principe de raison ou, plus rigoureusement, d'une interprétation dominante de ce principe, d'une certaine accentuation dans l'écoute que nous faisons à son appel [1]. Mais j'ai dit que je ne pouvais pas ici toucher à cette question de l'accent. Ce n'est pas mon propos.

Quel est donc mon propos? Qu'avais-je en vue pour présenter ainsi les choses? Je pensais surtout à la nécessité de réveiller ou de resituer une responsabilité, dans l'Université ou devant l'Université, et qu'on en fasse ou non partie.

Ceux qui analysent aujourd'hui cette valeur informative et instrumentale du langage sont conduits nécessairement aux limites mêmes du principe de raison ainsi interprété. Ils peuvent le faire dans telle ou telle discipline. Mais s'ils en viennent par exemple à travailler sur les structures du simulacre ou de la fiction littéraires, sur une valeur poétique et non informative de la langue, sur les effets d'indécidabilité, etc., ils s'intéressent par là même à des possibilités qui surgissent aux limites de l'autorité et du pouvoir du principe de raison. Ils peuvent par là tenter de définir de nouvelles responsabilités devant l'assujettissement total de l'Université aux technologies d'informatisation. Il ne s'agit évidemment pas de refuser ces technologies. Ni d'ailleurs d'accréditer trop vite et trop simplement une opposition entre la dimension instrumentale et quelque origine pré-instrumentale (« authentique » et proprement « poétique ») du langage. J'avais souvent tenté de démontrer ailleurs, il y a bien longtemps, que cette opposition reste limitée dans sa pertinence et que, comme telle, elle persiste peut-être dans le questionnement heideggerien. Rien ne précède absolument

1. [Pour ce passage voir *Der Satz vom Grund*, p. 198-203; trad. franç., p. 255-261].

l'instrumentalisation technique. Il ne s'agit donc pas d'opposer à cette instrumentalisation quelque irrationalisme obscurantiste. Comme le nihilisme, l'irrationalisme est une posture symétrique, donc dépendante, du principe de raison. Le thème de l'extravagance comme *irrationalisme,* on en a des indices très nets, date de l'époque où se formule le principe de raison. Leibniz le dénonce dans ses *Nouveaux Essais sur l'Entendement Humain.* Poser ces nouvelles questions, cela peut parfois protéger quelque chose de la philosophie et des humanités qui a toujours résisté à la technologisation ; cela peut aussi garder la mémoire de ce qui est beaucoup plus enfoui et ancien que le principe de raison. Mais la démarche à laquelle j'en appelle ici est souvent ressentie par certains tenants des « humanités » ou des sciences positives comme une menace. Elle est ainsi interprétée par ceux qui le plus souvent n'ont jamais cherché à comprendre l'histoire et la normativité propre de leur institution, la déontologie de leur profession. Ils ne veulent pas savoir comment s'est constituée leur discipline, notamment dans sa forme professionnelle moderne, depuis le début du XIXᵉ siècle et sous la haute surveillance relayée du principe de raison. Car il peut y avoir des effets obscurantistes et nihilistes du principe de raison. On les perçoit un peu partout, en Europe et en Amérique chez ceux qui croient défendre la philosophie, la littérature et les humanités contre ces nouveaux modes de questionnement qui sont aussi un autre rapport à la langue et à la tradition, une nouvelle *affirmation,* et de nouvelles manières de prendre ses responsabilités. On voit bien de quel côté guettent l'obscurantisme et le nihilisme quand parfois de grands professeurs ou les représentants d'institutions prestigieuses perdent toute mesure et tout contrôle ; ils oublient alors les règles qu'ils prétendent défendre dans leur travail et se mettent tout à coup à injurier, à dire n'importe quoi au sujet de textes qu'ils n'ont visiblement pas ouverts ou qu'ils abordent par la voie de ce mauvais journalisme qu'ils affecteraient en d'autres circonstances de mépriser [1].

Cette nouvelle responsabilité dont je parle, on ne peut en parler qu'en y appelant. Ce serait celle d'une communauté de pensée pour laquelle la frontière entre recherche fondamentale et recherche finalisée ne serait plus assurée, en tout cas plus dans les mêmes conditions qu'auparavant. Je l'appelle communauté de pensée au sens large *(at large)* plutôt que de recherche, de science ou de philosophie puisque ces valeurs sont le plus souvent soumises à l'autorité non questionnée du principe de raison. Or la raison n'est qu'une espèce de pensée, ce qui ne veut pas dire que la pensée soit « irrationnelle ». Une telle communauté interroge l'essence de la raison et du principe de raison, les valeurs de fondamental, de principiel, de radicalité, de l'*arkhè* en général, et elle tente de tirer toutes les conséquences possibles de ce questionnement. Une telle pensée, il n'est pas

---

1. Parmi beaucoup d'autres, je ne citerai que deux articles récents. Ils ont au moins un trait commun : les signataires représentent à leur sommet deux institutions dont il est inutile de rappeler le pouvoir et le rayonnement. Il s'agit de *The crisis in English studies,* par Walter Jackson Bate, Kingsley Porter University Professor at Harvard (Harvard Magazine, septembre-octobre 1982) et de *The Shattered Humanities,* par William J. Bennett, Chairman of the National Endowment for the Humanities (*The Wall Street Journal,* 31 décembre 1982). Le second, actuellement responsable de l'éducation dans l'administration de Reagan, pousse l'ignorance et la rage jusqu'à écrire par exemple ceci : « A popular movement in literary criticism called " Deconstruction " denies that there are any texts at all. If there are no texts, there are no great texts, and no argument for reading. » Le premier dit au sujet de la déconstruction — et ce n'est pas fortuit — des choses aussi, disons, nerveuses. Comme le remarque Paul de Man dans un admirable essai *(The return to philology,* in *Times Literary Supplement,* 10 décembre 1982 : *Professing Literature, A symposium on the study of English),* le Professeur Bate « has this time confined his sources of information to *Newsweek* magazine [...] What is left is a matter of law-enforcement rather than a critical debate. One must be feeling very threatened indeed to become so aggressively defensive ».

sûr qu'elle puisse rassembler une communauté ou fonder une institution au sens traditionnel de ces mots. Elle doit re-penser aussi ce qu'on nomme communauté et institution. Elle doit aussi déceler, tâche infinie, toutes les ruses de la raison finalisante, les trajets par lesquels une recherche apparemment désintéressée peut se trouver indirectement réappropriée, réinvestie par des programmes de toute sorte. Cela ne veut pas dire que la finalisation soit mauvaise en soi et qu'il faille la combattre, loin de là. Je définis plutôt la nécessité d'une nouvelle formation qui préparera à de nouvelles analyses pour évaluer ces finalités et choisir, quand c'est possible, entre elles toutes.

A certains collègues et à moi-même, le Gouvernement français avait demandé l'an dernier un rapport en vue de la création d'un Collège International de Philosophie [1]. J'ai insisté, dans ce Rapport, pour que soit bien marquée la dimension de ce que j'appelle dans ce contexte la « pensée » – et qui ne se réduit ni à la technique, ni à la science, ni à la philosophie. Ce Collège international ne serait pas seulement Collège de philosophie mais un lieu de questionnement *sur* la philosophie. Il ne serait pas seulement ouvert à des recherches aujourd'hui non légitimées ou insuffisamment développées dans les institutions françaises ou étrangères, recherches parmi lesquelles certaines pourraient être dites « fondamentales ». On franchirait un degré de plus. On y ferait droit à des travaux sur l'instance du fondamental, sur son opposition à la finalisation, sur les ruses de la finalisation dans tous ses domaines. Comme dans le séminaire dont j'ai parlé, le Rapport aborde les conséquences politiques, éthiques et juridiques d'une telle entreprise. Je ne pourrais en parler ici sans vous retenir beaucoup trop longtemps.

Ces nouvelles responsabilités ne peuvent pas être seulement académiques. Si elles restent si difficiles à assumer, précaires et menacées, c'est qu'elles doivent à la fois garder la mémoire

1. [Voir plus bas, p. 551 sq.].

vivante d'une tradition et ouvrir au-delà d'un programme, c'est-à-dire à ce qu'on appelle l'avenir. Et les discours, les œuvres ou les prises de position qu'elles inspirent, quant à l'institution de la science et de la recherche, ne relèvent plus seulement de la sociologie de la connaissance, de la sociologie ou de la politologie. Ces disciplines sont plus nécessaires que jamais, sans doute; je serais le dernier à vouloir les disqualifier. Mais quel que soit leur appareil conceptuel, leur axiomatique, leur méthodologie (marxiste ou néo-marxiste, weberienne ou néo-weberienne, mannheimienne, ni ceci ni cela ou un peu des deux...), elles ne touchent jamais à ce qui en elles continue de reposer sur le principe de raison et donc sur le fondement essentiel de l'Université moderne. Elles ne questionnent jamais la normativité scientifique, à commencer par la valeur d'objectivité ou d'objectivation, qui règle et autorise leur discours. Quelle que soit leur valeur scientifique, et elle peut être grande, ces sociologies de l'institution restent en ce sens intra-universitaires, contrôlées par les normes profondes, voire les programmes de l'espace qu'elles prétendent analyser. Cela se reconnaît, entre autres choses, à la rhétorique, aux rites, aux modes de présentation et de démonstration qu'elles continuent de respecter. J'irai donc jusqu'à dire que les discours du marxisme et de la psychanalyse, y compris ceux de Marx et de Freud, *en tant qu'*ils sont normés par un projet de pratique scientifique et par le principe de raison, sont intra-universitaires, en tout cas homogènes au discours qui domine en dernière instance l'Université. Et qu'ils soient tenus parfois par des non-universitaires professionnels n'y change rien pour l'essentiel. Cela explique, dans une certaine mesure, que même quand ils se disent révolutionnaires, certains de ces discours n'inquiètent pas les forces les plus conservatrices de l'Université. Compris ou non, il suffit qu'ils ne menacent pas l'axiomatique et la déontologie fondamentales de l'institution, sa rhétorique, ses rites et ses procédures. Le paysage académique les accueille plus facilement dans son économie, dans son écologie, mais il accueille avec beaucoup plus de crainte, quand il n'exclut pas simplement ceux qui posent des questions à la mesure de ce fondement ou du non-fondement universitaire, ceux qui adressent aussi parfois les mêmes questions au marxisme, à la psychanalyse, aux sciences, à la philosophie et aux humanités. Il ne s'agit pas seulement de questions à *formuler* en se soumettant, comme je le fais ici, au principe de raison, mais de se préparer à transformer en conséquence les modes d'écriture, la scène pédagogique, les procédures de collocution, le rapport aux langues, aux autres disciplines, à l'institution en général, à son dehors et à son dedans. Ceux qui se risquent dans cette voie n'ont pas, me semble-t-il, à s'opposer au principe de raison ni à verser dans un « irrationalisme ». Ils peuvent continuer d'assumer *au-dedans,* avec la mémoire et la tradition de l'Université, l'impératif de la compétence et de la rigueur professionnelles. Il y a là un double geste, une double postulation : assurer la compétence professionnelle et la tradition la plus sérieuse de l'Université tout en allant aussi loin que possible, théoriquement et pratiquement, dans la pensée la plus abyssale de ce qui fonde l'Université, penser à la fois tout le paysage « cornellien » : le campus sur les hauteurs, le pont, et si nécessaire la clôture au-dessus de l'abîme − et l'abîme. C'est ce double geste qui paraît insituable et donc insupportable à certains universitaires de tous les pays qui s'unissent pour le forclore ou le censurer par tous les moyens, dénonçant simultanément le « professionnalisme » et l'« anti-professionnalisme » chez ceux qui appellent à ces nouvelles responsabilités.

Je ne m'aventurerai pas ici à traiter de ce débat sur le « professionnalisme » qui se développe dans votre pays. Ses traits sont, dans une certaine mesure du moins, propres à l'histoire de l'Université américaine. Mais je conclus sur ce thème général de la « profession ». Au risque de contredire ce que j'avance depuis tout à l'heure, je voudrais mettre en garde contre une autre précipitation. Car la responsabilité que j'essaie de situer ne peut être simple, elle implique des lieux multiples, une topique différenciée, des postulations mobiles, une sorte de rythme stratégique. J'ai annoncé que je ne parlerai que d'un certain rythme, par exemple celui d'un battement de paupières, et que je ne ferai que jouer risque contre risque, la clôture contre l'abîme, l'abîme contre la clôture, l'un avec l'autre et l'un sous l'autre.

Au-delà de la finalité technique, au-delà même de l'opposition entre finalité technique et principe de raison suffisante, au-delà de l'affinité entre technique et métaphysique, ce que j'ai appelé ici « pensée » risque à son tour (mais je crois ce risque inévitable – il est celui de l'avenir même) d'être réapproprié par des forces socio-politiques qui pourraient y avoir intérêt dans certaines situations. Une telle « pensée » ne peut en effet se produire hors de certaines conditions historiques, techno-économiques, politico-institutionnelles et linguistiques. Une analyse stratégique aussi vigilante que possible doit donc, les yeux grands ouverts, tenter de prévenir de telles réappropriations. J'aurais situé à ce point certaines questions sur la « politique » de la pensée heideggerienne, notamment avant *Der Satz vom Grund,* dans les deux Discours inauguraux par exemple, 1929, 1933.

Je me limite donc à la double question de la « profession » : 1. l'Université a-t-elle pour mission essentielle de produire des compétences professionnelles, qui peuvent être parfois extra-universitaires? 2. l'Université doit-elle assurer en elle-même, et dans quelles conditions, la reproduction de la compétence professionnelle en formant des professeurs à la pédagogie et à la recherche, dans le respect d'un certain code? On peut répondre « oui » à la seconde question sans l'avoir fait à la première et vouloir maintenir les formes et les valeurs professionnelles intra-universitaires en dehors du marché et des finalités du travail social *hors de l'Université.* La nouvelle responsabilité de la

« pensée » dont nous parlons ne peut pas ne pas s'accompagner, au moins, d'un mouvement de réserve, voire de rejet à l'égard de la professionnalisation de l'Université en ces deux sens, et surtout au premier, qui ordonne la vie universitaire aux offres ou demandes du marché du travail et se règle sur un idéal de compétence purement technique. Dans cette mesure du moins, une telle « pensée » peut au moins avoir pour effet de reproduire une politique du savoir fort traditionnelle. Et ces effets peuvent être ceux d'une hiérarchie sociale dans l'exercice du pouvoir techno-politique. Je ne dis pas que cette « pensée » s'identifie à cette politique, et que dès lors il faille s'en abstenir. Je dis qu'elle peut dans certaines conditions la servir. Et tout revient alors à l'analyse de ces conditions. Dans les temps modernes, Kant, Schelling, Nietzsche, Heidegger et tant d'autres l'ont tous affirmé sans équivoque : l'essentiel de la responsabilité académique ne doit pas être la formation professionnelle (et le noyau pur de l'autonomie académique, l'essence de l'Université, se trouve situé dans la Faculté de philosophie, selon Kant). Est-ce que cette affirmation ne répète pas l'évaluation politique profonde et hiérarchisante de la Métaphysique, je veux dire de la *Métaphysique* d'Aristote ? Peu après le passage que j'ai lu pour commencer (981b, sq) [1], on voit se mettre en place une hiérarchie théorético-politique. Au sommet, le savoir théorétique : il n'est pas recherché en vue de l'utile ; et celui qui détient ce savoir, toujours un savoir des causes et du principe, est le chef ou l'*arkhitektôn* d'une société au travail, au-dessus du travailleur manuel *(kheirotekhnès)* qui agit sans savoir, à la façon dont le feu brûle. Or ce chef théoricien, ce connaisseur des causes qui n'a pas besoin de l'habileté « pratique », c'est essentiellement un *enseignant*. Outre le fait de connaître les causes et d'avoir la raison ou le *logos (to logon ekhein)*, il se reconnaît à ce signe *(semeion)* : la « capacité d'enseigner » *(to*

1. [*Op. cit.*, p. 7 sq.].

dunasthai didaskein). A la fois enseigner, donc, et diriger, piloter, organiser le travail empirique des manœuvres. Le théoricien-enseignant, l'« architecte » est un chef parce qu'il est du côté de l'*arkhè,* du commencement et du commandement; il commande – il est le premier ou le prince – parce qu'il connaît les causes et les principes, le « pourquoi » et donc aussi le « en vue de quoi » des choses. Avant la lettre, et avant les autres, il répond au principe de raison qui est le premier principe, le principe des principes. Et c'est pourquoi il n'a pas à recevoir d'ordres, c'est lui qui au contraire ordonne, prescrit, fait la loi (982a 18). Et il est normal que cette science supérieure, avec le pouvoir qu'elle confère en raison de son inutilité même, se développe dans des lieux *(topoi),* dans des régions où le loisir est possible. Ainsi, note Aristote, les arts mathématiques se sont développés en Égypte en raison des loisirs qu'on y accordait à la caste sacerdotale *(to tôn iereôn ethnos),* au peuple des prêtres.

Kant, Schelling, Nietzsche et Heidegger, parlant de l'Université, la pré-moderne ou la moderne, ne disent pas exactement la même chose qu'Aristote, ils ne disent pas tous les trois exactement la même chose. Ils disent pourtant aussi la même chose. Bien qu'il admette le modèle industriel de la division du travail dans l'Université, Kant place la faculté dite « inférieure », la faculté de philosophie, lieu du savoir rationnel pur, lieu où la vérité doit se dire sans contrôle et sans souci d'« utilité », lieu où se rassemblent le sens même et l'autonomie de l'Université, *au-dessus et en dehors de la formation professionnelle :* le schème architectonique de la raison pure est au-dessus et en dehors du schème technique. Dans ses *Conférences sur l'avenir de nos établissements d'enseignement* [1], Nietzsche condamne la division du travail dans les sciences, la culture utilitaire et journalistique au service de l'État, les finalités professionnelles

1. [Dans *Écrits posthumes 1870-1873,* éd. Colli/Montinari, Paris, Gallimard, 1975, p. 71-162].

de l'Université. Plus on *fait (tut)* dans le domaine de la formation, plus on doit penser *(denken)*. Et toujours dans la première Conférence : « *Man muß nicht nur Standpunkte, sondern auch Gedanken haben* [1] *!* », on ne doit pas avoir seulement des points de vue, mais aussi des pensées! Quant à Heidegger, il déplore en 1929 *(Qu'est-ce que la Métaphysique? Leçon inaugurale* [2]*)* l'organisation désormais technique de l'Université et sa spécialisation cloisonnante. Et dans son *Discours de Rectorat,* au moment même où il en appelle aux trois services *(Arbeitsdienst, Wehrdienst, Wissensdienst,* service du travail, service militaire, service du savoir), au moment même où il rappelle que ces services sont de rang égal et également originels (il avait rappelé auparavant que la *theoria* n'était pour les Grecs que la forme la plus élevée de la *praxis* et le mode par excellence de l'*energeia*), Heidegger condamne pourtant avec violence le cloisonnement disciplinaire et le « dressage extérieur en vue du métier », « chose oiseuse et inauthentique » *(Das Müßige und Unechte äußerlicher Berufsabrichtung...)* [3].

A vouloir soustraire l'Université aux programmes « utiles » et à la finalité professionnelle, on peut toujours, qu'on le veuille ou non, servir des finalités inapparentes, reconstituer des pouvoirs de caste, de classe ou de corporation. Nous sommes dans une topographie politique implacable : un pas de plus en vue de l'approfondissement ou de la radicalisation, voire au-delà du profond et du radical, du principiel, de l'*arkhè,* un pas de plus vers une sorte d'an-archie originale risque de produire ou de reproduire la hiérarchie. La « pensée » requiert *et* le principe de raison *et* l'au-delà du principe de raison, l'*arkhè* et l'anarchie. Entre les deux, différence d'un souffle ou d'un accent,

1. [*Ibid.,* p. 82 et 87].
2. [Trad. H. Corbin, Paris, Gallimard, 1951].
3. [Cf. *Die Selbstbehauptung der deutschen Universität. L'auto-affirmation de l'Université allemande,* trad. G. Granel, Trans-Europ-Repress, 1982].

seule la *mise en œuvre* de cette « pensée » peut décider. Cette décision est toujours risquée, elle risque toujours le pire. Prétendre effacer ce risque par un programme institutionnel, c'est se barricader tout simplement contre un avenir. La décision de la pensée ne peut pas être un événement intra-institutionnel, un moment académique.

Tout cela ne définit pas une politique, ni même une responsabilité. Seulement, au mieux, quelques conditions négatives, une « sagesse négative », dirait le Kant du *Conflit des Facultés* : mises en garde préliminaires, protocoles de vigilance pour une nouvelle *Aufklärung,* ce qu'il faut voir et avoir en vue dans une réélaboration moderne de cette vieille problématique. Attention aux abîmes et aux gorges, mais attention aux ponts et aux *« barriers »*. Attention à ce qui ouvre l'Université sur le dehors et sur le sans fond, mais attention à ce qui, la fermant sur elle-même, ne créerait qu'un fantasme de clôture, la mettrait à la disposition de n'importe quel intérêt ou la rendrait parfaitement inutile. Attention aux finalités, mais que serait une Université sans finalité?

Ni dans sa forme médiévale, ni dans sa forme moderne, l'Université n'a disposé de son autonomie absolue et des conditions rigoureuses de son unité. Pendant plus de huit siècles « Université » aura été le nom donné par notre société à une sorte de corps supplémentaire qu'elle a voulu à la fois projeter hors d'elle-même et garder jalousement en elle-même, émanciper et contrôler. A ces deux titres, l'Université était censée *représenter* la société. Et d'une certaine manière elle l'a fait aussi, elle en a reproduit la scénographie, les vues, les conflits, les contradictions, le jeu et les différences, et aussi bien le désir de rassemblement organique dans un corps total. Le langage organiciste est toujours associé au langage « techno-industriel » dans le discours « moderne » sur l'Université. Mais avec la relative autonomie d'un dispositif technique, voire d'une machine et d'un corps pro-thétique, cet artefact universitaire n'a *réfléchi* la *société* qu'en lui donnant la chance de la réflexion, c'est-à-dire aussi de la *dissociation.* Le temps de la réflexion, ici, cela ne signifie pas seulement que le rythme interne du dispositif universitaire est relativement indépendant du temps social et détend l'urgence de la commande, lui assure une grande et précieuse liberté de jeu. Une place vide pour la chance. L'invagination d'une poche intérieure. Le temps de la réflexion, c'est aussi la chance d'un retour sur les conditions mêmes de la réflexion, à tous les sens de ce mot, comme si à l'aide d'un nouvel appareil optique on pouvait voir enfin la vue, non seulement le paysage naturel, la ville, le pont et l'abîme, mais aussi « télescoper » la vue. A travers un dispositif acoustique, « entendre » l'entendre, autrement dit capter l'inaudible en une sorte de téléphonie poétique. Alors le temps de la réflexion est aussi un autre temps, il est hétérogène à ce qu'il réfléchit et donne peut-être le temps de ce qui appelle et s'appelle la pensée. C'est la chance d'un événement dont on ne sait pas si, se présentant *dans* l'Université, il appartient à l'histoire de l'Université. Il peut être aussi bref et paradoxal, il peut déchirer le temps, comme l'instant dont parle Kierkegaard, l'un des penseurs étrangers, voire hostiles à l'Université, qui nous donnent souvent plus à penser, quant à l'essence de l'Université, que les réflexions académiques elles-mêmes. La chance de cet événement est la chance d'un instant, d'un *Augenblick,* d'un clin d'œil ou d'un battement de paupière, of a « *wink* » or a « *blink* », il a lieu « *in the blink of an eye* », je dirais plutôt « *in the twilight of an eye* », car c'est dans les situations les plus crépusculaires, les plus occidentales de l'Université occidentale que se multiplient les chances de ce « *twinkling* » de la pensée. En période de « crise », comme on dit, de décadence ou de renouveau, quand l'institution est « *on the blink* », la provocation à penser rassemble dans le *même* instant le désir de mémoire et l'exposition d'un avenir, la fidélité d'un gardien assez fidèle pour vouloir garder jusqu'à la chance de l'avenir, autrement dit la singulière responsabilité de ce qu'il n'a pas et qui n'est pas encore. Ni sous sa garde ni sous son regard. Garder la mémoire et garder la chance, est-ce possible? Comment se sentir *comptable* de ce qu'on n'a pas, et qui n'est pas encore? Mais de quoi d'autre se sentir *responsable,* sinon de ce qui ne nous appartient pas? de ce qui, comme l'avenir, appartient et revient à l'autre? Et la chance, est-ce que cela se garde? Est-ce que ce n'est pas, comme son nom l'indique, le risque ou l'événement de la chute, voire de la décadence, l'échéance qui vous attend au fond de la *« gorge »?* Je ne sais pas. Je ne sais pas s'il est possible de garder à la fois la mémoire et la chance. Je suis plutôt tenté de penser que l'une ne se garde pas sans l'autre, sans garder l'autre et sans garder de l'autre. Différemment. Cette double garde serait assignée, comme sa responsabilité, à l'étrange destin de l'Université. A sa loi, à sa raison d'être et à sa vérité. Risquons encore un clin d'œil étymologique : la vérité *(truth),* c'est ce qui garde et se garde. Je pense ici à la *Wahrheit,* au *Wahren* de la *Wahrheit,* et à la *veritas* – dont le nom figure sur les armes de tant d'Universités américaines. Elle institue des gardiens et les appelle à veiller fidèlement *(truthfully)* sur elle.

Pour mémoire, je vous rappelle mon *incipit* et la seule question que j'aie posée en commençant : comment ne pas parler, aujourd'hui, de l'Université? L'aurai-je dit ou l'aurai-je fait? Aurai-je dit comment on ne devrait pas parler, aujourd'hui, de l'Université? Ou bien aurai-je parlé comme on ne devrait pas le faire aujourd'hui, dans l'Université?

D'autres seuls pourraient le dire. A commencer par vous.

Éloge de la philosophie *

Les initiatives du ministre de la Recherche, Jean-Pierre Chevènement, perturbent aujourd'hui le monde généralement ouaté des sciences exactes et des sciences sociales ou humaines. On ne sait encore ce qui, de bon ou de mauvais, pourra sortir de ce « chantier » : débats, projets, contre-projets, polémiques, discussions sont en cours. Une chose est cependant évidente : la philosophie, elle, est bien oubliée. On se souvient pourtant de la « querelle de la philosophie » et des débats sur la philosophie qu'avaient suscités les (mauvaises) intentions des gouvernements précédents. Mobilisés, les philosophes s'étaient retrouvés, en juin 1979, aux États Généraux de la Philosophie, au cours desquels avait été acquise l'idée, non seulement, évidemment, d'une défense de la philosophie et de ce qu'elle représente, mais aussi d'une extension de l'enseignement philosophique. A l'époque, les socialistes, qui a priori n'ont pas à être

* [Nous publions sous ce titre un entretien entre Jacques Derrida, Didier Eribon, Robert Maggiori et Jean-Pierre Salgas publié dans *Libération* (samedi 21 et dimanche 22 novembre 1981). Il n'est pas inutile de reproduire ici l'introduction alors proposée par le journal à cet entretien ainsi que la présentation qui fut faite du « projet du *Greph* »].

499

classés parmi ceux qui « ont peur de la philosophie », avaient écouté favorablement les propositions nées des États Généraux. François Mitterrand lui-même, avant les élections, avait assuré que, les socialistes au pouvoir, l'enseignement de la philosophie serait « maintenu et développé ». Au pouvoir, les socialistes le sont aujourd'hui. Qu'en est-il alors des promesses? Le ministre de l'Éducation nationale, Alain Savary, est, contrairement à son collègue de la Recherche, bien silencieux. Nous avons demandé à Jacques Derrida qui, à la tête du Greph, a toujours été à la pointe du combat « pour la philosophie », d'apporter sa contribution — laquelle pourrait sonner comme une nécessaire interpellation.

LES PROPOSITIONS DU *GREPH*

Le Greph (*Groupe de recherche sur l'enseignement de la philosophie*) *propose qu'une décision de principe confirme et mette en œuvre les engagements du Président de la République : à une date aussi proche que possible l'enseignement philosophique, maintenu dans toutes les sections de Terminale, serait introduit dès la Seconde. Cette date et cette décision étant arrêtées, des travaux réuniraient tous les intéressés; et surtout, des expérimentations seraient multipliées, non pas seulement dans quelques lycées pilotes spécialisés dans l'expérimentation, mais partout où elles seraient possibles et souhaitées, étant entendu que le ministère y encouragerait et en favoriserait officiellement les conditions. Le* Greph *propose encore — mais ce sont là des points à discuter avec toutes les instances concernées — que pour une part la philosophie soit introduite en Seconde sous sa forme de discipline reconnue, avec ses exigences et ses normes classiques. Par exemple au rythme de deux heures par semaine, et avec les droits admis pour toute autre discipline fondamentale. Le professeur de philosophie enseignerait ce qu'on s'entend à appeler, au sens strict, la philosophie institutionnelle. Mais d'autre part, en accord avec les représentants d'autres disciplines, selon des formes inédites, sur des contenus nouveaux et encore peu ou mal représentés*

Éloge de la philosophie

dans la distribution actuelle des champs d'enseignement, quelque chose serait pratiqué autant qu'enseigné qui ressemblerait à la pensée aux limites de la philosophie, si possible hors programme et avec le plus grand sens possible de l'innovation, de l'invention en commun. Dans cet espace à frayer, les philosophes et la philosophie (au sens le plus large et le plus nouveau) auraient leur part, une part non prépondérante, dans un ensemble qui serait à la disposition de tous les enseignants et de tous les élèves. Cela suppose une refonte profonde du système et des mœurs, à l'école et ailleurs.

J. DERRIDA

Sur l'ensemble de ces questions, on peut lire : *Qui a peur de la philosophie?* et *Les États Généraux de la philosophie* (Flammarion, Collection Champs).

LIBÉRATION. – *A deux reprises, François Mitterrand aura abordé la question de l'extension de l'enseignement de la philosophie. Or ce thème est pour vous à l'ordre du jour depuis les États Généraux de la philosophie.*

JACQUES DERRIDA. – En vérité depuis le début de 1975, c'était pour nous beaucoup plus et autre chose qu'une revendication particulière (technique, pédagogique, voire corporative). Une telle transformation toucherait à tout, avant et après le secondaire, dans et hors de l'enseignement. Comme il ne s'agit surtout pas de propager une discipline, encore moins la même discipline (mêmes contenus, mêmes méthodes, etc.) dans des conditions identiques, comme nous en appelons à une tranformation profonde de tout le système éducatif dans ses rapports à la société, nous savions bien que nous parlions alors d'une vraie mutation politique. Et nous ne dissimulions pas qu'à l'arrivée d'un gouvernement de gauche l'espace du débat ou du combat serait certes plus ouvert, plus favorable, mais que les résistances resteraient vives, les travaux et les luttes encore nécessaires. Ce à quoi nous nous heurtons est en effet plus ancien, plus enraciné, donc plus tenace que les thèmes, programmes, codes politiques sur lesquels s'affrontent – ou s'entendent – les majorités électorales de ce pays.

> LIBÉRATION. – *Mais l'on a tout de même assisté à un certain changement politique. Ces changements sont-ils de nature à faire disparaître certains obstacles ?*

J.D. – Apparemment l'obstacle politique de principe est levé, il semble avoir formellement disparu. Je ne parle pas seulement du sentiment de délivrance, de l'immense espoir qu'a pu susciter l'arrivée de la gauche au pouvoir. Je ne parle pas seulement de ce qui pourrait, espérons-le, mettre fin à l'une des séquences historiques les plus sinistres depuis la guerre, en particulier, il faut y insister, dans l'Université. Non, je me réfère très précisément, puisque c'est le seul thème de notre entretien, aux engagements formels de François Mitterrand pendant sa campagne présidentielle. Comme tous les engagements de cette période, ils doivent former la charte de l'action gouvernementale. Or il y eut d'abord les 10 propositions du Discours d'Évry, puis cette lettre au *Greph* (publiée depuis lors dans *Le Monde* du 27 mai) : « *l'enseignement de la philosophie devrait être maintenu et développé* », il « *pourrait être étendu dans l'enseignement secondaire* » et « *devrait obligatoirement figurer dans l'ensemble des sections du Second Cycle Long* ». Ces engagements répondent précisément aux revendications des États Généraux. Nous ne les laisserons pas oublier ou négliger. Il est urgent de les rappeler aujourd'hui. Car les problèmes demeurent.

Aucun signe en provenance du Ministère n'annonce encore la moindre initiative en ce domaine, aucune référence officielle n'est faite aux engagements de François Mitterrand, on n'avance même pas l'hypothèse d'une discussion, d'un projet d'étude ou d'exploration préliminaire, rien. On maintient même la suppression (par Saunier-Séité) de certaines habilitations vitales pour la philosophie dans certaines Universités. Beaucoup d'enseignants, d'étudiants, d'élèves, s'en étonnent ou s'en indignent, nous pouvons en témoigner. A plusieurs reprises, cet été et cet automne, le *Greph* a proposé de participer au moins à ces travaux préparatoires indispensables. Tous les intéressés devraient y être associés, ministère et inspection générale, parents d'élèves, représentants des autres disciplines, syndicats et associations corporatives, telle l'Association des professeurs de Philosophie (laquelle n'est pas « *la seule association représentative* », pas plus qu'elle n'a « *consacré son action depuis plus de trente ans* », comme elle vient de le prétendre, à l'« *extension de l'enseignement philosophique* » : certains de ses membres déclarent même redouter l'extension de l'enseignement philosophique dans les sections techniques). En tout cas aucune action qui concernerait seulement un aménagement des horaires en Terminale ne peut être à la mesure des problèmes dont nous débattons, dans lesquels nous nous débattons.

LIBÉRATION. – *Cette question des sections techniques est à vos yeux très importante ?*

J.D. – Oui, et révélatrice. Nous touchons là, trop vite, à la difficulté proprement historique que nous effleurions tout à l'heure. Pourquoi dans ce domaine, précisément, la nouvelle majorité risque-t-elle de poursuivre, avec un langage à peine différent, une politique qu'elle semble avoir combattue pendant des décennies? Quand les forces qui soutenaient les gouvernements d'hier, dans l'école et hors de l'école, tendaient à limiter l'enseignement philosophique, leur souci n'était pas seulement d'interdire ou de réprimer une certaine politisation peu contrôlable, à travers tels discours, textes ou thèmes directement politiques au sens directement codé du terme. Cette inquiétude immédiatement politique a sans doute joué un rôle, surtout après 68, on pourrait en rappeler des preuves nombreuses et graves. Mais il y avait surtout la puissante contrainte d'un marché, les impératifs techno-économiques, un certain concept, d'autres diraient une idéologie ou simplement une philosophie de l'adaptation immédiate aux urgences apparentes de la productivité dans la compétition nationale et internationale.

Rien de plus « naturel » en somme, que ce technologisme, qui est aussi un productivisme et un positivisme. Pour la philosophie qui les soutient (c'est aussi une philosophie, une grande tradition de la philosophie, une philosophie de la philosophie), la formation de philosophes ne devait pas s'étendre à la mesure d'une certaine démocratisation, au-delà d'une classe sociale qui en avait le monopole de fait et marquait le discours philosophique de ses propres traits. L'extension d'une telle formation n'était pas rentable, pas suffisamment « performante ». Par formation de philosophes, j'entends celle de citoyens (d'abord élèves ou étudiants, parfois enseignants ou chercheurs) entraînés à la rigueur d'une discipline (comme ils doivent l'être à celle d'autres disciplines ou savoirs) mais aussi ouverts par elle et au-delà d'elle à des questionnements ou à des mises en question difficiles à programmer.

LIBÉRATION – *Que se passe-t-il aujourd'hui ? Sommes-nous, à cet égard du moins, dans une situation vraiment nouvelle ?*

J.D. – Je n'en suis pas sûr. Le projet, l'« idée » socialiste doit avancer à travers des contradictions essentielles et nombreuses. Par exemple, il lui faut à la fois répondre et échapper à la programmation techno-économique du marché, de la production, aux urgences très strictes de la compétition nationale et mondiale dans son état actuel. Il lui faut répondre et ne pas répondre aux lois de cette machinerie, y satisfaire et tenter de les déplacer. Contradiction sans doute inévitable dont on peut suivre les effets dans le détail de la gestion et du discours socialistes. Ce n'est pas en soi un mal absolu, un vice, un accident ou une faiblesse. Mais il y a lieu de penser cette contradiction, de l'analyser, sans la traiter par la méconnaissance ou la dénégation.

LIBÉRATION. – *Le Colloque national sur la Recherche et la Technologie organisé par Jean-Pierre Chevènement vous semble-t-il à cet égard un indicateur?*

J.D. – C'est en principe une très heureuse initiative. Comment ne pas l'approuver? Mais dès ses protocoles officiels et ses premiers travaux préparatoires, on y est appelé à faciliter le « passage » entre les impératifs de la technologie ou de la production (notions fort obscures, quoi qu'on en dise) et d'autre part l'enseignement, la science et la culture (notions non moins problématiques et si souvent traitées comme allant de soi, aujourd'hui autant qu'hier). On y est appelé à « adapter » des « modes de formation interdisciplinaire » « aux besoins nouveaux du secteur économique et social (industrie, agriculture, etc.) ». Rien de plus légitime, certes, rien de plus nécessaire, mais où est la nouveauté quant à l'idée de la science, de la culture, de la technique, de la recherche et de l'enseignement?

Bien qu'on envisage heureusement d'augmenter certains budgets, de rendre plus effective une démocratie sociale et humaniste qui restait hier formelle et insuffisante, le système d'évaluation, les finalités restent les mêmes, et le discours et l'idée de la culture. A l'intérieur de cette continuité, bien sûr, on peut faire d'énormes progrès, et je suis de ceux qui le souhaitent. Mais ne doit-on pas s'interroger encore sur cette continuité et rendre effective, dans tous les domaines, la possibilité de cette interrogation? N'était-ce pas au nom du même discours, des mêmes « passages », de la même « adaptation » qu'on voulait naguère évacuer la philosophie et tout ce qui ne répondait pas aux critères de « performance » productive, aux prétendus « besoins sociaux »? Cette dernière notion est bien équivoque et on en fait l'instance suprême. Qu'est-ce qu'un besoin social? qui le définit? Qu'est-ce que s'adapter à un besoin social prétendument préalable, surtout pour la recherche, la science, la culture, et *a fortiori* la philosophie qui est encore tout autre chose?

LIBÉRATION. – *Oui. Mais il ne suffit pas de dire que c'est « tout autre chose ». C'est peut-être ce flou artistique qui alimente les diatribes contre la philosophie.*

J.D. – Vous avez raison, mais je n'improviserai pas ici une définition de « la philosophie ». En me limitant aux préoccupations immédiates qui nous sont ici communes, je dirai que « philosophie » nomme aujourd'hui au moins deux choses.

D'une part, évidemment, une tradition très riche, des textes, des trésors de discours, d'argumentation, de questions (précritiques, critiques et plus que critiques, autres que simplement critiques), la métaphysique, les ontologies régionales, l'épistémologie au sens le plus large, la politique, etc. Ces éléments d'une discipline, ces puissants instruments ne sont pas seulement des instruments et des techniques bien qu'ils le soient aussi, et qu'il faille en assurer l'indispensable tradition. A ce titre, déjà, la philosophie ne relève ni des sciences exactes ni de ces sciences sociales ou humaines dont le Ministre de la Recherche croit pouvoir constater ou regretter le « retard » (énorme question que je ne fais qu'évoquer au passage). La scientificité et l'objet de ces sciences sont aussi des questions pour la philosophie. Naguère, c'est aussi pour faire de la place aux « sciences humaines » qu'on a voulu réduire ou diluer l'enseignement philosophique. La philosophie n'est pas non plus, simplement, une activité productive et je dirais même que son appartenance à ce qu'on appelle la « culture » ne va pas de soi. Sans se dresser contre elles, la philosophie est autre chose que la science, la technique, la culture. Et on peut parier que dans ces derniers domaines aucune mutation ne peut surgir qui ne s'annonce aux confins de la philosophie. Je préfère dire « aux confins », de part et d'autre d'une limite qui regarde à la fois vers le dedans et vers un au-delà de la philosophie.

Aussi d'autre part, le nom de philosophie se trouve justement associé à toute « pensée » qui ne se laisse plus déterminer, en droit, par les programmes techno-scientifiques ou culturels, qui les dérange parfois, interroge et affirme, oui, affirme, au-delà d'eux, sans nécessairement s'opposer à eux ou les limiter sur le mode « critique ». La valeur de « critique » n'est que l'une des possibilités philosophiques, elle a son histoire et sa propre généalogie. Ce qu'on appelle par exemple « déconstruction » ne se limite pas à l'une de ces opérations dites critiques dont la vertu et l'incontestable nécessité ont inspiré tous ceux qui défendent la philosophie, réflexion « critique » devant les pouvoirs. Ce qui m'intéresse dans cette « déconstruction », c'est en particulier cette pensée affirmative qui, pour n'être ni techno-scientifique, ni culturelle, ni même de part en part philosophique, garde une affinité essentielle avec le philosophique, qu'elle travaille – à tous les sens de ce mot – dans son discours aussi bien que dans ses structures institutionnelles, pédagogiques, politiques, etc. Cette « pensée » peut se trouver à l'œuvre dans toutes les disciplines, dans les sciences et dans la philosophie, dans l'histoire, la littérature, les arts, une certaine manière d'écrire, de pratiquer ou d'étudier les langues sans obsession de performativité techno-économique. S'il y en a, cette pensée est incalculable et marque la limite même du technocratisme.

Ces questions étranges et apparemment fragiles, ces frayages insolites auxquels il faut laisser leur chance, ce ne sont pas nécessairement des spéculations stériles. D'ailleurs pourquoi ne pas leur laisser courir ce risque d'improductivité? Les esprits soucieux de rentabilité calculable doivent savoir qu'à travers ces errances marginales et aléatoires s'annoncent parfois des mutations, l'avenir chiffré d'une découverte qui vient d'avance lézarder de sa signature les plus lourdes et les plus sûres machines à programmer. On le sait bien, des pensées inouïes, de bouleversantes découvertes scientifiques ont parfois ressemblé à d'imprévisibles coups, coups de dé ou coups de force.

LIBÉRATION. – *Mais n'y a-t-il pas dans les textes préparatoires au Colloque Chevènement lui-même une protestation contre le technocratisme, même si elle est très timide?*

J.D. – Certainement. Et c'est pourquoi je ne critique ni ne dénonce ce Colloque, au contraire, j'y apporte, comme vous voyez, ma modeste contribution, même si elle paraît un peu dissonante. C'est que dans ces textes préparatoires la protestation contre le technocratisme est comme perdue au milieu d'un hymne à l'humanisme techno-démocratique le plus assuré dans sa légitimité, sa nécessité, son optimisme et son progressisme. Eh bien, plus ce discours est fort, plus il paraît irréfutable, plus nous aurons besoin (voilà un « besoin »!) de l'interroger sur ses fondements derniers, ses limites, ses présuppositions, sa vieille et sa nouvelle histoire. Nous ne pourrons le faire que depuis des lieux ou des non-lieux à l'écart, par des discours et des gestes minoritaires, insolites, peu assurés de leur recevabilité immédiate, selon des interpellations qui ne se laissent pas dominer ou intimider par ce puissant programme.

La philosophie, ou plutôt la « pensée », pour moi, ce serait ça, cette non-place mobile depuis laquelle on continue ou on recommence, toujours autrement, à se demander ce qu'il en est de la technique, de la positivité des sciences, exactes ou non, de la production, oui, surtout de la productivité. Cette « philosophie »-là, il faut bien reconnaître qu'elle n'a pas de site assignable dans un Colloque sur la Recherche et la Technologie. On a beau la nommer au passage parmi de *« multiples travaux d'ordre philosophique, historique, sociologique, économique ou politique »*, elle n'appartient pas à la *série* de telles recherches.

LIBÉRATION. – *C'est donc toute la structure de l'Université et de l'enseignement supérieur qui est à interroger ?*

J.D. – Il faudrait, tâche paradoxale, apparemment contradictoire et pourtant vitale, créer des institutions qui laissent de l'espace, et une respiration, à ce qui n'a pas encore de visage identifiable. Je ne me réfère pas seulement à la philosophie sous la forme qu'on lui reconnaît au titre de la théorie de la science ou de l'épistémologie, au titre de discipline traitant des fondements de la science ou de la technique, de la politique ou de l'éthique. La philosophie c'est cela, bien sûr, mais une certaine « pensée », autrement philosophique, peut aussi interroger dans sa généalogie et dans ses présuppositions ce fondamentalisme même, cette requête du fondement, et même une hiérarchie ontologico-encyclopédique (ontologie générale, ou fondamentale, ontologies régionales, savoirs et positivités, etc.).

Cette hiérarchie a construit, ne l'oublions pas, le modèle de l'Université sur lequel nous vivons encore depuis le début du XIXe siècle. Ce modèle est lui-même très affaibli aujourd'hui, et de façon irréversible, je crois. Tous les États, à l'Est et à l'Ouest, le laissent ou le font mourir pour lui préférer des institutions de recherche plus « performantes » (du point de vue de la technologie scientifique, industrielle et toujours militaire), plus étroitement dépendantes et coupées de tout enseignement. Il faudrait s'arrêter longuement sur cette évolution, nous ne pouvons le faire ici. En un mot, le paradoxe serait celui-ci : selon le modèle qu'on pourrait appeler « moderne » depuis le début du XIXe siècle européen, et d'abord allemand, cette Université représente indirectement une vieille rationalité étatique condamnée, mais elle pourrait devenir curieusement, dans sa vieillesse même, une sorte de refuge du libéralisme, au sens où l'on pouvait parler aussi des « arts libéraux », peut-être, une solution de repli et d'urgence pour une pensée qui voudrait encore échapper à la planification contraignante dont nous parlions à l'instant et qui gagne tous les lieux de recherche (ce qu'on appelait au temps de Kant et du *Conflit des Facultés* les Académies et les Sociétés savantes, alors peu nombreuses et marginales).

Je ne crois pas qu'on ait à choisir entre les deux possibilités. Si antithétiques qu'elles paraissent, elles s'ajointent dans le même système. Non, il faudrait reconstruire de fond en comble tous les rapports (et même parfois interrompre tout rapport) entre l'État et, sous leur forme institutionnelle ou non, le savoir, la technique, la culture, la philosophie, la pensée. Peut-être est-ce en train d'arriver, même si ce n'est pas très manifeste. Mais pour en parler sérieusement, on devrait au moins rappeler toute l'histoire de cette problématique, relire entre autres choses *Le Conflit des Facultés,* le réécrire tout autrement aujourd'hui, réécrire tout autrement le meilleur et le pire de ce que Kant, Schleiermacher, Hegel, Humboldt, Fichte, Schelling, mais aussi Cousin, Heidegger et quelques autres ont légué sur ces sujets. Encore faut-il qu'on nous en laisse le temps et les moyens.

Les antinomies
de la discipline philosophique

Lettre préface *

Chers amis, la lettre promise sera trop longue, je le crains. Mais je préfère m'en tenir à une lettre. Elle dira d'abord l'éloignement où je me trouve, et mon regret : vous savez combien j'aurais voulu prendre part à vos travaux et à vos discussions – et marquer ma solidarité. Avec qui? avec quoi? Voilà une question que je voudrais, tout à l'heure, ne pas éluder. Mais si je préfère me confier au genre de la lettre, c'est surtout qu'on peut se permettre d'y manifester avec moins de gêne ce qui ressemble à une « humeur ». Je ne sais pas trop ce qu'est une humeur, je n'y crois pas trop, je ne crois pas qu'elle soit opaque, insignifiante, indéchiffrable. Elle parle, et il y a toujours lieu de l'analyser. Mais le *langage de l'humeur,*

* [Lettre préface au volume *La grève des philosophes. École et philosophie* (Paris, Osiris, 1986). Ce livre réunit les textes et les débats du Colloque « Rencontres École et Philosophie » qui s'est déroulé à l'Université de Paris-X, Nanterre, les 20 et 21 octobre 1984].

comme le code de la lettre, permet de faire *comme si,* faute de temps et de place, le langage affecté de l'affect pouvait tout rassembler dans l'économie d'un « cela se passe d'explications », « cela va sans dire » – tout, les prémisses, les médiations et même les conclusions d'une analyse interminable.

Et une lettre, même une lettre philosophique, date le « comme si » de l'humeur, d'une humeur fabuleuse : il était une fois, tel jour, j'avais le sentiment que...

Quelle est donc mon humeur, aujourd'hui, à l'égard de quelque chose, un mythe en lui-même déjà, qu'on nomme « École *et* Philosophie »? Ne parlons même pas d'une « mauvaise humeur » contre ce mot d'*école,* lieu de tant de confusions et d'abus. Il reste un peu mythique parce que trop et trop peu marqué, historiquement trop déterminé et trop indéterminé, trop français dans ses habits d'universalité. Comme chaque mot, direz-vous. Oui, mais je trouve qu'on exploite un peu trop aujourd'hui, en France, les ressources de cette équivoque, surtout quand on parle de philosophie.

Mais là n'est pas l'essentiel à mes yeux. Si mon humeur est mauvaise, ce n'est pas de la mauvaise humeur. Elle traduirait plutôt un certain désespoir. Il n'est pas nouveau et j'y ai sans doute trouvé la force ou la raison d'une certaine *affirmation* philosophique (qui n'a rien d'une position ou d'une assurance philosophique, tout au contraire) et même, avec d'autres, avec certains d'entre vous, la raison ou la force de manifester, témoigner, « militer », comme on dit, *pour* l'enseignement philosophique. Il faudrait beaucoup d'ingénuité philosophique pour ne lire, dans ce rapport de l'affirmation au désespoir, qu'une incohérence. Mais passons. Il est vrai que la chose reste énigmatique pour moi, aujourd'hui encore (d'où la philosophie!) et sans doute plus que jamais, et les questions grandes ouvertes, qu'il s'agisse du lien entre le philosopher, la philosophie et leur discipline ou du lien entre la nécessité d'une écriture, disons pour faire très vite, déconstructrice, et, d'autre

512

part, une ré-affirmation de la philosophie. C'est plus et autre chose qu'un lien, une connexion logique ou une cohérence de système, c'est une *alliance* essentielle. Voilà pourquoi je préfère parler d'affirmation, c'est-à-dire de ce qui engage, oui, depuis la provenance et pour l'avenir, plutôt que de position. Et voilà ce qui reste incompris, inaccessible d'abord à ceux qui ne savent ou ne veulent pas lire, s'empressant ici de caricaturer, là de falsifier; et puisqu'on parle de l'école et de la philosophie, je pense au stupéfiant dogmatisme avec lequel certains s'autorisent depuis quelque temps à déformer les propositions du *Greph* ou des États Généraux de la Philosophie : imperturbablement, sans référence, sans analyse, sans citation, sans démonstration. J'y reviens plus loin.

Non, le désespoir ne pourrait même pas ressembler à ce qu'il est, il ne pourrait même pas prendre sa figure de désespoir sans le fond d'une réaffirmation philosophique. Et ce désespoir, je le ressens aujourd'hui devant une certaine évidence de la *répétition,* une évidence désolante.

Quelle répétition?

Il y a d'abord la *répétition de surface,* si on veut l'appeler ainsi par commodité. Plus loin je dirai mes réserves à l'endroit d'une telle distinction entre deux sortes de répétitions, dont l'une serait la surface de l'autre. Cette répétition apparemment superficielle, ce serait celle des discours et des actions politiques, le ressassement compulsif en ce qui concerne la discipline philosophique. Oh, je sais bien, jusqu'en 1979, au temps des États Généraux, mes amis du *Greph* et moi-même avons dit — et publié — que si les transformations essentielles auxquelles nous en appelions supposaient une profonde mutation politique, un changement de majorité n'y suffirait pas. Il pourrait alléger l'atmosphère, il permettrait une ouverture du débat, mettrait fin à des menaces trop déclarées, donnerait lieu à des expérimentations symboliques, peut-être à un certain changement de ton dans le discours officiel ou la présentation des mesures prises. Mais, disions-nous déjà, les contraintes qui poussent à reproduire le *type* et à réduire le *champ* de la discipline philosophique demeureraient les mêmes. On continuerait à croire que la formation de compétences techniques, une certaine rentabilisation du savoir, la « finalisation » de la recherche, la compétitivité économique, la course à la production, un certain concept des rapports entre la techno-science industrielle ou militaire et la philosophie, entre les sciences sociales et la philosophie, tout cela commande de maintenir dans ses limites (naturelles, pense-t-on) une discipline aussi intouchable qu'inutile. Celle-ci doit rester (c'est la meilleure hypothèse!) confinée dans une classe des lycées ou dans de petites cellules de l'Université où la vie devient de plus en plus difficile. Inutile de s'étendre sur ces choses que nous connaissons bien. En dehors de quelques initiatives symboliques et précaires, mais que je ne veux pas minimiser (telles tentatives expérimentales pour enseigner la philosophie hors de la terminale, l'extension de la philosophie aux terminales techniques, un certain soutien, si insuffisant qu'il soit, au Collège international de Philosophie et à tout ce qu'il peut représenter aujourd'hui en France et hors de France), les choses n'ont guère changé. Ici ou là, elles auraient plutôt empiré : je pense en particulier à ce qui s'annonce dans l'Université. Et ce confinement croissant renforce le pouvoir de certaines institutions de la presse ou de l'édition, parfois dans le sens de la crédulité ou du cynisme, voire de l'incompétence *et* de l'intérêt immédiat.

Laissons là ce débat. Cette increvable répétition peut décourager mais nous ne trouverons la force ou le désir de l'analyser, voire de tenter de l'interrompre que si, en philosophes, nous nous interrogeons sur un autre régime, un autre lieu, une autre dimension de la répétition, celle que j'hésitais à appeler « profonde ». Laquelle? Celle qui enferme les discours, les logiques, les rhétoriques de tous ceux qui, parlant « pour la philosophie » – comme *nous* le faisons – reproduisent des *types* dont la

514

matrice est connue et la combinatoire à peu près épuisée. Le plus grave, ce n'est certainement pas la finitude, toujours irré-ductible, d'une réserve d'arguments ou de figures, ni la nécessité d'y puiser sans fin avec parfois l'illusion d'inventer. Non, le plus grave, c'est, *premièrement* la structure de cette matrice : elle nous tient dans une contradiction apparemment insurmon-table, on pourrait dire non dialectisable; on peut y voir aussi une loi divisée, une double loi ou un *double bind,* une *antinomie.* Elle ne s'impose pas seulement à nous, mais aussi bien à nos partenaires ou adversaires, hors de l'enseignement, sinon hors de la philosophie (car il n'y a pas de simple extériorité, ici, il n'y a pas de hors-philosophie, de non-philosophie; comme il avait été dit pour qui pouvait ou voulait l'entendre aux États Généraux de la Philosophie, il n'y a pas de barbarie non philosophique et nous ne nous battons jamais contre de la barbarie non philosophique; les combats ou les débats dont nous parlions opposent toujours des philosophies, des forces représentées par des philosophies). C'est pourquoi je ne main-tiendrais pas trop longtemps la distinction de pure commodité que j'ai proposée tout à l'heure entre les deux répétitions. Mais il serait encore plus grave, *deuxièmement,* que nous ne cherchions pas à penser cette antinomie *comme telle,* à l'analyser, l'interroger, la situer, etc., dans la structure de son autorité, dans les apories qu'elle reproduit sans cesse, dans sa provenance ou son avenir.

La penser, sera-ce encore un acte philosophique? philoso-phique de part en part, simplement philosophique? Cela peut-il donner lieu à des institutions et à de la discipline? Je n'en suis pas sûr. Cette question appartient déjà, nous le vérifierons dans un instant, au programme des antinomies.

Mais s'il n'est pas sûr que cette pensée soit philosophique de part en part, elle implique sûrement de la philosophie et du savoir philosophique. Elle ne se réduit peut-être pas au savoir philosophique mais elle est impossible sans lui.

La seule chose qui me paraisse aujourd'hui claire et désirable (vous voyez, je parle encore de mon « humeur »), c'est une communauté qui prenne en charge une telle pensée, la communauté d'une responsabilité qui n'ait plus seulement la figure qu'ont pu lui reconnaître Husserl (responsabilité devant la tâche infinie de la philosophie, communauté transcendantale d'un « nous » rationnel, etc., devant la « crise ») ou Heidegger (responsabilité de la réponse à l'appel de l'Être). Car ces deux figures appartiennent à l'espace de répétition dans lequel nous sommes compris, pré-compris, auquel nous sommes déjà destinés et qu'il s'agirait de penser : non pas *contre* Husserl ou Heidegger, bien sûr, ce serait un peu simple, plutôt *à partir* d'eux, et sans doute autrement.

Si, à travers les différences et les différends qui peuvent séparer ceux ou celles qui auront pris part à ces rencontres, il y a encore la chance d'un « nous » et d'une communauté, je ne saurais pas où les situer hors de cette *responsabilité.* Je ne le *saurais* pas, mais il n'est pas sûr que cette communauté doive être encore une communauté de *savoir,* une communauté de la *conscience du savoir.* A l'intérieur d'une telle communauté, le *polemos* est possible, parfois nécessaire, il exclut les petites guerres et les médiocres polémiques, le simple déplacement des pions dans une interminable partie.

Comment définir les pôles de cette contradiction sans dialectique ? Quelles seraient les deux requêtes essentielles mais contradictoires auxquelles nous ne voulons pas renoncer ? Si la double loi d'une antinomie reproduit, directement ou non, tous les types de nos arguments, plaidoiries ou réquisitoires, quelle en est l'axiomatique ?

Cette lettre est déjà trop longue, je m'en tiendrai au schéma le plus pauvre. Et je distinguerai, pour la commodité de l'exposé, *sept commandements* contradictoires.

1. *Premier commandement*

D'une part, il faut protester contre la soumission du philosophique (dans ses questions, ses programmes, sa discipline, etc.) à toute finalité extérieure : l'utile, le rentable, le productif, l'efficient, le performant, mais aussi bien ce qui relève en général du techno-scientifique, du techno-économique, de la finalisation de la recherche, voire de l'éducation éthique, civique ou politique.

Mais d'autre part, nous ne devrions à aucun prix renoncer à la mission critique, donc évaluatrice et hiérarchisante de la philosophie, à la philosophie comme instance finale du jugement, constitution ou intuition du sens final, raison dernière, pensée des fins ultimes. C'est toujours au nom d'un « principe de finalité », comme dirait Kant, que nous entendons sauver la philosophie et sa discipline de toute finalisation techno-économique ou sociopolitique. Cette antinomie est bien philosophique de part en part, puisque la « finalisation » en appelle toujours à une philosophie, au moins implicite. Une fois de plus : il n'y a jamais de « barbarie non philosophique ».

Comment concilier ces deux régimes de la finalité?

2. *Deuxième commandement*

D'une part, il faut protester contre l'enfermement de la philosophie. Nous refusons légitimement l'assignation à résidence, la circonscription qui confinerait la philosophie dans une classe ou un cursus, un type d'objet ou de logique, un contenu ou une forme fixes. Nous nous dressons contre ce qui interdirait à la philosophie d'être présente et insistante hors de sa classe, dans d'autres disciplines ou d'autres départements, de s'ouvrir à de nouveaux objets sans aucune limite de principe, de rappeler qu'elle était déjà présente là où on ne voulait pas le savoir, etc.

Mais d'autre part, tout aussi légitimement, nous devrions revendiquer l'unité propre et spécifique de la discipline. Nous devrions être très vigilants à ce sujet, dénoncer, comme le *Greph* n'a cessé de le faire, tout ce qui viendrait menacer cette intégrité, dissoudre, morceler ou disperser l'identité du philosophique comme tel.

Comment concilier cette identité localisable et cette ubiquité débordante?

3. Troisième commandement

D'une part, nous nous sentons en droit d'exiger que la recherche ou le questionnement philosophiques ne soient jamais dissociés de l'enseignement. N'est-ce pas le thème de notre Colloque, devant le retour de la même menace?

Mais d'autre part, nous nous sentons aussi autorisés à rappeler que, peut-être pour l'essentiel, quelque chose de la philosophie ne se limite pas, ne s'est pas toujours limité à des actes d'enseignement, à des événements scolaires, à ses structures institutionnelles, voire à la discipline philosophique elle-même. Celle-ci peut toujours être débordée, parfois provoquée par de l'inenseignable. Peut-être doit-elle se plier à enseigner l'inenseignable, à se produire en renonçant à elle-même, en excédant sa propre identité.

Comment, dans le même maintenant de la discipline, maintenir la limite et l'excès? qu'il faut enseigner cela même? que cela ne s'enseigne pas?

4. Quatrième commandement

D'une part, nous jugeons normal d'exiger des institutions à la mesure de cette discipline impossible et nécessaire, inutile et indispensable. Nous jugeons normal d'exiger des institutions nouvelles. C'est à nos yeux essentiel.

Mais d'autre part, nous postulons que la norme philosophique ne se réduit pas à ses apparences institutionnelles. La philosophie excède ses institutions, elle doit même analyser l'histoire et les effets de ses propres institutions. Elle doit finalement rester libre à tout moment, n'obéir qu'à la vérité, à la force de la question ou de la pensée. Il lui est licite de rompre tout engagement institutionnel. L'extra-institutionnel doit avoir ses institutions sans leur appartenir.

Comment concilier le respect et la transgression de la limite institutionnelle?

5. Cinquième commandement

D'une part, nous requérons, au nom de la philosophie, la présence d'un maître. Il faut un maître à cette discipline de l'indisciplinable, à cet enseignement de l'inenseignable, à ce savoir qui est aussi non-savoir et plus que savoir, à cette institution de l'aninstitutionnel. Les concepts de cette maîtrise ou de cette magistralité peuvent varier. Ses figures peuvent être aussi diverses que celles du Très Haut ou du Tout Autre inaccessible, de Socrate, du Précepteur, du Professeur fonctionnaire, prof. d'Université ou prof. de Terminale (le premier et le dernier de tous!), de tout cela un peu à la fois : dans tous les cas il faut un maître, et de l'altérité magistrale. Conséquence : il faut en former, il faut des étudiants, des postes, il n'y en aura jamais assez, et cela se règle depuis le dehors de la communauté philosophique.

Mais d'autre part, si le maître doit être un autre, formé puis appointé par d'autres, cette dissymétrie hétéronomique ne doit pas léser la nécessaire autonomie, voire la structure essentiellement démocratique de la communauté philosophique.

Comment celle-ci peut-elle accorder en elle-même cette hétéronomie et cette autonomie?

6. *Sixième commandement*

D'une part, la discipline philosophique, la transmission du savoir, l'extrême richesse des contenus requièrent normalement du temps, une certaine durée rythmée, voire le plus de temps possible : plus qu'un éclair, un mois, un an, plus que le temps d'une classe, toujours plus de temps. Rien ne peut justifier cet extraordinaire artifice qui consisterait à fixer à neuf mois une telle durée (je renvoie ici à toutes les analyses du *Greph*).

Mais d'autre part, l'unité, voire l'architecture de la discipline requiert un certain rassemblement organisé de cette durée. Il faut éviter l'étalement désordonné, la dissolution, et faire place à l'expérience du « d'un seul coup », du « tout à coup » (je renvoie ici aussi à ce qui fut dit plus haut, et encore aux analyses du *Greph*).

Comment concilier cette durée et cette contraction quasi instantanée, cette illimitation et cette limite?

7. *Septième commandement*

D'une part, les élèves, les étudiants, comme les enseignants, doivent se voir accorder la possibilité, autrement dit les conditions de la philosophie. Comme dans toute autre discipline, et cela peut aller des conditions dites, pour faire vite, externes (le temps, les lieux, les postes, etc.) à la condition « interne » et essentielle, l'accès au philosophique en tant que tel. Un maître doit y initier, introduire, former, etc., le disciple. Le maître, qui aura dû y être d'abord formé, introduit, initié lui-même, reste un autre pour le disciple. Gardien, garant, intercesseur, prédécesseur, aîné, il doit représenter la parole, la pensée ou le savoir de l'autre : *hétérodidactique.*

Mais d'autre part, nous ne voulons à aucun prix renoncer à la tradition autonomiste et *autodidactique* de la philosophie. Le maître n'est qu'un médiateur qui doit s'effacer. L'intercesseur doit se neutraliser devant la liberté du philosopher. Celle-ci *se forme elle-même,* si reconnaissant que soit son rapport à la nécessité du maître, à la nécessité pour l'acte magistral d'*avoir lieu.*

Comment concilier l'avoir-lieu et le non-lieu du maître? Quelle topologie incroyable exigeons-nous pour concilier l'hétérodidactique et l'autodidactique?

Ces antinomies figurent parfois des apories. Le chiffre 7 est un peu arbitraire. On pourrait réduire ou étendre la liste, étant donné la structure co-implicatrice ou surdéterminante de ces commandements. Je ne les ai pas accumulés pour accuser quiconque d'incohérence, encore moins pour en tirer quelque argument à exploiter ici ou là contre ceux qui parlent *pour la philosophie,* au nom de la philosophie et de sa discipline. Ces contradictions ne contraignent pas seulement les philosophes ou les avocats de la philosophie mais quiconque en traite aujourd'hui, pour ou contre elle, et non seulement le philosophe de profession. Il n'est pas question d'en tirer, surtout dans une lettre, toutes les conséquences. Mais au sujet de cette axiomatique fatale et de cette double contrainte, je dirai trois sortes de choses, toujours aussi schématiquement.

1. Par hypothèse (ce n'est que mon hypothèse), cette matrice donne les types de tous les énoncés productibles aujourd'hui au sujet de « École et Philosophie ». Elle les donne aussi à lire, elle les prescrit, elle les inscrit sous cette terrible loi de duplicité.

2. La seule communauté respirable (pour moi – et je dis respirable pour parler à la fois d'une fidélité à l'esprit de philosophie et d'une fidélité vivante, sans dogme, sans meurtre,

sans polémique imbécile, sans défiguration haineuse) serait une communauté qui, loin de fuir ou de dénier cette double loi, tente de s'y mesurer, de penser ce qui vient par elle, d'où elle vient et quel est son avenir, ce que *venir* veut dire – ou ne veut pas dire, ce que venir engage pour la philosophie (voir plus haut).

3. L'une des questions (une seulement et je m'y tiendrai pour le temps de cette lettre) qui pourraient introduire à cette pensée concernerait l'histoire de cette axiomatique, de ce logiciel à sept entrées. A-t-elle une histoire ou bien commande-t-elle à l'histoire de ses figures depuis une donne ou une permanence anhistorique? Et s'il y a une histoire ou une distribution de ces figures, quelle en est la loi, l'articulation progressive (période, époque, moment, paradigme, *épistémè,* continuité, discontinuité)? Question d'autant plus retorse que l'opposition histoire/anhistoire fait partie de la matrice! et qu'elle surdétermine ainsi chacun des sept commandements.

(J'en prendrai un exemple pour conclure, en ouvrant ici une longue parenthèse. Ce sera ma petite contribution scolaire et philosophique à votre colloque. Elle concerne une situation, plus précisément une *topique,* et la place, plus que paradoxale, assignée par Kant au « maître de raison pure ». Est-ce notre situation? Dans quelle mesure la configuration dans laquelle *nous* faisons aujourd'hui l'expérience de ces doubles commandements suppose-t-elle encore la topique kantienne? Ou du moins ce que, à l'intérieur de la discursivité philosophique, on appellerait la topique kantienne de l'enseignement philosophique; car ce que je rappellerai tout à l'heure du texte de Kant n'est qu'une détermination, quelque importance et quelque statut qu'on lui reconnaisse, d'un dispositif ou d'un texte général qui n'appartient pas de part en part au-dedans de cette discursivité philosophique ni même à la discursivité tout court : il s'agit ici de toute l'histoire : l'histoire de l'Europe en particulier, les rapports entre l'État et l'Université, entre l'Église et l'État, etc. Si notre configuration suppose quelque chose de la topique kantienne, quels sont les modes de cette supposition? Immense problème que je dois laisser ici de côté. Ce qui, venant de Kant, marque notre situation et nos discours passe par des trajets si complexes que je n'ai même pas le courage de les esquisser dans une lettre. C'est toute l'histoire du post-kantisme français, des modes d'appropriation, de traduction, d'exploitation du kantisme, de tel Kant ou de tel autre, dans la philosophie et dans la littérature, dans « l'idéologie française », dans l'« école française ». Cette histoire est en cours, plus remuante que jamais; et les interprétations que nous en ferions viendraient s'y inscrire et peut-être l'infléchir. Pourquoi est-ce à Kant qu'on en appelle si facilement en France quand on parle de l'enseignement philosophique? Pourquoi cette référence obligée, ici même? Quels services cela rend-il? Quelles limites cela impose-t-il? Etc.

Qui est Kant? Et s'il occupait cette place introuvable qu'il assigne lui-même au « maître de raison pure »?

J'y viens donc : le maître de raison pure et la singulière topologie prescrite par cette idée. Car c'est une Idée.

Entre autres prémisses, et pour couper à travers champ, je dois rappeler ceci : Kant justifie une certaine nécessité rationnelle de la *censure*. Or qu'est-ce qui justifie la censure en dernière instance? La faillibilité de l'homme, sa finitude, l'existence du mal. Je renvoie ici à *La religion dans les limites de la simple raison* pour faire l'économie d'un long commentaire. La question devient alors : s'il y a le mal, et le mal radical, qui peut comprendre ce mal dans l'homme? Qui peut en rendre raison? Qui peut en dire le sens et la vérité? c'est-à-dire le sens et la vérité de la censure, à savoir d'une critique appuyée sur une force, d'un jugement armé, d'une évaluation soutenue par une police? Qui donc peut dire la possibilité et la nécessité, le fondement même de cette censure, de cette institution légiférant au sujet de ce qui peut être dit ou interdit de la vérité?

523

Je ne reproduis pas ici la suite de cette longue parenthèse, qui correspond en effet de très près à l'argument développé dans « Chaire vacante : censure, maîtrise, magistralité », supra, *p. 356 sq.*

(...)

Je ferme la parenthèse et clos cette lettre trop longue.

Amicalement à vous tous.

J.D.

Popularités
Du droit à la philosophie du droit *

Je voudrais d'abord retenir la parole un instant pour dire la reconnaissance, la mienne et aussi celle de tous les membres du Collège international de Philosophie, à l'égard des organisateurs de la rencontre d'où sont extraits les travaux qui suivent et de tous ceux qui y ont participé.

Le Collège international de Philosophie se devait de prendre part à ces réflexions consacrées à l'« auto-émancipation du peuple et l'instruction des prolétaires au XIXe siècle » et de contribuer, autant qu'il lui était possible, à leur préparation. Je ne vais pas improviser ici une présentation du Collège. Encore jeune et précaire, cette nouvelle institution a pourtant une histoire et des structures trop complexes pour que je me risque à en dire pour l'instant autre chose que ceci : c'est un lieu que nous

---

* [Avant-propos à : *Les Sauvages dans la Cité. Auto-émancipation du peuple et instruction des prolétaires au XIXe siècle*. Présentation de J. Borreil. Seyssel, Éd. du Champ Vallon, 1985].

voudrions ouvrir d'abord aux formes de savoir, de recherche, de pratique philosophique qui nous paraissent insuffisamment légitimées, voire dé-légitimées par les institutions actuelles, en France et à l'étranger. Cette dé-légitimation ou cette disqualification passant par des voies souvent invisibles, des trajets détournés ou surdéterminés, nous devons y prêter une attention active, inquiète, vigilante, qu'il s'agisse des rapports avec l'État en tant que tel ou avec telles ou telles forces de la société dite civile, pour reprendre une distinction commode. Nous devons nous intéresser en priorité à toutes les ruses de la marginalisation, de l'occultation, de la répression. Il y va de l'accès à la philosophie et à la science, du droit à la philosophie et à la science. Et c'est en particulier de ce point de vue – mais ce n'est pas le seul, loin de là – que pour nous ces travaux ont été ressentis à la fois comme une chance et comme une nécessité.

Du droit à la philosophie : ce fut le titre d'un séminaire du Collège, l'an dernier [1]. Rien de fortuit à cela, rien de fortuit à ce que la question du *populaire* (philosophie populaire, savoir populaire) y ait longtemps retenu notre attention. Que veut dire *populaire ?* Permettez-moi, à titre d'exergue, de placer là, modestement, au bord de ce qui va se construire dans ce qui suit, quelques petits cailloux, quelques souvenirs que je garde de ce séminaire de l'an dernier. Un certain jour, partant d'une histoire racontée par Diogène Laërce, celle de Théophraste qui fut assez « populaire » parmi les Athéniens pour que, au moment où Agonidès, je crois, osa l'accuser d'impiété, comme Melitos en avait accusé Socrate, l'accusation faillît causer la perte de l'accusateur, nous nous sommes demandé ce que voulait dire la « popularité » d'un philosophe.

Qu'est-ce qu'un philosophe « populaire »? Ce dernier mot est surchargé d'équivoques. Sa surdétermination l'expose aux usages, aux abus, aux détournements de toutes sortes. Je sup-

---

1. [Voir plus haut, p. 9].

pose qu'au cours de vos travaux, à partir d'approches multiples, les instruments d'une vigilance critique (je l'entends au sens philosophique et au sens politique) affineront le sens mais aussi les usages de ce concept, si c'en est un, et détermineront les différents contextes dans lesquels il aura rendu service, si on peut dire, ou quelles causes il aura servies. Quand on parle par exemple d'un philosophe « populaire », on peut entendre aujourd'hui au moins deux choses. Un « philosophe populaire », issu du peuple ou militant pour le peuple, peut fort bien n'être pas populaire, il peut être privé de toute légitimité reconnue par les instances légitimantes qui dominent la scène (dans le séminaire auquel je me réfère nous avions aussi procédé à l'examen de ce concept de *légitimation,* à sa généalogie, aux usages et aux abus qu'on peut en faire, à sa valeur critique *ou* dogmatique, etc.) En revanche, un « philosophe populaire » peut aussi ne pas appartenir au peuple, être ignoré de lui, ou encore le combattre. Mais sait-on aujourd'hui ce qu'on dit quand on dit « peuple », « populaire », « popularité »? De « peuple » à « populaire » et à « popularité » le noyau de sens peut changer bien au-delà de ce que donne à déterminer le passage d'un adjectif à un nom ou d'un nom à un adjectif.

De surcroît, un philosophe peut être *pour* ce qu'il croit pouvoir nommer la « philosophie populaire » sans être lui-même du peuple et non davantage populaire. On peut aussi, je pense naturellement à Kant, et j'y reviens, se dire *pour* une « certaine » philosophie populaire en étant soi-même populaire d'une « certaine » façon, tout en restant, d'une autre façon, totalement inaccessible à un certain « peuple ».

Et puisque nous parlons ici de savoir « populaire », de droit à la philosophie, d'enseignement et de pratique philosophiques, nous pourrions aussi nous intéresser à la manière dont ont pu se nouer, à un moment qui n'est peut-être pas tout à fait *passé,* du passé pour nous, les questions du droit, du droit à la philosophie et à son enseignement, et enfin du « populaire » dans toute l'équivoque de son sens.

Je me limiterai à quelques indications sur ce moment « kantien », toujours au titre de l'exergue. C'est dans la préface de la *Métaphysique des mœurs* [1] que Kant pose la question d'une philosophie « populaire ». Il vient de l'annoncer : après la critique de la raison pratique doit venir le système. Le système, c'est la métaphysique des mœurs qui elle-même se divise en principes métaphysiques de la doctrine du *droit* et en principe métaphysiques de la doctrine de la *vertu*. Or, et voilà où se pose la question du « populaire », le concept du droit doit être un concept *pur*. Mais il doit s'appuyer sur la pratique et s'appliquer aux cas qui se présentent dans l'expérience. Le système métaphysique devrait donc prendre en considération la multiplicité empirique de tous les cas, jusqu'à l'épuisement des possibles. Un tel achèvement, exigence essentielle pour l'élaboration d'un système de la raison, on le sait empiriquement impossible. On se contentera donc, et c'est le titre, des *premiers* principes métaphysiques d'une doctrine du droit, comme on le fait pour les *premiers* principes d'une métaphysique de la nature (liberté/nature). Ce qu'on appelle ici *le* droit relève d'un système esquissé *a priori* et ce sera *le texte* : ce sera inscrit *dans le texte (in den Text),* entendez le texte principal. En revanche *les* droits, ajustés à l'expérience et aux cas particuliers, nous les trouverons dans des *Remarques* détaillées, pour bien distinguer la métaphysique du droit de la pratique empirique. Ici se pose alors la question de l'obscurité de la langue philosophique et de ce qui risque de la rendre si peu *populaire*. Il est hautement significatif qu'elle se pose au sujet du droit (et nous avions longuement travaillé cette conjonction dans le séminaire auquel je me réfère dans cette improvisation). Tout

1. [Emmanuel Kant, *Métaphysique des mœurs,* 1ʳᵉ partie : Doctrine du droit, Trad. A. Philonenko, Paris, Vrin, 1979, p. 79 sq.].

se passe comme si la question de l'accès du peuple à la langue philosophique, le droit du peuple à la philosophie se jouait de façon d'abord plus sensible sur le thème du droit, de la philosophie du droit, du droit à la philosophie du droit.

Kant répond alors au reproche d'obscurité *(Vorwurf der Dunkelheit)* qui lui avait été fait. Il dit se rendre à l'avis de Garve, philosophe au sens authentique (c'est son mot, je crois) qui prescrit au philosophe écrivain d'être populaire, d'atteindre sans obscurité à la *« Popularität »*. D'accord, dit Kant, sauf s'il s'agit du système, et dans la philosophie, du système de la critique du pouvoir de la raison elle-même. Ce système suppose la distinction du sensible et de l'intelligible dans notre connaissance. Le supra-sensible relève de la raison. Or le système de cette raison, le système capable de penser le supra-sensible *ne peut jamais devenir populaire.* Kant n'explique pas ce qui lui semble ici aller de soi, comme si c'était compris dans les concepts mêmes de supra-sensible d'une part, de « populaire » d'autre part. Le supra-sensible, à savoir la raison *comme telle,* ne peut être accessible au peuple *comme tel.* Conception conventionnelle et dogmatique, elle situe le populaire du côté du sensible, de l'empirique et du sentimental, du non-rationnel et du non-métaphysique ou du moins, nuance capitale dont va aussitôt jouer Kant, du métaphysique qui ne se pose pas ou ne se pense pas *comme tel,* du métaphysique qui s'ignore. Et de fait, si on ne peut exposer au peuple, de façon populaire, la métaphysique du droit pur *elle-même,* dans ses premiers principes et dans ses structures formelles, on doit pouvoir exposer clairement les *résultats* de cette systématique pure. Ceux-ci doivent être accessibles à la « saine raison » *(gesunde Vernunft)* qui n'est pas refusée au peuple. La saine raison est celle d'un « métaphysicien qui s'ignore » *(eines Metaphysikers, ohne es zu wissen).* Néanmoins, dans cette exposition des résultats eux-mêmes, sans les principes, il ne faut pas chercher à utiliser la langue du peuple *(Volkssprache),* il ne faut pas cher-

cher la *Popularität*. Il faut imposer la « ponctualité scolastique »
même si on en blâme le caractère pénible. C'est normal, dit
Kant, c'est une langue d'école *(Schulsprache)* et il semble considérer qu'une langue d'école doit, ne peut pas ne pas être
pénible. Même, sinon surtout pour le peuple.

Un dispositif de la scolarité ou de la discipline philosophique
se dessine ainsi. C'est aussi un rapport entre discours philosophique et langage populaire. Encore une fois, il est symptomatique que cela se dise d'abord au sujet du droit. Le
populaire est du côté du sensible. Et venant de dire qu'un
philosophe doit essayer d'atteindre à la popularité, Kant ajoute
entre parenthèses : assez sensible, avec une sensibilisation suffisante, si on peut dire, pour atteindre à la communication
(einer zur allgemeinen Mitteilung hinreichenden Versinnlichung).
Or le métaphysicien du droit, l'homme du système, ne peut
« sensibiliser », populariser, enseigner au peuple les principes
mêmes qui, eux, ne sont pas sensibles. Mais il peut et il doit
exposer les résultats concrets de ce système, dans une langue
claire, scolaire et non forcément imagée, dès lors que le peuple
dispose d'une « saine raison ». Le peuple, « métaphysicien sans
le savoir », peut ainsi apprendre, apprendre à savoir, à savoir
le savoir, même si on ne lui en livre que les conclusions sans
principe. Toute la pédagogie a son lieu, son site propre, hors
de la pensée des principes purs, ceux qui sont réservés aux
métaphysiciens en tant que tels, ceux qui savent ce qu'ils font
et ce qu'ils pensent. Le lieu de la pédagogie n'est ainsi qu'un
lieu de passage : accès aux résultats d'une pensée élaborée
ailleurs, par des métaphysiciens qui se savent tels, mais accès
aussi comme prise de conscience possible. Les métaphysiciens
qui s'ignorent peuvent devenir des métaphysiciens conscients
et organisés. Si le peuple n'a pas spontanément, et d'abord,
accès à la raison, s'il ne peut, *de lui-même,* aborder la distinction
entre sensible et intelligible, une exposition scolaire et rigoureuse des résultats peut éveiller en lui la raison sommeillante.

Du droit à la philosophie du droit

Facile à reconnaître (aujourd'hui encore dans toutes ses conséquences), ce dispositif pédagogique paraît solidaire de tout ce
dont dépend l'architectonique kantienne, à savoir l'art des
systèmes, de la raison déterminée à partir de la distinction entre
sensible et intelligible, du pur et de l'impur. Avec tout ce
qu'elle présuppose (et qu'il n'est pas question de déployer ici)
le rapport entre la critique et la métaphysique au sens kantien
est aussi, de part en part, une *scénographie socio-pédagogique*.
C'est aussi une pensée déterminée du droit à la philosophie
comme philosophie du droit à la philosophie du droit.

Si l'on ajoute, pour en rester à cet exergue sur une préface,
que Kant répond *non* à la question : « se pourrait-il qu'il y eût
plus d'une philosophie [1] ? », on fixe une image cohérente des
principes d'une pédagogie pure de la philosophie – et du droit
à la philosophie comme droit d'accès par la discipline. Il y va
d'un certain concept de la *popularité :* du peuple, de la philosophie populaire, du savoir populaire – c'est-à-dire aussi du
savoir quant au « peuple » et à ce qu'on croit pouvoir appeler
de ce nom en l'appelant ainsi à la science et à la philosophie.

Kant reconnaît qu'il y a différentes *manières* de philosopher.
Mais ce ne sont pas des philosophies différentes, ce sont des
styles différents dans la *remontée* vers les premiers principes de
la philosophie. La différence reste pédagogique. Il y a seulement
des chemins différents pour conduire vers les principes, pour
reconduire aux principes des métaphysiciens qui s'ignorent. Mais
cette multiplicité des philosophes n'est pas une multiplicité
intrinsèque de la philosophie, elle divise seulement l'analytique
pédagogique, la régression vers le principe. Dès lors qu'il n'y
a qu'une raison humaine, il ne peut y avoir qu'un vrai système
rationnel possible.

Tout cela concernait les premiers principes et le système de
la métaphysique en général, celle des mœurs et celle de la

---

1. [*Op. cit.*, p. 80].

nature, même si, dans cette préface, le prétexte « pédagogique » et la question du « populaire » se trouvent liés au problème du droit. Le schéma que je viens d'esquisser se précise tout en se généralisant quand on considère la métaphysique des mœurs en général, dont la doctrine du droit n'est que l'une des deux parties. Comme on sait, la métaphysique des mœurs est un système *a priori* de la connaissance par simples concepts. Telle est la définition de la métaphysique pour Kant. La métaphysique des mœurs a pour objet tout ce qui relève de la liberté, non de la nature. Nous parlant des droits et des devoirs, une telle métaphysique est elle-même un devoir. La posséder est un devoir *(Eine solche [Metaphysik] zu haben ist selbst Pflicht)* [1]. Mais à cette prescription, ou à titre de milieu élémentaire dans lequel décrire cette prescription, Kant doit ajouter une sorte de constat, dans la même phrase : cette métaphysique, ce devoir « chaque homme l'a en lui, bien que, le plus souvent, de façon seulement obscure ». Comment peut-on faire un devoir d'avoir en soi quelque chose qu'on a déjà de toute façon et *a priori?* Là encore, une sorte de prescription, un ordre de structure performative se mêlerait confusément au constat descriptif s'il n'y avait justement cette différence entre la conscience dite obscure et la conscience dite claire. Telle différence est le milieu même de cette pédagogie et de l'obscur rapport au peuple qu'elle doit supposer. Elle ne se sépare pas de cet obscur concept de « popularité » comme conscience obscure qu'il faut *faire venir* à la clarté.

Tout le monde, peuple ou non, a cette métaphysique, donc ce devoir. C'est là un *Faktum*. Le devoir qui s'y implique, c'est de rendre clair comme tel, dans sa pureté métaphysique, *ce devoir même*. Tel est encore le lieu de la médiation pédagogique. Kant y vient un peu plus loin et ce qu'il dit pourrait nous

1. [*Op. cit.,* p. 91].

intéresser du point de vue de la topique, en quelque sorte, de la scène pédagogique.

De même que la métaphysique de la nature doit appliquer à la nature ses principes suprêmes et universels, de même la métaphysique des mœurs doit prendre pour objet la nature particulière de l'homme, telle qu'elle est connue par l'expérience pour y *indiquer* (*zeigen,* Kant souligne ce mot important) les conséquences des principes moraux, et cela sans que la pureté des principes en souffre, sans que leur origine *a priori* soit rendue douteuse. Or cette monstration indicative a une dimension anthropologique, elle concerne des conséquences, et ne saurait ni se confondre avec la métaphysique des mœurs comme telle, dans ses principes, ni surtout prétendre la fonder. Avant même d'être divisée en doctrine du droit et doctrine de la vertu, la métaphysique des mœurs en général ne saurait être *fondée* (*gegründet :* justifiée en droit, et le vocabulaire du fondement est toujours, déjà, un vocabulaire juridique) sur l'anthropologie, bien qu'elle puisse et en vérité doive s'y appliquer. Le *Zeigen* concerne donc les conséquences anthropologiques, mais son discours (et ce sera le discours pédagogique), comme discours anthropologique, ne saurait fonder le discours moral et juridique, la métaphysique des mœurs elle-même.

Kant doit alors définir ce qu'il appelle l'*anthropologie morale,* c'est-à-dire la discipline, au sens fort de ce mot, qui contient les conditions subjectives, favorables ou non, pour l'accomplissement (*Ausführung)* des lois de la philosophie pratique dans la nature humaine. La philosophie pratique comprendrait ainsi une métaphysique des mœurs et une anthropologie morale. Celle-ci ne saurait fonder celle-là. Définies par l'anthropologie morale, les conditions de l'« accomplissement » des lois morales supposent la production, la diffusion et l'affermissement des principes moraux par l'éducation, l'instruction et l'enseignement populaire *(in der Erziehung, der Schul- und Volksbelehrung)* [1]. Si je comprends bien cette dernière distinction, Kant tiendrait compte d'un enseignement populaire qui ne passerait pas nécessairement par l'école. Il faudrait relire ce texte de plus près, nous ne sommes pas en mesure de le faire en improvisant ici. Il semble qu'il y ait en somme trois lieux pour la pédagogie, trois instances disciplinaires ordonnées au même concept de la pédagogie et par conséquent au même concept du « populaire » qui s'y inscrit. 1. La remontée aux principes pour des métaphysiciens qui s'ignorent : pédagogie comme *prise de conscience de la métaphysique*. 2. La pédagogie comme monstration *(Zeigen)* ou indication du rapport entre les principes moraux et leurs conséquences anthropologiques : une sorte *d'instruction théorique*. 3. La pédagogie propédeutique, introduction aux conditions de l'application ou de l'accomplissement des principes : *éducation morale* dans le champ de l'anthropologie morale.

Ces trois instances pédagogiques sont certes distinctes, mais comme système éducatif, pourrait-on dire, elles se situent toutes *entre* le pur et l'impur, le principe et la conséquence (ou le résultat), l'intelligible et le sensible. Elles vont de l'un à l'autre, tantôt dans un sens, tantôt dans l'autre. Mais sur le sens de ce sens, sur ce qui en droit vient d'abord, sur l'ordre de fondation et de légitimation, aucune confusion ne *doit* être possible. C'est ce que le peuple doit apprendre. L'anthropologie morale est certes indispensable, elle ne saurait être écartée mais elle ne saurait, en droit et au plan des principes, précéder la métaphysique des mœurs, c'est-à-dire les principes (par définition on ne précède pas des principes), ni même être *mêlée* à elle. (Mais peut-on dire que le concept du « populaire » ainsi construit ou impliqué ne le fasse pas, précisément? et subrepticement?)

Qu'est-ce que cela veut dire? Non seulement l'anthropologie (comme les sciences sociales qui la supposent) implique de la

1. [*Ibid.*, p. 91].

philosophie, mais elle n'est pas elle-même de la philosophie pure. Elle ne touche pas à ses propres principes philosophiques. Cela veut dire aussi que la culture n'est pas la philosophie (système des principes purs). Cela veut dire enfin que la pédagogie, la discipline de la philosophie, n'est pas un acte ou un moment purement philosophique. Il faudrait situer ici ce que Kant dit du « maître de raison pure » et de ce que c'est qu'apprendre à philosopher dans un texte très cité mais au fond peu lu. Je tente de le faire ailleurs [1], je ne veux pas prolonger plus longuement cet avant-propos et en changer la fonction qui est seulement d'introduire.

1. [Dans ce volume, p. 343 sq.].

IV

ANNEXES

« Qui a peur de la philosophie ? » (1980) *

1. LES ÉTATS GÉNÉRAUX
DE LA PHILOSOPHIE

1. Pour commencer à expliquer un événement comme celui des États Généraux, il faudrait déployer plusieurs types d'analyses et les articuler prudemment entre elles. Il faudrait traiter de toutes les racines de la situation philosophique française aujourd'hui, de la « sociologie » (disons pour faire vite) des intellectuels, des enseignants et des étudiants français, des structures de l'enseignement français à l'université, dans les lycées et avant les lycées, etc. Ce n'est pas au cours d'un entretien que nous nous mesurerons à ces problèmes. La

* Peu après la tenue des États Généraux de la Philosophie, la revue *Esprit* organisa une Table Ronde publiée en février 1980 sous le titre « Qui a peur de la philosophie ? ». J'y participai avec Roland Brunet, Guy Coq, Vladimir Jankélévitch et Olivier Mongin. Reproduisant ici mes propres interventions, je garde néanmoins les titres donnés par la revue aux différents moments de la discussion.

séquence la plus proche et la plus apparente, la plus courte aussi nous renvoie à la mise en place de la Réforme Haby, depuis le vote du projet de Réforme du système éducatif qui avait suscité une si grande opposition dans le pays, et notamment parmi ceux qui s'intéressent à la philosophie, qui croient à la nécessité de la recherche et du débat philosophique dans notre société... Depuis que la lutte a été engagée contre cette Réforme, certaines menaces n'ont pas cessé de s'aggraver et de se préciser. Il est vrai qu'on évite prudemment de toucher au baccalauréat pour l'instant : le problème est trop délicat pour qu'on l'aborde avant l'échéance électorale de 1981. Les effets d'une politique visant à restreindre le champ de l'enseignement et de la recherche philosophiques se sont en tout cas accentués. Les conditions sont de plus en plus difficiles, elles se dégradent d'année en année. La réduction massive du nombre de postes mis au concours n'en est qu'un signe mais il fut plus spectaculaire encore l'an dernier, au moment où d'autre part on privait de leur poste un grand nombre d'enseignants de philosophie dans les Écoles normales. L'année dernière la Réforme Haby n'était pas encore parvenue à cette phase de son application qui concerne les Terminales. Nous attendons les décrets qui doivent tirer les conséquences de la Réforme à ce niveau du cursus. Nous ne les avons pas attendus pour nous opposer systématiquement aux *principes* qui doivent les inspirer dans l'ensemble de l'appareil scolaire mais nous ne savons pas encore précisément ce que seront ces décrets quant à la philosophie. Les bruits qui couraient à ce sujet – comme cela fut dit et maintenant publié dans les actes des États Généraux – étaient inquiétants, au-delà même de ce que nous avions d'abord redouté. Nous avons pensé que cela devait alerter non seulement les enseignants et les étudiants mais tous ceux que préoccupe l'avenir de quelque chose comme la philosophie dans ce pays. Un certain nombre de professeurs (philosophes ou non) se sont rassemblés pour lancer l'Appel que vous savez. Ils l'ont fait dans un langage où ils pouvaient reconnaître leur souci commun au-delà de différences philosophiques, politiques ou autres qu'il n'a jamais été question de méconnaître. Plus de 1 200 personnes ont donc participé à ces États Généraux les 16 et 17 juin, dans le Grand amphithéâtre de la Sorbonne. Cette affluence massive et exceptionnelle était déjà à elle seule un événement, un signe et un avertissement. D'autant plus que, il faut y insister, les participants n'étaient pas seulement des philosophes de profession, enseignants ou étudiants, et pas seulement des universitaires. Ce qui s'est passé là, on peut maintenant en avoir une première idée en lisant la transcription des débats.

[...]

2. Il faut insister sur la grande diversité de ceux qui ont pris la responsabilité d'appeler aux États Généraux. C'est en France un phénomène très rare et d'autant plus significatif. Le Comité des 21 était formé, pour une part, de philosophes qui, dans d'autres contextes, ne se trouvent pas si proches les uns des autres... Nous n'avions pas d'ordre du jour préalable. Nous souhaitions favoriser un grand débat (sans exclusive, sans références hiérarchiques, sans code imposé, sans phénomènes d'autorité ou de compétence), un grand débat ouvert, et il s'est engagé dans un lieu et même dans une atmosphère qui rappelaient, beaucoup l'ont noté, certains moments de 68, quand la parole se prenait le plus librement possible, pour discuter, interroger, faire des propositions, travailler, informer. Pour une large part ce que nous espérions à cet égard s'est produit. Comment l'événement peut être déchiffré à long terme, je ne le sais pas. Il s'agissait en tout cas, me semble-t-il, de ne pas l'investir d'avance de telle ou telle signification historique. Le bilan immédiat (puisque vous posez la question du « bilan ») serait au moins de deux ordres : d'une part le rassemblement a eu lieu (et il pourrait se reproduire, tout le monde doit en tenir compte et se le tenir pour dit), l'information a circulé, la prise de conscience a été accélérée, des groupes se sont constitués et continuent de travailler, à Paris et en Province. Sans que cela nous limite à un point de vue corporatiste (et tant et tant de questions non professionnelles ont été posées et largement discutées pendant ces deux journées), des résolutions ont été votées qui concernent – par exemple – l'extension de l'enseignement philosophique hors de la Terminale. (De telles résolutions ont ensuite été reprises et confirmées par d'autres instances : c'est le cas de la motion sur l'extension, votée quelques jours après par l'assemblée des correcteurs de philosophie au baccalauréat dans l'académie

de Paris-Versailles.) La réunion d'autres États Généraux a été envisagée, et elle serait immédiate si les menaces gouvernementales réapparaissaient. Le soir du premier jour des EG une déclaration du Ministre à la télévision s'est faite rassurante à ce sujet mais nous attendons les décrets pour juger.

[...]

3. Ce qui montre de façon objective et vérifiable que ce n'étaient pas les E.G. du *Greph,* c'est que les membres du *Greph* étaient en minorité dans le Comité de Préparation et plus encore au cours des E.G. eux-mêmes. Ce point de vue quantitatif, qui n'est pas toujours probant, l'est en tout cas chaque fois qu'il y a vote et toutes les résolutions ont été votées démocratiquement. Il est vrai que l'idée des E.G. a d'abord été évoquée par certains membres du *Greph* (d'abord par Brunet, je l'ai rappelé à l'ouverture des E.G.), mais nous avons pensé que le rassemblement le plus large était nécessaire pour tout ce qui engageait cet événement aussi bien que pour les ordres du jour, les résolutions, etc. Tout ce qui a maintenant été publié en témoigne : le *Greph* a sans doute provoqué l'événement mais n'a pas voulu se l'approprier ou le dominer – et ne l'a pas fait. Sans doute avons-nous défendu les positions du *Greph* dans les discussions mais quoi de plus légitime? Les membres d'autres associations l'ont fait aussi et c'est bien. Que le *Greph* soit plus mobilisé et depuis plus longtemps sur des positions de lutte qui parfois et de plus en plus emportent la conviction, c'est aussi vrai. Le meilleur exemple en a été la résolution votée au sujet de l'extension de la philosophie à partir de la seconde, mais il ne faut pas oublier que cette résolution reste encore en retrait par rapport à nos propres perspectives.

[...]

4. Précisons encore, le *Greph* n'est ni un syndicat ni une association corporative. Depuis 1975 il rassemble un grand nombre d'enseignants et d'étudiants, philosophes ou non, décidés à s'interroger sur l'institution philosophique, sur son histoire et son fonctionnement actuel, mais aussi à y intervenir en posant de nouvelles questions et en y agissant autrement. Sur le programme de travail et les perspectives d'action du *Greph,* sur son avant-projet constitutif et ses premières

prises de position, je ne peux que vous renvoyer ici à des textes publiés dans *Qui a peur de la philosophie ?* (Flammarion, Champs, 1977). Actuellement, partout en France, sans aucune centralisation, à l'écart de toute orthodoxie et de toute hiérarchie, de nombreux groupes travaillent à la transformation de l'enseignement et de la recherche philosophiques. Ils le font dans des conditions très variables d'un groupe à l'autre. Toutes les questions abordées aux E.G. sont évidemment des questions privilégiées par le *Greph,* qu'il s'agisse des médias ou de la situation de la philosophie en France aujourd'hui, des programmes ou des sanctions évaluatrices, de l'édition ou de la scène pédagogique dans tous ses éléments, du problème des femmes dans la philosophie, mais aussi bien d'autres questions qui n'ont pas été évoquées aux E.G. Bien que nous prenions des positions militantes sur les problèmes immédiats (par exemple pour riposter à la Réforme Haby selon un mot d'ordre offensif et nouveau qui n'était plus celui de la défense traditionnelle de la Terminale, ou encore au moment de l'exclusion d'un grand nombre de philosophes des Écoles nor-males, etc.), nous concevons notre travail comme une tâche de longue haleine, tournée vers ce que certains considèrent comme des utopies dangereuses (ce fut déjà le cas pour l'extension de l'enseignement philosophique hors des terminales : les choses ont changé en quelques années dans l'esprit de beaucoup).

[...]

5. L'engagement a été pris, aux E.G., d'élargir et de renouveler cette expérience. Dans chaque académie devraient se constituer des permanences qui ne concurrenceraient en rien les organisations syn-dicales et corporatives mais qui donneraient du mouvement, pro-poseraient de nouvelles problématiques et de nouveaux modes d'ac-tion.

[...]

6. Relever la diminution croissante des postes mis au concours, ce n'est pas simplement du corporatisme. Les effets de cette mesure sont très étendus, et bien au-delà des problèmes de recrutement. Il y a de moins en moins d'étudiants de philosophie dès lors que tout avenir professionnel est interdit, et ils sont de plus en plus découragés, démobilisés, cela détériore les conditions de la recherche, pour ne

rien dire des conditions du débat philosophique en dehors des lieux d'enseignement. A cet égard, les déclarations ministérielles qui se voulaient apaisantes au lendemain des E.G. sont loin de nous satisfaire.

[...]

7. L'extension de l'enseignement philosophique aurait de telles conséquences sur la totalité du système éducatif qu'on ne peut absolument pas la considérer comme une position de repli. Sur ces conséquences il est difficile de s'étendre ici mais les travaux du *Greph* (cf. *Qui a peur de la philosophie?*, par exemple) peuvent en donner une idée. Tout ce qui a été dit sous une forme programmatique aux E.G. est loin de correspondre à un repli. Mais bien sûr il ne s'agissait là que d'une phase préliminaire.

2. LA PHILOSOPHIE ET SON ENSEIGNEMENT

[...]

8. L'extension de la philosophie nous paraît souhaitable (selon des modes à inventer et des formes qui ne reviendraient pas à « dispenser » ailleurs un enseignement déjà connu et constitué, bien sûr) non seulement en amont de la terminale mais aussi en aval, dans les Universités, en dehors des sections de philosophie. Cela correspond d'ailleurs à une demande très vivante de la part de scientifiques, de juristes, de littéraires, de médecins, de techniciens, etc. A propos de la comparaison avec des systèmes européens qui ne comportent pas d'enseignement philosophique avant l'Université, notre revendication peut en effet paraître au premier abord insolite ou exorbitante. Mais nous nous battons dans un contexte français qui a son histoire, et il est d'autre part remarquable que les questions soulevées par le *Greph* intéressent beaucoup (et pour des raisons essentielles, qui tiennent à des traits communs à toutes les sociétés industrielles dans leur phase actuelle) hors de France, en Europe et aux États-Unis. C'est au moment où certains réclament

plus de philosophie, et dès avant l'Université, hors de France, qu'on songe chez nous à faire le chemin inverse. De cet intérêt et de cette inquiétude nous avons des signes nombreux partout où des forces socio-politiques tentent de limiter certains types de recherche (la philosophie n'est pas la seule et nous sommes très attentifs à ce qui déborde ici l'unité d'une « discipline »). Ces questions sont d'actualité dans de nombreux pays européens ou américains, en Afrique du Nord et dans plus d'un pays d'Afrique noire francophone. Des groupes analogues au *Greph* et en relation avec lui s'y constituent et travaillent avec nous. Un des principes du *Greph,* c'est de ne pas s'enfermer dans les limites d'une discipline mais de tenter de repenser les rapports entre la pratique philosophique et les autres. Nous ne proposons jamais rien qui n'implique à cet égard une réélaboration fondamentale et elle ne peut être engagée que dans un travail commun avec les chercheurs, enseignants, et étudiants d'autres disciplines.

[...]

9. Toute réponse à cette question * déploie déjà *une* philosophie. Parmi tous ceux qui militent aujourd'hui pour l'extension de l'enseignement philosophique, il y a bien des différences et des différends philosophiques. La conviction commune, pour l'instant, c'est que la question, le type de question que vous posez ne pourra être sérieusement élaboré que le jour où les conditions matérielles et techniques de l'enseignement et de la recherche seront améliorées et plus ouvertes. Mais lutter pour cela c'est déjà prendre parti – et philosophiquement. Nous sommes tous d'accord pour que ce grand débat philosophique se développe : aujourd'hui, malgré certaines apparences, il est entravé de toutes parts. Plus le travail philosophique sera actif et vivant à l'intérieur de l'institution, plus il le sera au-dehors.

[...]

10. Il n'y a jamais eu d'unité pure du discours philosophique et sans doute pour des raisons essentielles. Difficile de s'engager ici dans

* Question de Guy Coq : « Que pourrait être un enseignement secondaire aujourd'hui, c'est-à-dire une école proposant aux adolescents un minimum de rapport aux traditions culturelles de leur collectivité historique ? C'est la question essentielle que personne n'a abordée (si l'on excepte le *Greph*). »

ce problème. Il reste qu'à certaines périodes (de l'histoire et de telle ou telle société) une *représentation* a pu s'imposer de cette relative unité du code et du débat philosophiques. Au prix de puissantes exclusions, naturellement. Aujourd'hui ce qui s'appelle philosophie est le lieu de la plus grande disparité des discours. Un indice – sur lequel il ne faut pas se lamenter, et dont il faut tenir compte – : un professeur de philosophie ressemble moins à un autre professeur de philosophie qu'à n'importe quel autre professeur, je crois que j'exagère à peine. Si on pouvait entendre simultanément tous les discours et tous les enseignements qui se produisent aujourd'hui sous le titre de la philosophie, on serait, je crois, ahuri non pas seulement par la différence des contenus, à laquelle il est légitime de s'attendre, mais par la différence des codes élémentaires, par l'intraductibilité des langages, des évaluations les plus décisives (par exemple dans la détermination des « questions » et des « textes » qu'un travail préliminaire ne devrait pas contourner, la détermination de ce qu'on aurait naguère appelé une « formation fondamentale » : cette expression même fait problème et c'est encore un signe). Penser cet ébranlement profond, qui ne nous arrive pas par accident et de l'extérieur, simplement, voilà une de nos tâches, sans doute.

3. DE QUELQUES CRITIQUES ET MALENTENDUS

[...]

11. On peut en venir aux critiques, si vous voulez. D'abord, il ne saurait être question de vouloir mettre les E.G. à l'abri de la critique; il s'agissait au contraire d'ouvrir les discussions les plus larges et les plus contradictoires, et deux jours de débats improvisés ne pouvaient, ni ne devaient donner lieu à un corpus inattaquable de propositions absolument cohérentes et suffisantes, de forme doctrinale ou dogmatique. Cela dit, toute critique n'est pas juste pour autant. Par exemple celle qui accuse le geste d'auto-défense. Il n'y aurait rien d'illégitime pour des enseignants conscients de leur res-

ponsabilité à défendre leurs conditions de travail. Nous l'avons fait, mais nous ne nous y sommes pas limités, comme peuvent en témoigner les actes des E.G. auxquels je ne peux ici que renvoyer. Comme vous savez, les participants aux E.G. étaient dans une proportion que je crois assez importante des non-philosophes et même des non-enseignants. Les questions posées étaient très larges, elles concernaient la place et les modes de la pratique philosophique dans la société et hors de l'institution, le sens de la pensée philosophique aujourd'hui, la destination générale de l'enseignement. Tout cela portait bien au-delà de l'horizon professionnel. Et à aucun moment, à personne il n'a paru souhaitable de se replier vers les conditions anciennes de la pratique philosophique. Les transformations et l'extension proposées concernaient la recherche et l'enseignement en général, au-delà de la philosophie, et aussi bien la philosophie hors de l'institution.

Venons-en au caractère prétendument « hâtif » du discours sur les médias. La question des médias (de leur fonction et de leur fonctionnement actuel, de leur rôle dans la culture, de leurs effets sur l'enseignement, etc.) a occupé une place importante, et ce ne fut pas un « faux débat ». Si par « hâtif » on voulait souligner que ce débat a été pour une part improvisé, on n'aurait pas tout à fait tort, encore que la problématique des médias ait été reconnue dans sa nécessité dès l'ouverture de la première journée (dans des formules que je crois prudentes, différenciées, programmatiques) et que ceux qui ont pris la part la plus active au groupe de travail sur les médias (je pense en particulier à Debray) y aient apporté les résultats d'un travail considérable. On peut se féliciter que pour la première fois, fût-ce dans une relative improvisation, soit abordé un type de questions que je crois fondamentales et jusqu'ici insuffisamment reconnues dans le milieu scolaire et universitaire. C'est pourquoi j'avais cru nécessaire de les mettre sous le projecteur dès la première séance.

Cela dit, les discours tenus ont-ils été « hâtifs » ? Pour une évaluation honnête il faut ne pas se contenter des simplifications scandaleuses auxquelles certains se sont livrés dans les jours suivants (je pense en particulier à tel compte rendu, si on peut dire, haineux,

on peut le dire, de l'*Express* et à telle note du *Nouvel Observateur*).
Il faut plutôt revenir à ce qui fut effectivement dit (qui se trouve
maintenant publié [1]) et qui fut prudent, compliqué, et je crois, pour
un débat si bref, assez élaboré. Le groupe sur l'enseignement et les
médias a travaillé de longues heures, il a réuni un nombre très
important de participants, la discussion qui précéda l'approbation
du rapport fut longue. En lisant la transcription des débats aux EG,
on s'apercevra (si du moins on était décidé à en douter) qu'ils ne
comportent aucune critique des médias en tant que tels et en général,
seulement de certaines conditions techniques ou politiques de leur
fonctionnement actuel, et des effets généraux que cela ne peut manquer d'avoir sur le discours, l'enseignement, la recherche, etc. Toutes
sortes de précautions ont été prises pour que cela ne ressemble en
aucun cas au procès sommaire des médias en général. Qu'on relise
ou qu'on lise. Les enjeux étant graves, les investissements nombreux
et divers, on ne peut s'interroger sur la presse et sur les médias sans
faire naître beaucoup de nervosité. Les réactions sont puissantes et
elles viennent par définition de lieux surarmés en ce domaine. Certains
voudraient interdire que ces questions soient posées en toute liberté
et au grand jour comme nous l'avons fait. Par exemple, c'est sans
doute pour cela que le dimanche après-midi une petite troupe très
décidée avait tenté de rendre le travail impossible et d'interrompre
nos débats : tapage continu, sifflements, hurlements hargneux pour
couvrir ou brouiller toute parole, bref, la technique éprouvée du
petit commando terroriste. La troupe était animée par B.H. Lévy et
D. Grisoni. Il leur fut proposé de prendre la parole au micro comme
tout autre participant. Quand ils ont commencé à le faire, certains
ont protesté dans la salle, sans doute exaspérés par le sabotage en
cours et l'obstruction forcenée. Près de la tribune où se trouvait le
micro, deux ou trois inconnus ont même *provoqué une brève et légère
bousculade* (je pèse mes mots). Mais les organisateurs, qui l'y avaient
d'ailleurs invité, ont fait en sorte que B.H. Lévy puisse avoir la
parole en toute liberté. Ce qui eut lieu, et cette intervention est
maintenant publiée. Je ne m'attarderais pas sur cet incident, au
demeurant fort éclairant, si je ne venais d'apprendre qu'à en croire

---

1. *États Généraux de la Philosophie, op. cit.*

un entretien entre Ph. Sollers et B.H. Lévy, ce dernier aurait été « passé à tabac » aux États Généraux. « Passé à tabac »! On peut espérer qu'un défenseur aussi éloquent des droits de l'homme connaît le sens et prend la mesure de cette expression qu'il avait déjà employée, à propos du même incident, au cours de l'une de ses apparitions à la télévision (entretien cette fois avec J.-L. Servan-Schreiber). Il s'agit là, de la part de B.H. Lévy, de la plus ignoble diffamation. Au cours de cette *brève et légère bousculade,* j'y insiste, aucun coup ne fut porté par personne : des gens qui crient dans la confusion, se pressent autour d'un micro ou se tirent par la veste, voilà les faits, plus de mille personnes peuvent l'attester. Sachant comme tout le monde que B.H. Lévy se soucie peu de distinguer entre le faux et le vrai (alors même qu'il porte la Vérité, la Loi et l'Éthique à la boutonnière), j'aurais abandonné ces symptômes à leur contexte sinistre et dérisoire à la fois, je n'aurais pas relevé une méprisable calomnie si le faux, cette fois, ne faisait injure à tous ceux qui étaient présents aux États Généraux, à *tous* et non seulement aux maîtres-auxiliaires que B.H. Lévy, dans le même élan, renvoie si confortablement à leurs petits problèmes. Propagé et accrédité par des organes publics (télévision, périodique), ce faux constitue une agression trop grave et trop massive pour qu'on la laisse sans réponse, si peu de goût qu'on ait pour de tels échanges. Ah! si la cause des droits de l'homme n'avait que des défenseurs si prompts à injurier et à falsifier, nous devrions être plus inquiets que jamais. Je ferme cette parenthèse.

12. C'est ici * qu'une analyse patiente et multiple, allant dans de nombreuses directions, devrait expliquer que *telle* critique du

---

* Réponse à une intervention d'Olivier Mongin :

« ... Il faut aller plus loin, se demander si la TV dénature nécessairement un travail philosophique. Il faudrait se demander quel a été le rôle de la nouvelle philosophie par rapport à la critique du totalitarisme. Il faudrait se demander si elle est bien passée à la TV parce que sa forme de discours s'y prêtait alors que le discours de Lefort ou Castoriadis était moins susceptible de passer la rampe. Ce n'est pas si sûr. De toute façon on s'exile et on exile le travail culturel si on pense qu'il n'est pas communicable en dehors de ceux qui savent déjà lire. »

totalitarisme – de *tel* totalitarisme – n'a eu accès à la télévision, sous *telle* forme, qu'à un moment précis de l'histoire de ce pays, alors qu'elle était ailleurs clairement formulée, informée, aiguisée depuis longtemps, et que depuis longtemps elle avait justifié chez certains des prises de position sans équivoque. Je ne crois pas que seule la difficulté du discours soit en cause, mais tout un ensemble d'évaluations latérales qui accompagnent un contenu (par exemple ce que vous appelez la critique du totalitarisme, à quoi tout est loin de se résumer). Mais il ne faut pas se livrer à l'improvisation dans ce domaine qui souffre déjà de trop de stéréotypies et de manipulations là où nous aurions besoin de travaux fins, différenciés, ne cédant à aucune intimidation. Et je me demande si la forme de l'entretien, si utile et éclairante d'un autre point de vue, ne risque pas de nous précipiter vers des simplifications. Je me contenterai ici, à la place d'une analyse difficile à reconstituer dans ces conditions, de marquer une prise de position très claire, tout en renvoyant aux textes publiés : personne, je crois, aux États Généraux, personne au *Greph* n'a attaqué quelque chose comme les médias en tant que tels et en général mais, je le disais tout à l'heure, un certain état et un certain usage aujourd'hui, en France, de tel ou tel instrument du type « médias ». Pour ma part, j'ai dit le plus clairement du monde ma défiance à l'égard de toute réactivité contre les médias, et j'ajouterai d'un mot : des médias je trouve seulement qu'il *n'y en a pas assez*. Ça souffre plutôt de monolithisme, de concentration, de monopolisation, d'uniformisation violente et arraisonnée. Bref, le symptôme le plus criant est de type oligarchique. Alors pourquoi ce petit nombre d'opérateurs, et pourquoi ceux-là, voilà peut-être de quelle question on peut partir.

Titres

(pour le Collège International de Philosophie)
(1982) *

PHILOSOPHIE

En justifiant maintenant les titres de cette nouvelle institution, à commencer par le nom que nous proposons de lui donner, nous entendons ainsi faire valoir les titres qu'elle devrait avoir à exister.

Pourquoi la philosophie? Pourquoi la philosophie aujourd'hui, et pourquoi ce nouveau Collège serait-il d'abord un Collège de Philosophie?

Bien entendu, nous ne proposons pas d'inventer ou de restaurer la philosophie en France. Elle y a ses modes d'existence et ses conditions institutionnelles, par exemple dans l'Université, dans les

---

* Pour éclairer à ce point mon propos, je crois utile de reproduire ici un chapitre du Rapport pour la fondation du Collège International de Philosophie, celui qui porte précisément le titre *Titres*. Je tiens à rappeler que, à la différence de *Coups d'envoi* (reproduit plus loin), ce chapitre-ci appartient à la partie du Rapport qui fut assumée et signée par tous les membres de la Mission que j'avais été officiellement chargé de coordonner.

Terminales des Lycées, au Collège de France et au CNRS. Il existe aussi des Sociétés de Philosophie à Paris et en Province.

Nous définirons la nécessité d'y ajouter une autre institution, tout autrement structurée, qui ne concurrencera et ne menacera en rien les dispositifs existants, au contraire. Nous pensons plutôt à une ressource nouvelle, et à une force de proposition et d'incitation, à un lieu très ouvert et propice aussi bien à des expérimentations, dans l'ordre des échanges philosophiques, de la recherche et de l'enseignement, qu'à des débats auxquels toutes les institutions actuelles pourraient associer leurs représentants. Selon des modalités que nous préciserons plus loin, toutes les institutions philosophiques du pays pourraient être représentées dans ce Collège, y prendre leurs responsabilités et y discuter leurs travaux et leurs projets. Nous excluons par principe toute hypothèse qui tendrait à doubler des possibilités déjà présentes ailleurs dans le pays. De surcroît, nous nous abstenons de faire ici le procès des politiques antérieures, quels qu'en aient pu être les effets, et même si certains d'entre eux restent à nos yeux massivement négatifs. Nous ne mettons pas en cause ceux ou celles qui ont pu représenter ces politiques. Notre propos est ici avant tout et essentiellement affirmatif; d'ailleurs, une telle évaluation critique, dont ce n'est pas ici le lieu, a déjà été entamée; elle appellerait des analyses amples, complexes, mettant en jeu aussi bien l'essence et la destination de la philosophie qu'un nombre considérable de déterminations et de surdéterminations socio-politiques. Cela devra constituer l'un des champs d'études promis au nouveau Collège (« quoi, par exemple, de la philosophie et des institutions en France, au XXe siècle et notamment depuis la Seconde Guerre mondiale? »). Une telle étude est ici hors de proportion et hors de propos. Plaidant pour un certain avenir, nous nous limitons à quelques *axiomes*.

On voit s'annoncer aujourd'hui, de tous côtés, ce qu'on pourrait appeler un *réveil du philosophique* ou un *retour à la philosophie*. Ces expressions n'engagent aucune évaluation simplifiante. Elles visent par approximation un phénomène nouveau, puissant et singulier qui déborde largement les limites académiques et tous les lieux traditionnellement réservés à l'échange et à la recherche philosophiques (c'est-à-dire en France le champ de plus en plus réduit, au cours des dernières décennies, de l'Université, du CNRS, de ses publications spécialisées, ou encore de l'espace très menacé des Terminales des Lycées). Un tel retour à la philosophie n'est en rien une récession, même s'il doit, sous certaines de ses formes, en courir ici ou là le risque. Les contraintes qui pourraient expliquer ces formes régressives, aussi bien que la valeur de régression elle-même, mériteraient dans ce cas une analyse complexe et prudente. Là encore, nous devons nous limiter à des indices : autant de problématiques, parmi d'autres, à confier au nouveau Collège.

Ce retour du philosophique n'est pas davantage, ni simplement en tout cas, un « retour du refoulé », même si la philosophie doit peut-être échapper aujourd'hui à une sorte de répression dont les séquences et les différents modes s'expliquent en partie par un certain concept techno-politique de l'éducation : on a cru devoir limiter l'étendue de la formation philosophique (et des « humanités » en général) jugée à la fois trop critique, trop négative et improductive. Nous rappelons ici sous sa forme la plus abstraite le thème largement analysé par tous ceux qui, au cours des dernières années, ont lutté contre l'étouffement de la philosophie.

Le « retour » dont nous parlons n'implique pas nécessairement l'effacement ou l'omission de ce qui, dans des perspectives diverses, a été dit ou pensé de la fin de la métaphysique. Dans ses formes les plus originales et les plus rigoureuses, ce « retour » annonce au contraire un nouveau rapport à la philosophie comme telle, à une philosophie dont les limites sont appréhendées d'une autre façon : pas plus qu'elle n'est « morte » ou vouée à une disparition pure et simple, la philosophie ne commande le champ encyclopédique des savoirs depuis une position hégémonique. N'oublions pas que tout ce qui fut dit ou pensé de la philosophie au cours de ces deux derniers siècles s'expliquait aussi avec ce qui forme ici un couple paradoxalement indissociable : hégémonie/mort de la philosophie.

C'est le système de cette alternative qui se déplace et se périme sans doute aujourd'hui, et avec lui un concept de *l'universitas* qui le suppose en permanence : le modèle de l'Université qui domine, en Occident, depuis l'Université de Berlin et les commencements de la société industrielle, se trouve construit sur des fondements étatico-philosophiques conférant à la philosophie une sorte d'autorité juridique absolue (l'ontologie fondamentale ou le tribunal de la raison pure légiférant sur la totalité du champ théorico-pratique) tout en lui refusant, en principe, la moindre parcelle de pouvoir effectif ou la moindre chance d'intervention en dehors de la clôture universitaire (cf. à cet égard l'exemplaire *Conflit des Facultés* de Kant, et tant d'autres discours de philosophes sur le destin de l'Université).

Dès lors, si nous proposons la création d'un Collège *de Philosophie,* ce n'est pas d'abord pour marquer l'appartenance intégrale de cette institution à ce que nous croirions pouvoir d'avance déterminer comme sa destination ou son essence *philosophiques.* C'est, *d'une part,* pour désigner un lieu de pensée où se déploierait la *question de la philosophie : sur* le sens ou la destination du philosophique, ses origines, son avenir, sa condition. « Pensée » ne désigne pour l'instant, à cet égard, qu'un *intérêt pour la philosophie,* à la philosophie, mais un intérêt qui n'est pas d'abord, nécessairement et de part en part, philosophique. C'est, *d'autre part,* pour affirmer la philosophie et définir ce qu'elle peut être et doit faire aujourd'hui dans notre société au regard des nouvelles formes de savoir en général, de la technique, de la culture, des arts, des langages, de la politique, du droit, de la religion, de la médecine, de la puissance et de la stratégie militaires, de l'information policière, etc. Expérience de pensée *au sujet du philosophique,* non moins que travail philosophique, voilà ce que pourrait être la tâche du Collège. Tâche à la fois classique (quelle philosophie n'a pas commencé par chercher à déterminer l'essence et la destination de la philosophie?) et tenue aujourd'hui à se déployer dans des conditions singulières. Plus loin nous en dirons de même pour les valeurs de recherche, de science, d'interscience ou d'art.

Pratiquer des recherches nouvelles, s'engager dans des mouvements interférentiels et des espaces interscientifiques, cela ne signifie pas, bien au contraire, qu'on soit installé dans un concept assuré de la « scientificité » et de la « recherche scientifique ». Quels sont le sens historique et l'avenir de ces concepts? Sous ses formes les plus différenciées, cette question serait au programme du Collège.

Ce « réveil philosophique » prend aujourd'hui des formes diverses et remarquables dans toutes les sociétés occidentales et dans toutes les régions du monde qui s'ouvrent au développement scientifique et technologique. Certains pays d'Afrique francophone fournissent à cet égard un exemple particulièrement spectaculaire : la demande des nouvelles générations et une certaine situation historique ont déjà conduit tel ou tel pays à étendre l'enseignement de la philosophie dans les Lycées *avant la Terminale,* par référence explicite à des revendications formulées en France même (notamment par le *Greph*) où elles n'ont pas encore été suffisamment entendues. Que cela forme ou non l'unité essentielle d'une époque, il y a sans doute là plus qu'une conjoncture fortuite. Que les motifs qui déterminent cette urgence et cette convergence restent hétérogènes, voire contradictoires, cela ne rend que plus énigmatique et plus signifiant ce recours commun à la philosophie comme telle.

Au titre d'indices exemplaires, rappelons sommairement quelques-uns de ces motifs. Nous interdisant d'engager ce projet dans une pré-interprétation du phénomène, nous nous contenterons d'accumuler des symptômes incontestables, ceux qui permettent de définir au moins une demande et une attente.

1. Les discours naguère dominants sur la « fin de la philosophie » ou le « dépassement de la métaphysique » ont appelé partout, en réponse ou en réaction, un nouveau rapport à l'ensemble de la tradition philosophique occidentale. Celle-ci n'est ni rejetée, comme un héritage périmé, ni tenue pour naturelle ou indestructible. Les discours sur *la limite du philosophique* ont déterminé des modèles de lecture peu comparables, malgré certaines apparences, à ceux qui normaient les discours et les recherches philosophiques il y a encore vingt-cinq ans. En France plus qu'ailleurs (nous y insisterons plus loin), cette mutation a été profonde, même si les institutions philosophiques *en tant que telles* ne s'y sont pas adaptées. Cette inadaptation rend la demande philosophique extra-institutionnelle encore plus impatiente, et la diversité de ses formes constitue à elle seule un phénomène du plus haut intérêt.

2. Le retour du philosophique prend souvent la forme d'une nouvelle configuration des problèmes *éthico-juridiques.* Cela tient en

particulier à la mémoire et à l'anticipation du cataclysme mondial, aux prodromes d'une auto-destruction de l'humanité, aux phéno-mènes de totalitarisme, de torture physique et psychique, au retrait de certaines sécurités philosophico-idéologiques, aux pouvoirs techno-scientifiques (notamment sur la vie – greffe d'organes, manipulations génétiques – etc.), à la remise en question, par la philosophie et par la psychanalyse, des axiomes traditionnels de la morale et du droit (valeur de sujet, de conscience, de moi responsable, de liberté, etc.). Bref, dans les trois domaines que, par référence à un certain modèle d'Université (encore présent bien qu'il soit hérité du XIXe siècle allemand), on situait hors de la traditionnelle Faculté de Philosophie au sens large de ce mot [1], à savoir la théologie, le droit et la médecine, se sont produits des ébranlements qui en appellent, de nouveau et tout autrement, à la philosophie. Une nouvelle problématique du droit (par exemple de ce qu'on appelle les « droits de l'homme »), de l'expérience de la maladie ou de la santé, des rapports entre le politique et le religieux, etc., s'esquisse et requiert partout une autre explication avec le philosophique en tant que tel. Celui-ci ne peut dès lors ni disparaître ni jouer le rôle d'instance arbitrale qu'aupa-ravant on lui reconnaissait ou lui refusait sans laisser place à une autre possibilité.

3. Un certain retrait massif et récent des orthodoxies marxistes a donné lieu dans les démocraties occidentales à deux mouvements apparemment contradictoires mais qui tous deux prennent la forme d'une sorte de poussée philosophique :

a. Revenir simplement à des axiomatiques philosophiques que telle orthodoxie marxiste semblait avoir périmées, disqualifiées, ou du moins réduites à un silence intimidé.

b. Tenir compte de ce retrait du marxisme et de ses conditions politiques comme d'un phénomène signifiant, certes, mais qui, loin d'être enregistré comme un acte de décès ou une page tournée dans un journal des modes philosophiques, doit provoquer une réélabo-ration rigoureuse de l'héritage de Marx, et une plus grande ouverture à des problématiques modernes contre lesquelles il s'était souvent protégé. Ces réexamens et ce nouveau débat, avec le marxisme ou

1. Kant, *Le Conflit des Facultés.*

556

en lui, peuvent et doivent prendre des formes originales dans la France d'aujourd'hui.

4. Autre paradoxe : la résurgence puissante et évidente des mouvements religieux dans le monde et la force politique qu'ils représentent. Deux motifs apparemment contradictoires et concurrents s'associent dans le même effet philosophique.

D'une part, cette résurgence va *de pair* avec un intérêt renouvelé pour les thèmes éthico-métaphysiques ou théologiques qui furent naguère indissociables, en Occident, de l'histoire des religions.

D'autre part, et ailleurs, elle dicte, par réponse ou réaction, un recours aux « lumières » et à des formes modernes de rationalisme qu'on juge *aussi* congénitales à la philosophie en tant qu'elle est censée résister au mysticisme, à la mystagogie et aux obscurantismes. A travers les extrêmes simplifications auxquelles nous obligent le genre et le rythme des présentes considérations, on voit bien que c'est la « *question de la raison* » qui trouve ici une forme et une urgence nouvelles. Mais dans les deux « situations » que nous venons de rappeler, si contradictoires qu'elles soient, c'est un nouvel intérêt pour la philosophie qui se trouve ainsi mobilisé.

5. Enfin et surtout, les recherches techno-scientifiques sont en train d'engager un nouveau rapport au philosophique. Celui-ci ne se réduirait plus seulement aux formes classiques qu'il a pu connaître :

a. Coexistensivité et communication immédiate entre l'encyclopédie, la totalité du savoir et la philosophie.

b. Subordination (de droit) des régions du savoir à une ontologie générale ou à une instance transcendantale.

c. Revendication (plus tardive) d'une autonomie de chaque champ scientifique cherchant à se fonder et à se formaliser lui-même en excluant toute instance philosophique.

d. Recours au philosophique dans le moment proprement épistémologique de la recherche.

e. Forme toujours philosophique des expériences dites de « crise » : crise des « fondements », inquiétude quant aux finalités éthico-politiques de la science et de la technique (utilisation militaire ou policière des pouvoirs techno-scientifiques, manipulations génétiques, rôle de l'informatique, de la télématique : encore les problèmes nouveaux du « droit, de la médecine et de la religion ») [1].

Ces formes typées ne sont d'ailleurs pas nécessairement ni également périmées. Mais une autre pratique philosophique et un autre rapport au philosophique se cherchent, à l'intérieur et aux limites de tous ces savoirs. A l'alternative du tout-ou-rien philosophique, de l'hégémonie philosophique *vs* la non-philosophie ou l'indépendance à l'égard de tout philosophème, on voit succéder aujourd'hui, tendanciellement, une multiplicité d'échanges transversaux, originaux à la fois par leur caractère local et par le renoncement à un recours *classique* à la philosophie (recours « radical », fondamentaliste, ontologique ou transcendantal, recours toujours totalisant).

D'une part, des questions de type philosophique traversent des espaces hier inconnus, exclus ou marginalisés. Citons, sans ordre : la pratique, la théorie et le mouvement psychanalytiques, les nouvelles données de la stratégie militaire, du droit international dans le traitement de l'espace et de l'information, l'urbanisme, les médias, les nouvelles conditions technologiques du rapport à la maladie, à la mort, à la torture, l'exploration théorique des langages, des écritures, des grammaires, du discours, la transformation des supports et donc des formes « artistiques » – et par là des institutions et des classifications artistiques, du concept des « beaux-arts », discursifs ou non discursifs, etc.

D'autre part, et réciproquement, ces nouvelles incursions obligent le philosophe à remettre en question un certain type d'autorité (fondamentaliste, transcendantale ou ontologique) qui s'accommodait parfois d'une certaine extériorité (et donc d'une relative incompétence) au regard de tel ou tel champ de savoir déterminé; elles l'obligent à changer en tout cas de style et de rythme, parfois de langue, sans pour autant renier la philosophie et sans croire à sa pure et simple invalidité. Sans cesser de s'interroger sur le sens et la destination de la philosophie et de ce qui continue à s'affirmer sous ce nom, le philosophe semble devoir aujourd'hui transformer ses modes de questionnement pour répondre aux provocations et aux attentes

---

1. Référence, encore, aux départements « non philosophiques » de l'Université dans *Le Conflit des Facultés*.

venues de lieux encore ignorés, le plus souvent, des institutions philosophiques, exclues par les problématiques qu'elles reconnaissent et légitiment.

Liberté, mobilité, inventivité, diversité, voire dispersion, tels seraient les caractères de ces nouvelles « formations » philosophiques. Par « formations », nous entendons ici aussi bien les « objets » philosophiques nouveaux et le processus de leur constitution que les « formations sociales » (groupes de philosophes, communautés institutionnelles, structures de recherche et d'enseignement) qui leur correspondraient. Difficiles, par définition, à focaliser dans ce qui eût été auparavant un « système » ou un modèle d'*universitas,* elles requièrent en tout cas des institutions aussi légères, perméables et mobiles que possible. Nous en tirerons plus loin les conséquences.

Ce que nous venons de dessiner schématiquement peut donner le sentiment d'une simple « conjoncture » mondiale, autrement dit d'une contingence ou d'une unité accidentelle. Quelle pourrait être la destination essentielle et commune de ces motifs qui tous semblent reconduire à la philosophie ou du moins se croiser en un lieu dit philosophique alors même qu'ils paraissent contradictoires ?

Cette *unité* présumée, nous ne voulons pas ici la déterminer. Nous ne voulons pas en proposer une pré-interprétation philosophique ou méta-philosophique. Du moins faisons-nous tout ce qui est possible pour nous en abstenir. En quoi nous assumons délibérément le risque d'un discours pré-philosophique, empiriste, rhapsodique. Nous le faisons pour plusieurs raisons qui tiennent toutes au genre de texte que nous proposons ici et à la mission qui nous a été confiée. Il nous paraît utile de dire brièvement ces raisons.

1. Nous croyons que le consensus serait assez facile sur le repérage approximatif de tous ces signes et symptômes, mais il n'en est pas nécessairement de même pour leur interprétation d'ensemble. Chaque signe se présente lui-même comme un discours et une pré-interprétation philosophique de la totalité du champ mondial. Dans une situation donnée (la chance de la France aujourd'hui, disons-le pour faire vite), il nous paraît possible de fonder une institution sur ce premier consensus, mais nous tenons à ne pas en lier le projet même à une pré-interprétation ou à une mise en perspective philosophique,

la nôtre ou celle de l'un d'entre nous. C'est là notre responsabilité. Nous tenons à l'assumer aussi rigoureusement que possible, sachant bien que la neutralisation absolue de toute pré-interprétation serait à la limite inaccessible et absurde : elle conduirait ce discours même à l'irresponsabilité.

Ce qui finalement nous aura aidés dans cette difficulté, c'est une hypothèse ou une question. A suspendre en effet, aussi longtemps que possible, toute pré-interprétation philosophique, nous ne nous conformons pas seulement à la neutralité et à la réserve requises pour la mission qui nous est confiée, nous avançons peut-être aussi l'hypothèse (tel ou tel d'entre nous la ferait volontiers sienne) qu'aucun discours aujourd'hui délimitable selon les modèles ou les critères académico-institutionnels de la tradition n'est, en tant que tel, capable d'une telle interprétation : ni un discours scientifique (régional) ni un discours philosophique (ontologie fondamentale ou philosophie transcendantale, etc.). C'est à peine plus qu'une question, une hypothèse. Si l'on pouvait encore prétendre lui reconnaître une identité et une unité, *la* question ou *le* type de questions pour ce Collège concernerait donc justement les limites théorico-institutionnelles dans lesquelles on a pu jusqu'ici tenter de s'approprier cette interprétation. Celle-ci traverse et déborde, peut-être sans les disqualifier pour autant, tous les discours et toutes les thématiques qui prétendent la dominer, par exemple la philosophie (sous toutes ses formes, en particulier la philosophie du langage, la philosophie de l'histoire, l'herméneutique, la philosophie de la religion), les sciences humaines (par exemple la sociologie sous toutes ses formes, jusques et y compris la sociologie de la connaissance; l'histoire, jusques et y compris l'histoire des sciences et des techniques; la politologie ou l'économie politique, la psychanalyse, etc.) et les sciences dites de la nature, à supposer que cette dernière distinction résiste encore à l'analyse. Autrement dit, la charte d'un tel Collège ne doit pas l'exclure, la pensée qui se montrerait à la mesure de cette unité de l'époque, s'il y a « époque », unité et mesure, n'est peut-être plus scientifique ou philosophique, au sens aujourd'hui déterminable de ces mots. C'est en vérité cette indétermination et cette ouverture même que nous désignons, dans ce contexte, par le mot de « pensée ». Ce n'est pas rien, que ce mot, mais ce n'est rien d'autre : non pas la philosophie mais ce qui l'interroge.

2. Cette « pensée » sera précisément l'horizon, la tâche et la destination de ce Collège, son aventure aussi. Aventure parce qu'il y va de l'avenir, nous l'avons dit, mais aussi parce qu'il s'agira de risquer : aussi bien dans la voie des spéculations ambitieuses sur les sujets les plus vastes que sous la forme d'incursions expérimentales dans des domaines inexplorés. L'attitude spéculative et l'expérimentation artisanale trouveront ici le lieu le plus accueillant pour leur cohabitation.

Ce Collège ne serait pas un *établissement,* une institution immobilisée dans laquelle on chercherait à couvrir des domaines reconnus par des programmes assurés de leur efficience, de leurs performances et de leur productivité. Ce sera plutôt un lieu de provocation, d'incitation à la recherche, d'exploration spéculative ou expérimentale, de propositions et de stimulations dans des directions nouvelles.

Les thèmes que nous venons d'évoquer pour situer le réveil du philosophique aujourd'hui sont connus et traités (directement ou indirectement, mais toujours séparément) par tel ou tel groupe spécialisé dans telle ou telle institution. Le Collège ne devra certes pas remplacer ou concurrencer cette activité, encore moins contester ces compétences. D'ailleurs il ne le pourrait pas. En revanche, il pourra faire converger ou se croiser, dans le style que nous définissons à l'instant (incitation incisive, exploration spéculative ou expérimentale, mise en communication transversale, etc.), des problématiques trop souvent dissociées et isolées. Dans les moments les plus forts et les plus spectaculaires de son existence (et on peut raisonnablement les prévoir), le Collège provoquera les débats essentiels entre les penseurs les plus divers et les plus marquants de tous les pays, sur les enjeux décisifs que nous évoquions plus haut.

A cet égard, on peut le dire en toute neutralité, cette chance unique peut être donnée en France, à la France et par elle. La situation de notre pays est singulière aujourd'hui. Limitons-nous au plus connu et au plus sommaire.

Au cours des vingt-cinq dernières années, c'est dans des voies et selon un style qui préfigurent justement ce que serait un Collège international de Philosophie dont les moyens ne leur ont jamais été donnés, que bien des chercheurs français (philosophes, savants, artistes) ont sans doute marqué la plus grande originalité, celle en tout cas qui leur est le plus facilement reconnue à l'étranger. Car c'est à l'étranger qu'on en a sans doute la conscience la plus vive : la France est le pays où bon nombre d'intellectuels de formations diverses ont mieux qu'ailleurs transgressé les limites théorico-institutionnelles ou les territoires académiques établis. Nous nous abstiendrons ici de nommer des individus; mais il est notoire que par exemple les philosophes français les plus réputés et parfois les seuls connus à l'étranger sont ceux qui ont conduit leur travail en marge des programmes et des normes universitaires, ouvrant la philosophie aux sciences, à la littérature, à la psychanalyse, aux arts plastiques, etc. Et ils l'ont fait dans des conditions difficiles − rendues plus difficiles par le système institutionnel français et par sa politique traditionnelle, ce que l'étranger, toujours prêt à les accueillir, a bien du mal à comprendre.

Situation étrange, chance à ne pas manquer. Il existe aujourd'hui, dans une sorte de territoire marginal ou entre-institutionnel, un espace qu'aucune autre culture nationale n'a pu créer. Et, *stricto sensu,* à se référer aux critères établis, cet espace n'est pas purement philosophique, ni purement scientifique ni purement esthétique.

Il se trouve que la richesse et la singularité de ce quart de siècle ont souvent donné lieu à des conflits, à des exclusions doctrinaires ou dogmatiques, à la constitution de chapelles et de clientèles, à l'exploitation de petites différences qui font sourire les étrangers plus attentifs à l'unité générale de la scène française. L'histoire et la sociologie de ces phénomènes mériteraient aussi une étude systématique qui pourrait être engagée ou poursuivie par le Collège. Mais il importe tout autant de constater aujourd'hui une sorte de pause dans cette guerre qui fut sans doute aggravée, parfois créée par les structures du pouvoir institutionnel, tant dans l'Université que dans les médias et l'édition. Certains signes laissent penser que ce type de conflictualité sans rencontre et sans débat pourrait jusqu'à un certain point laisser la place à des discussions à la fois plus directes et plus tolérantes. Sans que cela signifie facilité, éclectisme ou œcuménisme, le Collège pourrait offrir dans ces conditions un des principaux lieux de rencontre, de travail et de débats. On peut raisonnablement prévoir l'intérêt qu'il pourrait dès lors susciter en tant que tel. La qualité et le nombre des penseurs qu'il attirerait vers lui feraient de ce Collège un lieu de fréquentation et de circulation très denses, un potentiel de création de haute intensité. A elle seule, sa création serait un événement, et non seulement un événement spectaculaire : nous sommes déjà sûrs qu'il serait salué, en France et à l'étranger, à la mesure des grandes espérances qu'il y fait naître déjà. De nouveaux signes nous le confirment chaque jour.

On pourrait aussi en attendre une grande richesse de propositions et d'incitations pour l'avenir de l'enseignement philosophique en France, « à l'heure où le gouvernement s'apprête à étendre l'étude de la philosophie dans l'enseignement secondaire » (Jean-Pierre Chevènement, *Lettre de mission*).

La mission qui nous a été confiée se situe donc expressément dans la perspective d'un développement de cet enseignement : dans l'enseignement secondaire et dans l'enseignement supérieur, dans les classes et dans les sections spécialisées mais aussi ailleurs. Si, comme nous l'espérons, l'enseignement philosophique s'étend pour atteindre les proportions de toute autre discipline fondamentale, si pour s'étendre il doit se transformer et s'enrichir, le Collège pourra jouer dans cette perspective un rôle précieux. Cela ne signifie pas qu'il centralisera ou rassemblera toutes les recherches entreprises à cet effet. Mais, d'une part, très spontanément et très naturellement, toutes les activités du Collège seront autant d'ouvertures, d'hypothèses et de propositions pour un nouvel enseignement philosophique aussi rigoureux que possible, tant dans ses exigences traditionnelles que dans ses innovations. Et, d'autre part, tâche décisive que nous précisons plus loin, le Collège organisera dès sa création des recherches et des expérimentations systématiques dans cette direction. Il préparera ainsi un ensemble de propositions nouvelles et cohérentes (procédures pédagogiques, programmes, méthodes, contenus, mais aussi libération d'espaces pour d'autres frayages et pour des pratiques plus inventives, etc.) en vue de l'extension de l'enseignement philosophique avant la Terminale et hors des sections de philosophie dans l'Université.

Bien entendu, s'associeront à ce travail – qui sera seulement de proposition et d'incitation – tous ceux qui, dans les enseignements secondaire et supérieur, au CNRS ou ailleurs, souhaiteraient y prendre part. On mettra enfin en œuvre le vœu largement exprimé lors des États Généraux de la Philosophie et on pourra aussi se référer pour le faire aux travaux publiés par ces États Généraux, comme à ceux du Groupe de Recherche sur l'Enseignement philosophique. Mais il ne s'agit là que d'une possibilité et d'un exemple.

INTERSCIENCE ET LIMITROPHIE

Pourquoi associer, avec « sciences » et « arts », le sous-titre « interscience » au titre « philosophie »?

Certaines des considérations précédentes ont sans doute préparé notre réponse. Nous devons maintenant préciser les contours d'un concept qui, pour n'avoir pas de légitimité théorique à l'intérieur, précisément, d'un champ d'objectivité déjà déterminé, n'en paraît pas moins nécessaire dès lors qu'on prend en compte une certaine topologie théorico-institutionnelle du savoir. Là encore, il s'agit de ce qui se passe, peut et doit se passer entre les domaines de compétences déjà légitimés et quand les frontières se laissent déborder ou déplacer. En détournant le mot d'Einstein [1], on appellera « interscientifique », toute thématique, toute compétence, toute activité de recherche (on dira plus loin toute performativité) à laquelle la carte des institutions, à un moment donné, ne reconnaît pas encore de départements stables, habilités, habitables. Ces zones d'instabilité peuvent paraître sauvages et inhabitables au regard d'une certaine représentation sociale de la recherche organisée. Elles sont en fait des lieux de grande circulation, les lieux privilégiés pour la formation

---

1. Cité par Braudel. Nous le soustrayons ici à son contexte, le retournons même contre ses présuppositions apparentes : Dieu, « garant de l'*interscience* comme l'est le Dieu-Substance de Spinoza ».

de nouveaux objets ou plutôt de nouveaux réseaux thématiques. Ces voies en cours de frayage mettent en connexion des routes institutionnelles à circulation autorisée, à signalisation codée et débit (productif ou reproductif) programmé. Le frayage de ces nouvelles voies peut être déjà amorcé ou totalement à venir. On peut le préparer ou se laisser surprendre par lui dès lors qu'il ne dépend plus seulement de l'initiative d'un sujet (« libre » ou « formé » selon des programmes d'éducation), mais d'un rapport bien plus complexe à la nouvelle technologie de l'information et de la communication, etc. Dans les deux cas, on parlera d'interférence des savoirs ou d'« interscience » puisqu'il s'agit du surgissement de nouveaux objets sur des voies obliques ou transversales mettant en communication des domaines jusque-là séparés.

C'est le privilège accordé à ces interférences qui donnera à la vie du Collège son caractère propre : exploration, expérimentation, innovation, invention, proposition, coup et pari dans des espaces encore peu connus et reconnus ; et surtout *transférence,* à tous les sens de ce mot. Nous en tirerons plus loin les conséquences quant au statut, à l'organisation, à la forme et au rythme des activités du Collège. Il s'agira, pour une part importante des recherches à engager, de former de nouvelles problématiques et de nouvelles compétences qui une fois reconnues dans leur nécessité et stabilisées dans leur unité devront émigrer, être transférées et accueillies ailleurs, dans une autre institution existante ou dans une institution à créer. Il s'agira donc d'inventer les meilleures conditions et le meilleur rythme pour ces interférences et transférences. On sait combien il est difficile à un établissement de recherche, assuré de son domaine de compétence, de sa légitimité et de sa productivité, de se montrer hospitalier à des thèmes et à des questions qui paraissent d'abord désorganiser ou déborder son programme général.

Ces difficultés sont très diverses dans leur origine et dans leur manifestation. Elles obéissent à des pesanteurs réglées qui, dans la grande mobilité théorico-institutionnelle qu'il faut aujourd'hui accepter, appellent une étude systématique. Celle-ci sera privilégiée dans un Collège qui là encore devra s'interroger, directement ou indirectement, sur ses propres conditions de possibilité. Et cette interrogation ne sera pas seulement une sociologie réflexive de la connaissance, bien qu'elle puisse l'être aussi.

Tout cela confirme la nécessité d'allier la philosophie, dans le sens que nous avons tenté de situer, à ces intersections multiples et actives, pour plusieurs raisons.

PERFORMATIVITÉ

Une fois encore, dans le contexte que nous définissons ici, les « savoirs » *entre* lesquels il s'agit de reconnaître de nouvelles voies ne se limitent pas à ce qu'on appelle couramment des « sciences » (mathématique, logique, science de la nature, sciences humaines ou sociales). Ils s'étendent à toutes les *compétences,* dans quelque domaine que ce soit. Le Collège devra s'ouvrir ainsi, en vertu des mêmes nécessités trans- ou inter-férentielles, aux expériences artistiques et à tous leurs langages (« pratique et théorie » de la littérature, des arts plastiques, de la musique, du théâtre, du cinéma, de toutes les techniques audio-visuelles, etc.).

Ces possibilités sont admises comme allant de soi et empiriquement organisées dans bien des Universités; c'est chose courante aux États-Unis par exemple. Il s'agit d'officialiser, d'enrichir et de systématiser ces recherches, de faire place, dans certaines conditions, non seulement à des travaux théoriques *sur* les arts et les techniques de toutes sortes, mais à des recherches dites « créatrices ». *Tékhnè* et *poièsis,* disions-nous plus haut : les compétences auxquelles nous en appelons ne seraient pas seulement théoriques, elles définiraient aussi un savoir-faire ou un savoir-produire, et donc, comme il va de soi pour une compétence, la capacité de la *performance*. Nous devons insister sur ce point, car il situe sans doute un des enjeux les plus originaux pour le Collège, le haut risque et la difficulté du calcul. Insister sur la performance ne revient pas, bien entendu, à valoriser le caractère « performant », comme on dit, de techniques ou d'opérations programmables et rentabilisables. Nous avons tenu à marquer au contraire que le Collège devrait échapper aux modes de calculs dominants à cet égard, ce qui ne le voue pas à l'improductivité, mais requiert la prise en compte d'autres rythmes, de structures qualitatives très hétérogènes, de phénomènes probabilitaires ou aléatoires échappant au calcul institutionnel classique. Cela pourrait être aussi, notons-le encore au passage, un des thèmes de travail à privilégier dans le Collège, avec tous les effets produits sur le savoir (compétence et performance) par les mutations technologiques en cours, notamment celles qui concernent l'archivation, le stockage et la communication de l'information, l'informatisation, la télématique, les banques de données, la problématique dite des « intelligences artificielles » [1]. Une des missions du Collège sera la « formation à la recherche » : on devra donc voir s'y développer à la fois la *compétence technique* dans l'accès à cette nouvelle instrumentalisation du savoir et une nouvelle réflexion de type « philosophique » original sur cette nouvelle condition technologique du savoir et de la communication, sur le rôle des « médias », sur la politique de la science, sur les nouvelles responsabilités qui s'y engagent, etc.

Nous proposons donc que la possibilité et l'exigence « performatives » soient reconnues de droit comme une des marques essentielles du Collège. Elles ne l'ont jamais été, *en tant que telles,* dans aucune institution de recherche et d'enseignement, et cela pour des raisons structurelles, philosophiques et politiques. Sans doute, tout langage philosophique ou théorique en général met-il en œuvre, sous son apparence et ses normes apparemment « constatives » ou descriptives, des forces « performatives » qu'on a en général méconnues ou plutôt déniées, en tout cas privées de toute légitimité dans les institutions de « savoir ». On excluait ainsi toute possibilité *légitime* de faire d'un acte de discours un événement provoquant un événement, ce qui ne revient pas, selon la possibilité triviale et dès longtemps reconnue, à induire des événements ou des actions par des paroles. Il s'agit, rappelons-le sommairement, d'actes de langage dont la structure même, dans certains contextes donnés, est la cause immédiate de certains événements. Ce n'est pas ici le lieu de nous

---

1. Sur ce dernier point, les problèmes et les programmes du Collège pourront croiser ceux du Centre d'Études des Systèmes et des Technologies Avancées. Dès sa création, le Collège devra poursuivre les discussions déjà engagées dans cette direction et prévoir des échanges organisés avec le CESTA.

engager dans la problématique actuelle des énoncés performatifs et de la « pragmatique » en général. Elle étend son champ et se complique à une vitesse croissante. La dimension performative du langage couvre, de façon différenciée, une masse énorme d'énonciations typiques. De ce fait, qui concerne aussi bien la philosophie, la linguistique, la logique, la littérature, les arts, le discours politique, etc., ne retenons pour l'instant que son incidence institutionnelle : à lui seul, il devra à la fois constituer un champ de recherche très étendu et très différencié pour le Collège et une mutation structurale dans l'histoire des dispositifs de savoir et dans leur légitimation. Pour la première fois, une institution assumera expressément une dimension du langage jusqu'ici exclue et déniée. Les effets de cette mutation peuvent être de grande portée, si l'on veut bien suivre ce principe dans toute sa conséquence, et la création même d'un tel espace institutionnel sera déjà un « performatif » inaugural sans précédent, avec, nous ne le dissimulerons jamais, tous les risques qu'un « coup » de ce type peut comporter. Mais quels que soient les risques, cet événement aura par lui-même une signification « philosophique ». Il obligera d'abord à reconsidérer tous les théorèmes et les principes hiérarchiques sur lesquels se sont construits les appareils de recherche et d'enseignement, qu'il s'agisse de la structure des actes de langage, de leurs rapports à la technologie de la communication et à la *tekhnè* en général, des relations entre théorie et pratique, savoir et pouvoir, philosophie, science et arts. Outre les conséquences de grande portée et à long terme, telle inauguration permettra immédiatement d'admettre au grand jour que le Collège se donne, entre autres missions, celle de favoriser certaines performances, notamment dans les domaines dits des arts (discursifs ou non), dès lors qu'elles auraient valeur d'exploration expérimentale et l'effet d'« intersection » que nous évoquions plus haut. Chacune de ces expériences comporterait un enjeu de type « philosophique » pouvant donner lieu à une nouvelle thématique.

AU-DELÀ DE L'INTERDISCIPLINARITÉ

Il faut ici le préciser, cette intersection transversale des savoirs ne se réduirait pas à ce qu'il est convenu d'appeler « interdisciplinarité » : coopération programmée entre les représentants des sciences constituées qui étudient un objet commun, lui-même déjà identifié dans ses contours, à l'aide de méthodes différentes et d'approches complémentaires. Si nécessaire qu'elle demeure dans ses limites mêmes, l'interdisciplinarité ainsi entendue n'institue pas de problématique inédite et n'invente pas d'objets nouveaux. Elle ne prétend pas en tant que telle modifier la structure et les frontières reconnues des champs de recherche, des protocoles et des approches qui leur sont propres. Par contre, les intersections qu'il nous paraît nécessaire de provoquer et de multiplier devraient tendre à libérer des problématiques et des événements de langage que les disciplines constituées, en tant que telles, doivent en général inhiber ou marginaliser – et cela parfois en raison même de leur force, de leur légitimité, de leur efficience.

Il s'agirait donc moins, pour le Collège, de mobiliser plusieurs compétences *autour* d'un thème déjà repéré que de faire surgir de nouveaux thèmes et de nouveaux modes de recherche et d'enseignement. Il resterait certes plus nécessaire que jamais d'en appeler à des savoirs confirmés à l'intersection de « disciplines » existantes. Mais on le fera ici pour créer de nouvelles unités de recherche, pour en proposer ensuite à d'autres instances, dans le pays ou dans le monde, le système et la forme théorico-institutionnelle stabilisés.

Ce motif de l'intersection ou du croisement serait une sorte de charte pour le Collège. Il inspirerait sa critériologie, notamment dans l'orientation des travaux, la définition des responsabilités, la sélection des projets et l'évaluation des résultats.

Les frayages transversaux seront, pour le dire très schématiquement, de *deux types,* lesquels pourraient naturellement se croiser à leur tour.

1. *Limitrophie « externe »*

Telle avancée pourra d'abord mettre en évidence un lieu ou un thème qu'aucune discipline déterminée, en tant que telle, n'aura jusqu'ici reconnu et traité. Bien entendu, cela ne signifie pas que cette topique nouvelle ait été en principe inaccessible à une recherche déjà instituée et légitimée; et l'on pourra justement objecter que le progrès normal d'une discipline consiste à découvrir et analyser de nouveaux objets ou de nouvelles propriétés dans un champ d'objectivité déjà identifié. Toute contribution scientifique, du plus modeste mémoire aux élaborations les plus ambitieuses, se conforme en principe à cette norme, et c'est ce qu'on appelle la « recherche ».

Il nous faut donc préciser quel type de frayage transversal il s'agira ici de privilégier systématiquement. D'abord, critère quantitatif que nous croyons pertinent, certains frayages peuvent être acceptés en principe par telle ou telle institution et aussitôt privés, en fait, de tout avenir; faute de soutiens suffisants, les travaux originaux sont aussitôt marginalisés, contenus dans un espace étroit, retenus dans une sorte de sous-développement. L'insuffisance de soutien n'est jamais insignifiante ou purement aléatoire. Elle renvoie à des motivations, à des intérêts et à des structures politico-institutionnelles qui méritent chaque fois d'être interrogées au moment où l'on tente d'y suppléer, et dans ce mouvement même. On doit chaque fois se demander : pourquoi telles ou telles recherches n'ont-elles pas pu se développer? Qu'est-ce qui y fait obstacle? Et qui? Et comment? Pourquoi? En vue de quoi? Le Collège pourrait jouer, jusqu'à un certain point, un rôle de révélateur théorico-institutionnel. Retournant à l'occasion cette question vers ses propres limites, il multiplierait les questions de ce type et leur donnerait les développements les plus conséquents.

Il est par définition impossible de donner *a priori* une liste raisonnée de ces exclusions, forclusions, interdictions ou marginalisations (discrètes ou violentes). Par définition, les exemples que nous pourrions en donner seraient pour une part déjà périmés. Dans le cours d'un travail que nous ne voulons pas ici prédéterminer, ces « déverrouillages » apparaîtront et on proposera à leur sujet différents modèles d'interprétation générale ou d'intervention particulière. Nous ne pouvons pour l'instant qu'en identifier la forme abstraite et la critériologie la plus ouverte.

Ce premier type de *limitrophie* entraînerait de lui-même une analyse de type philosophique. La mise en communication de plusieurs ordres de « savoirs » sur un mode qui n'est plus seulement interdisciplinaire pose chaque fois des questions générales. Le recours philosophique n'a plus dans ce cas sa forme classique et hiérarchisante : arbitrage d'une instance ontologique ou transcendantale légiférant sur des questions de possibilité, etc.

Ce qui se cherche maintenant, c'est peut-être un autre style philosophique et un autre rapport du langage philosophique aux autres discours (plus horizontal, sans hiérarchie, sans recentrement radical ou fondamental, sans architectonique et sans totalisation impérative). Sera-ce encore un style philosophique? La philosophie survivra-t-elle à l'épreuve de ces nouveaux savoirs, de cette nouvelle topologie des limites? Ce sera l'épreuve et la question même du Collège.

2. Limitrophie « interne »

Un autre type de travail *limitrophe* pourra définir la mission du Collège. Cette fois c'est *à l'intérieur d'une seule discipline,* d'un dispositif théorico-institutionnel déjà organisé, que la question des limites peut surgir. C'est le moment où tel savoir positif rencontre dans son champ autonome des difficultés ou des limites que son axiomatique et son procès propres ne permettent pas de lever. Une science ou une *tekhnè* en général interrogent alors leurs propres présuppositions, déplacent, déforment le cadrage de leur problématique, le plient à d'autres configurations. Ce moment – typique et normal pour toute recherche – n'est pas nécessairement celui d'une « crise épistémologique » ou d'une « enquête sur les fondements », etc. Ces modèles du moment dit « critique » peuvent se transformer et, bien qu'ils aient d'abord une allure philosophique, ils peuvent aussi déranger l'assurance philosophique sur laquelle ils sont encore construits. Cette assurance philosophique a une histoire, elle a pris des formes multiples et « le philosophe » ne peut éviter de l'interroger sous toutes ces formes, depuis le questionnement classique sur l'essence de la métaphysique, les limites et la destination de la philosophie, de la recherche et de l'enseignement philosophique jusqu'à des questions peut-être inédites, nées aux limites de savoirs, de pouvoirs, et de dispositifs techniques nouveaux, avec lesquels la philosophie n'avait encore jamais frayé.

Nous n'avons pas ici à proposer des modèles pour l'élaboration de ces questions, encore moins des réponses typiques. Nous indiquons seulement l'urgente nécessité de leur donner un lieu et une chance à leur mesure. Toutes les problématiques et toutes les propositions qui en dépendent (elles sont innombrables) trouveront dans le nouveau Collège un accueil privilégié. Non que toutes les démarches de cette espèce doivent constituer le *programme* du Collège, ce serait démesuré et hors de proportion avec les dimensions d'une telle institution, et sans doute de toute institution en général. L'idée de saturation n'a ici aucune pertinence, et on ne peut construire un programme sur ce qui par définition problématise tout contrat programmatique. Disons seulement que la règle du Collège sera d'accorder une priorité à ces problématiques limitrophes et avant tout à celles qui concernent les limites du philosophique en tant que telles. Priorité sera aussi reconnue à certains styles d'approche : l'exploration aux limites, l'incursion singulière ou insolite. Bien entendu l'insolite, le limitrophe ou l'aléatoire ne seraient pas valorisés à eux seuls et en tant que tels. Mais à côté d'autres éléments d'appréciation, ils devraient être portés au crédit des projets de recherche soumis au Collège.

Le schéma que nous proposons conduit à interroger – et peut-être à déplacer – le rapport entre la philosophie et les savoirs tel qu'il s'est fixé dans le modèle de l'institution universitaire qui domine en Occident depuis le début de l'âge industriel : structure ontologico-encyclopédique verticale qui tend à immobiliser toutes les frontières autorisées du savoir. La philosophie y est censée organiser et commander tout l'espace de la connaissance et toutes les régions de l'encyclopédie. Mais ce principe hiérarchique y est aussitôt inversé quant au pouvoir : le département de philosophie (« la Faculté de Philosophie » dont parle Kant dans *Le Conflit des Facultés* [1]) est soumis

---

1. Soit l'ensemble des disciplines elles-mêmes subordonnées à la discipline de la science rationnelle pure – mathématique pure, philosophie pure, métaphysique de la nature et des mœurs.

aux disciplines représentant le pouvoir d'État [1]. Toute-puissance et impuissance, tel était le destin assigné à la philosophie dans un système subordonnant tous les langages universitaires aux énoncés de vérité (théorique) *à l'intérieur* de l'université, et l'ensemble de cette université aux représentants du pouvoir d'État pour tout ce qui n'était pas jugement « constatif ». La philosophie était tout et n'était rien (Schelling pouvait bien, dans la même logique, faire objection à l'idée d'un « département » de philosophie, puisque la philosophie devait être partout, et donc nulle part, en aucun lieu déterminé). Depuis ce temps toutes les spéculations sur la mort ou la survie de la philosophie gardent un rapport essentiel avec cette projection institutionnelle. A travers bien des variations, ce paradigme kantien a puissamment illustré la logique des rapports entre l'État, la philosophie et les savoirs non philosophiques.

C'est ce concept de l'*universitas* qui, directement ou non, aboutit à ces paradoxes encore actuels : une certaine hégémonie du philosophique va de pair avec le confinement, voire la répression de l'enseignement et de la recherche philosophiques par la société civile ou par l'appareil d'État. Pour nous limiter à cet exemple très signifiant, ce qui s'est passé en France relève de cette logique : la classe de philosophie (« reine des disciplines », « couronnement des études »), c'est aussi un enclos où la philosophie se trouve parquée, privée du traitement et de la dignité qu'on reconnaît aux autres disciplines (nous renvoyons ici aux travaux du *Greph*).

En transformant et en étendant l'enseignement philosophique (avant la Terminale des lycées et hors des UER de philosophie), on remettra en question l'espace ainsi hiérarchisé et toutes les limites théorico-institutionnelles qui le structurent. Si, conformément aux engagements du Président de la République, l'extension de l'enseignement philosophique doit être demain une réalité politique, la création du Collège International de Philosophie doit aller dans le même sens. L'économie de notre projet le suppose en tout cas. Elle dessine une autre topologie : à ce que nous appellerons par commodité l'*univerticalité* (unité radicale de la fondation, hégémonie onto-encyclopé-

---

1. A l'époque, la théologie, la médecine et le droit, mais la modernisation en est possible.

dique, centralisme, identification maximale et hiérarchie), on tendra à substituer une multiplicité de rapports transversaux, horizontaux, hétérogènes. Mais ce sera là seulement une tendance – et une expérience à tenter. De nombreux signes permettent de penser qu'il en est temps.

LA DIMENSION COLLÉGIALE ET INTERNATIONALE

Pourquoi un *Collège* et un Collège *international ?* Si nous recourons au nom historique de Collège, c'est *d'abord* pour tenir compte des prémisses que nous avons tenté de justifier : cette nouvelle institution ne doit être ni une école, ni une université. Elle ne sera pas seulement, au sens traditionnel de l'expression, un centre de recherches. C'est *ensuite* pour proposer un fonctionnement *autonome* et *libéral :* dans son mode de recrutement et d'administration, dans son rapport à l'État, à la nation et aux régions.

Dans les chapitres suivants, nous multiplierons les propositions destinées à garantir cette collégialité. Pour nous en tenir ici aux généralités, disons que l'autorité de tutelle ne devrait pas entraver, mais favoriser au contraire cette autonomie, la possibilité d'initiatives décentralisatrices, de recours (dans certaines conditions) à des ressources privées, de contrats avec des instances régionales et internationales.

Autres caractères collégiaux : le style libre et pluraliste des rapports entre les membres de l'institution, la nécessité d'exclure toute hiérarchisation stabilisée, tout phénomène d'« école », d'autorité et d'intolérance doctrinale, le renouvellement rapide des membres *actifs* du Collège, la facilité des passages entre le Collège et d'autres institutions de recherche et d'enseignement (lycées, universités, CNRS, Collège de France, EHESS, institutions étrangères, etc.), une large et vivante communauté entre les membres *actifs* du Collège et tous les autres.

Cette structure collégiale facilitera sans doute l'accueil d'étudiants, de chercheurs et d'artistes étrangers. Car la dimension *internationale* du Collège doit apparaître comme l'une de ses caractéristiques essentielles. Les statuts du Collège seront très explicites à cet égard : il y va de l'originalité, de la force et du rayonnement de cette institution, la seule de ce type en France et peut-être au monde.

Il faut bien reconnaître que jusqu'ici la France ne s'est pas donné les moyens d'une coopération internationale de grande envergure, notamment dans les espaces que nous avons dessinés. C'est un fait notoire pour les chercheurs étrangers et pour les chercheurs français qui sont souvent accueillis dans d'autres pays, notamment aux États-Unis. Les structures universitaires rendent lourdes, difficiles, souvent décourageantes, les démarches préalables à l'accueil, dans de bonnes conditions, d'un chercheur ou d'un artiste étranger. Nous ne parlons pas ici des valeurs d'hospitalité intellectuelle que la France respecte en principe quand il s'agit de tel ou tel grand écrivain (encore que l'histoire des émigrants que nous n'avons pas su retenir soit parfois bien triste). Au-delà de l'hospitalité individuelle, il nous paraît urgent et vital d'ouvrir aux échanges internationaux et à la coopération organique avec des institutions étrangères des possibilités nouvelles, riches et très manifestes, voire spectaculaires. Cela devrait se faire dans toutes les directions mais en accordant une certaine priorité aux échanges avec les pays africains, orientaux et latino-américains, et d'une façon générale avec les pays en voie de développement. Il est souhaitable d'expérimenter de nouvelles formes de coopération notamment pour ce qui est de la formation à la recherche. Sans négliger les relations avec les États-Unis et avec les pays d'Europe, à l'Est et à l'Ouest, bien au contraire, il convient d'éviter de faire du Collège une nouvelle institution européocentrique.

a. Il faudra permettre aux intellectuels français connus pour leurs travaux et généreusement reçus à l'étranger de prendre des initiatives réciproques.

b. Il importe que les étudiants et les chercheurs français soient en rapports durables avec des étrangers qui séjourneraient assez longtemps en France pour y exposer l'état de leurs recherches mais aussi pour y poursuivre sur place les activités les plus créatrices.

c. Il est souhaitable que le Collège devienne un lieu d'échanges internationaux (linguistiques, culturels, scientifiques, artistiques) conformes à sa spécificité et qui ne se limitent pas à des communications bi-latérales. La problématique des langues nationales dans la communication scientifique (et compte tenu des nouvelles données technologiques de l'information) doit devenir un thème important et permanent pour tous ceux qui participent à la vie du Collège [1].

d. Surtout cette ouverture internationale doit permettre, dans un champ plus traditionnellement philosophique, de multiplier des initiatives originales dont la nécessité historique est aujourd'hui plus évidente que jamais. On sait que le « monde philosophique », à supposer qu'il ait encore une unité, n'est pas seulement partagé en « écoles » ou en « doctrines ». Au-delà et indépendamment des contenus et des positions philosophiques, il est divisé selon des frontières linguistico-nationales plus difficiles à franchir que des frontières politiques. Ces différences traditionnelles de « style », de « rhétorique », de « procédure », etc., sont parfois plus graves que des différends doctrinaux. Bien qu'ils ne se réduisent pas à la langue et à la tradition nationale, ils y restent néanmoins très adhérents. Ces aires philosophiques entre lesquelles les passages sont très rares, fût-ce sous la forme de la critique et de la polémique, sont un défi historique – et philosophique – à la philosophie. Énigme ou scandale, comme on voudra, il y a là un phénomène qu'on devrait se donner les moyens d'étudier, sinon de réduire, à nouveaux frais, systématiquement.

Ce serait là une des tâches les plus difficiles et les plus nécessaires du Collège qui peut jouer là un rôle irremplaçable. Pour les raisons évoquées plus haut, de nombreux philosophes français et étrangers attendent beaucoup de cet immense projet et pensent que la France peut aujourd'hui lui donner ses meilleures chances.

---

1. Rappelons qu'à sa création le Collège de France fut nommé le Collège des trois langues (pour l'étude du latin, du grec et de l'hébreu).

Coups d'envoi

(pour le Collège International de Philosophie) *
(1982)

* [« Coups d'envoi » fut publié dans *Collège International de Philosophie :
Sciences, Interscience, Art*. Il représente une partie du « Rapport présenté le
30 Septembre 1982 à M. Jean-Pierre Chevènement, ministre d'État, ministre
de la Recherche et de l'Industrie, par François Châtelet, Jacques Derrida,
Jean-Pierre Faye, Dominique Lecourt ». Le texte fut repris dans l'ouvrage
préparé par le Collège en Automne 1983, *Extraits d'un rapport pour le
Collège International de Philosophie,* ainsi que partiellement dans « Légitimité
de la philosophie », dans *TEL (Temps Économie Littérature),* 8, 25 novembre
1982.

Châtelet, Derrida, Faye et Lecourt composaient une « Mission du Gouvernement français » chargée d'étudier la fondation possible d'un Collège
International de Philosophie. L'idée d'une telle institution avait été préparée
aux yeux de certains par les luttes et les travaux du *Greph* et par les débats
aux États Généraux de la Philosophie (voir dans ce volume p. 253). Ces
luttes avaient été engagées contre les tentatives des gouvernements des
années 70 pour restreindre, voire éliminer l'enseignement de la philosophie
en Terminale. Peu après l'élection de François Mitterrand à la Présidence
de la République, une mission fut officiellement confiée par Jean-Pierre
Chevènement à Châtelet, Derrida, Faye et Lecourt. Le 18 mai 1982, Derrida
adressa au nom de la mission qu'il était chargé de coordonner une lettre

ouverte à un grand nombre de chercheurs et d'enseignants du monde entier en les invitant à élaborer des propositions et des projets (pour la large diffusion de cette lettre circulaire, voir par exemple *La Quinzaine Littéraire 374*, 1er-15 juillet 1982 et *Substance, 35*, 1982 (USA)). Quatre mois plus tard, après une période d'intenses consultations et l'analyse de 750 réponses à la lettre-circulaire, la mission acheva son rapport qui recommandait la création du Collège sous la forme d'une institution d'enseignement et de recherche autonome. La première partie du rapport esquissait les grandes lignes des recommandations : définition, principe régulateur et statuts du Collège. Cette première partie fut suivie de quatre « projets » individuels, rédigés et signés par chacun des quatre membres de la mission. « Coups d'envoi » est la contribution de Derrida. Le Collège fut officiellement fondé le 10 octobre 1983, à Paris, 1, rue Descartes. Jacques Derrida en fut le premier directeur élu, suivi par J.-F. Lyotard, M. Abensour, E. Escoubas, Ph. Lacoue-Labarthe, M. Deguy. « Coups d'envoi » parut d'abord en anglais sous le titre de « Sendoffs », trad. T. Pepper, dans *Yale French Studies*, n° 77 : « Reading the Archive, On Texts and Institutions », New Haven, Yale University 1990].

TABLE

AVERTISSEMENT   580

DESTINATIONS   586

I. PENSER LA DESTINATION :
    Fins et confins pour la philosophie, les sciences et les arts.
    Destination et légitimation; légitimation et finalisation   591

    A. Les questions de la métaphysique et de l'onto-
        théologie   595
    B. Problématique de l'achèvement ou de la limite de
        la philosophie   595
    C. L'exemple de Heidegger   596
    D. « Études féminines »   599

II. DESTINATION ET FINALITÉ :
    Téléologie et eschatologie aujourd'hui   599

    A. L'implication philosophique des sciences du vivant   600
    B. Les problèmes philosophiques, éthico-politiques et
        juridiques posés par les nouvelles techniques médi-
        cales   601
    C. Psychiatrie et psychanalyse   601
    D. Droit et philosophie du droit   603
    E. La police, l'armée, la guerre   604

III. LANGAGES DE LA DESTINATION, DESTINATIONS DU LAN-
     GAGE :
     « Information », « communication », « émission », « trans-
     mission »   605

A. Philosophie du langage : ni linguistique ni épis-
    témologie de la linguistique   605
B. Linguistique   606
C. Sémiotique   607
D. Pragmatique   607
E. Technologie de la télécommunication   608
    1. Problèmes de l'archivation
    2. Les *media* de masse
    3. Informatique, télématique, robotique, biotech-
       nologies.
F. Poïétiques   610

IV. Traduction, transfert, transversalité :   611

    A. La langue, la multiplicité des langues et la pro-
       blématique de la traduction   612
    B. Centres de formation linguistique   612
    C. Technologie moderne de la traduction : problèmes
       théoriques   612
    D. Les langues et le discours philosophique   612
    E. Le « comparatisme » en philosophie   613
        a. La différence entre pensée et philosophie
        b. Systèmes philosophiques et systèmes reli-
           gieux
        c. Systèmes philosophiques et systèmes
           « mythologiques »
        d. Philosophie et ethnocentrisme
        e. La « transcontinentalité » philosophique

V. Les finalités institutionnelles de la philosophie 616

AVERTISSEMENT

I

Les propositions avancées dans ce chapitre prétendent, certes, à une certaine cohérence. Mais ce ne sera ni la cohérence d'un *système,* encore moins celle d'une *doctrine* philosophique, ni même celle d'un *programme,* au sens technique et institutionnel que nous donnons à ce mot dans notre Rapport.

Ce qu'on appelle *système philosophique* constitue en effet un certain type de cohérence ou de cohésion continue, une forme d'agencement *ontologique* qui est apparu dans l'histoire, et on peut même le dire, comme lié à l'essence de l'histoire de la philosophie. Sous la forme de la *doctrine,* le système a toujours lié la philosophie à ses discours et à ses institutions pédagogiques. Or tout discours conséquent, organisé ou simplement rassemblé avec lui-même, n'a pas nécessairement la forme du système (peut-être même est-il destiné à rompre avec cette forme dès l'instant où il s'adresse à l'autre). Dès lors que le Collège sera conduit à faire de l'idée ou du projet *systémique* (en général) *l'un de ses thèmes,* l'un des problèmes à traiter ; dès lors, corrélativement, que le Collège ne devra jamais négliger les questions de l'enseignement, de la pédagogie, de l'éducation, des effets doctrinaux, de toutes leurs finalités sociopolitiques, etc., il ne saurait être question d'imposer la forme du « système » à ces recherches, à cette histoire, à cette « pensée ». Pour cette raison même, la coordination non systémique que nous allons proposer n'aura pourtant rien de rhapsodique ou d'empirique.

Elle ne dessinera pas davantage un *programme.* D'abord parce que tout n'y sera pas engagé sous la forme d'une prescription, avec ses « objectifs » et sa production finalisée. Ensuite parce que, sans y être nécessairement tenues, plusieurs unités de recherche – nommées « programmes » dans la première partie de ce rapport – pourront éventuellement y coopérer, y communiquer, tenter de s'y croiser, confronter, traduire, *mais surtout sans jamais renoncer à leur spécificité la plus aiguë, à leur autonomie et à leur nécessité interne.*

II

Ces propositions prétendent à une valeur démonstrative : démonstrativité intra-philosophique, démonstrativité aussi quant à certaines bordures singulières du philosophique. Mais cette démonstrativité ne saurait être ici constamment *exhibée comme telle.* Cela tient aux limites d'un tel Rapport, qu'il s'agisse des limites matérielles de ce chapitre ou, surtout, de celles qui tiennent au genre, à la *finalité* ou à la *destination* d'un tel texte, à la nature même de la *mission* qui lui est assignée. Rien de fortuit à cela, les valeurs de *finalité,* de *destination,* comme toute la sémantique de la mission (mettre, émettre, missive, missile, envoi, etc.), formeront l'un des foyers essentiels de mes propositions ou « projections ». Me référant implicitement mais sans dissimulation à d'autres travaux (dont les miens), tirant directement ou indirectement les enseignements de toutes les consultations engagées au cours des derniers mois par la Mission, j'essaierai de me limiter à des *conclusions* pratiques ou techniques quant aux recherches à instituer dans le Collège, à celles en tout cas qui me paraissent devoir être engagées en priorité. *Mais la nécessité de ces conclusions devrait pouvoir s'imposer à partir d'autres prémisses.* Telle sera ici ma règle : projeter la nécessité de certaines recherches mais toujours de telle sorte qu'on puisse en être convaincu à partir d'autres perspectives ou d'autres prémisses dont il ne sera rien dit, voire sans autre « perspective » ou « prémisse » générale que l'intérêt intrinsèque de telles recherches. L'unité non systématique de ladite « projection » ou de la « mise en perspective », la possibilité de coordination qu'elle pourrait présenter ne doit donc être considérée ici que comme un *intérêt supplémentaire,* une *prime* à laquelle on pourra attribuer toutes les valeurs qu'on voudra (philosophique, esthétique, économique, raison, poème, tableau, histoire, etc.).

Me contentant souvent de nommer ou d'intituler, de situer des « *topoi* », je devrai naturellement laisser dans l'implicite la référence à de nombreux travaux, français ou étrangers, mais aussi l'essentiel d'une analyse des « champs » philosophique, techno-scientifique, poïétique, etc. De ces macro- ou micro-analyses que nous pratiquons constamment et qui orientent notre démarche ici même, nous ne retiendrons que des indices : ceux qui nous ont guidés dans la définition du Collège, de son projet, de son idée régulatrice, de sa constitution, ceux qui se sont spectaculairement confirmés dans le temps de la Mission, ceux qui nous ont aidés à découvrir ou à mieux situer de nouvelles orientations, enfin tous ceux qui ont pris la forme d'engagements ou de projets de recherche (nous les joignons à ce Rapport et nous y référerons le moment venu [1]). Mais nous ne pouvions ni ne devions aller au-delà au cours de cette Mission. Nous n'avions pas à dresser une carte de la philosophie française ou mondiale, par exemple, ni à en proposer une interprétation générale, encore que toute abstention ou toute réserve à ce sujet soit impossible. Nous nous y sommes pourtant efforcés, pour les raisons évidentes qui furent rappelées dans la première partie du Rapport. Sans proposer de coupe ou de cartographie du terrain philosophique, nous avons utilisé bien des travaux qui pouvaient nous y aider, que nous les citions ou non. C'est le cas, notamment, du récent Rapport de Maurice Godelier et de ses collaborateurs sur *Les sciences de l'homme et de la société* [2]. Nous n'avons pu en prendre connaissance qu'au terme de notre mission, mais le « relevé » et les recommandations

1. A la fin de chaque chapitre de cette « projection », je multiplierai les références chiffrées aux contributions qui nous ont été adressées au cours de la Mission. Tous ces documents seront rassemblés, comme nous l'avons indiqué, et joints au Rapport final. Ils ont les formes et les fonctions les plus diverses (lettre de soutien, conseils, suggestions, offres de participation ou d'association, projets très élaborés). Ils nous ont été adressés par des individus (enseignants, chercheurs, étudiants, artistes, experts ou praticiens), par des groupes ou par des institutions, de France ou de l'étranger. Sans trier entre ces différents types d'envoi dans la référence que j'y fais, je me suis seulement laissé guider par un principe classiquement thématique. Bien entendu, il n'a pu être rigoureux, compte tenu des intersections auxquelles nous avons dès le départ fait appel. Certaines références devront apparaître plusieurs fois. Néanmoins, il m'a semblé utile de constituer cette sorte d'index thématique, si approximatif soit-il. Il pourra aider les premiers lecteurs du Rapport à se faire une image de l'ensemble des contributions et des échanges auxquels la Mission a donné lieu. L'intérêt et l'étendue en apparaîtront mieux et la consultation du dossier annexe peut en être facilitée. Surtout, au-delà de cette première lecture, et si le collège est créé, un tel instrument peut être indispensable au moment des premières initiatives, quand il faudra reprendre contact avec tous nos correspondants. [Cette note, qui fait référence à des documents que nous ne pouvons naturellement publier ici, garde une valeur indicative, en particulier quant aux conditions dans lesquelles ce Rapport a été préparé].

2. Paris, Documentation française, 1982, 2 vol.

que nous y rencontrons nous étaient déjà connus, au moins partiellement (pour ce qui concerne la philosophie par exemple). Bien que les objets de ces deux rapports soient très différents, certaines convergences m'ont paru remarquables et encourageantes. Nous devrons néanmoins, pour des raisons évidentes, nous en tenir à cette référence globale, et supposer que notre lecteur aura pris connaissance du « Rapport Godelier ».

III

Rappelons-le une fois pour toutes : pour des raisons déjà dites dans la première partie du Rapport, nous devrons nous servir trop souvent de mots que nous voudrions voir reçus sans assurance et sans tranquillité. Car c'est sans assurance et sans tranquillité que je parlerai par exemple de proposition de *recherche,* de recherche proprement *philosophique, scientifique, théorico-pratique, poïétique,* etc., ou de recherche sur un *thème,* ou de *problématique* ou de *champ.* On l'a maintenant compris : tous ces mots restent pour l'instant inévitables, mais ce sont pour le Collège des titres de problèmes et des titres problématiques, y compris la valeur de titre et de problème : les lois et les processus de *légitimation,* la *production des titres et des problèmes légitimes,* voilà aussi ce que le Collège devra en permanence étudier, analyser, transformer, notamment dans son propre espace. Le concept de *légitimation* lui-même, devenu si utile et si « légitime » dans tant de discours sociologiques (sociologie des institutions de recherche et d'enseignement, sociologie des arts et de la culture, etc.), ne doit pas rester hors de portée pour ce questionnement : comment s'est-il construit? Quelles sont ses présuppositions et ses limites? Quelle est aujourd'hui la sociologie, la finalité et la stratégie de ses « usages »?, etc. Nous reviendrons sur ces questions. Ce que nous avons nommé provisoirement et entre guillemets « pensée », dans la première partie, devrait marquer le style et le lieu d'une telle démarche. Elle procède aux limites et « au sujet » de toutes ces valeurs courantes, nommées « philosophie », « science », « art », « recherche », « technique », « théorie », « pratique », « problème », « loi », « légitimité », « titre », etc. Ces précautions ne sont pas de

584

pure forme. Elles ne concernent évidemment pas le seul vocabulaire dans lequel on parle généralement des institutions de recherche et d'enseignement. Nous ne pourrons pas éviter ce lexique, mais nous l'affecterons, pour qui voudra bien l'entendre, d'une certaine inflexion interrogative : qu'est-ce que cela dont nous parlons, la « philosophie », la « science », l'« interscience », l'« art », la « technique », la « culture », la « production », la « théorie », la « recherche », etc.? Qu'est-ce qu'un « objet »? un « thème », un « problème », une « problématique »? Comment penser la question « qu'est-ce que? » à leur sujet?

Ces formes d'interrogation assigneront au Collège sa plus grande et plus permanente ouverture, celle qu'il ne faudra jamais suturer par l'assurance d'un savoir, d'une doctrine ou d'un dogme. Quelle que soit la généralité abstraite de cet axiome, nous croyons nécessaire de l'inscrire dans la charte même de l'institution, comme une sorte de contrat fondateur. Cela n'empêchera pas, au contraire, d'analyser encore les valeurs de *contrat,* de *fondation* et d'*institution.*

IV

Malgré le déploiement sans mesure, malgré la réflexion infinie que paraissent engager ces préliminaires, les propositions concrètes que je présenterai dans ce chapitre seront strictement délimitables : un *coup d'envoi de quatre ans.* Pendant les *quatre premières années* du Collège, un grand nombre d'activités, *nous ne disons pas toutes les activités,* pourront être coordonnées de façon souple et mobile, sans y être jamais contraintes par quelque planification générale et autoritaire. *Sans y être tenue et sans renoncer à sa spécificité la plus aiguë,* chacune des unités de recherche que je vais définir pourra se référer à un thème général et commun. On pourra le nommer « titre », « catégorie », « idée régulatrice », « problématique » ou « hypothèse de travail». Son unité serait seulement *présumée* selon des modes divers et elle assurerait au moins pendant cette période initiale une référence commune, un principe de *traduction générale ou de transfert possible* pour les échanges, les débats, les coopérations, les communications transversales ou obliques.

V

Malgré ces limites, les propositions qui suivent traverseront un territoire immense et différencié. Mais il va de soi que ce territoire n'a pas à être couvert ou saturé par les recherches du Collège. Conformément au style propre de cette institution, celui du *frayage* ou du *fléchage,* il s'agira seulement de *provoquer à de nouvelles recherches* et de sélectionner des *incursions inaugurales.* Je ne reviendrai pas sur ce qui fut posé dans la Première Partie, à savoir la nécessité d'interroger et de déplacer à cet égard le modèle ontologico-encyclopédique sur lequel s'est réglé le concept philosophique d'*universitas* depuis deux siècles.

DESTINATIONS

Sans que cela revienne à *donner le mot* ni à tout dire *en un mot,* je ferai dès maintenant converger toutes ces propositions vers leur énoncé le plus simple, le plus économique et le plus formalisable, à savoir la catégorie ou le thème de la DESTINATION.

Qu'est-ce que cela veut dire?

Pour les raisons annoncées dans l'Avertissement, je me dispenserai de l'exercice (qui serait ailleurs nécessaire) destiné à montrer qu'il ne s'agit là ni d'un *thème* ni d'une *catégorie.* L'histoire philosophique ou « pensante » du thème, de la *thesis* ou du *kategoreuein* ferait apparaître que le sens de la destination ne s'y laisse pas soumettre. Mais ce n'est pas ici le lieu d'un tel développement. Parlons de façon plus indéterminée d'un *schème* de la destination et contentons-nous d'une seule question, dans l'ouverture élémentaire de sa forme : quoi de la destination? que veut dire « destiner »? qu'est-ce que « destiner »? qu'arrive-t-il à la question « qu'est-ce que? » quand elle est mesurée à celle de la destination ? Et que lui arrive-t-il avec la multiplicité des idiomes ?

Ne déployons pas encore cette problématique dans ses dimensions les plus facilement identifiables (destination et destin, tous les problèmes de la fin, donc des limites ou des confins – de la finalité éthique ou politique, de la téléologie – naturelle ou non –, de la destination de la vie, de l'homme, de l'histoire, le problème de l'eschatologie (utopique, religieuse, révolutionnaire, etc.), celui de la constitution et de la structure du système destinateur/destinataire, et donc de l'envoi du message (sous toutes ses formes et dans toutes ses substances – linguistiques ou non, sémiotiques ou non), de l'émission, de la mission, du missile, de la transmission sous toutes ses formes, de la télécommunication et de toutes ses techniques, de la distribution économique et de toutes ses conditions (produire, donner, recevoir, échanger), de la dispensation du savoir et de ce qu'on appelle maintenant la « finalisation » de la recherche ou de la techno-science, etc.).

Contentons-nous pour l'instant de situer schématiquement la force stratégique de cette question, ce qui constitue, me semble-t-il, sa nécessité philosophique la plus incontournable autant que sa valeur performante et performative de « levier ». Le mot de « stratégie » n'implique pas nécessairement calcul ou stratagème guerrier, mais la question du calcul, y compris son aspect polémologique moderne (les nouveaux concepts de la guerre, de la stratégie et de la théorie des jeux, de la production d'armements, de la techno-science militaire, de l'économie des complexes militaro-industriels, des rapports entre l'armée et la recherche dans tous les domaines) devra faire partie de ce réseau problématique et être à ce titre largement accueillie dans le Collège. Nous y reviendrons.

Le « levier », donc : après s'être rassemblée ou identifiée dans des formes désormais « classiques » (destination et fin de la philosophie, de la métaphysique ou de l'onto-théologie, clôture eschatologique ou téléologique), la problématique des limites du philosophique comme tel paraît parvenue à un point très singulier.

D'une part, les sciences modernes (« sciences humaines ou sociales », « sciences de la vie » et « de la nature ») continuent ou recommencent à se mesurer aux problèmes que nous venons de reconduire à celui de la destination (finalité, limites, téléologie des systèmes). Et c'est souvent là leur dimension irréductiblement philosophique, le moment où la philosophie fait retour, qu'on le veuille ou non, qu'on entretienne ou non la représentation d'une scientificité post- ou extra-philosophique.

D'autre part − et surtout − le recours à une pensée de l'*envoi,* de la *dispensation* ou du *don* de l'être signe aujourd'hui l'une des tentatives les plus singulières et, me semble-t-il, les plus puissantes, en tout cas l'une des dernières, pour « penser » l'histoire et la structure de l'onto-théologie, voire l'histoire de l'être en général. De quelque manière qu'on les interprète, et quelque crédit qu'on accorde à cette pensée ou à ce discours, on doit s'arrêter devant cet indice : les significations « destinales » (envoi, dispensation, destin de l'être, *Schickung, Schicksal, Gabe, « es gibt Sein », « es gibt Zeit »* [1], etc.) semblent ne plus appartenir au *dedans* des philosophèmes onto-théologiques, sans être pour autant des « métaphores » ou des concepts empiriques et dérivés. Il y a là un sens qui ne se réduit donc pas à ce que les sciences peuvent et doivent en déterminer, qu'il s'agisse de sciences empiriques ou non, des sciences de la nature, de la vie, des sociétés dites animales ou humaines, des techniques de la communication, de la linguistique, de la sémiotique. Une autre pensée de l'« envoi » paraît donc nécessaire au déploiement des « grandes questions » de la philosophie et de la science, de la vérité, du sens, de la référence, de l'objectivité, de l'histoire.

Soulignons la référence très visible qui vient d'être faite à la *démarche* heideggerienne, et non simplement à tel ou tel de ses effets d'école. Il paraît assez clair que la méditation sur l'histoire de l'être, après l'analytique existentiale, ouvre la question de la différence ontologique sur ce qu'elle semble avoir toujours « présupposé » − en un sens non purement logique −, impliqué, enveloppé, à savoir une *pensée de l'envoi,* de la *dispensation* et du *don* (soit dit au passage, il s'agit là d'un autre grand texte sur le don qu'on devrait lire en

1. [Cf. Martin Heidegger « Zeit und Sein », dans *Zur Sache des Denkens,* Tübingen, 1976].

réseau – très complexe – avec l'*Essai sur le don* de Mauss [1], c'est-à-dire avec un énorme corpus de l'ethnologie et de la sociologie française depuis six ou sept décennies, dans ses dimensions scientifiques mais aussi politico-historiques; nul doute qu'on aurait à rencontrer et à analyser, au cours d'un tel trajet, ce *Collège de Sociologie* [2] dont le titre fut souvent rappelé durant le temps de cette mission). Pensée du don et de l'envoi, pensée du « destiner » *avant* la constitution de la phrase ou de la structure logique « X donne ou envoie Y à Z », Y étant un *objet* (chose, signe, message) entre deux *« sujets »*, destinateur ou émetteur et destinataire ou récepteur (moi, conscient ou inconscient, Inconscient), *avant* cette constitution sujet/objet et pour en rendre compte. La même nécessité apparaît, quoique d'une autre manière, et toute proportion gardée, pour ce que j'ai tenté de démontrer au titre de la différance comme envoi, différenciation, délai, relais, délégation, télé- et trans-férence, trace et écriture en général, destination et indécidabilité. On devrait naturellement multiplier ces indices. Pour des raisons évidentes, je me limite aux plus schématiques et ouvertement à ce qui m'est le plus proche. Si je tiens à déclarer ces limites et cette proximité, c'est, contrairement à ce qu'on pourrait être tenté de penser, pour lever des limites, éloigner et désapproprier. C'est pour en appeler au débat critique, aux explications ouvertes, à d'autres approches, pour éviter le recentrement déguisé ou l'hégémonie d'une problématique, d'un discours ou d'une histoire. Ces risques doivent être évités avec conséquence et vigilance. Les coordinations traduisantes, transversales ou transférantes que nous proposons opéreront sans effet pyramidal, de façon latérale, horizon-

---

1. [Marcel Mauss, *Essai sur le don,* dans *Sociologie et anthropologie,* Paris, PUF, 1950/1980. Toute cette problématique fut élaborée dans un séminaire de J. Derrida, « Donner le temps » dont deux séances ont été transcrites en forme de protocole et publiées en allemand : « Donner le temps (de la traduction) – *Die Zeit (der Übersetzung) geben* », *Vortrag von J. Derrida, protokolliert v. E. Weber,* dans *Zeit-Zeichen. Aufschübe und Interferenzen zwischen Endzeit und Echtzeit,* Ed. G.C. Tholen et M.O. Scholl, Weinheim, VCH, 1990].

2. [Denis Hollier (ed.), *Le Collège de Sociologie, 1937-1939,* Paris, Gallimard, 1979].

tale, non hiérarchique. Le schème que je viens de désigner, aux limites du « destinal », me paraît capable de mettre en question et de déplacer précisément les principes topologiques qui ont dominé toute l'onto-théologie, ont investi son espace et ont commandé ses formes traditionnelles d'univerticalité, dans le discours philosophique autant que dans les institutions de recherche et d'enseignement. Il est déjà clair qu'à cette « schématique » générale et à son unité toute présumée on ne doit pas accorder le statut d'une nouvelle ontologie générale, encore moins celle d'une phénoménologie transcendantale, d'une logique absolue, d'une théorie des théories, dominant une fois de plus l'encyclopédie et toutes les régions théorico-pratiques. Mais allons plus loin : cette « schématique » ne doit même pas être admise comme un nouvel *organon*. Par un de ces contrats singuliers sans lesquels aucune ouverture de pensée et aucune recherche ne serait possible, le Collège devrait considérer cette « schématique » elle-même comme problématique, comme *discutable* : de part en part, dans un débat fondamental, qui assumerait, certes, sa dimension délibérément « fondamentaliste », comme on dit parfois, mais qui irait jusqu'à questionner les motifs du « fond », du « fondement », de la « raison » *(Grund)* dans toutes ses traductions possibles − en particulier quant à la distinction entre recherche dite « fondamentale » et recherche dite « appliquée » ou encore « finalisée ». Inutile d'y insister ici, il s'agit là d'un enjeu essentiel qui touche à l'axiomatique et à l'avenir même du Collège, et ses rapports avec l'État (les États), les nationalités, les « sociétés civiles ». Contrat singulier et paradoxal, disions-nous, comme peut l'être un engagement à ne jamais laisser hors de question, hors d'analyse, voire de transformation, dans le repos du dogme, les termes mêmes du contrat instituteur. Cela ne transforme-t-il pas un tel contrat en fiction et l'idée régulatrice du Collège en un « comme si » (faisons *comme si* une telle communauté était possible, *comme si* la priorité accordée aux « frayages encore non légitimés » pouvait faire l'objet d'un consensus *in fine, comme si* une « traduction générale » pouvait au moins être tentée, au-delà des systèmes classiques et de l'Uni-versité onto-encyclopédique dont le modèle totalisant s'est imposé − fût-ce sous sa variante « libérale », celle de Schleiermacher et Humboldt − au moment de la création de ce paradigme occidental, l'Université de Berlin)? Et ce *comme si* n'affecte-t-il pas un tel engagement, et tous les contrats légalisés qu'il appelle, d'un indice de simulacre? A quoi nous répondrons, au moins par ellipse, ceci : d'une part, loin d'être absolument nouveau, ce type de contrat singulier aura caractérisé *toute* institution philosophique ou scientifique digne de ce nom, c'est-à-dire décidée à ne jamais rien laisser hors de question, pas même sa propre axiomatique institutionnelle; d'autre part, la réflexion sur ce qui peut lier une structure de fiction à – par exemple – tels énoncés performatifs, promesses, contrats, engagements, actes fondateurs ou instituteurs, sera l'une des tâches du Collège, et la richesse de ses implications est inépuisable. J'en dirai de même pour la réflexion sur l'histoire et les enjeux du concept d'Université, depuis le XIIIe siècle.

Dans ce qui suit, ma seule ambition sera de projeter quelques hypothèses. Sans être liés par elles, les futurs responsables du Collège pourraient, s'ils en étaient d'accord, s'y référer aussi comme à des *points d'ordre* pour un premier mouvement : une grande discussion, une grande introduction qui serait aussi une « traduction » de quatre ans. Points d'ordre ou points d'orgue, plutôt que d'organisation planifiante et uni-totalisante. Point d'orgue si l'on veut bien nommer ainsi des signes moins destinés à marquer la mesure qu'à la suspendre sur une note dont la durée peut varier. Rythmes, pauses, accents, phases, insistances, c'est avec ces mots et ces valeurs que je propose de décrire dans leur diversité les possibles et compossibles du Collège, certains d'entre eux du moins, pendant les quatre années de son instauration.

I. PENSER LA DESTINATION :
FINS ET CONFINS POUR LA PHILOSOPHIE,
LES SCIENCES ET LES ARTS

Sous ce titre délibérément peu déterminé, il s'agit de désigner des recherches dites, dans un code qui ne convient plus ici, « fondamentales ». Il est indispensable qu'elles se développent largement, et jusqu'à questionner le schème fondamentaliste, tel qu'il a pu si souvent régler le rapport de la philosophie à elle-même et aux autres régions de l'encyclopédie. Même si nous n'en étions pas convaincus d'avance, nos consultations nous en ont apporté une preuve éloquente : l'exigence de ce type de recherche est aujourd'hui très marquée, elle peut mobiliser de grandes forces et prendre des formes originales. Pour des raisons et selon des voies à analyser, ladite pensée « fondamentaliste » avait cédé à une sorte d'intimidation devant les sciences, toutes les sciences mais surtout les sciences humaines et sociales. Elle peut et doit trouver une légitimité nouvelle et cesser d'entretenir un rapport quelque peu honteux avec elle-même, comme ce fut parfois le cas au cours des deux dernières décennies. Cela peut se faire sans régression et sans retour inévitable à la structure hégémonique à laquelle nous faisions allusion dans la première partie de ce rapport. Ce mouvement est d'ailleurs en cours. Le Collège doit lui permettre de s'affirmer dans toute sa force : d'affirmer la philosophie et la pensée de la philosophie. Ce ne sont pas seulement les philosophes de profession qui le demandent mais de très nombreux chercheurs engagés dans leur pratique scientifique ou artistique.

Dans la perspective qui s'ouvre ainsi, les premiers « thèmes » de cette recherche « fondamentale » s'organiseraient autour de cette série : *destination* (destin, destiner, destinataire/destinateur, émetteur/transmetteur/récepteur) et *don* (donner/recevoir, dépense et dette, production et distribution).

Le développement nécessaire des enquêtes sémantiques, philologiques, historiques, etc., se réglera sur les « grandes questions » dont la liste suivante ne constitue qu'une approche indicative.

Comment une pensée de la « destination » peut-elle concerner la philosophie, plus précisément son contour propre, son rapport avec une pensée qui ne serait pas encore ou plus encore « philosophie » ou « métaphysique », ni davantage « science » et « technique? ». Quoi des limites ou des « fins » de la philosophie, de la métaphysique, de l'onto-théologie? quoi de leur rapport à la science et à la technique? Cet énorme réseau de questions peut, dira-t-on (et cela vaut pour tout ce que nous avançons ici), se déployer pour lui-même, indépendamment de toute référence au schème de la destination. Pourquoi dès lors ne pas se passer du fil conducteur proposé? Réponse : pourquoi pas, en effet, si c'est possible? On doit pouvoir le tenter dans le Collège et c'est pourquoi j'ai proposé que ce « schème » ne devienne jamais un « programme » ou un « thème » obligatoire, même si je suis convaincu qu'il est plus et autre chose qu'un fil conducteur parmi d'autres.

Dans tous les cas, des foyers de réflexion doivent s'instituer partout où peut *avoir lieu* la question de *la fin et des fins* du philosophique en tant que tel, partout où il y va de la limite, des bordures ou de la destination de la philosophie, partout où *il y a lieu* de se demander : la philosophie *en vue de quoi? depuis où et jusqu'où? en quoi et comment? par qui et pour qui?* Est-ce *décidable* et dans quelles limites? En fait et en droit, ces *topoi* seront aussi lieux de réflexion vigilante du Collège sur lui-même : sur sa propre finalité, sur sa destination (aujourd'hui et demain) en tant que lieu *philosophique,* sur ce qui le légitime et lui confère ensuite son propre pouvoir de légitimation, sur ce qui décide de sa politique et de son économie, sur les forces qu'il sert et dont il se sert, sur son rapport national et international aux autres institutions. *Destination* et *légitimation,* donc, du Collège lui-même : ce ne sont pas là des problèmes à traiter secondairement ou à dissocier (dans l'espace d'une analyse sociologique, par exemple) des interrogations majeures sur l'essence et la destination du philosophique. En outre, le concept, aujourd'hui si courant de « légitimation », nous le disions plus haut, appelle une réélaboration, dans sa construction et dans ses usages. Dès la « lettre circulaire » [1] par laquelle nous rendions public l'objet de notre Mission et ouvrions une consultation, nous avons mis l'accent sur des voies de recherche dont la *légitimité* n'était pas encore reconnue. Il restait à préciser, ce qu'une simple lettre de ce type ne pouvait faire, que le Collège ne se tiendrait pas simplement en dehors de tout procès de légitimation, voire dans l'illégitimable. Si même nous le souhaitions, la chose paraît absolument impossible. La critique la plus impitoyable, l'analyse implacable d'un pouvoir de légitimation se produit toujours au nom d'un système de légitimation. Celui-ci peut

1. [Du 18 mai 1982, voir note d'introduction.]

être déclaré ou implicite, établi ou en cours de formation, stable ou mobile, simple ou surdéterminé, on ne peut l'ignorer, on peut tout au plus le dénier. Cette dénégation est aujourd'hui la chose du monde la mieux partagée. A en faire un thème, le Collège essaiera d'éviter cette dénégation, autant qu'il est possible. On sait déjà que l'intérêt porté aux recherches aujourd'hui non légitimées ne trouvera ses voies que si, selon des trajets ignorés par tel pouvoir institutionnel établi, ces nouvelles recherches *s'annoncent déjà et promettent une nouvelle légitimité,* jusqu'à ce qu'un jour, de nouveau... et ainsi de suite. On sait aussi — et qui se défendra de le souhaiter? — que si le Collège est créé avec les moyens qu'il requiert et surtout si sa vitalité et sa richesse sont un jour celles que nous prévoyons, alors il deviendra à son tour une instance légitimante et il aura obligé bien d'autres instances à compter avec lui. C'est cette situation qu'il faut analyser sans répit, aujourd'hui et demain, en évitant de soustraire cette institution que sera le Collège à son propre travail analytique. Pour traquer sans complaisance les ruses de la raison légitimante, ses silences et ses récits, mieux vaut commencer par savoir qu'on le fait depuis un lieu autorisé, c'est-à-dire habilité; et habilité à conférer des habilitations, même si c'est sous une forme, selon des procédures et des critères tout autres, voire incompatibles avec les usages actuels. Ne pas se raconter trop d'histoires sur sa propre indépendance par rapport à tel ou tel pouvoir de légitimation (forces dominantes de la société, institutions, Université, État, etc.), c'est peut-être la *première* condition de la plus grande indépendance possible, bien que cela n'empêche pas d'en chercher d'autres. Ce que nous proposons, ce n'est pas l'utopie d'une non-institution sauvage à l'écart de toute légitimation sociale, scientifique, philosophique, etc. C'est un nouveau dispositif, le seul capable de libérer, *dans une situation donnée,* ce que l'ensemble des dispositifs actuels inhibe encore. Non pas que le Collège soit aujourd'hui la seule forme ou même la meilleure forme d'institution possible à cet égard. Mais elle nous paraît indispensable à l'ensemble donné. Et c'est d'ailleurs pour cela que la nécessité a pu s'en faire ressentir, aussi comme un symptôme.

Ce que je viens de dire de la *légitimation* se transpose facilement

594

en termes de *finalisation*. Les ruses de la finalisation de la recherche doivent donner lieu à une nouvelle stratégie d'analyse. L'opposition entre recherche finalisée et recherche fondamentale a sans doute toujours été naïve et sommaire. C'est aujourd'hui, dans tous les domaines, une évidence éclatante. Encore faut-il réélaborer de fond en comble cette problématique, et c'est finalement ce que je propose ici, au moment même où j'insiste sur les *topoï* d'une recherche d'allure « fondamentaliste ». Lesquels?

A

Les questions de la métaphysique et de l'onto-théologie partout où elles peuvent être relancées : approches ou connexions nouvelles. Les interprétations du « tout » de l'histoire de la philosophie (téléologie, périodisation, « époqualisation », configurations historiques et systématiques).

B

Problématique de *l'achèvement ou de la limite de la philosophie* (interprétations téléologiques ou généalogiques, critique, déconstruction, etc.). Les noms propres n'apparaissant ici qu'à titre d'index, on peut recommander ainsi des travaux coordonnés et croisés sur Kant, Hegel, Feuerbach, Kierkegaard, Marx, Comte, Nietzsche, Husserl, le Cercle de Vienne, Wittgenstein, Russell ou Heidegger, etc. La place est grande pour des recherches originales dans ces directions, surtout si elles pratiquent la greffe, la confrontation ou l'interférence. Cela ne s'est à peu près jamais fait en France, de façon rigoureuse et délibérée, en rupture avec des traditions homogènes et avec des institutions closes sur elles-mêmes.

Ces recherches mettraient en « configuration » des lieux « majeurs », c'est-à-dire déjà reconnus et célébrés; nous recommanderons plus loin des initiatives d'un autre style; elles auront en commun le souci d'analyser – voire parfois de mettre en question – les processus par lesquels des problématiques et des traditions philosophiques deviennent dominantes : comment et dans quelles conditions se forment des discours, des objets et des institutions philosophiques? comment deviennent-ils « philosophiques » et sont-ils reconnus comme tels? dans quelles conditions s'imposent-ils (et à qui?) pour en minoriser ou en marginaliser d'autres?

Chaque fois qu'une de ces questions trouverait une détermination originale, intéressante et nécessaire, une *unité de recherche* pourrait être créée, de plus ou moins grande dimension, pour une durée plus ou moins longue. L'exemple que je vais préciser m'est imposé en priorité par le *schème de la destination,* mais il doit pouvoir être traduit, transposé et multiplié. A chacun des « noms propres » cités à l'instant et aux mouvements de pensée qu'ils représentent doit pouvoir correspondre une recherche organisée en un ou plusieurs séminaires, un ou plusieurs programmes, à brève échéance ou à plus long terme.

C

Prenons l'exemple de *Heidegger.* Autour de son œuvre et de sa « problématique » (comme de celles des autres penseurs cités à l'instant), un programme pourra être organisé par le Collège, puis transformé en centre de recherche relativement indépendant, lié par contrat avec le Collège dans des conditions à étudier. Le Collège aurait, dans ce cas comme dans d'autres, un rôle de provocation et d'organisation initiale. Dans le devenir qui ferait du Programme un Centre de recherche, les travaux seraient d'abord aimantés par ces questions sur les limites, fins et destinations de l'onto-théologie. Ils traiteraient également, et entre autres, les « thèmes » suivants, qui sont tous fortement marqués dans le texte heideggerien :

- L'interprétation de l'histoire de l'être. Sens et vérité de l'être.
- Pensée, philosophie, science.
- Pensée, philosophie, poésie.
- Technique et métaphysique.
- L'œuvre d'art.
- La langue, les langues, la traduction (à commencer par les

problèmes théoriques et pratiques de la traduction du corpus considéré). Technique et traduction (langues formelles et langues naturelles, problèmes du métalangage et des machines à traduire).

• Le politique : quoi, *par exemple,* de la pensée politique de
Heidegger, de ses rapports avec sa pensée en général et avec ses
engagements politiques d'autre part? (Les mêmes questions s'imposent
naturellement pour d'autres penseurs.) En ce qui concerne Heidegger,
quoi de sa « réception » en France? Quelle en aura été la destinée
singulière? On suivrait ainsi l'histoire et les jeux de son « héritage »
au cours des cinquante dernières années, dès lors qu'il aura, sur un
mode ou un autre, traversé toute la philosophie française selon une
alternance d'éclipses et de réapparitions chaque fois différentes et
toujours hautement signifiantes, aujourd'hui encore. De telles
recherches devront naturellement se coordonner avec celles qui, à
nouveaux frais, s'attacheront à l'histoire de ce siècle, à la constitution
d'une thématique de la modernité ou de la post-modernité, en
Allemagne et ailleurs, à l'analyse des phénomènes du totalitarisme,
du nazisme, du fascisme, du stalinisme, sans se limiter à ces massifs
énormes du XXᵉ siècle. Là encore, l'originalité des voies à frayer, la
nécessité spécifique qui les imposera au Collège, nous les verrions
surtout dans le croisement actif et intense de toutes ces recherches.
Puisque nous avons proposé l'exemple de Heidegger, de tels croisements devraient traverser d'autres problématiques, passées ou
contemporaines, autour de la limite destinale de la philosophie
(Hegel, Feuerbach, Marx, Kierkegaard, Comte, Nietzsche, Husserl,
le Cercle de Vienne, Wittgenstein, Heidegger, l'École de Francfort, etc.) aussi bien que des travaux sur la généalogie de ces problématiques dominantes, de leur domination même. Dans toutes ces
démarches, la distinction rigoureuse entre lecture interne et lecture
externe ne devrait pas être méconnue, mais non davantage reçue
comme un dogme. Cette problématique, comme celle du « contexte »
et de la contextualisation en général, requiert une nouvelle élaboration.

• La raison universitaire. Toutes ces « philosophies » comportent,
soit à l'état thématique (Hegel, Nietzsche, Heidegger, au moins),
soit à l'état implicite, un discours sur la raison qui est aussi un

discours sur l'Université, une évaluation ou une prescription quant au destin de l'Université moderne, à sa politique, notamment dans ses rapports avec l'État et avec la nation, à l'organisation des rapports entre recherche philosophique et recherche techno-scientifique. La réflexion incessante du Collège sur sa propre mission, ses finalités ou sa « finalisation » éventuelle, devra passer, entre autres lieux, par une explication avec ces pensées qui sont toutes des pensées de l'Université.

De telles communautés de recherche n'existent nulle part, me semble-t-il, ni en France ni ailleurs. En dehors de groupes informels et d'initiatives dispersées, les seules recherches organisées relèvent de centres étroitement spécialisés, le plus souvent incapables de l'ouverture, de la mobilité et des démarches croisées ou diagonales que nous proposons ici. La difficulté, pour eux (et cela tient plus souvent aux mécanismes institutionnels qu'aux personnes), c'est de *mobiliser* ces recherches, qui deviennent parfois de pure philologie et d'une philologie sans ambition philosophique, même si elle s'arme ici ou là de technologie moderne ; la difficulté, c'est de mesurer ces recherches aux enjeux les plus graves, d'aujourd'hui et de demain. Qu'on ne lise pas dans ces dernières remarques une volonté de discréditer les attitudes historisantes ou l'intérêt pour le passé comme tel, bien au contraire. Le paradoxe, c'est qu'en France du moins, le travail historique, philologique, voire « archiviste » – malgré la prime de positivité qu'il reçoit dans bien des institutions – reste très déficient dans le domaine que nous venons d'évoquer. En tout cas, pour des raisons que le Collège devrait analyser, il y a là d'énormes et inadmissibles retards. A commencer par celui de l'édition et de la traduction de corpus fondamentaux du XXe siècle. La traduction en reste largement incomplète, dispersée, hétérogène. Cette déficience n'est pas seulement grave en elle-même, mais aussi par ce qu'elle signifie ou entraîne dans la recherche scientifique et philosophique. Pour ne citer que ces exemples, on sait qu'une telle situation est celle des œuvres de Freud, de Wittgenstein et, précisément, de Heidegger, dont il faudrait entreprendre une traduction intégrale et, autant que possible, homogène, en se réglant sur l'édition scientifique et complète de ses écrits (actuellement en cours). Dans toutes ces tâches, le Collège pourrait associer ses initiatives à celles d'autres institutions de recherche (CNRS et Universités).

D

De nombreux indices nous permettent de l'affirmer, de tels programmes et centres seraient actifs et efficaces, ils attireraient beaucoup de chercheurs et associeraient de nombreuses compétences, celles de philosophes, mais aussi bien de philologues, historiens, poéticiens, linguistes, logiciens, politologues, sociologues, traducteurs, écrivains, etc. Ils devront donc être à la fois structurés dans leur identité propre et traversés par tous les autres axes de recherche. Mais cela doit pouvoir être dit de toutes les unités de recherche que nous serons conduits à déterminer. Un autre indice particulièrement exemplaire à cet égard serait celui des « études féminines » − bien que, en apparence du moins, il n'ait pas de rapport direct avec le précédent exemple. Je tiens que ce rapport est essentiel mais sans entreprendre de le démontrer ici, je rappellerai seulement quelques évidences. Le sous-développement institutionnel de ces études est scandaleux dans notre pays (en comparaison par exemple avec les États-Unis, pour l'Université, avec la richesse et la force de ces « études » en France hors des institutions publiques).

Comme le rappelle le « Rapport Godelier », il n'y a qu'une seule unité de recherche « Études féminines » habilitée par l'ancien gouvernement en France (animée par Hélène Cixous, à l'Université de Paris VIII). D'autre part, il est trop évident que si les études féminines doivent, pour cette raison même, se développer très largement dans le Collège, elles doivent aussi rayonner, sans se dissoudre, dans tous les autres lieux de recherches.

II. DESTINATION ET FINALITÉ

Les « thèmes » que nous situerons sous ce titre ne doivent pas être dissociés, en droit, des précédents qu'il peuvent croiser en bien des points. Mais une inflexion originale marquera leur traitement. Il s'agira de réactiver ou de réactualiser des catégories dites classiques en les ajustant, si possible, à des objets nouveaux, de les mettre à l'épreuve (transformatrice ou déformatrice) de situations qui peuvent paraître inédites ou spécifiques. Tous les thèmes et problèmes qui organisent la grande tradition philosophique, d'Aristote à Kant, de Leibniz à Hegel et à Marx, de Nietzsche à Bergson, etc., autour de la *téléologie* et de *l'eschatologie,* des *fins* et de la *finalité,* devront être mobilisés dans des directions aussi nombreuses et différentes que la biologie et la génétique modernes, la biotechnologie, la biolinguistique, la « biotique »; une nouvelle réflexion sur le droit en rapport avec les mutations techno-scientifiques de la médecine s'ouvrira aussi sur les dimensions éthiques et politiques d'une pensée de la destination. A titre d'exemples, nous suggérons d'engager des recherches très aiguës aux croisements des directions suivantes :

A

L'implication philosophique des sciences du vivant. Dans ce « domaine » aux frontières incertaines, la richesse et l'accélération des « découvertes » *engagent* plus que jamais la philosophie dans ses questionnements les plus essentiels et les plus critiques. Nous disons « implication » et « engagement » pour marquer qu'il s'agit sans doute d'autre chose que d'une réflexion épistémologique venue *suivre* la production scientifique. Sans contester la nécessité d'une telle épistémologie, dans ce domaine et dans tous les autres, ne faut-il pas aussi prendre en compte la possibilité de « décisions philosophiques » ouvrant et orientant de nouveaux espaces scientifiques? Il ne s'agirait pas ici nécessairement de philosophie spontanée ou dogmatique, de résidus de philosophie pré-critique dans l'activité des savants mais de démarche philosophico-scientifique inaugurale et productrice, en tant que telle, de nouveaux savoirs. Bien que cette possibilité ait des titres de noblesse historique dans tous les domaines de la théorie scientifique, il semble qu'elle soit particulièrement riche et prometteuse aujourd'hui dans tous les espaces qui font communiquer les sciences du vivant avec les autres sciences et avec les mutations techniques en cours (sciences du langage, physique, informatique, etc). La dissociation entre toutes ces recherches et toutes ces ressources, comme entre la philosophie et ces techno-sciences tient plus souvent à des effets socio-institutionnels de communauté scientifique ou technique qu'à la nature intrinsèque des objets. Le Collège pourrait jouer un rôle vital à cet égard.

B

Les *problèmes philosophiques, éthico-politiques et juridiques posés par les nouvelles techniques médicales.* Les fondements d'une nouvelle *déontologie générale.* Qu'il s'agisse de démographie (dans toutes ses dimensions, de la répartition des ressources nutritives au contrôle des naissances dans le monde), de gérontologie (science du vieillissement en général et non seulement de la « vieillesse » — dont les développements théoriques et institutionnels ont dans le monde une ampleur souvent méconnue en France), de manipulations génétiques, de l'énorme problématique des prothèses et greffes d'organe, de la biotique (bio-ordinateurs à gènes synthétiques, constitution de « sens artificiels ») ou de l'euthanasie, chaque fois l'enjeu philosophique est évident. Il ne se pose pas seulement en termes de savoir et de maîtrise mais, exigeant à cet égard la meilleure compétence, il appelle aussi bien l'interprétation éthique, la prise de parti et la décision. Il suppose aussi une remise en jeu de toute l'axiologie fondamentale concernant les valeurs de corps, d'intégrité du vivant, de « sujet », de « moi », de « conscience », de « responsabilité » individuelle et communautaire. Avec ces questions communiquent toutes celles d'une politique de la « santé » (droits et devoirs de la société quant à ce qu'on appelle ainsi, mais aussi réélaboration du concept même de « santé ») et celles d'une politique de la recherche dans ce domaine (priorités, finalisations, articulations avec les recherches militaro-industrielles).

C

Psychiatrie et Psychanalyse. On sera ici attentif à les lier, certes, aux recherches que nous venons de situer, à les lier entre elles, mais aussi à les dissocier dans leur originalité la plus jalouse et la plus irréductible. Cela dit, dans les deux cas, qu'il s'agisse de savoir, de discours « théorique », de technique et d'institution, la nécessité d'une discussion philosophique est largement reconnue et appelée par tous les « praticiens » avec lesquels nous avons été en rapport au cours de nos consultations, plus largement par ceux, et ils sont très nombreux dans tous les domaines de la recherche, qui aujourd'hui « comptent » avec la psychanalyse, sur un mode ou sur un autre. Qu'on interroge la littérature ou la linguistique, l'histoire, l'ethnologie ou la socio-logie, la pédagogie ou le droit, l'axiomatique même de la recherche s'en trouve de toute façon transformée. N'insistons pas ici sur une chose trop évidente. Je soulignerai seulement un point sur lequel les futurs responsables du Collège devront rester particulièrement vigi-lants. On l'a vérifié récemment à l'occasion de la consultation orga-nisée auprès d'eux par Maurice Godelier et par Gérard Mendel, beaucoup de psychanalystes sont très soucieux de préserver ce qui est à leurs yeux la singularité irréductible de leur discours et de leur pratique. Au regard des organisations sociales de la santé publique ou des institutions publiques de la recherche, la plupart des psy-chanalystes souhaitent garder la plus grande indépendance. Quoi qu'on pense de ces problèmes très complexes dans lesquels je préfère ne pas m'engager ici, il me paraît souhaitable en tout cas que le Collège ne les considère jamais comme « résolus » de quelque manière que ce soit : autrement dit qu'il garde une politique de réserve et d'abstention à leur sujet, ce qui ne signifie pas qu'il ne les pose pas, sur un mode théorique, bien au contraire. Mais il ne doit pas chercher à déterminer quelque inscription sociale de la psychanalyse, par exemple par tel ou tel lien du Collège avec un groupe d'analystes ou une institution analytique en tant que telle. Tous les contrats de recherche seront passés avec des individus ou des groupes *s'intéressant* à la problématique psychanalytique mais non avec des psychanalystes *en tant que tels* (même s'ils le sont en fait et même si leur travail dans le Collège concerne l'institution ou l'histoire du mouvement analytique). Rien de paradoxal à cela : la recommandation que je formule ici, dans l'intérêt de tous et d'abord du Collège, rencontre une demande souvent formulée par des psychanalystes. Bon nombre d'entre eux nous ont dit préférer travailler dans ces conditions plutôt que dans un espace qui leur serait statutairement réservé, au CNRS par exemple ou dans d'autres institutions de recherche. A tort ou à raison, ils craignent de s'y trouver trop enfermés (théoriquement) et trop engagés (socio-politiquement) et ils préfèrent des échanges plus ouverts et plus multiples avec des philosophes, des chercheurs en sciences sociales et aussi − il faut le noter avec insistance − dans les sciences de la vie ou de la « nature », en France et à l'étranger. Cette dimension internationale prend ici certains aspects particuliers sur lesquels certains de nos correspondants ont attiré à plusieurs reprises notre attention.

D

Droit et philosophie du droit. Nous en étions convaincus au début de notre mission et nous en avons eu la confirmation la plus démonstrative, il y a là une spectaculaire carence dans le champ français. Beaucoup de philosophes et de juristes le regrettent et proposent qu'un effort tout particulier soit entrepris dans ce domaine. Cet effort pourrait s'engager d'abord dans les directions que nous venons d'indiquer en prenant en compte les problèmes de droit posés par certaines mutations modernes (techniques, économiques, politiques, artistiques). Les thèmes de la destination, du don, et donc de l'échange et de la dette, s'y prêtent de façon tout à fait privilégiée. Ne parlons pas seulement des démarches « comparatistes », ethno-sociologiques et historiques que cela impose, mais aussi de certaines approches moins classiques, par exemple à partir d'analyses « pragmatiques » de la structure des énoncés juridiques. Inversement, on étudiera aussi les conditions juridiques de la constitution d'œuvres d'art ou du champ de la production et de la réception (ou destination) des œuvres. Sans parler de toutes les connexions possibles avec une problématique politique, voire théologico-politique. Pour nous limiter à quelques exemples indicatifs, voici, accumulées dans leur apparente diversité, quelques provocations « modernes » à cette nouvelle réflexion philosophico-juridique : les phénomènes de la société totalitaire, les nouvelles techniques de torture physique et psychique, les nouvelles conditions de l'investissement et de l'occupation de l'espace (urbanisme, espace naval et aérien, « recherches spatiales »), les progrès de l'informatisation, les propriétés et transferts de technologie, la propriété, la reproduction et la diffusion des œuvres d'art dans de nouvelles conditions techniques et compte tenu de nouveaux supports de production et d'archivation. Toutes ces transformations en cours appellent une profonde réélaboration de la conceptualité et de l'axiomatique du droit, du droit international, du droit public et du droit privé. Une *nouvelle* problématique des droits de l'homme s'annonce aussi, elle progresse lentement et laborieusement à l'intérieur de grandes instances internationales. Il semble que la philosophie française s'y soit jusqu'ici trop peu intéressée. Cette carence se dissimule souvent sous l'éloquence classique des déclarations en faveur des droits de l'homme. Si nécessaires qu'elles soient, de telles déclarations ne tiennent plus lieu de pensée philosophique. Une telle pensée doit se mesurer aujourd'hui à une situation sans précédent.

E

La police et l'armée, la guerre. Là aussi, les mutations technologiques en cours transforment profondément les structures, les modes d'action, les enjeux et les finalités. La réflexion philosophique semble se tenir trop à l'écart des recherches qui se sont déjà engagées dans de nombreux instituts français et étrangers à ce sujet.

Le Collège devrait rendre possibles des confrontations entre des experts (de la police, des différentes polices, des institutions carcérales, des armées, de la stratégie et de la polémologie modernes) et d'autres chercheurs, notamment des philosophes. Les directions de recherche sont très nombreuses et de types divers, comme nous le rappellent d'importants projets venus de France ou de l'étranger. Il n'est pratiquement aucun des thèmes évoqués par cette « projection » qui ne doive d'une manière ou d'une autre croiser les problématiques de la police, de l'armée et de la guerre. De la guerre dans toutes ses figures, qui ne sont pas des métaphores (guerre idéologique, guerre économique, guerre des ondes). La biocybernétique, les armes dites « intelligentes », les missiles auto-directeurs ne seraient ici que les paradigmes les plus voyants et les plus déterminés d'une problématique de l'« envoi » et de la « destination » dans ce domaine. Celui-ci s'étend en fait du côté de la théorie des jeux, de la politique de la recherche (militaro-industrielle), de la psychanalyse, de la sémiotique, de la rhétorique, du droit, de la littérature, de la « condition féminine ».

III. LANGAGES DE LA DESTINATION, DESTINATIONS DU LANGAGE

« Langage », le mot s'entendra ici dans son sens le plus ouvert, au-delà des limites du linguistique et du discursif proprement dits, dans leur forme orale ou graphique. Les valeurs d'« information », de « communication », d'« émission » et de « transmission » s'y trouveront incluses, certes, sous *toutes* leurs formes, mais ne l'épuiseront pas davantage. C'est dire en clair que, au titre du « langage », l'étude de toutes les significations ou opérations « destinales » (destiner, envoyer, émettre, transmettre, adresser, donner, recevoir, etc.) peut et doit à son tour traverser *tous* les champs d'activité du Collège. Et nous avions posé en principe, dans la première partie de ce rapport, que cette activité ne serait pas seulement d'étude théorique mais aussi, en liaison avec elle, de « création » et de performance. En nous référant par commodité à des catégories classiques, indiquons les titres et voies principales de ces recherches croisées.

A

Philosophie du langage. Quelle peut être sa spécificité, si elle n'est ni simplement une épistémologie de la linguistique ni une linguistique? Comment cette « spécificité » s'est-elle constituée? Histoire et analyse de sa problématique et de ses catégories en rapport avec toutes les formes de *téléologie*. Qu'est-ce qu'un destinateur, un destinataire, un émetteur, un récepteur, un message? Comment se constituent leur unité « pragmatique » et leur identité conceptuelle? A travers toutes les dimensions de cette analyse (métaphysique, psycho-sociologique, psychanalytique, techno-économique), on abordera les problèmes de décidabilité et d'indécidabilité. On les reconnaîtra sous leurs formes logique ou sémantique, dans les paradoxes de la pragmatique, ou encore dans l'interprétation des « œuvres d'art ».

B

Linguistique. Comme dans tous les « immenses-domaines » que je nomme ainsi, il s'agit de signaler ce que devrait être l'angle aigu du Collège. On n'y couvrira pas tout le territoire des recherches linguistiques, on n'y enseignera pas toute *la* linguistique, à supposer que cela se fasse ailleurs. On essaiera plutôt, tout en dispensant une « initiation » à la recherche linguistique dans ses directions les plus nouvelles, d'interroger les linguistes, au cours de débats avec d'autres chercheurs, philosophes ou non, sur le philosophique dans la linguistique et le linguistique dans la philosophie. Non pas seulement en termes de présupposés dogmatiques de part et d'autre. D'autres modes d'implication sont au moins aussi intéressants, tant du point de vue historique que du point de vue systématique. On peut interroger à nouveaux frais, par exemple, l'inscription du discours philosophique dans une langue naturelle et dans la « philosophie du langage » qu'elle tend à induire; on peut interroger les décisions philosophiques, assumées ou non, de toute linguistique. Ces décisions ne sont pas forcément négatives (« obstacles épistémologiques »), et ne se confondent pas nécessairement avec le discours ou la référence philosophique *exhibés* par la linguistique (« linguistique cartésienne », « linguistique rousseauiste », « herderienne », « humboldtienne »). C'est du côté de la pensée médiévale, si négligée par la philosophie universitaire française, que ces explorations seraient sans doute parmi les plus fécondes. Mais ce ne sont là que des exemples.

C

Sémiotique. On peut transposer ici ce qui vient d'être dit de la linguistique quant aux enjeux philosophiques. Le champ sera plus large puisqu'il couvrira aussi bien les systèmes linguistiques que les systèmes non linguistiques de signes. On s'intéressera particulièrement aux fonctionnements *intersémiotiques* (le geste et la parole, graphes formels et langue naturelle ou langage ordinaire, œuvres d'art à inscription multiple (texte, peinture, musique, etc.)). La réflexion s'étendra donc – sur un mode non encyclopédique mais incursif, ne l'oublions jamais – à tous les systèmes de signaux et à tous les codes, depuis ceux de l'information génétique; quant à la nécessaire problématique de l'« intelligence artificielle », on ne considérera comme acquise ou garantie aucune des axiomatiques philosophiques sur lesquelles s'engagent toutes les recherches en cours, à commencer par l'opposition de l'« artificiel » à toute la série de ses autres.

De même, on ne se contentera pas de cribler et d'orienter, dans un premier temps, l'étendue impressionnante de ce « champ », par référence aux questions de la « destination »; on laissera ouverte, on rouvrira sans cesse la question de savoir si la pensée de la langue relève de la « philosophie du langage », de la théorie sémiotique ou de la théorie linguistique et se limite à leur horizon.

D

Pragmatique. Malgré tout ce qu'elle peut partager avec une linguistique, une sémiotique, une sémantique générale ou une philosophie du langage, la pragmatique se développe aujourd'hui, surtout hors de France, comme une discipline relativement originale. Qu'elle concerne l'énonciation (les *speech acts*) ou un contexte sémiotique plus complexe (comprenant par exemple des comportements gestuels), elle me paraît opérer aujourd'hui une redistribution générale de grande conséquence. Outre ses résultats propres, qui sont riches, elle induit une co-implication essentielle de « disciplines » qui se cloisonnaient ou se protégeaient au nom de leur propre scientificité. C'est pourquoi la pragmatique me paraît requérir une place particulièrement sensible dans le Collège, celle d'un « carrefour » de circulation intense (philosophie, sémantique, linguistique, sémiotique, théorie et pratique artistique, interprétation des performatifs juridiques). Étant donné l'importance des enjeux, la place que le Collège doit accorder à la dimension « performative » (cf. la Première Partie), étant donné aussi que les travaux dispersés se multiplient aujourd'hui sans moyens institutionnels spécifiques (à partir de la théorie austinienne des *speech acts* et de sa tradition, mais parfois en s'en écartant jusqu'à la rupture), le Collège devrait créer un lieu de coordination et plus tard, un véritable Centre de Recherche qui, hors du Collège, lui resterait associé. De nombreuses propositions, parfois fort élaborées, nous sont parvenues dans ce sens; nous pouvions les prévoir, nous les avons souhaitées et appelées.

E

Technologie de la télécommunication. Réflexion « fondamentale » sur les concepts de « communication », de « communication à distance », sur les liens sans doute structurels et donc irréductibles entre la *tekhnè* en général et la « télécommunication », depuis ses formes « simples » et « élémentaires ». Autrement dit, la technologie de la télécommunication n'est pas une technologie parmi d'autres; d'où le lien entre cette problématique et celle de la distance, de l'espacement orienté et donc de la destination. Parmi tous les foyers possibles de cette réflexion, signalons ceux-ci, parmi les plus nécessaires aujourd'hui (et demain).

1. Finalités, structures et mises en œuvre de tous les *modes d'archivation* – et donc de communication (philosophique, scientifique, artistique, etc.). Comme la nécessité de ce travail et de ces expérimentations est trop évidente pour des nouvelles techniques (microfilms, banques de données, télématique, vidéo), je préfère insister sur le *livre* (histoire de l'écriture et histoire du livre; le modèle du livre et ses effets sur la structure des œuvres et des discours, notamment des discours philosophiques; les problèmes

techniques et politiques de la culture du livre; la crise et l'avenir de l'édition en général, de l'édition scientifique, philosophique ou littéraire en particulier; dimensions nationales et internationales du problème – les langues dominantes et les cultures minoritaires, etc.). Bien entendu, ces questions ne peuvent plus être considérées aujourd'hui comme annexes dans une institution de recherche telle que le Collège. Elles seront donc traitées dans toute leur ampleur et toute leur acuité, à l'aide notamment des experts (experts dans les nouvelles techniques d'archivation et de diffusion, imprimeurs, éditeurs, bibliothécaires, etc.) On coordonnera ces initiatives avec celles qui peuvent être prises ailleurs (par exemple au Cesta, au Crea [1], au ministère de la Culture et à la direction du Livre).

2. Les *médias de masse*. Réflexion philosophique et scientifique, « médiologie » théorique, empirique et expérimentale. Parmi les innombrables travaux qui s'imposent dans ce domaine, le Collège pourra d'abord privilégier les aspects « culturels », artistiques, scientifiques et philosophiques. Cela le conduira à analyser de plus près les rapports entre la culture « médiatique », la recherche et l'enseignement. Sans attitude « réactive », sans « rejet » (d'ailleurs voué à l'impuissance) devant l'extension des médias de masse, le Collège posera les problèmes « déontologiques », « éthico-juridiques » ou « éthico-politiques » liés à une telle extension. Il tentera de proposer de nouvelles utilisations de ces possibilités techniques (publiques ou privées) et cherchera à s'y ménager un accès. Ce qui vaut pour les médias de masse vaut également pour d'autres modes de communication plus divers et de moins grande diffusion, comme par exemple les « radios libres », ou pour toutes les techniques de télécommunication. De nombreux travaux sont en cours dans des Universités étrangères et dans d'autres institutions françaises : le Collège devra s'y associer tout en maintenant l'originalité de son approche.

3. *Informatique, télématique, robotique, biotechnologies*. En liaison étroite avec d'autres lieux de recherche, notamment avec tout le réseau communiquant avec le Cesta, le Collège devra participer, dans son style et avec ses moyens, à la réflexion scientifique et philoso-

---

1. [Cesta : Centre pour l'étude des systèmes de technologie avancée; Crea : Centre de recherche d'épistémologie autonome].

phique en cours sur la « finalisation », les modes de production et d'appropriation de nouvelles techniques dont l'accélération spectaculaire transforme l'ensemble de la culture et du savoir. Ces travaux devront, autant que possible, associer une initiation technique – la formation d'une compétence minimale – à l'analyse philosophique (éthique, juridique, politique) des enjeux.

F

Poïétiques. De façon peut-être un peu conventionnelle, c'est ce mot que nous choisissons pour regrouper tout ce qui concerne, en termes classiques, les théories de l'art et les pratiques artistiques. Le titre de « poïétique » a au moins le mérite de rappeler une double dimension : recherche théorique et nécessairement discursive d'une part, recherche expérimentale, « créatrice » et performative d'autre part.

Les projets du Collège (tels du moins qu'ils ont été interprétés et représentés par notre Mission) ont suscité dans ces domaines un intérêt spectaculaire. Les propositions de recherche ont été plus nombreuses et plus empressées que partout ailleurs, surtout, il faut le noter, de la part de chercheurs ou d'artistes français. On pouvait s'y attendre. Cela confirme, entre autres choses, la difficulté pour ces initiatives de trouver leur lieu – et leurs moyens – dans la topologie théorico-institutionnelle de notre pays.

Nous insistons pour que, chaque fois que ce sera possible, le Collège cherche dans ces domaines à s'associer à de nombreuses tentatives en cours, à Paris et surtout dans les régions et à l'étranger, qu'elles soient publiques (par exemple celles qui sont engagées ou soutenues par le ministère de la Culture) ou privées. On accordera une attention privilégiée à celles qui associent des « théoriciens » à des « créateurs », et parfois ce sont les mêmes.

Outre toutes les « grandes questions » à réactiver (origine de l'œuvre d'art, sens, référence, art et vérité, art et culture nationale, etc.), ce que toutes ces recherches auront en commun concernera d'abord :

• Les structures de la destination et de la finalisation (« finalité du beau », avec ou « sans concept ») : qui produit quoi? à destination de qui? Théories de la réception, du « goût », du marché de l'art, des phénomènes d'évaluation, de légitimation, de diffusion, etc.

• La thématique de la destination (destin, loi, hasard et nécessité) à l'intérieur des œuvres et du côté de la « production ».

• L'interprétation des œuvres et la philosophie ou l'herméneutique qui s'y engage. Transformation de la « critique d'art » dans les nouveaux espaces audiovisuels de la presse et de l'édition.

• Mutation des arts (des formes et des supports) en fonction des avancées de la science et des techniques.

• Critique et transformation de la classification habituelle des arts.

Bien que la nécessité d'un autre questionnement philosophique soit sensible dans tous les arts, et qu'elle soit rappelée d'abord par les « créateurs », c'est sans doute du côté de la littérature ou de la poésie et de la musique que l'urgence est la plus marquée : des travaux multiples ont mobilisé ces deux dernières décennies de grandes ressources (philosophie, sciences humaines – linguistique, psychanalyse, etc. – et logico-mathématiques) le plus souvent en dehors des institutions académiques ou de leurs partages habituels. Une entité qu'on pourrait appeler « littérature et philosophie », par exemple, est pratiquement reconnue dans des Universités étrangères (aux USA surtout), elle reste une contrebande dans notre pays. Nous avons reçu d'importants projets allant dans cette direction; d'autres, tout aussi nouveaux et nécessaires, associent de façon originale musique et philosophie, musiciens, théoriciens de la musique et philosophes. Mais, sans aucun doute, des essais analogues pourraient concerner les arts visuels, les arts dits de l'espace, le théâtre, le cinéma et la télévision.

IV. TRADUCTION, TRANSFERT, TRANSVERSALITÉ

Nous indiquerons et recommanderons sous ce titre toutes les démarches transférentielles qui, *en tant que telles,* définissent la spécificité aiguë d'un Collège *international* ouvert en priorité aux recherches inter-scientifiques *diagonales* ou *transversales*. Traductions, donc, au triple sens dont nous empruntons par commodité la distribution à Jakobson : *intralinguistique* (phénomènes de traduction – commentaire, reformulation, transposition – à l'intérieur d'une même langue), *interlinguistique* (au sens courant ou « propre » du mot, dit Jakobson : d'une langue à l'autre), *intersémiotique* (d'un médium sémiotique à l'autre, par exemple parole/peinture), mais traductions aussi au sens plus large de transfert de modèle ou de paradigme (rhétorique, art, sciences).

Voici quelques directions exemplaires. Il est entendu qu'elles devraient croiser d'autres voies situées sous d'autres titres et s'orienter selon le schème général de la « destination ».

A. Recherches « fondamentales » sur la langue, la multiplicité des langues et la problématique générale de la traduction. Histoire et théories de la traduction, dans ses dimensions linguistique, philosophique, religieuse et politique, poétique. Problèmes actuels des langues d'État et des langues minoritaires (extinction et réveil, participation à la communauté scientifique et philosophique internationale, domination et appropriation de la techno-science par la langue).

B. Mise en place de *centres de formation linguistique* spécialisés destinés aux chercheurs français ou étrangers, à l'intérieur du Collège ou en association avec lui.

C. *La technologie moderne de la traduction : problèmes théoriques.* Les machines à traduire, les « intelligences artificielles », la programmation – dans telle langue déterminée – des banques de données et d'autres modes d'archivation ou de communication.

D. *Les langues et le discours philosophique :* le rôle des langues naturelles (nationales) dans la constitution du philosophique comme tel; histoire des langues « philosophiques »; les dimensions politiques, théologico-politiques et pédagogiques : comment une langue philosophique devient-elle dominante? Ces travaux seront étroitement coordonnés avec ceux qui concernent la problématique dite « compa-

ratiste » et l'institution philosophique (voir plus bas). Chaque fois
sera relancée la question déjà posée : celle des processus de formation
et de légitimation des « objets philosophiques ».

E. *Le « comparatisme » en philosophie :* titre empirique et incertain,
mais recherches dont la nécessité ne fait aucun doute. L'urgence,
surtout dans notre pays, s'en fait massivement sentir et les témoignages sont ici nombreux et éloquents. Partout où il s'est tant bien
que mal imposé, le mot de « comparatisme » a certes couvert des
démarches difficiles à délimiter, peu assurées de l'existence de leur
objet, encore moins de leur méthode.

Néanmoins, comme c'est parfois le cas, cette fragilité ou cet
empirisme n'a pas empêché certains travaux de s'imposer dans des
conditions institutionnelles étranges qui justifieraient toute une étude.
Il est douteux que le « comparatisme » *en tant que tel* ait grand sens
en philosophie, mais la critique même de cette notion vague doit
se produire à travers des analyses trop peu développées aujourd'hui
en Occident, et singulièrement en France (nous parlons d'analyses
philosophiques et non seulement « culturo-logiques »). Situons-le
schématiquement.

a. *De la différence entre pensée (en général) et philosophie.* Des
systèmes de pensée qui ne se limitent pas nécessairement à la forme
« philosophie » telle qu'elle est née et s'est développée sous ce nom
en Occident. Toutes ces « pensées », pour n'être pas strictement
philosophiques, ne se réduisent pas nécessairement à ce que, depuis
un lieu philosophique, on assigne aux catégories de « culture », de
« vision du monde », de « système de représentations » éthico-reli-
gieuses, en Occident et ailleurs. Souvent les tentatives de penser au-
delà du philosophique ou de ce qui lie la métaphysique à la techno-
science occidentale mettent à nu des affinités avec des pensées non
européennes (africaines ou extrême-orientales). Des travaux et des
échanges systématiques à ces frontières devraient en croiser d'autres
que nous pourrions ainsi intituler :

b. *Systèmes philosophiques et systèmes religieux,* en Occident et hors
de l'Occident. Renouveau des recherches théologiques (à relier à

l'étude de la renaissance des mouvements religieux et théologico-politiques dans le monde).

c. *Systèmes philosophiques et systèmes mythologiques.*

d. *Philosophie et ethnocentrisme. Problématique de l'ethnophilosophie* (large et exemplaire débat qui s'est développé en Afrique à partir de la critique, par Paulin Hountondji, de *La Philosophie bantoue* de Tempels [1]). Elle pourrait se développer en rapport avec les questions posées par une étude (sémantique, linguistique, ethno-culturologique) des significations s'attachant aux gestes et aux discours de la destination (donner/recevoir, émettre, transmettre, envoyer, adresser, orienter).

e. *La « transcontinentalité » philosophique.* De la différence (intra-philosophique et intra-européenne dans ses manifestations, même si elle affecte des institutions philosophiques non européennes mais construites sur un modèle européen) entre les traditions philosophiques. En quoi consiste-t-elle, dès lors qu'elle ne se détermine ni à partir des seuls objets ou « contenus », ni simplement à partir des langues nationales, ni enfin à partir de conflits doctrinaux? Au cours des siècles se sont constitués ce que je propose d'appeler des *continents philosophiques.* Ce mouvement s'est accéléré et les traits se sont accusés au cours des deux derniers siècles. « Continent » : la métaphore, si elle était seulement géographique, ne serait pas rigoureuse; elle se justifie dans la mesure où souvent des limites géographique ou géographico-nationale ont entouré des entités traditionnelles et des territoires institutionnels (philosophie française, allemande, anglo-saxonne, etc.). Il est aujourd'hui aussi difficile de franchir les « douanes » et les « polices » de ces traditions philosophiques que d'en situer la ligne, le trait essentiel. Une analyse (que nous ne pouvons engager ici) montrerait, me semble-t-il, que ces frontières ne tiennent pas seulement à la langue, à l'appartenance nationale, aux types d'objets privilégiés comme objets philosophiques, à la

1. [Voir Placide Tempels, *La Philosophie bantoue,* trad. du hollandais par A. Rubbens, Élisabethville : Éditions Lovania 1945; Paulin M. Hountondji, *Sur la « Philosophie africaine »,* Paris, Maspero, 1976.]

rhétorique, aux modalités socio-institutionnelles de production et de reproduction du discours philosophique (dans le système éducatif et ailleurs), aux conditions historico-politiques générales. Et pourtant l'accumulation et l'intrication de toutes ces conditions auront engendré ces formations « continentales » si fermées sur elle-même. Les effets en sont multiples et déjà intéressants en eux-mêmes. Cette quasi-incommunicabilité originale n'a pas la forme d'une simple opacité, d'une absence radicale d'échange ; c'est plutôt le retard et le dérè-glement de tous les phénomènes de traduction, l'aggravation générale de tous les malentendus. Ceux-ci ne règnent pas seulement ou essentiellement entre les pays ou les communautés philosophiques nationales. Dans la mesure où chacune des grandes traditions est aussi représentée au-dedans de chaque communauté nationale, les frontières sont reconstituées à l'intérieur de chaque pays, selon des configurations diverses.

Inversement, selon un processus aussi intéressant, cette situation commence à évoluer lentement. Certains philosophes y sont de plus en plus sensibles ici ou là. Des mouvements s'amorcent pour réfléchir et transformer cette « babélisation ». Tâche urgente, difficile, originale, sans doute celle de la philosophie elle-même aujourd'hui, si quelque chose de tel existe et doit s'affirmer. C'est en tout cas la première tâche pour un Collège International de Philosophie, et la plus irremplaçable. Si même le Collège n'était créé qu'à cette fin, son existence serait profondément justifiée.

Dès les quatre premières années du Collège, celui-ci devra préparer les initiatives suivantes :

• *La mise en place de groupes de travail internationaux,* comprenant chaque fois des chercheurs français et des chercheurs étrangers. Ils travailleront en France (à Paris et autant que possible hors de Paris) et à l'étranger. Leurs compétences ne seront pas seulement philoso-phiques ; elles seront aussi – et par exemple – linguistiques. Ils rechercheront le concours d'autres experts, en France et à l'étranger. Tous travailleront à l'analyse et à la transformation de la situation que nous décrivions à l'instant. Ils prendront des initiatives et multiplieront les propositions concernant échanges, coopérations, ren-contres, contrats d'association, traductions, publications communes dans tous les domaines intéressant le Collège. Perspective constante du Collège, la thématique et la problématique de cette différence « intercontinentale » sera un programme prioritaire pendant les premières années. Partout où de tels groupes pourront être constitués, selon des modalités chaque fois originales, ils le seront. En Europe (Est et Ouest) et hors d'Europe, qu'il s'agisse de philosophie au sens strictement occidental ou (cf. plus haut) de « pensée » non philosophique.

• *Un programme de grands colloques internationaux* sera engagé dès la création même du Collège, comme son acte inaugural même. Il ne s'agira pas de Colloques dans la forme traditionnelle (juxtaposition formelle de grandes conférences et de commissions). Ceux que le Collège organisera seront l'aboutissement de deux ou trois années de travail intense, en France et à l'étranger. Une très active préparation en sera confiée à des philosophes spécialisés. Des séjours d'études devront faire à cet effet l'objet d'accords et de soutiens en France et à l'étranger : séjours d'étude au Collège pour plusieurs philosophes étrangers, à l'étranger pour autant de philosophes français. Les premières grandes rencontres de ce type me paraissent devoir concerner d'abord la pensée française et la pensée allemande, la pensée française et la pensée anglo-saxonne. Les courants les plus divers, on y veillera rigoureusement, y seront représentés. Mais une attention particulière sera naturellement accordée au plus vivant et au plus spécifique, qu'il soit ou non dominant dans les institutions académiques. Et dès la préparation de ces deux grands colloques, la mise en place d'autres groupes devra amorcer des rencontres futures (Italie, Espagne, Amérique latine, Inde, pays arabes, Afrique et pays d'Extrême-Orient, etc.)

V. LES FINALITÉS INSTITUTIONNELLES
DE LA PHILOSOPHIE
(RECHERCHE ET ENSEIGNEMENT)

Elles aussi orientées, dans un premier temps, par la problématique de la *destination* (constitution des destinataires et des destinateurs –

« sujets » individuels ou collectifs –, unité et légitimation du message, des structures de la transmission et de la réception, etc.), des recherches de grande ampleur s'attacheront à l'histoire et au système des institutions philosophiques, qu'elles soient de recherche ou d'enseignement, françaises ou étrangères. Pour une part « théoriques » (beaucoup, sinon tout, reste à faire dans ce domaine), elles seront aussi largement pratiques et expérimentales. Elles viseront à développer et à enrichir la recherche et l'enseignement philosophiques. Le Président de la République y invitait et s'y engageait expressément dans sa lettre au *Greph* du 8 mai 1981. Cette nécessité avait été appelée par M. le ministre d'État, ministre de la Recherche et de l'Industrie, dans la Lettre de Mission du 18 mai 1982 : « A l'heure où le Gouvernement s'apprête à étendre l'étude de la philosophie dans l'enseignement secondaire, il importe que la recherche appliquée à cette discipline soit assurée des conditions et des instruments les mieux adaptés à son essor. » Et le ministre précisait plus loin que le Collège devait être « propre à favoriser les initiatives novatrices, ouvert à l'accueil des recherches et des expériences pédagogiques inédites... »

La référence que je fais ici aux projets et aux premiers travaux du *Groupe de Recherches sur l'Enseignement Philosophique (Greph)* et aux *États Généraux de la Philosophie* (1979) n'a qu'une *valeur indicative*. D'autres voies sont possibles et le Collège devra en maintenir l'ouverture avec vigilance.

Tous ceux qui souhaitent participer à ces recherches doivent recevoir les moyens de le faire, en particulier les enseignants du Secondaire, les étudiants et les élèves des lycées.

Pour donner une idée schématique de telles recherches, je citerai l'ouverture de l'avant-projet du *Greph* [1], en souhaitant que ce groupe soit associé au Collège dans des conditions qui garantissent à la fois la meilleure coopération et une stricte indépendance de part et d'autre.

« Avant-projet pour la constitution d'un Groupe de Recherches sur l'Enseignement Philosophique [Voir plus haut, p. 146]. »

1. *Qui a peur de la Philosophie ?* Flammarion, Champs, 1977, p. 433 sq. Cf. aussi *Les États Généraux de la Philosophie,* Flammarion, Champs, 1979.

Annexes

Pour ce qui concerne la France, il sera nécessaire d'associer à tous ces travaux une réflexion sur la philosophie française, sur ses traditions et ses institutions propres, notamment sur les différents courants qui l'ont traversée au cours de ce siècle. Une nouvelle histoire de la pensée française, dans toutes ses composantes (celles qui l'ont dominée et celles qui furent marginalisées ou réprimées) devra orienter une analyse de la situation présente. On remontera aussi loin que possible dans ces prémisses en insistant sur la modernité la plus récente, sur son rapport complexe aux problématiques de la philosophie et de ses limites, aux sciences et aux arts mais aussi à l'histoire socio-politique française et aux mouvements idéologiques du pays, aussi bien, par exemple, à tous ceux de la droite française qu'à ceux des socialismes français.

Rapport de la Commission
de Philosophie et d'Épistémologie *

PRÉAMBULE

La Commission de Philosophie et d'Épistémologie, co-présidée par Jacques Bouveresse et Jacques Derrida, et composée de Jacques

* [Nous reproduisons ici le début du « Préambule aux *Principes pour une réflexion sur les contenus de l'enseignement* » publiés en mars 1989 : « Une Commission de Réflexion sur les contenus de l'enseignement avait été créée, à la fin de l'année 1988, par le ministre de l'Éducation nationale. Présidée par Pierre Bourdieu et François Gros et composée de Pierre Baqué, Pierre Bergé, René Blanchet, Jacques Bouveresse, Jean-Claude Chevallier, Hubert Condamines, Didier DaCunha Castelle, Jacques Derrida, Philippe Joutard, Edmond Malinvaud, François Mathey, elle avait reçu mission de procéder à une révision des savoirs enseignés en veillant à renforcer la cohérence et l'unité de ces savoirs.

Dans la première phase de leur travail, les membres de la Commission se sont donné pour tâche de formuler les principes qui devront régir leur travail. Conscients et soucieux des implications et des applications pratiques, pédagogiques notamment, de ces principes, ils se sont efforcés, pour les fonder, de n'obéir qu'à la discipline proprement intellectuelle qui découle de la logique intrinsèque des connaissances disponibles et des anticipations ou des questions formulables. N'ayant pas pour mission d'intervenir direc-

Brunschwig, Jean Dhombres, Catherine Malabou et Jean-Jacques Rosat, s'est réunie durant six mois, de janvier à juin 1989. Son travail s'est effectué en deux temps : a) un premier temps de réflexion préparatoire, de discussion, et de consultation des représentants de divers corps et associations comme l'Inspection générale de Philosophie, l'Inspection Générale de la Formation des Maîtres, les syndicats (SGEN, SNES, SNESUP), l'Association des Professeurs de Philosophie, le *Greph,* l'Association des Bibliothécaires (FADBEN); b) un second temps d'élaboration et de rédaction du présent rapport. Celui-ci comporte quatre principes généraux et sept propositions détaillées, dont l'exposé est précédé par le rappel de cinq points destinés à synthétiser les orientations fondamentales de la réflexion de la Commission sur la situation et l'avenir de l'enseignement de la philosophie en France, dans le secondaire, dans le premier cycle des Universités, et dans les futurs Instituts de Formation des Maîtres.

tement et à court terme dans la définition des programmes, ils ont voulu dessiner les grandes orientations de la transformation *progressive* des contenus de l'enseignement qui est indispensable, même si elle doit prendre du temps, pour suivre, et même devancer, autant que possible, l'évolution de la science et de la société.

Des commissions de travail spécialisées acceptant ces principes continueront ou commenceront un travail de réflexion plus approfondi sur chacune des grandes régions du savoir. Elles essaieront de proposer, dans des notes d'étape qui pourraient être remises au mois de juin 1989, non le programme idéal d'un enseignement idéal, mais un ensemble d'observations précises, dégageant les implications des principes proposés. »

L'une de ces commissions (Philosophie et Épistémologie), coprésidée par Jacques Bouveresse et Jacques Derrida, et composée de Jacques Brunschwig, Jean Dhombres, Catherine Malabou et Jean-Jacques Rosat, remit au ministère en juin 1989 le « Rapport de la Commission de Philosophie et d'Épistémologie ».]

CINQ POINTS FONDAMENTAUX
(synthèse du Rapport)

1. La philosophie doit intervenir comme constituant indispensable de toute formation intellectuelle cohérente, structurée, et soucieuse de comporter une dimension critique, à partir d'un certain niveau de savoir et de culture.

Étant donné que rien dans l'organisation actuelle du savoir et de la culture ne saurait justifier une position en surplomb de la philosophie par rapport aux autres disciplines, celle-ci ne doit pas être comprise comme occupant une position supérieure à celles des autres disciplines enseignées, mais comme accompagnant leurs démarches en formulant ses propres questions. Une telle conception implique :

1. Que, comme celui des autres disciplines, l'enseignement de la philosophie devrait avoir un caractère progressif qui respecte cependant la spécificité de sa démarche et ne saurait évidemment en aucun cas se réduire à un simple processus cumulatif d'acquisition de connaissances philosophiques.

2. Que les liens entre l'enseignement de la philosophie et celui des autres disciplines devraient être systématiquement renforcés, développés et considérés comme constitutifs de toute pratique de la philosophie.

3. Que la philosophie devrait considérer comme l'une de ses obligations et l'une de ses chances de faciliter la transition, l'interaction et la communication, non seulement entre la culture littéraire et la culture scientifique, mais également, de façon plus générale, entre les différents secteurs du savoir et de la culture dont l'éparpillement pose aujourd'hui tant de problèmes aux élèves.

2. Comme toute discipline fondamentale, la philosophie doit donner lieu à un enseignement qui respecte son identité,

s'articule sur d'autres disciplines et étende sur plusieurs années le cycle d'une *initiation,* d'une *formation* et d'un *approfondissement.*

1. Le *temps d'initiation* commencera au moins en première, à raison de deux heures obligatoires par semaine réparties selon divers modèles au cours de l'année. Le professeur de philosophie organisera l'initiation à la philosophie *comme telle* en collaboration avec les enseignants représentant trois groupes de disciplines : *philosophie/ sciences* (mathématiques, physique et biologie), *philosophie/sciences sociales* (sociologie, histoire, géographie, économie), *philosophie/langages/arts et littératures.* Parmi tous les bénéfices à escompter de cette innovation et des intersections qui en tout état de cause ne devraient jamais dissoudre l'unité des disciplines, cette nouvelle pratique permettrait d'équilibrer une formation philosophique jusqu'ici trop souvent voire exclusivement dominée par des modèles littéraires ou opposée aux modèles des sciences sociales ou des sciences en général.

2. Le *temps de formation* ou le « temps fort » restera celui de la terminale. Enseignée maintenant dans toutes les sections des lycées classiques et techniques, la philosophie doit conserver un volume horaire suffisant pour une formation efficace, ce qui exclut dilution, émiettement ou réduction. Cet horaire ne devrait en aucun cas être inférieur au volume actuel.

3. Le *temps d'approfondissement* appartiendra au cycle des Universités, non seulement dans les cursus littéraires mais aussi scientifiques, juridiques, médicaux, etc. Cet approfondissement de la culture philosophique *générale* pourra chaque fois se lier à une réflexion critique plus spécifiquement appropriée à la professionnalisation (par exemple, pour les futurs médecins, l'étude des questions d'éthique médicale, d'histoire et d'épistémologie de la biologie).

3. Étant donné le rôle organisateur que joue l'étape du baccalauréat, le système de nos propositions suppose à ce sujet une innovation prudente, mais déterminée.

La crédibilité de l'épreuve de philosophie au baccalauréat implique un *contrat* clair avec les candidats quant aux compétences exigées d'eux, et une *diversification* des exercices qui *relativise la place de la dissertation;* un ensemble de dispositions devra garantir que les élèves ne seront confrontés qu'à des *questions avec lesquelles ils auront préalablement pu acquérir une réelle familiarité.*

Dans les conditions actuelles, la plupart des copies de baccalauréat ne répondent pas aux exigences minimales d'une dissertation de philosophie et l'épreuve n'offre pas un instrument fiable d'évaluation des compétences effectivement acquises par les élèves. Pour de multiples raisons – la diversité illimitée des sujets, leur extrême généralité et leurs liens trop indirects avec ce qui a été étudié pendant l'année, l'appel à des capacités rhétoriques inaccessibles à la majorité des élèves actuels, et particulièrement ceux de l'enseignement technique, etc. – elle apparaît aux candidats comme mystérieuse et aléatoire; son caractère non maîtrisable suscite l'angoisse, le bachotage, ou l'abandon, et met peu à peu en cause l'enseignement philosophique lui-même.

Au baccalauréat d'enseignement général, nous proposons que l'épreuve écrite de quatre heures combine deux exercices :

– une série de questions visant à évaluer l'assimilation du vocabulaire philosophique de base et des distinctions conceptuelles élémentaires, ainsi que la connaissance de points de repères dans l'histoire de la philosophie (par exemple 6 questions proposées dans le cadre du programme général, les élèves en choisissant 3; durée : une heure);

– une épreuve de dissertation (ou, au choix, de commentaire de texte) portant exclusivement sur les notions, problèmes et textes délimités par le programme spécial (durée : trois heures).

Au baccalauréat d'enseignement technique, nous proposons que l'épreuve devienne orale et consiste en une interrogation à partir d'un dossier constitué par le candidat durant l'année.

4. Les Programmes

Leur définition précise relève, bien entendu, du Conseil national des programmes d'enseignement. Toutefois, les principes énoncés et les réformes proposées ci-dessus impliquent une transformation profonde de leur conception, de leurs structures et de leur contenu.

La conséquence la plus saillante est sans doute la distinction qu'il faudra faire (avec les différenciations nécessaires pour chaque type de classe terminale) entre :

4.1. un programme *général,* défini pour une longue période au niveau national, et

4.2. un programme *spécial,* défini annuellement au niveau de chacune des Académies.

Le programme général devrait comporter :

4.1.1. Un ensemble de notions, prises parmi les plus fondamentales de la tradition et de l'activité philosophiques. Cet ensemble de « contenus » devrait être significativement plus restreint que celui des programmes actuels.

4.1.2. Un ensemble de notions méthodologiques correspondant à des outils fondamentaux de la réflexion théorique, qu'il s'agirait d'apprendre à manier correctement, plus encore qu'à définir hors de tout contexte.

4.2. Le programme spécial serait constitué par deux ou trois problèmes philosophiques de base, formulés à partir de l'ensemble défini en 4.1.1. Les enseignants de chaque Académie devront être présents ou représentés aux instances responsables du choix.

4.3. En ce qui concerne les textes à étudier, une liste d'œuvres philosophiques (deux ou trois) sera également mise au programme annuellement, selon les mêmes modalités, dans chaque Académie. L'ensemble dans lequel ces œuvres seront choisies pourrait être sensiblement élargi par rapport aux programmes actuels, notamment en ce qui concerne les œuvres contemporaines. La portée philosophique des œuvres devrait néanmoins rester dans tous les cas incontestable.

5. La Formation des Maîtres.

Tous les maîtres du premier comme du second degré, quelles que soient les disciplines qu'ils se préparent à enseigner, devraient bénéficier, lors de leurs années de formation, d'un enseignement de philosophie.

La formation des maîtres doit avoir pour objectif, outre l'acquisition des qualités professionnelles requises pour mener à bien la tâche éducative, celle d'une réflexion constructive et critique sur l'enseignement lui-même. Tous les maîtres doivent pouvoir s'interroger sur l'aspect nécessairement problématique de leur pratique, celle-ci ne pouvant bien sûr se limiter à l'application de recettes pédagogiques.

D'autre part, une conception pluridisciplinaire de l'enseignement, telle qu'elle est ici développée, implique que tous les maîtres puissent avoir les moyens de construire une réflexion sur les liens qu'entretiennent entre eux, historiquement et logiquement, les divers savoirs enseignés à l'école et au lycée. C'est dire, à partir de l'exigence d'une telle transversalité, que, dans toutes les branches de la formation des maîtres, un enseignement philosophique est nécessaire.

Les futurs enseignants de philosophie, outre leur formation fondamentale, devraient être préparés : 1) à suivre les évolutions marquantes des savoirs contemporains, 2) à maîtriser les pratiques pédagogiques nouvelles appelées par les propositions précédentes.

PRINCIPES

PREMIER PRINCIPE

Étendre l'enseignement de la philosophie en l'articulant en trois temps avec un moment fort en terminale.

a) L'apprentissage de la philosophie demande du temps, plus que les huit mois actuels d'enseignement en terminale. Il faut davantage pour se familiariser avec une démarche, des problèmes, un vocabulaire, des auteurs. La philosophie est la seule discipline dont on demande l'apprentissage en un an. *Du point de vue des élèves :* ce statut d'exception est une anomalie; ils considèrent que la brièveté de l'enseignement philosophique est un handicap pour l'assimilation de cette discipline nouvelle; ils souhaitent massivement commencer plus tôt. *Du point de vue des enseignants :* l'expérience conduit à constater que c'est bien souvent au bout de plusieurs mois seulement (en février ou à Pâques) que des élèves (et même souvent de bons élèves) commencent à comprendre ce qu'on attend d'eux, et qu'ils arrêtent de pratiquer la philosophie au moment même où ils en deviennent vraiment capables. L'enseignement de la philosophie a trop souvent été conçu sur le modèle de la conversion qui devrait faire passer l'élève de l'opinion commune à l'esprit philosophique d'un seul coup, en une seule fois. L'enseignement de la philosophie doit plutôt être envisagé comme un apprentissage qui passe par une acquisition méthodique, progressive et adaptée au rythme des élèves, des connaissances et des compétences requises pour mener une véritable réflexion philosophique.

b) Malgré tout ce qui a pu prétendre, dans l'histoire de la philosophie, justifier une position en surplomb de la philosophie par rapport aux autres disciplines, cette relation d'extériorité hégémonique est essentiellement une survivance; elle est moins féconde et moins tenable que jamais. La philosophie n'est pas au-dessus des sciences et des humanités; elle accompagne leurs démarches en posant ses propres questions. Cela suppose également qu'elle les accompagne à différents niveaux de leur apprentissage. L'enseignement de la philosophie ne peut plus être conçu comme un couronnement final, *mais comme une série de moments constitutifs indispensables à toute formation intellectuelle, à partir d'un certain niveau de savoir et de culture.*

C'est pourquoi nous proposons de réorganiser la formation philosophique en l'articulant en trois temps :
1. Un temps *d'initiation,* dès la première, dans le cadre d'un enseignement interdisciplinaire.

626

2. Un temps de *formation :* la terminale doit rester le temps fort de l'enseignement philosophique. Enseignée maintenant dans toutes les sections des lycées classiques et techniques, la philosophie doit conserver un volume horaire suffisant pour une formation efficace, ce qui exclut dilution, émiettement ou réduction. *Cet horaire ne devrait en aucun cas être inférieur à l'horaire actuel.*

3. Un temps *d'approfondissement* au niveau du premier cycle des Universités, non seulement littéraires, mais aussi scientifiques, juridiques, médicales, etc., qui permette à la fois un élargissement de la culture philosophique des étudiants, et des réflexions plus spécifiquement liées à ce qu'ils étudient et à leurs futurs métiers (par exemple, pour les futurs médecins, les questions d'éthique médicale et biologique, et d'épistémologie de la biologie).

Avant de risquer quelques propositions sur les formes et les contenus d'un enseignement philosophique hors de la terminale, il convient de rappeler dans quel esprit une telle innovation est conçue, autrement dit pourquoi elle paraît nécessaire et quelles sont les conditions principales et minimales hors desquelles non seulement elle perdrait son sens mais pourrait même avoir des effets négatifs.

Il s'agit évidemment à nos yeux d'enrichir et de développer la réflexion et la connaissance philosophiques en assurant à l'enseignement de la philosophie une extension, un espace, un temps et une consistance, c'est-à-dire une *cohérence* qui sont depuis longtemps des droits reconnus à toutes les disciplines dites fondamentales. *Aucune discipline fondamentale n'est confinée dans le temps d'une seule année académique.* Nous désapprouverions donc radicalement toute interprétation ou toute mise en œuvre de notre projet qui n'irait pas dans le sens de ce développement et de cette cohérence accrue. Il s'agirait là d'un détournement grave. Rien ne doit compromettre, tout doit au contraire renforcer, indissociablement, l'unité de la discipline philosophique, l'originalité des modes de questionnement, de recherche et de discussion qui l'ont constituée dans l'histoire, et donc l'identité professionnelle de ceux qui l'enseignent. Les propositions qui suivent ne devraient en aucun cas, sous prétexte d'interdisciplinarité ou d'ouverture nécessaire de la philosophie aux autres disciplines, et réciproquement, donner lieu à un processus de fractionnement, de dispersion ou de dissolution.

Pour la même raison, les conditions concrètes et intolérables qui sont faites actuellement à tant de professeurs de philosophie (nombre excessif de classes à horaire réduit, nombre excessif d'élèves par classe, etc.) devraient être profondément transformées. Les propositions que nous faisons n'auraient aucun sens, aucun intérêt, aucune chance, elles rencontreraient une opposition légitime de la part de tous les professeurs si elles n'étaient pas mises en œuvre dans un contexte nouveau.

Parmi tous les éléments de cette nouveauté, une priorité absolue revient donc à ces deux conditions : allégement des classes ou du nombre d'élèves par séance et du nombre maximal des classes à la charge d'un enseignant. Il serait du reste souhaitable que le service des enseignants soit défini non pas, comme il l'est actuellement, uniquement en fonction du nombre d'heures de cours, mais également en fonction du nombre d'élèves qu'un enseignant a sous sa responsabilité et du nombre de classes.

Sans pouvoir rappeler ici tous les travaux et toutes les expériences qui nous paraissent justifier la présence d'un enseignement philosophique avant la terminale, nous tenons pour certain que l'accès à la philosophie n'est pas et ne doit pas être conditionné par un « âge » (qui serait d'ailleurs variable d'un élève à l'autre au moment du seul passage de la première à la terminale), ni par la ligne d'une frontière entre deux classes. Les racines de ce vieux préjugé ont été maintenant largement et publiquement reconnues, analysées, mises en cause. Ce préjugé est aujourd'hui plus néfaste que jamais.

Il importe que les enseignements fondamentaux, qu'ils soient scientifiques ou non, et surtout quand ils contribuent à la formation du citoyen responsable, entraîné à la vigilance dans la lecture, le langage, l'interprétation et l'évaluation, soient articulés sur une culture critique et philosophique. Nous parlons ici aussi bien du citoyen français que du citoyen européen. « De la philosophie » est d'ailleurs enseignée ou inculquée, sans « professeur de philosophie », avant la terminale et hors de France, sous une forme non déclarée, au travers d'autres disciplines, et mieux vaut prendre conscience de ce fait et de ces problèmes. Nous proposons de les traiter explicitement, en théorie et en pratique, au lieu de les éviter.

D'autre part, qu'il s'agisse d'aptitude, de désir ou de demande, nous devons encore y insister, beaucoup d'élèves sont prêts à aborder la philosophie avant la terminale et s'étonnent que cet accès ne leur soit pas officiellement accordé. D'autant plus, argument très grave pour un enseignement démocratique, que les nombreux élèves qui ne parviennent pas à la terminale, se voient ainsi refuser *tout* accès à la philosophie.

Il semble enfin que bien des problèmes rencontrés par le professeur de philosophie et par ses élèves en terminale tiennent à cette impréparation et à la nécessité, qui est aussi l'impossibilité, de concentrer la richesse des programmes dans un laps de temps trop court.

Pour avoir quelque chance de devenir effective, l'introduction de la philosophie en première devrait être entreprise avec la plus grande détermination. Elle devrait faire l'objet d'une décision structurelle profonde, et ne devrait donc en aucun cas avoir le statut d'une expérimentation précaire et facultative. Ce statut expérimental devrait être réservé à l'extension du même projet, selon le même modèle, dans les années à venir, en deçà de la classe de première et hors de France. Quels que soient ses prémisses et son état actuel, la présence de la philosophie dans l'enseignement secondaire français est, ne l'oublions jamais, une chance historique à laquelle il est de notre devoir non seulement d'assurer la survie mais aussi les conditions de son développement et de son rayonnement.

Rappelons une autre condition indispensable : elle concerne l'inscription de ce nouvel enseignement dans un cycle organique couvrant au moins trois ans, de la première des lycées à la première année d'Université ou des classes préparatoires aux Grandes Écoles. Il est en particulier nécessaire d'articuler étroitement les programmes de première et de terminale et d'orienter dans ce sens la formation des enseignants dans toutes les disciplines concernées.

Les conséquences de cette innovation devront être tirées de façon ambitieuse et systématique pour tout ce qui touche à la formation théorique et pédagogique des enseignants, qu'il s'agisse des concours d'entrée dans les écoles normales ou dans les Instituts de Formation des maîtres ou en général des concours de recrutement.

Pour l'établissement et le renouvellement des programmes, il importe qu'à l'échelle nationale, pour ce qui est de la généralité des normes et des programmes, à l'échelle des régions, des Académies et des lycées, pour ce qui touche à des choix et à des déterminations plus spécifiques, une réflexion commune associe d'abord les enseignants du secondaire et du supérieur en philosophie, puis ceux-ci et les représentants des autres disciplines concernées. Ce serait là aussi une des tâches confiées à la Commission permanente de révision des programmes.

Des normes et des prescriptions nationales seront sans doute indispensables, qu'elles concernent les contenus ou les formes de ces nouveaux enseignements. Mais elles devront laisser une large place à l'initiative des professeurs, entre l'Université et les lycées, puis à l'intérieur de chaque établissement où une pratique des contrats devrait associer, de façon souple et renouvelable les enseignants de plusieurs disciplines. Ce serait là un espace privilégié, voire exemplaire, pour inaugurer ou développer des enseignements transdisciplinaires, pour y former aussi bien les élèves que les enseignants.

SECOND PRINCIPE

Associer plus étroitement la philosophie aux autres disciplines afin qu'elle contribue à l'unité et à la cohérence de la formation, sans rien perdre de sa spécificité.

Le besoin se fait sentir aujourd'hui de donner cohérence et unité aux programmes, de montrer que, si les domaines d'étude et les démarches diffèrent, la formation de chaque élève est un processus global qu'on doit s'efforcer de rendre le plus cohérent possible (cf. le rapport Bourdieu-Gros).

La philosophie a un rôle essentiel à jouer pour contribuer à l'unité de la formation, non parce qu'elle dominerait et totaliserait l'ensemble des savoirs, mais parce que, dans la mesure où elle est aussi, sinon seulement, une réflexion critique, parce qu'elle s'est toujours nourrie des problèmes, des concepts, des débats nés en divers lieux du savoir et de la culture, elle est, traditionnellement, l'espace privilégié dans lequel les catégories du savoir ou de la culture peuvent être construites, assimilées, mais aussi interrogées et discutées.

Nous proposons :

a) d'une part, qu'aux différents niveaux de la formation, la philosophie soit plus étroitement associée aux autres disciplines, ce qui n'a de sens que si elle affirme et fait reconnaître *la spécificité de sa démarche;* et ce qui suppose qu'à tous les niveaux, ceux qui auront à enseigner la philosophie soient bien eux-mêmes des philosophes (voir proposition 1 ci-dessous).

b) d'autre part, que la philosophie soit étroitement intégrée à la formation des maîtres de toutes les disciplines et de tous les niveaux, comme elle l'est déjà actuellement à la formation des instituteurs depuis 1986 (voir proposition 6 ci-dessous).

TROISIÈME PRINCIPE
Spécifier d'une manière bien plus rigoureuse les exigences à l'égard des élèves.

Le cours de philosophie est en particulier, doit être en tout cas, le lieu de l'apprentissage de l'exercice d'une pensée libre. C'est pourquoi les instructions qui régissent aujourd'hui l'enseignement de la philosophie donnent au professeur une entière liberté dans la manière de conduire son enseignement, pourvu que celui-ci soit authentiquement philosophique; elles définissent en conséquence un programme de notions, conçues non comme les titres de chapitres successifs, mais comme des « directions dans lesquelles la recherche et la réflexion sont invitées à s'engager », l'étude des notions étant « toujours déterminée par des problèmes philosophiques dont le choix et la formulation sont laissés à l'initiative du professeur ». Les enseignants de philosophie sont tous très légitimement attachés à cette liberté, garante du caractère réellement philosophique de leur enseignement qui, s'il doit évidemment fournir de solides connaissances en matière d'histoire de la philosophie et de sciences humaines ou d'histoire des sciences, ne saurait s'y réduire.

Cette conception, qui a trouvé son expression la plus claire et la plus ferme dans la réforme du programme de 1973, ne saurait à nos yeux être remise en cause.

Mais, tous les témoignages que nous avons réunis le montrent, l'application de cette conception, notamment au moment de l'épreuve du baccalauréat, conduit à une série de dérives, dont les effets négatifs se sont déjà fortement fait sentir dans les classes terminales, et qui risquent, à terme, de déconsidérer et de remettre en cause l'enseignement de la philosophie au lycée.

Le souci légitime, autrement dit la bonne intention d'échapper à la simple question de cours conduit :

– à ce que des questions d'une extrême diversité puissent être posées sans que les élèves aient eu matériellement la possibilité de s'y préparer efficacement;

– à ce que le lien de ces questions avec le programme soit suffisamment oblique pour que les élèves soient contraints d'inventer de toutes pièces le cadre même de leur réflexion, ce qu'on ne saurait raisonnablement exiger d'un élève moyen de terminale;

– à ce que la formulation des questions elles-mêmes soit souvent si énigmatique que la plupart des élèves sont hors d'état d'identifier simplement le problème posé;

– à ce que le sens philosophique des textes soumis au commentaire, indépendamment de tout contexte, de toute référence, de toute question (et souvent dans une langue, qui, de fait, qu'on le veuille ou non, est difficilement accessible aux élèves actuels) soit rigoureusement hermétique à la plupart des candidats.

Bref, les conditions actuelles de l'épreuve du baccalauréat supposent de la part des élèves une capacité rhétorique et une culture générale largement supérieures à ce qui peut être raisonnablement demandé aux élèves de terminale. Plutôt le genre de dispositions qu'on exige traditionnellement des khâgneux.

Un tel fonctionnement est désastreux quand 40 % des élèves d'une classe d'âge passent le bac. S'il devait se perpétuer quand 60 % ou 80 % y auront accès, il serait tout simplement suicidaire pour l'enseignement de la philosophie dans le secondaire.

Les conséquences de cette situation sont bien connues des professeurs :

– désarroi des élèves; sentiment d'impuissance et impression que l'épreuve de philosophie au bac est une « loterie » (voir « La loterie philosophique », dans *Le Monde de l'Éducation,* (avril 1989);

– découragement et forte dévalorisation de la philosophie dans les sections scientifiques notamment (pour ne pas parler du technique);

– bachotage des élèves les plus sérieux qui ont besoin de se rassurer et qui pour se préparer à l'impréparable voient dans les notions du programme, contrairement à son esprit, les têtes de chapitre d'un cours à remplir, puis se ruent sur toutes sortes de manuels ou fascicules de plus ou moins bonne qualité, qui tous traitent le programme chapitre par chapitre;

– mise en difficulté des enseignants *comme professeurs,* partagés qu'ils sont entre le souci de former les élèves à la réflexion et les contraintes du bachotage;

– mise en difficulté des enseignants *comme correcteurs,* puisque la plupart des copies ne satisfont ni aux exigences minimales de la dissertation ni à celles d'un devoir de philosophie; les moyennes sont trop faibles (anormales pour un *examen*), et la notation devient passablement aléatoire. Il n'est pas normal que des élèves simplement moyens, ayant sérieusement travaillé, ne soient pas assurés d'obtenir une note avoisinant la moyenne.

Il est nécessaire que les instructions officielles déterminent avec une précision suffisante les compétences qu'on sera en droit d'exiger des élèves à la sortie de terminale. S'il est vrai que tout enseignement philosophique doit contribuer à former les élèves à l'exercice d'une réflexion personnelle, on ne saurait pour autant les mettre en situation d'avoir à construire une problématique sur des questions avec lesquelles ils n'ont pas été directement familiarisés auparavant, ou avec lesquelles le cours suivi durant l'année n'a qu'un rapport oblique; ni en situation d'avoir à proposer une réponse à un problème philosophique donné sans qu'on soit assuré qu'ils ont pu durant l'année étudier sérieusement des doctrines et des théories qui constituent des solutions appropriées à ce problème; ni en situation d'avoir à entreprendre la reconstitution hypothétique de la pensée d'un philosophe qu'ils ne sont pas censés connaître à partir de vingt lignes coupées de tout contexte.

Un élève n'a pas à être original, ni à tirer de son propre fonds ce qu'on ne lui a jamais appris; il n'est pas un philosophe en herbe ou un penseur en germe.

Savoir reconnaître dans un texte un problème philosophique déjà rencontré, pouvoir reproduire de manière pertinente des idées et des arguments préalablement étudiés, être capable d'établir un lien entre une idée philosophique connue et un exemple tiré de sa culture ou de son expérience personnelle : ce sont là des capacités éminemment philosophiques, constitutives d'une aptitude à la réflexion, et en outre susceptibles d'être méthodiquement acquises et sérieusement évaluées.

A cet égard, la formule « apprendre à penser par soi-même » à quoi l'on résume souvent l'ambition de notre enseignement, est pour le moins ambiguë :

— son indétermination semble autoriser à poser toutes sortes de sujets auxquels les élèves n'ont pu être directement préparés et qui supposent de leur part bien autre chose qu'une application intelligente de connaissances acquises;

— sa radicalité met les élèves devant une tâche impossible et produit un désarroi qui s'exprime aussi bien par la recherche de recettes que par le renoncement;

— sa généralité, quoique justifiée à bien des égards, rend bien hasardeuses les tâches de correction et d'évaluation, et met fort mal à l'aise le professeur qui veut préparer sérieusement ses élèves aux épreuves de l'examen.

Quoi qu'on pense de la phrase kantienne selon laquelle on n'apprend pas la philosophie mais à philosopher, et quelle que soit l'interprétation qu'on en donne, cette formule ne peut servir à justifier la situation actuelle où, à traiter les élèves comme de petits philosophes, on finit par ne plus trouver de philosophie dans leurs travaux. Qu'on parle d'apprendre à philosopher ou d'apprendre la philosophie, il s'agit toujours d'apprendre et on doit donc pouvoir déterminer avec une précision suffisante, comme dans toute autre discipline, les savoirs et les compétences exigibles.

Il est étrange à cet égard que l'épithète « scolaire », dans l'enseignement secondaire en général et dans celui de la philosophie en particulier, soit devenue systématiquement péjorative. La hantise du scolaire ne conduit-elle pas trop souvent à des sujets démesurément ambitieux, et à des exigences insensées ?

Que la nature d'une épreuve d'examen ou que le travail remis par un élève soient « scolaires » n'est pas une qualité qui devrait conduire à les discréditer. Que demander à un examen sinon de permettre de contrôler qu'un certain nombre de connaissances et de compétences ont été acquises grâce à l'école, c'est-à-dire scolairement ? Que demander à un élève sinon qu'il soit en mesure de restituer correctement et d'utiliser intelligemment un certain nombre de connaissances et de modes de raisonnement scolairement assimilés ? Le mépris généralement affiché à l'égard des questions de cours ne se justifie nullement si par « questions de cours » on entend non pas des incitations à réciter ce qui a été dit en cours, mais simplement des questions avec lesquelles on s'est familiarisé et à propos desquelles une réflexion a déjà été engagée.

Il convient, nous semble-t-il, de réhabiliter le « scolaire » qu'on ne saurait confondre avec le bachotage. Le bachotage, c'est l'accumulation superficielle et hâtive de connaissances destinées à faire illusion le jour de l'examen. L'apprentissage scolaire, c'est ce qui rend capable de reproduire et d'utiliser à bon escient des concepts et des distinctions qu'on n'a pas nécessairement inventés, de reconnaître des problèmes et des idées que l'on a déjà rencontrés. Si certains élèves sont de surcroît originaux, créatifs, cultivés ou brillants, tant mieux. Mais un enseignement philosophique n'a pas à rougir d'être et de se reconnaître scolaire.

C'est pourquoi, tout en conservant le cadre et l'esprit du programme actuel, il nous paraît urgent de modifier profondément les modalités de l'épreuve du baccalauréat, à la fois pour son meilleur déroulement, et pour les effets positifs qui en résulteront sur l'enseignement lui-même.

QUATRIÈME PRINCIPE

Penser enfin les problèmes spécifiques de l'enseignement de la philosophie dans le technique, où la situation est franchement inacceptable pour les enseignants comme pour les élèves.

L'enseignement de la philosophie dans les sections techniques constitue un enjeu décisif. Pourtant les problèmes qu'il soulève ont été systématiquement minorés ou ignorés depuis vingt ans ; il est aujourd'hui dans une situation de crise qui appelle des réformes urgentes et profondes.

Avec la multiplication des classes de section G, et l'extension de son enseignement aux sections F, la philosophie atteint désormais un public qu'elle n'a jamais eu, ni en nombre, ni quant à son origine sociale, son héritage culturel, et sa formation scolaire. Il y a là pour elle une *chance historique* qui jusqu'à présent a été complètement perdue. L'enseignement de la philosophie dans le technique n'a en effet jamais été conçu autrement que comme la transposition mécanique, avec un horaire réduit, du programme, des exercices (dissertations), et des méthodes (cours essentiellement magistral) de la classe de philosophie.

L'inadéquation de ce modèle est manifeste : l'indigence des copies de baccalauréat les rend inévaluables ; la plupart des élèves oscillent entre le découragement et le mépris, entre croire qu'ils ne sont pas capables de faire de la philosophie et juger qu'elle ne vaut pas une heure de peine ; les professeurs ont le sentiment qu'on leur assigne une mission impossible et de n'être pas en mesure tout simplement d'exercer leur métier. Certains en viennent à douter que l'enseignement de la philosophie ait un sens dans ces sections.

L'expérience de l'extension de l'enseignement de la philosophie aux sections F est significative : fondée sur un principe légitime (le droit à la philosophie pour tous), cette mesure se solde aujourd'hui par un échec : rejet par une grande majorité des élèves, discrédit de la philosophie, amertume des enseignants.

Le divorce entre ces élèves et les formes actuelles d'enseignement de la philosophie est si profond qu'il serait parfaitement illusoire de penser y faire face seulement par des aménagements horaires (même si ceux-ci sont effectivement indispensables).

Avec une majorité des enseignants de ces classes, nous sommes convaincus que les élèves de ces sections sont parfaitement capables de philosopher, à condition que l'on ait la volonté et les moyens d'élaborer pour eux et avec eux un autre modèle d'enseignement, qui d'une part s'appuie davantage sur leurs questions, préoccupations et motivations, et qui d'autre part fasse appel à une gamme diversifiée d'exercices et de travaux, écrits et oraux, mieux adaptés. Face aux difficultés qu'ils rencontrent, beaucoup d'enseignants ont cherché, isolément, à inventer des pratiques pédagogiques différentes. Il est urgent de rassembler ces expériences, de les faire circuler, et d'organiser une réflexion collective sur les réformes à engager.

Nous proposons plus loin quelques mesures susceptibles, dans l'immédiat, d'aider à débloquer la situation.

Mais il faut être bien conscient que si on ne se décide pas à penser sérieusement et rapidement ce que peut être un enseignement de philosophie dans les sections techniques, il sera discrédité et tôt ou tard disparaîtra ; bien des gens en concluront que ces « élèves-là » n'étaient pas faits pour cela. Il y a donc là une tâche tout à fait urgente, et du point de vue démocratique, et du point de vue philosophique.

Ajoutons que, si certaines difficultés sont tout à fait spécifiques aux classes techniques, beaucoup d'autres ne sont que la version accentuée et grossie de difficultés que les enseignants de philosophie rencontrent déjà à des degrés divers dans toutes les autres sections. Sur bien des points – notamment tout ce qui concerne les « travaux dirigés », le suivi individuel des élèves, l'organisation de travaux de groupe, bref une pédagogie moins exclusivement centrée sur le cours magistral – ce qui serait entrepris dans l'enseignement technique pourrait servir utilement à améliorer l'enseignement de la philosophie dans les sections classiques : après tout, les nouvelles couches d'élèves qui, dans les prochaines années, vont entrer en masse dans les sections classiques, ont toute chance, par leur comportement et leur culture, de ressembler davantage aux actuels F ou G qu'à de futurs khâgneux.

PROPOSITIONS

Créer un enseignement d'« Initiation philosophique inter-disciplinaire » en première.

Cet enseignement aurait un triple objectif :

1. Contribuer à l'acquisition des catégories fondamentales de la pensée, à l'assimilation d'outils logiques de base nécessaires à l'élaboration des discours, du raisonnement et de l'argumentation dans toutes les disciplines : catégories de cause, de conséquence, de finalité, schémas de démonstration, réfutation, concession, etc.

2. Donner aux élèves les connaissances élémentaires et indispensables sur quelques moments décisifs et constitutifs de l'histoire de notre culture en montrant les connexions entre les dimensions religieuse, sociale, scientifique, politique, philosophique de ces événements : à titre d'exemple seulement, le Ve siècle grec, l'avènement du christianisme, la révolution galiléenne, la théorie darwinienne, etc.

3. Familiariser les élèves avec la démarche philosophique en montrant à la fois sa spécificité, et son articulation avec les démarches auxquelles ils sont davantage habitués.

Cet enseignement serait animé en permanence par le professeur de philosophie, mais il en partagerait la responsabilité avec les professeurs des autres disciplines qui y interviendraient dans des proportions et selon des modalités à définir en commun (interventions alternées, cours à 2 ou 3 voix, demi-journées ou journées banalisées et organisées en commun, etc.).

Le volume horaire serait fixé sur une base annuelle. Dans un premier temps au moins, il ne serait pas inférieur à 75 heures (soit l'équivalent de 2 heures hebdomadaires), seuil en deçà duquel un tel enseignement risquerait de perdre sa cohérence et son efficacité.

Rapport de la Commission de Philosophie et d'Épistémologie

(Du point de vue administratif, et pour ne pas alourdir l'emploi du temps des élèves, on peut imaginer que chaque discipline mette à la disposition de cet enseignement commun quelques heures dans l'année ; ce « pot commun » pourrait représenter la moitié de l'horaire, l'autre moitié représenterait l'équivalent de l'introduction d'une heure hebdomadaire de philosophie.)

L'aménagement de ce volume d'heures devrait être souple et mobile ; il serait établi au début de chaque année par concertation entre les enseignants des différentes disciplines et celui de philosophie.

Une répartition pourrait être proposée en trois modules trimestriels de 25 heures chacun, respectivement intitulés :

1. Philosophie/Sciences (logique, mathématiques, physique et biologie).
2. Philosophie/Sciences sociales (Histoire, géographie, sociologie, droit, économie, politique).
3. Philosophie/Langage (rhétorique, traduction, langues, arts et littératures).

Dans chacun de ces trois ensembles le professeur de philosophie aurait la responsabilité et les moyens d'une initiation spécifique à la philosophie comme telle (l'expérience de la philosophie en tant que telle, ses attitudes et ses exigences typiques, ses modes de questionnement et d'argumentation, ses dimensions ontologique, métaphysique ou éthique, l'histoire de ses textes canoniques, l'apprentissage de leur lecture, etc.).

Il sera sans doute difficile mais d'autant plus nécessaire de tenir compte à la fois de cette spécificité philosophique et de la provocation réciproque entre la philosophie et les autres disciplines.

D'une façon générale, dans le choix des sujets, comme dans leur traitement, une insistance particulière devrait être mise, au cours de cette première année :

1. sur les questions de *responsabilité éthico-politique* (sous leur forme la plus moderne et la plus urgente, en particulier pour ce qui est des exemples, mais aussi dans des perspectives fondamentales et historiques) ;
2. sur l'apprentissage de la *logique,* des règles d'argumentation

critique, et des modes d'appropriation du langage (parole, écriture, traduction, instruments d'archivation, information, médias).

Les contenus susceptibles d'être enseignés dans le cadre de cette co-intervention seraient définis dans un programme national établi de façon interdisciplinaire ; celui-ci proposerait un éventail assez large de possibilités parmi lesquelles il reviendrait aux enseignants de choisir en fonction de ce qui leur paraîtra le plus conforme aux besoins et aux intérêts des élèves, ainsi que de leurs compétences propres.

DEUXIÈME PROPOSITION

Faire porter la partie principale de l'épreuve de philosophie du baccalauréat d'enseignement général sur un programme spécial défini annuellement dans chaque Académie, tout en conservant un programme général, établi nationalement, comme cadre de référence durable pour l'enseignement de la philosophie en terminale.

Il paraît indispensable de maintenir un programme général, défini nationalement de façon durable, qui puisse à la fois constituer le cadre de référence de l'enseignement de philosophie en terminale et fournir la matière d'une interrogation au baccalauréat.

Ce serait, comme actuellement, un programme de notions. Mais on y distinguerait :

— un ensemble de notions prises parmi les plus fondamentales de la tradition et de l'activité philosophique (par exemple, la conscience, la vérité, la justice, etc.) ; le nombre de ces notions serait pour chaque section sensiblement réduit par rapport au programme actuel : d'un tiers ou de moitié ;

— un ensemble de notions méthodologiques, correspondant à des outils fondamentaux de la réflexion théorique, qu'il s'agirait d'apprendre à manier correctement plus encore qu'à définir hors de tout contexte (par exemple : déduction, dialectique, analyse, etc.).

Le respect de l'unité de la philosophie et de sa visée globalisante interdit une présentation fragmentaire qui la limiterait à certaines de ses « parties »; l'affirmation de sa spécificité comme discipline scolaire exige le maintien d'un cadre programmatique national et durable. Un programme général de notions doit donc être maintenu.

Mais le nombre de notions inscrites au programme actuel (plus de 40 en A; une vingtaine en C), toutes susceptibles d'être au baccalauréat le point de départ des questionnements les plus divers, conduit généralement les élèves à les lire comme des têtes de chapitres, qui devraient être étudiés successivement comme on le fait en mathématiques ou en histoire. Les professeurs, soucieux de ne pas laisser de blancs dans la préparation de leurs élèves à l'examen, sont bien souvent conduits à adopter la même attitude, avec tous les risques de bachotage ou de saupoudrage qui en résultent.

Il est à noter que la quasi-totalité des manuels et recueils de textes édités pour la terminale, et qui ne sont pas sans influence, qu'on le veuille ou non, sur l'idée qu'élèves et professeurs se font de ce que doit être un cours de philosophie, est bâtie sur le même modèle. Ainsi la routine scolaire et le poids du baccalauréat tendent à transformer la liste des notions en catalogue et à détourner le programme de l'esprit dans lequel il a été conçu : fournir un cadre authentiquement philosophique à l'intérieur et à partir duquel les problèmes doivent être définis et abordés.

Il importe donc que le libellé du programme aussi bien que son contenu incitent plus encore qu'aujourd'hui les enseignants et les élèves à se soucier moins du nombre, de l'étendue et de la diversité de chapitres à traiter successivement que de la qualité et de l'approfondissement de la réflexion et des connaissances sur quelques questions philosophiques essentielles.

C'est pourquoi nous proposons d'une part de réduire de façon sensible (d'un tiers ou de moitié) l'actuel programme en le réorganisant autour des concepts les plus fondamentaux de la tradition philosophique; d'autre part, d'établir une liste des outils conceptuels dont on devrait pouvoir exiger que les élèves aient appris à les utiliser; enfin, de bien définir ce programme comme un cadre général et durable de l'enseignement philosophique en terminale, et de le distinguer ainsi soigneusement du programme spécial académique. Une partie restreinte de l'épreuve de philosophie au baccalauréat devrait consister en une interrogation sur ce programme général (voir plus loin proposition 3).

Mais la partie principale de l'épreuve (dissertation ou commentaire de texte) porterait sur un programme spécial, établi annuellement dans chaque Académie. Il comprendrait :
– 2 ou 3 problèmes philosophiques fondamentaux, formulés de manière très explicite, et étroitement reliés à une ou plusieurs notions du programme général. Ces problèmes pourraient être des problèmes philosophiques classiques (ceux par exemple du rapport entre État et liberté, ou entre âme et corps), ou des problèmes philosophiques liés à certaines interrogations contemporaines (l'évaluation de l'idée de progrès, par exemple, ou les questions philosophiques liées à la bio-éthique) ;
– 1 à 3 grands textes philosophiques, ou de portée philosophique incontestable, classiques ou du XXᵉ siècle, dont l'étude permettrait de nourrir la réflexion sur les problèmes en question.

La mise en place d'un programme de ce type devrait permettre :
a) une amélioration du fonctionnement de l'épreuve de philosophie au baccalauréat et de sa correction ;
b) un changement positif dans le mode de préparation des élèves ;
c) la possibilité pour les enseignants d'organiser avec plus d'intelligence et de liberté l'année scolaire.

a) Si la grande majorité des copies de « bac » ne satisfait pas aujourd'hui à des exigences philosophiques minimales, c'est principalement parce que les élèves, ayant dû tout prévoir, n'ont rien pu préparer, et manquant généralement des connaissances de base sur les questions qui leur sont posées et de la familiarité la plus élémentaire avec les problèmes donnés, ne comprennent pas ce qu'on leur demande, et n'ont de toute façon pas les outils théoriques pour y répondre.
Si l'élève a pu centrer son apprentissage de la philosophie sur 2 ou 3 problèmes, on peut espérer alors qu'il aura acquis dans l'année les connaissances nécessaires, qu'il aura appris à repérer certains problèmes, qu'il aura construit lui-même sa propre réflexion, et sera

donc en mesure de bâtir une copie, peut-être scolaire, mais honorable, c'est-à-dire représentant un certain travail de pensée.

On peut espérer dès lors dans ces conditions que la lecture des copies permettra de distinguer sans trop de risques d'erreur ceux qui auront travaillé et assimilé de ceux qui n'auront rien fait ni appris; on ôterait pour l'essentiel à l'épreuve de philosophie du « bac » sa réputation non totalement injustifiée de « loterie ».

b) Les notions constitutives d'un programme de philosophie, si elles ne forment pas un système, sont néanmoins solidaires les unes des autres : on n'étudie pas la conscience sans réfléchir aussi sur la vérité ou la liberté; on n'étudie pas l'art sans réfléchir aussi sur l'imagination ou le langage. Pourvu que les problèmes choisis au programme annuel le soient de manière appropriée, aucun candidat sérieux ne pourra se dispenser d'une connaissance de l'ensemble du programme général (et ce d'autant que la partie « questions » de l'épreuve portera bien, elle, sur le programme général). Mais il pourra dans sa préparation mettre l'accent sur des problèmes nettement circonscrits.

On peut ainsi espérer éviter les 2 écueils que seraient d'une part la préparation « tous azimuts », comme dans le système actuel, qui conduit au bachotage ou à n'avoir qu'un vernis sur tout; une préparation étroitement limitée d'autre part à un domaine trop précis, qui engendrerait une autre forme de bachotage et une technicité qu'il convient de proscrire absolument au niveau du baccalauréat. On peut espérer au contraire que, tout en se préparant efficacement à une épreuve au contenu clairement délimité, les élèves pourront progressivement découvrir l'ampleur du champ de la réflexion philosophique.

c) Délivrés du souci d'avoir à « tout traiter à fond », les professeurs pourront concevoir leur enseignement comme une formation à la philosophie en général, centrée chaque année sur des problèmes différents.

Ils n'en auront que plus de liberté pour déterminer la progression de la classe en fonction des possibilités des élèves, pour choisir d'aborder les problèmes sous l'angle qui leur paraîtra le plus approprié, pour faire découvrir la philosophie et faire pratiquer de la philosophie à leurs élèves à partir de notions, de problèmes et de textes préalablement déterminés.

La place des « questions aux choix », actuellement beaucoup trop limitée (« parce-qu'on-n'a-déjà-pas-le-temps-de-faire-tout-le-programme ») pourrait dans un tel contexte être fortement réévaluée, ce qui contribuerait utilement à l'élargissement de la culture des élèves à une diversification des approches pédagogiques.

Ces programmes spéciaux seraient établis annuellement dans chaque Académie par une commission de quelques professeurs de philosophie. Celle-ci serait régulièrement renouvelée de façon que, sur quelques années, l'ensemble des professeurs de l'Académie aient la possibilité d'y participer. Ainsi élaborés au plus près de l'expérience des enseignants, ces programmes spéciaux seraient mieux adaptés aux préoccupations et aux possibilités des élèves. Articulés sur le programme général – garantie de leur teneur philosophique et assurance contre l'arbitraire –, ils pourraient manifester la richesse, la diversité et l'actualité de la réflexion philosophique, et favoriseraient renouvellement et innovation dans les classes.

TROISIÈME PROPOSITION

Réorganiser l'épreuve écrite du baccalauréat d'enseignement général en associant à la dissertation (ou commentaire de texte) un exercice de questions.

La nouvelle épreuve (de 4 heures comme aujourd'hui) comprendrait donc deux parties :

1. Une série de questions visant à évaluer l'assimilation des connaissances requises pour pratiquer la philosophie avec un minimum de sérieux. Elles porteraient sur le vocabulaire philosophique de base (définir « l'empirisme » ou « l'abstraction »), sur les distinctions conceptuelles élémentaires (distinguer « loi juridique » et « loi scientifique », ou « essence » et « existence »), et sur des points de repère essentiels dans l'histoire de la philosophie (Qui était Socrate? Qu'est-ce que les Lumières?). Elles concerneraient l'ensemble du

programme général. Chaque question appellerait une réponse brève mais précise (10 à 20 lignes), appuyée par des exemples. Les candidats se verraient poser 6 questions et devraient en choisir 3. Cette partie de l'épreuve devrait pouvoir être effectuée en une heure au maximum.

L'existence de cet exercice conduirait les enseignants de philosophie à définir progressivement quelles connaissances constituent le minimum exigible des élèves de terminale – et lesquelles n'en font pas partie. Elle aiderait tous les élèves à prendre conscience de la nécessité d'acquérir un ensemble de savoirs de base. Elle rassurerait les élèves qui ont des difficultés avec la rhétorique de la dissertation et garantirait à ceux qui ont appris qu'ils n'ont pas travaillé pour rien. Elle contribuerait à relativiser le rôle de la dissertation dans notre enseignement et favoriserait le recours à des exercices différents et complémentaires.

2. La seconde et principale partie de l'épreuve consisterait en une dissertation ou un commentaire où le candidat aurait à faire preuve de ses capacités de réflexion, d'analyse, d'élaboration d'une argumentation et de compréhension des problèmes philosophiques. Elle porterait exclusivement sur les problèmes et œuvres philosophiques figurant au programme spécial.

Là encore, les formes de ces travaux devraient être diversifiées : le sujet de dissertation peut être posé seul (comme actuellement) ou accompagné d'un texte (ou de deux textes, éventuellement contradictoires) sur le problème en jeu; le texte à commenter peut n'être accompagné d'aucune indication (comme aujourd'hui) ou suivi d'une série de questions, les unes de compréhension, les autres plus ouvertes, de réflexion à partir du texte.

Dans tous les cas, les énoncés de sujet devraient impérativement remplir deux conditions : d'une part, entretenir avec les questions au programme un rapport qui soit évident pour tout élève; d'autre part être libellés de la manière la plus explicite sans souci d'originalité, de brillant, ou de goût pour le paradoxe ou l'allusion.

Concevoir des modalités d'enseignement de la philosophie réellement appropriées aux élèves de l'enseignement technique.

Pour faire face à la situation critique de l'enseignement de la philosophie dans le technique, trois types de propositions nous semblent pouvoir être faites, concernant a) son organisation, b) le programme et l'évaluation des élèves, c) ses modalités concrètes.

a) plus encore que les autres, les élèves de l'enseignement technique ont besoin d'autres formes d'enseignement que le cours magistral (travail en petits groupes, suivi individuel, etc.) qui exigent des effectifs très réduits. Le dédoublement de la classe, pour au moins une heure (2 heures pour l'élève, 3 heures pour le professeur), revendication déjà avancée par plusieurs syndicats et associations, apparaît comme une nécessité. Dans un premier temps, ce dédoublement pourrait déjà être rendu obligatoire dans toutes les classes de plus de 24 élèves, comme c'est déjà le cas dans d'autres disciplines.

Parallèlement, pour éviter le morcellement catastrophique du service des enseignants, et la dilution au compte-gouttes de la philosophie parmi les autres matières, nous proposons que l'enseignement de la philosophie dans le technique soit organisé de manière semestrielle : 4 heures (ou 5 heures avec dédoublement), sur un semestre, au lieu de 2 heures sur l'année actuellement. Ainsi aucun enseignant de philosophie n'aurait plus de 4 (ou 5) classes simultanément.

b) Il ne paraît pas réaliste de vouloir évaluer les élèves et organiser l'enseignement en fonction d'une épreuve – la dissertation de philosophie – dont on sait parfaitement que l'immense majorité des élèves est hors d'état d'y satisfaire (on peut admettre que, dans le meilleur des cas, le temps nécessaire pour les y préparer convenablement reviendrait à exiger en G ou F un horaire comparable pour la philosophie à celui des sections littéraires...).

Nous proposons qu'au début de chaque année, le professeur définisse avec ses élèves, à partir d'un éventail de notions plus large que l'actuel programme, les questions précises qu'ils aborderont ensemble; qu'il leur fasse faire en cours d'année un certain nombre d'exercices divers, oraux et écrits, de contrôle de connaissances et de réflexion; que les élèves, sur la fin de l'année, consacrent plusieurs semaines à la constitution d'un dossier sur la question de leur choix. A partir de là, deux cas de figure peuvent être envisagés : ou bien l'organisation du baccalauréat est modifiée, et une partie des épreuves se déroule en contrôle continu; il serait alors souhaitable que l'évaluation en philosophie, pour l'enseignement technique tout au moins, se fasse en contrôle continu. Ou bien l'organisation du baccalauréat reste à peu près ce qu'elle est, et nous proposons qu'au baccalauréat de technicien la philosophie fasse l'objet d'une épreuve orale obligatoire, où le candidat présenterait et défendrait son dossier.

c) Il est nécessaire qu'une réflexion collective soit menée sur les formes d'enseignement les plus appropriées aux élèves de l'enseignement technique, ce qui implique des rencontres entre professeurs ayant l'expérience de ces classes, une préparation des jeunes professeurs à ce type d'enseignement, etc.

CINQUIÈME PROPOSITION

Organiser systématiquement, à l'intérieur du corps des professeurs de philosophie, une réflexion et des échanges sur la didactique de leur discipline.

Cette organisation reposerait sur un réseau d'enseignants de philosophie des lycées (un par Académie par exemple) détachés à temps partiel et pour quelques années (trois à cinq ans au maximum), c'est-à-dire des professeurs qui gardent un contact effectif avec l'enseignement d'une part, et qui seraient destinés à y retourner à plein temps d'autre part. Ils travailleraient en collaboration étroite avec certains Instituts Universitaires de Formation des Maîtres, qui pourraient être spécialisés dans la réflexion sur la didactique philosophique.

Ce réseau d'enseignants aurait pour mission :

– d'animer, parmi les 2 500 professeurs de philosophie, une

réflexion sur les problèmes et les méthodes de l'enseignement de la philosophie;

– d'assurer, entre les enseignants, souvent isolés et ayant, à l'heure actuelle, très peu de moyens de communication entre eux, une circulation de l'information, un échange de réflexions, et une diffusion des expériences;

– d'organiser la publication de documents susceptibles d'aider les enseignants, et notamment les nouveaux enseignants, dans leur travail (éléments bibliographiques, textes et articles de référence sur telle ou telle question, exemples de traitement de telle question, etc.);

– de susciter auprès des éditeurs la publication de livres et de recueils susceptibles de constituer des outils de travail appropriés, pour les élèves (manuels, dossiers qui sortent de l'inadaptation ou de la médiocrité des instruments dont ils disposent le plus souvent aujourd'hui), mais aussi pour les enseignants (recueil d'articles permettant de connaître l'état actuel d'une question, ouvrages de synthèse dans les domaines où l'enseignant doit être solidement informé bien qu'il ne puisse en général avoir accès à la littérature spécialisée, notamment pour ce qui concerne l'état actuel des connaissances dans les sciences de la nature aussi bien que dans les sciences de l'homme);

– de contribuer à la formation permanente des enseignants de philosophie, en les aidant à s'informer à la fois de l'état de la réflexion philosophique contemporaine et de l'état des sciences,

– d'organiser des colloques, des missions d'enquête ou de documentation à l'étranger, d'inviter des collègues étrangers, etc.

SIXIÈME PROPOSITION
Inclure un enseignement de philosophie dans la formation des maîtres de toutes les disciplines.

La formation des maîtres doit donner à tous les futurs enseignants, sans distinction, la possibilité d'acquérir les qualités professionnelles qui leur permettront de mener à bien les tâches prévues à tous les niveaux de l'école et du lycée. Elle doit d'autre part leur offrir les moyens d'une réflexion constructive et critique sur la pratique de l'enseignement même.

Maîtriser un savoir conduit obligatoirement à envisager la possibilité et les conditions de sa transmission. Tous les futurs enseignants devraient pouvoir interroger et mettre en perspective les divers points de vue existants sur la didactique des disciplines, les diverses pratiques pédagogiques, et enfin sur la dimension psychologique de l'acte éducatif. Conscients toutefois de ce que l'apprentissage de l'enseignement ne peut consister dans l'acquisition de recettes, ni dans la confiance aveugle faite à tel dogme du moment, les futurs maîtres devraient travailler à prendre en compte l'aspect nécessairement problématique de l'acte d'enseigner qui en révèle seul, paradoxalement, la positivité.

C'est dire que, quelles que soient les disciplines qu'ils se préparent à enseigner, tous les jeunes maîtres devraient pouvoir bénéficier, à l'intérieur de leur domaine de formation spécifique, d'un enseignement de philosophie. Celui-ci intégrerait les apports fondamentaux des sciences humaines à un questionnement sur l'éducation et à la très ancienne tradition de pensée qui lui est attachée.

Il faudrait, pour concevoir un tel enseignement, prendre modèle sur la formation des instituteurs, telle que l'arrêté du 20 mai 1986 l'a redéfinie. Dans les écoles normales, tous les instituteurs reçoivent aujourd'hui, en plus des unités de formation disciplinaires, un enseignement de « philosophie, histoire et sociologie de l'éducation, pédagogie générale, psychologie », nécessairement assuré, à raison de trois heures par semaine, par un professeur de philosophie. La réussite remarquable, attestée par la grande majorité des normaliens et des enseignants, de cette rencontre entre la philosophie et la formation professionnelle, encouragerait à en étendre la portée à toute la formation des maîtres, c'est-à-dire aux CPR, aux ENNA, aux ENS, et évidemment aux futurs Instituts Universitaires de Formation des Maîtres.

Une formation ainsi conçue aurait l'avantage de faire apparaître la communauté des problèmes que partagent les enseignants du premier et du second degré, les professeurs des lycées classiques et techniques, ainsi que ceux des lycées professionnels, et de mettre au jour l'unité diversifiée de leurs pratiques.

Les futurs enseignants de philosophie, outre leur formation fondamentale, devraient être préparés : 1) à suivre les évolutions marquantes des savoirs contemporains, 2) à maîtriser les pratiques pédagogiques nouvelles appelées par les propositions précédentes.

SEPTIÈME PROPOSITION
Réorganisation du premier cycle des Universités

1. L'air du temps et les principes généraux qui guident nos travaux ne vont certes pas dans le sens d'une programmation autoritaire, décidée au niveau national et imposée aux Universités. Le principe de l'autonomie de ces dernières sera certainement réaffirmé et renforcé, et nous n'avons pas de raisons de le regretter. Une Université qui ne ressentirait pas le besoin d'avoir un département de philosophie ne lui consacrera pas l'attention et les moyens nécessaires, si on lui impose d'en garder ou d'en créer un. Ce qui peut être défini au niveau national, c'est un ensemble d'exigences de forme simplement hypothétique et de caractère très général : si un Département de Philosophie existe à l'Université de N., alors il doit respecter un minimum de conditions. Ces conditions ne pouvant être remplies, d'ailleurs, si l'État ne contribue pas au moins partiellement à en procurer les moyens (personnel enseignant, administratif et technique, instruments de travail, locaux, etc.), la méthode à suivre doit normalement prendre la forme d'un contrat entre l'État et les Universités, comme il est prévu par le projet de circulaire du 13 mars 1989 (résumé dans *Le Monde* du 21 mars 1989).

2. Cette procédure doit permettre d'éviter les risques que comporterait une régionalisation excessive des Universités. L'Université française, dans son ensemble, a souvent déploré son propre « provincialisme »; il serait fâcheux de voir celui-ci passer du singulier au pluriel, et chaque Université ne se soucier que de répondre aux demandes locales des étudiants, ou de leurs futurs employeurs éventuels. Pour s'en garder, les interventions étatiques ne sont pas les seuls remèdes envisageables. On peut aussi songer :
— à inciter par tous les moyens possibles les Universités à échanger de façon permanente et institutionnelle leurs informations, leurs

650

expériences, leurs projets, d'abord entre elles, bien évidemment, mais aussi avec les institutions et associations du niveau de l'enseignement secondaire (il serait sans doute intéressant pour nous d'obtenir des informations sur les activités de l'association « Promosciences », « association de réflexion et de propositions sur l'ensemble des formations scientifiques post-baccalauréat », qui s'est fondée à la suite de deux colloques sur la rénovation des premiers cycles universitaires scientifiques, et qui est actuellement présidée par M. Michel Bornancin, président de l'Université de Nice).

– à développer des procédures d'évaluation et d'« audit », non pas seulement au niveau du Comité national d'Évaluation, que sa fonction multidisciplinaire oblige à se cantonner dans les généralités, mais aussi au moyen de commissions *ad hoc,* spécialisées en philosophie, et comportant, si possible, des *membres étrangers* aussi bien que des membres français (d'une façon générale, il semble que nous devrions recommander l'institutionnalisation de l'appel à des experts provenant d'autres Universités, françaises *et étrangères,* pour toute une série de problèmes collectifs et même individuels : organisation des études, acquisition et gestion des instruments de travail, déroulement des carrières, etc.).

3. La philosophie peut profiter du « renouveau des humanités » qui se dessine actuellement, après des décennies de domination des mathématiques, des techniques et de la gestion rationalisée (voir *Le Monde* du 22 avril 1989). Cette « vague porteuse » comporte cependant des dangers manifestes : en se laissant enrôler dans le camp des « Lettres », ou des « Humanités », pour faire pièce aux « Sciences » et au « professionnalisme », la philosophie risque de ne se voir demander qu'un vague « supplément d'âme », et de perdre dans l'aventure une bonne part de sa spécificité. Il est souhaitable de répondre enfin à la « demande » de philosophie qui émane aujourd'hui des milieux les plus divers (sciences exactes, sciences humaines, disciplines techniques, médecine, droit, gestion et administration, animation culturelle, etc.); mais cette demande ne sera satisfaite dans des conditions correctes que si le caractère professionnel de la philosophie elle-même reste vigoureusement affirmé dans les contacts qu'elle peut nouer à l'extérieur, et du même coup dans l'enseignement

qui en est dispensé dans les Universités. La spécificité de la philosophie, mot d'ordre sur lequel tout le monde s'accorde et qui n'en est pas moins ambigu, ne se prouvera pas par l'auto-affirmation, mais par un travail de la discipline sur elle-même, et par une dialectique de la communication et de la coopération avec ce qui n'est pas elle.

4. S'il est souhaitable que l'enseignement de la philosophie, dès le premier cycle universitaire, soit technicisé et professionnalisé, plus qu'il ne l'est, semble-t-il, actuellement, ce résultat ne devrait pas s'acquérir aux prix d'un clivage dangereux entre les techniques purement scolaires, bonnes pour les étudiants (apprentissage de la dissertation, du commentaire de texte, etc.) et l'exercice prestigieux de l'activité philosophique, réservé aux maîtres (cours magistraux, séminaires libres, etc). Pour casser cette distribution des tâches, il serait sans doute bon d'inciter les Universités à encourager l'innovation dans le domaine des exercices proposés aux étudiants, en inventant d'autres formules que le couple traditionnel dissertation/ commentaire, en développant des techniques d'analyse des concepts, des arguments, des raisonnements, des stratégies textuelles, des structures systématiques, etc. Ces nouveaux types d'exercices pourraient d'ailleurs se faire aussi une place dans le contrôle continu et même dans les examens. Une transformation capitale du cours magistral serait engagée, de son côté, si l'on pouvait obtenir des professeurs français qu'ils distribuent à leurs étudiants, sous forme de « syllabus », la liste des questions qu'ils traiteront, semaine après semaine, et celle des textes que les étudiants doivent lire à l'avance pour se préparer à une audition active du cours : cette pratique, fréquente dans les Universités étrangères, modifie considérablement le rapport pédagogique, en permettant aux étudiants de mieux comprendre comment le cours a été construit, sur la base d'un dossier de textes dont tous ont pu prendre connaissance, et de poser à l'enseignant des questions pertinentes.

5. Les projets actuellement connus, concernant le premier cycle des Universités, semblent se diriger vers la disparition des DEUG spécialisés par discipline, et la création (ou la résurrection) d'une sorte de propédeutique, sous forme d'un DEUG unique (en deux

ans) pour chaque grand secteur disciplinaire, par exemple Lettres-Langues-Sciences humaines. Dans la perspective d'un tel projet, que nous n'avons pas de raison de repousser en principe (quitte, naturellement, à souligner notre attachement à l'existence d'une licence et d'une maîtrise de philosophie), il semble que nous devrions demander, et obtenir :

– d'une part, que la philosophie soit présente obligatoirement dans cet ensemble de premier cycle, avec une place proportionnellement décente (par exemple, un quart du total des UV), et un contenu qualitatif absolument spécifique (ce qui n'exclut pas qu'à l'intérieur de ce « noyau dur » philosophique, les étudiants puissent encore se voir offrir, à côté d'un certain nombre d'enseignements obligatoires, des choix partiels correspondant à leurs intérêts et à leurs projets propres).

– d'autre part, que l'ensemble comporte un certain nombre de « cases vides », que chaque étudiant pourrait remplir comme il l'entend ; un étudiant très motivé d'emblée pour la philosophie pourrait, par exemple, remplir ces « cases vides » grâce à des disciplines complémentaires, situées à des distances variables du « noyau » philosophique (par exemple, épistémologie et histoire des sciences, esthétique et sciences de l'art, psychologie, sociologie, linguistique, langues anciennes, histoire des religions, etc., mais aussi sciences exactes, droit, économie, seconde langue vivante, etc.). Il serait important, si possible, d'obtenir des enseignants qui accueilleront ces étudiants qu'ils « profilent » leur enseignement à l'intention d'auditeurs dont l'intérêt central reste la philosophie.

Il serait sans doute utile de signaler que la disparition d'un DEUG spécifique de philosophie ne doit pas impliquer, bien au contraire, que les enseignants de philosophie (et notamment les professeurs) se sentent moins concernés par le nouveau premier cycle que par l'ancien. Les départements de philosophie, représentés par leur directeur, devraient négocier les arrangements nécessaires avec les autres disciplines concernées ; et il serait sans doute envisageable d'exiger que des professeurs interviennent dans ce nouveau premier cycle, à la fois comme responsables administratifs et comme enseignants actifs.

6. Les réformes universitaires les mieux inspirées, sur le plan de l'organisation des études, des programmes, du contrôle des connaissances, pèseront peut-être moins lourd dans le destin de l'Université française qu'un certain nombre de transformations apparemment prosaïques et modestes, bien qu'assez coûteuses parfois sur le plan financier, et qui pourraient modifier en profondeur, sur la longue durée, les habitudes de travail des enseignants et des étudiants, les rapports pédagogiques, la productivité sociale et scientifique du milieu universitaire. Nous pensons par exemple :

– à la situation précaire des bibliothèques d'Université et des bibliothèques de département, souvent mal utilisées, faute de crédit d'achat, de place pour les lecteurs, d'initiation méthodique à leur utilisation, etc. (voir le rapport alarmant d'André Miquel);

– à l'absence générale de bureaux corrects, affectés personnellement aux enseignants, qui leur permettraient, moyennant quelque incitation peut-être, de travailler sur place pendant une partie au moins de leur temps, et de recevoir les étudiants à heures régulièrement fixées et affichées;

– dans le même ordre d'idées, à l'absence générale de salles de réunion, utilisables par les enseignants et les étudiants;

– à l'insuffisance ou à la sous-utilisation des moyens en personnel et en matériel de secrétariat;

– à l'impossibilité pratique, compte tenu de l'insuffisance du budget et de la lourdeur des procédures, d'inviter les collègues français, à plus forte raison étrangers, à effectuer des séjours de courte durée (séminaires, série de conférences, participation à des jurys de thèse, etc.),

– aux trop fameuses, et scandaleuses, normes GARACES, qui ne prennent en compte, pour le calcul des obligations horaires des enseignants, que le nombre d'heures pendant lesquelles ceux-ci font leurs cours, c'est-à-dire, en somme, s'arrêtent provisoirement de travailler. Nous devrions exiger la prise en considération officielle, fût-elle symbolique et sans aucune incidence financière, de ce qui fait la vie quotidienne des universitaires (préparation des cours, recherche, documentation, direction de thèses et de mémoires, « tutorat » plus ou moins institutionnalisé, participation à des jurys, à des colloques et congrès, échanges intellectuels de toute nature, etc.).

Rapport de la Commission de Philosophie et d'Épistémologie

La mise en place de l'enseignement organique de la philosophie en trois temps, telle que nous la proposons (voir principe 1) implique que soit levée la barrière qui coupe aujourd'hui totalement les Lycées des Universités. Deux exigences en découlent :

1. La possibilité d'une circulation des professeurs entre le Lycée et l'Université. Il serait souhaitable que les professeurs puissent contribuer *statutairement,* et non pas seulement à titre de chargés de cours, à l'encadrement des étudiants de 1ᵉʳ cycle. Ce qui impliquerait que ces heures d'enseignement à l'Université soient partie intégrante de leur service.

2. Qu'on reconnaisse ces travaux de recherche (DEA, Thèses, etc.) engagés par les professeurs des lycées non comme un luxe ou une affaire strictement personnelle, mais comme une contribution à part entière à la recherche collective en philosophie et comme un élément de formation permanente directement bénéfique à la qualité de l'enseignement. Ce qui suppose entre autres la reconnaissance d'un statut d'enseignant-chercheur qui donnerait droit, pour des durées déterminées, à des décharges de service et à des aménagements horaires.

PS. Ce Rapport ne constitue, cela va de soi mais nous le soulignons encore, qu'un ensemble de propositions soumises à la discussion. Il reste d'ailleurs à compléter. Il le sera sans doute, dans des conditions à déterminer, au cours des semaines ou des mois à venir, et compte tenu des discussions qui ne manqueront pas de s'engager au cours des colloques prévus par le ministère. Ces compléments devraient concerner notamment certains points de l'articulation entre enseignement secondaire et enseignement supérieur, l'élargissement de la liste des auteurs et textes à étudier, les rapports entre histoire de la philosophie et philosophie contemporaine dans l'enseignement de la philosophie en général et dans la formation des professeurs en particulier.

En annexe aux considérations et propositions sur la formation des maîtres, voir le texte ci-joint qui règle actuellement le programme de l'enseignement philosophique dans les EN.

ANNEXE

I. Formation pédagogique générale théorique et pratique.

I.II. Philosophie, histoire et sociologie de l'éducation, pédagogie générale, psychologie (deux cent cinquante heures).

Les enseignements regroupés sous cette rubrique ont pour objectif d'offrir aux élèves-instituteurs les moyens d'une réflexion à la fois constructive et critique. Il s'agit de les aider à dominer et à mettre en perspective les actes pédagogiques particuliers et les pratiques professionnelles effectives qu'ils auront à découvrir et à construire dans le cadre des enseignements disciplinaires proprement dits. Cet ensemble de savoirs et de réflexions doit leur permettre, de façon précise, d'en trouver le fondement et d'en saisir les conditions individuelles, sociales et institutionnelles, humaines et techniques. Il s'agit, généralement, de faire comprendre comment toute problématique pédagogique concernant l'école n'a son sens que par rapport à l'accomplissement d'une mission fondamentale d'instruction et d'éducation.

C'est pourquoi les contenus que définit cette rubrique relèvent essentiellement d'une approche philosophique et doivent être enseignés par un professeur de cette discipline. Tantôt de manière directe, en ce qui concerne, bien sûr, la philosophie, tantôt de manière indirecte, en ce qui concerne les sciences humaines, les diverses pratiques et techniques pédagogiques, mais aussi les programmes et instructions de l'école élémentaire et l'ensemble des textes d'orientation de l'école maternelle.

1. Philosophie (cent heures).

La liberté. Le devoir. L'autonomie.
Les droits de l'Homme. L'État républicain.

L'école et l'État. L'instruction publique. L'Éducation nationale.
Les fins de l'éducation.
Apprendre et comprendre.
Connaissance et information.
Expliquer et démontrer.
L'idée de méthode. Analyse et synthèse.
Les éléments du savoir : catégories, concepts, principes.
Parole. Langue. Langage. Qu'est-ce que lire?
L'expérience du beau. Le goût. La création artistique.
La pensée mathématique.
La connaissance expérimentale.
Connaissance historique et connaissance rationnelle.
L'idée de technologie.
Le corps.

2. Histoire et sociologie de l'éducation (vingt-cinq heures).

L'étude du système éducatif et de son histoire sera abordée au chapitre 3.11 du plan de formation. Ici, en revanche, il s'agit d'étudier l'histoire des idées et des conceptions qui ont accompagné, fondé ou suivi l'évolution de l'école.

De l'Ancien Régime à l'École de la République; la mise en place de l'institution primaire (1800-1880).

L'école sous la IIIᵉ République (1880-1940).

La société et l'école : les problèmes contemporains.

3. Pédagogie générale (cinquante-cinq heures).

Par pédagogie générale, on entend ici non pas l'exposé d'une démarche formelle et universelle, mais l'ensemble des questions et des conceptions relatives à l'enseignement et à l'éducation. Tout dogmatisme en est exclu. La réflexion y trouve, pour s'y appliquer, des faits et des concepts – comme par exemple, la notion de savoir élémentaire, la notion de discipline, la notion d'intérêt, la notion d'activité, la notion d'exemple, la classe, l'enfance, etc.

Les principales conceptions et méthodes pédagogiques, les recherches actuelles.

La question de l'expérimentation et de l'innovation en pédagogie.

Philosophie, pédagogie et sciences de l'homme.

Étude de deux œuvres, dont l'une au moins sera choisie dans la liste suivante :

Platon : Ménon, Phédon, République (VII).
Montaigne : Essai (de l'institution des enfants).
Descartes : Discours de la méthode (première et deuxième partie).
J. Locke : Quelques réflexions sur l'éducation.
Rousseau : Émile ou de l'éducation.
Kant : Réflexions sur l'éducation.
Hegel : Textes pédagogiques.
Bergson : L'effort intellectuel (dans L'énergie spirituelle).
Alain : Propos sur l'éducation.

4. Psychologie (soixante-dix heures).

Les méthodes de la psychologie. Les grandes conceptions de la psychologie. L'idée de psychogenèse (unité et diversité dans le développement de l'enfant, la causalité psychogénétique).

La perception.
L'attention.
La mémoire.
L'imagination.
Le jeu.
L'activité intellectuelle.
La notion de motivation.
L'imitation. Les apprentissages sociaux.

I,1,2 L'école maternelle (soixante-dix heures).

L'objectif de cette formation est de donner à tous les élèves-instituteurs des connaissances de base sur l'école maternelle et les textes officiels qui la régissent. Il s'agit de faire comprendre son rôle dans la société actuelle et par rapport à la famille, sa place dans le système scolaire, la nature de son action éducative. La connaissance des enfants de la naissance jusque vers six ou sept ans, et de leurs acquis au terme de la période pré-élémentaire, permet d'appréhender le problème de la continuité éducative entre l'école maternelle et le cours préparatoire et la nécessité de donner aux enfants les moyens d'une adaptation rapide à l'école élémentaire.

1. La connaissance des enfants de la naissance jusque vers six ou sept ans.

Cette connaissance doit être fondée sur diverses sciences humaines et biologiques, la fréquentation et l'observation des enfants. Elle porte sur les points suivants :
Les caractéristiques de la croissance;
L'importance des rythmes physiologiques, de l'hygiène et du bien-être physique;
L'importance de l'affectivité et de la structuration de la personnalité.

Table des matières

Privilège. Titre justificatif et Remarques introductives.. 9

1. « Droit de... », « droit à... » : la présupposition institutionnelle.. 15

2. L'horizon et la fondation, deux projections philosophiques (l'exemple du Collège International de Philosophie)... 24

3. Le nom « philosophie », l'intérêt pour la philosophie... 36

4. La démocratie à venir : droit de la langue, droit à la langue 41

5. Passage de la frontière : déclarer la philosophie.... 55

6. D'un « ton populaire » – ou de la philosophie en (style) direct (directives et directions : le droit, le rigide, le rigoureux, le rectilinéaire, le régulier).... 71

7. Ne s'autoriser que de soi-même – et donc, derechef, de Kant 81

8. L'hypersymbolique : le tribunal de dernière instance... 89

9. Objectivité, liberté, vérité, responsabilité.............. 102

I. QUI A PEUR DE LA PHILOSOPHIE?

Où commence et comment finit un corps enseignant.... 111
  Appendice :
    Avant-Projet pour la constitution d'un groupe de recherches sur l'enseignement philosophique............ 146
    Modes de fonctionnement du Greph *(statuts)*............ 152
La crise de l'enseignement philosophique...................... 155
L'âge de Hegel.. 181
  La correspondance entre Hegel et Cousin................. 185
  L'héritage de Hegel et l'avenir de son établissement. 194
  Les principes du droit à la philosophie..................... 211
La philosophie et ses classes................................. 229
  La philosophie refoulée.................................... 230
  Les défenses de la philosophie............................. 232
  L'âge de la philosophie.................................... 233
  Le front aujourd'hui....................................... 237
Les corps divisés... 239
Philosophie des États Généraux............................... 253
  Appendice :
    Appel pour les États Généraux de la Philosophie...... 271
    Un Tableau Noir... 273
    Pour commencer.. 276
    États Généraux de la Philosophie (communiqué)....... 278

II. TRANSFERT *EX CATHEDRA :* LE LANGAGE ET LES INSTITUTIONS PHILOSOPHIQUES

S'il y a lieu de traduire. I. La philosophie dans sa langue nationale (vers une « licterature en françois »)............ 283

S'il y a lieu de traduire. II. Les romans de Descartes ou
l'économie des mots 311
Chaire vacante : censure, maîtrise, magistralité 343
Théologie de la traduction 371

III. *MOCHLOS :* L'ŒIL DE L'UNIVERSITÉ

Mochlos – ou le conflit des facultés............................ 397
Ponctuations : le temps de la thèse 439
Les pupilles de l'Université. Le principe de raison et
l'idée de l'Université 461
« Éloge de la philosophie » 499
Les antinomies de la discipline philosophique.............. 511
Popularités. Du droit à la philosophie du droit............ 525

IV. ANNEXES

« Qui a peur de la philosophie? » (1980) 539
Titres (pour le Collège International de Philosophie)
(1982) 551
Coups d'envoi (pour le Collège International de Philo-
sophie) (1982).. 577
Rapport de la Commission de Philosophie et d'Épistémologie (1990) 619

DU MÊME AUTEUR

CHEZ LE MÊME ÉDITEUR

L'archéologie du frivole (Introduction à l'*Essai sur l'origine des connaissances humaines,* de Condillac, 1973). Repris à part chez Gonthier-Denoël, 1976.
Glas, 1974 (Gonthier-Denoël, 1981).
Ocelle comme pas un, préface à *L'enfant au chien assis,* de Jos Joliet, 1980.
D'un ton apocalyptique adopté naguère en philosophie, 1983.
Otobiographies. L'enseignement de Nietzsche et la politique du nom propre, 1984.
Schibboleth. Pour Paul Celan, 1986.
Parages, 1986.
Ulysse gramophone. Deux mots pour Joyce, 1987.
De l'esprit. Heidegger et la question, 1987.
Psyché. Inventions de l'autre, 1987.
Mémoires – pour Paul de Man, 1988.
Limited Inc., 1990.
L'archéologie du frivole, réédition, 1990.

CHEZ D'AUTRES ÉDITEURS

L'origine de la géométrie, de Husserl.
  Introduction et traduction, PUF, 1962.
L'écriture et la différence, Le Seuil, 1967.
La voix et le phénomène, PUF, 1967.
De la grammatologie, Minuit, 1967.
La dissémination, Le Seuil, 1972.
Marges – de la philosophie, Minuit, 1972.
Positions, Minuit, 1972.
Economimesis, in *Mimesis,* Aubier-Flammarion, 1975.
Où commence et comment finit un corps enseignant, in *Politiques de la Philosophie,* Grasset, 1976.
Fors, préface à *Le verbier de l'Homme aux loups,* de N. Abraham et M. Torok, Aubier-Flammarion, 1976.
L'âge de Hegel; La philosophie et ses classes; Réponses à La Nouvelle Critique, in *Qui a peur de la philosophie?* du *Greph,* Flammarion, 1977.
Limited Inc., a, b, c, The Johns Hopkins University Press. Baltimore, 1977.

(Édition augmentée de « Toward an Ethic of Discussion », Northwestern University Press, 1988.)

Scribble, préface à l'*Essai sur les hiéroglyphes* de Warburton, Aubier-Flammarion, 1978.

Éperons. Les styles de Nietzsche, Flammarion, 1978.

La vérité en peinture, Flammarion, 1978.

La philosophie des États généraux, in *Les États généraux de la Philosophie*, Flammarion, 1979.

Living on (Survivre), in *Deconstruction and Criticism*, Seabury Press, 1979.

La carte postale, de Socrate à Freud et au-delà, Aubier-Flammarion, 1980.

L'oreille de l'autre, Textes et débats, éd. Cl. Lévesque et Ch. McDonald, VLB, Montréal, 1982.

Sopra-vivere, Feltrinelli, Milan, 1982.

Signéponge, Columbia University Press, 1983 ; Le Seuil, 1988.

La Filosofía como institución, Juan Granica ed., Barcelone, 1984.

Popularités. Du droit à la philosophie du droit, avant-propos à *Les sauvages dans la cité*, Champ Vallon, 1985.

Lecture de Droit de regards, de M.-F. Plissart, Minuit, 1985.

Préjugés – devant la loi, in *La Faculté de juger*, Minuit, 1985.

Des tours de Babel (sur Walter Benjamin) in *L'art des confins*, PUF, 1985.

Forcener le subjectile, préface aux *Dessins et portraits d'Antonin Artaud*, Gallimard, 1986.

Mémoires, Columbia University Press, 1986.

Point de folie – maintenant l'architecture, in B. Tschumi, *La case vide*, Architectural Association, Londres, 1986.

Feu la cendre, Des femmes, 1987.

Chora, in *Poikilia*, Études offertes à Jean-Pierre Vernant, E.H.E.S.S., 1987.

Mes chances, in *Confrontation*, 19, Aubier, 1988.

Some Statements and Truisms..., in *The States of « Theory »*, ed. D. Carroll, Columbia University Press, 1989.

Le problème de la genèse dans la phénoménologie de Husserl, PUF, 1990.

Mémoires d'aveugle. L'autoportrait et autres ruines, Louvre-Réunion des Musées Nationaux, 1990.

DANS LA MÊME COLLECTION

Aux Éditions Galilée

Élisabeth de Fontenay
Les figures juives de Marx

Sarah Kofman
Camera obscura, de l'idéologie

Jean-Luc Nancy
La remarque spéculative

Sarah Kofman
Quatre romans analytiques

Philippe Lacoue-Labarthe
L'imitation des Modernes
(Typographies II)

Jacques Derrida
Parages

Jacques Derrida
Schibboleth
Pour Paul Celan

Jean-Luc Nancy
L'oubli de la philosophie

Jean-François Lyotard
L'enthousiasme
critique kantienne de l'histoire

Éliane Escoubas
Imago Mundi

Jacques Derrida
Ulysse gramophone

Jacques Derrida
De l'esprit
Heidegger et la question

Jacques Derrida
Psyché
Inventions de l'autre

Jacques Derrida
Mémoires
Pour Paul de Man

Jean-Luc Nancy
L'expérience de la liberté

Alexander García Düttman
La parole donnée

Sarah Kofman
Socrate(s)

Paul de Man
Allégories de la lecture

Marc Froment-Meurice
Solitudes

Sarah Kofman
Séductions
De Sartre à Héraclite

Jacques Derrida
Limited Inc

Aux Éditions Aubier-Flammarion

Sylviane Agacinski, Jacques Derrida,
Sarah Kofman, Philippe Lacoue-Labarthe,
Jean-Luc Nancy, Bernard Pautrat
Mimésis
(des articulations)

Philippe Lacoue-Labarthe
Le sujet de la philosophie
(Typographies I)

Jean-Luc Nancy
Ego sum

Jean-Luc Nancy
L'impératif catégorique

Mikkel Borch-Jacobsen
Le sujet freudien

Walter Benjamin
Origine du drame baroque allemand

Walter Benjamin
Le concept de critique d'art
dans le romantisme allemand

Nicolas Abraham
Jonas

Nicolas Abraham
Rythmes

Nicolas Abraham
De l'œuvre, de la traduction et de la psychanalyse

Jean-Luc Nancy
Le discours de la syncope
I. Logodaedalus

Nicolas Abraham
Maria Torok
Le verbier de l'Homme aux loups
(*Anasémies I*), précédé de *Fors*, par J. Derrida

Sylviane Agacinski
Aparté
Conceptions et morts de Sören Kierkegaard

François Laruelle
Le déclin de l'écriture

Nicolas Abraham
Maria Torok
L'écorce et le noyau
(*Anasémies II*)

Sarah Kofman
Aberrations
Le devenir-femme d'Auguste Comte

Jacques Derrida
La carte postale
de Socrate à Freud et au-delà

Jean-Claude Lebensztejn
Zig Zag

CET OUVRAGE
A ÉTÉ COMPOSÉ
ET ACHEVÉ D'IMPRIMER
POUR LE COMPTE DES ÉDITIONS GALILÉE
PAR L'IMPRIMERIE FLOCH
À MAYENNE EN OCTOBRE 1990

N° d'édition : 394.
N° d'impression : 29599.
Dépôt légal : octobre 1990.
(Imprimé en France)